大明首辅

王家屏

Famous of Prime Minister Ming Dynasty

王与甘 著

（上）

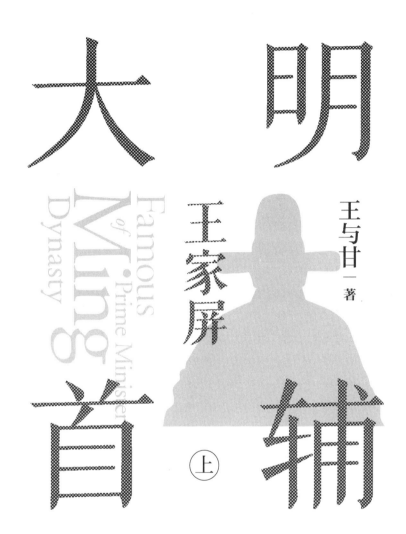

华中科技大学出版社
http://press.hust.edu.cn
中国·武汉

有 态 度 的 阅 读

小马过河(天津)文化传播有限公司

王家屏塑像之一　　　　　　　　王家屏塑像之二

王家屏墓

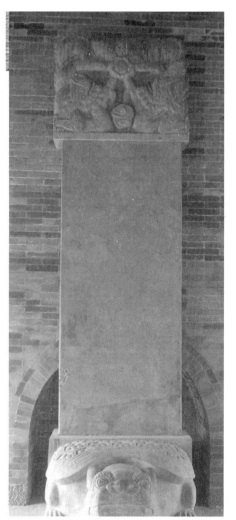

明堂内东西立两道碑,分别刻沈一贯撰"神道碑"和朱赓撰"墓表"

王家屏墓墓门前

王家屏墓前修"复宿山房"

王家屏墓前修"南洲书院"

南洲山庄"庠馆"和"复宿山房"旧址

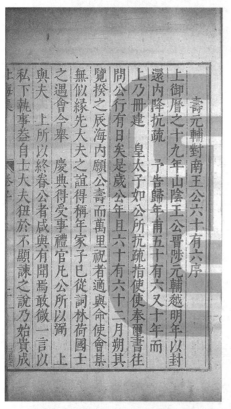 王家屏六十六岁时，几位老臣到山阴为他祝寿，写下文章，冯琦为之作序

 王家屏的遗著《复宿山房集》，共四十卷

目 录

001　第一章　王显迁居山阴　王缙弃官临邑
005　第二章　宪武修庠馆　妙善生家屏
010　第三章　家屏对句无瑕疵　妙善早逝遗碎玉
017　第四章　县太爷举荐家屏　王重光讲学云中
024　第五章　李文进筹建车兵　霍宗岳巡查安营
027　第六章　家屏就读国子监　宪武供职云中府
032　第七章　王宪武救落魄人　霍小姐奏出塞歌
038　第八章　王家屏雪夜听庄义　霍小姐临终留遗愿
048　第九章　家屏再娶李小姐　霍家又添干女儿
051　第十章　家屏乡试中举　宪武乐极生悲
057　第十一章　宪文瞎激腾　家屏读武经
061　第十二章　家屏请免灾年赋税　张卤赴晋甄选拔贡
066　第十三章　读书图书府中二甲　选为庶吉士入翰林
078　第十四章　山西京官宴请新进士　隆庆皇帝私会王家屏
085　第十五章　徐阁老致仕荐二王　王家屏阁试任史官
093　第十六章　刘东星贬谪蒲州　韩寒潭全家遇难
103　第十七章　崇古治边　把汉来投　俺答称藩　赵全就擒

108	第十八章	贾三近赴黔中戡乱　众史官离京城封藩
117	第十九章	贾梦龙偕子归故里　殷士儋辞朝回山东
122	第二十章	内阁首辅频遭论劾　隆庆皇帝突然驾崩
129	第二十一章	万历择日登基　高拱限时离京
139	第二十二章	吏部牵头考大臣　家屏拟敕谕百官
146	第二十三章	霍应山筹划绘舆图　王家屏充任展书官
156	第二十四章	高拱遭诬陷　谭纶被论劾
166	第二十五章	霍应山搞测绘　王崇古荐将才
173	第二十六章	王家屏补讲官　张四维入内阁
186	第二十七章	皇上题责难陈善　刘台劾居正专权
197	第二十八章	讲立学　拟申谕学宪敕　选旧本　供皇上暇时省
212	第二十九章	浚初和翟小姐定婚约　家屏为温景葵写墓表
221	第三十章	沈鲤回乡丁忧　首辅在官守制
233	第三十一章	家屏路祭北岳　居正回籍襄事
243	第三十二章	家璧中举充县丞　皇上大婚欲主政
251	第三十三章	张懋修稳夺状元　皇太后勉留首辅
258	第三十四章	皇上醉酒闹腾　张卤横遭参劾
268	第三十五章	皇上一日选九嫔　浚初筹划编州志
279	第三十六章	皇上意外得子　居正不幸丧命
292	第三十七章	朝中倒张风起　皇上如愿主政

第一章　王显迁居山阴
　　　　　王缙弃官临邑

　　句注山脉，群峰挺拔，地势险要。其间有五岳之恒山和雁门关。

　　恒山之西、雁门关之东，有佛宿山。传说文殊菩萨讲学归来曾在此歇息，故得名。

　　佛宿山北面有一县域，因在该山之阴，名山阴县。

　　明朝废宰相制后行内阁制，入内阁者称内阁辅臣，为首者称首辅。山阴出了个王家屏，曾入内阁，担任过辅臣，官至首辅。当地民间习惯称他为"王阁老"或"王阁爷"。

　　史载，王氏先祖是太原人，世居太原南郊。其中有一支迁居至陕西凤翔，该支中有一位"长眉者"王显，永乐年间，以勇武之才任龙江左卫。

　　一次，王显护驾明成祖朱棣到大同。

　　朱棣准备把京师从南京迁往北京，有意加强北方边境的防御力量，鼓励南方的有识之士迁居北方。于是王显留居山阴，为军户。

　　王家屏的曾祖父王缙，生于成化四年（1468年），后任山东济南府临邑县令。他厚德惠政，生活简朴。常穿便服骑马到乡里、田间视察，与农夫交谈，劝课农桑，奖勤治懒。他所在的临邑县土地开发面积比较大。

　　王缙在县衙升堂问案，从来不用重刑，百姓称他"王佛子"。

　　他任职期间，邻县发生一起盗案，盗贼经不起拷打，诬告临邑县数十人。监察御史命令王缙审讯此案。经审讯，此案没有证据，王缙就为这些受诬告的人开脱。监察御史勃然大怒，认为王缙包庇罪犯，又将此案交由邻县承办。邻县县尹严刑拷打，受诬告的人屈打成招，全部被判死罪。王缙深感不平，拍案而起道："古人杀一无辜而得天下——不为！你却想让我妄杀十命，以保县令?"即日弃官,拂袖而去。两个月后,案情查清,贼赃俱获,盗贼实出邻县,被诬告的人获释。监察御史颇为惭愧,特意上疏举荐王缙,准许王缙官复原职;邻县县尹被降职两级。受冤的人对王缙感激涕零,举家为王缙祝贺,称他为"王青天"。

王缙有三个儿子,王大用、王朝用、王时用。次子王朝用有四个儿子,王宪文、王宪武、王宪成、王宪康。王宪武就是王家屏的父亲。

王宪武排行老二。哥哥王宪文不善于料理家事,生活奢侈,衣食不俭,父辈留下的家产十之八九被他挥霍掉了。除此之外,他还四处借贷,上门讨债的人络绎不绝。王宪文为了躲债,离家出走。

王宪武时年十五六岁,哥哥离家后,他毅然挑起家庭重担,且耕且读。"恪持家政于内,拮据偿债于外",尽量不让在外供职的父亲知道家中的窘迫。由于王宪武治家有方,兴业有道,衰落的家庭日渐兴盛,成为当地的仲产之户[①]。

一日,王宪文带着衣不蔽体的两个儿子王家垣、王家田落魄归来。

王宪武上前与他们相抱痛哭,解衣为侄儿御寒,酌酒为兄长洗尘。重新给哥哥和侄儿割地分房,让他们安居乐业。

明代实行科举制,为官者绝大多数是科举出身,初级考试合格者称生员,生员应三年一度的乡试,合格者称举人;举人参加会试、殿试,合格者称进士。举人得授九品官职,进士得授七品官职。此外,还有鉴生、贡生等,也可以经一定途径得到官职。

王宪武二十岁那年,以县生员的身份参加会考,名冠郡中。

王朝用患了眼疾,经医官诊断为"双目圆翳[②]",他担心以后失明,便离职还乡。

洪济屯村韩廷瑞是王朝用的同窗好友,跟随岳丈在怀仁居住,刚从外地归来,听说王朝用因眼病还乡,便到山阴城看望他。

韩廷瑞有一子四女。儿子文武兼修。三个女儿已出嫁,女婿皆为当地才俊。四女妙善爱好诗书,尚在闺中。她女扮男装,要随韩廷瑞一起出行。

韩廷瑞和妙善一路乘马车缓缓来到山阴城。王朝用热情接待了多年不见的老朋友。王朝用吩咐宪武带"韩公子"到街市上转一转,顺便沽酒买菜招待贵宾。妙善嫣然窃笑。

[①] 仲产之户:居中等地位的门户。
[②] 双目圆翳:疑是双眼白内障。

王朝用沏了山茶，和韩廷瑞二人边饮茶边畅谈别后各自情形。

谈到眼疾，王朝用黯然神伤，说要趁尚未全盲之际，多咏记背诵诗词歌赋、名文要句，不然，将来完全失明，与相依相伴多年的书籍诀别，如何舍得？

韩廷瑞翻看几案上书籍，随口念道："人君之道，清静无为。务在博爱，趋在任贤。广开耳目，以察万方。不固溺于流欲，不拘系于左右。廓然远见，踔然独立。屡省考绩，以临臣下。此人君之操也。"①

二人谈起"无为而治②"。

王朝用苦苦一笑，说："无为无不为，朝用朝不用。"

又说："愚兄也无师旷之聪③。"

二人谈起鞑靼每逢秋末冬初骚扰边境、抢掠人财之事，韩廷瑞主张对入侵者严惩。王朝用赞同开边市、通贸易。

韩廷瑞说："鞑靼人骑马作战，易聚散，贵在神速。难怪史上赵武灵王借道北伐，学得胡服骑射，灭了中山国。"

王朝用说："欲破骑兵，需建车兵。建车兵便于远方作战时载运军需粮物，以车为械，单车利于行，列队利于阻，围周利于堵。"

韩廷瑞也觉得边关九镇军内宜增设车兵。他俩在纸上勾画，讨论兵车该做成什么样式。不一会儿，纸上出现了独轮车的草图，还标有各部件的尺寸。独轮车便于在条件差的路上行驶，以独轮车为基础，车兵人手一辆。

宪武引着妙善上了街，街上店铺比邻，商品琳琅。

妙善故意大步流星走在宪武前面，笑话宪武："堂堂公子，扭扭捏捏婀娜步。"宪武讪笑着应道："翩翩少年，大大方方流星走。"

他俩买了酒和肉，回到院中菜园采摘了一篮时令蔬菜，拿到屋中。

---

① 人君之道……此人君之操也：《说苑·君道篇》里的一段。晋平公问师旷："做人君的道理有哪些？"师旷回答："做人君的道理应是清心寡欲，以德政感化人民而不施行刑治；努力做到博大仁爱，把任用贤能作为自己的宗旨；开阔自己的见闻，明察各方面的情况；不拘执、沉溺于世俗的偏见，不受身边亲信的影响和羁绊；做到目光开阔、视野远大，见解独特超群；经常检查考核官吏的政绩，以此来驾驭臣下。这就是人君所掌握的道理！"晋平公说："很好！"

② 无为而治：出自《道德经》，是道家的治国理念。

③ 师旷之聪：像师旷那样耳朵灵。师旷，盲人，春秋时期晋国乐师，善于辨别乐音，闻弦歌而知雅意。

宪武准备唤嫂嫂过来张罗饭菜。不料嫂嫂去了娘家。

宪武不善厨艺，搓手踱步，有点犯难。妙善免冠脱袍，摩拳擦掌，跃跃欲试。

宪武这才发现"韩公子"原来是位女郎，他目瞪口呆地看着妙善长发披肩，十指如葱，好半天回不过神来。

妙善笑着对宪武说："与君同行巳午时[①]，不识'贤弟'是女郎，羞，羞，羞。"边说边嗤嗤地笑。宪武愈发脸红脖子粗。

韩廷瑞看在眼里，拈着胡须说："这两个倒是天造地设的一对。"

王朝用拱手说："只是家道中落，虽然近年有点起色，却也仅够温饱，如此寒门，恐拖累令爱受罪。"

韩廷瑞乐呵呵地连声说："无妨，无妨。小女自幼聪颖，教她哥哥的文本，不等他哥哥学会，她早会了。至今，论学问，她和他哥哥不相上下。她和我一样，爱游历山水，常着男装外出，因此，没有好好缠足，公子不嫌弃就好。"

妙善抬起腿，显摆她的大脚。

宪武看着妙善的大脚说："有马皇后[②]之风。"

妙善手脚麻利地做好了菜，两位老人撤去茶具，举杯对饮。

他俩本是同窗，知根知底，见两位青年眉目传情皆有意，借着酒兴，为他们定了终身，议定了嫁娶日期。

[①] 巳午时：巳时是上午9点到11点，午时是11点到13点。

[②] 马皇后：本名马秀英，明太祖朱元璋的结发妻子，以大脚著称。

第二章　宪武修庠馆
　　　　妙善生家屏

　　王家为宪武举办婚礼，家中张灯结彩，喜气盈门。
　　院内垒了旺火[①]，几个毛头小伙有条不紊地用麻秆点火、用拍拍[②]煽风，旺火着了。
　　花轿到，鼓乐声振，鞭炮齐鸣。
　　旺火已着到一定成色，有人扶着王朝用在旺火边绕行。他手里拿着一只瓷瓶，新媳妇进门时，他将瓶内盛放的油、酒混合物浇到旺火上，火苗腾空而起，噼啪作响。
　　参加婚宴的人很多，皆是当地名人、学子，可谓高朋满座。
　　韩廷瑞赏识宪武德才皆备，特意送上巨资嫁奁，宪武执意谢退。
　　几日后，韩廷瑞又差人携资赈济，宪武再次谢绝。他说："为人当自立，读书人不能因眼前窘困而接受他人的资助。"韩廷瑞对他更为刮目相看。
　　韩廷瑞在众女婿前夸赞宪武，连襟们对宪武崇拜有加。
　　宪武就读于县廪学舍，备受督学官员赏识，但试不第。妙善见他闷闷不乐，建议他外出走走，换换心情。
　　妙善信佛，五台山是文殊菩萨的道场，她早有拜谒之愿。
　　夫妻二人决定前往佛教圣地——五台山。为求方便，妙善还是女扮男装。
　　五台山因有五座顶似台状的山而得名。早在隋朝时，隋文帝杨坚在五个台

[①]　旺火：中国北方地区的一种风俗习惯。流行于山西、内蒙古等地。家家户户院落门前用大块煤炭垒成塔状，以图吉利。
[②]　拍拍：一种农家用高粱顶端秸秆编织的圆形或方形扁平状用具。

上分别建寺，每个寺庙都有文殊菩萨的金身塑像，形象各异。后来历朝历代又于群山中增建了禅堂僧舍，远远望去，层峦叠嶂，峰岭交错，殿寺隐现，香云缭绕。

宪武夫妇来到中台跪拜文殊菩萨，祈求菩萨保佑家父眼翳早愈、宪武金榜题名、妙善早生贵子。

妙善拜佛认真。相比之下，宪武略显敷衍。他更关注寺内的壁画，他驻足于"金童嬉戏五台山"①"神尼授教那罗延"②等画前仔细揣摩。

妙善祈求能生一位举止端庄如文殊菩萨的孩子。宪武接过妙善的话，说："不仅外貌要端庄如菩萨，人品更要端正赛圣贤，绝不能像他大爷那般歪流点水③。"

妙善祈求孩子白白胖胖，像那罗延那般强健。

宪武说："黑似'五爷④'也无妨，只求心地善良。"

在智仙大师的塑像前，宪武说："等孩子出生，也像那罗延那样交由神尼抚养。"

妙善不同意，说："我哪里舍得。"并正告宪武："离地三尺有神灵，菩萨面前，不能信口雌黄。"

宪武问妙善："求神拜佛真的灵验？"妙善说："心诚则灵。"

回到家中，王朝用正在炕上打坐。

宪武急切地问父亲："近两日有何感应，眼疾是否好转？"

王朝用微微一笑，问他们又在哪里求医。妙善把他们上五台山拜佛祈福之事细说了一遍。

王朝用说："你们孝心可鉴，我这眼疾只会日渐加重，哪里能好？还是顺其自然吧。只是有一个心愿未了，于心不忍。"

妙善问老人有何心愿。

宪武介绍："我们王家祖上是从南方迁来的军户。当初，大明实行屯田制，分得佛宿山下石门峪沟前南洲山庄，家父早有夙愿在那里建馆办学，培育人

---

① 金童嬉戏五台山：传说文殊菩萨常以金童显形，在五台山嬉戏。
② 神尼授教那罗延：隋文帝杨坚十二岁前名那罗延，由"神尼"智仙抚养。传说智仙是文殊菩萨的化身。
③ 歪流点水：土语，喻办事无原则。
④ 五爷：指五台山上五爷庙里供奉的五龙子，系乌龙，人称"五爷"。

才，如今家父成了瞽目之人，难免伤感。"

妙善一听此话，来了精神，她劝宪武帮助父亲完成此事。

王朝用让宪武从箱底取出他早已设计好的"南洲书院修建图"，宪武和妙善看着图，他作讲解。

"庄北建堡门，下通车马，上修楼阁。阁内供魁星，上承日月星辰之甘霖，下启懵懂学子之灵犀。庄内修大道，南北通衢，就地取材，以石为基。近堡门处修戏台，东演西观①，过节时供村民集会看唱，平素供学生练武强体。完善老渠给水，引大沟水进村，网络各户，浇园灌圃。要修个小池塘，润砚洗笔；建些亭台廊榭，汇聚风雅。庄南植松柏，以挡山风；庄西修小庙，以敬诸神。"

"有人曾写诗：'雁门关外野人家，不植桑榆不种麻，百里并无梨枣树，三春哪得桃杏花。'元好问对这几句诗颇在意，咱虽是关外人家，偏要在庄内种桑、种麻、种梨、种枣、种桃、种杏。早些年，先人试种桑树，虽说只活了一株，足以证明雁门关外能种桑。若干年后，南洲山庄虽不敢说能与江南相媲美，比元好问老家忻州不会差。"

妙善做事雷厉风行，即日回怀仁去见韩廷瑞。有韩廷瑞相佐，又有王朝用多年的官场情面，大同府很快批下了南洲山庄办学的公文。

王朝用和宪武要在南洲山庄修南洲书院，内设庠馆②办学的消息不胫而走，邻村上下的亲朋好友纷纷前来祝贺，认为这是惠及乡里、荫及后代的头等好事，愿为之捐资出力。

水峪口李姓族长到来，说："我等本是李牧、李广、李陵之后，近几代，族中连个粗通文墨的人都没有，如何使得？庠馆办成，离水峪口不到二里，孩子们就近有个识文断字的去处，世世代代求之不得，理当鼎力相助。"

庙家窊霍姓族长也来了，表示他们身为霍家名门后裔，助学兴教，不能落后。苏庄苏姓、后所郭姓等族长也先后表态相助。开工了，宪武指挥各路人马各司其职。老三宪成擅长计算，心算加手算，不一时便报出了所需各种椽木的数量。老四宪康跟着老三，给他当助手，搞计划，管采购。老大王宪文带领一帮壮汉上山背椽。妙善管后勤，她带领宪文夫人等淘米、切菜、做饭、刷锅、洗碗。

代州有韩廷瑞的故交，他出面从那里雇来一班木匠。领班姓梁，是一位十

---

① 东演西观：东面台上演出，西面台上坐女眷观看。

② 庠馆：指学校。

分豪爽的中年人。

梁木匠在熟悉图纸的时候发现图纸背面画着一辆木制独轮小车，上面还标着各部件的尺寸。他觉得新奇，想要利用废料制作一辆。

梁木匠按图纸设计制作了几辆小车，小工们饶有兴趣地推着小车穿梭于工地间运送工料，既省力又灵便。

经梁木匠介绍，又从偏关雇来一班石匠。领班的万师傅曾负责过万家寨军防工程的修建，磕这么个堡门洞，只是小菜一碟。

工程进展很快，三个月后，南洲书院已初具规模。

此时，妙善显露身孕，仍然忙前忙后。

到了深秋，参加修建的人铆足劲头，争取赶在入冻前竣工。

那年是闰腊月，有人和宪武开玩笑，说："俺们活了多少年，从来没听说有闰腊月，老辈传言，生在闰腊月的孩子，福大、命大、造化大。王先生若在闰腊月得子，千万不要忘了请俺们喝喜酒。"

宪武高兴得脸上乐开了花，连声说："谢你吉言，一定，一定！"

南洲书院主体按时完工。宪武宰猪杀羊，设宴庆贺。王朝用在宴席上答谢众人，众人对他恭敬有加，说他能把大同府学堂办得远近闻名，也能把南洲庠馆办得有声有色。

宪成翻着账本给工匠们支付工钱，工匠们十分佩服他，夸他"八米二糠"，是神算天才。集资的钱还有剩余，王朝用和众人商量，用剩余的钱铸一口钟供庠馆使用，同时把捐款人的姓名镌铸在钟上。

安排好南洲书院的事宜，宪武一家回到山阴城。宪武为过春节准备年货。妙善从陪嫁的箱子里找出几匹布，要为家人裁剪新衣。妙善首先为王朝用裁了一件棉袍。妙善又把两个侄儿叫进屋来，为他们量体。两个孩子手舞足蹈，唱着街头巷尾流传的儿歌：

> 过大年，穿新袄，贴对联，响花炮。
> 爷爷把架奶奶尿。
> 奶奶尿得啜啜啜，爷爷笑得哈哈哈。

妙善被他们逗得笑弯了腰。

孩子们的儿歌让王朝用想起了被大儿子宪文气死的老伴。这是他一辈子的心病，只是不说而已。

王朝用说:"这些孩子,也不知从哪里学了这些东西。让他们读书迫在眉睫。"

宪武说:"庠馆可望明春开课,到时无论如何也要把他们送去。"

王朝用建议:"学生多农家子弟,宜增设冬春班。"

宪武赞同父亲的意见,说:"且耕且读,好!"他又提出:"学生多有军户子弟,也该开设习武之类的课目。"王朝用点头称是。

妙善突然觉得肚子痛,说可能要生。宪武急忙跑去把嫂嫂叫来,嫂嫂安排妙善躺好,吩咐宪武去叫接生婆。

老娘婆掴着两个脚后跟,来到王家,烤剪刀、烧开水,将一应东西准备齐全。她盘腿坐到炕沿边,望着平素稳重的王先生猴急地在堂屋内来回踱步,笑着说:"时候不到,不要吃绕;时候一到,瓜熟蒂落。"

宪武问她:"还得多久?"她说:"头胎,骨码紧,傍晚觉意,再早也得破晓。"她让王宪武去别处歇息。宪武搓搓手,回到前屋。

夜幕降临,宪武秉烛,展卷,夜读,可怎么也读不进去,只是装模作样。

鸡叫了,宪武犯困,有些游迷打盹。他飘飘然,仿佛进入了另一个美妙的世界,有点像五台山,却又不完全像,虚虚幻幻。突然一位绯衣老人手持金杖,牵一金童飘然降落到他面前,惊得他全身一愣怔,睁开了眼。就在此时,从后屋传来了孩子响亮的啼哭声。

嫂嫂忙不迭地跑来向他报喜:"生了,生了!是个男丁,是个男丁。"

宪武欣喜若狂。

第三章　家屏对句无瑕疵
　　　　妙善早逝遗碎玉

　　王家添丁，举家高兴。

　　宪成受宪武夫妇之托，雇车轿到韩家报喜。韩廷瑞听了，兴奋得直念"弄璋之喜，弄璋之喜"。

　　"君子比德"，韩廷瑞取出一块玉佩要送给外孙。那玉佩于方寸间雕琢着维摩诘与文殊菩萨的辩论。

　　韩夫人取出一对玉镯作为贺礼。乘车轿去山阴城照顾妙善。

　　满月那日，给孩子起名字。

　　王朝用说："这孩子是'家'字辈，为大家者，安贫乐道，就叫家贫。"

　　宪武听了，似觉不妥，没有直接反对，只是扑哧一笑。

　　王朝用又说："贫隐'平'音，平安是福。又隐'屏'音，为人子，能屏家；为人臣，能屏国。家大乃国，家国一理。"

　　妙善插话："屏字好，就叫家屏。"

　　百日那天，亲朋聚会，家屏的炕床上摆满了形形色色有职业象征性的玩具，家屏被放在中间，大人们眼盯端端①地瞅着他，看他会抓起什么，以此来判断他将来的爱好及职业取向。

　　舅舅把他为外甥准备的布马及刀枪棍棒等玩具放在孩子面前，他变着法儿启发家屏，家屏只是把布马推搡了一下。妙善为孩子准备的是佛像、手串、经书等。宪武摆放的是琴棋书画、纸笔砚墨。

　　家屏紧紧握住一支笔，不放。韩廷瑞笑吟吟地说："珥笔插冠，或将成为

---

① 眼盯端端：土语，形容专注、期盼的眼神。

史官。"

妙善从身上解下刻有"善"字的玉佩放到家屏面前，家屏一把抓起。妙善见了，双手合十，念了句阿弥陀佛。

家屏又去抓书，也不管诗书、经书、兵书，什么书都抓。

韩廷瑞说："这孩子，以后将博览群书。"

宪武特地准备了一顶乌纱帽，孩子看也不看、摸也不摸。他硬放到孩子小手可及的地方，被孩子一下拨到了地上。

宪武满脸遗憾地说："这孩子不是当官的料。"话音刚落，孩子抓起了铜印纽，韩廷瑞说："这孩子将权柄在握。"

孩子的一举一动牵动着大家的情绪，满屋人笑声不断。

姥姥抱起家屏，说："这孩子长得周周正正，看哪儿都顺眼。"又对妙善说："前日听你三姨说，她家宗岳媳妇今年也生了，是个女儿，长得像她妈，是个美人胚子，咱就和霍家订下娃娃亲。"

妙善笑着说："霍家是大户人家，咱怕高攀不上。"

姥姥说："什么高攀不高攀的，你三姨寻你三姨夫时，霍家穷得有个啥？还不是就寻了个当人①？"

妙善不再和母亲激将②。

家屏一天天长大，母亲哄他的最好方法是给他读书。说来也怪，一听到读书声，他就变得特别乖。

家屏咿呀学语时，母亲给他制作了识字卡片，由简到繁，积少成多。他学得特别快，四五岁时常用字基本都认识了，宪武觉得他是个天才。

宪武说："他比我小时候强，好在遭逢了一位好妈。"这话妙善爱听。

妙善把全部心思放在家屏身上，教他学经典，写诗词，她常用的教导方式是对句子，母子二人一个出上联，一个对下联。

南洲书院的庠馆开张，学生们彬彬如雁行。

钟已铸成，运来。

早年王家先人在南洲山庄种植桑树，成活了一株，众人将钟挂到桑树分枝

---

① 就寻了个当人：土语，意为择婿时只考虑了本人，未以家庭条件为主。
② 激将：土语，喻据理力争，互不相让。

处。树旁修了个小池塘。王朝用说:"这是砚池。"

宪武请来几位同窗好友,请他们一边自修学业,一边担任教官。王朝用常为他们解疑释惑。

妙善隔三岔五带着家屏到南洲书院来,家屏常和学生们玩耍,有意无意间学了些知识。

在山阴城,王家的宅院离县衙不远,县衙前有一片空旷的场地,孩子们喜欢到那里玩。

一次,家屏手扳着衙门前的旗杆,围着旗杆转。恰逢县太爷和县丞从外面回衙,县太爷边上台阶边咏了一句:"手扳旗杆团团转。"

家屏随即对出下句:"足登台阶步步高。"

县太爷停下脚步,返到衙门旁一棵柳树下,招呼家屏过来。他又念道:"骄阳如火柳作伞。"家屏望着县太爷官帽上的圆镜装饰物,又对:"明月似水官为伴。"

县太爷看着他胸前佩戴的玉佩,念了李商隐的半句诗:"日照玉生烟。"家屏盯着县太爷官服上的图案,回道:"月明珠挂泪。"

县太爷惊问:"你是谁家子弟?"家屏答道:"宪武儿子朝用孙。"

县太爷这才知道眼前这个孩子就是大家传说的那位小才子。

家屏又问:"您是谁?"县太爷答道:"山阴令。"

县太爷鼓励家屏到县学旁听,家屏高兴地跑回家,把这个消息告诉母亲。母亲为他缝制了书袋。

从此,家屏在山阴城出了名,人们夸他小小年纪就能和县太爷对句子。

一天,家屏背着书袋去县学,下雨了,一伙老人聚在一家大门洞里避雨。街面湿滑,家屏不慎摔倒了,惹得众人哈哈大笑。一位老人拦住家屏,让他避雨,他不肯,于是老人和他开玩笑,让他咏一首诗,才放他走。

家屏顺口道:

春雨贵如油,下得满街流。
蹬倒小学生,笑死一群牛。

几位老人一听,哪里肯依,以为家屏无理,不该将他们比作一群牛。

家屏不慌不忙地反问道:"您老几位刚才不是说你们都是属牛的吗?"

几位老人面面相觑,又笑了起来。

一位老人还是觉得不妥,让家屏把诗再改一改,改得斯文些。
家屏又念道:

　　春雨贵如油,下得满街流。
　　蹚倒小学生,笑煞老学究。

老人们连声说改得好。看雨下得小了,这才放他走,嘱他路上小心。
家屏虽年幼,又是插班旁听,成绩却优异,先生啧啧称奇。
家屏七岁那年,母亲身染重疾。
宪武请来著名的医官为她看病。医官望闻问切之后,走到外间和宪武说,夫人得的是不治之症,恐怕于事无补,只能抓些药调理,嘱他早些安排后事。
母亲生病卧床,家屏一下子好像长大了几岁,他守在母亲床边,与母亲朝夕相伴,不肯离去。
妙善自觉大限将至,眼瞅着年幼的家屏,难以割舍。
妙善的娘家人匆匆赶来,大家望着垂危的妙善,背过身偷偷地落泪。
妙善半卧在床沿边,动了动嘴唇,众人凑过来听她说。
"这孩子,将来定会大有出息,可惜我看不到了。"
妙善竭尽全力地说完最后一句话,闭上了眼睛。那天是嘉靖壬寅九月初五,妙善享年三十四岁。
她的一只手无力地垂到床边,腕上玉镯滑落,掉在石板地上,摔为碎片。
家屏把碎玉捡起,紧紧握在手里。
宪武悲痛欲绝,口里哭喊道:"俺家玉碎兮,贤妻逝;大厦将倾兮,谁来撑?"

噩耗传到南洲书院,王朝用面壁无语,呈木僵状,好半天才长叹一声,说:"黄泉路上叹伶仃,可惜老朽替不得。"他握紧拳头捣自己的大腿,一拳、两拳、三拳。
王朝用让书院派人送他回山阴城奔丧。
韩廷瑞闻讯,掩面而泣,着人买了上好的木板,特请代州梁木匠为妙善制作棺材,以慰哀魂。
王家门前贴告示,挂挽联,联云:

  静贞贤惠，性淳行懿，攻苦食淡以相夫，爱劳备至而持家；
  夙通国史，颇晓典籍，启迪诗书而口授，笃毓爱子以劬劳。

  妙善灵堂前，众人为家屏着孝衣，戴孝帽，穿孝鞋，披孝麻。家屏人小衣服大，有些侗轮伛廓，跌倒辁辘①。
  "家屏，戴不得哑孝，哭你娘。"伯母在家屏背上轻轻地拍了一下，对他说。
  "哇"的一声，家屏哭出了声。众人说："哭出声来好，不然，会憋出毛病来。"
  有人来吊唁，家屏跪在地下迎接，陪着烧纸、叩头。
  叔叔和舅舅劝他休息，家屏不肯。他说："这是家屏的事情，别人替不得。"
  王朝用抚棺太息，连喊："呜呼哀哉！呜呼哀哉！"他那近于全盲的眼中流下了苦涩的泪。
  深夜，家屏怀里揣着母亲的玉镯碎片不肯离去，他要替母亲守夜。舅舅劝，姨姨劝，谁劝也不听。他说："家屏离不开母亲，母亲也离不开家屏。"
  发引时，家屏要扛引魂幡，他身小力单，哪里扛得动。两个叔伯哥哥要替他扛，他不让。舅舅把他连同引魂幡一同抱起，在灵柩前行进。
  喇叭声咽，纸钱飞舞，黄叶满地，棺材下葬。
  填土埋棺时，家屏背着引魂幡向上撅。他撕心裂肺地喊了声"妈！"，在场的人纷纷泪下。
  自母亲去世后，家屏变得沉默寡言、失魂落魄。
  过完头七，舅舅接他去怀仁住些时日。临行时，王朝用摸着他的头，哽咽着说："啥时候想爷爷就回来。"
  舅舅搂着家屏乘马前行，拐弯时，家屏回头见爷爷还拄杖立在城外的大路边。他身上穿的那件长袍是母亲亲手缝制的，如今，母亲逝去，又要离开爷爷，他止不住泪流满面。
  到了怀仁，家屏睡觉时会抱着母亲给他缝的书袋，里面有母亲为他写的识字卡片和玉镯碎片。
  大姨在马家做媳妇，马家是当地富户，她给家屏找来一盒玉器，让他喜欢

---

① 侗轮伛廓，跌倒辁辘：土语，形容衣不合体，致使行动不便的样子。

哪件拿哪件,她想让家屏把玉镯碎片换下,以免他睹物伤怀。家屏不肯。他说:"家屏只要妈妈戴过的,不要别的。"

舅舅学文兼习武,书房内经典累摞,庭院前刀枪林立。

书房壁上有一幅字特别醒目:"凤来瑞廷,凤过廷瑞不留声;雁渡寒潭,雁过潭寒不留影。"落款是黄坡公。

舅舅说:"这幅字是你姥爷的好友送给他的,字里隐着你姥爷的名——廷瑞。你姥爷又从这幅字里选了寒潭两个字,为我起了名。"

"你知道黄坡公是谁吗?"舅舅问家屏。

"不知道。"家屏回答。

"就是你爷爷。"家屏轻轻地点了点头。

为了分散家屏的注意力,舅舅挖空心思,引着他到郊外学骑马、练射箭。又从金沙滩那边找来几位军户小儿郎陪着他玩,互相比赛。

家屏好胜心强,不甘落后,小小年纪,不久便能娴熟地骑马射箭了,他还学了些拳脚套路。当然,他骑的是一匹小马,用的弓箭也小巧。

舅舅琢磨着把弓改成弩,这样省劲。

舅舅成功地把弓改成了弩,他兴奋地说,在独轮车上也可以装弩,这样射出的箭又远又准,更容易对付鞑靼骑兵。

舅舅每天起得很早,憋着尿到井台上吼嗓子。他说这是练丹田之气,练得久了,对着井台吼一声,井底的水就会翻腾,讲话会声若洪钟,在很远很远的地方都能听到,以后不管为文还是为武都有用。为文能声震朝堂,为武能把敌人吓得趴下。

他煞有介事地哄家屏,说:"张飞在长坂桥上孤身一人大喝'我乃燕人张翼德也!谁敢与我战?'声如巨雷。曹军闻之,尽皆股栗。再喝一声,曹操身边夏侯杰被吓得肝胆俱裂,跌下马。曹操回马而走。张飞孤身一人喝退曹兵,用的就是这种功夫。"

家屏经舅舅劝说,也增加了这个训练项目。

一次,从悬空寺来了位会摸骨相的盲僧,舅舅引着家屏凑过去,让盲僧给家屏摸一摸。

盲僧先说家屏:"天成骨宽大,乃天庭饱满之相。坦然无壑,逢凶能化吉;端正不侧,可望早成功。"又说:"印绶骨有慧根,蕴通今博古之才。耳聪目明,过目能成诵;舌巧思奇,善辩多机智。"

舅舅直截了当问:"这孩子将来能不能中武进士?"

盲僧摇了摇头说:"不是那种料。"

舅舅面露不悦,又听说家屏是贵人骨相,方才高兴起来,摸出些银两送给盲僧。

家屏经盲僧摸揣,想起了双目失明的爷爷,他让舅舅送他回山阴。

爷孙相见,自然高兴。王朝用揣摸着孙子的头,说他长高了。宪武看着儿子说他晒黑了。

家屏和爷爷在南洲书院住,爷爷教他念书,他照顾爷爷生活。爷爷的记性好,能记住经典文章中的某句话在哪一页、哪一行。家屏不甘示弱,和爷爷比赛。爷孙俩常对句子,比谁对得快、对得好。爷爷给家屏讲儒家经典,讲张良拾履、韩信报漂母等故事,讲得有声有色。爷爷藏有道家的书,家屏翻出来看,有不懂之处,爷爷给他解释。爷爷鼓励他博学,不唯应试是学,不唯儒家是重。

南洲书院需要修缮,请来梁木匠。梁木匠见宪武家中衣脏物乱、食不按响,遂将堂妹介绍给宪武。宪武初不允,韩廷瑞多次督促,方续弦。

梁夫人是代州振武卫人,父亲叫梁继宗,到王家时十八岁。她心地善良,手脚勤快,把家里收拾得干干净净。

第四章　县太爷举荐家屏
　　　　　王重光讲学云中

　　县太爷和县丞来到王家。

　　县太爷对朝用说，今年县里幸得一个补诸生①名额，他和县丞唯才是举，举荐家屏到大同府学就读。

　　朝用微微一笑，说："这种机会十分难得，可遇而不可求。承蒙二位赏识家屏，家屏当好好读书，将来也好造福乡里。"

　　入官学是为仕途铺路，就读者每月可得米七斗。梁夫人把家屏打扮一新，宪武送他到大同。

　　大同，城垛迭连，雕楼相望。宪武告诉家屏，这里曾是祖上戍守的地方。城内街巷纵横，路边商铺林立。大同府学位于城西北，是个清静雅致的好地方。

　　官学班的生员不多，只有三十多人。家屏个子不矮，年龄最小。班内新收补诸生两人，另一位是代王之子。代王子见家屏斯斯文文，主动与他亲近，做自我介绍。

　　代王子问家屏："你会骑马吗？"家屏说："会一点。"

　　"你会射箭吗？"

　　"会一点。"

　　"你会打拳吗？"

　　"会一点。"

　　"你会舞剑吗？"

---

① 补诸生：民间极优异者由地方推荐入官学，称补诸生。

"会一点。"

代王子约家屏一起参加这些活动。

做功课时,代王子哪里不会就问家屏。家屏特别有耐心,有问必答,像一位小先生。他俩互学相长,形影不离。

代王子年长,个头高,却喜欢跟在家屏后面。同学们戏称家屏是老二走到了老大前面,送了家屏一个雅号,叫仲伯。

文人有名、有姓,且有字。同学们效仿文人起字。

同学们问家屏:"仲伯,你起个什么字?"家屏说:"大家唤我仲伯,我就叫'忠伯'好了。"为避免与代王子,乃至皇室有称兄道弟之嫌,家屏改"仲"为"忠"。

家屏又说:"伯者为大,我要忠心于齿德大于我者,乃至大明朝。"众皆称妙。

那年,八月十八日,梁夫人在嫁给宪武的第七个年头,不幸病故,时年二十五岁。她生过两个男孩,都没有成活。

宪武怕影响家屏在官学里年考,没有告诉他。

时隔不久,王朝用旧病复发,身体每况愈下。他自觉大期将至,着人召回家屏,想嘱咐他几句。

家屏来到爷爷床前,抓着爷爷的手,听他教导。

爷爷说:"你补诸生,已初入朝廷之门,仕途有望,更需谦恭。将来处事要顾大局、识大体,不能唯官是瞻。"

"不要忙于做官,要踏踏实实做学问,不仅要学好儒学,也要学好其他。人世间是多元的,人心不会以儒学为一统,有信儒者、信佛者、信道者,也有皆而信之者,为官也得了解三教纲常,否则何以服众?"爷爷认为崇儒不能诽佛谤道,应当"和而不同、兼收并蓄"。

"将来若为官,亲朋好友有弊,不必偏袒,或在家,或在职,要正纲纪、扶正气,莫要结党徇劣,讳疾护短。"

"俗话说'酒色财气四堵墙,人人都在里边藏'。要端端正正做人做官,就得摆脱这四堵墙的羁绊,这也是修行要达到的高境界。要以你大爷为鉴,不能像他那样活得人不人、鬼不鬼的。"

爷爷至死也不原谅大儿子宪文,不允许他到自己跟前,还说王家的坟里不要宪文这种大逆不道的人。

爷爷还念念不忘他的独轮车设计。

家屏离家不久，爷爷与世长辞。他说给家屏留下两套书，让他长大后精读。他死后，书却没有找到。这件事，家屏一直记在心。

宪武半年内办了两场丧事，苍老了许多。

宪文常说自己是有罪之人，要戴罪立功。他在庠馆的表现还算不错，常领着学生垒墙造地、引水浇园。庠馆生产的粮食、蔬菜能自给有余。他又组织学生在路两边、田埂上植杨柳，在房前后、院内外种桃杏，使整个庄园生机盎然。

梁夫人活着时给书院管灶帮厨。她死后，此项工作落到了宪文妻子头上。

宪文妻子不善烹饪，蒸糕夹生，做粥糊，甜一顿，咸一顿，还不能按时开饭，邋里邋遢，就餐者的意见越来越大。

众人撮合，宪武又娶了同邑景聪的女儿，她协助宪武料理庠馆一应事务。

景夫人不似梁夫人那般"待人生怕薄，施物只嫌少"，她的口头禅是"一米一粟，来之不易；一丝一缕，物力维艰"，见不得有人抛米撒面、剩菜剩饭；注重节俭，近乎吝啬，不允许有一点浪费。

景夫人对家屏特别好，她称家屏为小官人。她认为小官人出门在外要光鲜体面。家屏又得到第三位母亲的悉心照料。

宪成娶的是朝用的同窗好友郭先生的小女儿。婚后不久，郭小姐病故。宪武盘算着给宪成再娶一位，但宪成有自己的想法。

南洲书院每年冬季拉炭，宪文靠不住，宪成是带队人。

书院北去二百多里有面高沟，那里的炭发热量高，一锅水，一会儿就能烧滚，在锅里放置铜钱，沸水能让铜钱顶得翻滚，故称"翻铜钱炭"。另一个特点是燃烧时间长，媳妇到娘家住几天，回来一看，灶里还有火，故又称"住妈家儿①炭"。

去年，王宪成带队到面高沟拉炭，一大伙人围在窑上嚷嚷，干恳②拉不上。一问才知道，是因为窑上结账不及时引起的。窑主姓戎，账目由他女儿戎小姐料理，她病了。王宪成说"这有何难"，便让各方代表将账目拿来，派专人念，他用手算加心算，刚念完，便公布了结果，众皆称奇。戎窑主将宪成奉为

---

① 妈家儿：口语，儿化音，意为娘家。
② 干恳：土语，形容干着急的样子。

上宾，备下酒菜，请他用餐。谁料，戎小姐看中了宪成，两人以诗相对，互表心愿。

此后，无论谁给戎小姐提亲，她都不搭理，一心只等宪成。

宪成也拒绝了众多上门提亲的人，放出话来，说自己研究阴阳，遇黄道吉日，会套起车，去迎娶一位贤惠娘子回来。

这一年腊月，宪成吩咐车夫："装车，出门！"

车夫以为去拉炭，套起车来，准备出发。

宪成让车夫把车装成娶亲模样。车夫窃笑，以为好玩，按他说的装好车，由他指引，向西北行进。两日后来到面高沟，住到店里。说是来娶亲，却没有目标，店主人深感愕然，以为咄咄怪事。消息不胫而走，很快传至窑上。

戎窑主得知信息后，差人到店里来请宪成。二人见面寒暄后，戎窑主说："女儿今冬常闹病，听说先生不只精算术，还精医术，不妨为小女看看。"

于是，两个有情人相见，没费多大劲，成就了这份姻缘。王宪成车上拉了新媳妇，打道回山庄。

从此南洲山庄多了位戎夫人，他和丈夫一起帮助宪武料理庠馆，担起了兴教育人的重任，她和善慈惠，深受家人及学子们尊敬。

第二年，戎夫人生了儿子王家璧。

后来朝廷派出大员到各地巡察。来大同的是王重光，山东人，进士出身。他有督学重任，将在府学听课并讲学。他希望此行能发现特殊人才，举荐给国子监。

同行者有兵部主事霍宗岳，他祖上是临汾人，父辈在朔州当官，他少年时在朔州生活过。他和妙善是姨兄妹，有个女儿和家屏同岁，与家屏从小定下娃娃亲。霍宗岳为调查设置车兵营的事而来。

李文进在山西任总督期间，和俞大猷在安营堡用车兵战胜鞑靼后，上疏在军中常设车兵营，引起了兵部的重视。

王重光听府学老师讲课，霍宗岳陪同。王重光在评课时给老师们提出不少意见。王重光问霍宗岳有何看法。

霍宗岳说："确实存在这样的问题。"又说，"能讲到这样的水平已经不错。"

老师们安排诸生听王重光讲经书。

王重光正襟危坐，选"有教无类"为题。

"子曰：'有教无类。'何也？

"其一，无论何人，皆宜受教，不因贫富、贵贱、智愚、善恶等将某类人排斥于受教范围之外。其二，人本有类，依贫富分，有贫者、富者；依贵贱分，有贵者、贱者；依智愚分，有智者、愚者；依善恶分，有善者、恶者。经受教之后，则可消除类差，皆成德才兼备者。'有教，则无类'是也。

"孔子当年说此话意在其一。孔子之前非贵族不能入官学，官学以礼、乐、射、书教之。孔子始办私学，明确提出有教无类，意在不分贵族与平民，皆可受教。孔子弟子有来自齐鲁者，有来自秦晋者；有贵族如南宫敬叔者，有贫如颜回、曾参、子路、公冶长者。孔子行有教无类之道，贵在凡人皆宜教，教以成才、教以成德。故有教无类一语，讲的是众生平等，皆能成仁。

"我朝先皇知尧舜周初，得人而昌；殷纣秦隋，弃贤而亡。先发荐贤令，又下科考诏。其后各代，发扬光大。府州县办官学，两京办国子监，为的就是让士子经'有教'之后成为'则无类'的举人或进士，以补官场。各位当努力进取，早日成为德才兼备之士。"

家屏坐在王重光正对面，聚精会神地听讲，联想起家人办庠馆的情景，激动不已。

王重光被家屏的形容举止所吸引。讲经书完毕，王重光让诸生每人写一篇与主讲内容相关的文章，当场交卷。

其他学生或交头接耳，或抓耳挠腮，唯独家屏端坐在那里，像玉雕的一般。

片刻之后，家屏铺笺陈纸，含毫蘸墨，一篇文章一挥而就。再看其他学生，有的写了揉，揉了写；有的忙于打草稿，捻苦①到卷子上的字寥寥无几。

家屏交了卷就蹦跳着出去玩了。王重光拿过卷子一看，条理清晰，观点独特。惊呼，这哪是书生习作，全像是臣子奏草！

王重光把卷子递给霍宗岳，霍宗岳特别欣赏家屏的楷书，左端详，右端详，夸赞："这字写得好，刚柔并济、端正秀美，真是字如其人！"

"人说江南多才子，又说山东出圣人，我恒山脚下、雁门关外也藏龙卧虎！"霍宗岳甚是得意。他告诉王重光，这孩子是他的小女婿。

王重光向老师了解家屏情况，老师坦诚地说："这个学生我教不了，他知其然，非要知其所以然，举一能反三。我的学识哪经得起他刨根究底的问？我常因不能为他解惑而惭愧。长此下去，恐误人子弟。"

---

① 捻苦：土语，反复推敲仍无法确认的样子。

王重光笑着说:"弟子不必不如师,师不必贤于弟子。"

霍宗岳也说:"古人说得好,有状元徒弟,没有状元师父。"

王重光见家屏在文章中提及家人办学之事。又向老师了解朝用和宪武的情况。

"刚才本官阅卷,见家屏提及他祖父和父亲办学之事,不知老师知否?"

"他祖父王朝用本是大同儒官,为人厚道,才思敏捷,以博闻强记而知名,后因眼疾辞职归隐,现已病故。他父亲王宪武是老生员,热衷于效孔夫子办学,在一个山野小村招了些平民子弟,且耕且读,所以屡试不第。"

王重光把家屏叫至后堂,问他读完了哪些书。家屏把读完的书数说了一遍,王重光让他把这些书拿来。家屏抱来了书,乍一看,这摞书的边角没有一点弯折,和新的一样。家屏受母亲教导,从小就特别爱护书。王重光随便抽一本,翻开,不管从哪里起头,家屏都能滚瓜烂熟地背诵。王重光满意地点了点头,霍宗岳啧啧连声。霍宗岳发现家屏没有认出自己,暗暗着急。

王重光不露声色地问家屏:"家里还有什么人?有谁在外居官?"

家屏说着家里还有谁,说没有人在外居官。

霍宗岳问:"订过娃娃亲没有?"

家屏腼腆一笑,说:"没有。"

霍宗岳不悦,对家屏说:"好好认认,我是谁?"

家屏终于认出姨舅,很不自在,挠着头,腼腆地傻笑。

"假如让你到国子监读书,你愿意吗?"王重光问家屏。

家屏眨巴着眼说:"大同就很好,何必舍近求远?"

王重光开导他:"大同是大同的水平,京师是京师的水平,府学和国学能一样吗?"

霍宗岳在旁插话:"现如今不是有教无类,而是教有类,该如何选择?"

家屏说:"此事须和家父商量。"王重光点了点头。

"你祖上是哪里的王家?"沉默少时,王重光突然问了这样一个问题。

"我听爷爷说,祖上是太原王家。"王重光笑着拍了拍家屏的肩膀,说:"我的祖上也是太原王家,后来迁居山东。"

王重光说:"你不是说他和你女儿定过娃娃亲吗?咱们都是一家人。"

霍宗岳望着家屏抿嘴笑,喜形于色。家屏觉得眼前这两位和蔼可亲。王重光说,他要到山阴去,见见努力实践"有教无类"的王宪武。

代王子和几位学生在外面偷听里面的谈话。

家屏出来时，代王子一把拉住他，急切地问："你是不是真的要去国子监读书？"

"没有。王大人只是说说而已。"

"你若走了，我如何是好？"

家屏看代王子着急的模样，想了想，说："要不咱俩一起去？"

代王子说："国子监可不是谁想去就能去的。"

"国子监不是为国子办的吗？你是代王之子，不就是国子吗？"

两人嘀咕了一阵，代王子决定去求父王。

第五章　李文进筹建车兵
　　　　　霍宗岳巡查安营

　　王重光来到山阴城,他在县衙住下,明察暗访。

　　霍宗岳见了宪武,他俩一会儿称姨兄、姨妹夫,一会儿又亲家长亲家短。言语间少不了夸奖家屏,缅怀妙善。

　　这天,王重光要会宪武,霍宗岳也在场。

　　"你我同宗,有些话必须与你直言。你知道人们在背后是怎样评说你的吗?"

　　"愿听大人赐教。"

　　"多数人说你好,也有人说你'酸文假醋',是'一领穷酸,半截腐臭''又倔又犟'。"

　　宪武不知该如何作答。

　　霍宗岳窃笑。

　　王重光正颜厉色地说:"越是不顺耳的话越要听,当引以为鉴。"

　　"你本应以学为本,求取功名,却醉心于办庠馆,到头来,人过中年,屡试不第。就凭你办所庠馆能实现'有教无类'?能培养出弟子三千、贤人七十二?以其昏昏,岂能使人昭昭?"王重光有意刺激宪武。

　　"依你之才,若下足功夫,中举不难,即便官至五品,也能造福一方,远胜于教习几个山野子弟。"

　　"前些天我在云中①府学见你儿子家屏出类拔萃,欲以我督学名义,举荐他到国子监,你意下如何?"宪武一听,喜出望外,连声说好。

　　王重光让宪武暂缓办学,积极准备下次会试,宪武满口答应。

---

① 云中:今山西大同。

王重光时任工部侍郎。他此行不仅到山西督学,还另有任务。

工部有一案宗,是李文进留下的,欲将桑干河截为九段,修成运河,建水路,通京津。王重光实地考察,意在判断李文进的方案是否可行。他摊开地图,确定考察路线。王重光让宪武一同前往。山阴县丞陪同王重光一行沿桑干河岸西行。远远望见位于岸边的安营堡。

山阴县丞用马鞭指着安营堡说:"李文进和俞大猷就是在这里靠车兵大胜鞑靼的。"

昔日,鞑靼来犯,硝尘蔽日,掳人掠物,呼天喝地。韩廷瑞领着儿子韩寒潭入军中,将小车图献给李文进。梁木匠受命,率众木匠连夜打造独轮车。李文进秘密成立车兵营,人手一辆独轮车。鞑靼再次来犯,攻占了安营堡。车兵营趁夜包围安营堡。

时近破晓,堡外喊声四起。仓皇间,堡内乱作一团。鞑靼马队冲出堡门,有的陷入车阵,不能自拔;有的冲到大路上。埋伏在路边的兵士将兵车推出,拦截堵围,敌方溃不成军、人仰马翻。战斗结束,来犯之敌几乎被全歼。

王重光夸赞李文进在军中建车兵营是一大创举,感叹他英年早逝。

山阴县丞说:"给李帅献独轮车图的正是王先生的岳父韩廷瑞和他的儿子韩寒潭。王先生的父亲和韩廷瑞是同窗好友,又成了亲家,小车图是他俩设计的。"

宪武说:"韩、王两家皆属军户,心系边防,为国尽忠乃天职。韩公也是霍主事的姨父,这些事情,他也知道。"

王重光说他想见一见韩廷瑞。宪武说:"他属闲云野鹤般的人物,不知道这几天又云游到了什么地方。"

霍宗岳问起韩寒潭,宪武说:"他中举后在县衙做事,如今为唐县丞。"

山阴县丞说:"寒潭有文韬武略,人才难得。"

来到安营堡门口,守堡校官领着一帮兵丁早早在那里迎接。穿街过巷,来到军营。军营分前后两个大院。一行人进入后院议事大厅。

霍宗岳让军营所有人员在院内集合,一看,年轻者少,年老者多。一查,实际人数少于造册人数。霍宗岳由此推断:其一,军籍制会导致部队老龄化;其二,可能有人钻营,吃空饷。

又查兵车库,实际存车数量少于造册登记数。问看库老兵,他倒老实,说:"时逢八节[①],换酒换粮啦!"

[①] 时逢八节:土语,指每到农历过节时。

王重光耐着性子，问："换给什么人了？"

"应州卖瓦盆的，有多少要多少。"

一行人返回大厅议事。

宪武欲回避，王重光偏要他参加，还点名让他发言。宪武倒是有啥说啥，直言不讳。

"桑干运河不当修。若修此运河，与北齐修武州至居庸关长城相比，长度相近，都是九百余里，但此工程量十百倍于彼工程量。高洋[①]修此段长城时，倾其国力，用人八十余万，限期三月完成，完不成者，就地处死。我朝修补古长城，将古长城石砌砖包，已耗费了大量人力物力，哪还有力量再修运河？

"隋炀帝修南运河致隋亡，我朝岂能重蹈覆辙？"

王重光听了直点头。

王重光说："初阅李文进留下的卷宗以为修桑干运河可行，全长九百里，分九段，每段一百里，逐年为之。如今看来，须暂缓。"

又问："刚才巡查，该堡有冒领军饷、以军械换酒之嫌，依你之见该如何处置？"

"依我之见，不可贸然处置。军饷不足一直是我朝弊病，常以发放盐引代之。本地广有盐碱地，家家都会取卤水熬盐、熬碱，要盐引有何用？只能三八折二变卖，经此折腾，到手的钱能有多少？冒领军饷，普遍存在，责在上，不在下。下面的人不抱油篓、不沾油手，白背个黑锅而已。"

"守堡士卒以车换酒，固然不对，但军械转民用，也是必然趋势。只恐将车中技术暴露给敌方。"

"安营之战所以大捷，贵在用兵之奇。"

"依你之见，车兵营最怕什么？"霍宗岳问宪武。

"最怕运筹赤壁大战时，周瑜和诸葛亮各自写在手心的那个字——火。"

王重光、霍宗岳默然。

[①] 高洋：北齐开国皇帝。

第六章　家屏就读国子监
　　　　宪武供职云中府

　　云中驿馆。

　　王重光与霍宗岳就此行巡察发现的问题进行汇总：其一，修桑干运河之事，不可行；其二，军中奖惩不明、治军不严、冒领军饷等现象严重，责在仇大帅①；其三，府学经费不足，教务考核流于形式，老师收入低。

　　霍宗岳说："仇大帅后台硬，动不得。不过，此人虽张扬，却还听得进人言，有个德高望重的人在身边提醒，或许会好些。"

　　"去哪儿找这样一个人？"王重光有点犯难。

　　"眼下就有个现成的人——王宪武。"

　　王重光踱着步，点头。

　　代王府遣人送来请柬，说代王有请二位钦差。

　　代王府在东街，门前九龙照壁高耸，壁前溪水潺潺，龙影倒映波中，栩栩如生。代王府府第幽深，虽不似帝都贝阙珠宫，九门相望，却也碧瓦朱甍，海海漫漫②。

　　代王出迎，王重光一行入大厅，分宾主坐定。下人端茶递水，主人降阶礼让。

　　"二位钦官到云中，本王初不知，后回避，照应不周，还望海涵。"

　　王重光和霍宗岳将他们此行经过做了简介，指出云中尚有许多事做得不尽如人意。

---

① 仇大帅：隐指仇鸾，是严嵩的干儿子。
② 海海漫漫：土语，指占地面积大，似无边无际。

"责在本王则改之，责在他官则纠之。"代王显得特别大度。

王重光对代王府捐建修缮云中寺庙、道观等颂扬了一番，委婉地建议代王，还须多多关心府学。

代王笑吟吟地说："国初修缮代王府占用了云中府学地盘，历届代王深感愧对云中父老，皆以办好府学为己任，捐资捐物，有目共睹。今闻府学教员收入微薄，定将大力捐助。"

说到府学，代王来了精神。他说："为人父母，都希望子女能掌握为人之道、为生之计。本王也一样，所以特令犬子到府学就读，近几年他结识了家屏，受益多多。他说要凭自己的真才实学考取进士，本王听了，比什么都高兴。前几日又说，台下欲荐家屏到国子监，他嚷着也要去，本王正想请教二位，去得去不得？"

"当然去得。"王重光坚定地回答。

代王笑着说："主要是犬子不愿离开家屏这位良师益友。"

霍宗岳讲了军队冒名领饷的事，代王对仇帅也有不满之处，不过，他觉得冒领军饷只是小节，为大帅者，小节无害。

王重光提出让家屏的父亲宪武到衙门供职，以督导、规范军中的行为，代王叫好，他说："一百五十年前，王家祖上跟随先帝北上戍守云中，一百五十年后，宪武再回云中，冥冥中，也许是祖宗在召唤。"

代王设宴招待王重光一行，派人把代王子、家屏及代王子其他几位好友一并叫来陪伴。宴席简单，却具有云中地方特色。饭后，代王吩咐管家拿出百两银子给府学送去，为教员发放补贴。宪武将南洲书院交由宪成夫妇管理，火速赶到云中，安排家屏进京。代王让管家又备了一份厚礼，到府学面谢教员。

宪武与代王在府学会了面。

代王问宪武："来云中后，准备在哪里居住？"

宪武说："尚未有住处。"

代王望着宪武说："我听家屏说，你曾在佛宿山下南山寺读书、教书多年，今日见你一脸佛相，果然与佛有缘。近几年本王广结善缘，在华严寺建僧舍、禅房若干，每月初一、十五到那里斋戒。那里清静，是个研究学问的好去处。你若不嫌，可以到那里居住，省得我另寻别人照管。"

宪武拱手向代王致谢，决定住在华严寺内。

家屏和代王子随王重光一行进京。

家屏的大姨乘一领小轿，特地从怀仁赶来。她为家屏送来了衣物和盘缠。

霍宗岳走上前去，大姨惊呼："我还以为是哪位当官的，原来是姨哥，你一向可好？"

"我这次因公回来几日，正要回京，是王大人见家屏出众，荐他到国子监，故与我们同行。"

"家屏已经长大成人，我记得他与你家小姐同岁，订过娃娃亲，这次进京，正好完婚。"

"我也正有此意。"两人会心一笑。

家屏收下衣物，不肯收钱。他说："进京和在云中一样，每月按监生发钱，够花。"

霍宗岳说："家屏说不拿就不用拿了，到了京城缺啥由我负责。"又对王重光说，"家屏与小女完婚，大人可当媒公？"

王重光笑着说："何乐而不为？"

大姨盼咐家屏："到了京城要学着说话，不能像在家里那样，闷不作声。"

代王子笑着直摇头，说："家屏讲话声如洪钟，他在家闷不作声，那是不想多说而已。"

大姨又说："在外多喝水、少熬夜，小心上火，耳朵痛。"

家屏从小有一上火耳朵痛的毛病，母亲活着时，经常提醒他喝水，大姨这么一说，让他又想起了母亲，他小声地说"是"。大姨又嫌他说话声音小，不像她一般大嗓门。

不日，众人来到京城。

代王早派人为代王子和家屏在京城安排好了住处。

霍宗岳让家屏到他家里住，家屏说："等改日再去吧，代王子初来乍到，得有个人陪着。"

王重光约好了家屏和代王子去国子监的日期。

那天，家屏早早催代王子动身，他风趣地说："咱不能让黄石老人[①]在圯桥上等。"

国子监的规模相当大，是朝廷兴办的最高学府。人们说，这里是培养举人、进士的基地，是孵化官员的鸟巢。

[①] 黄石老人：黄石公，秦汉时思想家、军事家，世称圯上老人。《史记·留侯世家》称其避秦世之乱，隐居东海下邳。当时，张良因谋刺秦始皇未果，亡匿下邳，遇到黄石公。黄石公三试张良后，授予《太公兵法》。

王重光先找到监丞，又找到司业，再找到祭酒。王重光递上两封文书，一封是代王写给祭酒的信，另一封是他以山西督学之名为家屏写的荐书。

祭酒和王重光是同年进士，听说家屏有过目不忘之才，来了兴趣，召唤众人过来，要当场见识一番。

一行人走到院内一侧靠墙处的碑林，他们选中一块碑，碑上刻着朱元璋于洪武三年五月颁布开科取士的诏书："朕闻成周之制，取材于贡士，故贤者在职，而其民有士君子之行。是以风俗淳美，易为治，而教化彰显也。汉唐及宋科举取士，各有定制，然但贵词章之学而未求六艺之全。至于前元，依古设科，待士甚优，而权豪势要之官，每纳奔竞之人。辛勤岁月，辄窃仕禄。所得资品，或居举人之上。怀材抱德之贤，耻于并进，其隐山林而不起。风俗之弊，一至于此。朕今统一中国，外抚四夷，与斯民共享升平之治。自虑官非其人，有伤吾民，愿得贤人君子而用之。自洪武三年八月为始，特设科举，以取怀材抱德之士，务在经明行修，博古通今，文质得中，名实相称。其中选者，朕将亲策于廷，观其学识，品其高下，而任之以官。果有才学出众者，待以显擢，使中外文武官，皆由科举而选，非科举者毋得与官。敢有游食奔竞之徒，坐以重罪，以称朕责实求贤之意。所有各行事宜，条列于后。于戏！设科取士，期必得于全材；任官惟贤，庶可成于治道。"

家屏眼瞅着碑，仔细看了一遍，闭着眼，两手指切算着，记了一阵，睁开眼又重点看了几处，说声"行了"，于是就背对着石碑，将碑文朗朗背诵出来。祭酒和司业、监丞边听家屏背诵边与碑上的文字对照，一字不错。喝彩声响彻庭院。

"过目能将此碑背诵者，此前唯有张居正。王家屏是继张居正之后第二人。"

进到屋内，祭酒想看看家屏的笔墨功夫，让他将碑上的内容抄到纸上。监丞有意增加难度，让家屏将碑文的顺序倒过来抄。

家屏说"行"，便开始倒着抄。抄完碑文之后，又是一片喝彩。这次为他的书法。

祭酒看他的字像柳体楷书，便问他临柳公权的字帖有多久。

家屏回答："学生并没有专门临过柳公权的字帖，而是像柳公权那样，追求'心正则字正'的境界，于是，写出的字就与柳体相似了。"祭酒竖起大拇指，以示夸奖。众人称赞家屏有才，这个说有奇才，那个说有相才。

祭酒问家屏有何志向。家屏想起祖父王朝用的教诲，答道："家屏素无大志，只想端端正正做人，端端正正做文，端端正正做事。"

祭酒说："后生可畏，后生可畏啊！"祭酒对代王子缺乏兴趣，只让司业潦草地问了问。给二人分班时，王重光提出要求，想把二人分到一起，这也是代王的托付。司业觉得不妥，认为二人天资有别，恐出现一个"吃不了"、一个"不够吃"的问题。

祭酒说："既是代王之愿，我等违之不恭。那就将二人安置在一起，若经考试，能直接进入率性堂①更好，但功课须各自日日挨定。"

王重光的二儿子王之垣和霍宗岳的儿子霍应山也在国子监读书，王重光让他们和家屏、代王子见了面，以后也好相互照应。

王重光对家屏说："这里尽是名俊秀、通文义者，有些是皇亲国戚和官宦人家的子弟。若干年后，诸监生或作栋梁，或作椽扉，皆是国家有用之才。对他们，宜深广结交，但要近孝忠、远奸佞。"又说，"监内设六堂、分三级：正义、崇志、广业三堂为初级；修道、诚心二堂为中级；率性一堂为高级。我观你经史兼通，文理俱优，通过考试升率性堂有把握，升入率性堂好在允许积分。国子监藏书甚多，完成规定课业外，可博学其他，不急于业满。进入修道、诚心二堂也好，可以夯实基础。"

王重光嘱咐再三，方才离去。

家屏顺利通过监考，按成绩能进入率性堂。代王子成绩较差，能进中级班。司业征求他俩意见，就低不就高，两人为了不分开，都进入了中级班。司业给家屏以特权，在中级班也可以读国子监内所有藏书。

---

① 率性堂：国子监的六堂之一，是贡生、监生的教室。

第七章　王宪武救落魄人
　　　　　霍小姐奏出塞歌

　　王重光被任命为山西佥事。大同是他要整顿的重点。
　　王宪武在大同政府供职，协助监督护城军队的训练和组织纪律。他的工作方法是以教育为主。
　　护城军队的精神面貌在短时期内有所改观，将士们每天早晨在演练场按时演练、排队换防，对百姓秋毫无犯。
　　云中城内还驻着仇帅的队伍。仇帅治军不严，部下常有恃强凌弱、欺压百姓的行为。
　　云中北面与鞑靼交界处设有互市，若无战事，互市便开，仇帅部下负责维护互市秩序。
　　互市上，鞑靼人主要用马匹换取丝绸、茶叶等物资。有些鞑靼人信誉度低，常以次充好，强行交易。若不依，便武力相向，甚至抢劫市场上的东西。俺答对此睁一只眼闭一只眼，致使互市运行不正常，也不知道互市什么时候关，什么时候开。
　　一次，仇帅率部从北面回来，押了两名操着关南①口音的人。
　　宪武见了，上前察听。
　　原来他们是忻口武家两兄弟，他们说："家里老少皆光棍，合谋到互市贩卖些茶叶、干货，想赚钱娶老婆。不料，还没到互市，就被这伙兵丁包抄扣押，没收货物不说，还说我俩是奸细，要押到云中，当街问斩。"
　　宪武听了，惊出一身冷汗，急忙去找仇帅。

――――――――――
① 关南：云中、朔州一带称雁门关以南忻州、崞县一带为关南。

仇帅喝得醉眉瞌眼，他向宪武吹牛："此行大获全胜，赶出鞑靼……五百里，活捉奸细……两名。"

宪武说："他们哪是奸细，是老实巴交的买卖人。"

"我说是——就是，我说不是——就不是！"仇帅绞着醉舌说。

宪武见他不清醒，就高声说："这两人是我关南亲戚！"

"既是王先生亲戚，那就不是奸细，放了，放了！给我放了！"

他俩所带货物，早已被糟蹋殆尽。宪武凑了盘缠让他俩回家。二人说，幸得遇上好人，才保住性命。跪下叩头。

一日，街前一群人围观一位奄奄一息的女人，一问方知她被虏所掠，乘虏不备，挣脱缚绳，颠簸到此。现身无分文，无依无靠，又生了大病。

宪武怜而收为义女，安顿她住下，又雇婢女侍奉她，扶起扶坐三个多月，才养好病。此时，邻里有人想纳她为妾。宪武说："义妇不为虏而为妾乎？"他要救人救到底，让她择善而配。

宪武在云中声名鹊起，常有人介绍落难者找宪武，寻求帮助。

鞑靼人虏走一女子，那女子是塞下马贩子刘家已订婚未过门的媳妇。鞑靼人放出话来，让刘家拿钱去赎。刘家不知道是因为胆怯还是其他原因，不肯去。有人将此事告诉了宪武，宪武觉得刘家不可理喻，备了钱与布，把女子赎回。

宪武派人把上述两女子送到忻口，嫁与武氏兄弟。从此，忻口武家视宪武为亲人。此事被传为佳话，云中找宪武扶危济难的人越来越多。

有人到代王那里反映仇帅的问题。仇帅自恃有干爹严嵩撑腰，代王说他时，他爱理不理的，不当回事。

代王宴请仇帅，让宪武也参加，以便开导仇帅。

酒过三巡，仇帅的话多起来。他对宪武说："本帅听先生建言，也读了几篇经史文章，对李牧尤为崇拜。他北驱单于，东灭澹林，西抑强秦，南援韩魏，使赵国强大。"

"好在赵王给了他'外事由将军'的特权。他能椎牛飨壮士，拔距养奇才，我却不能。我恨赵王迁听信郭开谗言，杀了李牧，到头来，只落得国灭亡、君被俘的下场。"

宪武听仇帅话里有话，便说道："仇帅能以李牧为表率，足见志向高远。李牧能让秦将王翦畏之如虎，却不能让赵王迁信之如初，究其原因，与郭开被秦用重金贿赂分不开，也与李牧不能自辩其诬有关。尚有金事在侧，赵王迁未必会不察真相，盲目决策。"

"可恶的是郭开！赵王想起用廉颇，派使节去看望，他以重金收买使节，说廉颇一饭三遗矢，使廉颇不被起用。他以为赵国灭亡后，可以到秦国享上卿荣华，结果只落得被杀死在搬运财物的路上的下场。"

仇帅早有与鞑靼人勾结之嫌，他的军队什么时候抵达互市、走哪条线路围剿犯边的鞑靼人，此类信息俺答部皆能提前获悉。

宪武不动声色地对仇帅迂回侧击，让他有所察觉。

仇帅干笑两声，说："王先生所言极是，本帅愿将每战杀死的鞑靼人头割下来，报代王查验，以洗冒领军功之不白。"

见仇帅信誓旦旦，代王允之。

过了几天，仇帅领兵从边境归来，果然马驮车拉地带回许多人头，代王如约计数给予奖赏。

宪武觉得事有蹊跷，派人暗中调查，原来仇帅派人砍了死人的头充数。

这一日，月黑风高，城寂人静。仇帅从城外归来，见城门紧闭，命人上前叫门。

"城上人听着，仇帅归来，还不快快开门！"

就着角楼灯光能看见军队前的车上立着一大捆干草，上面插着几个死人头，阴森恐怖。

把门的将士说："王先生吩咐，没有他的命令，谁叫门也不准开。"

不一会，宪武出现在城楼上，他对仇帅晓之以理。

"大帅，你是秦人，云中是晋地，秦晋仅一河之隔，两地乡俗基本相同，讲究的是死者为尊，入土为安。大帅怎忍心为邀功削下那么多死人头？"

"人都有一死，哪个人想死后身首异处？假如你的亲人死后被割了头，你会怎么想？你死后被割了头，你的亲人又会怎么想？"

"每个死去的人都有亲戚或后代，他们会饶恕那些割死人头的人吗？"

经宪武一讲，还没等仇帅下令，军士们纷纷将死人头扔进了护城壕。

仇帅回望一眼，向站在城楼的宪武拱手，说："承蒙先生指教，本帅知错了。"

军士们抛掉死人头，方才一个个抖着底襟[①]进入城内。

有人口中念念有词："鬼啊，鬼啊，莫跟我，明天给你蒸个大馍馍。"

仇帅割死人头冒领军功的事不胫而走，很快传到了京师。他干爹严嵩听了，很不高兴。

[①] 抖着底襟：民间传说鬼入城内或室内须藏在人的底襟下，故夜间归来，进门时要抖抖底襟。

仇帅备了几担厚礼，亲自进京给严嵩祝寿。

严嵩一见厚礼，眉开眼笑。笑纳之后，脸一沉，问他割死人头是怎么回事。

仇帅在严嵩面前哭诉，说："都是王重光与干爹素有隙，才诬陷于我。你还是把他调回工部吧，他在山西，碍手碍脚，尽给我穿小鞋。"

严嵩想了想，说："让他回工部也不合适。最近皇宫修葺，需要从云南征运木材，打发他到那里，眼底下也清净。"

王重光被调往云南，代王为王重光送行，送别宴上，宪武与王重光情深难舍。王重光握着宪武的手说："'铁打的营盘流水的兵，官场犹如走马灯。'唯我忠贞不变，但求问心无悔。"

不久，仇帅也被调走，他靠着严嵩，里勾外连，弄权使奸，得以升迁。

家屏在国子监长进不小。

这一天，霍家请客，请的人有家屏、代王子、王重光的二儿子王之垣。王之垣引着他的儿子王象乾，他是个小才子。

霍宗岳家，两进四合院，青砖灰瓦、树环花绕、红柱白墙、干净整洁。

半晌前，霍宗岳的儿子霍应山把各位引进了院。他们都穿着国子监的统一朝服，一个个潇洒倜傥、风流俊俏。

过厅，一侧是会客厅，一侧是书房。会客厅，相对摆着两排太师椅，墙上挂着一幅出自名家的《征西将军出塞图》。看那作品，场面浩大，色彩艳丽。人物栩栩如生，山石惟妙惟肖。众人围观，赞不绝口。

霍应山说："这幅画是家父托一位宫廷画师所作，画的内容是霍家先贤霍去病西征时的情景。家父视其为至宝，挂在这里。"

"画面上前面迎风而立的是霍去病，左侧是卫青，右侧是李广。后面是他们带领的雄兵。"霍应山指着画面做介绍。

"家屏善于写诗，今日不妨为这幅《出塞图》配上一首《出塞歌》，让我们见识见识。"众人跟着喊"好"，代王子和王象乾喊得最响。

"难得各位有如此雅兴，家屏献丑了，大家莫要见笑。"

早有霍家人从对面书房抬来一张条桌，磨墨铺纸，一应就绪。

家屏挥毫作《征西将军出征歌》：

九月边郊草具腓，龙沙黯黯胡尘飞。
闻道将军承密旨，霜戈万里伸天威。

利铤长矛闯大纛，白马红缨耀装束。
卫青猛士下云中，李广飞军来上谷。
云中上谷饶荆榛，星烽夜烛烟昼屯。
鸣金伐鼓从天下，车驰马骤如雷奔。
帐前组练皆貔虎，邺下黄须不足数。
部校能开万石弓，健儿会挽千斤弩。
穹荒落日风飕飕，乌鸢不下黄云愁。
林深野旷狐兔没，鹰肥犬疾豺狼幽。
直北关山连氄幂，旋闻一箭旄头落。
赤绳系得左贤归，白囊报道单于获。
从此阴山奏凯还，累累献馘明堂前。
天王为设彤弓宴，功名不让麒麟先。

刚一写完，众人便鼓掌叫好。霍应山摆着衣袖，好让墨迹快点干，好尽快把这幅字挂到墙上。

他边扇边说："李商隐有诗云'书被摧成墨未浓'，咱这是'书被摧成墨不干'。"众人又是一阵嬉笑。

霍宗岳夫妇引着女儿从后院出来，他夫妇二人先进入客厅。

众人正张忙着往墙上挂那幅字。霍宗岳说："蓬荜生辉！蓬荜生辉！"

夫人进门就瞅端家屏，左一眼右一眼，看个没完。

"刘郎已恨蓬山远，更隔蓬山一万重。"霍小姐接着霍应山的下句，跟在父母身后蹦跳着进了门。她虽瘦小，却很精神。两只眼睛神采飞扬，越显得活泼可爱。她毫不含糊地指挥众人把诗挂好。

霍小姐故意站在诗前，背着手，摇头晃脑地诵读。

她忽然问家屏："为什么诗中提到卫青、李广，只字不提我霍家先贤霍去病？"

代王子说："这叫此处无声胜有声。"

王之垣说："依我看，家屏这是以霍家女婿自处，为尊者讳，为亲者讳，为贤者讳。"

如此一说，家屏和霍小姐反倒忸怩起来。

王之垣一会儿看画，一会儿看诗，提出一个问题来，引起众人讨论。

"人们读司马迁《史记》，常将此三人做比较，依诸位看，他们当中谁优谁次？"

代王子说："三人都该封侯，应该差不多，不然王勃怎能有'李广难封'的感叹？"

王之垣摇摇头，说："依我看，李广远不及卫、霍，李广善于骑射，能杀猛兽，文帝说他如果赶上高祖时代，能封万户侯；孙昆邪说他才气天下无双。但李广不懂战略，只是一介武夫。"

"李广为一件小事蓄意报复霸陵亭尉，还把人家杀掉，足见其心胸狭窄，如此小肚鸡肠，怎能统领千军万马？"王象乾人虽小，发言却很积极。

"李广杀了已经投降的八百人，'数不封侯'或许是遭到了上天报应。"

"难怪漠北决战时，卫青不让他当先锋。在关键时刻他居然迷了路，贻误战机，导致单于逃遁。卫青责怪几句，何至于引刀自刎！"霍应山说得很激动。

几位年轻人想听听霍宗岳的高见。

霍宗岳说："我让画家画这幅画为的是缅怀霍家先贤。把三个人画在一起，也是有用意的。其一，三人都是忠臣，曾并肩作战，应该放在一起。其二，启发后人对三人进行评论，从而以古为鉴，扬长避短。"

霍宗岳问家屏有何见解。

家屏说："司马迁能在《史记》中把李广写得如此生动，让人长叹'李广难封'，确是神来之笔。相比之下，卫、霍二形象则用笔平平、略显白淡。我以为，为史官者，为文必须端正，记史务求公允，对谁都要一视同仁，切忌厚此薄彼。"

霍小姐边聆听每个人说话，边打腹稿，她要为家屏的诗谱曲。经过一番酝酿，她大概有了眉目，她让丫鬟把琴抬到这里来，她要现场演奏。

丫鬟焚香，霍小姐操琴，众人伴唱。

音乐响起，时而刚劲洒脱，庄严深沉；时而委婉缥缈，绕梁不断，真是高潮迭起，妙趣横生。

众监生一直待到傍晚，吃过饭，才准备离开霍家。临走时，霍宗岳让家屏留下，叫他到书房来，有话要对他说。

第八章　王家屏雪夜听庄义
　　　　　霍小姐临终留遗愿

　　霍宗岳开门见山地对家屏说："屈指算来，你进京已近三年，你与小女到了男大当婚、女大当嫁的年龄。近些时，我托人打听到后街有一处小院急着出让，有意给你盘下，好与小女成亲，不知你意下如何？"

　　家屏答道："我进京后，大人视我为己出，家屏常思量，大人之恩，虽涌泉不能报之万一，只想着，一切听从大人安排，早日科举及第，好与小姐完婚。今日重温霍家先贤霍去病的功绩，受益匪浅。汉武帝曾欲为霍去病修建豪华府第，霍去病断然拒绝，说'匈奴未灭，无以家为'。这八个字为他一生增光添彩，也为家屏树立了榜样，我今读书不成，科举不中，何以家为？"

　　家屏一席话，说得霍宗岳没法再说什么，只好暂时作罢。

　　霍小姐躲在屏风后听他们说话，急得直跺脚，切齿说家屏真是个榆木脑袋。

　　霍夫人悄声说："看把你急的，人家公子说得在理。"

　　看时候不早，怕超过了国子监交牌时限[①]，众人匆匆离去。

　　霍小姐噘着嘴，很不高兴。

　　夫人安慰她："是你的迟早是你的，不是你的，挑到篮子里也不是你的。你小时候我就抱着你请京城最好的阴阳先生算过卦，说你是诰命夫人的命，眼看就应在王公子身上了，捂在手里的雀儿，还能跑了？"霍小姐这才有了笑脸。

　　代王子领着大家飞快地往国子监赶。他说等下次假日要带大伙去个好地方，骑马、玩蹴鞠。

[①] 国子监交牌时限：国子监诸生外出时须领取号牌，归来时交牌，不得超出时限。

后来，代王子真的带家屏去过一些别人去不了的地方，接触了几位和他年龄相仿的藩王子孙，还有几位大臣的后代。

家屏骑马骑得好，射箭也行，蹴鞠不怎么样。他在太阳底下活动半天，脸就晒得黑紫红，大家喊他"黑子"。

"黑子，你们那里的人是不是都像你一样黑？"

"黑子，一看见你板着个黑脸，严肃认真的样子，我就想起宋朝的包拯，大概和你这模样差不多。"

"包拯去过你们那儿吗？"

"包拯出使辽国，路过雁门关，在那里还住了几天，回朝后写奏疏，建议加强雁门关一带战备。守将，用内行；乡勇，多训练。直陈冗兵之害，主张裁减老病冗弱。"

"现在雁门关那边的大明军队也存在这些问题吗？"

"比之宋朝，有过之而无不及。包拯奏疏，依然璀璨，悬鉴当今。"

"你喜欢包拯吗？"

"喜欢。"

"你最喜欢历史上哪位大臣？"

家屏毫不犹豫地说："张良。"

"为什么？是因为他运筹帷幄之中，决胜千里之外？"

"这是原因之一。还有，他能在功成名就之后，辟谷修行，不像其他人那般热衷于赐爵封侯。"

"再说，他在辟谷修行期间也关心朝政大事。"

"何以见得？"

"刘邦欲废掉吕后之子，改立戚夫人之子如意为太子。废长立幼势必会动摇国本。吕后束手无策时，找到张良。他给吕后献策，说当今天下有四大贤人，皇上想见却见不着。太子若能请此'四皓'为上宾，皇上必然对太子刮目相看，就不会再生废长之意。吕后依计而行，保全了太子之位，避免了国本之争。"

"这可是利于皇家、利于天下的大事情。"

"黑子，你读《贞观政要》了没？"

"读过了。"

"你喜欢魏徵吗？"

"他为人忠贞，直言不讳，乃谏臣楷模，我当然喜欢。"

"要是魏徵还活着,他会不会赞成唐太宗征高丽?"

"隋炀帝征高丽为啥失败了?唐太宗为啥能胜利?"

"我朝会不会也去征高丽?"

"我朝若征高丽,会像隋炀帝那样失败,还是能像唐太宗一样胜利?"

他们在骑马、射箭、踢蹴鞠、郊游时,常讨论一些莫名其妙的问题。

每逢春节,国子监都要放几天假,家屏回到云中也与昔日的府学同学聚在一起谈天说地。

宪武到云中后,一直住在华严寺。代王每月初一、十五到寺里把斋①,两个人谈经论道,常常彻夜不眠。

家屏和代王子一回云中,华严寺就成了他们和几位好友的聚集地。

那一日,家屏问宪武:"听爷爷说,他在云中有许多志趣相投的朋友,您近年和他们有联系吗?"

"他的那些朋友现在活着的所剩无几。恒山那边还住着昆仑道长,你们不妨去看看他,顺便给他带些年货。"

第二天,代王府为他们备了马,让他们早早出发。他们一路马不停蹄,半后晌到达浑源城。找路边小店,吃肉泡糕之后,趁天还不黑,打马进山。黄昏时,他们来到恒宗大殿,殿内塑北岳恒山神像,金身朱披,端庄沉静。有联云:"恒山万古镇中原,文昌六星连北斗。"众人将代王和宪武捎来的年货搬到堂前。昆仑道长热情地接待了他们。他们先到神像前焚香、敬表,然后各自坐定,聆听道长教诲。

"今日应诸公诚邀,讲《庄子》内七篇心得。"

"初读庄子,往往不得要领,多有空手而归的感觉。其实庄子所表达的就是道在蝼蚁、道在稊稗、道在瓦甓、道在屎溺。修道须无心而为,则不修而修……"

"儒与道有别。儒家讲'修身、齐家、治国、平天下',庄子则主张'不谴是非,以与世俗处'。儒家讲'学成文武艺,货与帝王家','甘为天子臣,敢为帝王师',而道家却'独与天地精神往来,不敖倪于万物'。儒家讲激流勇进,百折不挠;道家讲行云流水,顺其自然。"

夜深了,外面下起了雪,屋子里诸生聚精会神地听道长论道。

"庄子说教,多借助寓言,生动形象,幽默活泼,具有石破天惊之功,振

---

① 把斋:一种修行方式,届时不食肉、不性交等。

聋发聩之力。

"庄子写梦蝶、赏鱼乐,不乏嘲讽。写庖丁解牛、丈人承蜩、大马捶钩、梓庆制镶、轮扁斫轮,印证的是'道以艺载,技进于道'……

"何谓'人相忘乎道术'?人生于道,如鱼生于水。鱼在深水中,就忘记了水的存在,也忘记了自己。此时鱼水一体,鱼最快乐。人合乎道时,人忘了道,也忘了自己。这时人才是最快乐的……

"须做到'虚己无心',心里不藏名利,不藏酒色财气,无欲则无畏,不贪生、不恶死,顺应自然而为,方能得以解脱……"

第二天早饭后,道长送诸位下山,他将两包中药递给家屏,一包是北芪,一包是鹿角霜,让他交给宪武,让他服用。家屏这才得知父亲患上了消渴症①。

家屏深受启发,一路就相关问题和诸位讨论,他觉得《庄子》蕴含的道理深邃,别有洞天。回到云中,他依然激动不已,信笔写了《雪夜讲庄义》一诗:

　　老聃已不作,斯道皆支离。
　　上下千百载,奥妙谁能窥。
　　井蛙不识海,冬冰夏虫疑。
　　役役声名间,妖孽何多岐。
　　昆仑有至人,渊览真吾师。
　　胸次包元化,寤寐参庖羲。
　　予与二三子,挟策往问之。
　　因述七篇义,为我开盲迷。
　　天地一稊米,万物以息吹。
　　鲲鹏扶摇日,蝴蝶飞扬时。
　　天倪本至顺,何思复何为。
　　人心蔽尘垢,莁光斯渐亏。
　　能使宇泰定,虚室生朝曦。
　　轮扁斫最巧,庖丁刃不劙。
　　此中有玄解,撄宁始可期。
　　可以控八极,可以御两仪。

---

① 消渴症:指糖尿病。

养生及应世，形神胡不怡。
深堂坐已久，寒夜雪光弥。
滴漏声将尽，挑灯影渐移。
爽然如有得，归去意迟迟。

家屏问宪武现在病情如何，宪武根本不当回事。他说："别听那老道胡扯，那根本就不算个病，饮食上注意点，隔三岔五用上几味药，稍加调理也就是了。"

"想必是一个人在外，饮食起居不周所致，不妨将我妈接来云中居住，早晚有个照应。"

"她也来过几次，每次来，住上半月二十天就嚷着要回，她惦记着南洲书院的事。"

"那您回去将养一段时日也好。"

"今年，我也回去住了几个月。你三婶娘听说我得了消渴症，挺当回事，专门跑回娘家，从红山弄了荞面让我吃。他说，当年唐太宗得的也是这种病，尉迟恭从家乡弄了这个宝物，唐太宗以此为食，才恢复过来。"

"您服食荞面，效果如何？"

"强于食用其他。"

"何不在南洲山庄试种？"

"去年种了一亩多，产量不低，荞面的特点是剩下的面再煮如新。这是其他的面无法比拟的。"

家屏同宪武谈起霍宗岳夫妇想让他和霍小姐尽快完婚之事，宪武主张家屏早点成家，也好为王家续接香火。因为王家曾有过三辈单传的历史，所以对此尤为敏感。

他对家屏说："其一，王家言而有信，你既与霍小姐定过娃娃亲，无论以后发生什么事，绝不毁婚。其二，王家虽不富有，但有骨气，任何时候都不以靠别人接济为生。"

家屏对宪武的话心领神会。

过罢春节，家屏进京，先到霍家拜年。在会客厅，家屏叩拜霍宗岳夫妇。

霍小姐迟迟没有出来，夫人让丫鬟去催，丫鬟说："小姐刚服过药，一会儿就到。"

夫人一摊手，对家屏说："小姐自去年秋后就郁郁寡欢，生出一身病，先是动不动就着凉受寒，三天睡，五天躺，说是没精神。吃了些药，也不见效。

年前饭量也减了许多，夜里出虚汗，身子抵抗力差，咳嗽一天比一天厉害，有几次痰中带血。"

"找医生看了没有？"

"城里的名医换了两三个，宫里的御医也请了。他们说小女得的是肺病，一半靠吃药，一半靠养着，也只能听天由命。"

正说话间，霍小姐走了出来，比以前羸弱了许多。

家屏一见，忍不住上前握住霍小姐的手，说："也就两个来月不见，怎么就成了这样？"

霍小姐早已抽泣成一团，霍夫人也扭过头落泪。

霍宗岳说："让他们两个说说话也好。"招呼夫人退下。

家屏急得不知该如何是好，一股劲地给霍小姐擦涕抹泪。

好一阵，霍小姐方才止住哽咽，说："实指望能与你举案齐眉，白头偕老，却不料老天与我过不去，阎王早早下了催命符，我自知大限将至，最不想连累你，趁你我现在尚未完婚，我思量还是退了婚约为好，也省得你我到头来牵牵挂挂。"霍小姐说着，身子一晃，差点摔倒。

家屏急忙上前扶住，说："你我有婚约在先，我心中只有你。为夫妇者，有福同享，有难同当，我怎能因你患了病就退婚？家屏要端正为人，绝不做有负小姐的事情。"

家屏执着霍小姐的手，去见霍宗岳夫妇，说是要与霍小姐马上完婚。

夫人望着霍宗岳说："冲冲喜也好。"

霍宗岳心情复杂地点了点头。

家屏把他这些年攒下的银两一齐拿出来，要给霍小姐看病。霍宗岳为家屏购置了一处小院，内有平房三间，雇人收拾一新。婚事该大操办还是小操办，霍宗岳夫妇犯了难。夫妇俩叫来家屏商量。

家屏说："我不准备让家里人来。其一，家父准备乡试，有许多书需要读、文需要练，不宜打扰。其二，家屏至亲者唯生母与爷爷，已故多年，庙见[①]时设祭告知，为时不晚。"

霍宗岳说："只是这边的人不好裁定，我在兵部主事多年，同事故交甚多，小女这般身体，也不知该如何操办。"

---

① 庙见：古代婚礼仪式之一，成妇之礼中的重要仪式。即婚后最迟三个月，新娘须择日至夫家宗庙祭告祖先，以表示婚姻已取得夫家祖先的同意。

霍应山说:"人多了,怕有攀权结贵之嫌;人少了,又恐惹人笑话。依我看,以方便妹妹为准,一切从简。不过,媒公还是要有的。"

霍宗岳因公事在身,赶往兵部。吏部王篆已等候多时。

"听说霍大人近日忙着给女儿筹办婚事,女婿可是监生王家屏?"

"王大人怎么知道的?"

"前几日我和几位吏部官员到国子监考察那里的京官,闲话时听他们说国子监有个王家屏,'过目辄不忘',有人打探他是否婚配,才听说与你女儿早有婚约。要不然,定有人会为他做媒。"

"家屏与小女原来就定过娃娃亲,后来又以王重光大人为媒公,他如今在外供职,婚期在即,尚未找到合适的人来替代。"

"我在江中任知事时就听说王重光是忠勤楷模。霍大人如不嫌弃,我愿为之。"

"如此甚好,下官求之不得。"

就这样,王篆成了家屏和霍小姐的继任媒公。

男方由王之垣当总管,女方由霍应山当总管,家屏的好友代王子、施近臣、王象乾等为办事人员,婚礼举办得顺顺当当。王篆夸赞这些办事人员都是干练之才,堪做国之栋梁。

婚礼之后,家屏全身心地为妻子操劳,每日往返于求医抓药的路上,煎汤熬药成了必修课,哪里还有心思准备功课。他还专门从国子监借来大部头的医书,想从中找到能医治妻子疾病的良方。

霍宗岳心里着急,他知道国子监功课紧、考试严,家屏老这样困在家里,如何使得?

霍宗岳让夫人带着丫鬟住到这边,照看女儿,好说歹说让家屏回国子监安心读书。

斋长知道家屏媳妇生病后,把出大门的号牌给了他,让他想什么时候回家就什么时候回家。

霍小姐的病好一阵歹一阵。她的情绪波动很大,家屏不在,她盼家屏回来,家屏回来她又撵着他快点回国子监。多亏每日有母亲陪着。

七月初七那日,家屏赶回家,见妻子那几日没有咯血,心情轻松了许多。

霍小姐说:"我知道你今日要回来。"

家屏笑问:"你怎就知道了?"

"今天是纤云弄巧、飞星传恨之时!"

霍小姐慢条斯理地说出这句话，两人相对，会心一笑。

霍小姐让丫鬟在院里柳树下设香案、供水果，她要和家屏看牛郎织女迢迢暗渡。

霍小姐来了兴致，她和家屏一句一句咏《迢迢牵牛星》诗：

> 瞻彼牵牛星，皓彩临河渚。
> 凉风西北来，脉脉如传语。
> 岂不念华容，为此银汉阻。
> 欲渡无桥梁，罢织空机杼。
> 良会复何时，一别逾寒暑。
> 安得夜如年，清光常对汝。

霍小姐饶有兴致地弹琴吟诵。

霍夫人拿出一件斗篷给女儿披上。家屏说恐凉风侵袭，要扶妻子回屋。

霍小姐望着天空，长叹一声，说："我也曾柔情似水，盼佳期如梦，谁料想，今日里，病病恻恻①成了这般模样。"说着，用手绢挡着嘴咳嗽了几声，急得家屏忙给她轻轻捶背。

霍夫人望着女儿，无奈地说："吃了多少药，半截子咳嗽还是好不了。"

家屏说："俗话说，病来如山倒，病去如抽丝，急不得，慢慢来。"

进屋后，霍小姐问家屏："什么时候年考？"

家屏说："下月中旬。"

霍小姐说："我已把你的衣物准备好了，明日带上，年考前就不用再回来了，安心学上几日也好。"

家屏笑了笑，说："本月底、下月初还能回来一次。"

霍小姐嗔怪道："医官曾多次告诫，说我这病惹人②，你怎就不听？我已经行将就木，无药可救，临死再让你也惹上，于心何忍？岂不让我死不瞑目？"

家屏没有再说什么。

七月十五，家屏又回来一次，此时，妻子的病情还没什么变化。八月初他又回来一次，霍夫人说女儿又咳过几次血，量不大，全凭服了从云南捎回的白

---

① 病病恻恻：土语，形容久病羸弱、情绪低落的样子。
② 这病惹人：土语，指这种病有传染性。

药才见好。

霍小姐倒显得异常冷静，当着母亲的面，对家屏说："我深知你们为我已费尽心思，神也求了，佛也拜了，京城的名医也寻遍了，该做的事都做了。我劝你们不要再为我折腾了。人的命，天注定，这由不得人。其实，我早知我将不久于人世，这对你们来说是一件痛苦的事，对我来说，倒是一种解脱。你们还体会不到我饭不能吃、气不好出、骨蒸劳热、瘫软无力的难受吗？我有几愿，还望家屏应允。其一，金榜题名时，不要忘了告诉我。其二，再娶谁也得认我母亲为娘，母亲也要视新妇如我。不管谁为家屏生的子女都得认我为娘。其三，封妻时，不能有她无我，或有我无她。其四，死同穴。"家屏诺诺连声。

第二日，霍小姐让丫鬟把琴拿来，她硬撑着，弹了一曲《征西将军出征歌》，以此为家屏送行。

家屏很顺利地通过了国子监年考，考试一结束就赶回家里。

霍小姐反复咯血，处于昏迷状态，妆裹衣服都已穿好。家屏跪在她身边，千呼万唤，也不见她有什么反应，只觉得她的手一阵比一阵凉。

嘉靖三十三年（1554年）五月二十五日，霍小姐卒。

霍宗岳过来帮家屏给女儿操办丧事。霍宗岳在京郊给女儿选了一片坟地，打算先寄埋到那里，以后再迁回山阴。家屏在坟周种植了他俩喜爱的兰草，以此寄托哀思。办完丧事，家屏回到家里，只觉得灰厅冷灶，满目怆伤。他在收拾床铺时，发现有一张折叠整齐的纸，展开一看，是妻子生前写的一首诗：

> 郎驾独轮来，
> 聘我白苎衫。
> 择荆挽高髻，
> 娶我共陋箪。

这首诗，让家屏回想起二人两小无猜的情景。那时候，他心爱的玩具是爷爷给他做的独轮小拉车，他走到哪里，就拉到哪里，车上拉着他的家当，识字卡片、小枕头之类。一次，母亲到朔州大寺庙礼佛，他在姨舅家玩，拉着小车说是要娶霍小姐，用一根柴棍儿将她的长发挽起，说是凤冠；把一件未经漂染的布衫给她穿上，说是霞帔……霍小姐跟着他转了两个板凳高高，便说是娶到了家……玩起了"摆家家"……拣个葫芦当瓢，铺把穰沫当床。

"现在你却舍我而去，不再回来。"家屏喃喃自语道。

家屏挥笔写了一首《猗兰操》：

> 晔晔之兰，生于丘园。
> 不采其叶，而培其根。
> 其叶可佩，其根可飧。
> 彼美一人，可与晤言。
> 予往从之，周道云阻。
> 四顾皇皇，匪翼焉举。
> 谁能同心，维予与汝。
> 方何为期，爰获我所。

家屏抚着妻子留下的那张琴，眼前又浮现出她演奏《征西将军出征歌》时的情景。

第九章　家屏再娶李小姐
　　　　　霍家又添干女儿

　　自霍小姐病故后，家屏长时间缓不过劲来，也不提另娶的事。霍宗岳夫妇怕他憋出病来，特意给他介绍了一位名门闺秀，被他一口拒绝，他说："小姐尸骨未寒，我岂能再娶？等几年再说。"霍宗岳夫妇也不好再说什么。
　　自从得知父亲患消渴症后，家屏常回云中看望他。
　　宪武和景夫人多次劝家屏再娶，家屏不听。
　　这一年，家屏回云中后，宪武带领全家回山阴过春节。
　　名士李松买下了宪武隔壁一处院落。
　　李松常对人说："'昔孟母，择邻处①'，我在宪武家旁边买房，就是学孟母择邻处。"
　　听说宪武全家从云中回来，李松特地引着妻子、女儿，带着米面过来帮宪武收拾、做饭。
　　宪武和李松早就相识，宪武说："你我相识已久，想不到今日成了近邻。公子近来如何？"
　　宪武曾经辅导过李松的儿子李月川。
　　"我家月川，自从那年经先生点拨后，痴迷于读书，可谓手不释卷，前年县里考秀才，名列第一，如今县学馆又聘他任教，所以，我携全家也到城里来住。还望先生对月川多加指点。"
　　家屏有几位社友也在县学馆任教。

---

①　昔孟母，择邻处：语出《三字经》。战国时，孟子的母亲曾三次搬家，是为了让孟子有个好的学习环境。

家屏说:"他和我那几位社友郭可川、李石岭等成了同事。"

家屏起身,要到学馆看望他们,宪武和李松一同前往。景夫人吩咐,一会儿把他们几个都请到家里来吃饭。

李小姐模样沉稳,干活麻利。她在屋里生着火,招呼家楫、家玺进屋。李夫人从她家端来一盆早已备好的饺子馅,李小姐和面,三个女人一齐动手包饺子。不一会,一桌饭菜基本做好。

景夫人夸李小姐这也好那也好,简直好得没法说。

景夫人说:"长相好,非笑不说话。手脚利索,干活麻利。面和得好,水一次就倒得刚刚好;和面时,手光、盆光、面光,和出的面,不软不硬,刚刚好;量也掌握得好,正好馅用完了,面也完了,刚刚好;做的菜也好,不甜、不咸,刚刚好。这么好的女儿,不愁找不到好女婿。"

李夫人脸上乐开了花,说:"我正为此犯愁,她要能找个好婆家,比什么都强。"

景夫人说:"依我看,小姐和家屏倒是一对儿。"

"那敢情好。"两个女人越说越热闹,李小姐听着,心里热乎乎的。

家屏几个到了县学馆,郭可川把他们迎进屋,随即唤来李石岭和李月川。稍坐片刻,可川引众人到馆内各处参观。学馆里学生不多,可川说:"临近过年,多数都回家了。"有几排房是新修的,可川说:"这是俺郭家集资修的,县太爷因此给郭家祠堂挂了匾。"家屏童年时曾经住过的房屋门窗有破损,需修缮。可川无奈地说:"经费不足,啥也做不成。"

可川和家屏开玩笑,说:"等你皇榜高中,荣归故里,再解囊相助,予以扩建重修。"

家屏拱手说:"一定,一定!"

家屏的认真劲引得人们哈哈大笑。

可川问家屏:"国子监请给衣巾[①]者多不多?"

"请者多,给者少。仕进之路太窄,举步维艰;三年两次的岁考越来越难,

[①] 衣巾:青领衣和方巾,是明清时期秀才的服饰。给予衣巾是一种关于岁试的特殊制度,给予衣巾的人可免岁试,一般是年过七十仍未出贡或未中举的生员,或是入学已三十年连增生都升不上的生员,还有一种是病重的生员。

令人头痛不已,相比而言,经商之路则日广,故请给衣巾者多于往年。"

李石岭问家屏何时参加乡试。

家屏说:"我比可川兄小十五岁,也已二十出头,读书读到这般年龄,总想试一试。无奈,我在国子监积分不够。参加乡试,还需数届之后。"

宪武说:"参不参加乡试,倒无所谓。我只想他把媳妇娶了,他却说以后再说,那得等到什么时候?"

可川说:"前些天,李老还托我为他女儿物色个书生做女婿,我看家屏就合适不过,今日巧会,我和石岭为媒,两家都知根究底,如无拨节[①],年前下聘,过罢年就迎娶。"

众人都说好,家屏也没有反对。

估计饭已做好,宪武和家屏邀大家回家用餐。吃饭时,李小姐的厨艺备受称道,两人的亲事也说合得八九不离十了。就在宪武准备给李家送聘礼时,家屏说:"还有至关重要的事,必须和李家说清楚,如果李家或李小姐不同意就作罢。"

家屏讲了他曾对霍小姐的承诺。家屏说:"大丈夫须言而有信,我答应霍小姐的事必须做到,李家如果不同意,万万不能勉强。"

可川到李松家和李小姐一说,李小姐越发觉得家屏是个重情重义的人,便欣喜地一一答应。她对天发誓,说:"我将视霍小姐为亲姐!视霍夫人为亲母!"

年后,家屏在山阴城和李小姐结婚。两口子在山阴城住了几天,返至京城。家屏领着李小姐去霍家拜年,认大小。

---

① 拨节:土语,指命相不合等。

第十章　家屏乡试中举
　　　　　宪武乐极生悲

　　霍家在京虽然不算显赫，却也小有名气。春节刚过，前来走亲访友的人颇多。大门前的小广场上落着几乘花轿，拴马桩上拴着数匹马。

　　家屏领着李氏一进院，便被正在院内赏梅的一伙女眷看见。她们对李氏评头品足，指指点点。

　　有贵妇笑话李氏穿着俗气，有老媪说她不会打扮，有小姐说她像个山野村妇。李氏倒很坦然，听见只当没听见，跟在家屏身后，旁若无人地向后院正房走去。

　　霍夫人听丫鬟禀报，说家屏引了新妇来给自己拜年，心里五味杂陈，振作一番，笑脸相迎。

　　李氏给霍夫人叩了三个响头，算是认了娘。

　　原来聚在院子里赏梅的众女子跟着进了后院，仍有人在点话①李氏衣着寒酸。

　　霍夫人将李氏扶起，说她穿得单薄，吩咐丫鬟领她到后面更衣。

　　李氏看出霍夫人的心思，便说道："小女到这里是来认娘和各位至亲的，不是为了和别人攀比衣衫的。常听家屏念叨，说霍姐姐是柔兰虽陨，芳芷遗馨，又听说'君子比德'，所以，我要以姐姐为榜样，像她那样孝父母、相夫君，这才是小女要比鉴的。"一席话，说得霍夫人热泪盈眶，刚才奚落她的几位女子面带愧色，向她真诚致歉。

　　中午，霍家设宴招待家屏夫妇，一家人其乐融融。那边男子席上，霍宗

---

①　点话：土语，在背后指指点点，小声讥笑。

岳、霍应山等祝愿家屏能早日皇榜题名。这边女子席上，霍夫人、应山夫人等祝愿李氏能早生贵子。

正月十六，家屏领着李氏去郊外给霍氏上坟。

李氏问家屏为什么几年了还没有把坟迁回山阴。

家屏说："也曾计划往回迁，姨舅找兵部精通阴阳的官员看过，说此处坟地风水绝佳，挖开坟，必定是灵芝抱棺，万万迁不得。于是，暂且未迁。"

李氏问："遵照姐姐遗愿，将来我等三人同穴，将葬于何处？"

家屏说："顺其自然。现在考虑此事，为时尚早。"

李氏说："常言说，叶落归根，我思量还是安葬到山阴妥当。"

家屏说："言之有理。"

远处传来寺院的钟声。

李氏说："这是霍姐姐的回应。"于是她朝着寺院方向拜了几拜。

家屏娶了李氏，宪武夫妇、李松夫妇、霍宗岳夫妇都盼望他俩能早生贵子，可是，事与愿违，迟迟不见李氏怀孕。李氏拜过神、求过佛，也曾服过众多名医配制的方剂，都没有收到明显效果，急得她要给家屏娶妾。

霍夫人也很着急，女儿早逝，没留下儿女；儿子娶妻多年不生，干女儿也不生。成了她的几大心病。

霍家在佛堂特地供了送子观音，霍夫人每天在菩萨像前诵经数十遍。

早在嘉靖三十一年（1552年），仇帅死于背疽。他死后，因生前劣迹，皇上下令剖棺戮尸，并将其父、母、妻、子一并处斩。

嘉靖三十七年（1558年），家屏二十三岁，王重光在贵州以身殉职。

王子垣和王象乾父子回山东老家为王重光办丧事。

家屏和霍宗岳设坛祭奠王重光。

王重光去世的消息传至云中，代王和宪武请昆仑道长主持在华严寺为王重光做道场。

嘉靖四十一年（1562年），王之垣中进士，霍应山落榜。

嘉靖四十二年（1563年），李氏怀孕。

嘉靖四十三年（1564年）闰二月初一，李氏生下一子，起名王浚初。

家屏喜得贵子，王家、李家、霍家，三家为之高兴。

这几年，宪武在云中暗自下功夫。他改变了原来的学习方法，强迫自己严格按国子监教授的标准精准解读儒家著作中的每一词、每一句。云中的学士们常来向他请教，热情地称他王先生。代王高兴地说："华严寺能更名叫文昌府了。"

景夫人为了照顾他，常在云中居住，给他做莜、荞、豆面之类的饭。宪武的消渴症大有好转。

山西乡试在太原府贡院举行。

临近考期，代王送宪武去太原。他给晋王修书一封，托宪武面呈。同行者还有十余人，多是大同府三十岁左右的府学诸生。

别人乘马，代王给宪武派了辆大叫驴拉的车，代王说："大叫驴劲大，耐走长路，拉车稳。"

代王嘱年轻人："路上照顾好你们的王先生！"

众人说："一定，一定。"

不一日，众人来到太原府，宪武在登月街住下后，到晋王府投书。宪武被晋王府的管家引进会客厅。晋王拆开书信，浏览一遍，瞅着宪武上下打量。

晋王对宪武说："代王托你投书，想必你是他的亲信，你对这件事有何看法？"

"我为代王捎书，绝不拆看。不知代王说的是什么事。"

晋王诵出一句诗："塞外士子蛾藏羞，三杯过后言如珠。"

他真的让仆人端来了酒，斟满三大杯，端到宪武面前。

晋王说："那就请你先到杏花村里转一转？"

盛情难却，宪武不便推辞，接过酒来，连干三杯。

晋王这才说信上讲的是让他督促山西布政司编写《山西通志》的事。宪武满以为信上说的事和自己多多少少有点关系，想不到风马牛不相及。

"修郡志之事固然功在当代、利在千秋，但须朝廷同意方可操办。不然，会重蹈班固覆辙，被冠以'私修国史'罪名，说不定还会被捕入狱。"

晋王见宪武谈兴未启，便又给他满了三大杯，说："天下大事，逢酒必喝，喝酒必汾酒。"

也许是酒的作用，宪武滔滔不绝地讲开了。先讲修通志的重要性，又讲三晋文化源远流长，三晋名胜数不胜数，三晋文人群星璀璨，等等。

不知不觉日头落山，宪武告别晋王回到客栈。他走后，晋王自言自语地说:"若修郡志,此人确实可用。"

原来代王有意把宪武推荐给晋王,让他参与编写郡志。他不大赞成宪武参加科考,说:"五十大几的人了,考上个进士能做什么?"

太原府贡院位于太原城内东南方。大门正中悬"贡院"墨字匾,东西两侧建"明经取士""为国求贤"坊。有东、西辕门,分左、中、右三门。

进大门后为龙门,一直进去为"至公堂"。堂前有联云:

号列东西,两道文光齐射斗。
帘分内外,一毫关节不通风。

乃杨士奇所书。

该堂为负责提调、监试等事务的外帘官的办事之处。堂前有回廊,堂边有院落,外帘官的宿舍设在此处。"至公堂"后有"飞虹桥"。中有"明远楼",置身楼上,可俯看贡院内外。到了晚上,楼上吹角击鼓,设专人高喊"有冤报冤,有仇报仇"。贡院中央供考神,四周围高墙。高墙上面铺荆棘,外面布防控。

号房分列于"明远楼"东西两旁。每人一号,由一名号军专守。号舍深四尺、宽三尺,一面敞开、三面包墙,墙上留两层砖缝,搁木板二块,可以组合成一桌一座应试,也可以组合成简易床,供考生蜷曲休息。

两位主考官是礼部章适和督学宋大武,他们的房内铺陈一新,被褥帷幕等皆用大红锦缎,富丽堂皇,馨香美观。

房考官由各县县令充任。他们负责阅卷,住房稍次。

乡试考三场,每场考一天。

诸考生四更前携笔砚等齐集龙门前长牌灯下等待点名入场。

点到大同府考生时,考生们侍立于门外台阶两侧,静等宪武先进。

宋大武见了,十分好奇,上前询问:"你们这是怎么回事?为什么不按顺序入场?"

考生们说:"我等身为王先生门生,须给先生让道,让他先进。"

考生们说的王先生就是宪武。

"你们哪几位是他的门生?"

"我们都是。"一数,竟有十位。

大同王先生领着十位门生登考场成了新闻,贡院内外传得沸沸扬扬,人们都想看看王先生长什么模样，对他能否高中拭目以待。

第一场考的是七篇八股文，到下午放头牌时，宪武已经做完，他第一个交卷，走出贡院。

三场重首场，首场重首篇。宪武今年开了个好头，信心百倍。

第一场考完后，经受卷官、弥封官、誊录所、收掌所、房考官一系列流程，宪武的试卷作为荐卷送主考。

第二场考表文，作论一篇判五道，诏、诰、表选作一道即可。表文有严格的写作规定，宪武多次检查确认无误后，方才交卷。

第三场试策五道。

宪武的三场试卷均受到主考官的青睐，主考官认为"其文固优，为人师矣"，推荐他到国子监任教。

两位主考官特地让誊录所把宪武的卷子多抄了几份，他俩要带回京城，呈送相关人，让宪武静候佳音。

家屏当年参加顺天府乡试。国子监的官员、教授特别看好他，以为他必中无疑。

某天，有人上门报捷，家屏中举了。

家屏摸出几两银子交给报喜人，把那朵用红绫扎成的花庄重地供在霍氏画像前。

霍宗岳听到消息后，跑来给家屏道喜。他说："如今有了举人身份，该考虑如何安排前程。"

家屏说："您以为我眼前的路该如何走？"

霍宗岳说："依老夫所见，从现在起，备考明年的会试和殿试。若不中，再像应山那样，求个职事也不迟。"

霍应山说："王篆大人在隶部曾问起你，也是这种看法。"

家屏沉思片刻，说："行！"

家屏中举的消息传到大同，宪武兴奋得久久不能平静，因为他有六试不第的经历，常怨天尤人。现在家屏中举，他觉得是老天开眼、祖宗积德，他要回山阴上坟，把这个喜讯告诉父亲朝用和妻子妙善。

大同的亲朋好友哪里肯让他走，今天这个请，明天那个贺，每日都安排得满满的。

宪武又开始饮酒，由小斟到酩酊喝得越来越多。

景夫人心里干着急没办法，宪武不喝酒还好，喝上点酒，人愈发地犟，啥都得依着他。

没多久，宪武又出现了多饮多尿的症状，喝了酒随处躺卧，酒醒了乏眉困眼，似霜打了一般。体重骤减，食欲不振，时有恶心伴呕吐，呼气带腐臭。到后来出现明显的皮肤干燥、眼窝下陷、心跳加快、脉象细弱。

好不容易回到山阴，少不得祭神、上坟，待客生怕不周，请人岂能怕醉？他每日从中午喝到晚上，从晚上喝到深夜，第二天醒来再连轴转。好人也受不了，何况他已病入膏肓。

那一日，他说有点头痛头晕，早早就睡了觉，景夫人也没当回事，直到第二天中午，请下的客人已到，还不见他起来，跑进屋一看，人早已没了气息。

景夫人慌了，忙把宪成叫进屋，宪成一摸胳膊，早没了脉。又掐人中，不见反应，又扎十三鬼穴，眼见还阳乏术，这才急忙寻出装裹衣裳来穿。

第十一章　宪文瞎激腾
　　　　　　家屏读武经

　　老大宪文和夫人闻讯赶来,一看二弟全身赤裸,便叫嚷起来。

　　宪文歇斯底里地冲着景夫人大喊:"是谁害死了我家二弟?你昨晚给他吃了什么?"

　　经他这么一嚷,景夫人也被逼得大声争辩起来。"我给他吃了什么?难道是我害死他不成?"边说边号啕大哭。她这一哭,两个孩子也跟着哭,屋子里乱作一团。

　　宪成责怪大哥:"六十大几的人了,不该说话没分寸!"

　　宪文又追问:"昨天是和谁喝的酒?把我二弟喝死就没事了?我非把他们一个个剁了!"

　　宪成顶了他一句,说:"昨天来的是县太爷和县丞等五个人,他们是来祝贺家屏中举的,难道他们会害二哥?人家和咱往日无仇、近日无怨,巴结还来不及呢!"

　　宪文还是不依不饶,说:"这个家里我是老大,别的事依着你们,这件事得听我的。老二装裹起也不能埋,非得让县太爷给个说法不可!看他是不是见家屏中了举、宪武贡了士,眼红嫉妒,动了杀人念头!你们怎么办,我不管,我引上我那两个儿子,非报这个仇不可!"

　　宪成被宪文气得恨不得上前扇他几个耳光。多亏戎夫人出来揪住了他。

　　戎夫人说:"家里出了事,得商量着,看该怎么处理。你们两个大男人是家里的主心骨,倒先嚷起来了,叫我们女人、娃娃怎么办?"

　　戎夫人在家里很有威信。宪文说:"那你说怎么办?"

　　戎夫人说:"其一,二哥死得突然,按惯例,报县里仵作验尸、做记录。其二,二哥装棺入殓,先沙①到南洲书院,也了却他曾说过死后也要听娃娃们读书声的遗愿。其三,让大哥屋里两个侄儿家垣、家田赶到京城去报丧,等家屏回来,他说怎么打发就怎么打发。"

"那就按你说的办。"宪文不再像刚才那样激动。

宪文夫人给景夫人赔不是,说:"他说话就那样,你千万不要往心里去。"

"多少年了,大哥的脾气谁还不知道,嫂子快去打发家垣、家田进京,我没事。"景夫人边说边擦泪。

家垣、家田弟兄二人昼夜赶到京城。家屏听到父亲病逝的噩耗,跌坐在地上。过了一会,他在父亲的相框上披上一条黑纱。李氏给前来报丧的家垣、家田做饭。

霍宗岳听说家屏这边老家来了人,走进门来。得知宪武因喝酒犯病不幸去世,也是一惊。他到宪武像前毕恭毕敬地上了三炷香,说:"你呀你,才高八斗,百折不回,一身正气,无所畏惧,怎就不知道爱护自己?唉,真是卧牛石不怕,蹉脚石难防!黄泉路上无老小啊!"

霍宗岳给家屏拿了些银两,让他把京师这边的事安排好,早点回去。令他感到遗憾的是,家屏因为丁忧,影响了参加本届会试和殿试。下届科考,须待三年之后。

李氏收拾家里一应物件,准备和家屏一起回山阴。霍夫人赶来,给小外孙带了一包衣物,让李氏给孩子勤换洗,嘱她别让孩子感冒了,留心当糠眯②。国子监诸生为家屏送行。家屏雇了辆车,载上妻子和儿子回山阴。

不日回到山阴。

宪武的棺材抬到了庠馆南墙根的花园内,灵堂未撤,家屏领着众人轮番烧香点纸,叩头作揖。

宪文来到灵堂,他眼红巴巴的,像一只随时准备寻衅闹事的野兽。他把家屏揪到一边,问家屏:"你说咱就这样把你爹打发了?一个好好的人就白死了?"家屏倒很冷静,让宪文把他想说的话都说完。

晚上,家屏把家里人都叫到一起,谈了自己的看法。其一,没有谁存心害父亲。他死于病,过度饮酒是病情恶化的诱因。其二,不能因此事责怪别人,

---

① 沙:指人死后一种非正式安葬的形式。尸体入殓后,将棺木置于窖内。若尸体腐烂,必要时,将棺木周围用干沙子填充,待以后正式埋葬。

② 糠眯:土语,指有出疹症状的传染病。

要怪就怪他自己。其三，家里人应引以为戒。

家屏决定将宪武与他已故的两位夫人合葬，择日埋到王朝用坟墓的旁边。

宪文要带人去打墓。

家屏说："爷爷有遗嘱，不许您进坟，还是让别人去吧。"

宪文一下子跌坐在地上，口中念叨着："谁人汲得桑干水，难洗宪文一世羞。"

打墓的事由家垣、家田负责。宪成任总管，戎夫人管内务，葬礼从简。

家屏提出："家父因饮酒病情恶化而亡，白事宴不上酒，以茶代之。"又提出，"南洲书院酿造房以后只做醋，不做酒。把原来做酒的招牌取下来。"

原来刻在木板上的一副对联被取下，联语是："做酒缸缸好，做醋滴滴酸。"取下后，放在一起，学子们把它念作："做酒缸缸好做醋，滴滴酸。"

韩寒潭特地从唐县赶回来，代表韩家参加葬礼。他对家屏说："这几年我深感官场黑暗，当官犹如上了贼船，你不撞别人，别人也要把你撞沉。倒不如像你爷爷那样，守定家业享清福，闲云野鹤度日月。"

宪武的三个连襟——马家、陈家、米家派代表参加丧礼。

三姨身体欠安，让大儿子米祥和小儿子米禅前来。梁夫人的父亲梁继宗、景夫人的父亲景聪派代表参加丧礼。李松带了妻子来参加丧礼，帮助女儿照看外孙和做饭。霍宗岳派弟弟霍宗道和妻子前来参加丧礼。霍家带来几块帐子、一副挽联，上书：

夕阳黯恒山，遮峰隐岳犹壮观；
大风起桑干，携沙搅雨入梦来。

起棺那天，宪文哭得最痛。他边哭边诉说："二弟呀，你就这么走了，我可怎么办！想当年弟兄几个数我不争气，交了几个歹朋友，吃喝嫖赌，坏事做尽，没几年把家当输光，气得老父亲不理我，老母亲一命呜呼！为躲债，我离家出走，女人、娃娃跟上我，人没受的罪受了，人没吃的苦吃了，实在混不下去，才潜回老家，想不到你小小年纪能重整家业。分房给我住，分地给我种，我才又活出个人模样。要不是你，我和你那两个侄儿早叫狼吃、狗啃了。你是咱家的顶梁柱，多少人靠你活着。老天怎就不长眼，让你先走了！该死的人是我。像我这种人，活着还有什么用？"

宪文没有随灵车到坟地，他望着灵车远去，捶胸顿足，涕泪涟涟。

给宪武办完丧事，家屏稍事休息，便带着妻儿回到南洲书院。

爷爷王朝用临死前说给他留下两套书，至今尚未找到。他要利用这段时间，把书找出来，认真研读。可是书院的犄角旮旯都找遍了，一无所获。

家屏来到位于书院后面的那间屋，爷爷曾在这儿住过。自爷爷死后一直锁着，乍一看，里面空落落的，只有一张八步床①。

家屏打开生锈的锁，走入房间，叫来几个人，把那张床挪开，发现床后的墙上挂着一幅布满灰尘的画。

画的内容是一位童子在案前认真读书，窗外树上有喜鹊在叫，树杈上还蹲着一只猫，童子专心致志，不为所动。

这隐含着什么意思，手不释卷，目不窥园，喜鹊登枝？

突然，家屏有了新发现：画面上童子背后的墙上挂着一幅画。

"画中有画！"家屏惊呼。可这又是什么意思？

他觉得秘密就在画后面。他小心翼翼地取下那幅画，露出一个墙柜。墙柜里空空如也。

画中有画，会不会柜中有柜？

家屏用手指叩墙柜四周，有一处声音呈鼓音，在那里他挖出了一套书，书专讲阴阳风水。家屏觉得另一套应该也在屋里。他来回踱步，发现地下有一个被沙子回填了的菜窖。

会不会窖中有窖？

家屏找来一把锹，将窖里的沙子清理出来，果然在窖子的一侧有几块砖是松动的，将砖抽出，有洞通后面小窖，小窖内有小书箱，箱里放着一套《武经七书》。

这一下，家屏有事可做了，他反反复复研读这两套书，间或也看一些医书。他写了一首诗《读〈武经七书〉有述》：

晴窗香霭散芸苏，赢得兵书细讨论。
南北旌旗何日堰，古今韬略几家存。
披图忽讶黄云合，倚剑翻惊白昼昏。
感观不胜忧国泪，凭谁挟策授辕门。

---

① 八步床：传统家具中体型较大、带小木屋的一种床。

第十二章　家屏请免灾年赋税
　　　　　张卤赴晋甄选拔贡

　　家屏在老家为父亲丁忧，素衣素食，深居简出。他利用这段时间读武经、学阴阳，也看一些医书。

　　这一年，天大旱。家屏从南洲书院回到山阴城。山阴受灾严重，税收却没有减。目睹民不聊生的景象，家屏写了一首《悯农》诗：

　　　　春日荷一锸，夏日荷一锄。
　　　　摘稻如摘发，种谷如种珠。
　　　　晨起饲牛饱，羹藿常无余。
　　　　鸡栖烟树暝，日宴逭宁居。
　　　　胼胝田陌间，终岁勤葍畚。
　　　　早禾幸自熟，蟋蛄鸣郊墟。
　　　　登场未云竟，催征已纷拏。
　　　　粜新了官税，而无担石储。
　　　　凉风四壁静，妻孥依空庐。
　　　　生计怀农事，谁能不欷歔。

　　家屏与好友商量，要为民请命，要求政府减免税收。
　　家屏有了举人身份，可以自由出入县衙。家屏将他写好的呈子递交县令。
　　县令认真浏览之后，说："写得好，写得好！字词严谨，言简意赅，环环相扣，句句在理。"
　　"对南兄拳拳赤子之心可鉴，为民请愿之壮举令人敬仰！上报灾情、赈灾济民实乃下官义不容辞之责,你我不妨联合撰文,上呈省台,为山阴灾年免税奔走。"

家屏和县令联合行动。

公文送交省台。其时,山西巡抚王继洛正因胡虏入侵、抵御不力而被查。一查,又牵扯出他与严嵩有瓜葛。王继洛自身难保,哪里还顾得上管这等事,家屏的呈子被搁置。

朝中出了大事,嘉靖皇帝因过量服用丹药,驾崩于乾清宫,时年六十岁。

裕王朱载垕即位,即隆庆皇帝。

礼部张卤曾为册立裕王为太子上疏,因此,深得新皇信任,许多事由他负责办理。张卤忙得不亦乐乎。

俗话说,一朝天子一朝臣,隆庆皇帝因长期未被确立为太子,身边的亲近臣子较少,他想选拔一批臣子辅助他料理朝政。

首辅徐阶提议恢复拔贡。即由各省从举人中选出一名或两名佼佼者,先由礼部在京组织培训,然后参加会试和殿试。拟定全国选拔二十九名,由当朝六位名臣任讲官。经此过程,预计二十九人都能考取进士;再考,选庶吉士;再经培训,待重用。张卤是这项工作的主要筹办人。

朝廷决定罢免山西原巡抚王继洛,任用杨巍为新巡抚。张卤与郑雒送杨巍到山西就任。

在清理积案宗卷时,杨巍发现了家屏写的呈子。

杨巍与张卤、郑雒商量该如何处理家屏提出为山阴灾年免税的问题。

张卤对山阴并不陌生,他说:"难得王家屏这位举人有如此忧国忧民之心,我们一路走来,也耳闻目睹山阴一带受灾严重,时逢新皇登基,大赦天下,免征灾区税,合情合理。"

郑雒的祖父和父亲曾先后担任兵部尚书,他也曾在国子监就读,知道家屏是兵部主事霍宗岳的女婿、有名的才子。于是,向张卤和杨巍提议,将家屏列为山西拔贡。

杨巍着人传督学宋大武前来议事。

众人相见,寒暄之后,杨巍将家屏写的呈子递与宋大武,让他看看这位举人的大作。宋大武看后连声称赞。

张卤问:"之前礼部行文各省从举人中举荐一两名贡士入京培训,山西可曾议定?"

宋大武说:"初议,未定。山西近几届举子平平者多,能与家屏相提并论者少。家屏,下官以前也有耳闻,今日亲见其文,可知其人。早在甲子年,其父王宪武应山西科考,当时礼部给事中章适为主考,下官为副主考,曾计议王宪武入贡国子监任教。其后,章大人还朝上《疏请景裕二王出阁讲读》,忤旨告归,宪武入贡之事遂被搁置。数月后,宪武不幸病故,致使其子家屏因丁忧而不能参加乙丑会试、殿试,实在可惜。"

张卤说:"章兰溪之事,本官知晓。依宋督学之见,隆庆二年(1568年)山西举子能中进士者有几人?"

宋大武知道张卤意在考察自己是否了解下情,便屈指数算山西举人中名列前茅者。

"刘东星、解学礼、薛纶、田蕙……下官原计划荐刘东星入京拔贡。"

"刘东星比王家屏如何?"张卤问宋督学。

"刘东星,性颖敏,记性好,家虽贫困而苦读不休。十四岁补邑诸生,数试数冠,嘉靖辛酉,省试第三,年轻有为,敢于担当,与家屏差距不大。"宋大武回答。

杨巍看着张卤说:"山西推举家屏、东星两位,如何?"

郑雒从旁附和,说:"如此甚好。"

张卤首肯。

山阴因遭旱灾免征当年税的批文下至县衙。

县令满心欢喜,他将这一喜讯告诉家屏时,家屏并不满足。他说:"山阴靠山区域石多土少、稼禾不长;傍川区域沙跂卤硷①、秧苗难捉,应该年年免税。"

县令搓着手,说:"那须朝廷特批,谈何容易。"

稍停,县令又说:"还有一个喜讯,山西从举人中选对南兄为拔贡,下旬可进京参加礼部组织的培训。"

家屏只是淡定地点了点头。

县令说:"难得对南兄这般荣辱不惊。"

正当家屏打点行装准备进京时,家田气喘吁吁地跑来,说:"我父亲没了!"

---

① 沙跂卤硷:沙土地和盐碱地。

家屏让他静下来慢慢说。

家田这才从头说起："自二叔死后，我爹一直是失魂落魄的样子，家里人都说他是想兄弟想的，过几天就会好，结果两年多了，也没见好。近些天又不想见人，我妈说，他睡觉也不踏实，半夜五更说醒就醒了，一惊一乍的，一会儿说见到爷爷了，不理他，一会儿说见到二弟了，责怪他。前天他把存钱罐里的钱拿出来，捐给了化悲庙老僧，说是他进山躲债时庙里的和尚曾接济过他。昨天有人见他在老坟上烧纸、号啕。一夜未归，今早撒开人马去找，已经死在了老坟旁边，二叔躺在我家那块地的埂塄脚底。"

家屏赶到宪文家，家垣正在院子里指挥木匠做棺材，宪文的尸体摆放在正房的炕上，已经穿好了装老衣裳，面上盖了张白麻纸。

宪文夫人守在尸体旁，见家屏进来，说："你大爷他早就想死了，前几天就安顿我，说：'我死了也不想埋进王家老坟，老父亲活着时不想见我，我死了也不想去惊骇他，我死到哪儿埋到哪儿就行了。最好能埋在二弟给咱那块地里，能瞭见老坟就行。'"

家屏问："我大爷还说过什么？"

宪文夫人说："还说，家里有啥事决断不了，就问三婶。"

家垣和家田问家屏他父亲该往哪里埋。

家屏没有正面回答，说："大事不决，去问三婶。"

宪成和戎夫人闻讯赶来。家垣和家田请戎夫人拿主意。

戎夫人说："你们的父亲因不听父母教诲，落了个不孝的名声，终生懊悔，你们应引以为鉴，遵他生前所嘱，把他埋到自己看好的地方，也算尽了孝心。你们若觉得还不够，就刻苦读书，求取功名，将来有个一官半职，也能荫封父母，岂不更好？"

家垣、家田觉得戎夫人说得有理，在宪武给他家的那块地里建了新坟。

不久，宪文夫人也一命归西，和宪文合葬到了一起。

宪成热衷于读书、教书，他要把家璧培养成像家屏那样的人。戎夫人的威信越来越高，逐渐成了王家名副其实的当家人。

家屏处理完家里的事务，一人进京，李氏因为将要临产，不能随行。路经怀仁，家屏去看望了姥爷、舅舅和姨姨。

姥爷的精神和身体都很好。他说："活到百岁也不成问题。"又说，"府县要给我报寿官，为的是表彰那年进献兵车图，助李文进、俞大猷取得安营堡大捷。其实，这是你爷爷的功劳。"韩廷瑞知道朝用给家屏留下一套兵书，叮嘱家屏:"读书务明理以致用。切忌成为赵国名将赵奢之子赵括,只知纸上谈兵,不知变通,致使长平一战,赵国大败于秦军。"

舅舅因不愿与官场贪腐者为伍,辞掉唐县县丞的职务,回乡闲住,他说要清清净净活几年。

舅舅从箱底拿出一把珍藏多年的宝剑送给家屏,说:"舅舅不希望你'一身转战三千里,一剑曾当百万师[①]',只愿你'孤剑床头铿有声[②]'。"

家屏去看三姨,三姨卧病在床,哭着对家屏说:"三姨恐怕等不到你回来了。"家屏泪流满面。

临别时,三姨嗔怪他没有带上媳妇和儿子。嘱咐他不要忘了霍家对他的好,让他记住把霍小姐的尸骨带回老家,与自己的父母埋在一起。

三姨让二儿子米禅把耍孩儿鼓匠班的一伙人找来,让他们演奏一曲《步步高》,送家屏出行。

家屏路过云中,到代王府见了代王子,鼓励他争取机会,也去参加礼部组织的培训。

[①] 一身转战三千里,一剑曾当百万师:出自王维《老将行》。

[②] 孤剑床头铿有声:出自陆游《三月十七日夜醉中作》。

第十三章　读书图书府中二甲
　　　　　选为庶吉士入翰林

　　家屏风尘仆仆地赶到京城，先去霍家，看望了霍宗岳夫妇，然后到礼部报到。

　　各省拔贡如期而至，饮食起居由礼部统一安排。他们住到翰林院图书府。一个房间住四人，家屏和沁水刘东星、峄阳贾三近、东阿于慎行住在一个房间。房间很大，东西南北各置一张床。谁该占哪个床位，总得有个说法。

　　"慎行是山东东阿人，占了两个东字，就在东面。"

　　"家屏号对南，就在北面。"

　　"山西人挨住山西人，山东人挨住山东人，东星在西边，三近在南面。"

　　每人用品：一桌一椅一床一书柜，一盆一碗一镜一夜壶。

　　四个人互相认识后，按年龄排序。贾三近年龄最大，排老大；王家屏排老二；刘东星排老三；于慎行年龄最小，排老四。

　　贾三近好动，把韩寒潭送给家屏的宝剑挂在正面墙上，说是可以辟邪，又说墙上太空，应该挂幅字画。

　　刘东星见于慎行性格内向，就提议让老四写一幅字。

　　于慎行急忙摆手，说："我写的字太差，拿不出手。还是让家屏写吧。"

　　家屏说："我写就我写。"

　　于是家屏拿起笔来，铺开桌上的宣纸，写了"远心在霄汉，努力酬明时"一副联。

　　家屏与其他三人共同题写了"读书中秘"横联，每人写一个字。

　　于慎行写的"秘"字，飞飞扬扬，刘东星说："有张旭之风。"

　　众人把写好的联挂到墙上，一起诵咏起《诗经》里的一首诗《国风·秦风·无衣》：

> 岂曰无衣？与子同袍。王于兴师，修我戈矛。与子同仇！
> 岂曰无衣？与子同泽。王于兴师，修我矛戟。与子偕作！
> 岂曰无衣？与子同裳。王于兴师，修我甲兵。与子偕行！

礼部聘任翰林院王锡爵为拔贡们的斋长，他曾是三年前的会试第一、殿试第二。又从二十九人中选出年龄最大者福建拔贡叶朝荣为副斋长。

王锡爵说："我弟王鼎爵也和你们在一起，我们都将是同朝做官的同袍。"

王鼎爵站出来和大家打招呼。

王鼎爵向王锡爵介绍了家屏。

"这位是王家屏，他也是太原王家的后裔。"

王锡爵对家屏说："咱们是一家。"

王锡爵和家屏分别讲了各自家族从太原迁出的大体年代和迁移过程。

叶朝荣和大家打招呼，他说的是福建话，尽管以姿势比划，但北方人很难听懂。他为家屏他们送来一包福建茶。

与叶朝荣同行的有田一俊，也是福建人，给叶朝荣当翻译。

京山李维桢和四川陈于陛很快就成了好朋友，他俩比赛谁的记性好。陈于陛是大臣陈以勤的儿子，曾在国子监就读，认识家屏，让家屏给他俩当裁判。李维桢说，他和张居正是隔壁老乡，自以为记性不比张居正差，对谁也不服，今天却佩服陈于陛。

安徽施近臣是一位很风趣的人。他向大家介绍说："我就是过去被誉为神童、未来的状元——青阳施近臣。"众人为他鼓掌，戏称他"状元公"。他和家屏一样，曾以补诸生的身份在国子监就读，他俩关系很好。

登基不久的隆庆皇帝很看重这班人。

首辅徐阶亲自为这个班召开见面会，见面会上他激情洋溢地说："你们在省试中皆名列前茅，是从全国选出的人杰，今日欢聚一堂，可谓群星璀璨。你们肩负着大明王朝的未来和希望。你们中将不乏位极人臣者和掌握枢密者，愿诸君前程辉煌，能长忆今日之门墙①。"

他话锋一转，讲道："另有几句话，须明示诸君。其一，从你们踏入翰林

---

① 门墙：指师长之门。

院那一刻起，就不再是普通老百姓，必须按大明官员标准严格要求。着朝服，习礼仪。殿试时要面见皇上，来不得半点马虎。其二，朝廷将安排知名大臣乃至大学士为你们授课，其间只允许洗耳恭听，不允许记笔记。其三，经培训后，参加全国会考，中进士者参加殿试，所有考试和其他人一样采用弥封卷，择优淘劣，任何人不得徇私舞弊。其四，朝廷给你们特权，翰林院图书府所有资料对你们开放，但保密资料不得外传。其五，有违反上述条例者，严惩。"

徐阶公务繁忙，讲完就要走，临走时半开玩笑半认真地说："一朝天子一朝臣，我已做好了急流勇退的准备，等戊辰科考结束，你们一个个脱颖而出，有人接班，我就致仕。"说罢，哈哈大笑。

张卤介绍部分授课大臣和大家见面。其中有李春芳、高仪、张居正、马自强等。张卤说他们讲的主要内容是奏议章法。

图书府对拔贡们开放，让嗜书如命的家屏喜出望外。他随众人一起进入阅览室内，但见阅览室环境幽雅，书香浓郁，激动之下他写了一首诗《初入翰林自述》：

  天辟图书府，斯文今在兹。
  芸荪萃芳润，葵藿迎朝曦。
  惭予侧微士，兼收沐皇慈。
  蓬蒿植兰径，鹪鹩栖凤枝。
  生平未知学，世路方多岐。
  所志贵早辨，勋业由人为。
  元圣奠姬鼎，一德调商彝。
  大人已不作，古道犹可追。
  愿言对青简，澹虑澄玄思。
  经济筹时略，天人探圣涯。
  宇宙皆吾事，一念安可欺。
  譬彼机中素，皎洁防其缁。
  譬彼山下石，孤贞坚自持。
  文章乃末技，富贵非吾期。
  出入感荣遇，朝夕承师资。
  远心在霄汉，努力酬明时。

代王子也来参加培训了，他不愿暴露真实身份，用的是化名。

张卤列出个单子，让诸位预读以下奏疏：王鏊的《讲学亲政疏》、杨廷和的《请正纲常昭典礼疏》、张璁的《议大礼疏》、夏言的《遵祖训以端政本疏》、林俊的《节财用疏》、孙懋的《谨天戒以修人事疏》、李承勋的《陈八事以足兵食疏》《论知人安民疏》、杨继盛的《请罢马市疏》、董策的《论严嵩欺君误国疏》、海瑞的《谏修斋建醮疏》、陈以勤的《谨始十事》……

张卤较详细地介绍了海瑞的奏疏。嘉靖四十五年（1566年）二月，户部主事海瑞抬棺上《谏修斋建醮疏》，直言世宗执迷求长生之术，致国事日衰。世宗见疏大怒，欲斩海瑞，经劝阻，将海瑞下狱。直到世宗死后，才获释。

家屏等欲以海瑞为榜样。刘东星说："为人臣者就得像海瑞那样，敢于批逆龙鳞。"贾三近说："皇上应具备闻过则喜的素质。"

张卤介绍了王世贞的几篇文章，引发了众人对王世贞的关注。王世贞的父亲王忬受严嵩陷害，于嘉靖三十八年（1559年）借口滦河战事失利被下狱，来年被杀。隆庆元年（1567年），王世贞与其弟世懋上京为父申冤。八月，隆庆皇帝下诏为王忬平反。

王鼎爵和王世贞都是太仓人。王鼎爵告诉家屏："王世贞也是太原老王家的后裔，世懋的学问与他不相上下。"家屏说："如有缘能与他兄弟二人结交甚好，愿闻其教。"

高仪授课，他讲道："疏议乃实用性极强之文体，为人臣者必须熟练掌握。疏议须理直词壮，须讲求策略。或斟古酌今，或穿经引典，或借灾托异，意在设平台以驭权威，借巧力以拨千斤。

"文莫先于辨体，体正而后意以经之、气以贯之、辞以饰之。

"文以体制为先，精工次之，制而后工。

"疏议须言之凿凿、须堂而皇之、须毋庸置疑。

"须深谙以史为鉴之道。三皇五帝，幽远杳渺，献猷定谳，褒扬激励，可以此为证；剖析得失，指陈利害，讥弹时政，可引周秦之事为佐。"

高仪又举例，说："嬴政已为众矢之的，借秦为喻，评判时事，自有回天之力。如贾山谏文帝，便陈说秦因'亡辅弼之臣，亡进谏之士，纵恣行诛，退诽谤之人，杀直谏之士'而亡。贾谊为时人苟且偷安而痛心疾首，大声疾呼'何异于秦之季世'。东方朔《谏除上林苑》申'秦兴阿房之殿而天下乱'。董仲舒力主儒术，极论'自古以来，未尝有以乱济乱，大败天下之民如秦者'等。

"奏疏可以陈政务、言兵事、论仪礼、颂功德、举贤士、斥奸佞、析得失等，能叙能述，有辩有驳，但其实质，仍不失说理。须使所议之事剀切明白，所论之理晓畅通达，所用之辞简约精当。"

因为地方口音的关系，叶朝荣有些内容没有听懂。

张居正讲课时说："诸君无论应试，或以后为官，须做到以下几点。其一，省议论。近年议论太繁，是非淆于唇吻，用舍决于爱憎。政多纷更，事无统纪。今后宜扫无用之虚词，求躬行之实效。一切科考、章奏，务从简、明真切。是非可否，明白直陈。毋推诿空言，反薄归厚。其二，振纲纪。近来纲纪不肃，上下姑息，百事迁就，模棱两可。法加于微贱，强梗者坏法乱纪，莫之奈何。今后宜归之公道，断于宸衷。法所当加，贵近不宥；事有所枉，贱疏必申。其三，重诏令。近来诏旨多不行，视为故纸。今后宜奉旨即行，立限趣报。以求人尽其职，事无壅滞。其四，核名实。今有士大夫建方条陈，连篇累牍，而核其本职，反属茫然，此所谓名实不符。今后用人必考其终，授人必求其当。严考课，求切实，毋眩名、毋徇资、毋摇毁誉、毋杂爱憎、毋一事概其生平、毋一眚掩其大节。其五，固邦本。今当民穷财尽之时，必痛加节省。凡不急工程、无益征办，一切停免。尚俭素、慎选吏、养小民。爱民者升迁，害民者严惩。抑制豪强，均平赋役。务去耗财病民之弊，以求民生邦本之宁。其六，能武备。今边事久废，宜任谋臣，修实政，不求近功，不忘有事。

"以上所云，我准备疏呈皇上。今示与诸君，仅供参考。"

李维桢听了心情激动，伸出大拇指，悄声对左右说："理家治国还得看张居正。"

徐阶讲问策，他说："皇上新政，会问什么，可想而不可知……策对时须言简意赅，一语中的，切忌答非所问，或语泛言滥，主次不分，力求纲举目张。"

徐阶念了一篇自己写的策问，当作范文。强调任何人不得记笔记。

叶朝荣听不懂，急得抓耳挠腮。

家屏专心听讲，听完后就记了个八九不离十。

徐阶又讲为臣之道，说："劝诸君莫要年轻气盛，好高骛远，急于名垂青史。依老夫之见，能做一两件功在当朝、利在千秋的事，就足以慰藉平生。

"为人臣者，有时须韬光养晦，否则就难以自保，但要心系社稷与苍生；有时须仗义执言，否则就难求善正，但要以礼制法统为重。"

回到住屋，众人议论徐阶。家屏以为徐阶讲的是他为官一生的切身体会，值得琢磨。

"如果徐阶不行韬晦之计，他也会像夏言一样，被严嵩害死。正因为徐阶以其人之道还治其人之身，以奸治奸，隐忍蓄势近二十年才得以克敌。"

刘东星说："我就做不到，宁为玉碎，不为瓦全。"

刘东星问贾三近："你能不能做到？"

贾三近说："我也很难做到。"

家屏说："在朝为官不能意气用事，严嵩巨奸，当政二十年，上下皆死党，若是以硬碰硬，勇气固然可嘉，但以卵击石，于事无补。"

于慎行说："我们应感谢徐阶，若不是他扳倒严嵩，大明朝仍在严嵩淫威的笼罩下，我等皆忠耿之士，未必能被选中到此读中秘文、议朝廷事。"

李维桢和陈于陛又在比赛谁能默记下徐阶念的策问，找家屏评判。家屏把他俩有争议的那一段，背给他俩听。刘东星对他们的好记性表示佩服。

李维桢说："强中还有强中手，施近臣的记性比我们还要好。"

他找来施近臣，一试，果然。众人为施近臣叫好。于慎行说："你们这样比赛好，无意中让我们多听了几遍。"贾三近说："还能把我们原来记错的地方纠正过来。"

众人又接着谈徐阶。

陈于陛说："海瑞骂先皇，是因为徐阶力保，才未被处死。徐阶乃拨乱反正之重臣，没有他的举荐，高拱和张居正也难入阁。"

家屏说："位极人臣者就得像徐阶这样，在关键时刻保护正直且敢于直谏的官员，注重培养后起之秀。"

于慎行和家屏开玩笑，说："难得你进士未中就以天下为己任，急首辅之所急，想首辅之所想。"

大家都觉得高仪和张居正讲的差异很大。

李维桢说："也不知道该听谁的。"

家屏笑着说："该听咱们自己的。"

会试在贡院如期举行。

会试的考试官是李春芳、殷士儋。王锡爵被任命为房考官，因为其弟王鼎爵参加考试，便上书求辞。陈以勤因儿子陈于陛参加考试，辞读卷官。王锡爵和叶朝荣成了忘年交。他嘱咐叶朝荣在科考期间带好大家，不要出现任何差错。

会考时，严格执行弥封卷制度。

全班二十九人，加上后来的代王子是三十人。会试结果，第一名是田一俊。叶朝荣在答卷中提出在南北两京的基础上再分而治之，与标准答案相悖，他的卷子被打入另册，其余二十九人全中进士，为参加殿试做准备。

叶朝荣准备离京回福建，二十九人为他送行。王锡爵赶来，与叶朝荣依依惜别。王锡爵说："进士未中，也可以为官，或者三年后参加下届会试。"叶朝荣长叹一声，说："年龄不饶人啊！"他表示，回去后要努力培养儿子叶向高，让他进京深造。

众人表示，将来不管谁飞黄腾达，都要不忘提携叶朝荣。叶朝荣虽然落第，却为有缘结识这班精英而高兴。

送走叶朝荣，家屏和刘东星、代王子聚在一起，数算山西有几位举人中进士。

于慎行和贾三近兴冲冲地进屋。于慎行指着贾三近说："老大又在山东举人会试中夺冠。"众人表示祝贺。

殿试在即。

代王子送家屏等每人一支珥笔、一方墨盒。

代王子说："字是文人门面，殿试须将字写好，否则，皇上御览怎会中意？要想写好字，没好笔不成。"

珥笔由羊毫和狼毫制成，软硬相宜，粗细适中。墨盒为铜制品，表面雕花饰秀，内装蚕丝，可以蓄墨渗汁。两样东西都很精致且便携。

于慎行用珥笔试写，说："好！"

殿试是由皇上在殿上策问。一甲三名，曰状元、榜眼、探花，赐进士及第。二甲若干人，赐进士出身。三甲若干人，赐同进士出身。合格者发榜。

三月十五日黎明，家屏等中式举人携笔墨、着袍服立于奉天殿丹陛。皇上升殿，文武百官行叩头礼毕，侍立如常。礼部官员引中式举人至丹墀内东西两侧，北向而立。行五拜三叩礼毕，分列而立。

皇上赐策题，策问制曰："朕惟君天下者，兴化致理，政固多端。然务本重农，治兵修备，乃其大者。《书》言：'先知稼穑艰难，乃逸。'又曰，'其克诘尔戎兵，以涉禹之迹。夫成王初亲大政，而周公即拳拳以此告之，其意深矣。'朕仰荷天眷，获嗣丕基，自推寡昧，未烛于理。尝恭诵我太祖高皇帝《籍田谕》、成祖文皇帝《务本训》，乃知王业所由兴，民生之不易。及观祖训，所载居安忘备之戒，又曰兢兢焉。兹躬率臣民耕藉于南郊，又屡敕边吏慎固疆国，博求制夷长策，亦欲庶几乎知艰洁戎，以觐扬二祖之光烈。顾彝典虽举而实政未孚，督策虽勤而武备犹弛。四方浮惰者众，未尽归农也。何以使人皆力本而不失业欤？丑虏匪茹，警报岁闻，何以创之，使不敢复窥欤？议者或言宜战，或言宜守，或欲罢调兵，或欲练士卒，计将安所决欤？朕日夜图虑安攘之策，莫急于斯。而行之靡效，其故何欤？抑其机要所在，未克振举，故人罕实用，功难责成欤？尔诸士习于当时之务久矣，其仰绎我皇祖垂训贻谋之意，有可以便民益国者，明以告，朕将采而行之焉。"

序班放置策案，分发题纸，按签入座。

家屏就座后在第一开前半页写祖上三代的情况，后有素页写履历，弥封线后写策文，策文四千一百字。

家屏早早答完策题，到东角门交卷。受卷官将收到的卷子送弥封官。弥封官盖上"弥封关防"印后送掌卷官。掌卷官再将试卷送东阁读卷官处。

家屏漫步在御河边，眼望着新柳初发，踌躇满志，写下《玉河新柳》：

> 水绕沙堤曲，晴纡御柳鲜。
> 柔条轻着雨，嫩叶暗抽烟。
> 影落波间细，阴垂槛外偏。
> 亭亭依汉苑，迟日待莺迁。

次日读卷，读卷官们围坐在一张特大的转桌边，每人面前呈放着一沓待读的试卷，读后在卷面上标识等级。读毕自己面前的，再轮读他人已阅的。全部读毕、标识等级后，由首席读卷官李春芳总核。

参加人员有吏部尚书徐阶和杨博、礼部尚书张居正和殷士儋、工部尚书雷礼、户部尚书马森、兵部尚书霍冀、都察院左都御史王廷、刑部右侍郎洪朝选、通政使司通政使李一元、大理寺左少卿李邦珍、翰林院侍读学士诸大绶。陈以勤以儿子参加殿试为由要求回避，皇上不允，再疏恳辞，乃许之。被所有读卷官都标为头等的考卷不多，家屏的试卷就在其中。一甲三名和二甲名列前茅者就在这些试卷中。徐阶要将家屏列为第一名，张居正同意将家屏列为第二名。

施近臣本来排在前面，揭开弥封，一看名字，有人对李春芳说："这个名字不好，施近臣，死近臣，我们这些近臣都死了，那还了得？"

善写青词的李春芳一听此言，点头说："这个名字不吉利，犯大忌。"。

殷士儋听了他们的话，愤愤不平，想要发作。徐阶坐在一旁，静观事态变化。

张居正站起身来，随口念道："前朝好了文天祥①，今朝冤煞施近臣。"李春芳面露尴尬。尽管如此，施近臣还是被排到了这一组人的后面。

殿试只分等第，不黜落。初步确定一甲、二甲、三甲后，提交皇上审核，待发榜。众举子猜测殿试排名谁是第一，会试第一的田一俊成了焦点。李维桢不知从哪里得到消息，说家屏排在田一俊前面，不是第一就是第二。家屏对此不太感兴趣，以为排到第几都无所谓。于慎行说家屏有荣辱不惊的素养，值得学习。

殿试后二日，读卷官都到御前侍候，李春芳汇报读卷情况。隆庆皇帝下旨："朕于明日亲策之。"第二日晨，家屏等身着统一新进士红袍装在丹墀侍候。

家屏被第一批问策。隆庆皇帝一看家屏的卷子，就被他的端楷吸引，爱不释手。"王家屏，你将策问内容陈述一遍。"策问题为《外攘内安之道》，策文虽是三日前所写，家屏仍记忆犹新。家屏用足丹田之气，将卷上内容不紧不慢、抑扬顿挫地背诵一遍，如江河滔滔不绝，若山峦起伏跌宕。隆庆皇帝话锋一转，又连问了数个关于军事的问题。这正是家屏的长项，他侃侃而谈，隆庆皇帝似有所悟。

施近臣也在第一组中，他回答问题全面、具体，隆庆皇帝听得直点头。

最后，隆庆皇帝看着策卷首页，问："你就叫施近臣？"

"臣就叫施近臣，字裕吾，也叫施裕吾、施裕我。"

"施裕王？"

高仪和李春芳吓出一身冷汗。张居正上前为之辩白，"是裕吾，不是裕王。"隆庆皇帝登基前当了三十年裕王。李春芳额头上直冒汗，所幸隆庆皇帝再没有说什么。

隆庆皇帝要在第一批人中定出一甲前三名和二甲的前三名。他点了李长春、王家屏、田一俊，又点了罗万化、黄凤翔、赵志皋，这两组人都不错。陈于陛、王鼎爵、李维桢、施近臣、于慎行等排在二甲。贾三近、刘东星、代王子等排在三甲，阳和薛纶也在三甲。直到破晓，问策才结束，所有人都在期待

---

① 前朝好了文天祥：相传文天祥当年因名字吉祥，被选定为状元。

结果。隆庆皇帝熬了一天，确实辛劳。司礼监官等待皇上将一甲三人姓名用朱笔填于榜上。

罗万化、黄凤翔、赵志皋三人是一甲前三名，传出。李长春、王家屏、田一俊三人是二甲前三名，也传出。有人窃窃私语，不明白为什么众人以为的一甲和二甲前三名发生了颠倒。随后二甲其余人和三甲所有排名均传出。

制敕房官开写传胪帖子。写好后将帖子授鸿胪寺官传胪①。音乐大作，皇上至奉天殿升座。序班举榜案于殿中，又由执事官举着榜案至丹墀的御道中放定，诸中式举人皆跪。

宣制："隆庆二年戊辰科，策试天下贡士。第一甲赐进士及第，第二甲赐进士出身，第三甲赐同进士出身。"宣制毕，传胪官唱："第一甲第一名罗万化！"每名连唱三次，由序班引出，班前跪下。"第二甲第二名王家屏！"家屏在韶乐声中四拜，起立、平身，从此成为戊辰科二甲二名进士出身。

执事官举榜案从奉天门左门出发，伞盖鼓乐迎导，家屏跟随其他新进士，到长安左门外张挂黄榜。那天，他写《传胪后作》，表述当时的心情。

御笔宸衷定，宫花曙色移。
山川真有分，天日本无私。
贾董声名重，皋夔事业奇。
丈夫廊庙志，不独计班资。

第二天，家屏和新进士们一起参加琼林宴。新进士共四百零二人。成国公朱希忠主宴。首席上，李春芳和殷士儋坐在朱希忠两边，他们三人的左侧坐着一甲前三名，右侧坐着二甲前三名。酒过数巡，其他桌的进士派代表来向两位考官敬酒，说着恭敬、恭维的话。

微醉的施近臣走了过来，他向李春芳敬酒时，说："恭贺李大人还活着。"又说，"您放心活着，我施近臣不会把您这位'近臣'妨'死'。"又挖苦李春芳，说："真羡慕李大人起了个好名字，'桃李当春，日正芳妍'，凭着'春芳'这个好名字，考取状元，我也得更名，就叫'施春芳'。哈哈哈，死春芳，这个名字好啊！"

---

① 传胪：科举殿试揭晓唱名的一种仪式。殿试公布名次之日，皇帝至殿宣布，由阁门承接，传于阶下，卫士齐声传名高呼，谓之传胪。

李春芳于嘉靖二十六年（1547年）状元及第，传胪前一天，他在寓所与人对弈。有人送来密报，告知其试卷已获选呈。他泰然将此帖置于棋枰之下，继续下棋，直到局终，形不露色。对弈者一再追问，才取出帖子，说："拙卷已被选呈。"殿试时，嘉靖皇帝见其名大喜，说："桃李当春，日正芳妍之时。"遂以朱笔将"春芳"二字圈起。

当着三百多新科进士的面，李春芳能承受施近臣这般挑衅，且不急不怒，真可谓"宰相肚里能撑船"。

家屏见状，只说施近臣不胜酒力，不宜多饮，和李维桢等人一起将他劝走。施近臣说他没有喝醉，特地背了孟子那段话："鱼，我所欲也；熊掌，亦我所欲也。二者不可得兼，舍鱼而取熊掌者也。生，亦我所欲也；义，亦我所欲也。二者不可得兼，舍生而取义者也。"他又加了一句："进士，我所欲也；姓名，亦我所欲也。二者不可得兼，舍进士而取姓名者也。"经他这一折腾，宴席气氛略显沉闷。

宴毕，新进士们赴鸿胪寺学礼仪。王教官教习礼仪完毕，走到家屏跟前，说："下官和应山兄是临汾老乡，久仰先生大名，今日得见，甚幸！"王教官告诉家屏，今年山西有多人中进士。在朝的山西籍官员筹划请同乡新进士，主要筹划人是王崇古，他是张四维的舅舅。王教官把襄汾王体复、阳和薛纶、沁水刘东星、代州赵允升、河津赵三聘、曲沃李尚思、安邑解学礼、长子鲍希颜等人叫到一起，众人相见，十分欣喜。贾三近、于慎行和山东的新进士们也围成了一团。后三日，由状元领头上表谢恩。之后，又到国子监拜孔庙，易冠服，美其名曰行"释菜礼"。国子监那边有诸生闹事，堵在门口，要见主考官理论，说是要为落榜的国子监生鸣不平，老半天不让新进士进门。带头人有李文进的儿子李梦多，他因父亲有功于朝廷，恩荫为国子监生，和家屏是同学。直到惊动了锦衣卫，闹事的诸生才散开。新进士们互相议论，多数人同情闹事的诸生，佩服李梦多敢作敢为。

按大明规定，第一甲第一名是从六品，第二、三名是正七品，第二甲是正七品，第三甲是正八品。家屏是正七品。

施近臣不服气，意欲继续闹腾。正式录用庶吉士的馆试在即，众人都为他着急，希望他不要因一时赌气而误了前程。家屏写《答施裕吾进士》一文劝阻：

吾友英资奇气，驾学飞才。盖自童卯，挟书业襄然具公辅之器矣。乃龙蟠凤戢，屡试兰省而不谐，人或讶其积淹，不佞独知其有待也。

春初北上，行色匆匆，济河焚舟甚壮吾友之志，以为先登拔帜必当在兹行焉。既得捷报，而喜可知，已然犹以不即元魁，为诎意者，大伸于廷对乎，及得报居二甲前，则犹不能不以为诎也。

何知殿试之日，临轩甚晚，奏对甚详，词臣佳其写作，主上问其姓名，而公然将一状元取诸其怀以与人乎，则信乎，山川之限豪杰也，可胜惋惜！

顾此事朝绅知之，同榜三百人尽知之。虽失状元之名，显都状元之实。诎于一日，伸于终身。则又不可惜，而可庆者也。

馆试在即，必当首选无疑。盖吾友之才藻，本自擅场，而大对之文名，又复震世。此于暗中摸索，宜无不收；要以进身之初，安静为上。少有门径，易为嫉妒之口所乘；忝在至亲，不敢以套言相谩也。

廷试策亦不必刻刻之，是与鼎甲三君争名，忌者众矣①。

草此附复，不尽。

施近臣听家屏劝慰，参加了选拔庶吉士的馆试，被录用。施近臣冷静下来，说："家屏乃吾至亲师友。"家屏等被选为庶吉士。

负责培训庶吉士的有曾在裕王府教过隆庆皇帝的殷士儋、马自强、陈以勤等。李春芳、高仪等重臣也会抽时间为庶吉士授课。庶吉士们和其他官员一起上朝，参加每月三次的经筵②。在一次经筵上，家屏目睹了讲官张四维的风采，夸他"风流洒脱，才敏智博"。刘东星向于慎行和贾三近炫耀："我们山右③藏龙卧虎，大有人才。"于慎行说："长洲申时行既有文人才学，又具商人机敏，不比张四维差。"

张卤因此次负责选拔、培训拔贡二十九人中进士，受到皇上嘉奖，皇上又将他调到兵部任都给事中，命他再从各地武举人中选二十五位佼佼者，由兵部组织培训后，参加选拔武进士的会试。

---

① 忌者众矣："造物之所最忌者，名也。岩穴之士，槁死衡门，人不及知，史不及载，身名湮灭，与草木同腐者，众矣。"
② 经筵：为皇帝讲论经史而特设的御前讲席。讲官由翰林学士或其他高级官员充任或兼任。
③ 山右：山西的别称。

第十四章　山西京官宴请新进士
　　　　　　隆庆皇帝私会王家屏

　　家屏中进士，喜气盈门。家屏到霍家给霍宗岳夫妇行叩头礼后，备香纸，到郊外给霍氏上坟。

　　皇上赏赐新进士一朵金花，游街夸官时要插于官帽上。家屏把那朵金花供在霍氏的坟头，把皇榜高中的消息告诉霍氏，以慰她在天之灵。悠扬的钟声从寺院那边传来，仿佛是老天给他的回应。

　　霍宗岳设宴招待前来道喜的亲朋好友。他让家屏换一套宽敞的院落。家屏说："前程未定，以后若留京，再置不迟；若不留京，岂不是白白折腾？"

　　王篆说："听说你是皇上亲点的头名庶吉士，又听说，皇上欲选几名优秀的庶吉士参加编写《世宗肃皇帝实录》，首辅徐阶点名要你，若如此，强于到六部。"

　　霍应山问："《世宗肃皇帝实录》需多长时间写完？写完后，如何安置？"

　　王篆说："先皇后期殆政，资料不全，编写《世宗肃皇帝实录》须从补录、求实做起，耗时会很长。既然皇上和首辅都看中家屏，将来十有八九会留詹事府或翰林院。"

　　霍宗岳帮家屏计算人口，定购房计划。

　　王篆见霍宗岳会客厅墙上挂的那幅画和字俱佳，仔细鉴赏。他称赞家屏："诗好，字更好！"又说："过些天，我请同乡新进士，请家屏参加，让他多结识些官员。也让他为我写首诗，留幅字。"霍宗岳说："那敢情好。"

　　山西京官组织宴请山西籍新进士，地址选在盐乡会馆，组织者主要有王崇古、霍冀、贾仁元和霍宗岳，他们都在兵部就职。霍应山和王教官负责具体操办。众官员纷纷拿出银两，让霍应山收起来，作为此次活动经费。张四维急忙制止,说:"这次聚会全由下官负担。"王崇古是张四维的舅舅,说:"这样好。"

盐乡会馆是张四维的私家会馆,他家是晋南盐商,为了经商方便,在京设此会馆。张四维热衷于振兴山西,盐乡会馆为进京赶考、确有困难的山西举人无偿提供食宿。聚会开始,王崇古引着众人参观专为山西举人准备的院落。院门上刻着一副联:

> 盐运道上走关公[①],
> 服盐车前幸伯乐[②]。

盐乡会馆里面是两进四合院,大约有二十间房屋,能住五六十人。贾仁元觉得地方有些厌憋[③],说:"张讲官此善举宜大力弘扬,眼见山西举子一年多似一年,在京官员或商贾应多建几处这样的会馆,以报神佐之恩,以济士举之困,以联乡土之情。"

王崇古说:"要像各处边关要塞那样,建关帝庙或神台,扬关公忠义威风,承三晋千古正气。"

王教官对地方戏有特别爱好,说:"要建个小巧的戏台,乡友聚会时,唱家乡戏曲,释思乡情怀。"

家屏、代王子、刘东星、薛纶及其他新进士都已到齐。鲍希颜和家屏同是嘉靖四十三年(1564年)乡试举人,此次也名列二甲。他擅长写篆隶,却羡慕家屏的端楷。希颜对众人说:"皇上对家屏用端楷书写的考卷爱不释手,我等应向他学习。"

家屏说:"鲍兄的隶、篆颇具功底,显然经过高师指点,不知师从何人。"

希颜笑着说:"家父是位穷书生,以代人写书信而闻名乡里,小弟从小受他影响,也没有刻意下功夫,便写成了这般撒野模样。"

"如今你中了进士,老父亲也该享清福了。"

---

① 盐运道上走关公:相传关羽曾在盐场做工。
② 服盐车前幸伯乐:典引自伯乐与千里马的故事。千里马老了,驮着装盐的车爬太行山。它的蹄子僵直了,膝盖折断了,尾巴被浸湿,皮肤也溃烂了,汗水满身流淌。被鞭打着爬到山路的中间,再也上不去了。伯乐遇到了它,从车上跳下来,抱住它痛哭,并脱下自己的麻布衣服给它披上。千里马于是低下头叹了一口气,又昂起头高声嘶叫,那声音直上云天,发出金石相撞一般的响亮声音,这是为什么呢?因为他知道伯乐是自己的知己啊。
③ 厌憋:土语,形容住房不够宽敞。

"我也是这么想的。只是他嗜酒，街上一遇熟人，就喝个没完没了，不醉不休，回到家里，倒头便睡。第二天，稍一清醒，照喝不误。长此以往，如何了得？哪一天，倒下去，不再醒来，还有什么清福可享？"希颜忧心地说。

"各人自有各人难。"众人长吁短叹。

家屏说："我的父亲就是因为我三年前中举后，他陪前来祝贺的人饮酒过量，犯病身亡。你父应引以为戒，否则乐极生悲，悔之晚矣。"

提到施近臣在琼林宴上借酒发泄之事，有人认为大快人心，有人认为大可不必。各抒己见后，大家达成共识：以后在酒席上饮酒要适量，要自重，要尊重他人。

襄汾王体复的父亲王应时随代王子而来，他怕儿子少年居官，傲满招损。王应时和鲍希颜打招呼，说："久闻鲍进士大名，你在书房写'夜读必须二鼓，晨兴定在立更'一联以自励。老夫学你，为体复吾儿书'勤''敬'二字勉之。"

家屏向王应时请教："不知所言'勤''敬'二字包括什么内容。"

"勤，乃勤学、勤政、勤省。敬，包括的内容特别多。要敬天地，不能逆天而行；要敬朝廷，朝廷乃天之骄子；要敬百姓，百姓如水，水可载舟，亦可覆舟；要敬师长，师长有启蒙之恩；要敬圣贤、敬万物……"

王应时问家屏有何高见。家屏说："'敬'字用得好，敬不等于愚忠，不至于盲从。"

众人赞同家屏的看法，说："'勤'应该再加一条，勤思。勤思才能明哲，才能权衡。"

霍应山和王教官安排众人坐定。张四维、霍冀、王崇古、霍宗岳、贾仁元等官员分别对新进士致辞祝贺。宴席开始了，大家为新进士进入士大夫行列而干杯。

话题转至士大夫应具有什么德行。

王崇古说："山西文化渊源久远，又地处边塞，造就了崇文尚武之民风。来自山西的进士，多是能文能武、内外兼修之士，有着忠肝义胆、百折不回、耿直不屈、刚正不阿的性格。他们以天下为己任，想朝廷之所想，急朝廷之所急。在职时，鞠躬尽瘁，死而后已，举重驾轻，荣辱不惊；无力回天时，则弃官如履。官场得意时，不骄不傲，不炫不耀；势挫运逆时，也不误修身养性，或闭门课子，或三日改医，或著书立说。"

霍冀特别介绍了嘉靖八年（1529年）进士杨博的事迹，说："他经略蓟州保定时，把都儿及打来孙十余万骑犯蓟镇，攻边墙，皇上甚忧。杨博摆甲宿古北口城上，督兵力御，强寇悉去。杨博因此进右都御史，至兵部尚书，又转任吏部尚书。他有胆有识、能文能武，是山西进士表率，可惜今日因病未至，我特代他向各位致歉。"

霍宗岳特地介绍了王崇古。他说："王大人是嘉靖二十年进士，历任安庆、汝宁二府知府，后升为常镇兵备副使。因除寇有功，又升陕西按察使、河南右布政使。嘉靖四十三年，调为右佥都御史，总督陕西延宁甘肃军务。他在陕西这几年功勋卓然，基本上摧垮了占据河套地区、并以河套为基地不断进犯我西北边境的鞑靼骑兵主力，获首功甚多。现在，他那边正值用人之际，愿席上有志者，能到王大人麾下建功立业。"

张四维说："刚才所说二位，一位是我同乡，一位是我舅舅，我从小受他俩影响，喜好看兵书、议军事，依我之见，士大夫应有班超投笔从戎的激情和范仲淹'先天下之忧而忧，后天下之乐而乐'的胸襟。"

霍冀说："家屏在殿试时对皇上提出的军事问题策对甚为精彩，愿闻对此有何高见。"

家屏在席间对宋朝韩琦、范仲淹二公经略西事谈了自己的看法。他说："唐末，拓拔思恭因讨黄巢有功，赐姓李，遂封银、夏、绥、静、宥五州之地，传之元昊。元昊雄黠多智，素耻其父向宋朝称臣。阻河为固，并地万里，乘宋不备，攻下几座城。韩琦推荐范仲淹和他一起为招讨使，夏竦当副职。此后，范仲淹经略西夏城十二砦，他力主招纳，故所至定堡障、通斥堠、兴屯田，为持久计。韩琦则愤贼势跋扈，期剪除根孽，不欲以牵制为名，故每议西事辄与范仲淹左。然两人计若相反，而心未尝不相得，故能各用其志，以立功边境。西人为之谣，曰：'军中有一韩，西贼闻之心胆寒；军中有一范，西贼闻之惊破胆。'其威名并重一时。"

又说："宋当继迁屡叛时，不即讨平，姑用名爵，羁縻之蔓延，至于元昊噬脐矣。范仲淹恐激成其祸，故主抚。韩琦恐养祸益深，故主攻。两公各有攸有形，迹非所论也。以能声威相倚，并挫勍敌休哉。二公忠义素著，范仲淹以天下事自任，韩琦尽力事君，死生以之。人臣欲乘大义，急国家之难，结主上之知，树勋名、光竹帛者，当观二公之行事。"

听了家屏一番论述，新进士们纷纷表示，愿跟随王崇古建功立业，将来做像韩琦、范仲淹那样的士大夫。最积极的当数薛纶，他家是军籍，祖上是扬州兴化人，明初先人薛士秀从戎迁河曲，再迁天城卫①，遂安家。薛家以农致饶，又以贩扬州盐为业。三年前，鞑靼入侵，他父母在路上双双遇害。他发誓磔膌羯奴②，以报父母之仇。

朝廷在新进士中选出一批人，做县令需要参加培训。位居吏部要职的王篆分管培训，因公事繁忙，请湖北同乡新进士的事，一拖再拖。薛纶参加了李春芳组织的请同乡新进士宴会，与他同去的还有林景旸和徐显卿，他两人被录为庶吉士后，也住到了家屏这个屋。张一桂也搬来住，这个屋共住了七人。有人戏称此屋由"四维居"变成了"七星居"。

三人出发时，众人托他们顺便了解一下李春芳与施近臣是否有过节，回来后，他们说："李春芳为人谦恭谨慎，私下发表论议也心平气和，公平公正，没有一句偏激的话。"

徐显卿伸出大拇指，说："李春芳真乃状元宰辅、宰辅状元！"

张淳、张一桂和施近臣三位安徽老乡随后进来。张淳问薛纶："李春芳对施近臣是否有隙？"薛纶说："绝对没有。"张淳问家屏，家屏也认为没有。

施近臣对家屏说："我要是留在京师，与那些近臣低头不见抬头见，碍眼烦心，还是做外官好。"

家屏说："坦然面对，或留京，或赴外，二者皆可。"

一日，霍应山的好友礼部仪制主事沈节甫赠给家屏一把绮琴，家屏在屋里弹奏，有人进来，抬头一看，原来是皇上！家屏正要行君臣之礼，被皇上一把拉起，说："黑子，不必这样。一会和朕到郊外去骑马。"家屏听皇上叫他"黑子"，再仔细看，方才认出皇上就是那位十多年前和他一起骑过马、射过箭，谈论过包拯的翩翩少年。

皇上看着墙上的那幅字，问："这是你写的？"

"回皇上，是臣所书。"

"'努力酬明时'，这句话好。朕要问你，'明'之本是什么？"

"臣以为，明之本乃国之本，国之本乃早立太子、早豫教。"

皇上思索，点头。

---

① 天城卫：今山西天镇县。
② 磔膌羯奴：磔，一种将肢体分裂的酷刑。膌羯奴，旧时骂胡人的话。

"朕愿你能做魏徵那样的洗马①，更愿你能成为像他那样敢于直谏的骨鲠之臣②。"

"臣将全力而为之。"

皇上把玩案上的珥笔，问家屏："这是代王子所馈赠？"

家屏说："正是。"

"你知道代王家排的字辈吗？"

家屏说："臣听代王子说过，是'逊仕成聪俊，充廷鼐鼎彝，传贻连秀郁，炳耀壮洪基'。"

"你们王家也排字辈吗？"

"愿皇上恩赐。"

家屏为皇上铺好宣纸。

"你祖父王朝用，是'用'字辈。你父亲王宪武，是'宪'字辈。你是'家'字辈，儿子是'初'字辈。"皇上在纸上写了"运宪家初"四字，琢磨后，又写个"泰"字，成了"运宪家初泰"。"用"字写成了"运"字，家屏没有纠正。皇上又念下句："忠义祚必昌。"家屏说："臣字'忠伯'，宜将'忠义'改为'遵彝'。"皇上又在纸上写下第二行："遵彝祚必昌。"又写："善基培祉厚，与国永传芳。"家屏说："谢主隆恩。"

皇上将笔一搁，说："黑子，走，骑马去！"闪身走出屋。家屏跟随而出，见早有太监牵了两匹马在外面伺候，一匹黄马，一匹黑马。皇上和家屏骑马走过长安街，来到郊外。皇上说了声："黑子，追！"便打马飞奔起来。家屏在后面骑着那匹黑马紧追了一段路程，便有意放慢了速度。直到郊外一处凉亭前，皇上才停下来。家屏骑的那匹马见前面的马停下来，便顾盼左右，欲到路边啃青③。家屏由着它自由散漫，到亭前较晚。有人接过马缰绳，对马进行梳理。有人将亭内收拾干净，君臣两人坐在石桌旁的石几上休息。又有人打开食盒，取出几样小吃。

皇上站起身来，手揩额头，说："朕自登基以来，活动较少，跑了这一程，便有些汗湿。"家屏观察皇上面色，似有肾虚之兆，也不好说什么。家屏曾听说吏科给事中石星不久前上疏："天下之治，不日进，则日退；人君之心，不

---

① 洗马：太子洗马，是辅佐太子，教太子政事、文理的官职。
② 骨鲠之臣：刚正忠直的官员。骨鲠，比喻有骨气、刚直。
③ 啃青：指食草动物啃食青草。

日强，则日偷。陛下入春以来，天颜渐癯，视朝渐稀，章奏频阁，淫游屡肆，用是不避斧钺。"石星劝皇上："不可追酒色之害，实当深警。"皇上大怒，说石星恶言讪上，命廷杖六十，黜为民。

家屏正在想该如何劝谏，突然，皇上转过身来，令身旁的太监笔墨侍候，要家屏应景写一首诗。

两个太监举起一轴横幅，家屏持笔在手，立于轴前，写下一首诗《君马黄》：

君马黄，我马骊。
联镳长安陌，并服黄金羁。
鲸腾鳌举日千里，驰驱未许忘斯须。
一朝君马行，骑向昆仑西。
朝登苍梧巅，夕饮大液池。
却笑我马邅，宁顾君马疲。
同皂不同驾，远道虞艰危。

皇上看后，说："入情入景，字如其人。"反复端详之后，又说这幅字有"二王"①的风采，吩咐太监好好收起。家屏想用这首诗劝谏皇上，希望他能品出其中深意。

皇上问家屏几岁授书，家屏说："为臣五岁时家父授之书。"

"皇子几岁豫教好？"

"臣以为宜在五岁前。"

"太子师宜从宿儒中选，还是宜从年轻的士大夫中选？"

"臣以为宿儒多暮气，年轻的士大夫多朝气，二者恰当结合较相宜。"

皇上和家屏的谈话很随便，两人又骑了一阵马，兴尽方归。临别时，皇上让太监捧出一枚镶金镀银的椰瓜工艺品送给家屏，留作纪念。

---

① 二王：人们将东晋书法家王羲之和王献之父子并称为"二王"。

第十五章　徐阁老致仕荐二王
　　　　　王家屏阁试任史官

　　霍应山经手，将家屏原来的几间小屋处理掉，又置一处住宅。

　　李氏自嘉靖四十三年（1564年）闰二月生了浚初，第二年生了二儿子湛初，第三年生了三儿子沛初。她想要个女儿，结果又生了四儿子汲初。

　　李松一路风尘仆仆护送女儿、外孙从山阴赶到京城。他是第一次进京，见了家屏，第一句话就是："京城真大，相当于几个山阴城。"

　　李氏说："他姥爷一进城逢人就问王家屏在哪里住。人们摇头，说不认识这个人。他还以为在山阴城。"

　　李松说："城圈圈大有大的好处，也有大的坏处，找个地方、找个人不好找。"

　　家屏笑了笑，问李氏："他奶奶为啥没来？"

　　李氏说："说死说活请她带着家玺弟兄们一起来，她说啥也不来，等你回去请吧。"

　　家屏引着李松到皇宫那边的街上转了转，李松看见什么都新奇，说："这一下，我可大开眼界了，明日死了也不屈。"家屏又引着他逛了几处地方，他闹着要回山阴，家屏嘱他什么时候想来就来。

　　李氏进京后，家屏常引着他那帮同袍到家里来。李氏做得一手好饭菜，人又和善，大家在一起，亲如一家。李氏又专门学了做扬州菜、鲁菜、湘菜、川菜、徽菜的手艺，让众人有回家的感觉。

　　浚初和湛初长得十分可爱，谁来家里都爱逗他俩玩，教他俩看图识字、说各自家乡的方言俗语。浚初的识字卡一面是贾三近写的字，一面是徐显卿作的画，谁见了都说好。浚初和湛初特别喜欢于慎行、林景旸和李维桢给他们讲故事，也喜欢看刘东星、林景旸、贾三近、张一桂几人做大辩论。两个孩子动不动说几句"阿拉"话，李氏戏称他俩是"小侉子"。家屏这个家也成了议论朝政的小天地。

首辅徐阶整日念叨一朝天子一朝臣。

隆庆二年（1568年）七月，户部给事中张齐上疏弹劾徐阶，说："徐阶侍世宗皇帝十八年，神仙、土木皆徐阶所赞成；及世宗崩，乃手草诏，历数其过。徐阶与严嵩处十五年，缔交联姻，曾无一言相忤；及严氏败，卒背而攻之。徐阶为人臣不忠、与人交不信，大节已久亏矣。比者，诸边告急，皇上屡屡宣谕，徐阶略不省闻，惟务养交①固宠②，擅作威福。天下惟知有徐阶，不知有陛下。臣谨昧死以闻。"徐阶没有申辩，提出致仕。皇上让他推荐两名士君子。徐阶胸有成竹地说："'二王'，王锡爵和王家屏。"王锡爵曾是会试第一、殿试第二，而王家屏是徐阶意中的第一。

皇上又问徐阶推行"一条鞭法③"那件事。徐阶提议秋后先在江西搞个试点，然后再根据情况，决定是否推广、如何推广。皇上准徐阶致仕。李春芳暂任首辅。李春芳、殷士儋、马自强等人也推荐王锡爵和王家屏。

皇上请来一位精通相面术的人，给"二王"相面。皇上召见相面师，拿出家屏写的《君马黄》让他看。相面师看罢，说："这是一位善谏的忠梗之臣，学识渊博，人才难得。"相面师混在上朝的官员中，认真观察王锡爵和王家屏之后对皇上说："两位皆和平之相。"

王篆请客，李维桢和王家屏应邀参加。参加宴会的人大多是荆楚官员，其中有张居正和时任右佥都御史、巡抚辽东的方逢时。方逢时一脸严肃，威风凛凛，让人望而生畏。

张居正见了王家屏，说："我也是军籍，喜欢研究军事的有识之士。"他称赞王家屏在殿试时回答皇上提出的军事问题很精彩。张居正向众人介绍方逢时和王篆，说他俩是栋梁之材。

---

① 养交：豢养私交，以成朋党。
② 固宠：为巩固受宠地位。
③ 一条鞭法：明代嘉靖时期确立的赋税及徭役制度，即把各州县的田赋、徭役以及其他杂征总为一条，合并征收银两，按亩折算缴纳。这样大大简化了税制，方便征收税款，同时使地方官员难以作弊，进而增加财政收入。

"'楚虽三户，亡秦必楚'是我楚人精神，历史上陈胜是楚人，大泽乡振臂一呼，天下响应，建'张楚'；项羽是楚人，率江东子弟渡江，成为抗秦主力，建'西楚'；刘邦是楚人，总领群雄，收拾河山，建大汉。当今最能体现楚人精神的，当数方逢时。"张居正说，军籍出身的进士一般来说处事干练，富有牺牲精神，值得信赖和重用。

张居正喜欢家屏的诗，说："等有机会，组织一次诗会，让各位仕子大显身手，一比高下。"李维桢提议举办诗会时，把皇宫收藏的名画拿出来，让大家欣赏，即兴配诗。张居正说："这个主意好。让三十二名庶吉士都参加。"王锡爵和殷士儋、赵贞吉教习的这批庶吉士很熟，彼此以兄弟相称。

隆庆三年（1569年）五月，王锡爵被任命为南京国子监司业，离别在即，和众人依依不舍。家屏作《送王荆石司成赴南雍》：

　　　　金陵楼阁郁云虹，万里江流一棹通。
　　　　地枕越山多紫气，潮平楚岸正青枫。
　　　　两都形胜观风遍，六馆人文化雨同。
　　　　自是汉庭词赋客，台星还照建章宫。

与王锡爵同去南京的还有范应期，他是浙江乌程人，嘉靖四十四（1565年）年乙丑科状元，家屏作诗一首《送范屏麓司成赴南雍》：

　　　　玉堂仙客拥双旌，南国风云壮此行。
　　　　一世文章鸣大雅，百年礼乐属司成。
　　　　奎躔晓聚钟山曙，花雾春浮璧水晴。
　　　　暇日登台濒望阙，帝庭虚席待持衡。

隆庆三年，庶吉士们参加的重大活动是和百官一起祭祀永陵[①]，皇上让家屏写一首诗，家屏写《恭祀永陵》：

　　　　龙驭升遐后，乌号坠世长。
　　　　园陵白日闷，宫殿紫云藏。

---

① 永陵：嘉靖皇帝之陵。

四表功犹在，三年慕未忘。
鸿图隆继远，时祀肃蒸尝。
万乘旌旗集，千官剑佩跄。
几筵陈俎豆，簪冕奉圭璋。
仙乐笙镛盛，金罍秬豆芳。
孝思融圣念，礼数陋王章。
露下蓂阶湿，风生蕙树香。
玄关蹲虎豹，丹壑降鸾凰。
烟绕銮舆上，神归帝座旁。
行人遥拜处，日暮万山苍。

徐阶致仕后，《世宗肃皇帝实录》由张居正接手负责。转眼到了第二年春天，经过培训的新进士被陆续分派到基层担任县令。代王子被派往福建同安。他近日读了家屏从爷爷那里得来的几部书，把人世间的事情看淡了，常念叨"六欲诸天来供养，天花乱坠遍虚空"，给自己起了个号叫"咸虚"①。皇上默许他用代名上任。庶吉士们为他送行。离别在即，家屏对代王子有说不尽的话。

"士君子修名砥节莫重乎始仕，始仕树立终身勋誉。因此，要执准而步，循绳而趋。王子正当英锐之年，负瑰玮之器，希望王子翻山越岭，不辞劳苦，'登崇陟华'，展经纶之具，建名世之业。

"同安之行，王子将初仕于此，以后或升为藩臬②，或升为台省③，仕途漫漫，这里是开头，怎能不谨慎？

"我听说同安属闽地，临海，近来'岛夷内讧，鼓楫持戈，攻城池，掠士女，祸至惨矣'。以前，官府也曾出重兵前往围剿，消耗了许多粮草，弄得政府繁忙，百姓困扰，在那里当官的人无不蹙鼻④称难。

"越是这峣峣赫赫⑤的地方，一整顿就会安稳下来，就会卓见成效，你的威望会在短时间内树立起来。不至于'直前之气，挠于多岐；千里之足，碍于趑

---

① 咸虚：意同"遍虚空"。
② 藩臬：指藩司和臬司。明代布政使和按察使的并称。
③ 台省：指汉朝尚书省、三国魏的中书省，都是代表皇帝发布政令的中枢机关。
④ 蹙鼻：皱缩鼻翼，呈忧愁貌。
⑤ 峣峣赫赫：土语，意为很不稳定。

趑①'。

"姑且不计较个人的功勋名誉，也要为同安人民着想。所以必须'精白其心，淡然无欲，淬厉其志，毅然弗惧'。掳诚竭智，以周民事，坦然无所避；利害险阻，不摇其心，施措随吾意。有了这'登崇陟华'的经历，以后不管升迁为藩臬还是台省，都会驾轻就熟，要有这种远见卓识。

"如果能这样，会使人称道，'这是龙飞首科进士，是某某人推荐的。'国家有光，鄙人脸上也沾光。"

代王子对家屏倾诉衷肠。

"外人都以为生在朱门、身为王子有多么的荣耀，其实，我越来越没有这种感觉了，取而代之的是一种危机感。史上代王府曾因'妄自淫亵'被撤销藩王之号，后来虽然恢复，也与皇府有了隔阂。再说，我将来不继位倒也罢了，若父王命我继位，还不知会生出多少枝节来。倒不如凭借一己之力，步科考之路，当一名边陲小令，造福一方，倒也自在。"

"说的也是，祸兮福之所倚，福兮祸之所伏。"

鲍希颜被分派到洛阳当县令。家屏写《送鲍令之洛阳序》：

洛阳，古都会之地也。邑丽于郡，事剧而繁，民顽梗俗尚华靡，自昔称难治矣。然而，雄材大器之士，则往往著名其地，故稽之往牒，或以敦大，或以威严，或以精勤，或以谨厚，其政事虽人人殊，而要之，吏习民安，治臻化洽，其为良令则均焉。

今年，戊辰龙飞首科，吾乡复轩鲍君与余辈同举进士，乃兹奉简命出而宰洛阳也。固将循伊洛之上游，览中州之胜概，访古良令之迹，而修厘整顿之，以宣圣天子保民之化矣。

复轩君固惴惴焉若重，为之虑者，岂谓其丽于郡也，而监司部使难于趋承乎；谓其事剧而繁也，而管库筐箧难于勾校乎；抑谓其百姓顽梗也，而租赋徭役难于征集乎；俗尚华靡也，而风声气习难于化导乎；然此固恒情之所难，而复轩君之独易者也。夫千钧之重，屠夫见而骇之，乃乌获弗骇焉。何也？力足以胜之也。是故趋承之节，谨厚者弗渝；勾校之能，精明者鲜废；征集之令，威严者易行；化导之方，敦大者克举。政固存乎

---

① 趑趄：行走困难，也可形容犹豫徘徊。

人耳。

余尝观复轩之为人，志定而气和，识高而履洁。与众处油然乐易，周设城府，而嫉邪独严；论事渢渢洋洋，曲中肯綮，而不拘泥文法。是固敦大而济之以威严，精明而持之以谨厚者。夫有一于此，犹利于治，而况且兼之也。则其宰理剬割之勋将，驾古之良令而上之，而奚有于洛阳也哉。君行矣，异日有称治效为河南第一者，必君也。畲日望之。

赵三聘被任命为昆阳令，诸君为他送行，家屏写《赠赵宰之昆阳序》，记述当时情形。其文如下：

碧泉君与予辈同举戊辰进士，明年，天子以君为昆阳令。将行，诸君子谋以言赠，则咸征予，谓予里去代近，又与君同乡，书也，谊不可辞，遂饯于都门外。

告之曰：夫士君子乘昌时感荣遭欲、宣德树猷于世，则莫若守令矣。守令于百姓势亲，凡饥寒疾苦之状，可以周知，有可以便利百姓者，得专行其志。故朝发一政，民夕受其惠；夕修一令，民朝仰其成。煦育浸涵，举百姓，措之粖、宁之域者，惟守令为然耳。

今之守令，岂不谡谡然以是自期哉。顾一旦簿书筐篚纷委乎前，则劼劳鞅掌、听断论报，不遑给矣，又何暇问农桑、兴教化也。矧监司临莅其上，耳目互异，爱憎不齐，承事稍疏，而苛细者寻起，而媒蘖之矣。故岂弟之情，每牵于文法；刚正之节，易阻于浮言，如此乎，守令之难也。

予闻昆阳当楚蜀诸藩孔道，诸大夫转经其地，则冠盖辐辏而集，无论供帐廪饩之类，所费不赀，即奔走迎送，且不能人人悦矣。是以他县之为邮一，而昆阳之为邮二。比岁，民贫役重，二倍不足官其地者，岂不视他县倍难哉。

君兹行矣，拊百姓将以观德，治宾旅将以观才。世所属望，非小也。夫沾沾然，问民之饥寒疾苦，而省刑薄赋，以修保息之政，不以风尚迁志、毁誉、易节者，非古良吏之事乎？如其不然，而励精尽慎，俾案无留，牍舍无停，轨虽未遑，致力于民亦今之所谓能吏矣。良能之名，世所并贵，而兼之实难。吾丈则奚择焉。

赵君曰：天子不以某为庸劣，而命某守叶之典籍，惟惠利百姓是属。某敢不悉志于疏附以宣天子之仁。若诸大夫行李之往来，治具矜节，某之分也，抑岂敢不共？

予于是举爵而贺曰：识治之言哉。夫爱不弛于百姓，礼不违于宾旅，义不辞夫繁剧，臣道之大经也。以佐国家、宰天下，裕如矣。安论？

昆阳、诸君子曰：然。

遂登诸简。

解学礼被派往凤阳，他将成为一名地方执法人员，众人在送他时对何谓之法等问题进行了讨论。家屏作《送解郡理之凤阳序》：

天下有不得不持之法，而亦有不必尽泥之文，疏其文以用法，斯善用法者也。夫法，圣王所以整齐世道、约束人心之具。而文也者，则上下轻重于其间者也。文可尽废哉，然而文之滋，法之敝也。法本无敝也，据法之章而组织锻炼之，深排巧诋，牵合附会，欲一一尽当于法也。法斯敝矣。是故泥文以执法，亡不偏者也。尽法以绳民，亡不冤者也。不离于法，亦不囿于法，斯善用法者哉。则尝观之医矣，善医之于病也，察其表里，诊其虚实，审知其病，而以方书治之也。而又不尽按其故也，必将顺其温凉寒暑之宜而剂，是之，损益之故，其医称良，若乃不审知其病之所在，而概投之以药，曰方书，如是也，则不至于误而戕人者几稀矣。夫刑亦犹是也，今夫狱之兴也，情伪微暧，千变万状至，不可穷也。而吾顾以文法鞫之，则何异于以方书治疾也。是故，有罪同而事异者，有事同而理异者，有理同而情异者，是皆不可不推也。不得于罪推之于事，不得于事推之于理，不得于理推之于情。至于情而不得，而置之法，民无憾矣。何也？当也犹之医良焉，而疾弗效也，于医何尤哉。

余辈与序吾同举进士，乃又同乡，则尝称序吾之为人明达而果断，曰是不难于持法者矣，然而文例之繁，上下轻重于猾胥之乎者，其弊能一日尽削哉？则莫若镇之以敦大，推之以仁恕。抑者伸之，纠者解之，淹者振之，诬者原之。而法之用也，常若不得已焉。如此则不必尽泥于法，而法未尝不行。彼猾胥之奸，将自无所售之，而文法为之渐疏矣，文法疏则善类安，善类安则膏泽究，以宣天子好生之化。而称曰：中都之平谓不在斯行哉。记曰：刑者成也，一成而不可变，故君子尽心焉。呜呼，余辈亦欲序吾之尽厥心也。

翰林院对庶吉士培训后，进行考试，称阁试。阁试结束，家屏写了一首诗《阁试晚出左掖①》：

  诗成初纳简，朝散共穿花。
  殿阁秋云静，宫墙晚照斜。
  沙边遥立马，树杪乱栖鸦。
  回首文昌府，祥光烛彩霞。

---

① 左掖：宫城正门左边的小门。

第十六章　刘东星贬谪蒲州
　　　　　　韩寒潭全家遇难

　　徐阶曾举荐高拱入阁。后来有人弹劾高拱，高拱回了老家。

　　李春芳任首辅后，赵贞吉入阁。张居正以前是吏部左侍郎，续修《世宗肃皇帝实录》后，晋升为礼部尚书兼武英殿大学士。杨博为吏部尚书掌吏部事。

　　巡按山西御史郜永春论劾总理屯盐右佥都御史庞尚鹏，说他"心术狡猾，行事乖谬，乞赐罢斥"。吏部答复："尚鹏才堪策励，宜留用。"皇上对吏部答复，甚至对吏部不满，说："近来吏部不查各官贤否，应去应留，专事掩饰，殊为欺诈。"杨博上疏自讼，请免职。皇上说："杨博既然引罪，令致仕。"皇上让他的启蒙老师高拱还朝，"以原官、不妨阁务，兼掌吏部事"。高拱任国子监祭酒时就与时任司业的张居正交好，现在两人皆入内阁，更加亲密。

　　李春芳不再任首辅，乞致仕，不允。原内阁成员陈以勤乞休，皇上说："卿藩邸旧学，鞠躬重臣，德望素隆，忠劳茂著。朕方切倚毗，岂可辄求休退？宜亦尽心匡赞，以副眷知。不允辞。"后陈以勤四次上疏，皇上方允引退。皇上让陈于升送其父回四川南充老家，家屏组织众史官为陈以勤、陈于升父子送行。家屏代表众人，作诗一首《送陈少傅致仕》：

　　　　华岳雄西土，岷江据上游。
　　　　扶舆钟间气，申甫继前庥。
　　　　会本贞元合，形非梦卜求。
　　　　文章卑晋魏，道术掩韩欧。
　　　　紫阁宣纶密，青宫辅德遒。
　　　　阶崇联玉席，名重复金瓯。

日月光帷幄，星辰近冕旒。
论思推傅说，顾名属留侯。
终始君臣义，安危社稷谋。
丙功洵不伐，范志亶先忧。
吐握勤民事，寅恭赞帝猷。
补天忠作石，济世道为舟。
玄斡玑衡正，苍生疢疾瘳。
万方归燮理，群品荷甄壮。
翊亮精神著，都俞宠眷优。
鸣珰陪镐晏，列戟扈宸游。
蟒服频裁锦，驼羹数赐羞。
奎章绚五色，华榜丽双蚪。
骈锡恩荣渥，长祥庆泽流。
凤毛纡羽翰，麟笔绍弓裘。
伊陟贤维肖，祁奚盛可俦。
孤贞持汉鼎，五福敛箕畴。
龙马精神健，庄椿岁月修。
台躔初转中，华旦正宜秋。
琼岛晴霞度，金盘玉露稠。
冈陵交献颂，海屋几添筹。
报国真丹悃，归田尚黑头。
衣冠纷祖帐，旌节拥皇邮。
竚拟征音远，频繁睿旨留。
禁中思颇牧，天下想伊周。
司马中兴宋，园公晚定刘。
伫看宣室诏，旌币到林丘。

李长春父亲病重，捎话进京，想见见儿子。李长春乞假回去看望，家屏等史官为他送行，家屏作诗《送李元甫乞假省亲》：

忆昔长安同走马，与君邂逅金门下。
四百人中识李邕，矫矫龙头真大雅。

青云为姿玉为肤，掌中把握双明珠。
羡君作赋不停手，琅琅落笔皆珊瑚。
万里亲闱隔江水，一旦归心如啮指。
走谒重闱数上书，朝奉天言夕旋趾。
结驷鸣镳下玉京，五溪三峡引双旌。
野树江花俱生色，宫罗绿锦何峥嵘。
白昼归来拜堂上，承颜自觉亲心凭。
山间倘遇安期生，千岁灵椿本无恙。
君归何时君始还，燕台明月清尊闲。
况留东观文章在，东观风云日相待。

内阁逐步由高拱和张居正掌控。

高拱在家中排行老三，他的长兄高捷是嘉靖十四年（1535年）乙未科进士，官至南京右佥都御史提督操江，在任时以巨额官银贿赂严嵩的干儿子赵文华，被南京给事中陈庆弹劾。高捷因此被降职，不久，又被提升为陕西右参政。高捷再次被言官弹劾，遂归故里。家屏和刘东星、贾三近对此事进行调查，情况属实。按编纂《世宗肃皇帝实录》的原则，须如实记载。

已是首辅的高拱闻讯赶来，进入家屏他们几个人住的房间。家屏恭请首辅坐下，问他有何吩咐。高拱坐下来，先是一声声长吁短叹，弄得气氛很沉闷。

过了一会儿，高拱才慢慢地说："今日乃家兄忌日，想起来，凄凄然，坐卧不宁，出来遛遛，不觉来到了你们这里。"

家屏说："我们近期对他所犯之事有所了解，还望首辅大人再做详细介绍。"

高拱剜了家屏一眼，说："家兄乃嘉靖十四年乙未科进士。初任户部贵州清吏司主事，直到嘉靖三十五年六月，始为南京都察院右佥都御史提督操江，兼管巡江。曾率军多次击退倭寇入犯，却因权宰嫉功畏直，嘉靖三十七年闰七月，权宰唆使乡人南京给事中陈庆诬劾家兄，家兄降调后还不放过，再遭诬劾，遂弃官归故里。

"家兄刚直豪爽，节侠自喜；为官惠贫摧强，植弱察奸；素闲武略，立功不傲。归里后，杜门谢客。口不谈世事，足不履公庭。课农教子，化导乡里。想不到，苍天无眼，隆庆二年，他舍我而去。"

刘东星插问："首辅所言权宰是何人？莫非是严嵩？"

这一问，噎得高拱半天说不出话来，把刘东星剜了一眼又一眼。

刘东星又说："首辅家兄是权宰唆使人诬劾，徐阶莫非也是权宰唆使人诬劾的？这位权宰又是谁？"

高拱被顶，脸色铁青。

贾三近说："首辅大人有什么话可以直说，对我们何必绕弯子。"

高拱又剜了贾三近一眼，说："我就喜欢山东人这种性格，那就直言了。"

高拱转过身来，盯着家屏，说："今日来找你们，是不想让家兄死犹蒙污，他与赵文华那些鸡零狗碎的往来，在《明实录》中不录也罢。"

家屏说："《明实录》应将史事据实而录。身为史官，应求真务实，岂能弃实而不录？再说，高捷动用官银贿赂赵文华也不是小数，更何况，先皇曾对此案做过处理，经多方核实，认定赵文华贪赃十余万，让他退赃，并抄了他的家，没收其财产，不足部分，由他子孙继续还，还清为止。由此看来，高捷用官银贿赂赵文华，实质上是害了他，且祸及子孙。《明实录》上如果不录此事，赵文华贪贿官银十余万就变得蹊跷，又陷先皇于不仁不义。到那时，首辅大人的一世英名岂不也会受到玷污？"

高拱一听此话，气急败坏，瞪着家屏，吼道："那我问你，戚继光贿赂上司，改迁浙江都司的事，你们录不录？谎报辖区内倭寇不断，贪数千人空饷之事，你们录不录？"

家屏很平静地说："若查实无疑，当录。"

高拱看家屏不依不饶的模样，不好再发作，说："我倒要看看，你们能不能一视同仁！"悻悻而去。

高拱走后，刘东星手抚前胸，说："不当官时，以为官员清廉。中进士、入官场后，尤其是翻看了那些《明实录》资料，方知官场乃藏污纳垢的龌龊之所，我真想当一名给事中，把那些伪君子的面皮一层层撕下。"贾三近、刘东星、林景旸有同感。

皇上从庶吉士中选了几名到六部任给事中。贾三近、刘东星、林景旸踊跃报名，通过考核后，成为给事中。贾三近到吏部，刘东星到兵部。林景旸定了到礼部，因回乡丁忧，未就职。另有张书到工部。其他庶吉士朱赓、田一俊、陈于陛、徐显卿、韩世能、张一桂、张位、李维桢、王家屏、于慎行为翰林院编修。沈一贯、习孔教、沈位、范谦为检讨。另有几位成为监察御史和礼部主事。

刘东星任给事中后，注重调查研究，发现皇亲国戚参与搅和的事情特别多，朝廷的相关条例矛盾百出，让他们有空可钻。于己有利，予以执行；于己不利，予以摒弃。他上疏，朝廷须制定统一条例，公开标明哪些可行、哪些禁止，并将执行情况张榜告示，以平众议。

刘东星反映的情况，引起了皇上的重视，却遭到皇亲国戚的反对。有人去找高拱，指责他用人不当。高拱上疏整顿吏治，且以整治言官①为重点，皇上同意了他的整治计划。高拱得意地实施自己的计划。他亲自出马，不定期稽查各部官员是否在岗。特别规定，言官失守，从重惩处。一次，刘东星有事外出，被前来突袭查岗的高拱抓了典型，报皇上批准后，刘东星谪往蒲州。史官们哗然，以为高拱是存心报复。众人为刘东星送行。家屏将韩寒潭送他的那把宝剑盛入匣内，隆重地赠予刘东星。家屏写诗一首《送刘子明给事谪蒲州》：

> 寒风猎猎吹貂裘，仆夫手控双紫骝。
> 劝君停车且勿发，听我举杯歌昔游。
> 忆昔抱策献天子，片言曾动天颜喜。
> 弘开芸阁聚时髦，与君出入承明里。
> 联琚接佩何雍容，三载细书同坐起。
> 宦路交情古所稀，生平意气谁能拟。
> 君才瑰磊元无伦，棱棱气岸摧风尘。
> 朝拜谏官夕奏事，泰山乔岳争嶙峋。
> 数叫天阍踏虎尾，直披云雾搔龙鳞。
> 回澜倒海信有志，宁肯卷舌低向人。
> 蓦然白日风霆薄，蔓衍昆冈火炎灼。
> 不省含沙会射人，翻惜隋珠轻抵雀。
> 吁嗟乎，
> 古来直道多崎嶬，曾将贝锦成南箕。
> 丈夫用世非旦夕，安能常笑无颦眉。
> 君不见，
> 敬通文章丽如彩，口语招尤困炎海。
> 贾谊多才自少年，沦落长沙抑何悔。

---

① 言官：主要由都察院御史和六科给事中组成，可以规谏皇帝，弹劾百官，巡察地方，被称为皇上耳目。

> 翡翠羽，鹦鹉音，英华标露罗蔚侵。
> 风疾过林撼高木，夜光暗掷谁知心。
> 吁嗟乎，
> 君且行，双鸿分翼难为情。
> 寄君匣中剑，乃是青龙精。
> 携向太华山上游，神光熠耀威西京。
> 西京形胜称天府，汉苑唐陵吊千古。
> 迁客庭空吏事稀，逢人莫道雄心腐。
> 长孺未许卧淮阳，萧傅宁教滞三辅。
> 一朝明主赐君环，衮职趋朝期再补。

送走挚友刘东星，家屏心里闷烘烘的，看天空再没有那般蓝、日头再没有那般红。

霍宗岳病了，家屏前去看望。霍宗岳较前明显苍老，精神不大好。丫鬟扶他坐在太师椅上，一阵咳嗽后，他说："数日前兵部获悉，虏骑数万入犯大同，分掠山阴、怀仁等处，时间长达数日，杀人掳畜甚多。你须乞假回去，看看家中有无人员伤亡。把家中老小接到京城来住，早晚放心。你舅舅家在大路口，人又显赫张扬，我一直担心他会出事，你路经怀仁，去看看他。"

家屏给霍宗岳找良医诊治，收拾行囊回山阴。

那日，家屏在阳和驿站换了一匹马，一早出发，打马飞奔，盘算着黄昏后到舅舅家。到了怀仁，见舅舅家的大院失去了昔日的光彩，成了个灰垺滩①。破砖烂瓦，墙倒屋塌，黑眼瞎窟②，死气沉沉。家屏舔着干裂的口唇，踉踉跄跄，在周围转了一圈又一圈，也没见到一个人。

夕阳西下，家屏振作起来，牵着那匹疲惫的马，朝三姨家的方向走去。三姨家还好，远远望去，瓦房依旧。家屏又是一阵悲怆，他知道，再也见不到三姨了。三姨卒于隆庆三年（1569年）五月初二日。姨兄米祥等为其父米万家和萧、韩二位夫人的墓新修了墓道，曾进京请家屏作墓志铭。当时，家屏忆起三姨，大哭，泣语："果然没等到我回去，想不到那次相见竟成诀别，恸哉！"

---

① 灰垺滩：土语，指没有生机的一片废墟。
② 黑眼瞎窟：土语，指房屋门窗被损毁的模样。

家屏步履蹒跚地来到三姨家大门前，大门紧闭，早早就上了闩。家屏上前叩响门环，听得米禅从正房出来，不知道搬了个什么家具，粗声大气地喝问："谁？"

家屏高声回应了一声，米禅这才把手中的家具扔掉，过来开门。

米禅扑上来抱住家屏，说："舅舅家遇难了，一个也没剩下。"

两人进了屋，见米祥躺在炕上，一脸憔悴。

他哑着嗓子说："家屏回来了，还没有吃饭吧？"

草草吃过饭，米家两兄弟和家屏说了舅舅全家遇难的情形。

"舅舅从唐县回来，守着那份家业，过得倒也自在。今年刚过中秋节，人们就传言，俺答要倾巢出动来抢掠，舅舅每天都到兵营打探消息。

"北面①有兵营的耳目，那边有啥动静，这边能打探到，肯花钱就成。

"出事那天，前半晌还好好的，后半晌北面尘土飞扬，人们还奇怪，这个时节怎会刮起大黄风②。有人说那是龙卷大旋风。过了一阵，听到隆隆的马蹄杂沓声，越来越响，这才发现是房贼的马队来了，大人小孩赶紧躲藏。

"马队好像有预谋，把舅舅家的大院围了个里三层外三层，杀了个三进三出，还把院子里、场面上的秸秆点着，连房子也烧了。

"就在这时，舅舅从兵营打探情况回来，口里直骂那些兵痞不是人，知道房贼要来，连老百姓都不告知一声，就弃营而遁，先跑了个无踪无影！

"舅舅远远瞭见他家那边被房贼烧杀，他赤手空拳就往前冲，口里嚷着要和房贼拼，我们弟兄几个怎么也拉不住。那种场面，上去还不是白送死。舅舅冲到跟前，被几个房贼团团围住，没过几招，就被砍倒了。

"等房贼离开，我们弟兄几个冲上去，把舅舅救起。他一只胳膊被砍断了，脖子上被砍了那么大个口子，血流如注，按也按不住。好半天才缓上口气来。

"就那样，舅舅又活了好几天，他可真是条硬汉子，拿盐水洗伤口，再怎么痛也没喊叫过一声。临终几日，他烦躁疯癫，不停骂房贼。

"唉！一家人都没了，女人、娃娃更是活不见人，死不见尸。"

米禅说："我思量这是有人在背后作祟，专门陷害或报复韩家，和姥爷、舅舅给李文进献兵车图有干系。我已经托人打探，过一两天就给回话，咱不怕花钱，人都死了，要钱干什么？不如买个确信！"

---

① 北面：指鞑靼部落。
② 大黄风：土语，指沙尘暴。

米祥说:"此前见有人在路上打量姥爷家大门楼上挂的那块'寿官'牌匾。现在回想起来,那可能就是探子在记目标。"

家屏回山阴接景夫人和家玺、家楫,他要尽快回京,把这里的情况告知兵部。

戎夫人对家璧教育有方,家璧长进很快。家屏鼓励家璧夯实基础,准备再过半年,帮扶他进京就读。

家屏将山阴城的房院交由李松夫妻照管,带上生母留下的几件玉器,接上景夫人和两位弟弟,奔赴京城。

路经怀仁时,家屏和马、陈、米三个姨姨家的姨兄弟们在韩家大院的破屋内、废墟上,布神堂、摆牌位,祭祀舅舅及所有遇难者。耍孩儿鼓匠班的两位盲人幸存者摸摸揣揣①地赶到,一位掌长号,一位吹唢呐。长号嘶哑震天悲,唢呐呜咽恸地哀。悬空寺的住持领着一班和尚前来诵经做道场。家屏含泪诵读《祭舅氏唐县丞韩寒潭公文》:

嗟乎,世有婥嫛洴浘而跻臆仕,抑有委琐龌龊而享修龄者矣。

吾舅英标伟植,抗志于当年;藻思雄文,蜚声于上国。觊王公而睥睨,轻青紫于掇拾。当仁不让,赴义如渴。固岿然烈丈夫之概也。而爵不过县尉,职不过主闱;誉未孚于上官,劳不登于最簿。栖迟枳棘,困踣风尘,斯已诎矣。

幸而,田园禾芫,兰桂方森,未老归休,斯亦林居之至适也。而遭时不靖,旋值兵燹,举族星飞,阃门烬灭。吾舅奋身当贼,横罹锋刃,折胆断臂,仅仅不殊,祸已惨矣。

幸有诸甥,求原隰之,哀尸负子,遗之余魄,递侍汤药,获起疮痍,兼之天慗,韩宗未隳,厥绪柳说,命于虎口,梯受孕于枯杨,虽生计之已亏,尚后事之可托,胡渊鲤不寿,子妇并亡,顾门宇之寂寥,将衰残之畴赖,以此,忧想迷心,悲哀失度,狂呼躁动,遂以成癫。盖至,情之所钟,岂药石之能救。嗟乎,恸哉!

甥居京闻讣,含敛未亲,今酒泣登堂,几筵尚在,虚惭宅相,莫赞孤孥,祗奉明灵,永归吉兆,并陈薄荐,用写哀思。

嗟乎,使吾舅,委志下寮,何荣名之足保;甘心降房,何身家之足

---

① 摸摸揣揣:土语,形容盲人伸手边触摸边行走的样子。

完。而乃^①，道不苟容，弃官如屣；义不苟免，视死如饴。今其归厝，厝已安矣，岂必跻膴仕、享修龄，而后快于志耶？

米禅将花钱买来的情报告诉家屏："有叛人赵全等，投奔俺答，俺答为他们辟出一片地方叫板升，圈地耕作，召集了一些亡命之徒，汉夷杂居，多达数万人。俺答授赵全为酋长，他们尊俺答为皇上，治城郭、修宫殿，名曰'开化府'，近年来，包括此次虏祸，皆由赵全等谋划。俺答及手下头目一直对兵败安营耿耿于怀，伺机报复，此次是否甄定目标，详情不知。"

家屏回京后，将他所了解到的情况告知张卤和霍应山。当时张卤任兵部都给事中，霍应山任兵部职方司主事。

此前，总督陈其学、巡抚李秋上报的情况是："本镇探得虏情，预为之备，以故，虏无所利。"还给总兵赵苛等人请功，说他们"先有邀击^②，皆有俘斩^③，功宜加赏。"家屏反映的情况是"虏入境，我兵无发一矢，未敌一战，避之夭夭。敌焰嚣张，攻陷堡塞，杀掳人畜甚多"。这和巡按御史燕儒宦调查到的情况相印证。张卤上疏，要求皇上"正诸臣玩愒之罪"。

张卤约了王崇古，来看望病中的霍宗岳。家屏、霍应山也在。众人聚在客厅。霍宗岳病恹恹地在椅子上坐定。霍应山拿出一张山西北部地区的军用地图挂于墙上。王崇古对霍宗岳说："今日一来看望你，二来想借你这里商谈相关事宜，好听听你和家屏的意见。你若力不能支，可让家屏代言。"霍宗岳点了点头。

王崇古先对俺虏几次犯边做了简介。王崇古说："今据谍人^④所言和家屏前几日所闻，叛人赵全在北地围城、筑殿、立都属实。此处便是他所在之地板升。"他在地图上点出板升的位置。

霍宗岳说："大致在古丰州。"

张卤说："从地图上看，此地距大同不远。出奇兵，能直捣其巢。"

王崇古让家屏谈谈。家屏说："赵全诸叛人在那里立足，凭仗的是俺答，

---

① 而乃：然后。
② 邀击：拦击，截击。
③ 俘斩：俘获斩杀。
④ 谍人：间谍，暗探。

若大同出兵，俺答岂能坐视？倒给了他入侵中原的借口。当今，皇上登基不久，虽有中兴之愿，未见中兴之果，国力虚弱，不宜战。再说，住在板升的多是被掳走之人，直捣板升，势必会伤及无辜。故此非上策。"家屏认为目前仍应以防御为主。"应州乃卧虎之地，房屡入，不敢窥视，宜重修，用以藏兵，北房来袭，可与大同呼应。面高沟是明初于谦屯兵之所，可藏兵数万，能控北房走平房、入朔州。应州藏兵，非战时可以挖大渠，引桑干水入应州，有利于改良盐碱地，增加灌区。面高沟藏兵，非战时可以背炭、烧石灰，筑边墙、修墩堡。"

王崇古和张卤综合众议，合计与方逢时一起做实地考察。

第十七章　崇古治边　把汉来投
　　　　俺答称藩　赵全就擒

　　王崇古和方逢时在面高沟实地考察。

　　站在圣佛崖的石凿古道上，眼望鸡鸣岭，王崇古咏出于谦当年在此写下的《咏煤炭》：

　　　　凿开混沌得乌金，藏蓄阳和意最深。
　　　　爝火燃回春浩浩，洪炉照破夜沉沉。
　　　　鼎彝元赖生成力，铁石犹存死后心。
　　　　但愿苍生俱饱暖，不辞辛苦出山林。

　　为他们做向导的孟先生来了兴趣，迎着山风咏诵于谦的《石灰吟》：

　　　　千锤万凿出深山，烈火焚烧若等闲。
　　　　粉骨碎身浑不怕，要留清白在人间。

　　戎窑主老当益壮，精神抖擞，带领诸多窑主参加王崇古主持的聚会。戎窑主带头表态："同心御虏，责无旁贷，倾其所有。"

　　方逢时带领士兵们背炭、起石、烧石灰，筑路、修堡、包边墙。

　　短时间内，平房城、平番城、阻胡堡、将军会、大口堡、少家堡等地都用石灰卧浆、石头或城砖垒砌，加固了城墙或堡墙。头墩、二墩、八墩、南北烟墩，乃至边墙①也都做了类似的加固处理。有人将该情况报与俺答，俺答初不

---

① 边墙：当地人称长城为边墙。

信，后经过打探发现情况属实。

数月后，发生了一件意想不到的事情。俺答的孙子把汉那吉率其部下阿力哥等十人来阻胡堡，归降。

把汉那吉是俺答三儿子铁背台吉的儿子，自幼便成了孤儿，由他奶奶养育。他奶奶欲让把汉娶她的外孙女，俺答见外孙女后，起了色心，便霸为己有。把汉怒，欲起兵相攻。俺答另择女子送给把汉，以作替代。把汉不悦，遂带几名心腹归降大明。而后，降者接踵而至。方逢时接受了把汉等人的归降，并将此事速报总督王崇古。王崇古指示"受其降"，并上疏禀报皇上。

朝议纷然。

王崇古奏言："绝虏甚易，然策其不可绝。俺答爱孙投我，是天意而非人力。策之一，厚抚而谨防之，毋令与虏通。虏来索，则要虏拿赵全等人来赎。策之二，如虏恃兵强索，则申严守备，而示斧镬于把汉，以制其命。策之三，如弃把汉于不顾，我效汉人置属国让把汉居之，让他异日与俺答嗣子抗衡，自相为敌。"

皇上看了王崇古的奏疏，下旨让臣子们讨论。家屏等编修与以皇亲为主的一班人意见发生分歧。家屏等人振振有词，认为王崇古处理得很好，对把汉要以诚相待，争取机会，促使俺答招顺，化干戈为玉帛，但必须严惩赵全等叛人。皇上权衡，采纳了家屏这一方的意见，封把汉为指挥使。

把汉投了大明，俺答不胜忧恚①，与赵全等人谋，召诸部兵分多路入明索把汉。王崇古与方逢时约定好，坚守不战。等俺答疲懈之后，纵奇兵分左右翼击之，另设伏兵，断其归路，一日七战，皆捷。俺答狼狈逃窜，方知不能以战索把汉。俺答遣使传话，说："还我孙，誓不扰塞。"不一会，又派来一使传话，说："还我孙，愿且保塞。"就是不提交出赵全等人的事。王崇古与方逢时计议："赵全等人不抓，遗患无穷。"于是将把汉示与俺答使者。把汉拖金纤绯②，得意扬扬。王崇古指着把汉对虏使说："此机上肉也。天子曲赦其死，而又官之。俺答虽老，岂能没有人心？我等也知道，此次与大明结怨，加重俺答罪孽者实系赵全之流，对俺答而言，赵全和把汉相比，谁亲？还不速拿赵全来赎把汉！"

方逢时遣偏将军田世威偕虏使去见俺答，把王崇古厚待把汉的事情讲述了

---

① 忧恚：忧愁愤恨。
② 拖金纤绯：佩印绶，着官服，以示身居高位。

一番。俺答感激涕零，说："太师对我等如此恩信，我岂敢不唯命诚许！我愿执畔内附，世世称外藩。"

王崇古请命于皇上。俺答果然令手下将赵全等九人缚至塞下，王崇古亦遣把汉归。皇上大悦，诏晋王崇古为太子少保、兵部尚书，兼副都总督。

朝廷始议封贡，封俺答为顺义王，其他各酋拜官有差。王崇古亲至弘赐堡宣布。诸夷罗拜，奉表称臣。陕西贡附，宣大入市。自此，东抵渔阳，西达酒泉、张掖，九边万余里皆寝燧醳兵①。皇上为此祭告郊庙，百官上表称贺。家屏召集山西籍在京同袍，为王崇古庆功并庆寿。家屏作《乡同年请大司马王鉴川年伯》一文：

伏以九塞尘清，日月炳旗常之绩；三朝望重，星辰回剑履之光。燕喜维新，鹰扬未艾。庙堂增色，闾里腾欢。

恭惟老年伯台座，猷兼文武，身系安危。仗天策以横行，先声褫敌之魄；抗霜旌而北指，不战屈人之兵。枭獍怀我好音，蛇豕寝其凶毒。乌孙通译，解馘结而被衣冠；赤子讴歌，出水火而登衽席。烟销雁塞，建千百年未有之勋；春满龙沙，造亿万人更生之命。淮夷大定，晋公之归阙有期；镐宴弘开，吉甫之出车多日。时方瞻衮，旦适悬弧。华岳降灵，载衍生申之庆；朱明应序，正当纪甲之初。得一为贞，寿身、寿民而寿国；持二不朽，立言、立德而立功。将与毕召为徒，长佐太平之业；岂假松乔作类，斯臀难老之祥。

某等里闬后生，年家犹子。辕驹局趣，未辨周行。蜩莺决飞，敢希大翼。颂南仲于襄之绩，词莫罄于揄扬；睹方叔克壮之年，情特深于庆忭。谨涓是月某日。肃陈几杖，迎化日于蓂阶；洁奉壶觞，袭融风于蓬岛。惟先达作人师范，凤钦山斗之瞻；惟老成为国典刑，爰劾冈陵之祝。

伏愿黄扉辍直，回顾盼于桥衡；赤舄登依，贲光荣于俎豆。某等不胜引领，望幸之至。

谨启。

因忤权相被谪为蒲城丞的刘东星，因升迁为卢氏县令，进京办事，也参加了这次聚会。

---

① 寝燧醳兵：指息战后，赏赐酒食，犒劳士兵。

家屏组织的庆功活动准备充分，举办得有声有色，大家共祝互勉，同欢共庆。

参加本次活动的有部分是山西辛未科新进士，家屏在礼部，本次科考分校礼闱，席间自然会谈到科考那些事。

"本科山西籍进士多达二十七人，乃历史之最，可喜可贺！"

"这与王世贞出任山西按察大有关系。去年八月，他监试山西乡试，公允公平，才使山西人才得以脱颖而出。"

"山西需要像王世贞、王崇古、方逢时这样的好官。"

"一位好官，所到之处要靖边佑民，兴学重教，这样才能造福一方。"

新进士中，年龄最小的是十九岁的刘虞夔，高平米山人。他每日读书厚可积寸，自行点评探讨，不从师授。省试中夺冠，中进士后被选为庶吉士，成了王锡爵的门生，他也参加了本次聚会。

这一年，张居正的大儿子张敬修参加乡试落选后御赐到国子监就读。家屏代陈经邦写诗一首表示祝贺。

是日夜，刘东星陪伴家屏，在御河畔设香案、摆供果，焚香、敬表，遥祭韩寒潭。刘东星把家屏送的剑一直佩在身上。他解下来，捧放至香案前。

祭奠礼毕，家屏站起身来，长叹一声，低沉地诵念爷爷曾写给韩家的话：
"凤来瑞廷，凤过廷瑞不留声；雁渡寒潭，雁过潭寒不留影。"

李春芳多次上疏乞致仕，皇上未允。他父亲远道来京，家屏诸史官要为老人家操办寿宴，家屏让刘东星一起参加后再走。

寿宴上，李春芳言语间流露出对高拱的躲闪防避。家屏作《寿李石麓老师太翁》：

伏以昼锦纡荣，九命锡元公之衮；星弧纪瑞，千秋奉大老之觞。萃福禄寿考于一门；合父子祖孙为五世。有秩斯祜，不显其光。

恭惟太老师台座：肇基明德，浚发长祥。黄雀衔环，不负生全之报；绿槐滋荫，久施封植之勤。

肆惟老师阁下，一出应名世之昌期，独对成显亲之大孝。金华论道，阊敷黼黻之谟；玉铉调元，参燮盐梅之实。师师济济，率臣邻德让之风；断断休休，锡海宇和平之福。岩廊功遂，屺岵情殷。九二利见，大人已文明乎天下；五十而慕，父母实纯一之由衷。安车陈归国之仪，命服曳趋庭之彩。堂开绿野，地即丹丘。玉绾银鱼，识山中之宰相；木公金母，行地上之神仙。矧惟岳降之辰，正值阳生之候。景移苍陆，舒化日于蓂阶；气应黄钟，袭融风于蓬岛。爵齿德为天下之达尊，孝弟慈成一家之和气。寿筵载启，驼羹传禁鼎之珍；封绰累加，鸾诰涣宸章之秘。亲以子贵，及观股肱元首之始终；福与日新，共美齿发精神如少健。三千大千，为世普利其缘；八十九十，曰耄孰穷其算。庆孚朝野，盛绝古今。如彼瑶池，徒侈谈而无验；方之洛社，虽聚乐而未融。

某等识惭窥豹，幸拟登龙。自释褐以来，皆束带而立。四科徒设，一艺无称。加乘雁渤澥之滨，焉能为有？备群品参苓之末，奚贵夫多？然出杨公之门，尚慕分庭之俎豆，适袁氏之馆，颇闻奕世之弓裘。吉日协灵，恭忆苍麟之绂；华封效祝，肃通青鸟之书。伣与承筐，如亲撰杖。

伏愿保合天倪，凝承帝春。聪明而为世先觉，寿考以保我后生。丹砂可化，侍双亲白首之娱；紫阁方虚，念四海苍生之望。

高拱不愿意人们把俺答归顺的功劳说成是王崇古的，很讨厌家屏为王崇古举办的庆功活动。高拱对李春芳父亲举办寿宴更反感，视家屏等参与组织者为李春芳同党。

霍宗岳病危，经常处于半昏迷状态，家屏时不时前去探望他。

那一日，霍宗岳突然睁开眼，霍应山急忙扶着霍宗岳的头，喂了口水，贴在霍宗岳耳旁，把俺答归顺之事告知他，霍宗岳点了点头，要霍应山把他抱到客厅。

家屏和霍应山把霍宗岳抱到那幅诗画下面的太师椅上。只见他闭目休息了一阵，睁开眼，断断续续地说："我死而无憾矣。生时没给霍家丢脸，死后葬入霍家坟，也不辱没祖宗。"

霍宗岳挥手让家屏和霍应山下去，他俩哪敢离开。霍宗岳坐在那里，溘然长逝。

霍宗岳是一位清廉的官，家中没有多少积蓄。去年霍夫人病逝，其棺柩先寄埋于郊外，此次霍应山把父母棺柩暂埋一处，准备择日起棺回临汾老家安葬。霍宗岳的丧事办得很简单，多亏王教官等在京的临汾老乡帮忙。王崇古、张卤、王之垣、王篆、贾仁元等参加了葬礼。

第十八章　贾三近赴黔中戡乱
　　　　众史官离京城封藩

　　参加《世宗肃皇帝实录》编纂的史官常聚在一起议论朝事。他们把俺答封藩的始末查清、核实、记载，以便作本朝实录时参考。

　　大家都以为王崇古是大功臣；方逢时才略明练，处置边事皆协机宜，其功与王崇古相当；张居正举荐方逢时功不可没。

　　高拱热衷于"非例考察科道"，对和议之事，不大关心。赵贞吉力促和议，反对所谓非例考察，说高拱此举意在打击异己。赵贞吉和高拱两位大学士因此吵得不可开交。吏科都给事中韩楫劾奏赵贞吉"庸横"，赵贞吉认为韩楫受高拱指使，上疏辩白：

　　……臣奉公孤立，夙夜战惧，才识庸常，年齿衰迈，屡招物议，尝求致仕，未蒙俞旨。彼侧目于臣者，疑臣佯求去、实恋位。翕翕訾訾，日思挤排。五月内，乞归展墓，未得方拟。再会大学士以勤先乞骸骨，无何，又会房警，臣义不当求去。今秋防事毕，大祀礼成，百工休沐，计披悃诚，辞未及撰，而韩楫之论劾又至矣！假令臣即日得归，已为濡滞，苟焉糜禄，亦既逾年。大臣被论，腼颜久居，不亦辱朝列而败士节乎？愿宽斧钺之诛，放归田里，臣之至幸。顾臣有欲言之情不容避，强辩之嫌遂缄默。以去，夫楫，言官也；公，朝之臣也。今之劾臣，果为公朝扶持正论乎？抑为私门排击异以乎？内所举数事，皆先奉旨处分，臣不敢渎辩，但其恶臣之深者，直为近日止考察科道一事，与大学士高拱之意不合。盖拱欲藉乎圣谕，以报复私愤，以张大威权，故臣冒死陈情，以阻其谋，既不得命，即是吏部同拱等考察，兢兢焉，惟拱言是听。楫谓臣极力救恣意诋拱者，指何人乎？考察之事甚密，楫亦在考察数，果何人以此言告之乎？臣欲阻拱之报复，今乃反谓臣欲为，报复之地，可乎？楫又劾臣为庸横，夫人臣庸则不能横，横非庸臣之所能也。臣往时奉特旨，命臣兼掌都察院事，臣所以不敢致词者，窃思皇上任高拱以内阁近臣，而兼掌吏部，入参密勿，外主铨选，权任太重，虽无丞相之名，而有兼总之实，即古丞相亦不过此。圣祖之所深戒而垂之训典者，皇上故委臣以纲纪弹压之，司与之并立，岂非欲以分其势而节其权耶？此明君御臣之术也。臣自掌院务，仅以考察一事，与拱相左，其他坏乱选法，纵肆作奸，大恶昭然，在人耳目者尚嗫口，不能一言，有负任使如此，臣真庸臣也。若拱者，斯可谓横也。已夫楫乃背公死党之人，横臣之门生，其腹心羽翼也。他日助成横臣之势，以至于摩天决海而不可制，然后快其心，于此已见其端矣。古之史鱼一小国之臣，尔虽死不忘其主，尚欲以尸谏。臣受皇上知遇若此，今虽去，敢不以国家大禁、圣宗之所深戒者，一陈于君父之前乎？臣放归之后，愿令拱复还内阁，毋令久专大权，广树众党，使后来奸臣欲盗威权以行己私者，不得援此为例。

皇上手诏，令赵贞吉致仕。
高拱也上疏乞罢：

臣昔病废草野，缘吏部尚书缺，荷恩起臣以原官，掌部事，恳辞未允，乃勉就列，以图报万一。是时，贞吉亦有兼掌都察院之命。臣自履任，即与贞吉同出入，且将一载，固未尝有一言之忤也。

昨奉圣谕，切责科道诸臣，命臣考察，贞吉捧读，亦举手加额，曰："此圣政也……"及臣得请贞吉，好同臣入部竣事，亦未尝有一言之忤也。今忽不意有韩楫之奏，而贞吉遂此为辞。夫考察科道，圣谕也。在上心必有独见，岂故假臣以报复之地耶？上以遂其报复耶？此圣心所明，与臣何预？况今考察毕事久矣。曾否报复，其事具在，不惟在朝廷之人知之，四海之人皆知之矣。臣无庸辨也。

至谓臣坏乱选法，纵肆大恶，不知臣曾坏何法？纵肆何事？如其然，国家自有宪典，安所逃罪？如其不然，天下自有公论。安可厚诬？

独念臣与贞吉同官翰林三十余年，顷又同在内阁，同受简任，分掌院部事，朝夕相与，乃诚意不能感乎贞吉之心，一旦愤激，若此，则臣之薄德不亦甚乎？内阁翊赞皇猷，吏部统领众职，即有德者，犹恐不胜，况可以薄德甚者居乎？至又谓臣当复还内阁，不得久专大权，夫身任事权臣之所甚惧也……愿特赐罢免，别选贤才。

皇上说："卿辅政忠勤，掌铨公正，朕所眷倚，岂可引嫌求退？宜即出安心供职，不允辞。"高拱掌吏部如故。

高拱推行的"非例考察科道"，受到处分的官员多达二十七人。大家以为高拱还会对家屏、贾三近等人暗施手段。贾三近乃刚直不阿、疾恶如仇之人，行得端、走得正，也不怕他报复。家屏嘱他还是小心为好。

一日，贾三近从吏部回来，张一桂、陈于陛、黄凤翔、李维桢、王家屏等人聚在一起，谈论朝政时弊。

"我朝时弊乃郡县不信朝廷之法，百姓不信郡县之令。天下层层夹夹，有失一统。"

"这样的事例很多，比如上面让减租，下面催租愈急；上面让赈济，下面追逋①自如；上面让恤刑②，下面滥用刑罚。"

"这和监司考课有关，既往考课多录用苛刻好事之人，而轻视宽大、平和之辈，这样一来，官员原本抚民之心受其引导，逐渐转为施苛政、重赋税、轻民意，百姓怎能不贫困？"

"朝廷应告诫官员墨守成法。"

"监司考核要突显诚实、淳厚之风尚。不能突然袭击，只看一朝一夕。"

"监司考核不该重甲科而轻乡举，不能有'凡进士就精明，凡举人就苛刻'的成见。"

"国家正值用人之际，应从举人中选拔人才，委以重任。举人若仕途无望，会裹足不前，要采取鼓励办法，让他们在仕途上尽力。"

众人提起叶朝荣，都说："他是个难得的人才，不比我们差，供职知府，尚有余才，应该举荐他。"

又提到贾三近的父亲贾梦龙。他以乡贡为河北内丘训导多年，曾进京一个多月，和王家屏等住在一起，彼此熟悉。

家屏说："令尊之才德不亚于当朝宰辅，就因举人身份，多年来得不到提

---

① 追逋：追缴拖欠租赋。
② 恤刑：指用刑慎重，不得滥用。

拔重用，可叹可惜。"

贾三近综合众人意见，写成奏疏，得到皇上认可。

高拱指使吏科都给事中上疏，以朝纲不振为由，要将史馆迁出午门。王锡爵据理力争。当时王锡爵已被皇上调回，在担任隆庆五年（1571年）会试主考后，负责培训庶吉士。高拱对王锡爵怀恨在心。高拱拟用王锡爵任武试主考，被王锡爵拒绝。太子出阁读书，众人推王锡爵、王家屏为东宫讲官，高拱想用自己的门生，将王锡爵调到南京翰林院掌翰林事。贾三近认为高拱是奸相。

贵州出了事，皇上派贾三近去考察。先是土官^①安国亨仇杀前任之子安信，安信母亲疏穷及其兄安智上告安国亨谋反。前巡抚赵锦调遣毕节兵备杨应东前往治之，未决。巡抚王诤，疏请发兵诛安国亨，诏从之。王诤召集汉人土兵万余人，由安大朝统领，行至陆广河。安智约定以兵粮数万为内应，结果兵粮无法落实。王诤方惧，令人抚谕安国亨，密令安大朝勿要轻易进兵，但为时已晚，安大朝已渡河至水西。

安国亨以三千人诈降，安大朝信之，遂深进。结果，"我兵断粮二十九日，贼合围外攻，三千人内应，我兵败死者过半"。王诤上疏自劾。

皇上说："居心之正，则察事之明；察事之明，则国法之正；国法之正，则天理之公。我大明江山得以世代相传，凭借的就是居心之正、察事之明、国法之正、天理之公。"皇上下旨，令安大朝革职，王诤回籍听调。

高拱说："太仆少卿阮文中沉毅可属以事，臣荐他为都御史，巡抚贵州。"

皇上诏示："可！"

阮文中来见高拱，高拱对他说："用君去贵州，为的是处理安国亨之事。君必勉之。"

阮文中问："安国亨什么事？"

高拱将情况做了一番简介后，说："安国亨没有领兵拒战，若以叛逆论之，过当。"

"你到贵州后，若如我所料，当去其叛逆之名，只穷究其仇杀与违拗之罪，他必然会现身听理，一现身听理，你就证明他无叛逆之情，只以其本罪罪之，当无不服。这样，就体现了皇上倡导的'国法之正，则天理之公'。"

阮文中到贵州一查，实际情况和高拱所说的差不多，修书报高拱。可是，

---

① 土官：又称土司、土酋，是朝廷封赐的管理少数民族地区的能世袭的官员。

安国亨仍与之对垒，阮文中见事久不决，请发兵粮，刻期进剿。兵部以"夷情曲直，未可悬度"，"请遣官勘实，相机剿抚"上奏疏。皇上颁诏，命贾三近往勘，既行。贾三近受命后，将情况告诉家屏和于慎行。家屏到兵部，见到贾仁元。

家屏一提贾三近赴贵州勘实之事，贾仁元就说："为壮一抚臣底气，千里举兵，未免太过草率，确须遣官勘实。佥事杨应东，昔日曾任毕节兵备，参与处理过贵州安氏之乱，贾三近可驱策用之。"家屏将贾仁元的建议转告给贾三近，贾三近向高拱提出让杨应东随行，高拱哼哼唧唧了一阵，方才批准。

高拱让贾三近带上他给阮文中的复信，内容是："……安氏之乱，再明其说。公具疏请兵粮，为征讨计，仆颇不敢以为然，夫安国亨本无叛逆之实……公乃云云以闻于上，欲从之，则黩兵轻杀，于义何居？欲不从，则示弱损威，其体不可。思之再三，乃议差科官体勘……彼若服罪是实，非敢负国，则闻科官至，必幸其有归顺之路，而服罪愈恳。吾乃只以其本罪处之。若负固是实，服罪只以虚言，我即发兵发粮屠戮之，未晚也……愚熟观其动静，似是服罪，非敢负固……科官至，必见本情，必见下落……若以吾中国百姓之财、中国百姓之力，而剿一自相仇杀，无敢犯我之土夷，诚不敢以为然也。"

家屏、于慎行、张一桂、贾三近等人聚在图书府那个房间，从外面点了食盒，为贾三近设小宴饯行。

杨应东赶来。贾三近对他的信赖和征用，使心灰意冷的他又恢复了活力。贾三近让杨应东坐下来，和他们一起用餐。杨应东说："几位大人在上，小的不敢。"贾三近说："这又不是在衙门公堂上，但坐无妨。"杨应东坐下，初略显拘谨，贾三近让他喝了杯酒，他方才释然。

家屏问杨应东："安国亨当初为什么要杀安信？"

杨应东说："还不是因为酒色财气。嘉靖四十一年，安万铨致政，他原本是摄安国亨父亲之职，又令其侄子安国亨袭位。不久，安万铨卒。其妻和长子安智出居织金，二子安信留下来侍奉安国亨。安国亨宠信吴珂，和吴琼之妻若姊通奸。吴琼和吴珂爱虚荣，让百姓见了他俩就像见到安国亨那样叩头。安信向安国亨进谏，惹得安国亨厌恶。"

家屏插话："类似于纣王宠妲己，厌恶比干进谏。"

"安国亨寻找事端罚安信买马，安信买了吴珂的马，安国亨知道这是吴珂的马，又将马赐予吴珂，安信因此很生气。一次酒醉后，安信对卜麻必觉说他要杀了吴珂。他的话被夷人小头目阿户听到后，告诉了安国亨。于是，安国亨借着酒醉，杀了安信。"

"皆因酒色财气之所使。"

"安国亨乃飞扬跋扈、骄纵不法之人。这种人，其实最怕死，他求之不得皇上能赦不诛。"

杨应东又说："安氏对峙双方在京城都有耳目，他们专门搜寻机密，打探消息，制造舆论，贿赂大臣。"

"有人见安国亨前几天还在京城，不然，贾给事尚未离京，京城与贵州相隔千里，首辅怎能知道安国亨听说皇上诏令贾给事赴黔便说'吾生矣'？"

家屏问杨应东："你估计安国亨现在到了哪里？在干什么？"

杨应东说："下官以为安国亨正在往回赶，他要准备买命息事的银两。"

于慎行淡淡地说："首辅真是神通广大。"

吃罢饭，贾三近让杨应东去做出行前的准备。家屏和于慎行给贾三近规划此行路线，让他从内丘那边走，在贾梦龙生日前赶到内丘，为他举办寿宴，并稍作休整。家屏嘱贾三近："要多听令尊大人的意见和教诲。"

家屏这一段时间诸事缠身，不能保证时时在岗，被高拱查获数次。殷士儋极讨厌高拱这种做法，他强压怒火，与之左右兜旋。

一次，家屏不在，殷士儋干脆告诉高拱："兵部主事霍宗岳病逝，家屏身为女婿，前去料理丧事。"

高拱说："霍家女儿早已夭亡，霍宗岳丧礼哪还用他？"

殷士儋怒斥高拱："身居首辅之位，不该说出此等与孝道相悖之言。"

高拱不悦。

高拱走后，一伙史官说什么话的都有，对高拱发泄不满。

"他这种不孝之徒就该断子绝孙。"

"难怪他三个女儿未及笄而早亡。"

有人讪滥①，学着算命先生的样子，说："我看他脑门无毛，主赤地千里。"

也有人从面相上分析，说高拱"心不正运亦不正""眼不公心亦不公""虽红运当头，却难保持久"。

马自强制止了大家的言论！

时隔不久，高拱又来查岗，家屏不在。马自强怕殷士儋脾气不好，与高拱

---

① 讪滥：土语，故意说风凉话。

计较起来不好，便对高拱说："皇上登基以来，尚有几处藩王未予加封。家屏将远行，入蜀封藩，我让他去做行前准备。"

皇上自得知刘东星上疏诸多事与皇亲国戚不守法有关后，就让马自强专管涉藩事宜。

高拱没见礼部近日有上封藩的奏疏，以为马自强有搪塞弄假之嫌。说："皇上近几日小恙未朝，不曾见有封藩之诰。"

马自强笑道："莫非首辅连皇上的岗也要查？皇上诰发礼部封藩还须通过首辅？"说得高拱无言以对。

高拱走后，马自强和殷士儋上疏安排家屏入蜀封藩。

与家屏同年进士、留在礼部的赵志皋等人也受到高拱吓嫌[①]，殷士儋和马自强让他们几位到齐、楚封藩，让张一桂到山东、田一俊到江西封藩，几人先后得到皇上诏诰。

殷士儋曾为家屏这批庶吉士讲习诗词，他要求家屏几人此行多浏览沿途名胜，每人写四首咏古诗。

众人先送田一俊离京赴江西。送别时，家屏作诗一首《送田德万使江西》：

皇华使节属词臣，五月乘槎菡萏新。
带砺万年申汉约，桐圭一叶到江滨。
滕王阁上飞鸿藻，孺子祠前荐白苹。
归向丰城携二剑，莫教龙彩跃延津。

田一俊的父亲要回老家养老，父子二人同时离京。家屏又作《赠田翁辞官归养序》：

隆庆丁卯，同年田德万君谐计北上，其尊人某翁适从，是岁贡于乡，因与俱如京师，明年德万君举会试第一，翁遂投牒大宗伯……选武学博士[②]……自翁莅教事，翕然向化，说礼乐而敦诗书者，斌斌盛焉。德万君既官太史翁，居常念太尊人不置，累疏求致事去，诏许之。时德万君欲请，从未有间，会天子册封淮王，德万君当遣，乃得从翁以归。行之日板

[①] 吓嫌：土语，喻因嫌恶而故意找茬。
[②] 武学博士：学官名，由文武官知军事者充任。

舆在前,彩服在后,荷戈负弩者夹道而趋。维时给谏郑君永翰等相与送翁都门外……诸君谓翁安所适意乎?以嘉遁^①为适乎?以荣宠为适乎?夫葛巾野服退处乎岩林,幽人所以抗其志;轩驷威仪昼游乎里闬,达士所以显其名。斯二者翁兼有之,而意不在是,在乎家庭之间也……嗟乎,翁归矣,以德万君视翁,岂异翁视太尊人也?

在为张一桂饯行时,家屏和于慎行说:"三近若归隐,会陪一桂同游。"家屏作《送张玉阳使山东》:

> 遥遥帝胄列山东,宠命新颁一叶桐。
> 锦节传呼三殿里,绯袍拜舞百花中。
> 云开霄汉星槎远,地转蓬莱日观崇。
> 离思不堪攀蓟柳,壮游宁为谒泰松。
> 自从表海分双舃,谁向扶桑挂一弓。
> 拥彗谩夸邹衍氏,弃繻争拟汉终童。
> 朝登岱岳乾坤小,暮宿云亭象纬空。
> 笔底飞涛词正健,目中奇览书非工。
> 铭题孔壁仙才逸,记埒任城藻思雄。
> 晴画裹帷沿汴水,暖风吹斾过隋宫。
> 芰荷香满枝堪佩,松桂阴繁绿正丛。
> 池馆烟深疑上苑,楼台秋敞见中嵩。
> 故园诗酒情何极,秘府图书业所同。
> 到里莫须淹岁月,御堤春早听归鸿。

送走张一桂,众人又为赵志皋诸年丈饯行。家屏作诗一首《饯赵太史诸年丈册封得江字》:

> 黄绡护节影幢幢,齐楚雄藩利建邦。
> 作屏万年依泰岳,剪桐一叶下湘江。
> 秦碑已蚀雕虫篆,郢曲谁传白雪腔。

---

① 嘉遁:旧时合乎正道的退隐,合乎时宜的隐遁。

> 为待使君飞丽藻，上方藜火落银缸。

家屏送走他们，把家瑞安顿好，也准备出发入蜀。

家屏欲行，殷士儋、马自强又给他派了一名副使王世懋，当时他暂留礼部待任职。二人互相倾心已久，又是宗亲，自然高兴。

同为史官的高启愚是巴蜀人，给家屏讲了老家的风俗人情，托家屏把皇上给父母的诰封带回去，他的老母亲在病中，他十分挂念，说起来，两眼泪汪汪。

霍应山赶来给家屏送行，他明显消瘦了。家屏嘱他一定要注意饮食起居，不要过度劳累。霍应山说："我平生有两大憾事，其一，无子。其二，未中进士。父母双亡后，倒教我想开，看淡了许多。正如代王子所云，世人毕生追求的许多事，'天花乱坠遍虚空'而已。"

于慎行作《送王对南太史奉使蜀藩册封十韵》：

> 持节兰台著作郎，绯衣朝下出明光。
> 千秋茅土传新渥，三晋云山识旧乡。
> 马度宜春花似雨，鸡鸣函谷月如霜。
> 雄图百二蝉声里，栈阁三千鸟道傍。
> 负弩奔趋巴郡吏，开函拜舞汉亲王。
> 锦官城入空江断，玉垒霞连太白长。
> 载酒能过扬子宅，浣花试访杜陵庄。
> 朱门旭日当筵醉，碧草轻烟满路香。
> 一鹤只今天外去，双鱼可遣岁前将。
> 离心不尽青骊远，渺渺平芜对夕阳。

家屏笑着说："'鸡鸣函谷'一语，甚妙！"

皇上前些时日诏令家屏与徐显卿、成宪、王弘海、陈于升五人轮流在内书堂为司礼监宦官授书。家屏嘱留京的几位同僚在他出使期间代为授课。

第十九章　贾梦龙偕子归故里
　　　　　殷士儋辞朝回山东

　　贾三近一行，风雨兼程，不一日来到内丘。贾三近与贾梦龙父子相见，激动万分。贾三近的到来，使内丘县增光添彩，县令亲自出面为贾梦龙举办六十寿宴，特邀地方名流参加。贾三近担心杨应东言多语失，让他吃饱饭便早早到驿馆歇息。夜深人静，父子二人秉烛长谈。贾三近把"安氏之乱"向贾梦龙做了一番介绍。

　　贾梦龙踱步沉吟片刻之后，说："我觉得安氏之乱，事有蹊跷，自始至终仿佛有人在背后作祟。若不是有人从中挑拨、推波助澜，也不至于同室操戈。"

　　"你那几位同袍对此事有何看法？"

　　贾三近将家屏和慎行写的诗拿出来，让父亲看。

　　贾梦龙看罢，说道："他俩都劝你急流勇退。"

　　贾三近问："何以见得？"

　　贾梦龙说："家屏这句话寓意深长，'归来奏捷明光前，功名不让麒麟先'。这里的"麒麟"有两层意思，其一，指近臣权相；其二，指身着麒麟朝服的你。果真你的功名列在他人之前，人家岂能与你善罢甘休？再说，你曾上疏反对'非例考察科道'，他怎会把功名让给你？更何况这背后有着鲜为人知的权钱交易，岂能让你知晓？若让你这位不为高拱所用的给事中知晓，岂不是授柄于你？慎行诗中最后一句讲得更直接，'莫诧故林偏得到，吾将走马深嵩居'，他在劝你现在就隐居。家屏和慎行让你取道内丘，来与我相会，就是要我配合你演一出戏。看来，我从明天开始，就得装病了。"

　　父子俩又谈其他，直到天快亮时，方才歇息。

　　第二日，贾梦龙头上缠了一匹白巾，说是生了病，卧在床上，不肯下床。

贾三近侍奉父亲，不离左右。

县令得到贾梦龙生病的消息后，急忙赶来看望。一进门，见贾梦龙头缠白巾斜躺在床上，贾三近身披素袍侍奉于左右，桌上烧香、敬佛，几上摆茶、晾药，看那阵势，病得不轻。

县令说："昨日还好好的，今日怎就病成这般模样？"

贾梦龙欠了欠身，没有说什么。

贾三近说："大概是乐极生悲。原以为只是饮酒后偶感风寒，谁料想，没那么简单。他总是糊涂一阵、清醒一阵。也幸亏我来了，否则，还不知给你们添多大麻烦。"

县令急忙请来县城名医为贾梦龙诊治。贾梦龙也懂些医，稍加掩饰便有了一系列症状。他故意将一侧脸收紧，一侧脸放松；用一侧手搓弄另侧手臂，名医经过一番望闻问切，做出中风的诊断。开了桃仁、红花、丹参之类的药，并嘱贾梦龙好生调养。名医走后，贾三近窃笑。

贾梦龙成了县里的新闻人物，先是说他在京当大官的儿子要来，又说他要过六十大寿，现又说他与儿子相见高兴过度中了风。至于病情如何，传闻更是五花八门。有的说"中风不语"，有的说"半身不遂"，有的说"口眼歪斜"，有的说"危在旦夕"。有些佛友到观音庙烧香、叩头，祈求菩萨保佑好人贾训导康复。

未过三日，快马来报，说安氏之乱已经了结，令贾三近一行返京。贾三近打开高拱送来的尺牍一看，方知阮文中以罚银四万余两，对安国亨作了处理。疏穷、安智不从，但无奈。

贾三近将高拱的信递给贾梦龙，贾梦龙看后，说："这样也好，总算扼制了同室操戈、自相残杀的局面。"

贾三近嘱杨应东带领一行人回京，给高拱修书一封，声言父亲不幸中风，他陪父亲回老家山东躬治疗养，请了长假。

家屏和世懋一行不日来到太原，到府衙看望王世贞。王世贞因小嬖仙逝回了老家。

世懋说："自家父被严嵩迫害冤死之后，家母和兄长的身体一直不好，隆庆初年，家父得以平反，生活才有了起色。想不到与家兄风雨相伴的小嬖早逝，唉，厄运连连何时休！"

家屏说："我在诸生时就读过世贞许多文章，对他这位文坛巨擘崇拜已久，不知他有何新作。"

世懋说："家兄著作颇多，以能写一部有别于官修史的明史书为己任，目前已收集整理了部分资料，计划集成卷册，留给后人。"

家屏说："此乃班固之志也。当鼎力相助。"

世懋说："待日后书成，必奉送。"

到了太原，少不了游晋祠，拜叔虞之母，饮难老之水，吃晋祠之米，赏太宗之碑，抚古柏之干。最后，到子乔祠，拜罢王子乔，坐在堂前，二人甚赞王琼功德。

家屏和世懋继续南行。谒舜帝陵庙，赏盐湖风光，访关公故里，登鹳雀名楼。一过黄河，进入陕西境内。登华山之后，在长安休整。休整后，家屏和世懋登大小雁塔，游碑林文庙，品古都文化。走官方驿道，过咸阳、陈仓，到麦积山，沿河边沟沿古道南行，向汉口方向进发，途中到张良庙拜谒一代名相曾经修行的地方，了却了家屏夙愿。到汉口后，家屏和世懋又到拜将台走了一遭。走了走暗度陈仓的石门古栈道，感叹路途之险恶，工程之艰难。石门附近的摩崖石刻对家屏和世懋更具吸引力，《石门颂》《石门铭》等堪称书法佳作。

尚未入蜀，家屏写成《咏史四首》：

其一
井陉关下阵云飞，广武纡谋志已违。
多少旌旗人不见，市儿擒得赵王归。

其二
一统山河草创秋，汉庭刻印欲封侯。
不缘借箸席前画，六国纷纷祸未休。

其三
屺上何来一老翁，谩将三略授儿童。
后来不是赤松子，当日元非黄石公。

其四
抱膝长吟寄此踪，古今事业在遭逢。
祁山六出空流马，可惜三分有卧龙。

家屏一行刚入蜀，蜀王就派人迎接。到成都后，封藩仪式搞得很有排场。家屏一行被安排在驿馆歇息。蜀王府派人侍候，不敢怠慢。

出成都后，家屏和世懋到内江看望了赵贞吉，到巴县凭吊了李文进，到南充看望了陈以勤。

到高启愚老家看望他父母时，高母刚刚去世。家屏将诰封供于灵前，写了一首诗《挽高太史母》：

北堂霜霰夕霏微，莱彩潘舆愿已违。
宝月光寒瞻兔缺，玉箫声断凤凰飞。
歌临易水悲笳曲，梦绕巴江想翟衣。
归向泉宫灵并妥，荐看鸾诰沐恩辉。

家屏一行出蜀，另择路回京。家屏先到礼部，于慎行、李维桢等人围了过来，问家屏此行有何奇遇。

家屏说："窃自念行万里无所遇，独幸于山见二华①，于人见昆季②，自以为，属生平之大观。"

家屏本想到史馆向殷士儋呈交他写的《咏史四首》，得知殷士儋早已回了山东。著文《上殷棠川老师》：

某塞下鄙生，少乏师承，长无闻识。荷蒙老师甄拔③，得与海内英俊同列门墙，请业銮坡，绁书金匮。一时遭际，累世光荣。原本至恩曷殊，大造往年。西蜀之役，赖我师闵念乌私④，曲垂鸿庇。成命既下，无端受疑。复赖我师，洞烛肺肠，曲为排解。仗庇西迈，岁暮始还。方翘首庙堂，伺音鼎轴。偶闻朝报，衮舄东归。日夜彷徨，莫喻端委。抵京之日，始知嫌生小郄难起，细人切齿腐心。不胜愤惋。

念惟帝师宿望，王佐鸿猷。今上嗣服惟新，用人求旧。成王冲幼，周公不久于居东；元祐清明，司马行期于入洛。此诸生之至望，百辟之同

---

① 二华：指西岳华山和少华山。
② 昆季：兄弟。长为昆，幼为季。此处指王世懋和王世贞。
③ 甄拔：考察并提拔。
④ 乌私：出自晋李密《陈情表》中的"乌鸟私情，愿乞终养"。后以"乌私"代指孝养父母。

情也。

祗藉便翔，用申省候。临书东向，不尽瞻依。

徐显卿、李维桢、于慎行几个催促家屏早些回家去看看。

第二十章　内阁首辅频遭论劾
　　　　　　隆庆皇帝突然驾崩

　　李松得了急病，突然逝世。李月川派人来京报丧。李氏和景夫人商量，把她母亲从山阴接到京师赡养。李氏这两年又生了女儿青旗。她让景夫人照看孩子们，自己随来人回山阴接母亲。

　　回山阴后，她才发现李月川的妻子卧病在床，孩子们都很小，李月川什么家务也干不了，她的母亲也走不动了。

　　嫂子眼看不行了，把李氏叫到床前，说："她姑姑，阎王叫我三更走，我连五更也拖不过。我走了，孩子们就托付给你了，你把他们拉扯大，我也就放心了。"

　　李氏指天发誓："嫂子，你放心。上有天，下有地，俺说话算话，一定要将侄儿侄女们抚养大，有我一口吃的，就饿不着他们。"

　　嫂子握着李氏的手，嘴角挂着一丝笑，眼里含着泪，死了。

　　李月川将妻子的丧事办完，把母亲、妹妹和几个孩子送到京师，自己回山阴当儒官，想在任职期间，多培养几个人才。李氏的母亲上了年纪，又在短期内办了两场丧事，身体十分虚弱，别说照看孩子，自己也得由别人照顾。李氏屋子里平添了几个孩子，乱成一团。李氏和景夫人商量，要雇一名婢女。

　　于慎行、李维桢、徐显卿几位刚好来到家屏家中。自家屏出使封藩后，他们几个常来照看李氏将自己的想法和他们几个说了。徐显卿说："与其雇用婢女，还不如给家屏纳一小妾。"于慎行、李维桢、李氏和景夫人都觉得这个主意好，李氏便托他们给家屏物色一位中意的女子，要心地善良，知书达理。没过几日，徐显卿领来两位姑娘，一位林姑娘，一位徐姑娘，让李氏选。李氏看两个都好，都留下了。

家屏到马自强那里交了差就往家里赶，一进院，见院子里有两女子带着几个孩子把皇上赐的椰瓜踢来踢去当球玩。

李氏把家里发生的事情和家屏细说一番。家屏对李松和李月川妻子表示哀悼，赞成李氏把母亲和侄儿侄女接来，只是认为将林、徐二位姑娘纳为小壁不妥。李氏把林景旸和徐显卿的书信交与家屏，家屏看了，知道林、徐二位姑娘的身世后，不再说什么。

赴外封藩的诸同袍先后返京，徐显卿、李维桢约了众人来给家屏道喜。家屏宴请大家。林、徐二位姑娘在王家被称为林夫人和徐夫人。

首辅高拱是大家谈论的主要对象，大家都在猜测他下一个要攻击的目标是谁。他和张居正能否和好，内阁会不会再增加成员。有消息说海瑞出巡，逮了徐阶的弟弟和三个儿子，欲皆斩之。又说，徐阶情急之下去找张居正，希望他出面，保下他儿子们的性命。

王国光是山西泽州阳城人，由南京刑部尚书调回京师任户部尚书、总督仓场。王崇古设宴，为他接风洗尘。家屏等应邀参加了宴会。徐阶任首辅时，王国光在户部任侍郎，徐阶支持他推行税赋新政。徐阶致仕后，王国光被调往南京。王国光机智过人，保护了徐阶家中的无辜者。

王国光向家屏等介绍了徐阶之事的来龙去脉。王崇古问家屏对此事有何看法。家屏说："若徐阶诸子有罪当依律惩处，但不能伤及无辜，欲借此斩草除根，属衔仇报复。"

崇古沉吟片刻，说："为防徐家倾巢之下无完卵之厄运，依我之见，不如将徐家的无辜者转移至面高沟，那里地形隐蔽，民风淳厚，能藏千军万马，还藏不了徐家几十人丁？"

家屏说："如此甚好。戎窖主在当地德高望重，可以找他协调。"

崇古说："我知晓。此事由我来办，你们放心便是。"

其时，边疆战事不断，百姓赋税徭役极其沉重，为缓解军中缺粮问题，王崇古和王国光商量，从源头入手，对粮食精打细算、全面控制。在地方官中只允许巡抚、巡按抽调粮食，其余都、布、按三司都不许插手粮食调动。令所有官员入署办公，各司其职，谨防领空饷。设"坐粮厅"，专管军粮督办。

内阁只留下高拱和张居正，两人联名上疏说："机务重繁，请简命贤良共图治理。"皇上下旨："卿二人同心辅政，不必更加。"下朝后，于慎行对家屏说："就怕高拱和张居正二人不会同心。帝有所虑，方有所言。"家屏说："风云多变幻，我辈须静观。"

冬至那天，例行祭天大典。该仪式由礼部组织，皇上亲自参加。

家屏、于慎行等人为皇上的身体每况愈下担忧，劝说礼部给事中蔡汝贤上言："臣近因大典导驾，窃窥圣容微减于前。皇上一身，乃天地祖宗之所付托，华夷庶臣之所瞻望，关系甚大，不可不谨也！今微阳初生，正宜遏欲养静之时，愿于宫中斋居焚香，澄心涤虑。进御有常，毋令其溺志；游观有度，毋令其移情。"

皇上说："知道了。"

士大夫中传抄《遏欲文》："孽海茫茫，首恶无非色欲；尘寰扰扰，易犯唯有淫邪。拔山盖世之雄，坐此亡身辱国……"

皇上批准礼部为东宫举行加冠仪。围绕东宫由谁来教、教什么等问题，吏部和礼部意见不统一。

御史张克家等上疏，说："教太子之道莫先于尊师重傅……毋袭近日常规……因引宋儒程颐坐讲之说。"

皇上览之，发怒，说："东宫讲读礼仪，祖宗自有成规。张克家等乃敢辄议变更，殊为狂肆。"张克家因此被降二级，调外任，其余签名者各夺俸二年。

皇太子行冠礼如期举行。驸马许从诚告庙，成国公朱希忠掌冠，礼部尚书潘晟赞冠，高拱宣敕戒。

高拱以首辅名义推举高仪、张四维、余有丁、陈栋充侍班官，马自强、陶大临、陈经邦、何洛文、沈鲤、张秩充讲读官，沈渊、许国充校书官，马继文、徐继申充侍书官。皇上从之。

一班人马初定，又生枝节。吏科左给事中宋之韩上疏，说："潘晟衰朽，不堪典礼。"与其说不堪典礼，还不如说潘晟不堪任礼部尚书。潘晟具疏自辩，因乞罢黜。皇上以其"老成醇谨"，慰留之。宋之韩唆使几名同官继续上书，希望罢免潘晟。潘晟三请求去，皇上下诏给驲以归。

礼部官员认为宋之韩此次攻击潘晟是受高拱唆使，与他反目。

士大夫们窃议皇上即位以来依托高拱，有失众望。

尚宝司卿刘奋庸上疏，说："皇上即位六载，灾疹未消，伏机可虑，大柄渐移，积习仍旧，精神志意渐不逮初。条陈五事，以俟英断。一曰保安圣躬。

毋逞旦夕之娱，而轻万年之虑。毋以有限之精神，而殉无涯之嗜欲。二曰总揽大权。人主操礼乐征伐之柄，必一政一令咸出上裁，而后臣下莫敢行其私。三曰慎乃俭德。皇上即位以来，内府取银之数不下数十万，求珍异之宝，作鳌山之灯，良可惜也。四曰留心章奏。五曰起用忠直。"

随后，户部给事中曹大野论高拱大不忠十事："前者陛下圣体违和，大小臣工寝食不宁，独拱言笑自若，且过姻家刑部侍郎曹金处饮酒作乐，视陛下之疾，若罔闻。其不忠一也。

"东宫出阁讲读，乃旷世之盛典，国家之重务，高拱当每日进侍左右，乃止欲三八日，叩头而出，是不以事陛下者事东宫矣。其不忠二也。

"自拱复用即以复仇为事，昔日直言高拱罪，如岑用宾等二三十人，一切降黜，举朝善人为之一空。其不忠三也。

"自高拱掌吏部以来，其所不次①超擢②者皆其亲戚、乡里、门生、故旧，如侍郎曹金其子女亲家也，无一才能，乃超升至刑部侍郎。给事中韩楫，其亲爱门生也，历俸未久，即超升为右通政。其他任其所喜超用③者，不可胜记。其不忠四也。

"科道官乃陛下耳目大臣，之所以不敢为奸者赖其此也。高拱乃欲蔽塞言路，任之所为，故每选授科道，即先于部堂戒谕，不许擅言大臣过失，此上蔽陛下耳目，以恣其奸恶之计。其不忠五也。

"今科道官多高拱腹心，凡陛下微有取用，即交章上奏，至高拱，罪恶皆隐晦不言，故内外皆知有高拱，而不知有陛下，此其结党为恶。其不忠六也。

"昔日严嵩只是总理阁事，未尝兼吏部之权，今高拱久掌吏部，其权之重过于严嵩，而其引用匪人、排斥善类甚于严嵩。此其专权效恣，不忠七也。

"昔日严嵩止其子严世蕃贪财纳贿，今高拱乃亲开贿赂之门，如副使董文采馈以六百金即升为河南参政，吏部侍郎张四维馈以八百金即取为东宫侍班官。其他暮夜千金之馈，难以尽数。故高拱家新郑，屡被盗劫，不下数十万金，赃迹大露，人所共知。此其因权纳贿，不忠八也。

"原任经历沈炼论劾严嵩，谪发保安，杨顺、路楷乃阿严嵩意，诬沈炼勾房虚情，竟杀之，人人切齿痛恨，比陛下即位，大奋乾断，论杨顺、路楷死，

---

① 不次：不依寻常次序。
② 超擢：指升迁，越级提升。
③ 超用：越级任用。

天下无不称快，高拱乃受路楷千金之贿，强辩，脱路楷死，善类皆愤怒不平，此其不忠九也。

"原任操江巡抚吴时来在先帝朝抗疏论严嵩，所谓忠臣也。高拱以私恨借一小事黜之；原任大学士徐阶，受先帝顾命，古所谓元老也，高拱以私恨乃多方害之，必欲置之死地；俺答归顺，惟陛下神威所致，高拱乃扬言于人，曰：'此非国家之威，乃我之力也。'此其归功于己，不知上有陛下，设使外夷闻之，岂不轻视哉？其不忠十也。

"请如先帝处严嵩故事，特赐罢黜，别选公忠之臣，以掌吏部，以协理阁事，则陛下虽静养宫中，而天下有泰山之安矣。"

疏入，皇上责曹大野："妄言！"命调外任。

高拱上疏，说："前月圣体违和，臣与同官张居正日夜在朝，相对踧踖^①，至废寝食，直待圣体就安，乃始还家。臣与刑部侍郎曹金举行婚姻之礼，亦在圣体大安之后，其日月可按也。东宫讲读，臣等既不敢擅自入侍，所以有五日一叩之请。俺答款顺，臣实与张居正为皇上始终谋划，力赞其成，而今谓臣功于己，此圣明洞鉴也。自皇上召臣还阁，兼掌铨务，臣即虑操权太重，恐致颠危，去岁辞免，数皆不获，而今谓臣专权不肯辞退，亦圣明所洞鉴也。副使董文采资望已深，是臣推为参政，官僚必慎，择年深老成之人。而侍郎吕调阳，皆是皇上日讲官，不敢动。侍郎张四维，资望相应，是臣与张居正推为侍班官。乃谓文采馈金六百，四维馈金八百，果何所见？臣家素贫薄，至今犹如布衣，时人皆见之，曾未被劫，则所谓劫去数十万金者，诚何所据？臣力小不足以胜重，望轻不足以服人，既经言官论列，理宜引退，特赐罢免。"

皇上慰留，说："卿忠清公慎，朕所深知，妄言者已处分矣，宜安心辅政，以副眷倚，不允所辞。"

一经皇上慰留，高拱便没有了动静，满朝臣子倒热闹起来。九卿诸大臣及六科给事中、十三道御史等，各上疏，请留高拱。

高拱再疏乞休，说："大臣之道，上之，以身报国；次之，不敢以身辱国。今臣奏职无状，既不明报国，若再不明进退之节，而徒腼颜在位，是诚以身辱国，臣之罪愈大矣。天下后世，其谓臣何？"

皇上说："卿辅政秉铨，以朴忠亮直不避嫌怨，致被浮言，朕已具悉，何乃再疏求退？毋再辞。"

---

① 踧踖：恭敬而局促不安的样子。

高拱遂出来视事。

工科左给事中程文上疏，说："辅臣高拱，竭忠报国，方万世永赖，不可一日而无。"乞皇上严惩刘奋庸与曹大野。皇上诏示：曹大野如前旨。刘奋庸降一级，调外任。又命"行履端慎，才学宏深"的高仪入内阁办事。张四维因曹大野疏中提及自己，上章自辩。皇上令张四维遵旨赴任。

一日，家屏在宫中教习内官，突然传来消息——皇上病危。太监急召高拱、张居正到乾清宫。高拱、张居正疾趋至宫。太监奏，召辅臣至。皇上倚坐御榻上，中宫及皇贵妃都在御榻边，太子立于前，高拱等跪于御榻下。太监宣读顾命诏：

> 朕嗣祖宗大统，今方六年，偶得此疾，遽不能起，有负先皇。付托东宫幼小，朕今付之卿等三臣，宜协心辅佐，遵守祖制，保固皇图，卿等功在社稷，万世不泯。

高拱等痛哭，叩首而出。是时，皇上疾已亟，口虽不能言，而熟视诸臣，颔之。皇上驾崩于乾清宫。

翌日早朝，高拱、张居正、高仪迟迟未到。臣子们窃窃私语，有人说皇上病危，有人说皇上已驾崩。朝堂上的气氛异常压抑、紧张。

李维桢走到家屏近处，低声问："你在宫中教习内官，知否？"

家屏点了点头，说："皇上已于昨日驾崩，估计今日发丧。"

李维桢说："高拱与张居正构隙已久，在此关键时刻，他俩若公然反目会祸及朝廷。"

家屏说："朝中刚直不阿的士子颇多，他二人未必能左右得了，我朝危难时，愿能多出几位补天换柱的人物。"

高拱、张居正匆匆上殿，高仪紧随其后。

太监冯保颁遗诏：

> 朕以凉德缵奉丕图，君主万方，于兹六载，夙夜兢兢图惟化理，惟恐有孤先帝付托。乃今遘疾弥笃，殆不能兴。夫生之有死，如画之有夜，自古圣贤，其孰能免，惟是继体得人，神器有主，朕即弃世，亦复何憾？皇太子聪明仁孝，令德天成，宜嗣皇帝位。其恪守祖宗成宪，讲学亲贤，节用爱人，以绵宗社无疆之祚，内外文武群臣，协心辅佐，共保灵长。斯朕

志毕矣。其丧礼悉遵先帝遗制，以日易月，二十七日释服，毋禁音乐、嫁娶。宗室亲王，藩屏是寄，不可辄离本国。各处镇守巡抚、总兵等官及都布按三司官员，严固封疆，安抚军民，不许擅（离）职守，闻丧之日正（止）于本处朝夕哭临三日，进香遣官代行。广东、广西、四川、云南、贵州及各布政司七品以下衙门，俱免进香。诏谕中外咸使闻之。

皇太子时年十岁。令传谕皇城各门内外官严守卫、慎关防。又谕兵部及京营提督等官发军，守皇城各门。高拱守吏部如故。吏部尚书杨博仍管理兵部事。礼部左侍郎王希烈往天寿山，相度①皇帝山陵。家屏等礼部官员筹划太子登基仪式。

---

① 相度：观察估量。

第二十一章　万历择日登基
　　　　　高拱限时离京

　　太子缞服御文华殿,经百官三次劝进,谕礼部择日具仪。礼部上登极仪注。

　　太子缞服于父皇灵前告受命。始具衮冕,祗告天地,次告奉先殿、弘孝殿及神霄殿。于父皇灵前,拜叩皇后、皇贵妃。礼成,御中极殿,朝百官,改第二年为万历元年(1573年)。

　　宣读大赦诏:

　　　　我国家光启宏图,传绪万世,祖宗列圣,创守一心,二百余年,重熙累洽。我皇考大行皇帝明哲作则,恭俭守文,虚己任贤,励精图治,盖临御六载,而天下晏如,四裔来宾,兆人蒙福。方燕诒之永赖,遽龙驭之上宾①,顾命朕躬,属以神器,朕方茕茕在疚②,不忍遽闻,而文武群臣及军民耆老人等,合词劝进,至于再三辞拒弗获。乃仰遵遗诏,俯顺舆情,于六月初十日祗告天地、宗庙、社稷即皇帝位……以明年为万历元年,与民更始。所有合行事宜,开列于后。

　　　　祖宗成法至精至备,所当万世遵守。近年以来,有司不考究度,往往自作聪明,任意更变,其有称为祖宗成法者,又多迁移出入,殊非祖宗立法本意,致令事体纷纭,军民惶惑,岂成治理?今后内外大小衙门官务要仰求祖宗之意,明考成法,一一遵行,违者以变乱成法论。其有从前更变

---

① 龙驭之上宾:皇上死亡的委婉说法。意为乘龙升天,成为天帝的宾客。

② 在疚:在居丧期。

者,俱行查复,若果系时宜不得不然,许详具事繇奏请准允乃行……自嘉靖四十五年十二月以后至隆庆六年五月以前建言罪废诸臣,吏部备查,中间如果情非挟私,才力堪用者,议拟具奏起用……小民拖欠未征者,自隆庆五年以前悉免……近年天下军民穷困,府藏空乏……各该衙门工作,除城垣、墩台、关隘、仓廒、漕河等项例该修理者,指实具奏定夺外,其余一应不急之务悉该停止,不许擅自移文兴工……各处有奸猾巨恶、捏写本状、起灭词讼、把持官府、毒害良民与凡一应喇唬①光棍,巡按御史着实访拏问罪……朝廷政事得失,天下军民利病,许诸人直言无隐……诏告天下,咸使闻知。

百官身着朝服,行五拜三叩头礼。
万历皇帝登基后,高拱上了第一疏。

　　大学士高拱谨题:为特陈紧切事宜,以仰裨新政事。兹者恭遇皇上初登宝位,实总揽万机之初,所有紧切事宜,臣等谨开件上进,伏愿圣览,特赐施行,臣等不胜仰望之至,谨具题以闻。

　　祖宗旧规,御门听政。凡各衙门奏事,俱是玉音亲答,以见政令出自主上,臣下不敢预也。隆庆初,阁臣拟令代答,以致人生玩愒,甚非事体。昨皇上于劝进时,荷蒙谕答,天语庄严,玉音清亮,诸臣无不忭仰。当日即传遍京城小民,亦无不忭悦,其所关系可知也。若临时不一亲答,臣下必以为上不省理政令,皆他人之口,岂不解体?合无今后令司礼监每日将该衙门应奏事件,开一小揭帖,明写"某件不该答,某件该答,某件该某衙门知道,及是知道了"之类,皇上御门时收拾袖中,待各官奏事,取出一览,照件亲答。至于临时裁决,如朝官数少,奏请查究,则答曰:"着该衙门查点。"其纠奏失仪者,重则锦衣卫拿了,次则法司提了,问轻则饶他,亦须亲答。如此则政令自然精彩,可以系属人心。伏乞圣裁。

　　祖宗旧规,视朝回宫之后,即奏事一次。至申时,又奏事一次。内侍官先设御案,请上文书,即出门外,待御览毕,发内阁拟票,此其常也。至隆庆初年,不知何故不设览本、御案,司礼监官奏文书,先帝止接在手中,略览一二,亦有全不览者。夫人君乃天下之主,若不用心详览章

---

① 喇唬:指凶恶无赖。

奏，则天下事务何由得知？中间如有奸究欺罔情弊，何以昭察？已后乞命该监官查复旧规，将内外一应章奏，除通政司民本外，其余尽数呈览，览毕送票，票后再行呈览，果系停当，然后发行。庶下情得通，奸弊可烛，而皇上亦得以通晓天下之事。臣等又思得各衙门题奏甚多，难以通篇逐句细览，其中自有节要之法。如各衙门题覆除前一段系原本之词不必详览，其拟议处分全在。案呈到部以后一段，乞命该监官每日将各本案呈到部去处夹一小红纸签，皇上就此览起，则其中情理，及处议当与不当，自然明白。至于科道及各衙门条陈论劾本，则又须全览，乃得其情。伏乞圣裁。

事必面奏，乃得尽其情理。况皇上新政，尤宜讲究，天下之事始得周知。伏望于每二、七日临朝之后，御文华殿令臣等随入叩见，有当奏者就便陈奏，无则叩头而出。此外若有紧切事情，容臣等不时请见，其开讲之时，臣皆日侍左右，有当奏者，即于讲后奏之。如此，则事精详，情无壅蔽。不惟睿聪日启，亦且权不下移，而诸司之奉行者，当自谨畏，不敢草率塞责矣。伏乞圣裁。

事必议处停当，乃可以有济而服天下之心。若不经议处，必有差错。国朝设内阁之官，看详章奏拟旨，盖所以议处也。今后伏乞皇上一应章奏，俱发内阁看详，拟票上进。若不当上意，仍发内阁再详拟上。若或有未经发拟径自内批者，容臣等执奏明白方可施行。庶事得停当，而亦可免假借之弊。其推升庶官，及各项陈乞，与一应杂本，近年以来司礼监径行批出，以其不费处分而可径行也。然不知推升不当，还当驳正。与或事理有欺，诡理法有违犯字，语有垂错者，还当惩处。且内阁系看详章奏之官，而章奏乃有不至内阁者。使该部不覆，则内阁全然不知，岂不失职？今后伏望皇上命司礼监除民本外，其余一应章奏俱发内阁看详，庶事体归一，而奸弊亦无所逃矣。伏乞圣裁。

凡官民本词其有理者自当行，其无理者自当止，其有奸欺情弊者自当惩治，未有留中不出之理。且本既留中，莫可稽考，则不知果经御览而留之乎？抑亦未经御览而留之者乎？是示人以疑也。又或事系紧急密切而有留中者，及至再陈，岂不有误？今后伏望皇上于凡一切本辞，尽行发下，倘有未发者，容原具本之人仍具原本请乞明旨。其通政司进封外来一应本辞，每当日将封进数目，开送该科备照，倘有未下者，科臣奏讨明白，如此庶事无间隔，而亦可远内臣之嫌，释外臣之惑。其于治所关非细，伏乞圣裁。

疏上，高拱以为皇上会送内阁票拟。结果经冯保操作，票出："朕知道了，遵祖制。"

高拱一见，十分生气，新政之始，百官之首的第一疏，岂能如此？若不明正其事，以后必任其所为。

高拱又上疏：

> 臣高拱、高仪谨题：臣等先于本月初十日恭上紧切事宜五件，仰裨新政。今日伏奉御批："朕知道了，遵祖制。"臣等窃惟五事所陈，皆是祖宗已行故事。而内中尚有节目条件，如命司礼监开揭夹签，尽发章奏，如五日一请见，如未蒙发拟者容令奏请，与夫通政司将封进本辞送该科记数备查等项，皆是因时处宜之事，必须明示，准允，乃可行各衙门遵行。况皇上登极之日，正中外人心观望之际，臣等第一条奏，即未发票，即未蒙明白允行，恐失人心之望。用是臣等不敢将本送科，仍用封上，并补本再进，伏望皇上鉴察发下，臣等拟票。臣等如敢差错，自有公论，自有祖宗法度，其孰能容？臣等无任仰望之至。

此次，皇上以补本发下拟票："览卿等所奏，甚于时政有裨，具见忠荩，都依拟行。"

隆庆皇帝在位时，冯保已经以司礼监秉笔太监提督东厂，恰逢司礼监掌印太监空缺，冯保本当升任，高拱却向皇上推荐陈洪。陈洪实难胜任，不久，被罢职，高拱又推荐他人。冯保遂与高拱构隙。

隆庆皇帝遗诏晋升冯保为掌印太监，高拱心存疑虑。

给事中程文等上疏，劾大奸冯保："恳乞圣断早赐剪除，以安社稷。"

御史刘良弼等也上疏劾冯保。冯保令徐爵向张居正问计。

张居正说："正好将计就计。"

高拱的第二疏批回。

高拱说："为什么又是宦官草拟？"

太监说："这是皇上亲自御批。"

高拱说："十岁的天子哪能裁决政事？"

冯保把高拱大不敬的话告诉了皇上。皇上跑到两宫太后那里哭诉，两宫太后认定高拱欺君。

当夜，高拱派出的人探得徐爵、姚旷出入东华门，疑是为张居正和冯保传书递笺。

十六日早，高拱在阁。

张居正说："昨日从山陵归来，不慎中暑，致上吐下泻，浑身无力。"称病不出。皇上有旨召内阁、五府、六部。众皆至，张居正独迟。使者催促，张居正扶曳而入。

高拱以为今日要查办冯保，对张居正说："今日之事，必是为昨日科道本，有问我当对。"

太监王蓁捧圣旨出，各官皆跪。王蓁说："张居正接旨。"

张居正接旨。展阅，内云：

皇后懿旨、皇贵妃令旨、皇帝圣旨，说与内阁五府六部等衙门官员：我大行皇帝宾天先一日，召内阁三臣至御榻前，同我母子三人亲授遗嘱，说东宫年少，要他们辅佐。今有大学士高拱专权擅政，把朝廷威福都强夺自专，不许皇帝主管，不知他要何为？我母子三人惊惧不宁。高拱便着回籍闲住，不许停留。你们大臣受国家厚恩，当思竭忠报主，如何只阿附权臣，蔑视主上？姑且不究。今后都要洗心涤虑，用心办事，如再有这等的，处以典刑。高拱即日出城。

太监读罢圣旨，交于张居正。各官骇愕，皆叩头不起。高拱叩头，瘫于地上。张居正将他扶起，高拱独出。

有人窃语："皇上年幼，冯保又文理不通，此旨词语通顺无滞，是谁为之？"

第二日，张居正上言：

高拱历事三朝，小心端慎，虽议论侃直，外貌威严，中实过于谨畏，且高拱系顾命大臣，未有显过，遽被斥黜，传之四方，殊骇观听，亦非先帝所以付托之意也。伏望皇上，思践祚之初，举措当慎，念国家之重，老成可惜，特命高拱仍旧供职，俾其益纾忠荩，光赞新政。不惟国家待大臣之体，亦足见皇上知人之明，始疑而终悟，当与成王之郊迎周公，汉昭之信任博陆，后先相望矣。如以申明职掌为阁臣之罪，则乞将臣等与高拱一体罢斥，庶法无独加，而人皆知儆矣。

旨出:"卿等不可党护负国。"

次早,高拱辞朝即行。张居正赶来,说:"我为公乞恩,驰驿行。"

高拱说:"行则行矣,何必驰驿?"且以嘲讽的口气说:"公必不可为,此独不畏'党护负国'之旨再出?"

张居正说:"公到底只是如此。"

高拱说:"公非为我,盖作门面,使天下以为我行非出公意,故虽厉色力止,而上疏为何不令我知?"

高拱早觅好一骡车,说罢,登车上路。

张居正又上一本,说:

> 昨该原任大学士高拱钦奉圣谕,回籍闲住。查得旧例,阁臣去任,朝廷每每优加恩礼。今拱既奉旨闲住,臣等未敢冒昧请乞。但高拱原籍河南,去京师一千五百余里,家口重大,不得一驰驿而去,长途跋涉,实为苦难。伏望皇上垂念旧劳,不遗簪履,特赐驰驿回籍。在高拱感荷皇上高厚之恩,在朝廷犹存待辅臣之体,臣等同官亦为荣幸。未敢擅便,谨题请旨。

圣旨下:"准驰驿去。"

高拱行至真空寺,魏学曾在寺内以饭相送,高拱下车进寺时,见一吏持文书随入,一问方知:"此老爷驰驿勘合。张爷已票旨,准驰驿矣。"

高拱讥讽一笑,说:"安知再无'党护负国'之说?"

那名送来勘合的小吏不知他说什么,也不知该如何作答,只愣愣地站在那里。

高拱北向而祝:"吾皇虽幼,然聪明天纵,出寻常万倍,愿天地鬼神、祖宗先帝之灵益加启发,早识奸谋,勿使为社稷之祸,高拱虽万死亦甘心。"

祝毕,入寺内与魏学曾等把盏话别。高拱从寺里走出,登骡车欲行。

魏学曾急忙拦住,说:"不可,既有命驰驿,公安得如此行?"

高拱对魏学曾说:"我只知是张居正所为,故不用。然既称君命,安敢不受?"遂驰驿而行。

高仪在病中,见了抄报文书,闻朝事多变,为之大惊,呕血三日而亡。张居正称病不出,阁中无人。

侍郎魏学曾去见张居正。张居正送出话来："有言写帖来。"

魏学曾写帖云："外人皆言公与阉协谋，每事相通，遗诏亦出公手，今日之事公宜防之，不宜卫护，此阉恐激成大事，不利于公也。"

张居正闻之大怒，遂回魏学曾："此事仆亦差人密访，外间并无此说，今公为此言，不过欲仆去耳！便当上疏辞归，敬闻命矣。"

张居正上帖，考察百官。曾经被高拱唆使的那些言官不再像昔日那般立眉霸眼，凶头戢脑。

早朝时，李维桢指着他们让家屏和徐显卿看，李维桢说："他们像秋后的苍蝇。"嚷着让家屏写《寒蝇叹》诗，显卿配画。

徐显卿说："你真会出题目，古往今来没听说谁是画蝇高手。"

家屏和于慎行这些天在礼部忙于拟册文等。家屏写《拟上孝懿皇后谥册文》。

李维桢进屋来，看了册文，随口问："孝懿皇后是谁？"

家屏说："她是穆宗皇帝的嫡妻李氏，昌平人，其父李铭。李氏当初被封为裕王妃。生长子朱翊釴，五岁夭折；生长女，亦夭折。李氏于嘉靖三十七年卒，裕王即位后，追谥她为孝懿皇后，朱翊釴为宪怀太子，长女为蓬莱公主。封李铭为德平伯。今太子即位，礼当追尊。"

徐显卿说："他们母子三人都早早地丢了性命，可怜。"

李维桢踱着步说："宫门重重深似海，也许另有隐情。"

七月初一，皇上驾临太庙，在孝懿庄皇后的牌位前宣读谥册文。时雷雨大作，须臾雨止，礼成之后，还宫。

择日举行仪式，迁孝懿庄皇后梓宫祔葬昭陵。

家屏为孝懿庄皇后写挽歌十首：

其一
负扆临朝日，徽音想二南。
从龙求故剑，招凤泣遗簪。
日月双辀发，风云万乘恭。
瑶宫香散去，紫雾郁烟岚。

其二
俔天怀旧德，配帝建新宫。

隧敞龙文合，泉深御气通。
即看移蕙帐，何似在椒风。
挽绋桥山路，千官缟素同。

其三
娲皇开世早，煅石补璇霄。
讵意桑田变，翻惊杞国谣。
舆图归嗣圣，天壤隔前朝。
无限攀号者，徽灵不可招。

其四
秪云燕谷暖，无奈夜漫漫。
一别黄金屋，长封白玉棺。
山空秋月碧，沙冷夕霜繁。
纵有邹生律，难吹万谷寒。

其五
桂殿芳仪远，椒涂大礼成。
尊曾弗逮养，哀乃会兼荣。
帝寝裳衣衬，仙銮葆吹迎。
辇葛关圣念，风木不胜情。

其六
仙游何处所，来去渺难期。
梦化双龙合，神从八骏驰。
星虹迷华渚，风雨暗瑶池。
陟降陵原上，唯有老鹤知。

其七
紫宫推佑启，彤管着仪刑。
婉嫕容如在，沉冥梦不醒。
松楸含密恨，苹藻荐芳馨。
落日空山里，周庐拥百灵。

其八
宝婺韬精久，今看近紫微。
望云开帐殿，卜日启泉扉。
穴有新封检，山藏旧赐衣。
慈灵来帝侧，仿佛见乘魕。

其九
轩后遗弓日，湘灵鼓瑟秋。
鼎成丹气散，曲罢彩云收。
竹泪含愁回，龙颜抱恸幽。
古今无限恨，怅望水东流。

其十
尧门曾积庆，禹穴此栖神。
扈跸千官从，迎銮万乘亲。
云埋金翡翠，霜卧石麒麟。
哀思浑难写，歌成薤露新。

又作《孝懿庄皇后发引鼓吹词》：

瑶池几度春风阆，青鸟回翔归梦绝。
黄图迎绛节，辇路逶迤箫鼓彻。
帐殿金灯灭，彩凤终归丹穴。
万壑松涛呜咽，都因愁露结。

皇上和两宫太后在平台召见张居正，议两宫太后尊号。礼部会同多官议拟。家屏写《拟上圣母中宫尊号册文》《拟上圣母尊号册文》《拟上仁圣皇太后尊号册文》《拟上慈圣皇太后尊号册文》。继写《拟上大行皇帝尊谥诏》之后，又写《拟加上两宫圣母徽号诏》《庆成宴致语》等。

第二十二章　吏部牵头考大臣
　　　　　　家屏拟敕谕百官

　　高拱离去，高仪病故，张居正成为首辅。官员们关心内阁会不会增加成员。

　　李维桢说："有首辅一人足矣，省得人多了，互相抵牾①。"

　　于慎行说："一个人忙不过来。"

　　陈于陛说："内阁不宜一人独掌，应有定格，才能主次分明，先后有序。"

　　于慎行说："张先生应另择几人入阁，需既能与之相佐又能独当一面者。"

　　家屏说："最难的是不与他相抵。"

　　于慎行想了想，说："朝里找这样的臣子难。"

　　没过几天，张居正还真找到了一位他认为合适的人入阁——曾被隆庆皇帝誉为"老成清慎"的吕调阳。

　　大家又聚在礼部，议论吏部将由谁来掌事。

　　李维桢说："王篆可担此重任。"

　　陈于陛摇了摇头说："恐难服众。"

　　李维桢见家屏不发言，问家屏："你以为谁合适？"

　　家屏说："我以为杨博掌吏部名正言顺，德才相当，较他人妥。"

　　"以前，人皆以为杨博充吏部尚书是挂空衔，现在派上了用场。"

　　大家猜中了，没过两日，皇上令马自强管詹事府印信，吏部尚书杨博回吏部。又加了一条：各抚按官不得轻议裁革官员。

　　很快，吏部上奏考察官员条规。考察官员前须把吏部的班子确定下来。吏

---

① 抵牾：像动物般角抵。

部尚书杨博带头，左侍郎魏学曾、右侍郎刘光济、都察院左都御史葛守礼、左佥都御史陈省先上疏自陈乞罢，皇上俱慰留。起升吏部右侍郎兼翰林院侍读学士陆树声为礼部尚书，马自强掌翰林院院事，陶大临管国子监事。吏部的班子确定后便迅速行动起来。徐显卿对家屏说："张先生要用吏部的老驴磨出新豆腐。"

这样，张居正有了更多的时间处理内阁之事。

就在吏部牵头风风火火开始考察官员之际，大行皇帝尊谥礼成，诏告天下。家屏采纳众人意见，起草《拟上大行皇帝尊谥诏》：

朕惟帝王有绍基纂绪之洪猷，斯必有宣懿扬徽之隆号。所以播功德于无疆，登图牒而荐庙佑者也。

恭惟我皇考大行皇帝：睿哲凝资，温文秉德。体广渊以御物，帅恭俭以祗身。神人协和，泽威交洎。方隆翊戴之望，忽婴降割之悲。景命弗延，大宝奄弃。属以神器，肩予眇躬。顾兹谅阴之初，遹值嗣服之始。对光训而谋绍述，抚成宪以制尊亲。

谨命在庭文武群臣，咨度帝心，博稽舆论，惟详惟确，允协至公，于某月某日祇告天地，宗庙社稷，奉册宝恭上尊谥曰：顺天隆道渊懿宽仁显文光武纯德弘孝恭皇帝，庙号穆宗。呜呼，圣德难名，灵爽如在。阐皇猷于赫奕，用绵永世之辞；衍帝范于光昭，益覃普天之誉。

布告中外，咸使闻知。

吏部等衙门考察官员有了处理意见。

黜吏部员外郎穆文熙、都给事中宋之韩等三十三员，另有五十三员降调外任。

张居正自陈不职，说："易一椽不若得一栋，评众臣不若简柄臣。乞赐罢免。"不允。吕调阳自陈乞罢，不允。王崇古自陈乞罢，不允。户刑等部尚书、左右侍郎、通政使、光禄寺卿、太常寺卿、顺天府府尹等各自陈乞罢。诏报：刘自强致仕，栗永禄调南京，余俱留。礼部左侍郎王希烈、右侍郎诸大绶各自陈乞罢，俱诏照旧供职。

韩楫、刘浔降调外任，石星等诸臣俱官复原职。

皇上对高仪做出评：学识渊醇，性资端亮，新迪内阁，虽未抒捧日之忠；

久在南宫，实茂著格天之烈。三朝耆旧，一代名臣。按例建墓，对家属给予抚恤。

杨博在官员考察中立了大功。恰逢他考一品，十二年满，加少师兼太子太师，荫一子入国子监读书。

官员们纷纷进京，要对朝廷有所表示。
家屏为皇上草拟了《拟敕谕天下朝觐官员》一文：

朕纂承天序，临抚万方。遭时恬熙，兵革偃息。深念民为邦本，嘉与藩臬守令。共图休养，跻之至宁。夙夜惓惓，冀臻实效。乃诏书屡下，吏罕奉行。争务，摧击以博名高，掊克以营课最。民贫而胝削愈急，盗起而冤狱滋多。东南之杼柚既空，西北之污莱弥望。流徙相属，曾乏招徕。灾疫频仍，漫无振救。厉阶之由来已久，元气之积耗奚堪。

朕是用恻怛于心，惟德之不明，不能遐听，远闻沓至于此，兹当大计已严敕所司，简汰无良。尔等既与存留，各还旧任，暨诸在官者，其尚痛惩往习，勉迪官常，易贪浊以廉平，更烦苛为宽大，于以流布，恺悌惠安，元元庶称朕奉天，子民至意，朕当不靳显擢，庸酬尔劳，如或倚法行私，剥下媚上，巧文欺谩，蔽罪保奸，宪典具存，朕不尔贷尔往。

钦哉！故谕。

贾三近从老家还京，到户部任给事中。刘东星回京，让他去太常寺，他嫌那里太清闲，刑部缺人，他到刑部任主事。郑汝璧也是隆庆二年（1568年）进士，去了太常寺。

李维桢的父亲李裕进京。家屏等人有个不成文的规矩，谁家长辈来了，大家要为他接风、举办宴会。李维桢升迁后，父亲获封君，大家便以此为贺。

李裕也曾在官场上走动，和家屏等人谈天说地，十分投缘。他接受了众人的叩拜，他很看重李维桢周围这些同袍。

家屏等让他讲几句。他说："你们这伙人，相处得好，就像大家庭中的众弟兄。"

"常言说得好，家国一理，国之本在家，若家中兄弟不协，朝中同袍不协，为人臣者，岂能协邻里之邦、诸侯之国？"

"为人须自重，惟人自重而家益重；惟共重其家、共重其国，而人益自重。"

家屏作诗一首《贺李封君》：

雍丘瑞霭接银台，几见青鸾使者来。
御墨新题丹检湿，瑶函初动紫泥开。
风云有庆通冠冕，日月分光被草莱。
绿鬓方瞳人正健，高堂应醉九霞杯。

徐显卿拿出一卷画，说是张居正送给李维桢父亲的。打开一看，画面上有山有水有紫雾，有花有草有蓬莱，寓意福如东海，寿比南山。张居正在画上题了个"寿"字，以示祝贺。李维桢让家屏在画上题诗一首，家屏作《题李封君寿意卷》：

汉江东下绕荆门，滚滚漩源瑞泽存。
剩有书传三世业，赢知身受两朝恩。
金函花满黄云覆，瑶草秋深紫雾屯。
自在蓬莱最高顶，何须仙迹探昆仑。

徐显卿又拿出一卷画，展开一看，画面内容是"椿萱并茂"，这幅画是送给郑汝璧的，他父母健在，近日来京，他准备把这幅画挂到父母的卧室。家屏也为他题诗一首，即《题郑昆岩椿萱并茂卷》：

江云缥缈护蓬莱，椿树萱花此共栽。
千尺灵根和露润，四时仙萼傍霞开。
香生玄圃清相映，影拂瑶池翠欲堆。
赢得芳华钟秀远，日长庭院荫三槐。

吃罢饭，他们几个来到图书府曾经住过的院落，抚几摩桌，感慨万千，忆起徐阶、李春芳、殷士儋、高仪、陈以勤、赵贞吉、王锡爵、叶朝荣、施近臣等。

李维桢说："王锡爵要从南雍回京。马自强母亲病危，不日丁忧，可能让王锡爵掌右春坊事，主管《穆宗实录》的编纂。"

徐显卿说:"叶朝荣的儿子叶向高补南雍诸生,很出色。"

于慎行掐指数算,说:"林景旸明年丁忧满二十七个月。"

刘东星和贾三近更关心张居正和高拱明争暗斗的事。贾三近问家屏:"朝中有官员以为两位皇太后黜罢高拱的懿旨出自张居正之手,宫中内官写不了。先帝让你教习内官,你以为他们写不写得了?"

家屏说:"我以为宫中太监和女官中不乏能记录太后或皇上口谕的人。否则,我等岂不是白白教习了他们?"

"程文劾冯保,提到'先帝升遐,皆因冯保所致。他进海淫之器、邪燥之药,荡圣心、损圣体'。官员们窃以为此事与张居正、戚继光大有干系,不知是否当真?"

家屏没有直接回答三近提出的问题,而是说:"先帝盛年升遐,令人惋惜。酒色财气误人误国,不可不防。"

于慎行说:"当年陈洪曾挥金无数,设灯市、建鳌山,诱先帝夜宴无度。家屏曾作《君马行》隐喻谏劝先帝莫要只顾'朝登苍梧巅,夕饮大液池',须牢记'远道虞艰危'。如今先帝升遐而去,说明隐喻谏劝,于先帝无效,或收效甚微。由此看来,谏劝世人,尤其是谏劝皇上摆脱'酒色财气'并非易事。"

徐显卿长叹一声,说:"苍梧巅上栖凤凰,大液池里戏鸳鸯。"

家屏说:"自身强健能防病于未然,自身纤弱可致病魔蠹身。若先帝无贪酒好色之心,他人岂能有'进海淫之器、邪燥之药'之胆?"

贾三近回山东这些时日与佛教高僧频频接触。他说:"佛教能令僧人戒酒戒色,其攻心说教之术值得借鉴。"

刘东星被谪外任数年,老成、现实了许多。他说:"天降大任于是人,愿家屏不忘初衷,能另辟蹊径。"

"目前,整顿朝纲初见成效,评说首辅,为时尚早。至于阉人乱政,须时时谨防。"

贾三近问家屏:"《穆宗实录》编纂之事,有何进展?"

家屏说:"《穆宗实录》已开馆多时,张先生等因修省,辞礼部开馆纂修钦赐筵宴。史官受命为'稽古义例,修辑成编,以为万世法程。至于一时吏治臧否、人臣忠邪,亦因附见以示。毋忽以致遗,毋夸以失实,毋偏以废公,毋怠以玩岁。祗勤夙夜,殚厥心力,以亟成一代之令典'。"

刘东星说:"真能如此,也尽了史官之天职。"

"先帝因何早逝该如何记录?"

"这个问题我也曾考虑过,再无其他真凭实据,就将言官劾冯保之奏疏原封录入,让读史者自己去评判,也能起到以史为鉴的作用。"

家屏问贾三近:"你以为当今朝廷哪些事急待解决?"

贾三近说:"张先生考察官员后,处理了一批言官,现在朝中言官不仅数量少,更严重的是言官不言。"

家屏说:"也有言者,如胡涍,言不若不言。"

刘东星问是怎么回事。

于慎行为他细说了一番。

"胡涍身为御史,对冯保代孟冲掌司礼监有疑议,请严驭近习,毋惑谄谀,亏损圣德。冯保闻之大怒,思谋扳倒胡涍。前些时,慈宁宫失火,胡涍乞遍察廷中宫女,曾蒙先朝宠幸者,体恤优遇,其余无论老少,一概放遣。"

"奏中有'唐高不君,则天为虐'一语。皇上怒,问张先生所指为谁?张先生回答:'胡涍本为放宫女,尔乃谩及此言,虽狂悖,心无他。'皇上仍不能释怀,将胡涍斥为民。"

"目前正值主小国疑之际,更需言官与权臣相辅相成、相互制约。"

"应从隆庆五年的庶吉士中选拔合格者,以补充给事中之不足。"

"前几天听户部说当今入不敷出,应该把经济搞上去。"

李维桢见窗户上、墙角处爬着两三只反应迟钝、近乎木僵的苍蝇,又想起让家屏写《寒蝇叹》。

家屏说:"显卿作画,我配诗。"

徐显卿说:"我请教了数位以画寒蝉而闻名的画师,还真琢磨出一套画苍蝇的方法来。"

说罢,便在纸上画出几只缩颈垂翅、近浓远淡的蝇儿,背景上的佳肴玉盏隐约可见。家屏摸出代王子送他的珥笔,在那幅画上用端楷写了一首《寒蝇叹》。

吁嗟乎,苍蝇,胡为乎,其然。
昔为人憎,今人怜。
昔日火云发,赤龙正当天。
尔乃,呼群引类飞翩翩。
垂涎吐沫污白璧,投肴落俎腾芳筵。
岂执轻罗能扑灭,纵凭壮士难驱捐。

今何时,
惨淡西风霜满地。
疏影营营忽失群,弱弱翛翛尽垂翅。
寥落犹从四壁栖,驱驰空附当时骥。
吁嗟乎!
天道炎凉有变更,物情转盼荣枯异。
消息盈虚理固然,莫因世态迁吾志。

众人把写好的字画挂到墙上,像当年那样,又诵咏起《诗经》里那首古诗《无衣》。

第二十三章　霍应山筹划绘舆图
　　　　　　　王家屏充任展书官

　　家屏家里很热闹。林、徐二夫人和家玺、家楫、浚初、湛初等几位大孩子住前院，琅琅读书声时起；李氏和李、景二位老夫人、沛初、青旗以及月川的几个孩子住后院，咿呀学语声不断。

　　家屏、陈于陛、徐显卿参加编辑《帝鉴图说》。这本书由马自强牵头、秉承张居正的意见，特为教育万历皇帝而设计。书中选了一百例历代帝王的故事，每个故事都配了图，既能引发少年皇帝的兴趣，又利于皇帝加深印象。初选的故事多达数百则，徐显卿不忍心将这些资料扔掉，便编订成册，托图书府印数本，给参与编写的人每人一套，让他们拿回家中，供自家孩子学习使用。

　　这一日，他三人来到家屏家，想看看孩子们对这套图文并茂的书有何反应。一进大门，徐显卿就喊："孩子们，徐叔给你们送图书啦！"孩子们呼啦一下围过来，眼巴巴地看着徐显卿手中那摞书。陈于陛说："不能这样就给他们，得先让他们背课文。"几个人都能把所学课文背得滚瓜烂熟。浚初记性最好，陈于陛说："有其父，必有其子。"陈于陛把书介绍给孩子们，大家为能看到皇上将要看的书而高兴。徐显卿选定几篇，让孩子们看着图文讲故事。孩子们真还看懂了一些。讲故事时，他们或腆起肚子扮帝王，或提高嗓门学大臣，高潮迭起。浚初读"论字知谏"的故事：唐史中记录唐穆宗见翰林学士柳公权字写得好，就问柳公权：'爱卿是怎样把字写得这样好的？'柳公权回皇上：'写字在手，用笔在心，心里端正，写出的字自然端正。'皇上沉默良久，知道柳公权是借谈写字之机劝谏。

　　浚初问："柳公权是谁？是不是山西柳宗元？"徐显卿说："柳公权是唐代京兆人，著名书法家，就是你们张一桂叔叔那个省的人。他的书法以楷书著称，与颜真卿齐名，人称'颜柳'。柳宗元是唐代著名诗人，河东人，唐宋八大家之一，与韩愈齐名，并称'韩柳'。"

陈于陛说："柳宗元是解元，你将来也能考个解元吗？"浚初说："能。"浚初问："心在肚子正中吗？""心在左胸，有拳头大。"徐显卿边说边比划。"人心不正，为什么柳公权说他心正？"年轻人提出的问题五花八门，几位大人不好解答。

再议《帝鉴图说》。

家屏说："这套书侧重讲为君之道，普通人家孩子更宜读侧重讲为臣之道或其他类的书。为君之道有别于为臣之道，教太子有别于教其他皇子。由此反观，立储乃立国之本，应早立太子、早豫教。"陈于陛说："家国一理，欲求兴旺，重在培育后代，否则，后来者怎能居上？"

徐显卿给孩子们买了个七巧板，湛初饶有兴趣地摆弄着，拼出多种图形。李氏忙着收拾饭菜。吃饭时，三人谈到张居正考察官员卓有成效，但目前国库空虚，入不敷出，为首辅者，须志在强国，不能老纠缠高拱那些是是非非。李氏提醒家屏，春节前去看望霍应山。

家屏入蜀封藩时，霍应山就身体欠佳，他知道自己时日不多，于是，变卖家产，用所得将父母棺椁迁回临汾老家安葬，也算了却了父亲的临终遗愿。

霍应山的叔叔霍宗道帮他操办这些事，留在京城照顾霍应山。

霍二小姐也随父进京了，她比以前长大了，李氏给她缝了过年的新衣裳。

马自强将《帝鉴图说》印出后交内阁。张居正率众讲官在文华殿向皇上进《帝鉴图说》。皇上展开书，朗诵。张居正到御案前，一一指陈大义。皇上能自言其义者十之四五。自此，皇上将《帝鉴图说》置于座右，经筵后，让张居正解说数事。

快过春节时，张居正等上奏："先帝服制未过小祥[①]，节间请宫中勿设宴，并免元宵灯火。"又上奏，"恐圣功间断，正月初旬开讲。"皇上嘉纳之。

---

① 小祥：一周年。

家屏领着家玺、家楫看望霍应山。

霍应山将霍家的丫鬟和仆人都打发了，他给了每人一些银两，让他们另谋出路。

屋里只有霍宗道和霍二小姐。

霍应山还留下一位跟随霍家多年、打仗时瞎了一只眼的歪脖子仆人，他也是临汾人，住在小院的小南房，做些力所能及的营生。

霍二小姐见了家玺、家楫分外高兴，拿出剪好的窗花给他们看。她把窗花分成两份，一份少的，留在这边贴；一份多的，让家楫带回去贴。

霍宗道望着孩子，窝着两眼泪，对家屏说："这孩子，自她妈去世后，跟着我，很少有个笑脸。难得见了家楫这般高兴。"

家屏见屋里这般冷清，说："若叔父同意，我想把她接到我那边住，那边孩子多，人手多，好照应。"

霍宗道叫来女儿，摸着她的头，说："我明年打罢春要陪你大哥去测绘，修正边关图志，你去你三哥哥家住，好吗？"

霍二小姐怔在那里，痴痴地望着父亲，眼中淌出了泪，深深地点了点头。

霍应山回来了。他的身体明显瘦了，但目光炯炯，很有神。

他兴奋地从箱底翻出一大沓手绘地图草稿，让家屏看，说这是他临汾之行的意外收获。霍应山本是兵部职方司主事，分管地图，整天琢磨绘制地图的方法。

"我别无嗜好，从小对图志情有独钟。看了大禹治水相关的资料，有'左准绳，右规矩，载四时，以开九州岛，通九道'的记载，就着手制作准绳和规矩；看了《山海经》，也想效大章和竖亥步量世界；也钻研过裴秀的制图六体法。革旧图新，我现在掌握的方法以及制作的工具，足以解决绘制地图比例、方位、距离等疑难。"

家屏翻看他的那些草图，山水道路、城池村落，一目了然。

家屏见有一幅制作车辆的图纸。

霍应山说："我要做一辆'舆图车'，可将每日行程自动画于预置图纸上。这样既省力，又精准。"

家屏支持霍应山，称他此举功在千秋。

霍应山说："迁葬父母时，多亏在京的诸位老乡帮忙，回京后，本该答谢各位老乡，赶上国丧不宜，遂一拖再拖，眼见春节将至，定下年前在白石楼请客，你我一起张罗。"

霍应山将写好的请帖分开,两人就便投送。

谢人那天,王崇古、王国光、杨博、张四维等人坐一桌,家屏作陪。王教官等临汾老乡坐一桌,霍应山作陪。霍应山向各位致谢。王崇古言简意赅地总结了霍宗岳的一生,再表缅怀之情。杨博勉励霍应山子承父志,献身边防。他说:"近闻应山欲修正边关舆图,我今虽不掌兵部,仍将上下呼吁、全力支持。"

王崇古说:"舆图确需应期修正,就北疆而言,俺答虽附藩,互市已开放,但不能刀枪入库,马放南山。要想运筹帷幄,决胜千里,掌握舆图,乃首当之要。"

王国光说:"徐阶任首辅时,推行一条鞭法,曾有丈量土地不准、谎报隐瞒等问题,如能有一套良好的测绘方法推而广之,可以起到防患于未然、补漏于江心之功效。"他要和霍应山编纂专著,辅佐一条鞭法继江西试点之后,在全国推行。

又言及催征拖欠钱粮之四弊:其一势豪阻挠;其二有司怠玩;其三大户侵渔;其四积棍包揽。

王崇古则大谈其兵备之急需。他以为"沿边原屯田不宜征徵税务"。

家屏说:"山阴、应州一代,贫瘠苦寒,当地百姓自行熬制苦盐,规模小,成本高,未行于市,仅供自家食用,官方不应据此征收盐税。"

张四维特别崇拜杨博,说他有两大功劳。其一,先帝驾崩,调兵遣将,守城固疆,稳定了政局。其二,新主登基,考察官员,为新政奠定了基础。

杨博说:"这段时间我觉得很累,也得罪了不少人,总算和士君子们一道匡扶新主即位,现有张先生在朝保驾,我也该归隐横门①了。"

"礼部、吏部由谁掌事,一直是官员们最关注的事情,但愿张先生能出于公心,妥善安置。"

"高阁老已去,传出他有诽讽言辞,未必是实。张先生没必要对高阁老穷追不舍,更不该殃及池鱼。"

"高阁老三女儿十四岁就去世,虽说曾与曹金之子定过亲,也不该因此把曹金打入另册。先责他在先帝临崩时饮酒,又劫他'无疾请去,必有疑避不安之情'。凡此种种,欲去曹金之心若揭,反倒影响了张先生在朝中的威信。"

---

① 归隐横门:指辞朝归乡。

张四维又谈起恢复经筵讲，挑选讲官、展书官那些事，他说，被选中的人都将成为皇上身边的股肱之臣。又谈到朝中科臣与言官之间壁垒分明的问题。

家屏说："科臣与言官不一定非要对立。二者多沟通，求共识，未尝不好。疏庵公刚才所言和三近所见略同，何不协同共参？"

王国光眼前一亮，搓着手说："我回去就与三近商榷。"

王国光说他准备编写《会计录》，把霍应山拉进另一屋，讨论测绘法。

"老聃著《道德经》有'道可道，非常道'一语。对此语，各有各的解释。在我看来，老聃就是在寻找一种能记录他行走轨迹的方法。这便涉及'时'与'空'。'时'讲年、月、日、时分等，'空'讲方向、速度、高低等。"

"舆图需更新，如黄河改道、官道新修，尤其军用舆图，更需知战区之当前。隋炀帝征高丽，预制浮桥过江，结果因遇涨水，造的桥短了数丈，影响战局，损失惨重，有许多人因此丢了性命。"

"老聃制图，以他家为始点；我制舆图，将以前门为始点。"

他俩谈得很热烈，直到客人要离席，家屏才把霍应山叫出来。

没过两天，王国光疏陈催征拖欠钱粮之弊，贾三近随即上疏："国有常赋，民有正输，迩年以来逋负数多，其弊不在于催科之拙，而苦于就中朘削之多端；不专于征解之难，而阻于额外需求之过甚。乞敕行各抚按，严督所属，凡拖欠钱粮，刻期催解，有管粮官员索取常例、扣除余价，及催收人役、乘机侵盗者，不时缉治。掌印官失于防简，并首鼠侵克，一起参处。

"一应京库钱粮，亲自查验起解，不得滥恶苟且充数；应解人役，佥素有身家殷实上户，毋令巨猾积棍混肆包揽。

"如该库内外人等仍像从前妄行需索，鞭挞凌轹，迫苦解役，致损国课，据实参奏，依律惩处。"

王国光与贾三近合力为催征拖欠钱粮、惩恶除弊谋划。

春节前，家屏为霍氏上完坟，将霍二小姐接回家中过年。

县府学放假，李月川押了一车粮食进京，其中有南洲山庄产的小米、黄米、荞面、豆面，还有猪、羊、鸡肉等。进京后，他又到前门那边从旧货摊上买了碓臼，以备春糕面之用。

贴春联、挂灯笼、垒旺火之类的事由李月川带领家玺、家楫弟兄俩做。

霍二小姐很快就融入了这个大家庭，和几个一般大的孩子在院子里抱抱跌跌①，笑声不断。

景、李两位老夫人照看那几个小的。

李氏领着林、徐二夫人做年夜饭，烩菜炖猪头、调馅包饺子。

李老夫人对景老夫人说："叫我看，霍二小姐和家楫正是一对儿，不如早些定了亲，省得两个见了面脸红气喧，扭扭捏捏。"

景夫人说："我也觉着他俩合适。不过，这还得他大哥和霍家二亲家说。"

浚初将《帝鉴图说》拿来，让李月川解读。李月川看了这套书，觉得好，有心讨一套拿回去给山阴学府用。家屏说："现成的印本没有了，你可以抄一份。"李月川便开始抄书，边抄边把书中的故事讲给孩子们听。

接神时，家屏用几个盘子盛了供品，摆放在院内照壁后的供桌上，把朝廷给王朝用夫妇、王宪武夫妇以及霍氏的诰封摆放出来，连同先帝赐给他的那个椰瓜——虽然被孩子们玩得少毛没尾②——一并供奉。他让孩子们三叩九拜，以示对天地和先帝的尊崇。

春节刚过，一上朝，贾三近就参平江伯陈王谟。

当年，明成祖称帝，陈瑄因功始封平江伯，子孙可以世袭。

陈王谟乃第七代世袭平江伯。

陈王谟总督漕运，漂损严重，被言官论劾，处以"革任褫俸"，今欲起用。

贾三近说："国家对勋臣无黜陟、无升降，其偾事误国者，只有革任褫俸而已。

"陈王谟总督漕运，经略无策，漂损多达百万，言官论劾，褫俸革任，距今曾未几时，忽蒙显用，屡肆乞陈，希图开俸。当时偾事之臣，如都御史陈炌、潘季驯，参将顾承勋皆与陈王谟一体，三臣落职，仅陈王谟褫俸，若复用人，开俸以优之，何以服陈炌等三臣之心？且陈王谟昔伺炎门，秽迹狼藉，退闲未久，谋总京营；京营偾事，谋督漕运；漕运方褫，更得总戎。本已从轻，却又从宽，这还不是放纵那些凌虐侵渔、贪黩纵横的人？"

兵科李已也论劾陈王谟，陈王谟未被起用。

张居正等请开经筵，命礼部具体计议。

---

① 抱抱跌跌：土语，形容孩子们亲密无间、无拘无束地玩耍。
② 少毛没尾：土语，形容器物尚存，但磨损严重。

诰命:"成国公朱希忠、大学士张居正知经筵。大学士吕调阳同知经筵。陶大临、王希烈、汪镗、丁士美、申时行、王锡爵、陈经邦、何雒文、沈鲤、许国、沈渊、陈思育为讲官。罗万化、王家屏、陈于陛、徐显卿、张位、韩世能、林偕春、成宪为展书官。"

朝堂上,各位具礼受命。

张居正的案头摆放着一摞摞奏疏章草,打开来,多有套话、废话,他为之头痛。

朝堂上,张居正说:"制命之词贵在简严、庄重,乃为得体。查成弘间诰敕,叙本身履历功绩不过百余字,祖父母、父母及妻室不过六七十字,至庆典覃恩其词尤简,盖以恩赉为荣,不必计其履历,此制体也。近来俗尚干求①词多浮靡,又过为夸侈,多至数百千言。或本无实行,虚为颂美;或事涉幽隐,极力宣扬。臣谀其君犹谓之佞,况以上谀下乎,礼贵从先,辞尚体要。命令之辞,乃一代典制,传之四方,垂之后世,所关非小。

"乞敕下谕各撰述官,复古崇实,毋得徇情饰辞以坏制体。敕各官撰完送阁详定进览,毋仍前徇饰②,并不得预行传示。"

散朝时,李维桢和家屏等边走边谈。

"张先生前面讲'词贵简严',后面却又引'成弘间诰敕'说事,何简之有?"

"'各官撰完送阁'才是张先生的本意。"

解学礼当了几年衡水知县,现回京,任东城御史,他说:"'崇实'足矣,何必要'复古'?"

贾三近赞同解学礼的观点,众人问家屏以为如何。

家屏说:"繁简不能一概而论,但崇实是根本。至于复古,不宜倡导,恐有碍于新政推行。"

张一桂说:"张先生大谈复古是掌朝堂、御官员之术。"

贾三近弹劾礼部左侍郎汪镗不堪师表,不宜让他出任国子监祭酒。

汪镗上疏答辩,乞罢。不允。

---

① 俗尚干求:世俗崇仰的风尚。
② 徇饰:曲意掩饰。

解学礼在街上巡视，见东城一处地方门口围了许多人，喊喊喳喳在议论什么，便在路边一处茶摊坐下，要了一碗大碗茶，边喝边打探。

一位上了年纪、头戴毡帽、脸上有一颗黑痣的人告诉他："那是御马监太监张忠之家，他母亲年轻时就守寡，无奈将他送入宫中，不承想，他如今得了势，反倒嫌母亲不贞不节，成天打打闹闹，街坊看不惯，又不敢管。昨日，张忠又饮了酒，将母亲活活打死，朗朗乾坤，哪里还有王法？"

解学礼又问了几位，皆如是说，于是上奏："御马监太监张忠殴死亲母，乞敕严究。"诏告："如律章，下法司。"

解学礼的奏疏言简严、事崇实，张居正十分赞赏。

吏科都给事中雒遵也上了一道言简意赅的奏疏。荐原任都御史海瑞"无愧遗直，宜亟赐首录"。劾兵部尚书谭纶"属不称，当亟行罢斥"。章下吏部。

士大夫们议论海瑞和谭纶。

"海瑞受恩于徐阶，不该恩将仇报。"

"若不是张居正解救，徐阶几个儿子会被海瑞置于死地。"

"海瑞是受人挑唆。"

"张居正难道真的收受了徐阶银两？"

"张居正和高拱反目是因为高拱说张居正收受徐阶银两？"

更多的人议论说，把海瑞放到谭纶那个位置上，未必好。

也有人说，谭纶和海瑞谁也比不上霍冀。

霍冀于隆庆四年（1570年）乞休还乡。

家屏在背后不议论这些事情。

户科左给事中冯时雨收集官员们的意见，条奏六事，其中有"笃孝思"，"命儒臣辑本朝成事，仿《帝鉴图说》进呈便览。"

另有一事是"释幽怨"，"乞将宫掖①人数逐一查阅，凡未经先帝幸御者②，悉令放出"。还有一事是"宥罪言"，"乞将胡泺量行起用"。这两事"不行"。

谭纶、汪镗因被论不称职，再次乞罢，不允。

杨博汇总众官员意见，覆雒遵等。盛赞谭纶才略，"所说，即便误用一两名将领，非为大过，且虚心受善，不为更置"。认为海瑞"秉忠亮之心，抱骨

---

① 宫掖：本意为宫室、宫廷。文中隐指宫中女子。
② 幸御者：指曾与帝王同房者。

鲠之节，天下信之。然夷考①其政多未通方止，宜坐镇雅俗②，不当重烦民事"。

家屏和于慎行收集整理《穆宗实录》的资料，边翻看海瑞奏疏，边议论。

"张先生任首辅，不会起用海瑞，张家在荆州拥有不少土地，忌惮海瑞行'退田令'。"

"再说，海瑞向来主张屯田、运盐行实物制，以充军需，与'一条鞭法'相悖，张先生岂能用他？"

"海瑞曾给张先生修书，愿为国效力。张先生回复说：'三尺之法不行于吴久矣。公骤而矫以绳墨，宜其不堪也。訾言沸腾，听者惶惑。仆谬忝钧轴，得参与庙堂之末议，而不能为朝廷奖奉法之臣，催浮淫之议，有深愧焉。'据此观之，张先生任首辅期间，海瑞只能蛰伏。"

"骨鲠之性难改，骨鲠之臣难当。"

"难得张先生有如此神奇的绵掌功夫，寥寥数语让'骨鲠之臣'备受骨鲠之苦。"

正月里少不了亲朋间互相吃请，月川在家中帮着张罗，写请帖、迎来送往的事由他负责，稍有闲暇便给孩子们讲故事。

那一日，请霍宗道和应山过来吃饭，给家楫和霍二小姐定亲。

景夫人对霍宗道说："这俩孩子我看着喜欢，我有心让两家亲上加亲，给他们定下亲，不知亲家意下如何？"

霍宗道说："俩孩子青梅竹马，两家知根究根，定了吧。换帖、送节礼等形式，从简便是。"

家屏问应山："测绘舆图的事准备得怎样？"

应山说："万事齐备，只欠东风。只是这个东风不知啥时来。近日谭纶遭弹劾，公事上宁搁毋揽，测绘舆图本来就是说当紧也当紧、说不当紧也不当紧的事，谭纶多一事不如少一事，拖着不办，我只好等着。"

霍宗道说："我就看不惯朝里这些官员，上辈子不知道结了多深的仇，今日你劾我，明日我劾你，没完没了。"

家屏说："老家那几亩薄田，不能荒弃。说不定，哪一时，我遭论劾，回去耕种。"

---

① 夷考：考查。
② 坐镇雅俗：安坐而可以威服风雅之士或流俗之人。

恰遇浚初走过来，要请教月川什么，听家屏如此说，便问："那我们跟着回去种地，就不用读书了？"

家屏说："无论何时，书还是要读，要牢记耕读传家。"

应山劝家屏做一块"耕读传家"匾，作为家训。

浚初问月川《帝鉴图说》中"戒酒防微"那一篇。

月川让他朗读。浚初站在那里，摇头晃脑地读："夏史纪，禹时，仪狄作酒。禹饮而甘之，遂疏仪狄，绝旨酒，曰：'后世必有以酒亡国者。'"

月川给他讲解，说："夏史上记载，大禹时，有一人叫仪狄，善造酒。他将酒进给大禹，大禹饮其酒，甚是甘美，于是就说：'后世之人，必有放纵于酒以致亡国者。'于是疏远仪狄，让人把酒拿远，不许以酒进献。"

月川又说："用酒祭祀，此礼可以不废。但纵酒过度，则内生疾病，外废政务，必然会导致乱世亡国之祸。所以圣人谨于始发，虑于微细，预以戒酒。谁知，禹的后代桀以酒池牛饮为乐，导致夏朝灭亡。"

浚初问："皇上饮酒吗？"

家屏说："他现在不饮。"

浚初说："那你们为什么饮酒？"

众人笑着说："我们是以茶代酒。"浚初这才离开。

望着浚初的背影，应山说："月川兄不妨留下来辅导孩子们。"

月川说："我丢不下老家诸生，过几年再说。"

过了正月十五，月川给老母亲叩了三个响头，安顿下孩子们，回了山阴。月川走后，家里有事，刘虞夔帮着张罗，他是家屏家的常客。他参加过翰林院三次考试，每次都是第一。浚初特别喜欢刘虞夔，说要像刘叔叔那样当解元。刘虞夔常挂念老家父母，家屏找马自强说情，让他赴秦封藩，顺便探亲。

第二十四章　高拱遭诬陷
　　　　　　谭纶被论劾

　　过罢正月十五没几天,朝中出了件离奇事。那天,皇上按例要视朝,官员们齐聚朝堂,等待良久,不见皇上来。

　　张居正前去探望,回来说:"适才见司礼监太监冯保,说圣驾出宫视朝,有一男子身挟二刃,一直上了宫门台阶,当即被拿获。"

　　"宫廷之内,戒备森严,若非平昔曾在此行走之人,道路生疏,岂能一径走到那里?观其挟刃直上,则蓄谋绝非一日,中门必有主使之人。"

　　张居正票旨:"着冯保鞫问①追究主使人。"

　　冯保让东厂关押、审问那人。供称,此人名叫王大臣。既然出了这样的事情,责司礼监严行申饬王大臣,罚他该日守门。兵部、京城巡警、都察院并缉事衙门等,严行申饬来自四面八方非京籍人员。现潜住京师的,立即驱逐尽绝。地方邻佑,有收容、隐藏、知情不报的,事发后与被收容者一起重治。正当春寒料峭时,一场撵走非京籍外地人的官方行动以雷霆之势在京城迅速展开,哀号、喊喝、叫骂之声此起彼伏,不绝于耳。

　　这两天朝野热议王大臣,有些消息从东厂传出。王大臣本名王章龙。王大臣供认他是从总兵戚继光那里来的。冯保悄悄带话给王大臣,让他说是高阁老指使他刺杀的,答应给他官做,让他永享富贵。有人给了辛儒二十两银子,让他到狱中与王大臣同吃同住,辛儒让王大臣在审问时就说高阁老家人李宝、高本、高来与之同谋,是高阁老指使行刺。东厂已派出五人火速去河南新郑,缉拿高家这几个人。

―――――――――――
①　鞫问:审讯。

那一日，家屏当值，张一桂和沈鲤从外边进来。有一位宫廷画家为沈鲤祖母画了像，准备挂在家祠中，他俩结伴来取。

沈鲤让家屏为画像题诗，家屏写诗一首《题沈母小像》：

　　肃雝曾读二南诗，沈母仪刑今在兹。
　　锦诰已承鸾掖宠，布衣不爽鹿门期。
　　琼闺令范辉彤管，玉署清风式素丝。
　　漫说甘泉荣汉制，何如俎豆贲专祠。

沈鲤说："近日朝野一片议论王大臣的声音，有人将矛头直指高阁老，对南兄有何见解？"

家屏说："高阁老本是先帝托孤之臣，辞朝离京，凄楚之情，人皆知之，以王大臣之事，牵扯高阁老，纯属无稽之谈。"

张一桂忧心忡忡地说："张先生若一意孤行，欲置高阁老于死地，损的是自己的威信。把朝中大臣弄得人人羁束，乃不明之举。"

"张先生若真如人们所说，受冯保左右，情况会更糟。"

"当局者迷，旁观者清。若有明公从中点拨一二，也许会好。"

三人想了想，认为最合适的人选当数王崇古、杨博。

"他俩为人正直，德高望重，说的话估计张先生肯听。"

贾仁元请客，特地把家屏叫去，让家屏查一查大明朝有无军队办学府的先例。那天，杨博也在。家屏和杨博谈起王大臣之事。

杨博说："张居正曾就此事问我如何处理。我说此事关系重大，若果真按他所说的去做，恐惹事端，人人自危，似乎不可。估计张居正对此事不会继续纠缠。"

葛守礼和杨博相交甚厚，杨博动员葛守礼一起说服张居正。

葛守礼时任都察院左都御史，他当着朝臣的面对张居正说："深远之虑，当谨于至微；仓促之虞，常生于所忽。我国家列圣相承，莫不以谨宫禁为首务。奸回①如王大臣者，历诸门抵法宫，寂无简察，坦若素履，此岂细故②？

---

① 奸回：指奸恶邪僻的人。
② 细故：细小的事情，不值得计较或无关紧要。

应从重究治该日内官及守卫员役。"

葛守礼又找和张居正亲近者帮着说服张居正。

张居正以为是杨博故意将此事弄得满城风雨，对杨博产生了怨恨。

李幼滋和张居正是同乡，二人同年中进士，相交甚好，李幼滋时在病中，他强打精神爬起来，去找张居正，正颜厉色地质问张居正："公怎能做出这样的事？"

张居正说："为何说是我干的？"

李幼滋说："朝廷拿得贼人，而公即令追究主使之人。今东厂中人称主使者是高老，万代恶名必归于公，将何以自解？"

张居正强应之，说："我为此事忧不如死，为何还说是我为之？"

刑科众给事中具本，要求走正当程序，将王大臣从东厂狱中送由法司审问。张居正力阻，说："事已成矣。"

时间一天天过去，也没见有什么结果。那日，张居正不知怎的，跑到午门关圣庙中祈签。得签，签语云："才发君心天已知，何须问我决嫌疑？愿子改图从孝悌，不愁家室不相宜。"解曰："所谋不善，何必祷神？宜决于心，改过自新。"张居正默然良久，遂令锦衣朱希孝等入东厂，同审王大臣。是日，忽然间风沙大作，众皆骇惧。

按惯例，东厂问事，必先加刑，于是王大臣被打了十五大板。王大臣十分不解，大声嚷嚷："原来说好给我官做，永享富贵，如今为何打我？"

冯保随即问："是谁主使你来？"

挨了大板的王大臣瞪目仰面，说："是你使我来，你岂不知？却又问我？"

冯保气得面色如土，又强问："你昨日说是高阁老使你来刺朝廷，为何今日不说？"

王大臣说："是你教我说来，我何曾认得高阁老？"

朱希孝见这般情景，厉声喝道："这奴才连问官也攀扯，一派胡言，只该打，公公不必问他。"遂罢审。

冯保入宫，仍以高阁老背后指使奏于皇上。

年过七旬的殷太监实在看不惯，指斥冯保："你怎能干此等事？我辈内官必然受祸，不知死多少哩。使不得，使不得！"

太监张宏也力言不可。

冯保忽眨着眼，方知其难，暗地里差人报告张居正："有人说话，事情不好办。"

外面的科官已向内阁多次请命。

张居正安顿科官:"此事我会妥善处理,你们不必上本。"

后来,王大臣被移送法司,送去时,已经中毒,哑不能言。三法司会审,弄清王大臣原是浙中佣奴,入京与一小太监交好,窃其牌帽,阑入禁门。冯保恨高拱,遂以双刃置大臣两腋间,让他说是受高拱指使行刺、图不轨。终以王大臣被处决而了事。

事后,张居正对人说:"高老之事把我忧愁得昼不能食、夜不能寝,好不容易才把他救下。"

杨博以疾乞致仕,皇上温旨勉留。家屏和刘虞夔等特为他操办过七十大寿,其实他当年不到七十岁。家屏写了一首诗《寿杨太宰七十》:

> 扶舆间气笃生申,宿望同推社稷臣。
> 地切九霄瞻剑舄,谋从八座演经纶。
> 尧阶荚芙春秋富,汉殿麒麟日月新。
> 不是仙方能驻世,安刘须用老成人。

杨博特别欣赏这首诗,当着几位山西在京官员的面,说:"咱山西人无论何时都要做老成人,老成是咱山西人的本色,老成人长久。"

王篆插言道:"'安刘四皓'都是老成人,有苏州太湖甪里先生周术、河南商丘东园公唐秉、浙江宁波夏黄公崔广,也有湖北通城绮里季吴实。不只山西人应做老成人,满朝官员都应做老成人。"听王篆一说,众人相视而笑,杨博连声说:"言之有理,言之有理。"大家为做老成人而举杯共勉。

霍应山搞舆图测绘依然无期,兵部尚书谭纶又被御史景嵩等论劾,事情起因是谭纶在陪皇上到日坛祭祀时咳嗽之声连连不已,且面色憔瘦,精神消索。由此看来,谭纶前几日称病告归并非托辞,而是果真有病。兵部尚书乃国之要职,万一北虏不测,犯我疆圉①,一个连祭祀都坚持不下来的人,能指挥千军万马吗?

皇上谕:"咳嗽小疾易愈,本兵难于得人,这所奏着吏部看了。就问景嵩

---

① 疆圉:边境。

等要用何人。会同吏部推举来看。"

谭纶因景嵩等论劾，以病乞休。他的奏疏也发至吏部。

吏部回复谭纶失仪事，说："再选兵部尚书，一下子实难找到合适人选。进退大臣当以礼处之，若以一嗽之故，勒令致仕，不只是不近人情，而且有失国体。"

御史景嵩、韩必显回称："纠劾谭纶乃一时冒昧，实无欲用某人之意。"

雒遵等则称："推举兵部尚书按例该由九卿、科道共同会议具题。景嵩等是难以推举的。"

皇上谕："咳嗽不过是小失仪，何至于去一大臣？"

遂降雒遵、景嵩、韩必显每人三级，调外任。谭纶因失仪，夺俸一月。

御史王时举等为救雒遵、景嵩、韩必显，上疏："大臣，腹心也，应当保护，以培国家之元气。言官，耳目也，亦当爱惜，以伸国家之正气。今于大臣则信任之，于言官则挫抑之，是轻其耳目，徒欲腹心之安。恐从此脂韦之习①胜，骨鲠之气消。正士杜口，忠臣结舌，岂社稷之利？"

贾三近等也说："部臣国之股肱，言官国之耳目。耳目之官，职司纠正。平日养其刚直之气，宽其触冒之罚，然后遇事敢言，无所畏避。今以论一部臣之故，一朝而罪三言官，是使谏臣丧气，以言为讳。他日虽国家有大利害，朝廷有大奸邪，谁肯进逆耳之规，以速取罪戾？"

吵闹了若干天，还得服从圣旨，雒遵、景嵩、韩必显分别到浙江、陕西、湖广各布政司充任照磨②。

官员们明白，这是张居正的主意。

张居正将海瑞闲置，没有安排具体职务。与海瑞齐名的谏臣丘橓也未予安排。

为兵部尚书谭纶被劾一事特别恼火的是张居正。虽说处理了三名言官，但武将在朝中的地位一落千丈。言官们搜头觅缝找武将的麻烦，武将们人人自危。有武将说："连尚书咳嗽都有罪，我辈安敢放屁？"张居正以为这是久享太平的缘故。

那日，张居正到礼部和家屏、罗万化等人谈起此事，家屏建议"利用经

---

① 脂韦之习：阿谀、圆滑，习以为常。脂韦，原指油脂和软皮。

② 照磨：官名，"照刷磨勘"的简称。

筵开讲之机，对皇上和大臣们讲述崇文尚武、常备虏患的道理"。张居正问："讲什么内容妥当？"家屏说："讲《帝鉴图说》中'屈尊劳将'那篇好，有针对性。"

文华殿经筵席上，皇上身着黄龙袍、头戴乌纱翼善冠，在若干名内礼监和将军的陪伴下进入殿内，面南坐定，传谕百官进入，行礼如仪。御座前摆放一书案，专供圣鉴。数步外摆放另一书案，为讲官所用。

所有六部尚书、左右都御史、内阁大学士和有地位的朝臣都来参加，给事中、御史等旁听。他们皆身穿红色圆领吉服、头戴乌纱，依官职大小整齐地分列大殿两侧。

张居正在讲官席上坐定，近他一侧前排立着汪镗、丁士美、申时行、王锡爵、陈经邦、沈鲤、许国等几位讲官。

皇上的案桌上摆放着展开的《帝鉴图说》，近皇上一侧前排立着罗万化、王家屏、陈于陛、徐显卿、张位等展书官。另有近身护卫数人。

家屏出列，向皇上行礼后，先行朗读：

汉文帝"细柳劳军"。汉史记，文帝时，匈奴大入边。使刘礼屯霸上，徐厉屯棘门，周亚夫屯细柳，以备胡。上自劳军细柳。先驱至，不得入。曰："天子且至。"军门都尉曰："军中闻将军令，不闻天子诏。"上乃使使节诏将军曰："吾欲入营劳军。"亚夫乃传言开壁门。壁门军士曰："将军约，军中不得驱驰。"于是天子乃按辔徐行。至中营，亚夫持兵揖，曰："介胄之士不拜，请以军礼见。"天子为动，改容式车，使人称谢："皇帝敬劳将军。"成礼而去。既出军门，群臣皆惊。文帝曰："嗟乎！此真将军矣！向者霸上、棘门如儿戏耳，其将固可袭而虏也。至于亚夫，可得而犯邪！"称善者久之。

皇上看着书上的文字，跟着念。
张居正开讲：

西汉史上记，文帝时，北匈奴入边为寇。文帝拜刘礼、徐厉、周亚夫三人为将军，各领兵出京，分布防守。刘礼屯于霸上，徐厉屯于棘门，周亚夫屯于细柳。文帝亲自到各营抚劳将士。初到霸上、棘门二营，车驾径入，无人阻拦。后往细柳营，导驾的前队到营门口，被军士拦住，不得入。导驾说:"圣驾就到,速开营门。"军门都尉说:"我军中只知有将军号令,不知有天子诏旨。"文帝派人持节召亚夫,说:"朕要进营劳军。"亚夫才传令开营门接驾。临进门时,守门军士又奏说:"将军有令,军中不许驱驰车马。"文帝乃按住车辔,徐徐而行。到中军营,亚夫出迎,手执兵器,只鞠躬作揖,说道:"甲胄在身,不敢跪拜,臣请以军礼相见。"文帝听说,悚然改容,俯身式车,使人传旨致谢亚夫,说:"皇帝敬劳将军。"成礼乃去。文帝出营门,赞叹亚夫,说:"这才是真正的将军!方才见霸上、棘门二营,那样疏略,如儿戏一般。万一有乘虚劫营之事,其将固可掩袭而掠也。至如亚夫这等纪律,可得而轻犯邪!"

尝考古者人君命将,亲推其毂,授之以钺,曰:"阃以外,将军主之,不从中制也。"盖将权不重,则军令不严,士不用命,故穰苴戮齐王之嬖臣,孙武斩吴王之宠姬,而后能使其众,以成大功。观周亚夫之纪律严明,诚为一时名将,然非文帝之圣明,重其权而优其礼,则亚夫将求免罪过之不暇,况望其能折冲而御侮哉!后世人君御将,宜以文帝为法。

汉文帝和周亚夫君臣相得,成其功业。驾崩前,给太子留遗嘱:"如天下发生意外,可重用周亚夫去对付。"太子继位后,吴楚七国叛乱,汉景帝封周亚夫为太尉率兵迎敌,只用了三个月,就平定了叛乱,巩固了朝政。

张居正上奏:

古人言天下虽安,忘战必危。今承平日久,武备废弛,将官受制文吏不啻奴隶。夫平日既不能养其锋锐之气,临敌何以责其有折冲之勇?自今望皇上留意武备,将官忠勇可用者稍假权柄,使得以展布,庶几临敌,号令严整,士卒用命。

皇上认为张居正说得有道理。
经筵结束,官员们从文华殿走出。贾三近、林景旸、张一桂边走边议。
贾三近说:"首辅说'将官受制文吏不啻奴隶',让人费解。"
张一桂说:"文吏又受制于谁?"又说,"首辅为什么不讲汉景帝容不得周亚夫?不讲周亚夫被诬以谋反,惨死狱中?"
林景旸边走边念诵周家祠堂那副对联:"柳营春试马,虎帐夜谈兵。"

第二十四章 高拱遭诬陷 谭纶被论劾

有张居正撑腰，谭纶较前硬气，兵部需要的款项很快就到位了，职方司的测绘得到批准。霍应山离京在即，家屏为他饯行。刘虞夔由庶吉士授编修，解学礼要巡视长芦、山东等处盐课，他引了同科进士王琢玉、李颐，他俩如今也是御史，又邀林景旸、于慎行、张一桂参加，到蓟门外那家酒楼聚会。刘虞夔邀了与他同授编修的吴中行参加。

家屏建议霍应山此行先到大同征求王崇古、方逢时以及代王的意见，"尚能做好一件利在当今、功垂千秋的事，足矣。"

于慎行说："想必对南兄已胸有成竹，不妨说来，让众人听听。"

家屏说："当年李文进曾规划，欲分九段修桑干运河，直达京津，因耗资劳民巨大而未能付诸实施，今北方始见太平，但防虏之心不可无，边防之兵不能减。山阴、应州多盐碱，若能用非战时之兵，引桑干之水以灌溉，则土壤可望改良，军需粮草得以自给，不向地方征讨，便是一大功劳。可挖大渠，引桑干水入应州等地，增加良田数万亩，变盐碱滩为屯田，将山西屯田佥事等衙移驻应州，专管山西三关、大同一镇屯务。"

一阵热议之后，李颐感慨地说："文官武将本是一家人，首辅张先生偏要说将官受制文吏不啻奴隶。反倒挑得文武两张皮，上下猜忌。"

王琢玉说："我和解学礼督理盐课，说穿了也是在为兵部筹集军饷。我们这些文官还不是在为武将服务。文官武将哪能分得那么清？"

李颐又说："景嵩劾谭纶固然有过，因一臣降数言官每人三级，又发落他们为布政司充任照磨，更有过之。我与他们同为言官，理当伺机解救。"

霍应山带着职方司舆图测绘队出发了，先抵大同。解学礼到了长芦盐场，王琢玉到了两淮。刘虞夔赴秦封藩顺便探家。家屏等众友人送他，家屏作诗一首《送刘太史使秦藩便道省觐》：

> 绿鬓神仙侣，青云侍从臣。
> 校藜依日月，捧节下星辰。
> 桐叶遥分陕，皇华故使秦。
> 脤膰周典礼，带砺汉冠绅。
> 宴设新丰酒，花明灞浐春。
> 褰帷瞻华岳，飞舄度漳滨。
> 上党传经地，西京作赋人。

趋庭纡昼锦，里闬溢光尘。

林景旸忙于调查研究乡试存在的问题。贾三近则开始调查研究海运和河运。

李颐不离京师，再次侍经筵。这次由申时行主讲，内容是《帝鉴图说》中"蒲轮征贤"那则故事。

家屏出列朗读：

汉史记，武帝雅向儒术，以赵绾为御史大夫、王臧为郎中令。二人荐其师申公。上使使奉安车蒲轮、束帛加璧以迎之。既至，以为太中大夫，舍鲁邸。上问以治道，对曰："为政不在多言，顾力行何如耳。"

申时行开讲：

西汉史上记，武帝推崇儒学，举用当时名儒，以赵绾为御史大夫、王臧为郎中令。赵绾、王臧又荐举老师申公，说他的学问更高。武帝闻说，即遣使去征聘他。又闻申公年老，恐其途中受劳，故驾一辆安车去迎接申公，又用蒲草裹了车轮，使行路软活，坐得自在；又用币帛一束，另加玉璧，作为聘礼。申公感武帝这等尽礼，遂随聘到京。武帝授以太中大夫之职，将他安置在鲁王府里居住。问他治理天下的道理，申公对说："做官办事不在于多说话，关键要看实际行动。"

盖议论多，则心智惑。与其托之空言，不若见诸行事之为有益也。夫天下治乱，系贤人之去留，是以古之明君，以屈己下贤为盛事，而亲枉万乘，以尽礼于衡门、韦布之贱者，往往有之。汉兴以来，虽不逮古，而武帝此举，犹庶几古人之意。至于申公力行一言，则又治天下之要道也。

这则故事，讲了两个道理。其一，汉武帝对申公极尽礼遇，这正是有道明君礼贤下士的做法。其二，申公的对答也颇有道理。为政之要害在实行而不在多言，皇上应该明白。

皇上认真琢磨申时行的话，说："朕愿礼贤下士，也要重实行、不多言，望诸位大臣能像赵绾、王臧那样，荐举贤良。"皇上声音洪亮，言辞得体，大臣们喜形于色。

立于右侧后面一排的李颐闻言出列，跪于皇上的御案前。李颐上奏："臣陕西道御史李颐，启奏吾皇……言官胡涍、雒遵、景嵩、韩必显四人皆为忠贞之士、贤良之才，乞召还，量授别职。"

一提胡涍，皇上面现愠怒，瞅着申时行。申时行说："荐贤之门初启，不妨交由吏部具体操持，转内阁议呈。"皇上从之。

第二十五章　霍应山搞测绘
　　　　　　王崇古荐将才

　　霍应山一行到达大同，在老军营住下。方逢时在将军府为霍应山接风。方逢时告诉霍应山，这两日朝廷派员以钱粮、险隘、兵马、器械、屯田、盐法、胡马、逆党八事综核，王崇古陪他们巡查雁门关，三日后回大同。代王近日身体欠安，代王子回来探望，下榻于华严寺，方逢时一并请了。

　　霍应山和代王子多年未见，有说不完的话。

　　代王子说："父王此次病得不轻，估计大限已到。他多次捎信于我，让我归来，商量由谁继承藩王位。其实在我更名'咸虚'时，就已放弃了对王位的继承，父王招我回来，是为了避免代王府日后发生内讧。"

　　霍应山问："王爷之意让谁继承王位？"

　　"父王说，我是他心中最理想的人选。父王如今的意思是，我若仍有继承王位的意向，他就让我继承。否则，就由王妃所生长子继承。"

　　"这几年我清净惯了，不想理府里那些狗七毛杂的事情。父王也赞同我另立门户，他说，说不定我这一支将会成为倾巢之下的完卵。"

　　霍应山认为代王子不该说"倾巢"如此不吉利的话。

　　代王子淡然地说："哪个朝代都有气数，不得不虑。再说，福兮祸所伏，是祸躲不过。父王此次病情危急，究其根源，还不是因为先帝驾崩、主小国疑所致。他整日担心会有杨坚、赵高再世，日不能食、夜不成寐，安有不病之理？"

　　方逢时过来招呼他们两人入席，代王子邀霍应山到华严寺居住。

　　方逢时更关心朝中新近发生的变化，霍应山把他知道的情况向方逢时做了介绍。

"杨博为国操劳,弄得病魔缠身,曾多次乞休,皇上不允。吏部的事,逐步交由王篆掌管。"

"兵部谭纶任尚书以来,遭到众多言官非议,自打处理了胡涍四人后,事态平息了许多。"

方逢时说:"王崇古德高望重,让他回京掌管兵部,或许胜似谭纶。"

霍应山说:"山西这边也离不开他,只恐他分身无术。"

方逢时又说:"能者多劳。"

霍应山和方逢时谈及开大渠,引神头海或桑干河水入应州一事。方逢时表示全力支持,他说:"闲兵难养,给他们寻点营生反倒好,省得成天有劲没处使,摔跤、掰手腕。"方逢时联想起老家荆州一带治理洪荒,谁治理给谁分一份新田的策略,建议将修大渠新增的、由盐碱荒滩改良成的水浇地分给开渠兵员作屯田。霍应山认为这是一个好主意,等待王崇古从雁门关回来后定夺。

霍应山去代王府看望病中的代王。代王子唤醒代王,说是霍宗岳之子霍应山前来看望。代王握着代王子和霍应山的手,却问:"家屏可好?"

霍应山忙说:"家屏很好,他现在朝中任编修,参与编纂两朝实录,又任经筵展书官,为皇上拟写诏谕,并在宫中教习内官。"

代王说:"那就好。"又说,"我要去见王媪了。"

代王不再说什么,代王子和霍应山退出。

代王子对霍应山说:"父王不止一次念叨'我要去见王媪了',问他王媪是谁,他也不说。"霍应山更不明就里。

王崇古风尘仆仆地从雁门关归来。挖大渠、建应州米粮川以供应三关一镇兵需粮草之事他早已谋划在胸。他和方逢时制定了给参加挖渠人员分配屯田的标准后,此项工作就迅速开展起来了。

家田和家垣是军籍子弟,属兵员。因二人识文断字,被安排为挖大渠的管理人员。他俩回南洲书院将此讯告知宪成,宪成动员了一帮以王家子弟为主的军户子弟,形成一个团队,参加挖大渠。

家田让宪成给团队起个好名字。宪成说:"'河阳'与'山阴'对偶,就叫河阳营。"

宪成出主意,用独轮车运土;将土运到渠塄上,逐层夯实,挖渠同时,将渠塄修成车路;再在路边植树,既保护了大渠,又绿化了环境。王崇古早听说家屏的叔叔宪成是当地知名的阴阳先生,便找来宪成,听他对挖大渠有何高见。宪成为挖大渠定了开工吉日，又相端山水，定了个能坐镇南北、协调东西，宜建指挥署的地址。王崇古对这个选址很满意，他让河阳营随霍应山的测绘队驻在这里，规划在此建河阳堡，与安营堡、山阴城相呼应，备战意义非同一般。霍应山说："堡内可以屯粮，供应三关。"

这边的工程刚安顿好，王崇古便接到朝廷让地方官员举荐贤良的诏告。又听说麻贵等十六员将官将被革任提问。他轻骑快马，火速进京，意在保麻贵等人，荐举方逢时。

王崇古回到京师，先去看望病中的杨博。杨博近日病情较重，未上朝，举荐贤才之事由王篆专管。

"此乃张居正精心策划，意在扶持高拱曾打击过的官员。"

杨博本不愿参与张居正与高拱之间的明争暗斗，却也招惹了一身是非。

又说："咱山右士子，做事要对得起老祖宗，既不助纣为虐，也不落井下石。所幸张居正无篡位之心，至于其他，皆其次。"

杨博指着案上一个黄布包袱，对王崇古说："我已将手中印信封存于此，只待皇上允准致仕，一走了之。平生虽无大志，却始终以忠孝节义为准绳。保护幼主登基，也算尽了一己之力。所幸，对得起先帝。"

王崇古到吏部，将举荐的文书交于王篆。

王篆说："已有多人举荐方逢时，举荐麻贵，尚属首例。兵部呈文麻贵等将被革任提问，由你出面保麻贵等人，很必要。"

王崇古说："我正是因此事而急着回京的。麻贵等人虽不是进士、举人出身，却是从行伍一步一步熬出来的，又无逆党之嫌，这批人在军中不仅不能革，还得委以重任。"

王崇古想了解一下有哪些官员被举荐。王篆唤来吏部都给事中刘不息，将名单拿给他看，有原任侍郎吴桂芳等、御史吴从宪等。

王崇古盯着吏部的文簿，说："被荐举的人中确有许多人才，但有些人不尽然。"

王篆说："吏部的原则是有荐必报，朝廷还需分别对待。"

工科给事中梁式和王崇古有同样的见解，上奏疏《重人才、恤内地各三事》。有以下主张：一是重人才。"各省所举境内人才，吏部宜虚心延访，酌量题请铨注[①]，才干、年力不实用者，勿为轻起。抚按亦勿轻荐。"二是省繁文。

---

① 铨注：对官吏的考选登录。

"荐章考语当简质明白，不宜粉饰太华、组织太丽、过为夸耀之辞。如一事可录，不必更求对偶；一言可尽，不必过于铺叙。"三是崇宽大。"圣明在上，不宜使臣下怀朝夕不保之虑，宜敕各衙门务存大体，毋过为吹索，如旧有小误，惟许自新，劳在晚节，无嫌优叙。"

散朝后，林景旸和家屏讨论梁式所言"崇宽大"。

家屏说："梁式所言，意在提醒皇上要有纳谏从善的博大襟怀，这种品德的养成，绝非一日之功。"

林景旸说："我以为梁式是在与李颐相呼应，为胡涍四人受处分鸣不平。"

林景旸越说情绪越激动，大有拍案而起之势。

家屏笑问他："乡试在即，你申饬科场总结了哪几条？"

林景旸数给家屏听："一、防透露；二、核互看；三、重后场；四、缉奸徒；五、剔蠹役；六、纠怠职；七、议省试；八、广制额。"

林景旸问家屏："如何？"家屏说："皆中的。"

两人正说话间，贾三近勘验海运事故归来，他引着鲍希颜来见家屏。鲍希颜如今是巡仓御史。

贾三近说："此次海运出事船队的目的地是山东即墨县和福岛等处，行至海域，忽遭异常风雨，冲坏粮船七只、哨船三只、漂消正耗①粮米近五千石，淹死运军水手十五名。"

鲍希颜说："以往因运渠梗咽，当事者悉心筹划，议覆海运。然而，风涛险阻，实属难测，所以岁运只限十二万石。"

"近年来，漕渠经综理振饬，大异于昔时。今年，江南诸艘入闸早，增加十余万河运，有何难哉？"

"所以，我俩欲奏请将海运暂停，将额粮十二万尽入河运，如何？"

"河道之可恃者常，海道之可恃者暂。当初，议海运者，计出于河运不得已，今河运可已，议罢。"

"有参、苓、姜、桂可以摄生，何必试命于乌、附，以苟万一？"

"此事可曾问过王国光？"

"尚未见他的话。"

"上疏前应该先见见他，另外山东巡抚的意见也不容忽视。"

贾三近和林景旸分头去准备他们的奏疏。

---

① 正耗：在漕粮正税外向民户征收漕运损耗的一种附加税。

第二日，林景旸上奏，疏呈八项。转内阁后，下礼部覆议，"广制额"一条不行，进士录取名额不变。

没过几天，贾三近和鲍希颜上疏，请暂时取消海运，转河运。山东抚按傅希挚、俞一贯也上疏表述了同样的意见。疏下户部，议停海运。停海运，待能预知海上天气时开通。观察、预报海上天气成了沿海地区士大夫关注、研究的热点。

代王朱廷埼病逝的消息传到朝廷，辍朝三日。代王乃学佛之人，王崇古和家屏商量，约几名与代王有交情的京官为他在天宁寺做道场。

在去往天宁寺的路上，二人骑着马，边走边谈。王崇古将开挖大渠的进展情况告诉家屏，他对家垣和家田的表现比较满意。

家屏说："他俩能走正道，不像我大伯宪文那般不务正业就好。"

"你三叔精通阴阳学。"

"他倒是读了许多稀奇古怪的书，知道的不少，哪些有用、哪些没用，一时半会也无法验证。"

"河阳堡地址就是托他勘选的。他有言在先，说此城堡建成，将是山阴辟邪镇宅之物，我倒要看看山阴能不能从此摆脱北虏侵扰。"

家屏说："那只是他的美好夙愿，防虏还需加强军备。"

"你三叔可有子嗣？"

"有，我堂弟名叫家璧。我生怕我三叔把他带入'奇门①'，就把他接到京城来读书了。"

"你还有个四叔？"

"我四叔宪康，夫人病故后，入了空门，用家中积蓄和化缘数载所得，在南洲山庄西北河槽边台墩上修了一座小寺院。那年寺院遭洪水，寺毁人亡，只留下僧履一双。"

天宁寺的道场安排得井然有序，过午时方才结束。

吃罢斋饭，他们喝茶叙话，数算代王的功绩，说来说去，离不开镇边、守关、防虏、互市等事。

---

① 奇门：文中隐指歧途。

王崇古上疏，议移驻山西屯田佥事①于应州，专管山西三关②、大同一镇屯田事务，兼领应山诸营伍。从其议。

霍应山完成应山大渠测绘后，分数路到紫荆关等处勘测，将结果呈报兵部。谭纶据此发现军防有漏，请增设紫荆一带边关敌台。不久，霍应山完成了王崇古辖区内边墙的精准测绘，上报王崇古。据此，王崇古估算出修边支费。

推举贤才之风仍盛。王崇古也成了中心人物，有人推举他回兵部任职，有人反对。

皇上说："朕体念边臣，不欲竭尽其力。王崇古且着回京管理营务，便推堪任的替他。"

王崇古的头衔颇多：太子太保、兵部尚书、都察院右副都御史、总督宣大山西军务、协理京营戎政。

兵部给事中刘铉则对王崇古予以弹劾，说王崇古曾花五千金行贿。皇上问："王崇古五千金贿何人？"刘铉无所指。皇上责备刘铉轻听风闻，污人名节。王崇古气不过，对刘铉所劾予以辩驳，皇上对王崇古慰藉一番，"令遵旨供职"。

代王死后，朝廷辍朝三日，让所有藩王都觉得脸上有光。代王妃请以庶长子朱鼐铉管理府事，俟服满袭封，也得到皇上的许可。

朱希孝乞追赠其兄朱希忠王爵，疏下吏部，吏部回复："朱希忠虽历事三朝，不过效臣子职分之常。未尝勒奇伟于边疆，投难巨于戎马。生前被宠已足酬劳，殁后论功辄难优异。追封王爵实非所应。"皇上却说："朱希忠事我皇祖扈跸有功，且效劳年久，特准追赠王爵，后不为例。"

兰州肃王朱缙贵随之上疏，请复庄田。

贾三近以为不可，说："当初肃王是辅国将军，以叔继侄，以旁支继大宗，于令甲皆不合。准袭王爵，实出先皇帝特恩，故仍令肃王支辅国将军俸……肃王宜安分守职，不当复有觊觎……且请封之初就写明只给辅国原禄，此盖出肃王本意。若朝廷一概任其奏讨，饕餮有地，请乞成风，致使四海黎赤，民不聊生；九塞戎卒，嗷嗷待哺。甚非所以恤疲民、裕边饷也。"

肃王的奏疏被驳回。贾三近此举大长言官们的志气。

---

① 屯田佥事：专管屯田、水利的官。
② 三关：指外三关，山西境内沿外长城的雁门关、宁武关、偏头关。

御史李学诗和巡按苏松在荐举人才的奏章中又以委婉的语言请召还胡泺。

皇上一见有人提起胡泺就怒火中烧,诏报:"胡泺逆臣未正国法,李学诗朦胧荐举,且不究。再有竖党引荐的,并胡泺一并拿来重处。"

不久,朱希孝病逝,也被追封王爵,南京礼科给事中王颐等上疏谏止,皇上不从。

翰林院编修张位请令翰林诸臣每日轮流在史馆当值。朱希孝葬礼那日,家屏和李维桢当值,前往参加葬礼。

吕调阳为朱希孝撰写了神道碑,谭纶书正文,王之诰书篆盖。

李维桢看着碑文,对家屏说:"文中言及'嘉靖间,肃皇帝以威严驭下,大狱数有立毙者,而当事者亦以鸷击①为能,侦伺枝卒,猛若乳虎,一旦不如意,所夷灭②不可胜道。'听之,让人寒噤。其后写朱希孝执掌后'代猛以宽,罢遗诸阴鸷校卒,一切务从长厚,于是廷杖者咸得不死'。听之,让人凄然。"

碑文中记述了吕调阳和朱希孝一起参与审理王大臣一案的细节:"今上践祚③之元年,有贼挟刀至宫门惊跸,捕得,下东厂治,贼冀缓死,妄言有主者,于是内外错愕,索贼甚急。然余心知其诬,乃见上言斯事,重请令锦衣卫与东厂杂治之,上曰:'可。'公既受命,即独宿外舍燕居,深念多设方略,密侦之,如是十余日,乃得其情趣具狱。上戮止一人,余无所问。"

家屏认为碑文中有句话耐人寻味:"以公之德,如此,而年不逾中寿,录不逮子嗣,何哉?昔人谓天道,是耶?非耶?"

朱希孝的碑文成了官员们茶余饭后的谈资,朝野一时间又多了些评说高拱与张居正的言辞。

---

① 鸷击:比喻猛烈,如鹰之类的猛禽扑猎。
② 夷灭:消灭,杀尽。
③ 践祚:天子即位。

第二十六章　王家屏补讲官
　　　　　　　张四维入内阁

　　春节过后，天气转暖，一日，王家屏和徐显卿二人进宫给内官上课。皇上身边有两个太监急着要去听课，忙不迭地出门，差点撞到皇上身上。

　　皇上问他俩："为何如此慌忙？"

　　"回皇上，我俩要到司礼监大堂听王讲官讲课。"

　　"今天讲什么？"

　　"回皇上，今天讲'君子比德'。"

　　皇上伸手向外挥了一下，两个太监急匆匆走了。皇上在堂前徘徊，口里反复念叨"君子比德"。

　　司礼监院内有几棵古松，根罗枝攀。阶前檐下，收拾得一尘不染。内书堂虽比不得皇宫内其他殿堂，却也气派森严。

　　早在隆庆五年（1671年），为内官授课，只有司礼监的人参加，人少，堂内容得下。后来其他司的内官也要参加，人多了，堂内容不下，便将堂前隔扇取下，桌案摆放在近门口处，资深太监列于堂内两侧，其他人员依资排立于堂前的檐台上下。

　　前来听讲的内官统一着青素太监装。家屏和徐显卿头戴乌纱帽，身着大红圆领官服，分外显眼。教习内官全盘照搬经筵讲习的规矩，每次开讲前，先"温故"而后"知新"，由讲官先领读旧课目三次，再领读新课目五次。

　　徐显卿领读完，携笔墨到前院去作画。家屏正襟危坐，开讲。

　　"荀子是战国末期赵国人，曾三次出任齐国祭酒，后为楚兰陵令。他曾传道授业，韩非、李斯为其门下。著有《荀子》一书，其中《法行篇》记载了孔子与弟子子贡关于君子"贵玉贱珉"的对话。

"子贡问孔子：'君子之所以贵玉而贱珉者，何也？'孔子回答说：'夫玉者，君子比德焉。温润而泽，仁也；栗而理，知也；坚刚而不屈，义也；廉而不刿，行也；折而不挠，勇也；瑕适并见，情也；扣之，其声清扬而远闻，其止辍然，辞也；故虽有珉之雕雕，不若玉之章章。'"

正当家屏滔滔不绝讲授时，冯保和程锦衣陪着皇上向这边走来。徐显卿见了，上前拱手而立，说："臣不知皇上驾到，有失迎迓。"皇上示意让徐显卿小声，他立于徐显卿一侧，边看桌上的画，边听里面讲。

"佩玉于身，提醒自己要端正做人。玉，润泽温厚，棱角分明却不伤人，宁折不屈，从不掩饰自己的缺点。敲击它，声音清越悠扬却又适可而止。这正是君子应该具备的品德。君子就是要有宽厚仁爱之心，刚毅不屈之气，个性十足但不伤害他人，才华横溢但不喋喋不休。

"玉可以比附人的道德，这便是'君子比德'。我朝首辅张居正，别名白圭，便是一例。白圭者，美玉也。

"'比德'是借鉴自然释理论道。古之圣贤，以玉比德，也以水比德。

"老子曾讲：'上善若水，水善利万物而不争，处众人之所恶'，此乃谦下之德也。故江海所以能为百谷王者，以其善下之，则能为百谷王。天下莫柔弱于水，而攻坚强者莫之能胜，此乃柔德。故柔之胜刚，弱之胜强坚。因其无有，故能入于无之间，由此可知不言之教、无为之益也。其意为善者的品行，如同水一样，可以滋养与造福万物，却不与万物争高下，这才是谦虚的美德。江海能成为河流的归宿，是因为它位处下游。世界上最柔的东西莫过于水，然而它却能穿透最坚硬的东西，没有什么能超过它，这就是柔德。所以说，弱能胜强，柔可克刚。无定形的东西，可以进入有形的东西中，由此可知'不言'而受教与'无为'而受益。

"老子还说：'以其不争，故天下莫能与之争'，此乃效法水德也。水几于道，道无所不在，水无所不利。避高趋下，未尝有所逆，善处地也；空处湛静，深不可测，善为渊也；损而不竭，施不求报，善为仁也。

"宋人周敦颐以莲比德，他的《爱莲说》值得一读：'水陆草木之花，可爱者甚蕃。晋陶渊明独爱菊。自李唐来，世人甚爱牡丹。予独爱莲之出淤泥而不染，濯清涟而不妖，中通外直，不蔓不枝，香远益清，亭亭净植，可远观而不可亵玩焉。予谓菊，花之隐逸者也；牡丹，花之富贵者也；莲，花之君子者也。噫！菊之爱，陶后鲜有闻。莲之爱，同予者何人？牡丹之爱，宜乎众矣！'"

皇上听得入神，便要步入院内，被冯保轻轻拉住。直到授课结束，冯保传家屏召对。

皇上说:"数日前张先生讲《帝鉴图说》中宋仁宗'不喜珠饰'事,朕以为,国之所宝,在于贤臣。珠玉之类,宝之何益?今日听先生讲'君子比德',朕又以为,君臣所宝,在于比德。朕要以'君子比德'为铭。"

家屏对皇上有所获,甚感欣慰,讲了些鼓励赞美的话。

皇上问:"刚才听先生所讲,知首辅张先生又名白圭,朕又多了份爱玉之心。何处有玉,可令人开采?"

家屏说:"臣听说昆仑山有玉石,皇上可着人勘探。臣以为,我朝更需要发现、起用那些品德如美玉般的君子。"

皇上称是。

皇上兴之所至,让家屏书"君子比德"四字,家屏用端楷书写毕,皇上照着他的字样,又写了一幅大字,说是要悬挂在张居正将要修好的、专藏宸墨的"捧日楼"内。

"朕从七岁开始,每日练写毛笔字,常以此为乐。近年来,朕对文房四宝颇感兴趣,欲新制标识万历年号的砚台若干,先生可为之作铭。"

"臣不知都做哪些砚台。"

"钟砚、鼎砚、玉砚、陶砚各一枚,普通御砚十枚,共计十四枚。"

家屏说:"臣遵旨。"

家屏荐举徐显卿参与设计各种砚台,皇上从之。

冯保让一名太监领着家屏和徐显卿到内务府造办处,那里集中了大明王朝制作文房四宝的顶级高手。

徐显卿画了几幅砚台设计草图,让工匠们先做成小样,呈报皇上核准。

家屏和制作玉器的师傅商量,他想修复母亲留下的几件玉器残片。

数日后,家屏写好了砚铭:

钟砚铭
孰铸尔形,含章可贞①;以文致平,濯濯厥声②。

---

① 含章可贞:出自《易经·坤》"含章可贞。或从王事,无成有终"。意思是含蓄地处事,保持住美好的德行,如果去从政,不居功,有美德而不显耀,就有好结果。
② 濯濯厥声:出自《商颂·殷武》"赫赫厥声,濯濯厥灵"。《商颂·殷武》是一首赞美武丁的诗,歌颂了成汤之孙商高宗武丁征讨荆楚的武功,以及商的治国之道和都城建设。

鼎砚铭
惟玄惟默，象帝之先①。安汝止，永不迁。

玉砚铭
追琢其质，温润而栗，君子比德。

陶砚铭
尔形何常，陶良则良；慎所染之，何用不臧②。

又作砚铭十则：

之一
窈兮冥兮，其中有精③；敷贲帝制，天下文明。

之二
既雕既琢，未离其朴④；皇颉⑤往矣，我思缅邈⑥。

之三
龙尾凤味，天锡贞符；炳灵洛范，斗瑞河图。

之四
怀瑾握瑜，竹素与俱；俾尔供奉，承明石渠。

之五
潄润含芳，封于石乡；臣哉隣哉，翊我文昌。

---

① 象帝之先：指老子《道德经·象帝之先》：道冲，而用之或不盈。渊兮，似万物之宗。挫其锐，解其纷，和其光，同其尘。湛兮似或存。吾不知孰子，象帝之先。
② 何用不臧：语出自"不忮不求，何用不臧？"意思是不嫉妒，不贪求，有什么不好呢？
③ 窈兮冥兮，其中有精：出自《道德经》，意为幽暗而深不可测，其中蕴含了促进事物生长的精气。
④ 既雕既琢，未离其朴：由庄子"既雕既琢，复归于朴"一语变化而来。
⑤ 皇颉：对仓颉的尊称。
⑥ 缅邈：遥远难及。

之六

卷石勺水，具体山河；乾旋坤转，仁渐又摩。

之七

坎不盈①，艮其止②，日监兹③，左右史。

之八

近朱则赤，近墨则黑；慎所染之，恒以一德。

之九

含德之厚，磨而不磷；刚健冲正，辉光日新。

之十

直以方至④，静而有常⑤，寿考无疆⑥。

　　家屏将写好的砚铭呈上。张居正和吕调阳在内阁看了一遍，又将申时行、王锡爵、许国叫来，认真推敲，也没做多大修改，便定了下来。张居正嘱咐，皇上对砚铭有疑问，由家屏召对。

　　一日，家屏为皇上讲"慎所染之"："《墨子》一书里有篇文章叫《所染》。学习这篇文章，对理解'慎所染之'有帮助。"

　　家屏将这篇文章讲给皇上听，皇上感到分外新鲜。

　　"墨子说，他曾见人染丝而感叹：'丝染了青颜料就变成青色，染了黄颜料就变成黄色。染料不同，丝的颜色也跟着变化。经过五次之后，就变为五种颜

---

① 坎不盈：语出《易经·坎》："坎不盈，低既平。无咎。"坎为水，为陷。水重复在流动，所以"不盈"，因为盈则止；并且，流水不腐，流水使物常新，永不失去原貌，有如坚定守信。
② 艮其止：语出《易经·艮》："《象》曰：艮，止也。时止则止，时行则行，动静不失其时，其道光明。艮其止，止其所也。"
③ 日监兹：出自《诗经·周颂·敬之》。陟降厥士，日监在兹。事物由它定升降，每日监视下边。
④ 直以方至：由《周易·系辞》中"君子敬以直内，义以方外"变化而来。以敬心矫正内在的思想，以义德规范外在的行为。这是就个人修养而言。
⑤ 静而有常：由"动而不括故乐，静而有常故寿"一句变化而来。
⑥ 寿考无疆：引自曹植《元会》诗句："皇家荣贵，寿考无疆。"

色了。所以染这件事是不可不谨慎的。

"不仅染丝如此，国家也如此。舜被许由、伯阳所染，禹被皋陶、伯益所染，汤被伊尹、仲虺所染，武王被太公、周公所染。这四位君王因为所染得当，所以能称王于天下，功盖四方，名扬天下，凡是提起天下著名的仁义之人，必定要称这四王。夏桀被干辛、推哆所染，殷纣被崇侯、恶来所染，周厉王被厉公长父、荣夷终所染，周幽王被傅公夷、蔡公谷所染。这四位君王因为所染不当，结果身死国亡，遗羞于天下。凡是提起天下不义可耻之人，必定要提起这四王。

"齐桓公被管仲、鲍叔牙所染，晋文公被舅犯、高偃所染，楚庄王被孙叔敖、沈尹茎所染，吴王阖闾被伍员、文义所染，越王勾践被范蠡、文种所染。这五位君主因为所染得当，所以能称霸诸侯，功名传于后世。范吉射被长柳朔、王胜所染，中行寅被籍秦、高强所染，吴王夫差被王孙雒、太宰嚭所染，知伯摇被知国、张武所染，中山尚被魏义、偃长所染，宋康王被唐鞅、佃不礼所染。这六位君主因为所染不当，所以国破家亡，身受刑戮，宗庙被毁，子孙灭绝，君臣离散，百姓逃亡。凡是提起天下贪暴苛刻的人，必定提起这六君。

"大凡人君之所以能够安定，是因为他们行事合理。行事合理源于所染得当，所以善于做国君的，用心致力于选拔人才。不善于做国君的，劳神伤身，用尽心思，然而国家更危险，自己更受屈辱。上述这六位国君，并非不重视他们的国家、不爱惜他们的身体，而是因为他们不知道治国要领，染不得当。

"一个人所交的朋友都爱好仁义，都淳朴谨慎，慑于法纪，那么他的家道就兴盛，身体就健康，名声就光耀，居官治政也合于正道，段干木、禽子、傅说等人即属此类朋友。一个人所交的朋友若都不安分守己，结党营私，那么他的家道就衰落，身体就不健康，名声降低，居官治政也不得其道，如子西、易牙、竖刀等人即属此类朋友。《诗》曰'选好染料'，正是这个意思。

"本篇以染丝为喻，说明天子、诸侯、大夫、士必须正确地选择自己的亲信和朋友，以获得良好的熏陶和积极的影响。影响不同，关系着大业成败、国家兴亡，皇上对此必须谨慎。"

家屏讲完墨子那篇文章，提及数个朝代的数位君主、数位大臣，这些都是皇上前所未闻的，少不了问这问那，家屏耐心地为他解疑释惑，很晚才离开皇宫。

行至宫门处，程一庵早在那里等候。他是锦衣卫的金吾将军，常在皇上身边当保卫。程一庵笑容可掬地向家屏问好。

第二十六章 王家屏补讲官 张四维入内阁

"王先生,您不认识我了?我,程一庵。"

家屏真还不知道他的名字。

程一庵恭恭敬敬地捧出一幅用红绫托着的便面①,骄傲地说这是御赐之物,请家屏在上面题首诗。

家屏接过便面看上面的画,乃是《唐王阅马图》。盛情难却,他便在卫室堂前坐下来边饮茶边琢磨,写《题程锦衣便面阅马图》诗一首:

> 自予挟策游皇都,红尘车马日喧呼。
> 五侯七贵不识面,但能一识程金吾。
> 金吾丰采绝高雅,美箑娟娟新在把。
> 上有君侯赐埒图,云是唐王亲阅马。
> 细玩此马非寻常,乃与房驷通精芒。
> 天生神物信有意,驱驰自合从君王。
> 君不见,燕昭千金买骏骨,骏马不来黄金竭。
> 又不见,骐骥一日行千里,困服盐车衹自耻。
> 何如此马会逢时,金衔玉勒双镳垂。
> 鲸腾鳌举不可制,乘风蹀躞声骄嘶。
> 想见登坛惊掣电,喜溢龙颜回顾盼。
> 晋阳兵甲正缤纷,逸足曾经当百战。
> 吁嗟,此图良可珍金吾,持此意气增嶙峋。
> 丈夫得志欲雄跨,况今西北多烟尘。
> 莫向此图论汗马,会须功业追麒麟。

程一庵把那幅便面收起来,说:"这可成了我程家的传家之宝,我要把它供奉在祠堂正面,世世代代传下去。"他高兴地把家屏送出宫门,目送家屏走出老远,才得意地晃着脑袋转回去。

那日,皇上召对。家屏和徐显卿为皇上讲砚铭里的"左右史"。

家屏说:"左右史是专门记录皇上起居的史官。古有'左史记事、右史记言'之制。读《大唐新语》中的一段文字,有助于理解。

---

① 便面:一种扇面。

"贞观中,太宗谓褚遂良曰:'卿知《起居注》,记何事大抵人君得观之否?'遂良对曰:'今之《起居注》,古之左右史,书人君言事,且记善恶,以为检戒,庶乎人主不为非法。不闻帝王躬自观史。'太宗曰:'朕有不善,卿必记之耶?'遂良曰:'守道不如守官,臣职当载肇,君举必记。'刘洎进曰:'人君有过失,如日月之蚀,人皆见之。设令遂良不记,天下之人皆记之矣。'

"意思是贞观年间,太宗对褚遂良说:'《起居注》记录我的起居,记什么我可以看吗?'褚遂良说:'现在的《起居注》,和古时左右史一样,只写君王言行,其中包括他的善行和恶行,留给后人借鉴,这样,君王才不会胡作非为,未曾听说有帝王亲自看过这些记录。'太宗问:'我有不良作为,你一定记录吗?'遂良答:'遵守道义不如遵守官规,依我的职责理当记录,所以我一定记录。'刘洎进言说:'人君有过失,就如日蚀、月蚀,人皆见之,即便遂良不记录,天下百姓也会记得。'"

皇上说:"朕也要像唐王那样,让左右史记录起居,先生们就作当朝的褚遂良。"

徐显卿说:"内阁有左辅右弼,朝堂有左干右羽,起居有左右史,我朝可兴。"

皇上眨了眨眼,问徐显卿:"士大夫的案头左右摆放什么?"

徐显卿不假思索地说:"左书右琴。"

皇上说:"朕也要做几张琴,置于寝几,王先生可为朕作琴铭。"

家屏说:"臣遵旨。但不知皇上要做几张琴。"

皇上说:"朕要做三张。"

家屏作琴铭三则:

之一
审其音,会其意;歌南熏,天下治。

之二
羲桐轩丝,尧搏舜拊;秩秩德音,绍徽千古。

之三
玩岂丝桐,调非山水;宣豫万邦,清和咸理。

又有一段时日，家屏常被召对，为皇上讲解琴铭中提及的"南熏""伏羲""轩辕""尧舜"等典故。

一日，经筵上，张居正主讲《纳箴赐帛》。
家屏出列，领读：

　　唐史纪：太宗即位，张蕴古上《大宝箴》，其略曰："今来古往，俯察仰观，惟辟作福，为君实难。圣人受命，拯溺亨屯。归罪于己，推恩于民。大明无偏照，至公无私亲，故以一人治天下，不以天下奉一人。勿谓无知，居高听卑；勿谓何害，积小就大；乐不可极，乐极生哀；欲不可纵，纵欲成灾。壮九重于内，所居不过容膝，彼昏不知，瑶其台而琼其室。罗八珍于前，所食不过适口，惟狂罔念。丘其糟而池其酒，勿内荒于色，勿外荒于禽。勿贵难得货，勿听亡国音。勿谓我尊而傲贤慢士，勿谓我智而拒谏矜己。安彼反侧，如春阳秋露；巍巍荡荡，恢汉高大度。抚兹庶事，如履薄临深，战战栗栗，用周文小心。《诗》云：'不识不知。'《书》曰：'无偏无党。'众弃而后加刑，众悦而后行赏，勿浑浑而浊，勿皎皎而清，勿汶汶而暗，勿察察而明。虽冕旒蔽目，而视于未形，虽缫纩塞耳，而听于无声。"上嘉之，赐以束帛，除大理丞。

张居正讲：

　　唐史上记，太宗初登极时，有一书记官张蕴古上《大宝箴》一篇。大宝是人君所居的宝位，箴是儆戒之辞，人臣不敢直说是箴规天子，故以大宝名箴，这箴中的言语，字字真切，句句有味，从之则为尧舜，反之则为桀纣。人君尊临大宝，须用这段说话提醒自己，做个箴规，方可以长保此位，所以名"大宝箴"。太宗深以蕴古之言为善，赐他束帛，升他做大理寺丞。观太宗纳善之速如此，其所以为唐之令主而成贞观之治者，盖得于是箴为多。

散朝后，皇上又传家屏和徐显卿召对。
"张蕴古《大宝箴》固然重要，尚有其他箴言否？"
"唐朝李德裕上《丹扆六箴》：曰《宵衣》，讽视朝希晚；曰《正服》，讽服御非法；曰《罢献》，讽敛求怪珍；曰《纳诲》，讽侮弃忠言；曰《辨邪》，讽任群小也；曰《防微》，讽伪游轻出。

"唐朝皮日休在《六箴序》中云：'帝身且不德，能帝天下乎？能主家国乎？因作心、口、耳、目、手、足箴。'

"宋朝吴充作《六箴》：曰视，曰听，曰好，曰学，曰进德，曰崇俭。

"宋朝王应麟作从政六箴：清、公、勤、明、和、慎。

"先生可为朕作箴。"

"臣遵旨。"

家屏与徐显卿整理出《六有箴》："概言之，言有教、动有法、昼有为、夜有得、息有养、瞬有存。"据此写成几行诗句，呈给皇上。皇上看后甚爱之，让家屏书于宫内屏风上，皇上"既习其文，又习其字"。

人心之官，以思为职。操存舍亡，无间可息。
一念不谨，贻之悔尤。须臾少懈，安肆日偷。
其惟君子，克念作圣。无时无处，不用其敬。
言出诸口，惟心之声。匪言勿言，先民是程。
动措诸行，惟义为路。规矩准绳，靡愆于度。
昼于物接，非僻罔于。进德修业，终日乾乾。
夜气清明，退藏于密。仰而思之，会万于一。
一息之暂，为时几何。勿暴其气，保兹太和。
一瞬之际，意象恍然。以存虚明，正观不迁。
修此六者，孳孳汲汲。有事不忘，是为时习。
声律身度，与道为依。昼夜瞬息，而无停机。
缉熙不已，笃实光辉。习久若性，圣贤同归。

后来，张居正在朝堂上奏请求恢复起居注制度。

皇上说："奉旨史臣记录时政。我祖宗成宪具存，但近年任此职者因循旷废，遂成阙典，今宜及时修举。卿等既议处停当，都依拟行。"

家屏先与徐显卿、张位、于慎行、沈懋孝、沈一贯等六人负责编修奏章。

一日，有一份奏章引起他们几人的热议，上该奏疏者是陆绎，此人是原掌锦衣卫事的陆炳之子。家屏几人是《世宗实录》的编写者，对陆炳这个人并不陌生。

陆炳的母亲是嘉靖皇帝的乳母,陆炳幼时,跟着母亲入宫。稍长,日侍左右。陆炳武健沉鸷,长身火色,行步类鹤。嘉靖八年(1529年)中武举,授锦衣副千户。其父陆松死后,袭指挥佥事。

嘉靖十八年(1539年),陆炳从帝南幸,夜宿卫辉。四更时,行宫失火,从官仓促间不知嘉靖皇帝在哪里。陆炳背出皇帝,使皇帝脱险。从此,嘉靖皇帝更加宠信陆炳,让他掌锦衣卫事。

陆炳的地位突然提高,同列多是其父亲的同事,陆炳表面尊敬他们,暗地里却慢慢地用各种计谋将异己者逐一排除。

陆炳善于逢迎,又讨得阁臣夏言、严嵩的喜欢。陆炳因捶杀兵马指挥,为御史所纠,嘉靖皇帝降诏不问。一日,御史劾陆炳诸不法事,夏言即拟旨逮治。陆炳行三千金求解不得,长跪在地,泣不成声地谢罪,才得以暂息。从此,他对夏言恨之入骨。严嵩与夏言构陷,陆炳站在严嵩一边,夏言含冤致死与他大有干系。

死于陆炳之手的官员还有许多。他在锦衣卫任用恶吏为爪牙,富人稍有小过就被收捕、抄家。他用这种手段积资数百万,营造别宅十余所,庄园遍四方,势倾天下。

当时严嵩父子尽揽六部之事,陆炳与之勾结,文武大吏争相与之结交,求他从中关说,每年这笔收入也不计其数。

嘉靖二十九年(1550年),陆炳突然卒于官。有人说,他是给嘉靖皇帝尝食丹药时中毒身亡的。其子陆绎袭其位,任锦衣卫指挥佥事。隆庆初年,隆庆皇帝从御史言,追论陆炳之罪,籍没其产,夺了他两个儿子陆绎、陆炜的官职,追赃数十万。几年来,追赃未尽,陆绎上章乞免。家屏等史官认为这是个敏感的问题,看张居正如何处置。

一日,皇上在文华殿经筵毕,张居正持陆绎奏疏,请皇上裁决。

张居正先将陆炳一案做了简介。他说:"当年诏下法司,穷治,籍其家,逮其子。陆绎等系狱,追赃数十万,更五年,赀财罄竭,无可追者,至是陆绎等具奏乞免。"

皇上问张居正:"此事先生以为何如?"

张居正说:"陆炳功罪自不相掩。昔日,世祖南幸至卫辉,行宫失火,侍卫仓促不知乘舆所在,陆炳独身背负世祖出大火,以免难,此社稷之功也。世祖因此眷任独隆,赐之伯爵,托以心膂。而陆炳小人无知,凭藉宠灵,擅作威福,京师豪横为之敛手而夷灭,亦往往有无辜而罹祸者,此则陆炳之罪也。臣等谨按律惟谋反、叛逆、奸党罪，乃籍没家产，余罪皆否。且籍没者不更追赃，追赃不行籍没，此国法也。今二法并行，而家产已尽，丘陇俱夷，其子陆绎贫困褴褛，殆类乞人，若继续追赃，惟有死耳。论陆炳之罪，未与反逆同科。而翊主保驾之功，不能庇一孤子，世祖在天之灵，必不安于心者矣。"

皇上瞿然，说："既如此，先生宜早作处理。"

张居正说："事体重大，臣等岂敢擅专！"

皇上说："不然，国家之事哪一件不赖先生辅理，何嫌之有？"

张居正叩头承旨出。次日张居正奉旨，着法司从公勘议，勘明陆家家产尽绝，报与皇上，乃释之。

家屏等人将此事的经过详加记录，以供后世借鉴。

不久，曾为嘉靖三十八年（1559年）状元、如今的吏部左侍郎、日讲官丁士美的父亲丁儒去世，丁士美回老家淮安丁忧，王家屏以经筵展书官、修撰补之，成为日讲官。

经筵上，家屏讲《颜渊问为邦章》。先读原文："颜渊问为邦。子曰：'行夏之时，乘殷之辂。服周之冕，乐则韶舞。放郑声，远佞人；郑声淫，佞人殆。'

"昔颜渊以王佐之才①，有志于用世，因问为邦之道于孔子。孔子答之，言：'治莫善于法古，道尤贵于用中。三代治历明时，子丑寅尝迭建矣。而惟夏以建寅之月为岁首，以顺天道，其时则正；以授民事，其令则善。欲改正朔者，所宜遵也。大辂之制，至我周始，加其饰然，过侈则易败。惟殷之辂，朴素浑坚，等威已辨，质而得中，此其为可乘者焉。冕旒之服，自黄帝已有其制，然文采则未著。惟周之冕，华不为靡，费不及奢，文而得中，此其为可服者焉。至于乐以象成，作者非一，而和神人、格上下，尽善尽美，则莫有过于韶舞者，故乐当用韶舞焉。夫治道固有所当法，尤有所当戒，又必于郑声则放绝之，勿使其接于耳，于佞人则斥远之，勿使其近于前。何也？盖郑声邪辟滛泆，一或听之，则足以荡人心志，可恶莫甚焉，故不可不放也；佞人变乱是非，一或近之，则足以覆人邦家，可畏莫甚焉，故不可不远也。如此，则法其所当法，以举致治之大典；戒其所当戒，以严害治之大防。于为邦何有哉！'

"此章，孔子斟酌四代礼乐，以告颜渊，方望之以隆古之治，而即举郑声、佞人亡国之事以为戒。盖有治则有乱。世之治也，以礼乐法度维持之，而不

---

① 王佐之才：是指某人具有非凡的治国能力。

足；其乱也，以声色佞幸败坏之，而有余。是以尧舜犹畏孔壬①，成汤不迩声色，诚所以绝祸本而塞乱源也。《书经》有言：'不役耳目，百度惟贞。'皇上宜留意焉。"

万历三年（1575年）八月初，张居正宣诏："翰林院日讲官王家屏同申时行等轮记《起居注》。"从此，家屏与其他几位日讲官轮流赴馆值班。

张居正请增点阁臣。
皇上说："举勘任的来看。"
张居正等推举，说："詹事府掌府事、吏部左侍郎兼翰林院学士张四维，吏部左侍郎兼翰林院侍读学士马自强，詹事府少詹事兼翰林院侍读学士申时行俱资望相应。"
众大臣推荐葛守礼入阁，只因他仗义执言得罪了张居正和冯保，受到二人排斥，大臣们的意见未被报于皇上。
皇上下旨："张四维升礼部尚书兼东阁大学士，着随元辅等入阁办事。"皇上亲笔批注"随元辅"三字。皇上和张居正让家屏写《拟内阁请张凤盘相公》：

> 伏以中禁承麻，光炳三台之象；南宫曳履，荣跻八座之班。喜溢赓歌，望符梦卜。矧九重访落，方春秋鼎盛之年；群正连茹，适天地泰交之会。畴能熙帝之载，宜特简于金华；尔其代天之工，幸同升于玉铉。譬支大厦，讵惟一木之功；若济巨川，尚藉同舟之义。致吾君于尧舜，汝翼汝为；感嘉会于夔龙，惟和惟一。谨差谷旦，肃介瑶缄。冀赤舄之况临，辟黄扉而延伫。
>
> 谨启。

不久，葛守礼以年老乞休，获准辞官告老还乡，皇上下诏，为他加太子少保衔。

张四维入阁，诸缙绅②中为张四维乡人者，莫不欣喜相告，众人在晋人开设的会馆为张四维庆祝。

---

① 孔壬：亦作"孔任"。尧时大奸佞，曾任共工之官。
② 缙绅：有官职的人或做过官的人。

第二十七章　皇上题责难陈善
　　　　　　刘台劾居正专权

　　内务府造办处的玉雕大师将家屏母亲留下的残玉片重新设计制作成若干精美的小挂件，家屏把它们佩戴在身上，行走时发出悦耳的撞击声。这种声音让他仿佛又回到儿时、回到母亲身边。他佩戴着这些玉挂件去上朝，引起了朝臣们的关注。

　　皇上派人到昆仑山勘探玉石，大有收获。

　　参与编写两朝实录的史官因为史馆位置距皇宫近、上朝站班位置距皇上近，被官员们戏称为朝廷的"二道扣门①"。

　　徐显卿见家屏精气神十足，便戏问他："莫非是加官晋爵所致？"

　　家屏说："不是因为加官晋爵，大概是母亲佩戴过的玉片带在身上所致。"他把玉挂件摘下来让徐显卿看，说："玉是有灵性的，见了它们，就像见了母亲，听到它们发出的美妙声音，就像母亲朝我走来，催我自信，催我奋进。"

　　徐显卿和他那几位宫廷画家合计，作了幅题为"玉节扬徽"的画卷，赠予家屏。家屏写诗一首《题玉节扬徽卷》：

　　　　昆山有良玉，坚贞莫与方。
　　　　卓哉傅母节，与玉同焜煌。
　　　　忆昔结帨时，左右双鸣珰。
　　　　贯组中断绝，委队纷琳琅。
　　　　巳队难再属，遗璞尚可将。

---

①　二道扣门：指内衣的第二颗纽扣，喻贴心。

瑕瑜未能辨，抚玩悲中肠。
区区四十载，追琢何勖勤。
璠玙既成质，照耀明月光。
殷勤纫华绶，佩服朝明堂。
明堂觐天子，缓步摇琚璜。
清声闻宫羽，素彩凌冰霜。
瑰玮信有自，莹洁维其常。
九重下明诏，乃眷昆仑冈。
胡然孕灵秀，产兹不世祥。
褒崇锡旷典，纶绋荣王章。
溪山照云日，瑞气浮冠裳。
微音侈歌诵，千载扬其芳。

家屏任日讲官后，张居正让他和其他几位日讲官一起写《论语》《孟子》《资治通鉴》等著作的讲章。编好的讲章付印后，呈送皇上。

一日，皇上从《论语》讲章中翻出《论语·先进》章，文中"白圭"二字，皇上看了格外亲切，让他忆起听家屏给内官讲课时的情景。

皇上问冯保："上次听王讲官讲，张先生乳名叫白圭，《论语》中也有白圭二字，这个白圭也是美玉的意思吗？"

冯保眨巴着眼，答不出个所以然，随机应变，说："待我去问张先生。"

冯保手里捧着讲章，指间夹着拂尘，来到内阁，对张居正说："皇上对讲官们呈送的讲章如饥似渴地翻阅，对此书中'白圭'二字的意思理解不确，请张先生指点。"

张居正接过书一看，书上的内容是："南容三复白圭，孔子以其兄之子妻之。"

"此处白圭指《诗经》里的那首诗。"

还未等张居正把那首诗背出来，冯保推着张居正，让他到皇上那边去讲。张居正唤来家屏和他一道去见皇上。

见了皇上，张居正先盛赞皇上刻苦研读圣贤书，把皇上夸得心花怒放，然后才一板一眼地说："《论语》此章中'白圭'二字指的是《诗经》里的一首诗：'白圭之玷，尚可磨也；斯言之玷，不可为也。'意思是白玉上的污点还可以磨掉，言论中有毛病，就无法挽回。这是告诫人们要谨慎言语。《论语》中

'南容三复白圭，孔子以其兄之子妻之'一语的意思是南容反复诵读'白圭之玷，尚可磨也；斯言之玷，不可为也'的诗句。孔子把侄女嫁给了他。"

皇上听得入神。冯保越听越糊涂，问家屏："那日听王讲官给内官们讲，白圭可不是一首诗。张先生乳名白圭，又有何含义？"

家屏说："白圭的本意是纯白的美玉，用于不同的地方便有不同的含义。在《论语》的这句话中，它是指那首诗。张先生的长辈给他起名白圭，指的是他这个人。"

家屏指着屏风上的《六有箴》说："《诗经》诗句'白圭之玷，尚可磨也；斯言之玷，不可为也'正是孔夫子极力提倡的'慎言'，教人言语须谨慎。孔子之所以把侄女嫁给南容，欣赏的正是南容慎言。《六有箴》中'言出诸口，惟心之声。匪言勿言，先民是程'，'匪言勿言'讲的是慎言，'先民是程'讲要以圣贤为榜样，强调的还是慎言。

"每个人的名字都有一定的内涵，寄托着长辈的期盼，至于张先生的家长为什么给他起名白圭，不妨让张先生讲给皇上听听。"

张居正说："臣出生时，家父得一梦，有红绫包裹落入室，包内有白圭，呈玉玺状，于是为臣取名'白圭'。也有以玉比德之意，希望我能有白圭般的美德，像玉玺般唯皇上是用。"

冯保从旁捣鼓，说："先生现在可不就是国家的栋梁、朝廷的重臣、皇上的股肱？"

张居正说："臣愿鞠躬尽瘁，死而后已。"

皇上一时高兴，赐张居正貂皮六张，吕调阳、张四维各四张，讲官们每人三张。

第二日，皇上特地写了几幅字补赐给新旧讲官，家屏、沈一贯、马自强书"责难陈善"各一幅，马自强新任礼部尚书兼翰林院学士，另书"正己率属"一幅。另外赐给正字官何初"敬畏"字一幅。

那一日，皇上视朝。朝堂上，河南道御史傅应祯上疏言三事："一、存敬畏，以纯君德。二、蠲租税，以苏民困。三、叙言官，以疏忠说。此三不足者，王安石以之误宋，不可不深戒也。陛下登极初，召用直臣石星、李已，臣工无不庆幸。近则赵参鲁纠中涓而谪为典史，余懋学陈时政而锢之终身，臣请擢赵参鲁京职，还余懋学故官，为人臣进言者劝。"

皇上旨出："朕以冲昧①为君，朝夕竞竞，惟以敬天、法祖、嘉纳谠言为务，傅应祯无端以'三不足'诬朕，又自甘欲与余懋学同罪，这厮每必然阴构党与②，欲以威胁朝廷、摇乱国是，着锦衣卫拏送镇抚司，好生打着，问了来说。"

抓捕傅应祯时，御史李祯等三人随之被拥进锦衣卫，被掌锦衣卫事的余荫所奏，三人被各降三级。

傅应祯被押发边卫充军，有官员申救，报于皇上，皇上不听。

王崇古说："朝廷置言官，罪不言，不罪敢言。"具疏"请宥御史忤旨"，切责不该将御史论戍。

张居正对王崇古此举大为不满，以为王崇古乃异己。

临近春节时，皇上视朝，点名。文武官员失朝者多达二百五十员，皆被罚俸。传谕："近来人心颇懈……职业渐堕。着吏部、都察院严格申饬，有违犯的参奏处治。"

皇上又赐辅臣、讲官、正字官门神、吊瓶、判子、纸葫芦等。家屏等六位讲官跟在三位辅臣后面陪皇上到皇极殿行大祫祭祀③。

除夕夜，孩子们穿梭于前后院，一派热闹喜庆的气氛。守岁时，家屏和月川坐在堂前，望着眼前的灯火，不觉发出一声长叹。

月川问家屏："有何不顺心的事情？不妨说与我听听。"

家屏将皇上年关处分官员的事简述了一番，原来他为此忧心。

月川嘱家屏："既如此，你在朝堂上千万要小心，经筵席上更须注意，切莫授人以柄。"

李氏凑过来说："也没什么好怕的，大不了回去种庄稼。"

有住在附近的官员过来走动，互相拜年后，说的也是申救言官的话。

刘虞夔和几位编修来访，其中有田一俊、张一桂、吴中行等，他们对家屏荣升主讲官一事表示祝贺。对李维桢因为偶然与人谈及张居正父亲广置田产、富甲荆楚，被张居正调外任陕西右参议一事表示不满。

正月初二,百官在皇极门行庆贺礼。

---

① 冲昧：年幼无知。
② 党与：同党之人。
③ 大祫祭祀：古代天子或诸侯把远近祖先的神主集合在太庙里进行祭祀。

正月初五，家屏在经筵上讲《过而不改是谓过矣》，又讲《己所不欲，勿施于人》。

讲读毕，皇上口里念着"己所不欲，勿施于人"。突然盯着张居正问："昨傅应祯以'三不足'之说讪朕，朕欲廷杖之，先生不肯，何也？"

张居正说："圣德宽厚，海内共仰，此无知小人，何足介圣怀。且昨旨一出，人心亦当儆惧，无敢有妄言者矣。国家政事或宽或严、行仁行义，惟皇上主之。"

皇上说："前有救傅应祯者，称其母老。朕查傅应祯只有父在，而顾言母欺朕，如是？"

张居正说："言官不暇致详，何足深罪。"

皇上又问吕调阳、张四维，说："昨文书房持傅应祯到阁，二先生何故不出一语？须同心报国，不得避怨。"

吕调阳和张四维几乎同声说："臣等敢不同心？"

又过了几天，巡按辽东御史刘台论劾张居正：

臣闻，进言者皆望陛下以尧、舜，而不闻责辅臣以皋、夔，何者？陛下有纳谏之明，而辅臣无容言之量也。高皇帝鉴前代之失，不设丞相，事归部院，势不相摄，而职易称。文皇帝始置内阁，参预机务。其时官阶未峻，无专肆之萌。二百年来，即有擅作威福者，尚惴惴然避宰相之名而不敢居，以祖宗之法在也。乃大学士张居正偃然以相自处，自高拱被逐，擅威福者三四年矣。谏官因事论及，必曰："吾守祖宗法。"臣请即以祖宗法正之。

祖宗进退大臣以礼。先帝临崩，居正托疾以逐拱……既迫逐以示威，又遗书以市德，徒使朝廷无礼于旧臣。祖宗之法若是乎？

祖宗朝，非开国元勋，生不公，死不王。成国公朱希忠，生非有奇功也，居正违祖训，赠以王爵。给事中陈吾德一言而外迁，郎中陈有年一争而斥去……祖宗之法若是乎？

祖宗朝，用内阁冢宰，必由廷推。今居正私荐用张四维、张瀚……祖宗之法如是乎？

今得一严旨，居正辄曰"我力调剂故止是"；得一温旨，居正又曰"我力请而后得之"。由是畏居正者甚于畏陛下，感居正者甚于感陛下。威福自己，目无朝廷。祖宗之法若是乎？

祖宗朝，一切政事，台省奏陈，部院题覆，抚按奉行，未闻阁臣有举劾也。居正定令，抚按考成章奏，每具二册，一送内阁，一送六科。抚按延迟，则部臣纠之。六部隐蔽，则科臣纠之。六科隐蔽，则内阁纠之。夫部院分理国事，科臣封驳奏章，举劾，其职也。阁臣衔列翰林，止备顾问，从容论思而已。居正创为是说，欲胁制科臣，拱手听令。祖宗之法若是乎？

今傅应祯则谪戍矣，又以应祯故，而及徐贞明、乔岩、李祯矣。摧折言官，仇视正士。祖宗之法如是乎？

至若为固宠计，则献白莲白燕，致诏旨责让，传笑四方矣。规利田宅，则诬辽王以重罪，而夺其府地，今武冈王又得罪矣。为子弟谋举乡试，则许御史舒鳌以京堂，布政施尧臣以巡抚矣。起大第于江陵，费至十万，制拟宫禁，遣锦衣官校监治，乡郡之脂膏尽矣。恶黄州生儒议其子弟幸售，则假县令他事穷治无遗矣。编修李维桢偶谈及其豪富，不旋踵即外斥矣。盖居正之贪，不在文吏而在武臣，不在内地而在边鄙。不然，辅政未几，即富甲全楚，何由致之？宫室舆马姬妾，奉御同于王者，又何由致之？

在朝臣工，莫不愤叹，而无敢为陛下明言者，积威之劫也。臣举进士，居正为总裁。臣任部曹，居正荐改御史。臣受居正恩亦厚矣，而今敢讼言攻之者，君臣谊重，则私恩有不得而顾也。愿陛下察臣愚悃，抑损相权，毋俾偾事误国，臣死且不朽。

疏上，张居正怒甚，廷辩之，说："在令，巡按不得报军功。去年辽东大捷，刘台违制妄奏，法应降谪。臣第请旨戒谕，而刘台已不胜愤。后傅应祯下狱，究诘党与。初不知刘台与傅应祯同邑厚善，实有所主。乃妄自惊疑，遂不复顾藉，发愤于臣。且刘台为臣所取士，二百年来无门生劾师长者，计惟一去谢之。"

张居正要辞政，伏地而泣，不肯起来。皇上从御座上下来，手掖张居正，再三慰留。张居正勉强应诺，回到家中，不上朝。皇上遣司礼太监孙隆赍手敕宣谕："卿赤心为国，不独简在朕心，实天地、祖宗所共降鉴。彼才邪小人，已有旨重处，卿宜以朕为念，速出辅理，勿介浮言。"张居正这才上朝。

因为刘台疏中涉及张四维，张四维也自辩。皇上说："朕自有处分，卿宜安心供职。"

皇上以刘台诬罔忠良、肆言排击而论，命锦衣卫逮捕刘台至京师，下诏狱，廷杖一百，远戍。张居正佯装具疏拯救，刘台被除名为民。朝野官员，尤其是负责起居注的家屏等官员严密观察着张居正会使什么手段。

官居户部尚书的王国光多次乞休，终允之，遂将他编写的《万历会计录》进上，皇上给予嘉奖，命户部整理缮订。

霍应山病情恶化，不幸病故，兵部派人将他生前一应资料整理封存。霍宗道按他临终所嘱，将他的尸体入殓后寄埋，待以后运回临汾，在他父母墓前正式安葬。霍宗道把女儿安顿好，回朔州了。那里有霍家的屯田和守护在那片土地上的宗亲。他要在霍家老家过几年悠闲生活。

皇上见家屏的端楷写得好，让他写习字影格，以便学习。家屏和申时行商量，为皇上写了张蕴古的《大宝箴》。

张居正见了，说："此文于君德治道大有关系，且关系密切。"为了便于皇上理解，他准备撰写注疏，进上。

皇上召张居正与诸位讲官近前。皇上起立，高举一册《大宝箴》，一字不错地将该文诵读了一遍。张居正在桌前就座，开讲。张居正讲到"琼宫瑶台①""糟丘酒池②""开罗启祝③""授琴命诗④"等典故，皇上皆能洞察其微。

讲到"周文小心"，皇上说："小心当是'兢兢业业'之意。"

讲到"纵心乎，湛然之域"一语，皇上说："此不过言'人当虚心、虚事'。"

张居正举手作贺，说："只'虚心'二字足以涵盖此条之议。人心之所以不虚，私意混杂之故。诚能涵养，此心除去私欲，如明镜止水，则好恶、刑赏

---

① 琼宫瑶台：见《帝鉴图说》"脯林酒池"一则。夏史记载：桀伐有施氏，得妹喜，喜有宠。所言皆从，为瑶台、象廊。殚百姓之财，为肉山脯林。酒池可运船，糟堤可以望十里，一鼓而牛饮者三千人。妹喜笑，以为乐。

② 糟丘酒池：见《帝鉴图说》"妲己害政"一则。商史记载：纣伐有苏，获妲己，妲己有宠，其言是从。作奇技淫巧以悦之。使师延作朝歌。北鄙之音、北里之舞、靡靡之乐。造鹿台，为琼室玉门。厚赋敛，以实鹿台之财，盈巨桥之粟。以酒为池，悬肉为林，使男女裸而相逐。宫中九市，为长夜之饮。百姓怨望，诸侯有叛者，妲己以为罚轻，威不立。纣乃为铜柱，以膏涂之，加于炭火之上，令有罪者行焉。辄堕炭中，以取妲己笑。名曰：炮烙之刑。

③ 开罗启祝：商汤将捕野兽的网撤去三面，以示仁慈宽厚。

④ 授琴命诗：舜帝弹琴颂诗，教化百姓。

无不公平,就会万事顺理。"

皇上说:"是的。"

这一日,皇上特赐张居正银二十两,并赐吕调阳、张四维各十两,讲官们人人有份。

又一日,文华殿讲读。由张居正进讲《帝鉴图说》"宠幸番将"。张居正讲:

唐史上记,玄宗宠一个胡人,叫安禄山,用他做范阳节度使,掌着一镇的兵马。又加他以御史大夫之职。安禄山身体肥大,腹垂过膝。看他外貌,恰似个痴蠢直遂的人,而其心却奸狡慧黠。玄宗尝拍着他的肚子问:"胡儿,你肚里有些什么?这样大?"安禄山说:"臣腹中更无他物,只有报国的赤心耳。"玄宗听说,甚喜,容他出入宫禁。一日玄宗与杨贵妃同坐,安禄山拜见,先拜杨贵妃,后拜玄宗。这是安禄山知道玄宗宠幸杨贵妃,故意趋奉,以悦其心。及至玄宗问他:"何故如此?"他却对说:"我房人的风俗,先母后父,固如此耳。"玄宗不知其诈,越发喜他。又一日玄宗在勤政楼上筵宴群臣,百官都两边侍坐。玄宗令于御座东间,张一副金鸡彩障,设一个座榻,命安禄山特坐于群臣之上,还令卷起帘子,使人看见,以彰其荣宠。按史,安禄山曾犯死罪。宰相张九龄,谓其貌有反相,劝玄宗早除之。玄宗不惟不听,反加尊宠。其后安禄山果反,致令乘舆播迁,中原板荡,唐之天下几于沦亡。玄宗始悔之,晚矣。语曰:"非我族类,其心必异。"岂不信哉!

张居正讲到"唐玄宗于勤政楼设宴"时,皇上览其图,有"勤政楼"三字,说:"楼名甚佳,乃不于此勤理政事,而佚乐宴饮,何也?"

张四维解说:"此楼建于玄宗初年,是时方励精图治,故开元之治有三代风,至于天宝志荒,所以致播迁之祸。古圣帝明王,兢兢业业,日慎一日,盖虑克终之难也。玄宗不能常持此心,故及于乱。当时张九龄在开元中知安禄山有反,相欲因事诛之,以绝祸本,玄宗不用其言,及乘舆幸蜀,乃思九龄先见,遣人至岭南祭之。"

皇上说:"即如此亦悔无及矣。"

张居正说:"无论往代,即我世宗皇帝嘉靖初年,于西苑建无逸殿,省耕劝农欲以知王业艰难,又命儒臣讲《周书》无逸篇,讲毕,宴文武大臣于殿中，至其末年，崇尚焚修，圣驾不复临御殿中，徒用以誊写科书、表背玄像而已，昔时勤民务本气不复再见，而治平之业亦寝不如初。夫以世宗之明，犹然有此，以是知克终之难也。昨讲大宝，云'民怀其始，未保其终'，亦是此义。"

皇上嘉纳之。

第二日，皇上赐辅臣及日讲官银铰、砗磲等，还特意拿来一些扇子，让讲官们在上面题写诗词，家屏应制题扇四首。

朝阳产瑞

海天红旭转扶桑，琼岛云披五色光。
晴映万年枝上碧，暖烘三秀萼中香。
乾坤共荷回元气，草木应知媚太阳。
圣治熙明欣有象，小臣延首咏时康。

金碧联芳

百花香散禁城天，锦簇绡围景正妍。
葵绽深黄金作鼎，桃纤轻碧翠为钿。
向阳开处倾心甚，和露栽时着意偏。
共诵君王优赏鉴，每从群品别忠贤。

玉兔秋香

瑶空霜净羽衣明，兰殿芝房梦不惊。
质自苍黄还太素，秀涵金水应长生。
挥笔欲试梁园赋，脱距方休细柳兵。
千载端居霄汉上，虚无常对广寒清。

松鹤双清

碧涧松阴翠欲垂，排空双翼影差池。
缑山宁羡翩翩彩，文囿重瞻翯翯姿。
三岛闲云飞共逸，九皋清吭听元早。
皇情自是珍芳洁，不独长年献寿宜。

第二十七章　皇上题责难陈善　刘台劾居正专权

家屏在作《玉兔秋香》时和申时行、沈一贯等人讨论扇面上的画。

"此画中画黄、白二兔，黄为金、白为水，'金生水'，意在粉饰太平。"

"五行是相生相克的，不能只有相生，没有相克。"

"要提醒皇上不能只听溢美之词，要有忧患意识。"

"在用人、用财、用物上要做到适得其所，避免干那些把玉兔置于广寒宫，或拔掉雄鸡鸡爪的蠢事。"

"言官犹如百官之爪，保护他们，义不容辞。"

郝杰由江西布政司右参政调往山东，他每到一处都要到兵部查看当地的军事地图，霍应山曾多次为他提供方便。这次回京，到兵部后他才知道霍应山已病逝，不禁为之惋惜。

张一桂请假，送母亲回河南老家。家屏和田一俊、于慎行、刘虞夔、吴中行等为他饯行。

说起张一桂回河南，自然会提到张卤。他回乡为母亲丁忧三年，只因高拱为他母亲写了墓志铭，让张居正耿耿于怀。

张一桂说："首辅张先生不该因高拱在给张母写的墓志铭中的'予与都宪雅厚，固秘知太恭人贤也，何可以不铭'，就把张卤打入另册，伺机报复。如此看来，我河南籍官员岂不都是他目中异己？"

田一俊说："贬捏①他人结党，乃自立为党也。"

吴中行说："年前傅应祯奏议，还不是因处理不当才引发一个月后刘台上疏。今又说傅应祯和刘台是同乡，一起听过某先生在某书院讲学，以此为由欲查封该书院，推而广之，还要把各地书院改作他用，此举何异于焚书坑儒？"

众人希望家屏通过经筵讲读来劝阻这一错误行为。家屏承诺，将尽力而为之。

于慎行说："我不反对施行'考成法'，对朝参不到者一百零七员各夺禄俸二月也无可非议。本是科部处理的事，首辅督导皇上出面处理，让人费解。"

刘虞夔说："岂不是故意让皇上背负骂名？"

张一桂说："不瞒诸位，我有心像田兄的父亲一样，辞官回老家侍奉母亲，不知诸位以为如何。"

家屏等不赞成他这样做。

---

① 贬捏：捏造事实，贬低别人。

吴中行说:"不怕叔大嫌众人,就怕众人嫌叔大。我想首辅张先生也不能把河南人怎么样。"

家屏说:"古人云'宰相肚里能行船',就是要以天下为怀。若胸无天下,划乡结党,圈子只会越画越小,作茧自缚,到头来,只剩下孤家寡人,何异于给自己画地为牢。"

众人言语中流露出对结党营私的深恶痛绝。

第二十八章　讲立学　拟申谕学宪敕
　　　　　　　选旧本　供皇上暇时省

四月下旬，文华殿讲读。家屏主讲《设为庠序学校以教之》一节。

设为庠序学校以教之。庠者，养也；校者，教也；序者，射也。夏曰校，殷曰序，周曰庠，学则三代共之，皆所以明人伦也。人伦明于上，小民亲于下。有王者起，必来取法，是为王者师也。

孟子告滕文公，以立学教民。设是置。庠、序、校是乡学，学是国学。人伦即五伦①。

另有一章，孟子曰："仁言不如仁声之入人深也，善政不如善教之得民也。善政，民畏之；善教，民爱之。善政得民财，善教得民心。"

孟子既往告与滕文公养民之制。至此，又说人君为国之道惟教、养二事而已。法令行施才能保障民生，这个过程没有教是行不通的。考察古代办学事迹，于今有益。在府州县设庠、序、校以教于乡，在京都设国子监以教于国。历史上不同朝代取庠、序、校之名各有含义。庠取教养之义；校取教民之义；序取习射之义。夏朝称"校"，商朝称"序"，周朝称"庠"。盖乡遂②之间，习俗尚异，故三代随时尚不同而异名。至于国学，乃首善之地，制度不殊，故三代通曰学，即国子监，因袭其名而没有更

---

① 五伦：指五种人伦关系和言行准则。五种人伦关系即君臣、父子、兄弟、夫妇、朋友，对应的关系准则分别为忠、孝、悌、忍、善。
② 乡遂：周制，王畿郊内置六乡，郊外置六遂。诸侯各国因国之大小不同，故乡遂数不同。后指都城外的地区。

改。若论其所以为教，则乡学、国学，都不外于明人伦。盖彝伦在人，莫不各有各的道理。对百姓而言，日常用到的未必能讲得清楚。故于父子明其有亲，君臣明其有义，夫妇、长幼、朋友明其有别、有序、有信，很有必要。以此为基础，让人们知道该怎样做。以率循①之路作引导，才能使人伦明于乡、明于国。五伦畅行而无异道也。

人伦既明于上，则在下小民，志行有所观感兴起于仁让之风；情意相为流通会归于和顺之俗。五品②训而百姓无有不亲者矣！立教之效如此，滕文公能举国而行之，还有比这更好的吗？

良好的道德教化比良好的政治更会获得民心，有利于更好地管理天下。学校是教人伦理关系的。在上位的人明白了伦理关系，百姓在下自然就会相亲相爱。仁德的言语不如仁德的声望深入人心，好的政令不如好的教育赢得民众。好的政令，百姓畏服；好的教育，百姓喜爱。好政令得到的是百姓的财富，好教育得到的是百姓的人心。

臣等曾做过考究，《尚书》中说："皇建其有极③。"又说，"克绥厥猷④维后。"则知教化固风俗之原，君身尤教化之本。

三代⑤之民所以不令而行，不严而治者，有其本也。汉武帝表章六经，学非不设，而内牵于多欲之私。唐太宗增置四学⑥，教非不与，而身不免惭德⑦之累。此皆本之不立，学校教化徒饰文具焉耳。

仰惟皇上，道惟尽性，治本因心。孝养隆于两宫，仪刑著于绥猷。展临雍之典礼，振吉士风；更督学之玺书，作新儒术。岂非本与文而异举；伦与制而兼尽者哉！

臣愚更愿：持望道未见之溥，教思无穷之泽。彝伦虽已叙矣，而益涵养其本原，无使欲败度、纵败礼；风俗虽已罔矣，而益慎重其好尚，无使邪乱正、异乱常。如大学之明德新民，务止诸至善之极；如中庸之修道立教，务收夫位育之功。臣等，不胜颙望。

---

① 率循：遵循，依循。
② 五品：即五常，指仁、义、礼、智、信。
③ 皇建其有极：天子应以中正作为处理天下事的准则。
④ 克绥厥猷：能使人民安于教导。
⑤ 三代：夏、商、周三个朝代的合称。
⑥ 四学：指分设于四郊的学校。
⑦ 惭德：因言行有缺失而有愧。

张居正提醒皇上有疑议可以传讲官召对。

皇上这才振作起来，也打开一份奏疏阅读。奏疏的内容是王篆以操江御史的身份查获了一起重大盗窃案。

皇上指着奏疏中的一处问张居正："疏中称去年十二月盗贼盗劫淮府建昌王，夺其印，江西守臣为何匿而不报？"

张居正感叹皇上留心章奏，如此细心。直夸皇上圣明！

一会，传旨："贼情这般重大，该地方官员为何通不以闻？吏、兵二部参看了来说。"

诏书下至吏、兵二部，两部会同查勘后，由兵部都给事中裴应章参各官欺隐罪。江西抚按具劾巡捕各官。

吏部尚书张瀚、兵部尚书谭纶合奏，说："建昌王府失事于去年腊月，教授张箕山即呈府道、转达两院。自宜一面严缉、一面奏闻，乃延至今，仅仅参处一二捕官，以图塞责。诸臣防范之疏，隐蔽之罪，难谢人言，宜论罪。"

经皇上督办，抚按杨成、张简被夺俸一年，知府陈吾德降边方杂职，其他相关人员也受到处分，原被塞责参处的人员获释。

皇上传申时行、家屏召对。

皇上说："朕近日翻阅奏疏，亲自处理朝事数起，处分官员数人，如傅应祯、刘台、杨成、张简等，先生们以为如何？"

申时行说："皇上能留意奏疏、处理朝事乃大明之大幸、百姓之大幸，也是臣等之大幸。"

皇上问："如何才能让被处分官员诚服？"

家屏说："没有规矩，不成方圆。处分官员应出于公心，一视同仁，先朝有先例则可循依，今朝无不平则无怨恨。"

申时行说："皇上有暇时可取皇祖先帝亲批旧本阅览，以为裁决庶务之法。"

皇上说："朕上次听人参奏傅应祯、刘台等人在家乡书院设讲坛诽议朝政，意欲将天下书院统统废除。听王先生主讲《设为痒序学校以教之》后，朕一直在想怎么把学校办好，以求教养共举。先生们以为该从何处着手？"

申时行说："皇上圣明，臣以为可先于今秋乡试之前申谕各省学宪对府州县学进行督察。"

皇上一听，高兴起来，又谈了些国子监和祭孔的事，让家屏《拟申谕学宪敕》：

朕惟，国家建学造士，而命宪臣督察之。将以广厉教化，长育人才，兴儒术而隆太平也……朕每图惟治理综核官材于学校，本原之地，未尝不三致意焉……今特命尔：往巡视、提督各府州县学。尔其端轨，范饬章程。率厉师儒，惇明经术。勤课试之典，严举绌之规。毋植私以妨公，毋徇名以掩实。务诱进艺，能作新才。品庶几有通明朴茂之士出乎其间，以称朕需才图治之意。时惟尔功其或沿袭，故常苟具功令。而程督①失职，举察非人，亦惟尔之罚。尔其钦哉。所有合行事宜申明，条示于后，其慎行之，毋忽，故谕。

家屏写好后，经内阁辗转下宣。

内阁中属于"教"的事本该由吕调阳负责，他却力不从心，以老疾乞休。张居正将许多事交由王锡爵负责。

吏部尚书张翰忙于外官考核。张居正将官员所在地学校办得如何列为重点考核项目之一。

五月底，一日，皇上召对，申时行带领家屏等几位讲官前往。皇上命冯保将成祖文皇帝《四骏图》挂于堂上，让众人观赏。

张居正比讲官们来得早，他指着《四骏图》给众人解说："四骏皆先帝在靖难时所乘。龙驹战于郑村坝，黄马战于白沟河，枣骝战于小河，赤兔战于灵璧，皆中流矢，抽矢复战，遂大捷。"

皇上表现得特别兴奋，望着画像中的每一匹战马，有一种跃跃欲试的冲动。

皇上命张居正等为《四骏图》题诗。

家屏结合张居正刚才讲解的内容写《恭题文皇帝四骏图》四首诗。沈一贯为他铺纸，陈经邦、何雒文、许国几位围观品评。

龙驹
（郑村坝大战胸着一箭，指挥丑丑拔箭。）
天马徕，翼飞龙；
蹄削玉，耳垂筒。
碧月悬双颊，

---

① 程督：对于学课等的监督。

明星贯两瞳。
文皇将士尽黑虎，复有龙驹助神武。
流矢当胸战不休，汗沟血点桃花雨。
坝上摧锋策一功，策勋何必减元戎。
君不见，
虎士标题麟阁里，龙驹亦入画图中。

赤兔
（白沟河大战，胸着一箭，都指挥亚失帖木拔箭。）
雷鎗鎗，北军来；
赤兔走，黄云开。
拟身超夹涧，
策足绝浮埃。
白沟原头振鼙鼓，贯阵穿营猛如虎。
穆王八骏讵为奇，昭陵六马应难数。
百战间关未解鞍，箭瘢还向画图看。
只今四海升平日，谁识当年缔造难。

枣骝
（小河大战着两箭。胸一箭，后右曲池一箭。安顺侯脱火赤拔箭。）
紫骝马，金骆月；
朝刷燕，晡秣越。
俶傥精权奇，
超骧走灭没。
当年万马尽腾空，就中紫骝尤最雄。
战罢不知身着箭，飞来只觉足生风。
北风猎猎吹原野，长河冰澌血流赭。
谁言百万倒戈中，犹有弯弧射钩者。

黄马
（灵璧县大战后，曲池着一箭，指挥鸡儿拔箭。）
轩后兴，应龙翔；

> 驾天驷，乘飞黄。
> 回头看紫燕，
> 顾影失超光。
> 君王神武古来少，万里烟尘一剑扫。
> 马蹄蹴处山为摧，何论陈晖与平保。
> 扬鞭渡淮淮水清，金陵父老壶浆迎。
> 从此华阳休骏足，山河重整泰阶平。

待纸上墨迹晾干，张居正呈与皇上，皇上看后，大悦，赏众人银两。

张居正对皇上不忘皇祖功德的举动大加赞赏，鼓励皇上逐日增加阅览奏章的数量。让家屏等人，"从简阁中选出成祖永乐皇帝亲批旧本、圣旨、票帖以及嘉靖十年至二十年皇帝亲批奏章各百十来册，供皇上万几之暇省阅。皇上若有疑问，随时传讲官们召对。"

从皇宫出来，看天色尚早，申时行带领众讲官就近到史馆喝茶、叙话。

申时行问陈经邦："刚才肃庵在宫中为何若有所思，一言不发？"

陈经邦笑了笑，反问道："你猜我那会儿想到了谁？"

申时行一脸老诚，说："不知道。"

"我想到了解缙。堂堂一位大才子，只因劝阻成祖莫要废长立幼，成祖随即大怒，称解缙是在离间骨肉，被诬遭贬，又冠以'无人臣礼'之罪名，诏令锦衣卫逮捕入狱。更有甚者，同官有多人连坐，多人病死狱中。若干年后，成祖见狱籍簿上有解缙姓名，问：'缙犹在耶？'锦衣卫首领纪纲便心领神会，将解缙灌醉，埋于雪中冻死……感叹成祖不仅马上功夫了得，言谈更了得。据说让平安[①]自杀也是用'平保儿尚在耶'一语。"

听了陈经邦的话，众皆默然。

"看今日情景，首辅张先生志在培养皇上做成祖般帝王。让人担心的是，待皇上龙鳞丰满后，首辅张先生也会落得解缙般下场。"

"自古以来废长立幼是一个沉重的话题，多少宰辅和君王因意见不合，发

---

① 平安：人名。靖难之役初期，朱棣挥师南下，十分威风，却被平安挫了锐气。大将王真被平安斩于马下。朱棣多亏二儿子朱高煦来救，才逃脱。靖难之役后期，平安被活捉，朱棣饶恕了他。后来，朱棣批奏章，看到平安的名字，说："平保儿尚在耶？"平安一听，知道皇帝不会放过自己，又怕殃及九族，于是自杀身亡。

生争执，导致关系恶化，也不知道我等为人臣者将来会不会也遇到这种事情。"

"人常说，今朝是前朝的重复，这很难说。"

申时行说："智者多虑，真有那样的事，像吕后那般寻张良、访四皓也不晚。咱们还是先说眼前吧。"

申时行将讲官们分成两组。申时行、何雒文、许国一组，负责查嘉靖十年（1531年）至二十年（1541年）的奏章。陈经邦、家屏、沈一贯一组，负责查成祖时期的资料。

永乐年间的资料藏于简阁楼下的密室内。

第二日，家屏等三人凭着符牌经过两道门岗后进入楼下密室，里面整齐地排列着许多用材考究、做工精细的书架，所有资料经编号后有序地摆放在书架上。密室内为了防虫蛀、防霉变，要定时熏香喷药，一进去能闻到一种刺鼻的奇特香味。可供阅览的房间比较宽敞，四周地上摆放着几盆奇花异草，中间有条桌数排、太师椅数把。屋顶与墙壁上有烛台若干。有几名杂役，或专管点烛看灯，或专伺取送籍册。家屏一进去就喷嚏连连，他以为是进入地下寒凉的地方所致，也没在意。不一会儿，每人面前的桌上堆满了许多珍藏的旧本。三人先分别检索，再共同定夺取舍。

沈一贯检出一则，说："原来三年之丧始于洪武七年底。太祖令翰林学士宋濂等考得古人论服母丧者共四十二人，愿服三年者二十八人，服期年[①]者十四人，奏与太祖，太祖说：'三年之丧，天下之通丧。今观愿服三年丧，比服期年者加倍，则三年之丧，岂非天理人情之所安乎！'乃立为定制。"

听他说罢，众人哈哈大笑。认为这条定制的产生颇为奇葩。

笑过之后，家屏说："既成定制，当以遵循为要。"

沈一贯说："定制者，乃制众人也。"

陈经邦翻出一则，说："一直以为太祖重武轻文，看这一则却不然。洪武二十年七月，礼部奏请立武学，用武举，祀太公，建昭烈武成王庙。太祖说：'建武学、用武举，是析文武为二途，自轻天下无全才矣。'"

家屏说："我朝文武全才者何其多也，兵部哪个武将不是进士出身？"

沈一贯说："班序原来定于洪武三年正月。太祖对宰臣说：'朝廷之上，礼法为先，殿陛之间，严肃为贵……自今文武百官入朝，除侍从、中书省、大都

---

① 期年：满一年。

督府、御史台、指挥使、六部尚书、侍郎等官许上殿，其余文武官五品以下，并列班于丹陛，违者纠仪官举正之。'"

"这一则宜检出。永乐年间，兵部提议世袭武官，凡有'兔缺①'者，均不取。太祖说：'武臣当察其智勇怯弱及武事如何，岂能论相貌？孙膑既刖，智尚可用②'。"

"这一则也宜检出。洪武十九年正月，太祖与侍臣论治道。说：'治民犹治水，治水者顺其性，治民者顺其情。人情莫不好生恶死，当省刑罚、息干戈以保之；莫不厌贫喜富，当重农时、薄赋敛以厚之；莫不好佚恶劳，当简兴作、节徭役以安之。若使之不以其时、用之不以其道，但抑之以威、迫之以力，强其所不欲、而求其服从，是犹激水过颡，非其性也。'"

"激水过颡，非其性也。此典引用得好。但愿首辅张先生少一些激水过颡的举措。"

"儒士范祖干持《大学》进与太祖，说治道不出乎此书。太祖命祖干剖析其义，祖干以为帝王之道，自修身齐家以至于治国平天下，必上下四旁均齐方正，使万物各得其所，而后可以言治。太祖说：'圣人之道，所以为万世法。吾自起兵以来，号令赏罚，一有不平，何以服众？武定祸乱，文致太平，悉此道也。'"

"太祖对治国平天下理解得很朴实。"

"这一则宜让皇上细品。太祖对侍臣说：'吾见史传所书，汉唐末世，皆为宦官败蠹，不可拯救，未尝不为之惋叹。此辈在人主之侧，日见亲信，小心勤劳，如吕强、张承业之徒，岂得无之？但开国承家，小人勿用，圣人之深戒。其在宫禁，止可使之供洒扫、给使令、传命令而已，岂宜预政典兵？汉唐之祸，虽曰宦官之罪，亦人主宠爱之使然。向使宦官不得典兵预政，虽欲为乱，其可得乎？'"

"冯公公见了这一则一定会不高兴。"

三人又哈哈大笑，言语间无不对冯保专权担忧。

"又检出一则，与之雷同。洪武四年闰三月，太祖对侍臣说：'古之宦竖在宫禁，不过司晨昏、供役使而已。自汉邓太后以女主称制，不接公卿，乃以阉人为常侍、小黄门通命，自此以来，权倾人主。及其为患，有如城狐社鼠，不

---

① 兔缺：病名。又名缺唇、兔唇，俗称豁唇。
② 孙膑既刖，智尚可用：战国时军事家孙膑虽然被削掉了膝盖骨，但他的智谋可用。

可以去。朕谓此辈但当服事宫禁，岂可假以权势，纵其狂乱？吾所以防之极严，但犯法者，必斥去之，不令在左右，慎履霜坚冰之意也。'"

"应该选太祖与侍臣论及创业之难的内容，此则很好。太祖说：'朕赖将帅之力，扫除祸乱，以成大业。今四海渐平，朕岂不欲休养以自娱？然所畏者天，所惧者民。苟所为一有不当，上违天意，下失民心，驯致其极，而天恶人怨，未有不危亡者矣。朕每念及之，中心惕然。'"

沈一贯又找出一则，念道："洪武十七年三月，太祖谕侍臣曰：'天下无难治，惟君臣同心一德，则庶事理而兆民安矣。唐虞三代之时，君臣同心一德，故能致雍熙太和之盛。后世庸主，治不师古，君臣之间动相猜疑，以致上下相隔，情意不孚。君有所为，而臣违之；臣有所论，而君拂之。如此欲臻至治，何可得也？'"

"太祖此语说得甚好：'人君能以天下之好恶为好恶，则公；以天下之智识为智识，则明。'"

"洪武六年正月此条尤有必要。太祖对儒臣詹同说：'朕尝思声色乃伐性之斧斤，易以溺人，一有溺焉，则祸败随之，故其为害甚于鸩毒。朕观前代人君，以此败亡者不少。盖为君居天下之尊，享四海之富，靡曼之色，窈窕之声，何求而不得？苟不知远之，则人乘间纳其淫邪，不为靡惑者几人焉。况创业垂统之君，为子孙之所承式，尤不可以不谨。'正如詹同所说，此乃端本澄源之道，万世子孙之法。"

"太祖说得好，'声色乃伐性之斧斤'。先帝①做得欠佳，若能听太祖之言，不至于早早地送了性命。"

"这大概是首辅张先生没有选隆庆朝奏疏让皇上'万几之暇省阅'的原因。"

陈经邦又念了一则："洪武十六年四月，太祖说：'人君不能无好尚，要当慎之。盖好功则贪名者进，好财则言利者进，好术则游谈者进，好议则巧佞者进。夫偏于好者，鲜有不累其心。故好功不如好德，好财不如好廉，好术不如好信。好谀不如好直。夫好得其正，未有不治。好失其正，未有不乱。所以不可不慎也。'"

家屏说："需检几则有关办学校的。"

沈一贯检出一则，念道："太祖谕中书省臣说：'今京师虽有太学，而天下

---

① 先帝：指隆庆皇帝。

学校未兴，宜令郡县皆立学，礼延师儒，教授生徒，以讲论圣道，使人日渐月化，以复先王之旧，以革污染之习。此最急务，当急行之。'"

又检出一则："洪武六年正月，礼部奏增广国子生。太祖说：'须先择国子学官。师得其人，则教养有效。非其人，增广徒多何益？盖瞽者不能辨色，聋者不能辨声，学者无师授，亦如聋瞽之于声色。'"

"庚午，太祖召国子生问曰：'尔等读书之余，习骑射否？'对曰：'皆习。'曰：'习熟否？'对曰：'未。'乃谕之曰：'古之学者，文足以经邦，武足以戡乱。故能出入将相，安定社稷。今天下承平，尔等虽专务文学，亦岂可不知武事？《诗》曰："文武吉甫，万邦为宪。"惟其有文武之才，则万邦以之为法矣。'"

陈经邦检出一则教育太子诸王的，说："此则当选。洪武十三年二月，太祖对皇太子诸王说：'吾持身谨行，汝辈所亲见。吾平日无优伶亵近①之狎，无酣歌夜饮之娱。正宫无自纵之权，妃嫔无宠幸之昵，或有浮词之妇，察其言非，即加诘责，故各自修饬，无有妒忌。至若朝廷政事，稽于众论，参决可否，惟善是从。或燕闲之际，一人之言，尤加审察，故言无偏听，政无阿私。每旦星存而出，日入而休，虑患防危，如履薄冰。苟非有疾，不敢怠惰。以此自持，犹恐不及。故与尔等言之，使知持守之法。'"

家屏说："此则讲民风。洪武二十八年，太祖对户部臣子说：'古者风俗淳厚，民相亲睦，贫穷患难，亲戚相救，婚姻死丧，邻保相助。近世教化不明，风俗颓敝，乡邻亲戚不能周恤，甚者强凌弱，众暴寡，富吞贫，大失忠厚之道。朕即位以来，恒申明教化，于今未臻其效，岂习俗之固未易变耶？朕置民百户为里，一里之间，有贫有富，凡遇婚姻、死丧，富者助财，贫者助力，民岂有穷苦急迫之忧？又如春秋耕获之时，一家无力，百家代之，推此以往，百姓宁有不亲睦者乎？尔户部其谕以此意，使民知之。'"

陈经邦找出一则，对家屏说："看你们山西汾州官何其坏也。上奏说：'今岁亢旱，朝廷已免民租。秋种足收，民有愿入赋者，请征之。'太祖对侍臣说：'此人盖欲剥下益上，以觊恩宠。所谓聚敛之臣，此真是矣。民既遇旱，后虽有收，仅足给食。况朝廷既已免其租，岂可复征之？昔孔子论治国，宁去食，不可无信。若复征之，岂不失信乎？夫违理而得财，义者所耻。厉民以从欲，仁者不为。'遂不听。"

---

① 亵近：亲近宠幸。

家屏说:"山西比不得江南鱼米之乡,一年一荏,若遇旱灾,春季陇上无苗,再有雨也只能种些糜稗之类,百姓糊口已难,官府不赈倒也罢了,再复征租,岂非要命!山西自古多灾,尤其晋北一带十年九旱,应以免租为定制。"

陈经邦又念了一则:"潞州遣官贡人参。太祖谕之曰:'朕闻人参得之甚难,岂不劳民?今后不必进。如用,当遣人自取。'因谓省臣曰:'往年金华贡香米,朕命止之。遂于苑中种田数十亩。每耕耔、刈获之际,亲往观之,足以自适。及计所入,亦足供用。朕饮酒不多,太原岁进葡萄酒,自今亦令其勿进。国家以养民为务,岂以口腹累人哉!尝闻宋太祖家法,子孙不得远方取珍味,甚得于诒谋之道① 也。'"

家屏说:"山西的潞绸、潞参、晋祠大米、太原葡萄酒在当地确实小有名气,但产量甚微,不足以进贡,还是太祖英明。"

沈一贯又念了一则:"太祖谕侍臣曰:'保国之道,藏富于民。民富则亲,民贫则离。民之贫富,国家休戚系焉。自昔昏主恣意奢欲,使百姓困乏,至于乱亡。朕思微时兵荒饥馑,日食藜藿。今日贵为天子,富有天下,未尝一日忘于怀。故宫室器用一从朴素,饮食衣服皆有常供,惟恐过奢,伤财害民也。'"

陈经邦说:"可叹太祖之后的诸位帝王都打破了宫室常供,伤财害民之事屡见。"

沈一贯又念了一则,引发三人对忠良和奸邪的讨论。

"八月,赐进士出身方升、同进士出身梁德远凡六十七人为六科给事中、六部试主事。太祖谕之,说:'忠良者国之宝,奸邪者国之蠹。故忠良进则国日治,奸邪进则国日乱。观唐太宗之用房、杜②,则致斗米三钱、外户不闭之效;玄宗之用杨、李③,则致安史之乱,有蒙尘播迁④ 之祸。此可鉴矣。'"

陈经邦说:"须警惕大奸若忠。"

家屏说:"张九龄的忠奸论值得借鉴。奸佞与忠良者,形相似而心不同。仔细观察,方可识别。前者多系谄媚乖巧之徒,后者乃刚正耿直之人。国家之乱多由相信、重用奸佞所致。奸佞者祸国亦害家,安史之乱当引以为鉴。"

---

① 诒谋之道:诒谋,即诒燕。《诗·大雅·文王有声》:"诒厥孙谋,以燕翼子。"郑玄:"传其所以顺天下之谋,以安敬事之子孙。"后遂以"诒燕"谓为子孙妥善谋划,使子孙安乐。
② 房杜:指房玄龄、杜如晦。
③ 杨李:指杨国忠、李林甫。
④ 蒙尘播迁:蒙尘,指帝王失位逃亡在外,蒙受风尘。播迁,即迁徙,流离。

沈一贯说:"张九龄从未登过杨国忠等时臣府地,视那些趋炎附势之人如乞丐,足见他疾恶如仇,正气凛然。"

三人又检出论兵的数则。

"太祖对兵部臣说:'攘外者所以安内,练兵者所以卫民。'"

"太祖对吏部臣说:'天下之务,非贤不治;求贤之道,非礼不行。'"

"太祖对诸将说:'国家用兵,犹医之用药。蓄药以治疾,不以无疾而服药。国家未宁,用兵以勘定祸乱,及四方承平,只宜修甲兵,练士卒,使常有备也。'"

朝堂上,皇上问张居正:"为何不见诸位讲官?"

张居正说:"启禀皇上,他们都去了简阁,挑选前朝旧本、圣旨等以备皇上省阅。"

皇上说:"朕有劳先生们。"随即吩咐身边的太监:"传御膳房备几样山珍海味与先生们送去。"

家屏这两天皮肤瘙痒,尤其耳后,让他很不舒服。往年春末夏初也曾出现过此类症状,扛一扛,用不了几天多能自愈,今年却不然,吃了几服太医院配制的药,也不见好转,且有加重的趋向。先是身上出现了皮疹,继而关节疼痛,严重时翻身都困难。前几日,又增加了咳喘、胸闷、心悸等症状。

资料快要查完时,家屏一阵猛咳,竟然跌坐在地上。沈一贯和陈经邦赶忙过来,将他扶起,送回家中。

太医院的医生来过几次,没什么好招。

门口传帖进来,郝杰和安嘉善来访,家屏这才忽然想起找徐君诊疗。郝杰自上次大病痊愈后,最相信的医生就是徐君,他和刘虞夔不由分说,恭恭敬敬地把徐君请来给家屏诊疗。

徐君带了一位徒弟,经过仔细地望闻问切后,将太医院医生开的处方拿在手里看,见是些荆芥、防风之类的药,笑着说:"不用服药。"

徐君与众人饮茶闲聊,笔墨伺候多时,也不见他开药方。

经郝杰提示,徐君方才说:"我已说过,不用服药。人常以为服药是治疗,殊不知停药也是治疗,依我观之,王先生此病不用服药,换个地方生活就好。"

徐君见众人不解,说:"人各有异。花开虽香,有人却闻不得;海味虽鲜,有人却吃不得。大千世界就是这样怪,有人进不得棉花地,有人过不得柿子岭，有人闻不得胭脂气，有人饮不得粮食精①。"

郝杰问："这样的病人多吗？"

徐君说："也曾见过若干，张一桂的母亲在京时不能逛街，也不知是哪种气味与她不合，每次逛街回家后非得咳喘十天半月。上次找我就诊，我让他送老人家回老家，老夫人不明就里，吓得哭啼抹泪，忙着和左邻右舍诀别，以为她将不久于人世，众人费了好大工夫才说清道明。现在，老夫人回老家后，病不治自愈，再未复发。"

家屏说："看来，我也得回老家待着，这大概也是天意。"

徐君说："我想先生用这种方法一定有效。"

徐君的话让众人的心情又轻松又沉重。好在此病无大碍，糟在不宜在京。送走徐君，家屏与郝杰、安嘉善闲话，说起山东人杰地灵，新城王重光一代更比一代强。

刘虞夔忙着为众人冲茶。正说话间，张居正委托张四维前来探望。

张四维说："首辅提出要重修《大明会典》，皇上从之，命你拟写诏书，这才知道你病了。"

家屏将徐君的治疗意见和张四维一讲，张四维说："若无大碍，将养两天会好。医者之言，不可不信，不可全信。"

王崇古也来看望家屏，他这次是为保韩宰而回京的。前些时日，王宗沐勘阅宣大、山西边务，声言要处分雁平副使韩宰。韩宰在王崇古手下干事多年，不曾出过差错，是一位清廉的官，王崇古不忍看他因一时一事被处分，特来相救。王崇古已见过张居正，无果，情绪低落。他自觉身为兵部尚书不能为下属做主，脸上无光，不如解甲归田。

王崇古赞成家屏以病乞归，他说："当官太累，七事八务没个消闲空，该歇息就歇息歇息，千万不要太劳累。"

郝杰挨不住，又评说张居正派员勘阅边务是"玩权术于掌上，耍边臣于股下"。

安嘉善赞许张居正派员勘阅，不然山东内河工程就得不到朝廷重视，拨不来款，进展不会如此神速。他劝王崇古和郝杰要以大局为重。

张四维说："首辅张先生上次对我说，近年来边关无战事，想让舅舅出任刑部尚书，掌管刑部，不知您意下如何？"

---

① 粮食精：指酒或以粮食为原料制作的其他饮品。

王崇古说:"我知道他这几年有意栽培方逢时,据我看,方逢时确实是难得的人才,足以胜任我现任之职。我离一离地方也好,有利于后来者大展宏图。"

刘虞夔一有时间就来这里给家璧和浚初辅导,听得他俩放学回来,便去了他们的书房。

李氏在后院备好了酒饭,让湛初来告诉家屏。湛初已长成一位美少年,既活泼,又彬彬有礼,让客人们眼前为之一亮。

"家母已备好饭菜,敬请各位大人就餐。"

郝杰和湛初特别有缘,他拉着湛初的手问这问那。郝杰的儿子要是活着,也有湛初这么大。儿子夭折,是他终生之痛。郝杰郑重提出要和家屏结为亲家,让湛初做他家女婿。众人说好,家屏笑允之。

安嘉善说:"又让少泉占了大便宜,我也得预定一位公子做女婿。"家屏也含笑应允。

众人边说笑边在客厅摆下桌子用餐。众人散去后,家屏将徐君的治疗意见告诉李氏,让她定夺该不该辞朝回老家。

李氏说:"这还用问我?拿定主意,回老家去,养病当紧。俗话说,官家还不使唤病人,何况朝廷!明日上朝就乞假病休,皇上的心也是肉长的,还能不允?"

家屏决定停药后观察,若再犯,就乞假病休回老家调养。

家屏在家里待了两天,没有出现症状。他惦记着为皇上拟写重修《大明会典》诏书的事,便去了存放先朝资料的密室。他要查阅一下从前数次重修的诏书。正当他抄写这些诏书时,一下子又犯了咳喘、呼吸困难的毛病。密室的杂役见状,速将他搀扶出地下藏书室,家屏好一阵才平静下来。刘虞夔、吴中行、朱赓闻讯赶来,搀扶家屏到史馆。

家屏带病伏案疾书,为皇上拟旨:"朕仰承祖宗列圣之鸿庥,获缵丕绪,夙夜祗惧①,图维治理,则亦惟我祖宗之旧章成宪,是守是遵。仰惟皇曾伯祖孝宗皇帝命儒臣所纂《大明会典》一书……今特命卿等,查照弘治年间创修,及我皇祖敕谕重修事理,择日开馆,分局纂修……其总裁、副总裁及纂修等官职名,并合行事宜,陆续开具,以闻。"

家屏休息了好几次才将拟旨完成。又是一阵咳喘,他无奈地写了一份乞假

---

① 祗惧:敬惧,小心谨慎。

病休的章草。

家屏此次犯病惊动了在内阁当值的张居正。他急匆匆赶到史馆,见家屏这般模样,一边让人去请太医,一边拿起家屏所写文字揣度。

张居正看了家屏以病乞休的章草,皱起了眉头。

张居正说:"内阁商议,所有参与编纂两朝实录的官员参与重修《大明会典》,准备让你独当一面,负责编辑《皇明祖训》部分。你一走,谁能顶替你当此重任?"

家屏不假思索地说:"李维桢。"

张居正为之一怔,哼了一声,喃喃地说:"他,他在陕西。"

张居正又问:"谁接替你任讲官?"

"于慎行、徐显卿。"

张居正点了点头。

"谁接替你拟旨?"

"朱赓。"

张居正不语。

第二十九章　浚初和翟小姐定婚约
　　　　　家屏为温景葵写墓表

家屏以病乞休，皇上允准。
家屏上《请告谢赐银币驰驿疏》：

　　日讲官翰林院修撰臣王家屏谨奏，为恭谢天恩事。
　　该吏部题覆，为久病不能供职，恳乞天恩容令回籍调理事，奉圣旨：是。王家屏准回籍调理，伊系日讲官，特与驰驿去，仍赐路费银二十两、纻丝二表里。钦此。
　　臣捧读纶音，不胜感泪。谨扶病叩头祗领讫。
　　伏念，臣猥以谫陋，幸际昌明。荷蒙皇上拔自史垣，俾参讲席。微劳未效，宿疾侵寻。虽乞假以暂调，如沉疴之难拔。旷瘝弥月，忧深弦晦之移；疾痛呼天，惧渎云霄之听。乃蒙：圣慈曲轸，容假息于蓬蒿；宠赉特颁，获敷荣于枯朽；乘邮续食，道路藉以光华；彩币精镠，里闬腾其辉润。叨恩至渥，揣分奚堪。天地之大德曰生幸回起色；日月之末光伊迩忍遂遐心。
　　臣无任瞻恋阙庭，激切感戴之至！

此疏一上，众人皆知家屏将要回乡养病。于慎行、林景旸、张一桂约了时任户部员外郎的刘东星和时任太常寺少卿的贾三近前来看望家屏。

王崇古回京了，张居正把他调到了刑部。王崇古对家屏说："我人虽到了刑部，心里还系着兵部之事，宣大今秋武试，但愿你能参加。"

安嘉善和郝杰来了。安嘉善为天津军防①在这次全国范围的外察中名列榜首而自得，说起天津军防，他滔滔不绝："我的辛苦没有白费，功夫不负有心人。"

　　王崇古鼓励他："天津是京师门户，军防至关重要，还须百尺竿头，更进一步。"

　　郝杰对张居正调王崇古到刑部百思不得其解，说："张居正一会儿要重修《大明会典》，一会儿京察、外察、调拨官员，比高拱还能折腾，也不知道究竟想干什么。直弄得人心恍惚，不得安宁。"

　　安嘉善问郝杰："少泉出山没几年，是否又有了归隐之心？"

　　郝杰说："这种想法一直有，又思量家母年迈体衰，朝不保夕，回乡丁忧是早晚的事，故不急于去朝。"

　　张一桂说："我也这般想。虽然把母亲送回老家后，她病情渐好，但我还是成日地等待老家的音讯。"

　　正说话间，沈鲤和陈于升进了门，他俩也为各自父亲的身体担忧。

　　众人为不能在父母活着时尽孝而嗟叹，又议论起丁忧三年之制是否需要重修。争论十分激烈，也像《明太祖实录》中记录的那般，分成了正反两方，一方认为一年足矣，一方认为三年合理，谁也说服不了谁，但大家的一致意见是无论是谁，都得按制度办，否则就是乱臣贼子。

　　刘虞夔安顿家璧参加今秋乡试，落第不要紧，只当是一次锻炼。他最看好浚初，鼓励浚初收集、整理、编辑宋诗词全集。

　　说到乡试，贾三近认为林景旸在万历二年（1574年）书呈八项对那年的乡试和殿试起到了巨大的作用。他担心现今礼部给事中不能正常监察该项工作。

　　林景旸说："我今在兵部，也有数则需呈。"

　　林景旸和王崇古私下交流，林景旸畅所欲言，王崇古频频点头。

　　沈鲤问家屏："计划何日抵达老家？"

　　家屏说："七月十五前赶回去，不耽搁给父母上坟。"

　　贾三近问张四维："听说平阳知府胡来贡将提升为山西副使，内阁定了没有？"

　　张四维说："首辅张先生说过，已经定了。"

　　贾三近说："他这几天在京，要是定了，将就任，让他和家屏搭伴回山西，

---

① 天津军防：当时安嘉善既是山东副使，又分管天津军防。

路上也好互相照应。"

刘虞夔说："浑源翟廷楠进京乞休，也要回去，皆可同行。"

家屏从小就熟知翟廷楠。他有过目成诵之才，十三岁充学宫弟子员，每试居高等，嘉靖三十四年（1555年）以麟经魁①于山西乡试。

于慎行问："家璧和浚初几位将在哪里就读？"

家屏说："他们几个庠生，或在山阴，或在大同皆可。"

于慎行说："沈渊出任司业，可望通过考试择优选录诸生，争取让他们到国子监。"

家屏说："通过考试择优选录诸生，此法虽好，欲施行，势必阻力重重。"

林景旸凑过来，说："我那年事呈八项，有一项'广增额'未允，估计沈渊的方案首辅张先生也不会允。"

众人又议起张居正长子张敬修今年将参加乡试的事。

经过几天的准备，家屏带领全家离京，踏上了回乡之路。

翟廷楠领着家璧和浚初骑马先行，负责安排一行人打尖、住店之类的事项。家玺、家楫走在中间，照看几位老、小夫人的车辆。胡来贡骑马陪家屏走在后面，两人谈天说地，亲如兄弟。胡来贡特别敬重景夫人，景夫人把他当儿子看待，一路上教导孩子们要以胡来贡为榜样，讲孝悌，懂礼节，重情义，识大体。

不一日，一行人来到云中。现任代王朱鼐铉盛情接待了家屏一行，吩咐典膳官把他们安排到华严寺入住。旧地重游，家屏想起老代王、代王子以及自己的父亲等人，黯然伤神。

月川闻讯，和家田从山阴赶到云中来接。胡来贡执意留家屏和翟廷楠同他多住几日，他要拟定重修三关计划，并为宣大武选做前期准备。这也是山西巡抚崔镛对他的嘱托。李氏让家璧和浚初留下照顾家屏，其他人随月川和家田先回山阴。

景夫人闲不住，利用旅途休息时间为胡来贡缝制了夹主腰和棉主腰。分别时，她交给胡来贡，一试，很合身。让他"过两天就把夹主腰穿上，雁门关外

---

① 麟经魁：科举考试分五经取士，每科乡试及会试的前五名即分别取五经考试中的第一名，称为经魁。麟经即《春秋》。孔子作《春秋》，至哀公十四年因鲁人捕获麟而停笔，故称《春秋》为"麟经"。

一入秋，风硬。空心没等当①。天再冷了，就把棉主腰换上，俗话说'腰里没棉，冻得绔翘②'。"胡来贡深受感动，含着热泪收下了。

胡来贡对佛教颇感兴趣，众人陪他参观了云冈石窟。之后，众人计划再到浑源翟廷楠庄园落脚，游览悬空寺。

家屏入住华严寺，有人戴全身孝，一进门就跪倒在地冲他磕头，家屏扶起，方知是温景葵之子廪生温习传。

温习传说："家父不幸于六月十七日仙逝，乞先生为之作铭。"

家屏闻言，欷歔连连，心情沉痛地说："我为生员时就知道先生大名，叹云中又少了位文武全才的有道者。"

家屏介绍温习传与胡来贡认识，并让他坐下来，讲述温景葵的生平。

"我温家先人系出太原，相传为唐御史温造之后，国初有温泉从军，占籍云中，遂为云中人。家祖父温广自学成贡生，家父幼颖敏，七岁受书，日可诵数百言，弱冠补郡诸生。抚台石冈蔡，深加器重，时常与他切劘③文艺，名誉日起。嘉靖七年，家父参加山西乡试中举人，之后，五上春官④而不第。谒选⑤为长山县令。

"长山有范仲淹祠，家父到那里后，增葺其宇，且自始至终以范仲淹为师，守己勤民，'先天下之忧而忧，后天下之乐而乐'。他说：'庶几⑥不羞先正之神灵耳⑦。'期年，邑大治，百姓为家父画像以祠之。李中麓先生对此作过详细记载。

"嘉靖二十三年，家父以治行第一升为福建道御史，之后，回乡为母丁忧。守丧期满，除服复职。那年秋，家父奉旨实边镇通州，监储京通二仓，并经营调度建城事宜，业绩兼优。

"嘉靖三十一年，家父按辽左兼督学政，期年，辽左文教为之一新。时辽人多以垦田致富，不为战守备，虏一入，弃耕而逃。家父建言，向富人募捐集资筑亭堠，赖以保护。又遇岛夷无端寇浙，家父奉诏募兵山东。姑苏告急，又

---

① 没等当：土语，缺乏抵御能力。
② 绔翘：土语，指因寒冷而呈缩肩屈身状。
③ 切劘：指朋友互相鼓励。
④ 上春官：指举人进京参加殿试。
⑤ 谒选：官吏赴吏部应选。
⑥ 庶几：指贤者或可以成才的人。
⑦ 先正：前代的贤臣，文中指范仲淹。

移姑苏。家父至姑苏，先治郡吏，郡吏皆慑服①，再抑豪右，豪右亦皆慑服，于是法令大行，当地人称赞他堪比姑苏先太守况钟。"

家屏插话，说："他和况钟有一共同点，都不是进士出身。由此看来，朝廷不可惟进士是用。"

"苏州有织造局，中使监织者，常勒其额价与郡守，家父拒而不收，中使大失所望。有士大夫以私事请托，家父善词应之，使者去，悉焚其书，长此以往，再无请托者，知情者都佩服他的执着。"

胡来贡说："为官者谁都会遭逢熟人以私事请托。温中丞却之有招，也属一绝。"

"嘉靖三十八年，家父擢霸州兵备，居一岁，杨博举荐，调永平。是年土蛮寇，家父勒兵御之，虏不得入。此事李文定为文记之，亟称其廉勤任事。

"嘉靖四十一年，家父加山东参政。四十二年，晋右佥都御史经略蓟辽。嘉靖四十三年，虏二十余万来犯，家父督诸军击虏，大克，获捷，晋右副都御史。

"家父在疆事久，以劳构疾，三上乞归，嘉靖四十五年春，乃允。

"家父归乡后，闭门谢客，遇缙绅大夫求见，言亦不及他事。虽有荐章数十，雅志不欲起。

"家父在乡修别墅一处，其间建亭，出入游焉。有阴阳先生说城东水泊地吉，往视之，说：'乐哉，斯丘，吾将返真于此。'遂于此间置坟地，一年后，卒。"

家屏把这些情况收集起来，为温景葵写墓志铭。

其铭曰：有赫执法，显名自唐。公绍厥世，风棱载扬。揽辔辽阳，抗族吴会。霾曀②潜消，海波不沸。来旬来宣③，于彼卢龙。枕席过师，尊俎折冲。虏窥严关，公躬秉钺。是戮是俘，膏铓系绁。肤公入奏，式当帝心。宠之大赉④，文绮兼金。方茂尔猷，遽云乞骨。暂许其归，亟须其出。胡天降割，泰山其倾。岂乏耄耋，终谢典刑。无谓公亡，不亡者在。国有

---

① 慑服：因畏惧而屈服。
② 霾曀：指蔽天的灰尘或云翳。
③ 来旬来宣：巡抚各地，宣扬德教。引自《诗经·大雅·江汉》："王命召虎，来旬来宣。"
④ 大赉：重赏。

信史①，家垂炯诫。楚楚玄宫，表滋海壖。光灵炳如，过者式旃。

温景葵的事迹让胡来贡深受感动，他说："山西人杰地灵，像温景葵这样的人应入祠乡贤，以弘扬其精神。"

家屏说："'郡书赤矜其乡贤，美其邦族②'。而山西有些州县尚未建乡贤祠，乡贤也未列入地方志。希望顺庵在山西掀起举乡贤之新风。"

在华严寺住了两日，一行人来到恒山脚下翟廷楠家。翟廷楠家孩子多，有五男四女。翟廷楠和夫人王氏看中了浚初，有意把四女儿嫁与他。翟家的另外三个女儿都已有了婆家，女婿们和浚初一样，都是庠生。

有贵客临门，翟廷楠觉得蓬荜生辉，把几位女婿以及堂兄翟廷评、侄儿翟润甫等都叫来陪客，家中像办喜事一般热闹。

中午设宴。年轻男女各一桌，听说浚初在收集、整理宋诗词，便把各自熟知的相关内容说与他听。李清照是翟四小姐最喜欢的词人，她随口背了几首李清照的词，令众庠生咋舌。

王氏说："可惜四小姐是个女流，不然非考个进士不成。"

大家又讨论地域知识和地方文化，浚初觉得应该把这些资料汇集成册。众人鼓励浚初编写《恒山志》。恒山脚下的书生喜好结诗社，常于清明时节登山用律作诗，众人约浚初明春一起参加。

过了一阵，翟廷楠望着这伙朝气蓬勃的年轻人对家屏说："不当官时想当官，当了官又觉得教书好。我此次乞休归来就想重操旧业，训子课书，间或邀请几位厚交挚友，斟善酌谈。"

家屏说："其实我在朝中任讲官也是教书而已。"

胡来贡说："只是教的学生与众不同，乃当今皇上。"

家屏说："天子也是人，也有七情六欲、生老病死。"

年轻人那边叽叽喳喳。

"皇上长什么样？"

"他只比浚初大几个月。"

"皇上什么时候大婚？"

翟廷楠冲着他们说："想见皇上并不难，你们今秋乡试中举，明春殿试，

---

① 信史：较为翔实可信的史书。

② 郡书赤矜其乡贤，美其邦族：此郡书非常同情乡人推崇敬重的人，对其氏族多有溢美之词。

不就可以见到?"

众庠生摩拳擦掌,跃跃欲试。胡来贡问他们几位中谁学得最好,众庠生公推翟润甫。翟润甫觉得他远不及浚初。

浚初和四小姐的婚约三言两语就议定了。

第二天一早,大同巡抚郑雒来接胡来贡。胡来贡走后,家屏和浚初也要起身回山阴,翟家全家人将他们送出村口。

浚初骑在马上与众人拱手道别。翟四小姐望着他远去的背影依依不舍,姐姐、姐夫们少不了取笑她,直说得她脸上红馥馥、心中喜滋滋。

家屏回到山阴,月川早将王家县城的院子收拾出来。家璧、家玺、家楫准备参加今年的乡试,诸多事项由月川安排。家屏的病果然如徐君所言,日渐康复,再没有复发。他住在南洲书院,倒也清净。

一日,有人来访,是郝杰的侄儿郝洲,郝杰的母亲李恭人病故,请家屏作铭。

李恭人是一位很不简单的女性,郝杰的父亲郝温泉乡试中举,初为衡水令,不久调任丘,李恭人嘱他:"居官欲守,无以货利熏心;抗节[1]欲高,无以功名损志。"郝温泉清廉正直的名声,与她这位夫人有很大关系。

郝温泉拜福建道御史时,武定侯郭勋怙宠张甚[2],郝温泉不畏强势,列其不法状以奏之,差点惹来大祸。

郝杰中进士步入官场,李恭人每诫之:"儿继尔父,须慎言,不要忘了你父劾武定侯之疏。"

高拱执政,郝杰抗章论之,侃侃不避人言,与其父劾武定侯一样。高拱当国,颇修宿憾,好多人为郝杰担心。

李恭人嘱郝杰:"解官归,丈夫志不合,卷身而退,安能饰貌求容?"

郝杰听了李恭人的话,辞官保节,直到高拱下台才出山。

家屏根据李恭人的事迹作铭:

> 彼君子女今尹姞,作嫔庄士称良匹。
> 妇戒鸡鸣母断织,言中国经动为式。
> 台谏两世邦司直,风纪规随如画一。

---

[1] 抗节:坚守节操。
[2] 怙宠张甚:倚仗帝王的恩宠,特别张狂。

> 有狐昼嗥鸇奋击,怂憑其旁意不慑。
> 谁构毒者为虺蜴,从容包身无遽色。
> 翼卵培萌孤再植,趾美科名宗益赫。
> 帝宠骈蕃命三锡,在约不诎盛不溢。
> 六十余年如一日,伉俪偕藏同此室。

七月十五那日,家屏带着孩子们去给父母上坟,作《丙子请告祭考妣墓文》:

> 呜呼,自儿违远慈灵,亦越五年矣。五年之间,无以春秋伏腊出扫丘垅、入奉蒸尝是儿生养之报既亏殁,思之诚又阙……儿今体力稍平,匍伏隧前[①],酹酒陈词,用抒哀荐,白霜黄草,凄怆何胜。

家屏心中放不下的另一件事是霍氏的棺椁至今尚未迁回老家。

宣大武试如期举行,朝中派出的官员是沈节甫。沈节甫任礼部主事时,因事得罪高拱,托病而归,避之。高拱离朝后,出补尚宝司丞。方逢时、沈节甫、胡来贡、郑雒特邀家屏参阅武试。

武试分内场和外场,外场设在城西北校场。校场布置得很有气势,彩门高耸,彩旗翻飞,卫戍林立,戒备森严。中心建考台,环台是考场。外围有士兵列阵守卫兼观摩。考台上搭背景墙,一侧上面绣一个特大的"武"字,乃皇上御笔亲书,下面写武试内容及时间:第一日马步箭,第二日弓刀石。墙背侧上面是征西将军出征图,胡来贡在图上用行书抄录了家屏旧作《征西将军出征歌》。

家屏站在台上,瞩云天,瞰山川,一副心潮澎湃的模样。

胡来贡问他:"对南兄,此时,于此地,你在想什么?"

家屏说:"我想起了卫青、霍去病,他们从这里北出沙漠,千里之外,斩虏数千,全甲而还。想起李广、魏尚,他们在此地守关备战,抚恤将士,养兵千日,用在一时。想起我已故的岳父霍宗岳、舅父韩寒潭和内兄霍应山,他们志在从戎,心系边关,呕心沥血,至死不渝。想起曾为《征西将军出征歌》作

---

① 隧前:墓道前。

曲弹奏的亡妻。"

武试在激荡人心的鼓乐声中开始，考官入座，各就各位。生员入场，按区域指示，点名列队待宣。军营教头做武术表演。生员们依序就试，高潮迭起，喝彩声不断。考官在台上交流，认为此次武试聚集了许多精英，一大批栋梁之材将脱颖而出。

武试结果须报呈兵部，家屏为之写《宣大武举乡试录序》。

家田和家垣所在的河阳堡军营也组织官兵观摩了此次武试，家屏特地从云中请来两位高手教习他们武艺。

沈节甫欲回京，家屏等官员将他送到云中城外，沈节甫牵着家屏的手说："我有一事相求，愿你能够应允。"

家屏说："锦宇兄尽管讲。"

沈节甫说："那日，我到云中城东水泊那边为温景葵都宪扫墓，读了你为他写的墓表，深受感动。连日来，常思量岁月悠悠，人生苦短，多少经历都化作过眼云烟，轰轰烈烈一生，也只落得一篇碑文，能像温景葵这般，足矣！我只求百年之后，你也能为我写墓表一篇。"

家屏见他说得特别认真，连声应允。

第三十章　沈鲤回乡丁忧
　　　　　首辅在官守制

沈节甫一行走后，胡来贡问家屏："刚才你俩嘀咕什么？"

家屏笑道："锦宇兄约我日后为他写墓表。"

胡来贡听得目瞪口呆。

家屏见胡来贡忙于安排在北岳山上的植树事宜，便与他告辞，回山阴继续养病。

没过多久，有人找上门来，请家屏写墓表，来人是沈鲤的伯兄沈照。

沈鲤的父亲沈杜于万历四年（1576年）十一月病故，沈鲤特令沈照来找家屏为其父写墓表。

家屏以山茶招待沈照，沈照边饮茶，边道出其中缘由。

沈鲤是万历皇帝的启蒙老师之一，和家屏同为史官、讲官。其父沈杜封同官。

那一年，沈杜进京，沈鲤为他祝寿，场面十分壮观。家屏前往参加。有人将家屏误认为是沈杜的儿子，对沈杜说："你家公子和你年轻时长得一模一样。"沈杜望着家屏说："像，精气神都像。"自那以后，家屏因与沈鲤父亲酷似，被史官们传为佳话。

"家父那年进京住了一段时日后就陪母亲回老家居住了，过着田园生活。"

"我记得他豪直善饮。"

"家父生性喜酒，我们老家田地不多，用区田法耕作，他每年总要多种些秫，用以酿酒。家父日喝粥都行，就是不能没有酒。初病时，左半身活动不自如，犹时时引酌，后来，每日暮时，就命诸子入侍，奉觞为他祝寿，至夜乃罢，说是为了舒筋活血，效果也不明显。"

"他常说自己大限六十八岁，果然应验了。"

"柏溪公临终时，头脑尚清醒？"

"他的头脑一直清醒，只是言语稍显含混。"

"柏溪公如何安排后事？"

"他对诸子说，与人交往，我成彼，为我赢，宁多给人，也不要自己多取，不要干那些得在我、失在彼的事情。要友爱诸兄姊，尤其对诸姊中贫无资者、死无托者，要像他在世时一样调护赈给，终其身，不得少有间。

"还说，他死后，墓表所述从实从简，指名让表里气质似他的王生，也就是对南兄来写。"

沈照特地带了一名画师，以家屏为参照，几经修改，为沈杜画了一幅年轻时的小像，这也是沈鲤的安排。

家屏连夜为沈杜写就墓表：

> 封翰林院检讨柏溪沈公之卒也，其子赞善君沈鲤，日夜悲号……伤哉……赞善君以青宫旧学结知人主，既逮事，柏溪公生驰封如其官。殁之日，天子又为遣官谕祭，敕所司治葬事，荣名无穷矣……公讳杜，字名卿，柏溪其号……父沈瀚以进士历建宁太守……建宁公四子，而公居季，公生而广颡丰颔，仪观魁然，而内无城府，一见知其长者。始髫，建宁公见背，宗党中有心怀叵测者卒不能加于公，人谓公有天幸，数遇暴弗为害也……公自少工草书，兼善绘，事每吟咏，有得即模其意于画，画不尽意，则抒其绪于书，咸潇洒有特趣，无所师承焉。比赞善君知学，则弃去，课赞善君，读或手自抄牍以授，间有疑义，为走质他所，归而解说，如其指，亦不令有常师也。赞善君既贵，宗人前仇公者，恇惧若无所容，公顾，且芘覆①其子若孙，遇之愈益厚……公尝戒诸子曰："凡有所市于人，我成彼，为我赢、彼诎也。宁溢予之，无溢取之。岂必得在我，失在彼哉？友爱诸兄姊，尤笃诸姊贫无资者、衰且死无托者。"公逍遥于图书吟咏中，乐而忘其贫……公生正德己巳十月廿七日，卒万历丙子十一月十四日。享年六十有八……其墓在域西十里亭之侧，从赐兆也。

沈照要回去，家屏送他。沈照说有一事忘了告诉家屏。

---

① 芘覆：覆盖荫庇。

"沈鲤到恒山考察的计划因为父丁忧而推迟了，他让我问对南兄该在哪里祭祀北岳。待三年后再作辩论。"

家屏微微一笑，说："我可等不了三年，待我病愈，就到浑源祭祀北岳恒山。"

沈照说："难怪柏溪公和赞善弟一定要请你写墓表，这大概就是你在墓表中提到的——心有天游。"

月川以儒官身份带领山阴诸生参加省城秋闱，无一中举者。

家屏在南洲书院辅导后生们读书。戎夫人让家屏为书院题匾，书院中尽是王家子弟，宪成让家屏在匾上写家训。家屏写了"耕读传家本"几个字。戎夫人找匠人制成匾，悬于堂前。

张居正九年考绩，特进左柱国太傅，俸如伯爵。皇上手敕："先生亲受先帝遗嘱，辅朕冲年，今四海升平，四夷宾服，实赖先生匡弼之功，先生精忠大勋，朕言不能述，官不能酬，惟我祖宗列圣垂鉴，阴佑先生子孙世世与国咸休[①]。"

朝中组织会试。张四维、申时行为主考官，取冯梦祯等三百名学子。张居正长子张嗣修得中。

朝中准备殿试。张居正因儿子张嗣修参加殿试，申请回避读卷。皇上下旨："读卷重典，卿为元辅，秉公进贤，不必回避。"吕调阳儿子吕兴周也参加了殿试，乞引避，皇上也不允。

参加殿试的有冯梦祯等三百零一人。殿试结果：赐沈懋学、张嗣修、曾朝节等进士及第，其他为进士出身。百官致词称贺，也有人窃窃私语，认为张居正之子张嗣修高中一甲第二名，有弄虚作假之嫌。

数日后，皇上参加经筵讲读毕，张居正以其子张嗣修及第致辞谢恩。

皇上当着众大臣说："朕无以报先生，贵先生子孙以少报耳。"张居正叩头谢恩。

谭纶不幸病故，朝中又将王崇古由刑部尚书改为兵部尚书，主兵部事。不久，令方逢时以原官协理京营军政。

[①] 与国咸休：和国家同样美好。

时任蓟帅的戚继光贿结宫府，势倾朝野，独惮王崇古，求张居正帮忙。张居正曒①言官群构②王崇古。

王崇古乞休。皇上知他有社稷功，慰留再三，而王崇古连连上疏，皇上只好允他致仕，乘传③归乡。

刘东星支持王崇古。张居正把刘东星由户部主事升为河南佥事，让他离开京城。

张居正主持在新进士中考选庶吉士，经皇上批准，一甲进士沈懋学等俱送翰林院读书。王锡爵和汪镗一起教习庶吉士。

林景旸任礼科都给事中后，被皇家宗室那些事弄得焦头烂额，经马自强指点，认为弊在《宗藩条例》，奏请重新修订统一令典。

万历五年（1577年）正月，两宫皇太后谕礼部为皇上选婚。礼部报称皇上大婚吉期十二月宜。两宫皇太后谕下："遵行。"皇上下旨："朕奉圣母慈谕，于明年三月内，择吉行礼。"

家屏也忙着为浚初操办婚事。宪成戴着石头镜，翻阅老书，择良辰吉日。家屏让浚初携礼执书去浑源报翟廷楠亲家。

某徼福先世，缔好名门。契允孚于断金，幸曷富于倚玉。顾贫惭雍伯，莫陈双璧之仪；贵谢韩侯，久虚百两之迓。兹者鸿钧乍转，贞元合以开祥；凤历新颁，天地交而成泰。女及笄、男及冠，孰无父母之心；正次王、王次春，适际婚姻之候。执雁而往，醮子惟虔，鸣鸾以来，归妹有待。遵御轮之礼，敢俟着而俟庭；禀结悦之规，庶宜家而宜室。

谨启。

常有朝中消息从京师传来。

李维桢由陕西右参议升为本省副使提督学政，申时行升为礼部右侍郎，张卤为母丁忧期满复职，出任保定巡抚。

---

① 曒：唆使。
② 群构：群起而攻之。
③ 乘传：乘坐驿车。

第三十章 沈鲤回乡丁忧 首辅在官守制

皇上敕吏部,加恩参与编写《明实录》的官员王家屏、王锡爵、申时行、赵志皋、徐显卿、张一桂、朱赓、黄凤翔、陈经邦、许国、张位、于慎行、沈鲤、陈于陛、沈一贯等人各升俸一级。

武举会试如期举行,本届考官由何雒文、高启愚担任,取中武进士张大德等八十人。

是时,张居正的父亲张文明去世。

"首辅张先生是否回老家丁忧?"

"他也丁忧二十七个月?"

"他若走了,由谁接任首辅之职?"

"按排序,若张居正丁忧,应由次辅吕调阳接任首辅。"

朝野议论纷纷。

吕调阳以病久三次乞休,皇上不允。

排在吕调阳之后的辅臣是张四维,他和吕调阳联名上疏,列举我朝"夺情"先例,意在支持张居正"在官守制"。

参与重修《大明会典》的官员几乎全部认为张居正应该遵循祖制,辞官回乡丁忧守制二十七个月。

"明朝立国以来,除了直接带兵打仗的官员外,在朝大臣有几人'夺情'?"

"首辅应效杨廷和而行之。"

皇上给张居正下旨:"安定社稷,朕深切依赖先生,先生岂可一日离朕?父制当守,君父尤重,准过七七,不随朝。"

张居正上疏:"请留京守制,以次子驰驿回籍营葬。"

皇上令光禄寺将张居正"留京守制"所需杂物送至张府。

那日,天上出现彗星,人们认为是不祥之兆,与张居正不为父守孝,违天理、失人伦有关。

吴中行上奏疏,说:"元辅夙夜在公,勤劳最久。父子相别十九年矣,期间,儿子由壮而强,由强变衰,父亲由衰成白头,由白头成苍老,音容相隔。现在父逝于千里之外,子不得临穴一哭,情何以堪?"

又说:"皇上之必须要留,元辅之不能走,原因何在,只有通神的人才能知道,但市井匹夫说什么、想什么的都有,怎样才能让他们知晓陛下的良苦用心,从而闭嘴?"

吴中行坦然呈上奏疏,并且面交张居正一份。

次日,赵用贤上疏,说:"首辅既然能为君效忠数年,就不能为父尽责一天？陛下不允许首辅回乡守孝，难道想让人人都效仿他？"

第三天，艾穆、沈思孝联名上疏，说："张居正若留下，是厚颜就列，遇到国家大典，参加不参加？不参加，于君臣大义不合；参加，于父子至情不合①。到那时，陛下何以处居正？居正又何以自处？陛下说是为社稷留张居正，社稷所重，莫过于纲常，元辅乃纲常之表，纲常不顾，安能顾社稷？"朝中不少人指责张居正"位极人臣，反不修匹夫常节""擅权无异于宰相天子""愎谏误国，媚阉欺君"。

张居正恼羞成怒，"谋于冯保，欲廷杖之"。马自强忧心忡忡，出面疏通。张居正良久不语，忽而跪下，高嚷："公饶我！公饶我！"马自强知不可为，仰天长叹而去。

王锡爵邀集赵志皋、张位、于慎行、张一桂等官员求见张居正，张居正避而不见。王锡爵闯进灵堂，当面指责张居正。

张居正推说："圣怒不可测。"

王锡爵说："即使圣怒，也是为先生而怒！"

张居正无言以对，咕咚一声跪下，哭诉道："皇上要留我，诸位要逐我，我怎么办？要杀我吗？"说着，顺手摸起一把刀做刎颈状，高喊："你杀我，你杀我！"王锡爵见状大惊，抽身而去。

皇上要处分反对张居正的官员。赵志皋、张位、于慎行、李长春、田一俊、习孔教、沈懋学等上疏论救。不报。沈懋学以同年之谊找张居正儿子张嗣修求援，连发三信，无回音。又写信给南京右都御史李幼滋。李幼滋说："今师相不奔丧，是圣贤之道，若腐儒等辈安能知之？"沈懋学一怒之下，告病。

十月二十二日，圣旨下："着锦衣卫逮捕吴中行等四人，在午门前廷杖。吴、赵二人，杖责六十，遣回原籍为民，永不叙用。艾、沈二人杖责八十，遣送极边远地区充军，遇大赦亦不恕。"

吴中行闻圣旨下，面南遥拜老母，说："儿死矣，还有孙子可以伺候您！"又托付妻子，"你能事母抚孤，我死而无憾！"饮酒一碗，从容前去受刑。

午门外，天色阴惨，隐隐雷鸣。锦衣卫戈戟林立，如临大敌。廷杖依程序进行，四位官员被打得皮开肉绽，血肉模糊，命悬一线。四人被裹以厚布，拽出。

---

① 于父子至情不合：守制期间不得参与吉事，故有此语。

刘虞夔与众官员围上前去救助。新科进士邹元标尚在观政期，毅然上疏，要求立即罢免张居正。

他列举其罪状："一、进贤未广，如限郡邑进学有定数。二、决囚太滥，如限各省决囚有定数。三、言路未通，有今日陈言，而明日罹罪者。四、民隐未周，如水潦旱魃之灾，有司不以奏闻。其他用深刻之吏，阻豪杰之才，不可枚举。"

又说："对亲人，生时不照顾，死时不奔丧，这不是丧心病狂，就是禽兽，怎能说是'非常人'？

"幸亏首辅只是丁忧，尚可挽留；要是不幸因公捐躯，陛下之学将终不成、志将终不定耶？其实，首辅一人不足惜，关键是后世若有揽权恋位者，必将引居正故事，甚至窥窃神器，那遗祸可就深远了！一言不可以尽！"

诏下。邹元标被杖责八十，发配极边充军。

吴中行受伤严重，几绝。多亏刘虞夔与中书舍人秦住带来医家抢救，方才苏醒，仓促裹了伤口，抬着上路南归。路上，家人挖去他股上腐肉数十坨，大若手掌，深处有一寸，一股几乎没有了肉，痛得他呻吟不止。

赵用贤受刑后，腐肉溃落如掌，其妻一路拾拣，"腊而藏之"，让吴家后人刻骨铭心，不忘此仇。

艾穆和沈思孝受刑后，入狱在押，几度昏迷，生死未卜。三天后，家属用门板将他抬出都门，远赴戍地。一路上，艾穆身上鲜血淋漓，然意气如常，犹厉声大骂张居正、冯保。

邹元标伤势很重，多亏刘虞夔、李楠组织救助才保住性命。

张居正成了孤家寡人，官员们对他侧目而视①，市井间流言四起，说他存篡位之心，有乱宫之嫌。

皇上敕谕："朕身为君主，有权决定大臣的进退予夺。张居正身任天下之事，岂容一日去朕左右？群奸小人借纲常之说，行排挤之计，就是要孤立朕。今后若有邪恶之徒再欺君罔上，定罪不饶！"

舆论难以平息。

张居正开始"京察"，吏部查处五十余名官员。未几，习孔教、赵志皋、张位相继被贬谪。王锡爵、沈懋学皆移病而归②。

---

① 侧目而视：本意为斜着眼睛看人，形容畏惧又愤恨的神情。

② 移病而归：上疏称病而还乡。

张居正从此变得与从前大不同，常思以威权劫之[1]，益无所顾忌，闻谤而不知惧，愤戾怨毒[2]，务快己意。

诏告定于万历六年（1578年）二月二十五日皇上行婚礼。

皇上令太监抬出一箱绘有精美图画的扇面，让日讲官每人取三幅，在扇面上题诗，以祝贺大礼。

皇上想起擅长写诗的王家屏，问张居正和张四维："王先生的病还没有好？"

内阁派出中书舍人赴山阴慰问家屏，将皇上大婚之事告诉他，拿来三把扇子让家屏题诗。家屏为之欣喜，参照扇面上的图画，应制题诗三首。

芝兰并瑞

晔晔灵葩灿，敷华禁苑中。
同心君子契，异瑞圣王逢。
岂独人和茂，还因孝感通。
锦屏依爱日，绣幕合祥风。
接颖瞻尧砌，摽奇陋汉宫。
卿云如有意，长护万年丛。

杏林春燕

上林回淑气，海燕总先知。
晴画承颜色，春风振羽仪。
曲江曾此地，新社若为期。
红向花间掠，烟从柳外披。
联翩高拂汉，对语近依帷。
欲趁凉秋去，常怀恋主私。

寒葩竞爽

积素凝芳萼，冰霜惨自任。

---

[1] 劫之：以强力使对方欲去而不得。
[2] 愤戾怨毒：怨恨乖戾，愤懑歹毒。

第三十章 沈鲤回乡丁忧 首辅在官守制

秾殊金谷艳，爽并玉堂阴。
香细垂帘静，珠明照殿深。
灵根堪作杖，幽意总归琴。
澹泊浑忘味，凄清足赏吟。
宫花千万树，宁识岁寒心。

皇上和首辅张先生派中书舍人此行意在了解家屏病情，若愈，回京赴任。朝中发生的事令家屏心寒，他给张居正写了一封信《上张太岳老师》。

某边徼鄙生，无足比数。猥蒙老师恩造，收置词林，滥尘讲席，循省涯分，逾越良多。不幸遘狗马疾①，又蒙老师垂轸，获予告给邮以及银币图书，种种异数，则又无秋毫不出自特恩也。

抵里以来，亦图勉自振，仰副生全，不谓积戾，故深被祸滋亟。俯仰一室，丧病相仍，子马游魂，亦复屡绝。自是摧心折志，万绪毕隳，悬企门墙，何啻隔世。即三年间，老师大庆大吊，至荣极哀，虽草木禽鱼，尚关欣瘁。某乃局趣，次且尺缄，靡申第令，积诚如山，怀恩若渴，区区悃款，何由自明？顾自以为身在草野之下、病痏之中，乃欲以澽漫空涵，辄渎省览。诚惧干冒严重，非分所宜。然违负恩慈，旷废礼教，每一念至，则又未尝不惶汗浃踵也。何意老师俯矜疲蠃，曲照孤晙，既宽偷惰之诛，重辱招延之命，遂使抢榆弱羽，再翔下风。伏枥驰驥，仍遵皇路。感知遇则凤恩未报，新宠曷胜；揣才分则旧殖尽荒，谀闻非益。此某所为辗转兢惕狼顾于进止之际，而不敢自裁者也。部札既至，王程有严，即日戒装，宁容稽滞？惟是家门乘多难之余，衰病伶俜，嗷嗷满室，必须稍为安顿，不致诒累老亲，庶可安意出门，一心营职，倘蒙量宽时日，欢感无涯，谨勒荒械，专力祈控，抠趋不远，容躬叩阶下，罄竭鄙悰。

某临楮不胜感激、忪营之至。

陪中书舍人同来山阴的胡来贡和郑雒读罢家屏写给张居正的信，窃以为"家屏此作，真乃李密之《陈情表》也"。

临别时，郑雒对家屏说："吾将效你与荆石两位'和平之相'而病之。"

---

① 遘狗马疾：谦称自己的疾病。

家屏叹口气，说："不可！不可！"

送走众人，没几天，鲍希颜登门拜访。他父亲故于万历五年（1577年）十一月，来请家屏写墓志铭。

三年前，鲍希颜的祖父病故，他的墓志铭由家屏所写。鲍希颜的祖父活了八十三岁，父亲只活了六十多岁，和他嗜酒大有关系。许多事，他说起来历历在目。

鲍希颜的祖父八十岁那年，他父亲六十岁，家屏在京组织同乡官员为二老庆寿，作《寿鲍太翁父子序》：

语云："天祚善人。"不于其身，于其子孙……比侍御君举进士、宰洛阳、征入为台谏，且十数年，而两翁者体腹康强，犹一日。今上即位……改元正月，封翁为六袠寿，而九月则太翁八袠矣。诸同年友相与谋曰：夫礼六十曰耆，八十、九十曰耄，耆与耄大老之寿，思鲍家，一岁而有大老之寿二，可无贺乎……寿者厚也，天所笃厚也，天之所厚必有惇庞贞固之德，丰菽而茂植，而后遐福归焉。鲍氏故微，而侍御君以文章奋起科第，为时名人储粹发祥，安可谓无所本乎？余闻太翁之为人，暗然、闇然中无畛域①；与人处，卷娄、暖姝若老姬、若慈母；暴客至门，喋弗应也；见蟄雀困蚁必救也。而封翁垣夷旷达，不事生业，微喜酒，出遇素善者，则偕与饮，必醉而归。望之如无怀葛天②时人也。然性孝友事，太翁即食一新，必怀以献之也。仲父遗诸弟妹茕茕无依，悉收拊之家，或待米而炊，而诸弟妹不失养也……

三年后，家屏在鲍希颜的祖父鲍全的墓志铭中写道：

……往年尝为翁上觞，称八十寿，谓翁百岁不啻，今仅仅三年所忽报翁卒矣，伤哉……翁性至孝，尝从里师受学，学且成，会父病痿则废书，侍父药饵，父病寝笃，翁日夜扶披床蓐间，更数月不少间，即衣被稍垢，尝手自澣濯之，不以属诸僮仆。父设遗诸姊及弟尚幼，翁一切拊之成立，诸弟相继殁，所遗子女孤无依，翁又一切拊之成立，翁家故贫，又数值家

---

① 畛域：界限、范围。比喻成见、偏见。
② 无怀葛天：无怀氏和葛天氏，传说中的上古帝王。后用以指上古淳朴之世。

难，食指日众，尝作劳终岁不足以供，然未尝有戚戚容也……侍御君既贵，翁布衣蔬食斋用一无所加，每诫家人曰："吾家数世及见此，尔辈当知惜福，毋为造化所谴……"今岁春，侍御君按应天，还便道省翁，翁固无恙，侍御君且行，执翁手泣，翁止之曰："吾老矣，吾及见尔登弟，为良吏、为名御史，吾愿足矣，岂必居膝下哉……"

家屏为鲍希颜的父亲鲍卿写墓志铭，云：

> ……封君孝谨，大类大父处士翁……处士翁若矿金璞玉未离其质，而封君握瑜怀瑾亦不欲示人以奇，要之韬光，袭采敦隐，君子之行为，乡闾重则均焉。乃今不三数年间，而两翁者相继没也，嗟乎，恸哉……翁少习举子业，弗利，则废去学书，书法乃日进，久之，逼真子昂矣。于是荐绅大夫争造公请书，殆无虚日。又雅善尺牍，诸儒生有窃窥其草者，人人以为不及也。性僋易耻，龊龊自营。唯独喜酒，出遇厚善者，拉与饮，饮尝竟日不归，归而酣卧达旦，宿醒未解又复出也。翁虽游于酒，人乎，而内行弥谨……里人故尝以鯀赋折辱翁，翁既贵，或言宜释憾自快，翁曰："以天幸至此，岂敢遽为修怨地耶？"竟弗报。侍御君未第时，有书生来游邑中，矜自负所学，翁请以侍御君从之游，生则大言，窭人①子初学，乃不量而混我，拒不纳，已闻侍御君第，乃大惭恨，自来谢翁，翁怜之，曰："以君才美，自致宜无难，归勉之矣。"为齐一岁粮，去翁家，故贫，又数施予……晚病酒，数病数起，起坐于一室，手古今名贤诗咏以自娱，足迹绝不及公府，族子甲行母钱，里中收息过当，翁怒切责，悉取其券焚之，自是族子弟无不兢兢服翁家法者。卒之日，犹晨起行肆中，及午而归，忽称疾，卒……铭曰："良玉不琢谓翁拙兮，书胡为乎工？莫邪弗割谓翁怯兮，酒胡为乎雄？彼鸥鹭岂不张兮，孰与冥冥之飞鸿；葵菔岂不植兮，孰与幽谷之芎䓖。旷兮，其若壑兮，何投弗容？涣兮，其若冰兮，何滞弗融……"

家屏的父亲王宪武、沈鲤的父亲沈杜、鲍希颜的父亲鲍卿皆因儿子中进士后居官被皇上加封，为之荣。三人皆好酒，终被酒所害，为之叹！

鲍希颜详细介绍了朝中近况，他动员家屏尽早还朝。

---

① 窭人：穷苦人或浅薄鄙陋的人。

家屏沉吟片刻，说："我想在家乡再静养一段时日，待给两个弟弟和浚初完婚后再做安排。"

鲍希颜匆匆回老家为父丁忧，家屏一直送他到雁门关。

二人谈起边关形势，鲍希颜说："王崇古被调回朝后，山西应另选一名德高望重如于谦者就任巡抚。"

家屏说："能当此重任者唯有郑雒。"

鲍希颜说："家在偏头关的将门之后万世德平时喜欢研读兵书韬略，深知防边御虏之策，又擅长文章诗赋，凡认识他的贤达豪杰，都认为他是文武全才，如有机会，理当推荐。"

家屏问鲍希颜："万历五年山西籍进士中可有出类拔萃者？"

鲍希颜说："崞县李楠可谓佼佼者，他与邹元标诸公气谊相许，当其劾张居正俱授廷捶时，众多避之，李楠独不避，不复顾诸侧目者，乃大丈夫也。"

鲍希颜对朝中局势忧心忡忡，家屏望着巍巍关山，说："皇上欲亲政，江陵挡不得。"鲍希颜点了点头，与随从上马越勾注南行，归故里丁忧。

万历六年（1578年）正月，葛守礼病逝，报朝廷，赠太子太保，谥端肃，治以国葬，敕修墓。皇上亲书"柱国名臣"赐之。

葛守礼的孙子、王象乾的亲家户部员外郎葛昕秉承葛守礼的遗愿，抵家屏处乞墓志铭，抵于慎行处乞墓表。家屏写《太子少保都察院左都御史赠太子太保谥端肃葛公墓志铭》：

公少有异质……举戊子省试第一，遂成进士……余尝考览国朝名臣，以端肃谥者惟少师钧阳马公。最者，公继少师起，其德望风裁相埒，人望之不啻嵩岱并峙……铭曰：古称大臣，国之柱石。师表人伦，桢干社稷。猗公魁杰，应运挺生。孤标外植，贞衷内凝。秉钥严关，总宪剧枲。暴容遁巡，强宗气慑。周回方岳，践更列卿。召伯疆理，山甫将明。结知肃皇，柄用伊始。晋如摧如，遇坻则止。典礼留省，免而东归。抗直自遂，遑恤忧违。再起司徒，疏通泉布。便农惠商，公私兼裕。迨事今上，独坐中司。整齐纲纪，夙夜孜孜。激懦廉顽，镇浮消躁。身范物先，偕之大道。泰山乔岳，百辟俱瞻。胡遽请老，丘园养恬。帝锡遣恩，蘩许其息。讵虞其终，天下愁遗。穹秩美谥，焜耀于幽。先民有作，钧阳与侪。考德著词，我铭其隧。以旌正人，式于有位。

第三十一章　家屏路祭北岳
　　　　　　居正回籍襄事

家屏忙着给家楫和霍二小姐完婚。没过几个月，又给家玺成了家，家玺娶了典簿郭应宸的女儿，了却了景夫人的心愿。

翟廷楠自觉身体欠佳，托翟润甫和门人李生给家屏下书将浚初和翟四小姐的婚期提前。

这边浚初依照民俗迎娶翟四小姐，京师的万历皇帝也大婚礼毕。

张居正上《再乞归葬疏》：

> 夫尽忠所以尽孝，而死者不可复生，臣岂不知今日之归，无益臣父之死；且重荷殊恩，特遣重臣，为之造葬，送终之礼，已为极致，臣今虽去，亦复何加，但区区乌鸟私情，唯欲一见父棺，送之归土，以了此一念耳。若此念不遂，虽强留于此，而心怀蕴结，形神愈病，必不能专志一虑，以图国家之事；公义私情，岂不两失之乎？比得家信，言臣父葬期，择于四月十六日，如蒙圣慈垂怜，早赐俞允，给臣数月之假，俟尊上两宫圣母徽号礼成，即星驰回籍，一视窀穸，因而省问臣母，以慰衰颜。傥荷圣母与皇上洪庇，臣母幸而康健无病，臣即扶侍同来。臣私念既遂，志意获纾，自此以后，当一心一虑，服勤终身，死无所憾。是今虽暂旷于数月，而后乃毕力于终身，皇上亦何惜此数月之假，而不以作臣终身之忠乎？此臣之所以叩心泣血，呼天乞怜，而不能自已者也。若谓臣畏流俗之非议，忘顾托之重任，孤负国恩，欲求解脱，则九庙神灵，鉴臣之罪，必加诛殛，人亦将不食其余矣。

皇上谕："朕勉留卿，原为社稷大计，倚毗深至。览卿此奏，情词益迫，朕不忍固违，暂准回籍襄事。"

另敕："差文武官各一员护送，葬毕，就着前差太监魏朝，敦趣上道，奉卿母同来，限五月中旬到京。往回都着驰驿。该省抚、按官仍将在籍起身日期，作速差人奏报。"

皇上特赐"帝锡忠良"银章，许密封言事。两宫皇太后对张居正赐赉有加，百官列队为张居正送行。

张居正行前荐马自强、申时行参预机务。

皇上命吕调阳等内阁大臣："遇大事不得专决，须飞报江陵，听张先生定夺。"

张居正此行排场很大，所过州县地方官员长跪迎候，跨界护送，小心侍奉。也有不畏强权者，如户部员外郎王用汲，愤然上疏弹劾张居正，说他"任情威福，排除异己，用人唯亲。不附和者迁怒斥逐，附和者不次升擢"。又说皇上"威福不自出，乾纲不独断，一切听任张居正所为"。

张居正还朝后将王用汲削职为民。吕调阳在阁中无所事事，称病不出，连上十疏乞归，皇上终于"特准回籍调理"。郑雒养病数月，被召用。

万历七年（1579年）春节刚过，郑雒与胡来贡领了几位地方官员到家屏家中道喜，说家屏之父王宪武入选乡贤。

家屏随众人到云中参加了隆重的乡贤入祠仪式，写下《己卯告显考赠公入祀乡贤文》：

于惟我父，孝悌之性，仁厚之衷，刚方之气，正大之情，教家有方，训士多成。义抗贵倨，惠浃孤茕，里钦巷敬，高山景行，胡德丰而寿啬，甫宾贡而遽终，悲设施之未竟，咎天道之难明。讵知光亨有数，不必其躬；章显有时，不必其生。兹者部使①厉俗②，咨访前英，惟父德义，允协舆评，爰疏祀典，爰启祠宫。诹吉奉主俎豆，其中，幂人执濯，宰夫戒牲，邑侯斋宿，冀妥明灵。儿家屏象贤是愧，绍庆知荣。欣潜光之有耀，将贲及于无穷。乃知，至贵者德，不朽者名，寿诎而誉永，生困而殁亨。庶几哉，慰我父生平之蓄抱，而抒其泉垠之幽恫。敬治醴斋，陈荐几筵，用伸虔告。

① 部使：指御使。多由中央六部郎官充任，故名。
② 厉俗：激励世俗。

第三十一章 家屏路祭北岳 居正回籍襄事

郑雒见家屏身体康复，便上奏，举荐家屏复职。不久，圣旨到，皇上召家屏还朝。家屏将家中老小安顿妥当，又到父母墓前祭奠、作辞，写《己卯起召辞考妣墓文》：

儿归来兮，家园。忽荏苒兮，三年。
保劬劳之，遗绪。终墓次兮，所安。
兹明诏兮，来下。只君命兮，敢延？
抱隐痛兮，覆出。顾丘陇兮，凄然。
奠椒浆兮，告别。涕承睫兮，潜潜。

家屏修书一封，感谢郑范溪中丞举荐：

某支离陋质，樗栎散材。遯迹蒿莱，甘心腐朽。猥荷台慈特达，眷注①勤惓②。噢咻于疾痛之中，藻润其疲茧之状。吴公之荐，贾谊未比其知；叔向之识，羁明诇方其遇。第自分沟中之断，弃不复收；何敢僭席上之珍，聘而后出。

伏蒙台座与人不爱其情，进贤欲加诸膝遂使。鼎疑真赝，取信于下惠之言；马误骊黄，定价于伯乐之顾。卒凭履幕之荐，再膺旂厦之征。溯所自来，知非偶尔。所愧宿疴虽减，莫济中干。旧殖尽荒，何资入告。探作鲁之简，祇切忧兢；临杨朱之歧，可胜迷缪。肃兹驰控，以代先容。王程有严方，迫束装之冗；台光非远，储撰履之诚。

谨启。

家屏决定从浑源那边走，祭北岳恒山，并看望亲家翟廷楠。浚初和翟四小姐要到浑源住对月，和家屏同行。翟廷楠的身体大不如三年前，硬要陪家屏进山祭北岳。家屏在恒山书院休息一晚，第二日，翟廷楠、浚初等相伴来到恒宗殿。

大殿有联："恒山万古镇中原，文昌六星连北斗。"大殿内恒山神像朱披金身，端庄沉静。昆仑道长的弟子主持祭山仪式。香雾袅袅，道乐悠悠。家屏到

---

① 眷注：垂爱关注。
② 勤惓：恳切。

神像前焚香、敬表。宣读《祭北岳恒山文》：

> 惟神：上干乾枢，下维坤轴，包幽据并，欽嶜突屼，内屏神京，外控荒服，肆威灵所，匡扶合华，夷其辑睦，气序均调，桑麻蕃熟，垂髫含和，戴白鼓腹，本神庥之，所诒允国，祚之攸属也。
>
> 某去国三年，退居岩谷，少室方温，终南见趣，奉召而来，过经岳麓，瞻仰徘徊，威灵仿佛，登荐椒浆，用伸虔祝：神其佑予，阴导默督，愿奉神薈，往陪鼎足，精白一心，公忠诚笃。如其不然，庸庸碌碌，甚或侧媚希宠，奸回持禄①，讵惟神羞，且羞邦族，神其厌之，敢徼神福？

家屏诵毕，翟廷楠感动得热泪盈眶，令随行弟子将该文抄录熟记，以励其志。

第二日，家屏出浑源上路，翟廷楠和翟廷评率恒山书院众弟子和浚初列队送行，齐诵："愿奉神薈，往陪鼎足，精白一心，公忠诚笃。如其不然，庸庸碌碌，甚或侧媚希宠，奸回持禄，讵惟神羞，且羞邦族，神其厌之，敢徼神福？"

翟廷楠握着家屏的手，说："不能与亲家同赴官场，以奉神谟，以和邦国，以谐万民，以安宾客，以召远人，深感愧憾。亲家此行任重道远，惟愿多多保重。"

李氏没有随家屏进京，她的老母亲身体不好，她要留在老家照应，她还物色了一位品貌端庄的门姑娘当丫鬟。

家玺和家楫成家不久，景夫人留在老家待了一些时日。林、徐二夫人随家屏进京，家屏进京后稍事休息就去上朝了。

皇上见家屏还朝，甚是高兴，问："先生家乡又有灾情否？"

家屏听说皇上出疹初愈，嘱皇上仍要注意饮食调理。

皇上说："朕大婚礼成，择三月初六日率文武群臣奉册宝为两宫皇太后加上尊号，先生为朕代拟册文。"

两宫皇太后册封为仁圣懿安皇太后和慈圣宣文皇太后。家屏拟文。

其一：

> 伏惟，圣母仁圣懿安皇太后陛下，粹质俪天，柔仪俪圣。尊居慈极，

---

① 持禄：保持禄位，犹言尸位素餐。

表正乎六宫；拥佑冲人，临御者十载。教自家而刑国，谋翼子以诒孙。属兹元嗣之生，允赖洪庥之庇。储祥有自，展庆惟宜。谨挱彝章，博咨舆议。将以某月某日，恭率文武群臣，敬奉册宝，加上尊号曰：仁圣懿安皇太后。伏冀，俯垂慈鉴，勉纳微诚。寿考万年，熙鸿名于有永；本支百世，绵凤历以弥昌。臣不胜惓惓之至。

谨具奏闻。

其二：

伏惟，圣母慈圣宣文皇太后陛下，性禀巽明，德符坤厚。赞先帝垂衣之治，佑冲人负扆之朝。恩殚劬劳，谋周拥翊。自训行于嘉礼，每轸念乎宗祧。顷得长男，应震繇之一索。允惟，慈极开离，照以重熙。是抒报德之忱，庸展尊亲之孝。卜以某月某日，恭率文武群臣，敬奉册宝，加上尊号曰：慈圣宣文皇太后。伏冀俯垂慈鉴，昭受贞符，则百斯男，永笃周家之祜；十千为寿，长承汉殿之釐。臣不胜惓惓之至。

谨具奏闻。

内阁和吏部议定，报皇上批准，降旨：家屏仍任日讲官，参加重修《大明会典》，作起居注。

礼部刘虞夔等史官争相和家屏诉说这几年朝廷发生的大事，他们的讲述比邸报上的内容更翔实生动。

"去年七月，吕调阳病重回籍。"

"去年十月，马自强病卒。"

"上月，于慎行请病假回了老家。"

"王体复从户部调往陕西任副使，整饬西安兵备。"

也讲张居正夺情和豪肆①还乡。

史官们希望家屏在日讲时能宣扬孝道，严明礼律，拨乱反正，借此声援因反对张居正夺情被处分的官员。

家屏在经筵上讲《孟子·孝子之至莫大乎尊亲》：

---

① 豪肆：豪放恣肆。

天下之大，固惟天子独擅其尊。亦惟天子得成其孝……人子孝亲，凡公卿大夫列爵于朝者，皆可以言……

臣尝因是论之，帝王之孝以根极至性为实，而典礼为虚；以博施四海为弘，而宫闱为狭。故书称：大舜之孝必本之夔夔，齐栗之诚推极于四方。风动之治，盖圣孝若是之隆也！

仰惟皇上，尊奉两宫，婉愉备至；推恩四海，锡类无穷。

惟愿法舜之大孝，令天下后世，颂永言之思焉。臣等，不胜蕲祝。

听课的官员们窃窃私语，以为张居正夺情与舜之大孝格格不入。

又讲《孟子·论王政在于养民》：

人君治天下，固以教化为重，尤以生养为先。盖民贫多由于失业，必驱民于农，使地利不遗于耕垦，且敛从其薄，使所入不竭于征输，则农功兴而利源开，民可使之富矣。然富厚易至于华奢，又必教民以樽节。其一，饮食必顺夫天时，防民之僭逾。其二，经用必遵夫礼制，则妄费省而积蓄充。财用既足，则礼让可兴。如水火乃民用所急，一日不得则不能以生活，然昏夜仓促之际，叩人之门户求水火，无有一人不与者，则以其至多而有余故耳。圣人治天下，知菽粟为民之所资，而争夺每生于不足。故导民以务农、节用，使菽粟之多如水火，家家有余而后已。如此则衣食足，而邪僻自消；礼义明，而风俗自厚。尚安有陷溺其心，而为不仁者乎？人君欲导民于善，当知所先务矣。

臣尝考，养民之政莫备于成周。观《周礼》一书，自三农九谷，以至园圃山泽，悉捐其利以予民，所以养之甚厚，而取之有度，用之有经，故富藏于闾阎，而上不私禄，养千八百国之君，而下不困也。嗣是民无常产、赋无定额。为民上者奢欲滋广、征敛滋繁，民不聊生有由然矣。惟汉文帝躬俭约以劝农，因有粟红贯朽之积。唐太宗能裕民以止盗，遂致斗米三钱之谣。然一则恣赏赉而无节，一则贪征伐而鲜终，可见生财为难，而惜财尤不易也。

仰惟皇上，重谷明农，特驱游惰。增屯罢塞，尽辟荒芜。均徭革冒免之奸，蠲租宽带征之累。固已，修养民之实政，振足国之远猷矣！顾财用常自丰而就耗，人情每由俭以入奢。是以沧海不能充漏卮，山林不能供野火。盖物产有限，而奢欲难供也。

伏愿念稼穑为小人之依，若睹艰难之状；思积贮系天下之命，无萌侈肆之心。冗滥虽已裁矣，而额办必严于会计；礼俗虽已正矣，而身教常谨于率先。减不急之供输，慎无名之赏赉。臣等，不胜幸愿。

日讲毕，皇上看着家屏，诏令辅臣撰写《雝肃殿箴》。

张居正拱手向前，说："臣遵旨。"

散朝后，有几位官员围在家屏左右，边走边谈。

"重农增屯，均徭蠲租，藏富于民。先生讲的都是治国良策。"

"举汉文帝和唐太宗事例，劝皇上躬行俭约，不恣赏赉，辅臣闻之，应为之震撼。"

张居正来史馆，让家屏为他代写《雝肃殿箴》。

"对南曾为皇上写了多篇箴言，此次还望对南能者多劳，为内阁代写。"

家屏不好推辞，说："写个初稿，供先生们修改。"

贾三近和林景旸来看望家屏，这几年贾三近先以太常寺少卿提督四夷馆，今又升为大理寺左少卿。

家屏当着张居正的面问贾三近："你走后，谁接任太常寺少卿？"

贾三近说："此事须问首辅张先生。"

家屏不等张居正开口，说："林景旸岂非绝佳人选？"

张居正看着林景旸，说："人尽其才，物尽其用，对南举荐得当。"

张居正走后，贾三近对家屏说："张先生一直对林景旸反对夺情一事耿耿于怀。多亏你当面直言举荐，算是过了这个坎。"

他们三人在一起，仿佛又回到了从前，非常随便。家屏一边写箴表，一边听贾三近讲这几年发生在四夷的大事小事。

林景旸又讲张居正回乡葬父时特地到新郑看望了他的老同事、老对头高拱。之后，没过几个月，高拱病故，高拱的弟弟特地来求张居正为高拱写墓志铭。

"皇上只答应给高拱半葬，不派官员前往。"

贾三近和家屏不相信张居正和高拱能尽释前嫌。

林景旸说："高拱写了《病榻遗言》一书，流于朝野，张先生陷诟其中。"

家屏问："朝中可有疏杵张先生者？"

林景旸说："南京户科给事中余懋学曾因疏忤张先生，谪为民，归婺源，张先生阴挤余懋学，御史耿鸣世不从主使，近日遭贬。给事中们为之愤愤然者多，直面抗辩者无。"

家屏三人和余懋学、耿鸣世是同科进士，知他俩乃忠耿之士，为他俩唏嘘不已。

家屏每写一页，贾三近和林景旸便拿过来帮着检查、修改，没多久，家屏写成《拟辅臣奉诏撰进雝肃殿箴表》：

伏以圣德缉熙，茂建中和之极；宸居宥密，于昭儆戒之谟。道取治躬而治心，义惟得名斯得象。范允端于宫壸，化丕徧乎寰区。窃惟，尧兴衢室，特廑兢业之怀；禹御卑宫，式谨慎修之度。日新不已，汤铭昭揭于盘盂；天命难谌，武烈明征于户牖。自绍庭而后，涉降上下，率罔或钦；由斯干以来，居处笑语，每多为僻。钧天广乐，张虚幻于清都；阁道周驰，逼高严于上界。未央长乐之胜，土木被文绣而祗备游娱；长杨五柞之雄，车骑震雷霆而但从射猎。含元命殿，孝仅咏于怀先；勤政名楼，礼独闻于视朔。美哉轮奂，徒侈观瞻；邈矣身心，何裨存养。兹盖伏遇皇帝陛下，德兼明圣，道宅君师。隆尊养于慈闱，有光舜孝；勤咨询于讲幄，丕焕尧文。帝鉴时披，绎芳规于圣哲；御屏周览，综最绩于臣工。敷锡极之谟，跻一世于荡平正直；振中兴之烈，通九译而顺治咸严。有那，其居已笃；邦家之庆不显，维德益严；屋漏之防乃即，紫宫亲摽。华牓谓：君心惟在所养，敬胜吉而怠胜凶；家道莫病于睽，和致祥而乖致异。若稽文德，雝雝肃肃，体备乎阴阳；遂揭鸿名，炳炳烺烺，光昭乎日月。既已涣垂堂之制，兼欲闻自牖之规。授简而谈善，不遗于葑菲；彻纩以听佩，将比之韦弦。臣儤直禁庐，职惭敬事。参谋帷幄，道愧和衷。就日望云，祗奉天颜之穆穆；歌风肆雅，欣承圣化之洋洋。才即诎于摛章，忠敢违于纳诲。道未坠地识其大，以陈谟文即在兹。稽于古，而为训。阐徽柔懿恭之范，备述仪刑；溯中正和乐之原，直穷蕴奥。愚仅纾于一得，照少裨于重离。

伏愿，约性情而瞬息有养，致礼乐而斯须不违。亦保亦临，俨明威之降监；克顺克比，蔼元气之流行。式在宫在庙之仪，惕于美于墙之见。惠宗公而事上帝，笃关雎麟趾之祥；举斯心以御家邦，衍既醉凫鹥之庆。

臣无任云云。

张居正上《雝肃殿箴》。皇上以撰进《雝肃殿箴》赐张居正白银五十两、彩缎四表里，赐张四维、申时行白银各三十两、彩缎各二表里。

第三十一章　家屏路祭北岳　居正回籍襄事

朝堂上，贾三近和林景旸望着家屏，三人窃笑。散朝后，三人同行，贾三近学着家屏讲课时的口吻，说："这回皇上可是'慎无名之赏赉'。'臣等，不胜幸愿。'"

家屏一笑了之。

好在没过几天，林景旸由礼科都给事中升为太常寺少卿。

文华殿上，家屏又讲《诗经·国风·七月》：

……

六月食郁及薁，七月亨葵及菽，八月剥枣，十月获稻。为此春酒，以介眉寿。七月食瓜，八月断壶，九月叔苴，采荼薪樗，食我农夫。

九月筑场圃，十月纳禾稼。黍稷重穋，禾麻菽麦。嗟我农夫，我稼既同，上入执宫功。昼尔于茅，宵尔索绹，亟其乘屋，其始播百谷。

周公述豳民，言天之生物，一果一菜，皆足以养人。而人之用物，或丰或俭，不可以无节。盖一家之中，有老少其用度自然不一。故当六月之时，果木有郁李与蔱薁，俱已熟，则取而食之。七月之时，菜有葵谷，有大豆，俱堪用，则采而烹之。八月间，枣已结，则扑来取以充笾实。十月间，稻禾可获，则收来酿以为春酒。凡此果菜酒浆皆是佳品，我辈敢以自用哉？惟是高年人，气体既衰，非滋味无以适口，故以此供奉老疾，庶以保养其天和，增助其眉寿耳。若我辈农夫用度，则不必。然七月瓜熟而可食，则食瓜。八月瓠成而可断壶。九月霜降麻熟，则拾取麻子。至于荼是苦菜之可蓄者，则采而蓄之，以为菹。樗是材木之无用者，则刈而积之，以为薪。凡此瓜壶苴荼其物至菲然，是田家所有，正以食我农夫者也。盖农夫饥餐渴饮，饮食无待于丰美，故以此自奉，亦惟即其所有之物，以为日用之资而已。岂敢上同于老者乎？夫物之甘美者，以之养老。菲薄者以为常食，丰俭得宜，豳俗之厚为何如哉？

豳人言，民命所资，莫急于居食；而勤生至计，惟在于趋时。时当九月，禾将熟矣，则筑圃以为场。十月禾既刈矣，则开场而纳稼。所纳者有黍、有稷、有重、有穋、有禾、有麻、有菽、有麦，凡此禾稼，种类不同，登场则一。农事至此而有终矣。乃豳民犹不敢自安，因嗟叹，言农夫在田作劳，无暇安居，幸今我稼既同，农工已毕，正可趁时上入城邑，料理宫室之事。日间取茅草，夜间绞绳索。急升屋上，葺敝补漏，早完工程。盖冬月时光有限，不久春来，又庄农时，候播种百谷，犹恐不遑，何暇图治室之事乎？夫当农事之终，即虑及农事之始。终始忧勤，如此生养，安有不遂者哉？此豳俗所以为厚也。

臣因是有感于农家之苦，初春土膏方动，即荷犁出耕。耕垦未周，已当下种，下种未几，已当耘苗，苗稼已成，谨锄稂莠，稂莠已去，兼虑虫螟，虫螟不生，复虞旱潦，计其三时，力作沾涂，万状愁苦，多端然犹，丰歉无常，收成莫必，一遇岁歉，公私租赋，遥勒于门，妻孥饥寒，啼号于室。目前之生计已困，来春之农具无资。因有辗转，经营矻矻，终年而不得一饱者矣！幸而国无大役，官无杂差。止于谋生，未便失业。设或多事，赋役繁兴。重以有司不良，科扰百出。于是追胥纷沓，田里骚然。民乃有弃未耜而不耕，望城门而逃匿。此苛政所以病农，农人所以失业也。欲以播谷、乘屋各及其时，如豳人之为谋，安可得哉？国家子惠万姓，生聚休养二百余年，粒食安居，宜无失所，乃游惰之众，未尽勤生；流移之民，无从复业。则朝廷之德意，尚有未宣；有司之职事，容或未尽。

伏愿皇上，轸恤民艰，特申宽大之令；作新吏治，一祛苛刻之风。重本业、贱末枝，咸使归农；蠲逋负、省征输，期于厚下。则安养之政克众，而乐利之泽普沾。年谷顺成，行续筑场之咏；黎旺熙皞，重赓击壤之歌。天下臣民，曷胜幸愿。

家屏特地带了包括苦菜在内的几种野菜，让皇上和参加日讲的官员鉴认品尝，上华殿内顿时热闹起来，一改昔日肃穆之象。

山西巡抚高文荐等乘势上奏域内灾情，经勘验，皇上酌情减免山西税赋，并赈济慰恤。

家屏回到家中，有云中使者送来郑雒《贺起官书》一封，家屏读罢，修书答谢：

某樗栎散材，蓬蒿陋质。具非用世，叩北阙以长辞；养岂遵时，逃西山而终晦。烟蓑雨笠，良分愿之所安；夕佩晨钟，讵梦想之可及。何意枪榆弱羽，再翔下风；伏枥疲馈，仍遵皇路。原本所自，敢背生成。顾宿痾虽蠲，莫救中干之厄；旧殖尽落，深惭入告之资。方此临歧路而徘徊，何敢辱钧台之奖贺。衮褒璀璨，饰腐朽以增荣；鼎贶骈蕃，委屦庸其能戴。弹冠以出，特深贡禹之欢；书绅后行，觊禀颛孙之诲。肃兹登拜，曷既铭藏。

第三十二章　家璧中举充县丞
　　　　　　皇上大婚欲主政

万历七年（1579年），乡试备受朝野关注。先定由陈思育、周子义主顺天府乡试①，又定由高启愚、罗万化主应天府乡试②。

家玺和家楫在云中府学就读，眼见乡试考期临近，他俩却热衷于和同窗切磋武艺。云中乃尚武之地，诸生员中不乏将官子弟，他俩哪是这些练家子的对手，打不过人家，觉得丢人现眼，无地自容。听家田、家垣说河阳堡兵营有好教头，便擅作主张，离开府学，到那边拜师学艺。若干天后，胡来贡方才发现，他前往河阳堡，将他俩捉回云中府学。

家璧在京期间经刘虞夔等指点，知不足而后学。乡试前，家璧在南洲书院习读，每日有戎夫人监督，大有长进。浚初在恒山书院听翟廷楠讲学，受益不浅。只是他热衷编辑《宋诗文全集》，分散了不少精力。

家屏奉行"耕读传家"，鼓励王家子弟亦耕亦读，未必非走"学而优则仕"之路。对他们参加乡试之事不加干预，顺其自然。

家屏被派往河南，主持河南乡试，作《河南乡试录序》：

万历七年秋八月，郡国遵令甲③，复当论秀④于乡。在河南则……所简士二千四百人有奇，三试之，拔其俊八十人，并录其文之如式者以献。

---

① 顺天府乡试：设在北京。
② 应天府乡试：设在南京。
③ 令甲：第一道诏令，法令的第一篇。后用作法令的通称。
④ 论秀：选拔秀士。

……明兴二百余年，文治代光，道化旁洽，自山陬海澨，经生学子在所斌斌，矧兹嵩少、河洛之间，古称文献渊薮①，伊傅②、申甫③而下，一何其多贤圣乎！

家璧参加山西乡试，中举。浚初因临近考期时翟廷楠病情转危，他不忍离开翟家，就未参加本届乡试。家玺、家楫名落孙山。

一日，家屏收到温纯托人送来的请柬，他要给父母做寿，请家屏届时参加。参加寿宴的还有杨巍、陆光祖、贾三近、林景旸等。
温纯说："早有为父母做寿之愿，一再推拖，直至今日。惭愧！惭愧！"
"本该让王锡爵、习孔教诸君都来参加，可惜他们或被贬，或乞休，不在京师。"温纯说罢，喟然长叹。
温纯曾任太常寺少卿提督四夷馆，又升大理寺左少卿，他对张居正勾结冯保排斥异己不满，意欲乞休。他对陆光祖诸接班人寄予厚望。
家屏写诗一首，为温纯父母祝寿：

> 终南太乙高插天，层峰沓嶂相回旋。
> 钟灵毓秀几千载，中有丹书秘检无人传。
> 东海公，西王母，跨鹤骑鸾世已久。
> 我闻都谏二亲俱眉寿，分明天合神仙偶。
> 神仙偶，元不虚，朱颜照耀红芙蕖。
> 始信丹丘在平地，何必往来蓬岛乘云车。
> 仙郎珥笔承明里，琅琅奏牍三千纸。
> 皂囊白简落霜花，直节劲气谁能拟。
> 昔年紫诰驰双封，金函玉册蟠交龙。
> 夫妻偕老亦自有，几人同受皇恩秾。
> 春兰秋桂纷葱倩，瑞庆由来归积善。
> 池阳箫鼓无停时，年年为设长生宴。

---

① 渊薮：喻人或事物聚集的地方。
② 伊傅：商代的贤相伊尹和傅说的合称。
③ 申甫：周代名臣申伯和仲山甫的合称。

席间谈起高启愚主应天乡试时所出试题"舜亦以命禹"招人非议，说出题者是有意劝进①，说出了张居正想说而不敢说的话。杨巍不以为然。又谈起"皇上今年亲祀方泽，不让扈驾而从的张居正、张四维陪祀"。

"此乃皇上欲亲政之兆。"

"皇上亲政是早晚的事。"

"皇上要亲政，宫府②还政是否顺畅，拭目以待。"

温纯给父母做寿后不久，以疾乞休。

山西乡试主考官举荐名列前茅的举人出任县丞类职位，其中有家璧。报吏部。家璧正为参加明春会试做准备，收到吏部让他到杭州任县丞的半印戡合，与父母商量。

宪成说："我估计家璧能中进士，还是将戡合退了，待明春会试过后，若不中，三年后再参加会试……"

戎夫人说："中了举，便是朝廷的人，朝廷有令，岂容夺量权衡？还是上任为好。"

宪成同意戎夫人的意见，家璧决定到杭州就任。

宪成特地为家璧备了两头骡子，他说："当年王家老祖宗王缙由太学生出任山东临邑县令时也是骑了两头骡子出门，你今效他而行，愿你也能像他一样成为一方良吏。"

家璧在骡背上备了铺盖、驮了妻儿，佩剑着装，怀揣戡合，一路风尘，到杭州上任。

讲官中余有丁被提为礼部右侍郎兼翰林院侍读学士，管国子监祭酒事，讲官队伍少了一员。

辽东有土蛮来犯，李成梁派遣诸将分屯要害。李成梁亲率精锐部队出塞二百余里，直捣环山，土蛮军仓皇逃遁。

兵部奏："海州东昌等堡告捷，勘查属实。李成梁应加封。"

张居正说："李成梁屡立战功，忠勇大节为诸将之冠，加以显秩，不为过。"

---

① 有意劝进：指蓄意劝张居正当皇帝。
② 宫府：隐指两宫皇太后和首辅张居正。

皇上下旨："依拟，命封李成梁为宁远伯，岁支禄米八百石。"

皇上视朝渐多，也有度量不准之时。

一次，朝堂上户科给事中李涞以江南水灾陈四事：广积粟之令，重亲民之官，慎边储之增，崇节俭之风。皇上览之，大怒。传旨："李涞屡次讪上，令辅臣拟旨处治。"

张居正说："李涞狂躁妄言，诚为有罪，但臣等详看今次所论，皆为江南水灾、乞行蠲恤，意在推广上德、施惠穷民，皆言官之所当陈者。虽第四款词语妄诞，似亦未敢有所触冒。若因此即加重治，恐未足以服其心。且臣等亦素恶其为人，但恐伤皇上优容，言臣之意，故敢为之陈？"

经众大臣一再解释，皇上方才释然。

刘虞夔和李涞是同科进士，同被提拔为庶吉士，在反对张居正夺情时相呼应。

刘虞夔说："张居正说'李涞狂躁妄言，诚为有罪'，是蓄意在皇上面前煽风点火，陷诟忠良。"

家屏劝刘虞夔等不可轻举妄动。

家屏以为张居正不会公开报复李涞。没过几日，李涞被调离京城，到山东任佥事。刘虞夔等人送别李涞，鼓励他像刘东星、李维桢那般历经磨难，矢志不渝。刘东星由河南佥事升为陕西右参议，不久，又升为浙江提学副使。

万寿节将临，皇上亲自安排。为保障万寿节安全，兵部申饬总督梁梦龙、郑雒：令于临期带选标兵分别移驻居庸关外，保护南山；移驻黄花镇，巡视紧要关隘。

郑雒被提升为兵部左侍郎，总督宣大山西军务。李成梁托梁梦龙给家屏捎书一封，感谢他代皇上拟旨表彰其功勋。

谈起边镇事宜，梁梦龙说："辽镇灾疠频仍，军民逃亡者过半，地芜谷贵，饷额难保。月粮不能给，赈恤无别措。"

家屏建议他像郑雒那样搞屯田。

家屏促成梁梦龙与郑雒相见，郑雒不议张居正的主张是对还是错，而是言简意赅地讲他总结的"三边八事"，梁梦龙受益匪浅。

朝堂上，梁梦龙条陈边镇事宜，建议议垦荒。"查辽镇临边可耕荒地约有二千顷。若令军垦，有诸便：其一，零寇望而远遁；其二，营军在野，屯民无恐，穑人①赖以成功；其三，垦田既多，米价自平……"如其议。

万寿节前，皇上赐张居正、张四维、申时行及讲官白银、彩缎、万寿字、黄符、黄绫等。皇上令家屏拟写奏书，将欲主持万寿节一事告知两宫皇太后，以求得到她们的支持，为将来主政奠定基础。

万寿节那日，皇极殿布置得富丽堂皇、红火喜庆。朝贺开始，刚刚鸣鞭后，一儒士立于丹墀上高声吆喝："我乃儒士韩万年，要为皇上献策。"前来参加仪式的百官交耳议论，以为是张居正和冯保又要导演什么好戏。有人说："几年前，出了个王大臣，今日，又出了个韩万年。"纠仪御史以"殿廷禁地儒士何敢混乱朝仪"为由，命法司究问。法司又申斥门禁……

朝鲜国王李昖派近臣带随从三十五人赴京表贺。按惯例，赐宴给赏。俺答差酋长赍捧表文一通，恭进马匹、银鞍辔等物。北房各枝部下头目进贡马匹，乞讨升赏。又有二十二人声称是俺答的子孙，乞给赏、升官。

套房卜失兔阿不害的弟弟俺坠兔阿不害要求将其兄原正千户的职衔授予他。他拿了俺答的奏疏，乞给敕书并乞赏。也不知道皇上搞清楚了没有，敕下：允行。

真人张国祥不知怎的，卷进了百官朝觐的行列。百官持笏肃立，齐声诵读《群臣贺皇上万寿无疆表》。张国祥手执拂尘，掸来捺去，比比画画，口中念念有词，也不知嘟囔些什么。衍圣公也来贺寿。

家屏立于距皇上不远处，以备拟旨。

家屏代皇上拟旨给真人张国祥："朕思尔乃外方之人，焉用朝参？又无民社之寄，何须入觐？候供事毕，即辞回。以后凡遇寿旦，只在本山建醮祝延，朝觐免行，或有旨召来，不在此限。"

又拟旨给衍圣公："朕御门听政，百官常朝，原为承旨奏事。衍圣公以万寿入贺，朝廷用宾礼待之，不在文武职官之列，今后也不必朝参。着贺毕，辞回。永为定例。"

旨出，百官以为"皇上重礼于朝，存道于外，乃明主之作为"。

万寿节举行顺利，皇上很高兴。十一月初，皇上又为圣母皇太后主办了圣

---

① 穑人：即农夫。

寿节。皇上让家屏写《拟代皇上祝圣母万寿无疆》二首：

其一
冲年应运缵宏图，祇荷慈闱启睿谟。
万国衣冠朝玉宸，九天宫阙肃金铺。
涂山翼夏功堪并，太姒兴周治总符。
拥佑恩深无以报，千秋亿载效嵩呼。

其二
晓开兰殿动宫县，榆翟煌煌近御筵。
万岁觞承金掌露，九衢春散玉炉烟。
即看环海皆称母，岂到瑶池始是仙。
瑞彩宵瞻天北极，轩龙长映紫微躔。

圣寿节那日，主屏风上皇上亲书"圣母万寿无疆"几个大字，屏风背面的贺文由文书房圣手用端楷写就。屏风前为两宫皇太后设座，皇上龙辇在其侧前方。圣寿节举办得很顺利。

皇上亲政心切，一日又出了差错。刑科奏请皇上下旨行刑，皇上命暂免。
张居正急了，厉声上言："圣德固云好生，但庆赏刑威乃朝廷大政，去岁因大婚庆典故暂免行刑，今岁何名，又欲停止？若以刑杀于圣心有所不忍，则各犯有杀父母、杀兄弟及劫夺殴杀者，彼死者含冤不尤为可怜乎？"
皇上顿生窘态，张居正又说："若不忍尽诛，乞命再加详审，拣其情罪尤重者，名上，请量决数十人，则好生之仁、惩恶之义并行，而不悖矣。"皇上纳其言。
礼部尚书汪镗以衰病乞休，许之。申时行三年考满，升为礼部尚书兼文渊阁大学士，并封妻荫子。官员中有人议论："申时行现在升为礼部尚书，将来可能会成为首辅。"陈经邦丁忧服满，仍充日讲官。
临近春节，皇上赐张居正、张四维、申时行及家屏等讲官银币。何雒文升为少詹事兼翰林院侍读学士，掌院事。王家屏、沈一贯、陈于陛各升俸一级，赐朱赟五品官服。因为家屏升官，皇上敕命其先妻霍氏、李氏受封为安人，湛初入国子监。家屏的父亲王宪武被加赠为翰林院修撰儒林郎，母亲韩妙善被加赠为安人。

此时，李氏安葬母亲后，偕同景夫人和几个孩子从山阴回京，前后院又热闹起来。

家屏携全家为霍氏上坟，将皇上的"敕命之宝"展开，供于坟头，以慰霍氏在天之灵。

先是皇上特降手敕谕张居正："在京守制，忠孝两全，今当服满，朕心忻慰。赐玉带一条，大红坐蟒蟒衣各一袭，金执壶一把，金台盏一副。"

朝毕，又在平台召见。

张居正说："臣蒙皇上天恩，委曲体悉，故得以少尽臣子之情。今奉敕谕，着臣以后照旧朝参。臣即当钦遵，但年前数日尚在三年之内，余哀未忘，仍望皇上再宽数日，候元旦庆贺后，照旧朝参供职。"

皇上说："先生元旦出来亦可。"

张居正又说："臣在制中屡荷两宫圣母慈恩赐赍，今欲往各宫门外叩头称谢，请旨。"

皇上说："是，着张宏引进。"

张居正在慈庆宫门外叩头。仁圣皇太后遣中使传谕，说："先生忠孝两全了，宜益尽心辅佐，赐银五十两、纻丝四表里。"

张居正又到慈宁宫门外叩头。慈圣皇太后亦遣中使传谕慰勉，并赐膳。所赐之物有银五十两、彩缎四表里、荤素食八盒、甜食四盒、酒十瓶、金执壶一把、金台盏一副、金镶牙箸一双。

张居正在京守制期间，朝廷着光禄寺每日送酒食一桌，每月送米十石、香油二百斤、茶叶三十斤、盐一百斤、黄白蜡烛一百枝、柴三十扛、炭三十包。今服制已满，张居正提出以上各项俱应住支①。

皇上下旨："元辅日给酒饭一桌，着光禄寺照旧。"张居正恭谢隆恩。

家屏和陈经邦将两宫皇太后给张居正的赐赍一一记录清楚。

两人谈起参与重修会典一事，其难点之一是处理宗藩事宜尚无统一条例可供参考。两人将累朝与宗藩有关事例悉行裒集②，分类编录，报张居正。张居正会多官将条例未妥十二事及条例所未备者详加酌议，几经裁定，去繁文、存节要，会为一书，刊刻成帙，颁布各王府，永永遵承，且纂入会典。

---

① 住支：即停止发放官员俸薪、军饷等。
② 裒集：辑集。

直到除夕夜，李氏才在众人的催促下身着安人服饰，接受家人祝贺。礼毕，她速速将衣冠脱下、叠好，压入箱内，不再翻看。

她说："什么'孺人''安人''淑人''诰命'，称呼什么的无所谓。穿那等衣冠虚虚晃晃，哪有穿家常衣物自在？再说了，穿戴上那些，家里人看着也生分。"

第三十三章　张懋修稳夺状元
　　　　　　皇太后勉留首辅

　　官员们猜测张居正"服满"后会进一步报复那些反对他"夺情"的官员。

　　过罢春节，余有丁由礼部右侍郎提升为左侍郎，掌管詹事府。有人窃议，应该请王锡爵回来任此职。又有人窃议，应该请王锡爵回来负责今年的会试和殿试。

　　立春那天，皇上在皇极殿接受百官祝贺。官员们窃议，皇上大婚后成熟了许多，亲自主持朝政指日可待。

　　应天巡抚胡执礼联络几名官员上疏，说王锡爵"省亲逾期，奏请简用"。皇上碍于张居正，以胡执礼"违例荐举"为由，夺俸三月。官员们同情胡执礼，对张居正积怨更深。

　　三年一遇的会试由礼部主持，二月初九为第一场，又三日为第二场，又三日为第三场。

　　会试主考官由申时行和余有丁担任，家屏任掌卷官。

　　孙继皋等十余人为同考官。会试地点在京师贡院。考试官及执事官一经皇上钦点，便入贡院，不得归家，实行锁院。

　　分配住房时，家屏向申时行提出，让一名精通福建一带方言的官员与他同住。

　　家屏说："每当我入贡院就想起当年与我同考的叶朝荣，他因语言不通而影响会试，乃至福建乡试第一仍未被录用。今年掌卷官仅我一人，为使操闽语、粤语的贡生与我交流方便，故请之。"

　　孙继皋向前一步，说："学生愿与王先生同寝。"

申时行将家屏和孙继皋调到一个房间居住。

家屏问孙继皋："你如何懂得闽语？"

孙继皋说："我本是无锡人，中举前曾就读于施观明在常州兴办的龙城书院。施观明乃福清人氏，常到书院讲学，耳濡目染，我就精通了闽语。先生刚才所说的叶朝荣和施观明系同乡，听说他现在在云南某偏远处任州官，他儿子叶向高，少年老成，去年乡试高中，说不定也会参加本次会试。"

家屏说："施观明兴办龙城书院能培养出你这位状元郎，确系功德非凡。这些年书院办得如何，想必又培养出许多人才？"

孙继皋黯然神伤，说："书院在我中状元后就被迫停办，乃是恩师的一大心病。"

家屏想起因何心隐讲学案，张居正和冯保唆使皇上下令停办天下书院一事。北方许多地方只好将书院之名姑且改作庠馆、文房等予以敷衍，南方则真将书院关停。

孙继皋沉默片刻，愤愤然，说："我就不明白，首辅张先生和何心隐道不同、不相谋也就罢了，何必非置对方于死地而后快？再说，何心隐在哪个书院讲学，关了那个书院也就罢了，为何以此为借口，关停天下书院？莫不是要树天下文人为敌？"

家屏说："我回乡养病近三年，不知何心隐案后来做何了结。《明实录》须将此事如实记录，以示后人。"

孙继皋说："何心隐后来在湖北孝感讲学，反对首辅张先生，扬言'张居正专政，必当入都，昌言逐之'。首辅张先生微闻其语，露意有司，令简柙之。有司承风旨，毙之狱。听说贾三近升任大理寺左少卿后曾过问此事。"

"有司所指何人？"

"乃湖广巡抚王之垣。"

家屏长长地"哦"了一声。

孙继皋补充一句，说："就是兵部王象乾的父亲。"

家屏点点头，说："我知道。"

家屏想起和王之垣、王象乾相处的日子，想起逝去的霍应山，盘算着早日将他的尸骨迁回临汾安葬。

孙继皋还在想着何心隐的事，说："更可恶的是之后一有异端就牵强附会，假说与梁汝元有干系，就胡捕乱杀。前些日，在湖广贵州界获妖人曾光，强与梁汝元等人扯上干系，又拿他主办的书院开刀，要求皇上下令关停、查处。"

家屏对此事也有耳闻。过一会，孙继皋又说："梁汝元以为人为天地之心，心是太极，心即是理。以心为宗，心有所示，何必隐之。故以何心隐为名，先生以为心学如何？"

家屏沉思片刻，说道："我以为心之精神是谓圣。学为圣人者，不当求之圣人，而当求之吾心，吾心非吾之心，即圣人也。圣人之道不在尧舜禹汤文武周孔之身，而在吾之一心矣。故《易》曰：'直方而大'；《礼》曰：'庄敬日强'。孟子谓之'浩然'，曾子谓之'弘毅'。皆以发明是精神之义也。"

贡院内三日一小宴，五日一大宴，一应事务进行得都很顺当。官员们阅卷后便聚在一起轮番讲学。

众人以为，万历三年（1575年），张居正向皇帝呈进"饬学政以振兴人才"的奏疏，其中第一条："今后各提学官督率教官、生儒……不许别创书院，群聚徒党及号召他方游食无行之徒空谈废业，因而启奔竞之门、开请托之路。"细品此语颇谬，堵塞奔竞之门，杜绝请托之路，是切中时弊，但归因于"游食无行之徒空谈废业"，着实牵强；为此"不许别创书院，群聚徒党"，安能服众？

"禁止讲学，取缔书院，岂能说成德政？乃千古罪人！"

九天时间很快就过去了，萧良有等三百人通过会试，准备参加殿试。

人们窃议王锡爵是国子监祭酒的最佳人选。岂料张居正把南京国子监祭酒许国调回京城升为太常寺卿，管国子监祭酒事。

贾应元在保定府任知府数年，经官员考核后，升为山东副使。贾三近被明升暗降，由大理寺左少卿调任南京光禄寺卿。大理寺右少卿褚铁升为左少卿。

贾三近来找家屏，认为这是张居正有意给他个闲职，架空他。

家屏劝贾三近莫要烦躁："这些年来我等熬倒了一任又一任首辅，也不差张先生这一任。"

沉默一会，家屏问三近："家中父母身体可好？"

"父母俱已年迈，没灾也有病。那我就再回山东侍奉父母几载。"

河工告成。潘季驯被加封为太子太保，提升为工部尚书，兼都察院左副都御史，荫一子。江一麟升为都察院右都御史兼户部右侍郎。

潘季训总理河漕以来，一直有人说他措施不力、独断专行等。这次河工告成，又说应功归张居正，是首辅指挥有方。潘季训气恼之下，上殿申言："河工告成是首辅指画授成，归功首辅，臣特辞恩命。"皇上一听就知道他在说气话，不允。

家屏属文旗帜鲜明地对潘季训表示祝贺。作《贺潘印川司空河工告成蒙恩》：

> 泽水九年，靡辄怀襄之警；决河廿载，至鏖皓旰之歌。由来平土之难，未见乂民之速。兹惟台下，目营四海，量纳百川。凤问道于崆峒，向受书于宛委。客星犯斗，暂回博望之槎；巨浸稽天，再驾司空之樏。决排疏瀹，智以无事为神；谋度谘询，策用不争为上。隐金椎于堤堰，既思利涉，且思利漕；沉玉璧于泥沙，但知防川，何知防口。肆收功于底柱，屹陡狂澜；宁比迹于昆明，浪通绝域。兆庶幸纾于昏垫，九重洞鉴其忠勤。文绮精镂，庸表玄圭之宠；鸾笺凤诰，式呈绿字之祥。异渥涣颁，同朝共庆。河渠可纪，将征太史之书；岩石具瞻，尚阻群寮之望。培下风其无力，颂明德以徒殷。猥辱瑶札之诒，诚惭慰藉，敬勒荒械为贺，莫罄敷宣。

吕调阳因病乞休，回老家广西桂林中卫后，于正月卒。

礼部给吕调阳的评语是："性行端谨，学问纯明。讲帏多启沃之功，密勿有经济之助。"

皇上奉两宫皇太后之命率后妃从京师出发，先到巩华城，行宫内，从官行礼毕，又朝见蓟辽总督梁梦龙、昌平总兵杨四畏及昌平州官吏和国子监师生，对张居正、张四维、申时行赐酒食等。慈圣皇太后以张居正、张四维、申时行扈驾谒陵，赐每人一枚银鏧。官员们不解其意，细加讨论，认为赐此物寓意深远，大抵与张居正幼名"白圭"有关。

皇上传谕，蠲免经过地方的百姓当年部分田租。

皇极门前，以躬祀山陵礼成，皇上接受百官致词称贺。

朝廷拟定殿试将如期举行。张居正、张四维、兵部尚书方逢时、吏部尚书王国光、礼部尚书申时行、户部尚书张学颜、刑部尚书严清、工部尚书曾省吾、都察院右都御史陈炌、詹事府掌府事余有丁、通政司通政使倪光荐、大理寺卿王友贤、翰林院掌院事陈思育等人充读卷官，家屏仍为掌卷官。

本科张居正之子张敬修、张懋修俱应试，张四维儿子张泰征也应试。他二人曾提出回避读卷，皇上不允。又提出不撰拟策题，该科策题由申时行撰拟。

第三十三章　张懋修稳夺状元　皇太后勉留首辅

张居正乞休，疏称，皇上大婚之礼仪已毕，又亲自主持过多次祭祀等活动，圣志已定，圣德日新，他宜及时归政于皇上。皇上谕留之。

百官中议论纷纷，有人认为张居正是在回击潘季驯，他看似将治河之功推归首辅，实则在挖苦首辅将功劳归为己有。有人认为张居正明为归政于皇上，实则为了自己独揽大权。也有人认为张居正是想借此看两宫皇太后及官员们如何表态。

张居正再次乞休。皇上勉留更加恳切，降手敕：奉圣母慈谕，不允。以吏部尚书王国光等九卿为首的官员一起挽留张居正。张居正请求暂作调理，皇上许之。

三月二十四日，在皇极殿策试天下贡士萧良等三百人。以皇上名誉出题目。

读卷官公认首卷为萧良有。那一日，天降大雨。皇上遣司礼太监传话，免读卷。冯保让将试卷封好，命申时行进上。

皇上浏览一番，将原来排名第三的提为第一名，原来的第一名萧良有成了第二名，原来的第二名排成了第三名。这样一来，张居正之子张懋修取代萧良有，成了本科状元。张榜公布，赐张懋修三百人进士及第、出身等。

朝野众人议论纷纷，都说张居正利用手中权力为儿子弄了个状元。也有人认为本科张居正两个儿子皆中、张四维一子中、申时行一堂兄弟徐泰时中，皆有徇私之嫌。

张居正压不住群臣议论，入见皇上，再乞休。皇上申明"圣母有慈谕慰留先生"，张居正不再乞休。张居正说："皇上戒谕谆切，臣不敢不尽死力，但此后亦望圣明留神政务，以副天下仰望之心。"又以儿子张懋修蒙恩，特赐进士及第谢皇上。不日，张懋修以状元之名任翰林院修撰，萧良有、王廷撰为编修。张居正有意收萧良有为门子，萧良有婉言谢绝。

陈于陛和家屏议论本科考试。

陈于陛说："近日官员们对本届科考颇有微词，对南兄以为如何？"

家屏说："就文章而言，张懋修写得的确也不错，但殿试时，皇上未经读卷就修改名次，传言这与冯保从中作怪大有干系。"

陈于陛长叹一声，说："皇上看似只是将前三名倒换了一下，却是公然夹私于科考之中，上行下效，后果严重。不仅是对萧良有、王廷撰不公，也寒了天下学子们的心，长此以往，我朝科举安有公允可言？"

家屏说："每届科考，状元文章为同科进士热捧，本届新科进士们争相传抄萧良有的殿试文本，张懋修的却无人过问，从中也能看出人心向背。"

陈于陛说他将乞恩归省。

家屏说："你在任尚不足六年，皇上未必许假。"又说，"除非首辅张先生为你说情。"

陈于陛说："那我就去找张先生。"

朝堂上，陈于陛乞恩归省。

张居正说："陈于陛乃往昔辅臣陈以勤之子，陈以勤归乡日久，皇上也该派抚按官具礼存问，此次不妨让于陛代为之。"

皇上特许陈于陛驰驿归省，发给路费并恩赐陈以勤银币，以示存问。陈于陛谢过皇恩，对张居正心存感激之情。

同官好友们为陈于陛送行。议到朝政，大家提出若干条意见。

"朝廷应广开言路。"

"要让利于民，不能与民争利。"

"军备不可有一日之懈。"

"反对内官干政，尤其是冯保。"

"首辅张先生应效周公还政而行之。"

"九卿六部的每个位子上要有其人，且能谋其政。"

"反对大权独揽，随心所欲；倡导各负其责，协调配合。"

"要重农事、重军事。"

陈于陛走后，讲官们的职事有调整。陈思育掌管了翰林院院事，余有丁由礼部左侍郎改任为吏部左侍郎，詹事府府事由许国掌管。孙继皋、沈懋孝、张元忭、邓以赞等人管理诰敕。

天气一天比一天热，皇上赐给辅臣及讲官每人若干把扇子。何雒文安排家屏准备讲《书经》。

经筵上，家屏讲"后非民罔使"六句。又讲"六卿分职，各率其属，以倡九牧，阜成兆民"。

皇上说："听王先生所讲，让朕想起《帝鉴图说》中"谏鼓谤木"那一则：'尧置敢谏之鼓，使天下得尽其言；立诽谤之木，使天下得攻其过'。朕愿效帝尧而行之。"

皇上着人在宫门外、市井间专门收集谏言谤语，收获颇丰。有人说，冯公公有许多外宅，宅内摆设可与宫内媲美。有人说，张居正探家时极尽奢华，堪比帝王出巡。有人说，戚将军以春药、美色贿赂张居正。还收集到市井间歌谣："万历万历真水旦，他妈嫁了个王宝汉。"

皇上听了十分气恼，着人追查歌谣中的"王宝汉"系何人。追查结果："王宝汉隐指张居正，他名白圭，隐玉玺，玉玺乃王者之宝。"另有一条，令人吃惊："有人私铸铜钱，流入市面，致使恶钱充斥，物价腾升。"

皇上下诏彻查。数日后，巡按御史田乐参奏："佥事皇甫汸纵子私铸铜钱。"皇上一怒之下，诏令褫皇甫汸之职。

田乐和家屏是同科进士，他此举打击了私铸钱币，家屏等在京同僚对他表示赞许。田乐不以为意，说："固疆守土、驱寇逐虏才是吾之志也。"

皇上着人打听当朝哪些人是好官，有哪些冤案。出人意料的是百姓心目中的好官是因反对张居正夺情曾被廷杖，而后或收监充军，或遣送原籍的吴中行、邹元标等五位官员。此案被百姓称为大冤案。

第三十四章　皇上醉酒闹腾
　　　　　　张卤横遭参劾

　　几个月后，贾三近回京，任光禄寺卿。
　　官员中有人同情何心隐，有人反对取缔天下书院。
　　王之垣任湖广巡抚后，组织人员将武、衡、荆三局铸钱之盈缩、余剩之多寡、行使之通塞等，一一总核，奏报朝廷，对私铸、私贩及铸钱不如法者①予以打击。
　　霍应山已卒六年，在京山西籍官员中宪大夫胡公等七人，各捐资若干，交由郡大夫徐公主持，五月十五日将霍应山灵柩迁葬于临汾州东新阡。
　　起棺前一日，家屏刲牲幂酒，伏地而哭。因家屏不能离京，出资若干，让家楫操持迁葬事宜。

　　经筵仪式一如既往地隆重，皇上命国公徐文璧充知经筵官，这个位置通常由首辅兼任。又有国子监祭酒周子义、翰林院侍读罗万化充经筵讲官。许国掌詹事府府事，仍充经筵讲官。
　　八月，万寿圣节将近，皇上赐三辅臣及家屏等六讲官银币及金篆书符。
　　李维桢通过官员考核由陕西提学副使升任河南右参政参议，家屏表示祝贺。
　　皇上偶然问起毁改书院的事，户部回复，各省直多有未行册报者及议处未尽者，建议让各抚按查核后上报。皇上同意户部的意见。
　　重修《大明会典》进展迟缓，家屏等参与此项工作的官员以为确须重修的

---

① 不如法者：指不听法令者。

部分不多。张居正让副总裁等官呈送草稿,他看后,十分不满,说这只是将旧《大明会典》以及嘉靖二十九年(1550年)续修旧稿誊写了一遍而已,只是近年事例有所增加,但也颇多缺遗。寻找原因,张居正认为是诸臣各有部事相妨,无暇研讨所致。

"事必专任,乃可责成;力不他分,乃能就绪。吏部左侍郎余有丁、詹事府詹事许国,文学素优,年力方富,属以此事,似可责成。让他俩暂解部事,俱充副总裁,将《大明会典》新旧原本专心考究,与原副总裁等相与讨论。"

皇上同意张居正的意见。

余有丁和许国又提出将沈懋孝、范谦、邓以赞、王懋德充《大明会典》纂修官。这样一来,修典工作又重新开展起来,家屏仍是其中一员。

张居正重新安排吏部官员,将原任右侍郎赵贤提升为左侍郎,王篆任右侍郎。有人说,王篆仕途坦荡得益于和张居正是同乡。

家屏等讲官热衷于尽快将万历皇帝培养成尧舜般的明君,起码不要像他父皇那样被酒色所困,早早地丢了性命。

就在满朝文武期待张居正能顺利还政于皇上时,发生了一件不该发生的事。

谁都知道,万历自立朝以来,皇上外靠张居正,内靠太后和冯保。张居正任首辅,掌朝;冯保掌司礼监、东厂。冯保与张居正内外同心,辅佐拥戴皇上。

这些年来,皇上亲近的内臣有冯保和孙海、客用等。冯保对皇上导之以文;孙海、客用对皇上导之以武。

一日,皇上得空,和孙海、客用等厮混在一起,皇上喝醉了佩剑夜游,将一内官头发斩下,又杖惩另两位惹他恼火的内官,打得内官死去活来,几乎毙命。

有人偷着将情况告与慈圣皇太后,慈圣皇太后出面才把皇上制止住。

第二天早晨,慈圣皇太后换上青布袍、屏去簪珥,声言欲召内阁大臣一同前去谒告太庙:废掉万历,立潞王。

慈圣皇太后故意让人放出话去。皇上恐惧,跪在太后面前痛泣良久,才得到太后的谅解。

得到母后的谅解后,皇上宣谕:"孙海、客用凡事引诱朕,无所不为,今降为小火,安置到南京。尔司礼监等,既受朝廷豢养之恩,见朕偶尔昏迷,就应力谏，乃图朕一时欢喜，阿顺不言？赖圣母慈诲，今朕已改过，立逐奸邪，以后但有此等小人，即时举名来奏。仍命文书房官宣示内阁。"

张居正得知情况后，认为对两太监处分过轻，说："降黜未尽其辜，宜充净军，乃稍正法。"

皇上从之。

次日，皇上复谕："朕昨者御笔帖子先生已看否？孙海、客用坏法乱国，今虽逐去，朕愈思愈怒！先生既为辅弼大臣，宗庙社稷所系，非轻焉，忍坐视不言！先生应谏朕，使朕为尧舜之君，先生等亦为尧舜之臣。"

张居正征求另二位辅臣及家屏等讲官意见，回奏：

"自圣上临御以来，讲学勤政，圣德日新。数月来，仰窥圣意，所向稍不如前，微闻宫中起居颇失常度。但臣等身隔外庭，未敢轻信。而朝廷庶政未见有缺，故不敢妄有所言。然前者恭侍日讲亦曾举'益者三乐，损者三乐①''益者三友，损者三友②'两章书，请皇上加意省览，盖已阴寓讽谏之意。近始知孙海、客用引诱皇上夜游别宫，宴处无节，释去法服，走马持兵，又数进奇巧戏玩之物，肆为蛊惑，幸而圣母谆谆教戒，皇上幡然改悔，又宣谕臣等尽心辅导，此皆九庙列圣之灵所默启也。但古语云：树德务滋，除恶务尽。如司礼监太监孙德秀、温祥，兵仗局周海，罪状亦不在海、用二人之下，宜一体降黜。其各监等官，俱令自陈，老成廉慎者存之，谄佞放恣者汰之。且近日皇穹垂象、彗、芒、扫——宦者四星，宜大行扫除，以应天变，以光圣德。

"臣又闻汉臣诸葛亮云：宫中府中，宜为一体，陟罚臧否③，不宜异同。臣等待罪辅弼，宫中之事皆宜与闻，此后不敢复以外臣自限。凡皇上起居与宫壸内事，但有所闻，即竭忠敷奏，及左右近习有奸佞不忠者，亦不避嫌怨，必举祖宗之法，奏请处治。皇上亦宜痛自改悔：戒饮宴，以重起居；专精神，以广胤嗣；节赏赉，以省浮费；却玩好，以定心志；亲万几④，以明庶政；勤讲学，以资治理。则将来圣德愈为光显矣。"

疏入，皇上特奏太后，亟允所请。

---

① 益者三乐，损者三乐：孔子曰："益者三乐，损者三乐。乐节礼乐，乐道人之善，乐多贤友，益矣。乐骄乐，乐佚游，乐晏乐，损矣。"

② 益者三友，损者三友：孔子曰："益者三友，损者三友。友直，友谅，友多闻，益矣；友便辟，友善柔，友便佞，损矣。"

③ 陟罚臧否：泛指对下级的奖罚，出自《出师表》。

④ 万几：指帝王日常处理的纷繁政务。

之后，参与者太监孙得秀、温祥、周海等皆被打发回家闲住。

冯保因此受到牵扯，脸上无光，在太后和皇上面前自叙先朝知遇与受顾命之隆及今荫锡之厚，欲以衰病乞休，不允。

此事一出，朝中继整顿朝臣之后又开始整顿内官，冯保的地位有所动摇，另一位名叫张鲸的太监崭露头角。

天宁寺距离霍淑人寄埋的地方不远，每当空闲或心烦时，家屏就会到这里来。住持是位早年考场落魄的人，家屏和他成了老朋友，每当家屏来时，他总是以名茗招待、新经出示，常谈些大隐在朝之类的话。

这日，住持见家屏面露忧愁，便问何事引他不快，家屏将宫里发生的事简述一二，住持晃着脑袋说："俗语'酒色财气四堵墙，人人都在里边藏'。皇上是人，不是神啊！"

家屏一听，言之有理，心中释然。兴之所至，写诗一首。

> 野寺青山近，何嫌出郭频。
> 塔高云不碍，树老鹤相亲。
> 茗啜松花细，经翻贝叶新。
> 尽能谐吏隐，宁复厌僧贫。

李太后也常来天宁寺，有人说她将捐资重修天宁寺里的那座塔，或另修一座与它一模一样的塔。还有人说待皇上亲理朝政后，她将皈依佛门。

李太后信佛，也信道教。在她过生日那天，朝天宫举办保国安民、禳灾谢佑醮典三昼夜，在此期间，宣布停刑禁屠。

家屏等几位讲官应邀观赏朝天宫习仪[①]，遇雪。家屏作诗一首。

> 蕊珠宫殿覆同云，上帝朝麾白鹤群。
> 花满瑶图钟瑞泽，香飘银树散清氛。
> 千官剑佩沾应湿，四塞山河望不分。
> 莫遣北风寒太剧，普天和气正氤氲。

---

① 习仪：演习礼仪。

皇上虽然临朝，但朝里大小事还是首辅张居正说了算。

官员们明里暗里常拿礼部尚书潘晟和吏部尚书王国光说事。

潘晟被言，引疾乞休，皇上谕留之。

王国光病了，乞休。皇上不准，命他暂时休假调理。皇上赐王国光猪羊肉、米、酒等物，王国光上奏疏，表示感谢。

刑科给事中上疏，说："王国光庇亲行私，升同知卫重鉴为同通判、杨枝为评事。他既然自称患病，皇上应准其致仕。"

王国光上疏申辩，乞罢。潘晟五次上疏乞休，皇上特派车马送他归故里。

皇上特别喜欢家屏的端楷，常将他的墨迹拿来临摹。

那日，张居正启奏："皇上春秋鼎盛，宜省览章奏，讲究治理，于字书小学，不必求工。以后日讲请暂免进字，容臣等以紧要事情至御前讲述，面请裁决。伏奉谕旨。"

张居正又说："臣谨嘱儒臣，将累朝宝训、实录逐一简阅，分类编摩①，总计四十款，分别为创业艰难、励精图治、勤学、敬天、法祖、保民、谨祭祀、崇孝敬、端好尚、慎起居、戒游佚、正宫闱、教储贰、睦宗藩、亲贤臣、去奸邪、纳谏、理财、守法、敬戒、务实、正纪纲、审官、久任、重守令、驭近习、待外戚、重农、兴教化、明赏罚、信诏令、谨名分、却贡献、慎赏赉、敦节俭、慎刑狱、褒功德、屏异端、饬武备、御夷狄。虽管窥蠡测②之见，未究高深，而修德致治之方，亦已略备矣。容次第纂集，陆续进呈。

"如皇上偶有疑难，即望面赐咨询，或臣等窃有见闻，亦得随时献纳，其诸司章奏有紧要者，即于讲毕面奏，请裁既可，以开发聪明，亦因以练习政事。伏望皇上留神听览，黾勉③力行，则圣德愈进于高明、圣治益济于光大矣。"

潘晟走后，与张居正相交甚厚的刑部左侍郎徐学谟升任礼部尚书。

提升卫重鉴为同通判，不仅牵扯王国光，又牵扯张卤。科臣秦耀参劾张卤违例荐举，张卤被夺俸三月。

官员们窃议："张卤遭此处分是因为他得罪了张居正。"

"张卤和高拱是河南老乡，二人关系要好。张母逝世，高拱特为她写了墓

---

① 编摩：编集。

② 管窥蠡测：从竹管孔里张望天空，用贝壳做的瓢来测量海水。比喻对事物的观察和了解很狭窄浅薄。

③ 黾勉：努力，勉力。

志铭。"

"张卤常和张居正平起平坐地进行辩论，惹得张居正生气，招致报复。"

有人预测张卤会遇到大麻烦。

果然，时隔不久，陕西道御史孙旬疏论："张卤有四罪：其一，荐举卫重鉴为张居正至亲，假此以报知遇之私恩。其二，既经科臣论劾，宜闭门待罪，竟敢妄行奏辩，是以狡伪欺朝廷也。其三，奏荐本章草率差讹，是无所畏惮、不敬君父也。其四，厚贿以赂势要，是冒衣冠而躬市井之行也。"

经此疏论，众官员更加弄不清张居正和张卤的关系了。

张卤乞罢，辩其诬。皇上令他策励供职。

家屏等几位讲官认为大臣们应该"以紧要事情至御前讲述，面请裁决，伏奉谕旨"，这样可以适当避免秉笔太监擅权或皇上太过随心所欲。太监们却想着如何扩大他们的影响力。

一日，皇上致斋于文华殿，张鲸怂恿皇上传谕内阁，修武英殿，以备致斋临御。

张居正上疏，说："该殿自宣德正统以后，久不临御。世宗皇帝践祚之初，即将文华殿鼎建新修，易以黄瓦，凡斋居、经筵，及召见大臣，俱临御于此。内九五斋恭默室，皆世宗皇帝亲题其额，轮奂巍然，盖以东方发生喜神所在故，恒处于斯，其取义深矣！今武英殿即加修理，未必常到，徒费十余万之赀，经营于不常到之地，似为无益。"

疏入，皇上只好从之。

没隔几日，皇上传谕内阁，说："今日风气不祥，恐有边事，卿等宜申饬边臣，加意儆备。"

张居正明知皇上又是受人蛊惑，不过还是把皇上的话稍加润色后，传示兵部及蓟辽宣大总督，令其"钦遵圣谕，加谨防备"。

吏部经调整后对朝廷官员遵例考察。

考察张卤的官员说："他自戊寅八月，在家丁忧期满，奉诏以原官起，按抚保定，提督紫荆等关，躬行践履，路塞若银河、茨沟诸要地。修复险阻、亭堠一新，沿河口故未有城堞之，自张卤去始屹然，为京辅[①]屏蔽。经考察，其边课为蓟辽之最佳。"

皇上念张卤劳绩，下诏晋升他为副都御史，巡抚如故。

[①] 京辅：国都及其附近地区。

家屏热情洋溢地写了《贺大中丞张浒东老师考绩蒙恩》：

伏以策府书庸，炳旗常之日月；枫宸注宠，涣纶綍于云霄。燕喜非常，宠光有赫。恭惟老师台座，中朝魁硕，振古人豪。文经武纬之才，岳峙渊停之度。三千奏牍，抗正气以批鳞；数万甲兵，运圆机于指掌。分黎秘阁，参联金马之班；秉钺专城，再整貔貅之旅。邦内为甸服、邦外为侯服，折冲自尊俎之间；帝城多近臣、帝乡多近亲，弹压先辇毂之下。江淮目为天堑，宁夸横海之楼船；河朔倚若长城，讵美当关之锁钥。武有七德，兼安民和众之猷；宪总六条，备激浊扬清之体。解佩带为牛犊，化已见其销兵；轼车辙之螳螂，心未忘乎对敌。忧深畜艾，拮据更三载之勤；虑谨彻桑，绸缪周万年之计。日成月要岁会，纪程石以厘然；王功国勋民庸，勒鼎彝而炳若。虽不矜不伐，禹让弥诚；而懋赏懋官，尧恩荐渥。是以有庆矣，侈报宴于彤弓，又何以予之新章服于玄衮。史书工诵，掩五侯九伯之荣；君礼臣忠，庆千载一时之遇。某等材同腐朽，教无所施。器若斗筲，政何足算。乍埋乍揖，徒矻矻于精神；不蜚不鸣，竟悠悠于岁月。来归自镐，习闻吉甫之肤公；受命于周，幸睹召穆之成事。吾之师也，喜色相告以欣欣；国有人焉，声灵若增而濯濯。有严列棨，力莫遂于兔趋；不腆承筐，情式均于雀贺。伏愿：勋高八柱，奉干极以常尊；位极三台，跻泰阶于永穆。绥宗社同休之祉，垂乾坤不朽之名。

三位辅臣和六位讲官最关注皇上有什么新变化，他们发现皇上对字画产生了浓厚的兴趣，都认为应该因势利导。

朝堂上，张居正题奏："伏睹皇上近日以来留神翰墨，一切嬉游无益之事悉屏去不御。仰见圣学该洽，睿志清明，臣等不胜庆忭。夫人主一心，乃万化从出之原，亦众欲交攻之会，必使常有所系，然后纵欲之念不萌，而引诱之奸不入，故虽笔札小技，非君德治道所关，而燕闲游息之时，藉以调适性情，收敛心志，比之珍奇玩好之属相去远甚，亦未必非进德养心之一助也。

"但臣等窃见前代好文之主皆有文学之臣奉侍清燕，或承诏登答，或应制赓酬，皆于语言文字之中微寓风劝箴规之益，即今之翰林官，是也。我朝廷置翰林，拔其英隽特异者除授此官，固储养德望，以备启沃任枢机，然文史、词翰、撰述、讨论亦其本等职务，皇上即有任使，不必他求。如日讲诸臣皆文学优赡，见今记注起居，日逐在馆供事外，其余翰林各官亦皆需次待用。臣等拟令分番入直，每日轮四员，同日讲诸臣在馆祇候。皇上万几之暇，如披阅古文，欲有所采录，或鉴赏名笔，欲有所题咏，即属诸臣令撰具草稿，送臣等看定进呈圣览，或不时召至御前面赐质问，令其发摅蕴抱，各见所长，因以观其才品高下，他日量能擢用，自可断于圣衷。"

皇上嘉悦，命内阁"具列翰林侍直诸臣职名，进"。

王国光乞休，皇上慰留，不允。

内阁将侍直臣子的名单报给皇上。

一日，皇上在文华殿参加讲读，文华殿内展出《玄兔图》，皇上命辅臣及日讲侍直诸臣各咏诗一首。

家屏欣然命笔，作《应制题玄兔》：

> 氄衣冷浸玉虚烟，桂魄阴森状黝然。
> 碧海未离犹片月，铅霜既尽已千年。
> 驻颜谩道还丹好，脱颖今看近墨偏。
> 自是星精来北极，还因水德禀先天。
> 嘉祯再应明时出，宝绘新从秘府传。
> 讵比书麟存鲁史，将同置兔咏周篇。
> 披函细若秋毫析，抚卷昭兹日鉴悬。
> 久厌长扬休羽猎，岂资大药忆飞仙。
> 洪纤品别骊黄外，径寸神游象罔前。
> 王度八荒皆薮泽，圣真六籍尽蹄筌。
> 山龙欲补勾陈衮，蠖蠖常亲广厦毡。
> 共识宸襟非玩物，争歌帝德契重玄。

皇上看了诸臣所写诗词，甚是高兴，他有意让司礼监拿出更多的皇宫名画，安排更大型的活动。

就在此时，兵部上言，大阅之礼是国家重典，皇上登极九年，正当举行之时。皇上命定于三月初三日举行，由礼部上大阅仪注。

张居正在有计划地实施官员考察。遵考察惯例，张居正、张四维、申时行自陈不职求退。皇上不允，温旨慰留。

随之，吏部尚书王国光、侍郎赵贤、王篆，左都御史陈炌、副都御史高文荐、佥都御史胡槚，户部尚书张学颜、侍郎胡执礼，礼部尚书徐学谟、侍郎林士章、何雒文、兵部尚书方逢时、戎政尚书杨兆、侍郎吴兑、刑部尚书严清、侍郎刘一儒、刘思问、工部尚书曾省吾、侍郎王友贤、掌詹事府事侍郎余有丁、詹事侍读学士许国、掌翰林院事少詹事陈思育、通政使倪光荐、大理寺卿张卤、太常寺卿阴武卿、太仆寺卿朱南雍、光禄寺卿萧廪、顺天府尹施尧臣、国子祭酒周子义等，各以考察自陈。

皇上命王国光等供职，王友贤致仕，朱南雍调南京上任。

此次考察，吏部报皇上下诏黜降官员多达二百六十多人。

朝堂上，张居正将高启愚等官员们各自撰写的诗颂呈上。

皇上要写诗，家屏等讲官说："写诗需先从对句练起。"

那日，皇上致斋文华殿，手书二对句"静里收心涵养吾之德行"，"闲观图史知邪正"，命辅臣及日讲侍直诸臣拟对进览。

张居正传令："伏蒙皇上发下对句，每人各拟对二联，呈上。"

一时间，对对联成风，风靡朝野。

那日，皇上不仅将《玄兔图》挂出，而且将宣庙所画其他几幅作品一并挂出，文华殿布置得十分有排场。皇上令张居正等三位辅臣及翰林侍直诸臣题咏。家屏应制题诗数首。

《四季百子图》是一套雅俗共赏的画，画上四季分明，百子各异，皇上站在画前，踌躇满志，搓弄着双手，大有广储子嗣之意。

《花骢马》那幅画很有特色，画上的马姿态优雅，似若有所思，家屏作《应制题宣庙御笔花骢马》一诗：

汉家天马来西极，骊黄千载虚丹墨。
欻见青骢出九重，霜花错落连钱色。
龙比精神麟比姿，骧首高秋如有思。
滚尘讵直供清翫，应忆艰关百战时。

与宣庙御笔《花骢马》相映衬之处挂了一幅由明代著名画家商喜画的紫骝马。家屏作《又题商喜紫骝马》一诗：

渥水丹砂黯然幽，精英幻出紫骅骝。
在坰诧见飞虹出，饮渚惊看赤电流。

雄姿一自归毫素，燕闲日接君王顾。
索骏谁言莫按图，汗血龙驹自独步。

皇上览毕，下令将诸臣的题诗和原画一起，当作国宝珍藏。

第三十五章　皇上一日选九嫔
　　　　　浚初筹划编州志

考察官员的事由上而下开展。林景旸等照旧供职，郝杰由山东右参政改为河南右参政兼佥事，安嘉善由河南按察使升为湖广右布政。方逢时遭给事中秦耀、御史钱岱论劾。军队中有多名总兵受到处分。张卤、曾同亨、施尧臣、范应期等也遭论劾。

皇上下旨："方逢时留用，曾同亨致仕。施尧臣降一级，调外任。张卤、范应期调南京。"

又下旨："梁梦龙、郑雒、贾应元、王之垣、萧大亨、杨俊民等俱照旧供职。"

方逢时屡遭论列，三次乞罢。皇上以大阅伊迩，命其安心供职，不允辞职。

那日，朝堂上，张居正上言："先前臣等题请命翰林诸臣将累朝宝训、实录摘其切于君德治道者，分为四十款，次第纂修，陆续进呈，讲官已缉第一款，缮写进呈。伏乞圣明裁定，俟日讲之日，从容讲授。以后每纂完一卷，次第进呈，接续入讲。庶于圣学、圣政，少有裨益。"皇上欣然留览。

施尧臣降调，奏称衰病不堪再任。乞恩，致仕。

何雒文由礼部右侍郎升为左侍郎。许国升为右侍郎，仍任纂修《大明会典》的副总裁。

张卤被调任南京太常寺卿，有遗留事情须办理。易州城工完，要求朝廷对官员给予奖赏，皇上说："内地修理城垣是地方官应行常事、本等职业，与边工不同。如何便议升赏？"张卤没法，答应给官员的奖赏只好设法从地方上解决。

大阅。是日早，遣临淮侯李言恭祭旗纛之神。皇上幸临阅武场，亲阅营阵及诸将佐马、步射。皇上御皇极殿，杨炳率大阅将佐上表谢恩，文武百官致词称贺。皇上让家屏以大阅为题写诗一首，即《大阅应制》：

帝德光天下，皇情轸日中。
车书方会禹，鞁鞈欲临戎。
凤驾刚辰吉，春搜旷典崇。
风尘清辇路，日月辟帷宫。
扈从千官集，腾骧万队充。
摐金声振野，飞旆势摩空。
八阵龙蛇合，重闱虎豹丛。
轩辕军令肃，骠骑将才雄。
绣带缘纹兽，金鞭走玉骢。
弯弓明月满，舞剑落霜融。
七萃精神奋，中权节制通。
丽谯观列鹤，原野见非熊。
驾驭纡长策，讴思掩大风。
舆图天作幕，豪杰海为笼。
濯濯声灵远，洋洋霈泽丰。
兵惟不战胜，道以止戈隆。
但洽陶唐化，宁夸汉武功。
思文兹拟颂，敢谓契宸聪。

大阅礼成，百官免朝参，放假三日。军士免操十日。

大同抚按贾应元奏称："鼐铉系代恭王庶长子，先年误听群奸冒违祖训，蒙恩容令戴罪管事，钦限五年已满。庶长子惩创修省众口称贤，乞准袭王爵，以慰宗藩。"

皇上谕："鼐铉既改过自新，协于公议，准宥罪袭封。"

萧大亨巡抚宁夏，称"万历九年互市以去年为则，少银一万七千余两，乞于本镇客兵银二万两内动发一万两，以备互市应用。以后可以定为规则"。

部议："客饷当每岁量支，主饷当禁其再借。不许将主兵银擅行借支。"

皇上同意部议。

皇上斋居，亲笔为三辅臣题字。皇上为张居正题：总百官。为张四维题：德惟一。为申时行题：同心匡辟。

看了皇上的题字，申时行对家屏说："皇上习端楷有成。"

家屏端详那几幅字，念道："同心，同德，总百官。"他微笑着对申时行说："皇上亲政心切。"

王国光一直忙于编纂《万历会计录》，万历九年（1581年）四月终于完稿。户部派专人将该书缮写订正后进呈皇上，奏请刊布中外。皇上表彰王国光，命户部成书《万历会计录》，凡四十三卷。

王国光捧一套《万历会计录》到家屏处，说："书中部分内容是参考霍应山贤侄提供的资料编纂而成，他已先我而去，你可将此书供于他牌位前，以慰忠魂。"说着，眼泪落下。

家屏双手接过书，沉甸甸的。

端阳节将至，皇上照例赐三辅臣及六讲官金字、红符、艾叶等。高启愚被任命为南京国子监祭酒。田一俊、黄凤翔有了新任务，编纂《六曹章奏》。刘虞夔深受皇上信任，命他和盛讷、王祖嫡管理诰敕。张嗣修、冯琦、余继登、敖文祯几位被安排到内府书堂教习内官。潘季驯任南京兵部尚书后，核实各衙门历次裁革官员，核减直堂银。

全国开始整治。

早在万历八年（1580年），朝廷考选曹一夔、任养心、范鸣谦、邢侗等为监察御史。今又通过考试，实授范鸣谦等十四人为各道监察御史。

任养心是山西芮城人，在他离京赴楚时，诸多老乡及同官为他送行，家屏作《贺任正宇侍御监临》：

  仰惟台下，文章宗匠，纲纪清班。揽辔荆襄，提衡锁院。肃僚贞度，咸棱飞绣斧之霜；吁俊搜奇，识鉴彻冰壶之月。矢公矢慎，谨择可者于闱中；某贤某良，籍而献之于阙下。惟善为宝，信楚国之多材；以礼为罗，庆明廷之得士。讵惟桃李之植，出自公门；将同茅茹之升，光于泰道。肃兹附贺，不尽瞻驰。

郑雒既是山西督抚，又兼宣大总督，成天忙于减编减费、定规定制及互市。

家屏等为调往南京的张卤祝寿，写《寿张浒东老师》：

以列荣疏勋，望久崇于阀阅；悬弧纪瑞，庆特溢于门墙。窃数仞以交欢，祝千秋而未已。

恭惟老师台座，道与之貌，天植其衷。气自反而常伸，才无施而不可。东台献纳，迈长孺戆直之声；南国旬宣，懋山甫将明之烈。迨总麾而抚畿内，益饬宪以靖域中。折冲端赖于精神，按部共钦其风采。豺狼当道，何狐狸之足图；虎豹在山，讵藜藿之敢犯。

兹者时惟徂暑，律应林钟。昴毕垂芒，咸识星精降说；崧高启秀，允符岳瑞生申。贤圣信非偶然，五百年而一遇；春秋岂曰倏尔，八千岁以为期。验宝策于尧阶，阳德方居大夏；擢金茎于汉殿，晨熹乍曜于朱明。绿鬓丹颜，仙龄正茂。绛袍苍佩，天宠逾新。偕鸰侣以齐眉，玩龙孙于点颔。身兼五福，展杝得全者昌；业亮三朝，欲焉履盛不伐。荐升阶于鼎铉，将图像于云台。

某等品谢参苓，殊玷筠笼之末；集同乘雁，何增渤澥之滨。幸遘昌辰，惭非善祷。忆苍麟而献绫，戒青鸟以通书。鲁国诸生，并切在门之想；周京六月，会瞻归镐之仪。

张居正病了，不能入阁办事。数日来，官员们有人为他求神拜佛，有人为他禳灾祈福。

皇上遣御医四员，出入张府为张居正会诊。

张居正扶病着装行礼，朝着皇宫方向，叩头作揖，谢主隆恩。

太监传谕："张先生慎加调摄，不妨兼理阁务。"

张居正表情复杂。

皇上派遣张鲸捧御札，谕张居正："朕数日不见先生，闻调理将痊，兹赐银八十两、蟒衣一袭，用示眷念。先生其钦承之月初新凉，可进阁矣。"

张居正说："伏蒙温谕，示以仲月趋朝，帝星垂照，人间灾祟当不禳而自除，天语定期，凉入秋中必勿药而有喜。"

王体复由陕西副使升为苑马寺卿兼佥事。陕西提学副使王世懋病了，以疾乞休，许之。

今年，遣王国光代朝廷祭孔。王国光祭孔后将他了解到的情况报于皇上，说："经抚按勘覆，衍圣公孔尚贤确如其庶母郭氏讦奏，有滥用女乐及岁贺入京骚扰驿递诸不法事。"

时值万寿圣节前后,皇上心情好,命:"且从宽,待他痛加省改。以后三氏子孙①着三年朝觐时入贺。"

眼看到了年底,郑雒请求下发马价银一万二千两,以备互市。

张居正疾愈,皇上在文华殿讲读时,入谢。

张居正上奏,说:"该文书官传圣意,命博选淑女,以备侍御。臣等窃闻,古者天子一后、三夫人、九嫔,所以广储嗣也。今皇上仰承宗庙社稷之重,远为万世长久之图,而内职未备,储嗣未蕃,亦臣等日夜悬切者。但选用宫女事体太轻,恐名门淑女不乐应选,非所以重万乘求令淑也。臣等查得嘉靖九年,世宗皇帝有敕谕礼部,慎选九嫔事例,在今日似为相合,伏乞皇上奏知圣母,请慈谕施行。"

皇上心领神会,给礼部敕谕:"朕大婚有年,内职未备,兹承圣母慈谕,博求贤淑,用广储嗣。特命尔等查照嘉靖九年世宗皇帝选册九嫔事例,告于京城内外,出榜晓谕。尔等堂上官督领该司官,会同巡城御史,博访民间女子,年十四岁以上、十六岁以下,容仪端淑、礼教闲素②,及父母身家无过者,慎加选择,陆续送诸王馆。其北直隶、河南、山东等处,另差司官前去选取。尔等务体朕心,安静行事,毋得因而骚扰。钦哉,故谕。"

万历九年(1581年)八月,一场规模浩大的选嫔开始了。

九月,织染局太监张钺奏请钦定织造,称:"皇上袍服、两宫圣母、中宫等、册封九嫔及潞王公主婚礼,应用缎疋共计一十二万。"

工科给事中李廷仪题:"苏杭灾伤,民困已极,先日皇上特允科臣之奏,取回太监孙隆,停免额外织造,今停织未几,增织随至,赈恤方行,征派即加。皇上之心亦必有所不忍者。"

皇上说:"诸项皆供用急需,既然东南财匮民穷,陆续从容织进。"

王国光以年老为由屡屡上疏乞休,皇上一如既往温旨留之。

刑部奏请处决重囚,皇上命暂免行刑。

郑雒奏称偏老二所及太原等卫灾伤重大,乞将屯粮改折,部覆如议。郑雒将山西灾情告诉家屏。家屏利用经筵讲读的机会,反映家乡受灾的情况。

皇上下诏:"山西应、浑、朔、大同、怀仁、山、马七州县灾伤甚重,见

---

① 三氏子孙:指孔、颜、孟三氏子孙。
② 闲素:悠闲,清静,纯朴。

年应纳屯粮,俱与改折;动支预备仓谷,分别赈济。"

雒遵搅在高拱、张居正、杨博、谭纶、海瑞之间,有许多事说不清,此次考察颇具争议,最后,由尚宝司卿提升为太常寺少卿、山东副使。

沈鲤还朝,皇上命他官复原职,仍充日讲官。

关停书院的事有成效了,先后稽查六十四处,或改公署,或给原主,或行毁废,只有五院存留,即紫阳、崇正、金山、石门、天泉。

这五院得以存留,各有缘由。比如徽州紫阳书院得益于以大师朱熹的号命名,有御赐"紫阳书院"匾额高悬,且书院与朱子祠堂合为一体,当今乃朱家天下,岂能毁得?崇正书院位于南京凉山东麓半山坡上,嘉靖年间督学耿定向所修,相传地藏王肉身在此坐禅,谁敢捋动①?故得以存留。

安嘉善议授中丞节钺使,其令尚待发出,而讣至。

安嘉善于嘉靖三十四年(1555年)中举,十年后,举进士,初授南刑曹主事,迁郎中,关中遭灾荒,擢西安知府。到任后宽徭役、禁科扰,劝富民出粟为庐舍……使百万饥民咸举手祝幸更生……至天下吏铨,为循良第一。升山东按察副使,驻节天津……是岁天子命大臣阅三边,而天津将士独骁健,冠诸军。迁河南参政。未几,转本省按察使,迁湖广左方伯。

安嘉善闻命,自汴归里,即趋装发。时溽暑,南方大疫,多人劝他勿行。他却说:"某荷三朝渥恩,无以报,倘得死职上,幸也。敢怀丘首?"随即揽辔而行。他冒暑病履任两月余,于万历九年(1581年)十月十四日卒,享年五十,朝野惜之。

安嘉善有两个儿子,都是庠生。有三个女儿,两个女儿已出嫁,三女儿许给了家屏的儿子汲初。

安嘉善的大儿子安境扶柩北还代州。

家屏为之作铭:

莫非王臣,或燕居息。公独靖共,终始惟一。留署清风,关西惠泽。三辅干城,中州柱石。世想仪刑,帝鉴忠赤。神游衡湘,体安窀穸。宿山之阳,漳水之侧。嗣胤蕃昌,发祥兹宅。

家屏安排家楫带领汲初赶赴代州参加安嘉善葬礼。

---

① 捋动:触及,沾惹。

没过几日，浚初和翟廷楠之子翟瑛、门人李生从浑源进京，他们回京后说翟廷楠于月初病故，特来报丧，并请家屏为之作铭。

两年前，家屏与翟廷楠相别于恒山下，如今阴阳两相隔。

家屏写道：

> ……余尝谓公，家恒阴，盖天下名山，云公岂其所钟耶？何生之伟也！乃卒，以直道不容、不获大任，而又何其不远到也！嗟乎！世渝渝尚同，而公矫枉以为伉；世营营竞进，而公蚕退以为拙。位虽不终立，意则较然矣！奚必跻膴仕、躐荣名，而后快于志哉？所谓光岳之正气？非耶！为之铭曰：惟岳降灵，笃生魁杰。大阿发硎，飞黄奔轶。胡刚而折，胡趋而蹶？储庆蓄祥，以诏来哲。

湛初从国子监回到家中，几个年轻人聚在一起，对翟廷楠老前辈表示哀悼。之后，年轻人谈起了各自的学业。

浚初说："我岳丈大人病逝前虽然重疴在身，但还是抱病给我讲了许多学问，他不愧是山西明经科魁首，我要全力以赴，争取学业有成，否则对不起他老人家一片苦心。"

湛初更羡慕浚初以编写《恒山志》为名，遍游恒山各寺院、道馆，自由自在地阅读高僧、道长们珍藏的经典。

翟瑛和李生诚邀湛初得空时游恒山，他们将全程陪伴，大家一起，轻歌慢吟。

浚初说："诸位若有佳作，我可收入《恒山志》艺术类，以流芳千古。"

家屏问浚初："书中是否写明在哪里祭祀北岳？"

浚初说："胡来贡先生上疏，在恒山神庙祭祀北岳，还有别处？"

家屏提醒浚初，说："沈鲤先生一直认为祭祀北岳在阳曲，而不在浑源，他博引旁征得出此论，应将他撰写的文章收入《恒山志》。"

湛初最感兴趣的是悬空寺。

他们由悬空寺窟内释迦牟尼、老子、孔子共居一室，谈到三教合一，又谈到百家争鸣，不理解当朝为什么要关停各地书院。

"国初规定府学四十人、州学三十人、县学二十人，后有所增加。首辅张先生规定'大府不得过二十人，大州、县不得过十五人，如地方乏才，即四五名亦不为少'。今又关停书院，何异于焚书坑儒？"

"关停书院，说是为防止有人利用讲学之机，煽动造反。"

"将书院关停了，就不会造反？"

几个年轻人又谈起造反。前段时间河南出现白莲教，刚刚压下去，宣府又告急，有游民激变。

礼科给事中丁汝谦奏称："奸民之结党肆逆与游民之越境为非，皆有司之过。

"曹仑等辈假借妖术，蛊惑愚民，其事非一日、其徒非一人，而有司既不能开谕之于前，又不能禁缉之于后，直待养成巨恶，逆谋败露，然后动众剿之，有损于地方，不既多乎？

"马树林子等是由延安抵宣府奔逃，播越几千里，携带男女，扶持兵刃、走马卖械、卜卦施药几百人，所过之处竟无一人盘诘，如果有司能觉察防范，其流祸能至于此？且此辈隐伏，非独河南、宣府为然，即南北地方、京城内外，处处有之。衅每起于不虞，患恒生于所忽。宜敕该部院：在京行五城御史、在外行各处巡按，将曹仑、马树林子等情由令所属刊刻榜文，晓谕黎庶①，仍严行保甲②，不时讥察③地方，不无少裨矣。"

礼部如其议，皇上称是。

宁夏边军需裁员重组，巡抚萧大亨前往协调处理。

许国升为礼部左侍郎，陈思育升为礼部右侍郎，陈经邦升为侍读学士，掌院事。他们三人仍充经筵日讲官。补礼部主事李祯为光禄寺丞。

张居正正一品十二年考满，皇上遣文书官吴忠前去看望。

皇上手谕："卿亲受先帝遗嘱，辅朕十年。四海升平，外夷宾服，实赖卿匡弼之功。精忠大勋，朕言不能述，官不能酬。兹历十五年，考绩特于常典外赐银一百两，坐蟒、蟒衣各一袭，岁加禄米二百石，薄示褒眷，先生勿辞。"

张居正回皇上，说："吏职有一之未修，皆臣表率之无状；民生有一之未遂，皆臣调燮④之多乖。"

皇上听了张居正的话，颇为感动。

---

① 黎庶：黎民百姓，民众。
② 保甲：指保甲制度。以户为单位，设户长；十户为甲，设甲长；十甲为保，设保长。
③ 讥察：督察。
④ 调燮：调和阴阳。古谓宰相能调和阴阳，治理国事，故以称宰相。

是日，冯保传旨，谕吏、礼两部，说："元辅居正受先帝顾命，夙夜在公，任劳任怨，虽称十二年考满，实在阁办事有十五年，忠勋与常不同，恩荫例当从厚。酌议来看。"

皇上已定了"恩荫例当从厚"，吏部还能说什么，吏部上疏："元辅居正，托孤受遗，正群情窥伺之始，而乃竭忠殚赤，振百年因循之弊，人所不能为者，为之，所不敢为者，亦为之。恩怨莫问，国尔忘家。今实历经有十五年，隆恩异数，当不得拘杨廷和、徐阶旧例。"

皇上命给张居正支伯爵禄，加上柱国太傅，给予应得诰命；又赐宴礼部，荫一子。又命司礼监专门打造牙牌一面，号太傅，赐给张居正。

张居正说："人道所最忌者——非望之福，明主所深惜者——无功之赏。臣待罪十年，虽幸四海乂安①，百蛮宾服，然皆皇上神威广运所致，臣安敢妄贪天功，滥冒非分，以累日月之明？除诰命藉荣，先世敕奖，风励②臣工，谨已祗领。其余非分所安者，万乞俯鉴下诚，收回成命。"

皇上不许。

皇家又有喜事，皇女诞生，皇上身着吉服，御临皇极门，接受百官祝贺，赐辅臣及讲官特制的花币和银币。

山西籍的几位京官，聚在一起谈及太原、潞安二府及辽、沁、泽三州遭灾，抱怨巡抚辛应乾没有及时上报朝廷。

户科给事中姚学闵针对辛应乾的行为，参奏说："地方水旱灾伤，抚臣即时奏闻，所以急民隐、宣主德也。今灾已数月，而辛应乾候勘，乃至小民疾苦壅闭，朝廷德意荒政。宜通为勒限：夏灾定以五月，秋灾定以七月，敢有耽延过期不报者，罪之。"

皇上考虑到今年情况特殊，对辛应乾免究。

众人看好的山西官员当数胡来贡，按其政绩，胡来贡补山西左参政。

家屏写文《贺胡顺庵中丞》：

伏以大廷推毂，崇上将之韬铃；重镇拥麾，肃中丞之斧钺。班高独

---

① 乂安：太平，安定。
② 风励：用委婉的言辞鼓励。

座，宠并登坛。燕喜维新，鸿声茂著。念兹云朔之地，适当夷夏之交。数载以前，迫于黠虏，四州之众，几无完民。自通关市之盟，稍息边陲之警。顾频年操奋，人力重困于罢劳；举国投戈，士气渐虞其积弱。狺狺投骨，方挑五部之争；悻悻当轮，讵戢一朝之怒。恐恃和而滋玩，思制变以弥艱。矧岁荒时疫相乘，颇呼庚癸；乃将悍宗强莫制，兼虑萧墙。匪赖名贤，畴堪节帅。

恭惟台下：文章一代之英，才略万夫之选。含香清誉，凤冠仙曹。借箸深谋，金推武库。云中射隼，风高塞北之旗；渭上蜚熊，梦入东河之轼。迨更宪将府兼总戎行。绸缪周牖户之防，操纵制毡裘之命。肤公屡奏，时望咸归。肆简帝心，俾专阃寄。绛骈玉佩，俨风裁于中台；青幕牙旗，凛霜威于绝塞。授以非常之任，隆其不御之权。为王爪牙，蹲重关之虎豹；作国柱石，奠诸路于金汤。溯为宪之才，一弛一张，本兼文武；赞中兴之烈，以安以攘，允辑华夷。

某忝属编氓，谬称国士。曩年襦袴，曾赓骑竹之谣；此日旌幢，重感维桑之庇。第京尘正赤，徒仿佛于鹰扬；乃塞草欲青，尚逖巡于燕贺。敢云疏节，实抱微诚。肃侯塞鸿，僭干行马。眇戋戋之束帛，敬在未将；猥喋喋以陈词，喜能尽喻。伏希鉴纳，无既瞻依。

关于经筵之事，张居正上奏："惟《续资治通鉴长编》讲至宋徽宗年间，虽未全完，然自此以后皆徽钦北狩、宋室南迁之事，无可进讲。查得隆庆五年，先帝时讲《续资治通鉴长编》，亦只至宋徽宗止，以后即以《贞观政要》接。讲臣等看得《贞观政要》一书于君德治道实为切要，拟于明春即以此书进讲。"

皇上认同此安排。

王重光的孙子王象坤由江西副使调往河南任提学副使，家屏表示祝贺。

曾经在家屏老家山阴任县令，被举荐进京的苗浡然由户部主事调往陕西任佥事，家屏等为他送行。

将近年底，家屏几位讲官将一年来讲过的经书、讲章及缮本整理成册交给张居正，张居正进呈皇上，经皇上同意后下发司礼监刊行。

沈鲤将他写好的《议改北岳疏》交给浚初，供他编辑《恒山志》参考。

沈鲤翻阅了浚初《恒山志》的初稿，提出指导意见。他鼓励浚初收集资料，为编辑《宋艺文志著录》做准备。

沈鲤问浚初："你父亲可曾为北岳撰文？"

"他写过一篇《祭北岳恒山文》。"

浚初将该文抄本拿来给沈鲤看，沈鲤看后，说："将此篇也编入《恒山志》。"

沈鲤又问："公子可知班固？"

"先生是说不得擅自编撰地方志？"

"知道就好，所以你现在只能为《恒山志》准备资料，待日后与地方官合作，方可勘实凿定。"

沈鲤鼓励浚初认真读书，力戒浮躁，争取早日中举，步入仕途。

第三十六章　皇上意外得子
　　　　　　居正不幸丧命

　　万历十年（1582年）正月，朝廷在西苑布置灯市。皇上传谕辅臣及讲官前去观灯。

　　潘季驯是一位务实的官员，被调往南京任兵部尚书后很快进入角色，题议："充营伍以重防御；定城守以便责成；裕作养以备选用；清丈量以息争端；均兵饷以便操练。"

　　高文荐调任陕西总督后，策划屯田。

　　贾应元到大同后，和胡来贡配合默契，忙于丈量屯田，处理占用应州民地补偿等事宜。题议："各州县土兵每名俱免粮五石，以恤其私。"户部覆请。得旨："如议行。"

　　杨博的儿子杨俊民出任山东巡抚兼右副都御史，上奏："该省民穷财尽，应节减公费银该征一万九千两，今裁十分之一；军丁人役通共九千九百零五名，今裁一千四百六十八名。"部覆报可。

　　通泰、淮安等地风雨暴作三十场，导致海水泛涨，淹死二千六百七十余人，淹没盐课二十四万八千八百余引。巡盐御史任养心闻知灾情后，将两淮全部库贮一万二百一十二两用于应急救灾。事后上报，皇上下诏："可。"

　　任养心敢做敢当，赢得朝野赞誉。

　　张居正的儿子张嗣修出新招，清查本家应免丁粮，将亲族异姓影射者剔除，声称此举乃"恪遵庭训"，户部题请各省巡按遵行此招。

　　浙江等处果然查出冒免人丁四万三千七百八十，粮六万三千八百八十石。

　　皇上下旨："令各省抚按严督所属，将优免定例刊右遵守，不时清查奏报。"

　　有人借此赞颂张居正父子，几近谄谀；有人鄙之。

文书官宋坤到内阁传慈圣皇太后慈谕:"册封九嫔。着礼部择日具仪。"

张居正说:"此前皇上大婚等项典礼皆奉两宫圣母慈谕而行,臣等窃以为,册嫔之礼仍宜并奉两宫圣母慈谕为当。"皇上从其议。

正月将尽,山西籍的京官在一起聚会。席间,诸位对士风浮靡、巾履怪异的现象深恶痛绝。

家屏于席前写《正士人巾履疏》:

服美于人,书以为诫。衣裳楚楚,国风讥焉。故大禹恶衣,文王卑服,孔子纯冕,季路缊袍,即古帝王圣贤身无加饰,岂徒崇道德之润,抑以肃容止之观,服尧则尧,服桀则桀,胡可苟也!

迩来世教陵夷,士风浮靡。巾鞶诡异,衣履纤妍。丈夫而袭妇女之装,士子而被倡优之饰。耻心尽丧,雅道沦亡。转相效尤,良可痛恨!

吾里唐虞故壤,犹存俭啬之风;燕赵多豪,羞作轻佻之态。颇知礼而畏义,不随俗而习非。乃顷衿弁之中,间有纨绔之子。唐巾京履,炫耀街衢;鹤氅狐裘,翱翔黉序。众方指议而窃笑,彼且腼面而招摇。父兄不禁其冶游,师友不匡其燕僻。任情自恣,名检以之积隳;放心莫收,学业因而渐废。夫后生可畏之势,甘小人下达之归。荡而无成,悔之何及!

不佞忝托吾党,幸与斯文。诚不忍狂简之靡载,用敢悉髦士而交儆。尚其淡泊以明志,朴素以褆躬。衣锦而存尚纲之心,披褐而珍怀玉之守。貌思则肃,服戒不衷。务去泰而去奢,毋败礼而败度。道充为贵,将笃实而光辉;德盛日新,自高明而广大。岂须纷华悦目,文绣章身也哉。僭效忠规,庶惩陋习。

第二日讲读时,家屏将该疏递呈皇上。皇上看后,颇为感慨。传谕内阁,说:"朕近来每视朝,见百官服色、束带都不按品级;行礼之际,咳嗽、吐痰殊为不敬。先生说与鸿胪寺,传示百官。"

张居正说:"礼莫大于君臣之交,分莫严于上下之辨。况朝参之际,天颜咫尺,尤当致敬,而不可忽者。孔子曰:'事君尽礼。'近日朝参之礼委觉少懈,今蒙天语申严,众心知儆,嗣后有犯者,令鸿胪寺及侍班御史指名参奏,必罪不宥。"

礼部明确规定了朝廷一品至九品官服样式及各种朝仪时的服装样式,并提议重印《周礼》,请家屏为之写序。

第三十六章 皇上意外得子 居正不幸丧命

正月底,张居正上奏,说:"二月十二日经筵开讲。除《孟子》照常进讲外,《书经》去年讲完,今岁应讲《诗经》,此书近之可以修身、齐家,远之可以治国、平天下,于君德治道裨益不浅。"皇上允之。

家屏为预分章节备课。

二月初,户部进《万历会计录》。王国光心愿了却,再次乞罢。皇上复慰留之。

张居正上疏,说:"窃闻致理之要在于安民,安民之道在察其疾苦。年来,圣明特下明诏,清丈田粮,查革冒免,海内如获更生。然尚有一事为民病者,带征钱粮是也。夫百姓财力有限,即年岁丰收,一年之所入,仅足以供当年之数,不幸荒歉,见年尚不能办,岂复有余力完累岁之积逋乎?有司规避罪责,往往将见年所征挪作带征,名为完旧欠,实则减新收也。今岁之所减,即为明年之拖欠。见在之所欠,又是将来之带征。诛求无已,民何以堪?况头绪繁多,年份混杂,愚民竭脂膏以供,里胥指交纳以欺,甚有不才官吏,因而渔猎。

"以当年之所入,完当年之所供,在百姓易于办纳,在有司易于催征。间阎免诛求之烦,贪吏省侵渔之弊。是官民两利也。况今考成法行,公私积贮颇饶,即蠲此积逋,于国赋初无所损,而令膏泽洽乎黎庶,颂声溢于寰宇,久安长治之道计,无便于此者。"

皇上纳其言,下诏:"朕闻各处带征未完钱粮,苦累小民。户部查节年所欠几何,即今应否蠲免?止将见年正供之数勒限完纳,会同兵、工二部议处。以闻。"

之后,下旨将江南苏松、淮扬等府,山东、湖广等处拖欠一体蠲免。官员们以为此乃大手笔也。

张居正夺情风波已过去五年,人们并没有忘记吴中行、赵用贤、邹元标诸君子。当年上疏力主张居正夺情的御史曾士楚被朝野不齿,他本人也常为此感到内疚。

这次张居正要将他由巡按直隶调往巡按苏松。

曾士楚说:"吾有何面目见吴、赵诸君子?"遂引疾而去。

右卫麻锦任宣府总兵以来,修边有功,得到朝廷奖赏。

郑雒注重提拔将才,将偏头关参将李东旸提升为宣府右卫右参将,并筹集白银三万两充作互市之本。

三月,皇上为皇长女行百日命名礼,赐辅臣、讲官以金币。皇长女命名为永宁公主。数日后,赐永宁公主庄田二千五百余顷。

高启愚到南京任国子监祭酒后,落实监生号银,修缮监生号舍,清理节年拖欠等,搞得很有起色。林景旸由南京右通政升为南京太仆寺卿。

皇上一册封九嫔,祭告奉先殿。家屏为之写《拟册和嫔文》:

  制曰:朕惟,周寝备官,本奉神灵之统;汉宫升媛,聿崇法象之班。典礼具存,彝伦攸系。咨尔某氏,柔仪婉嫕,惠性幽闲属当。秘掖之虚,克副慈闱之简睠;德容之纯,备宜秩号之涣颁。兹特遣使持节,封尔为和嫔,锡之册命于戏。嫔以宾敬,为义匪昵,志于燕私;德惟和气,致祥庶储,休于螽羽。尚禀肃雝之范,永绥敦睦之风。钦哉。

又写《拟册安妃文》:

  制曰:朕惟桂掖深严,式备授环之职,椒涂雍穆,载修鸣玉之仪。惟四教之具闲,斯六宫之攸称。咨尔某氏,柔顺承乾,安贞应地。缵徽音于京室,维德之行;侍清宴于宸闱,有相之道。宵征匪懈,恪共凤夜之勤;阴礼无违,光佐长秋之治。兹特遣使持节,封尔为安妃。锡之册命于戏。龙章赫奕,荣逾九嫔之班;翟茀辉煌,象应四星之位。尔其敬承缛典,益惕志于鸡鸣;祗荷温纶,爰发祥于麟趾。钦哉!

张居正再次请病假。说:"阁中事务,票拟、题奏等项,容臣私寓办理。"
皇上说:"卿慎加调摄,不妨兼理阁务。痊可,即出辅理。"
不日,皇上遣张鲸诣张居正府第视疾。赐银一百两、蟒衣一袭及余物。
山西在清田中行动迟缓,不过,也有了结果,查出民屯田欺隐五千一百余顷。

宗藩之事,历来棘手。张居正请礼部收集累朝事例,删烦撮要,列成四十一条,可供执行。皇上看后,定名为《宗藩要例》,单行成书,颁示各藩。史馆将该内容纂入《大明会典》。

有虏寇义州,李成梁击杀之,俘获百余人。兵部上奏,皇上大喜。宣捷、祭告如常。

皇上遣文书官吴忠抵张居正府第问疾。赐银及食物等。张居正再乞假二十日,皇上温旨允之。

镇江有妖僧倡乱①。户科左给事中万象春"请严剃度之禁"。礼部覆："在京责巡视御史、在外责巡按，严禁、毋许容留游食僧道。"皇上说："可。"僧道的日子不好过。

延绥、宁夏、甘肃三镇贡市开展顺当。巡抚高文荐、晋应槐等人受到奖赏。

灵州土军马景等作乱，杀了参将许汝继，并屠其全家。晋应槐将作乱者捕而斩之。家屏等山西籍京官祝贺老乡晋应槐。

张居正请存问徐阶，说："徐阶在严嵩乱政之后，矫枉以正，澄浊为清。惩贪墨以安民生，定经制以核边费。扶植公论，奖引才贤。一时称为治平，皆其力也。先帝潜居藩邸时，世庙一日忽有疑于先帝，徐阶从容释其疑。先帝登大宝，徐阶为翼戴首臣。皇上正位东宫，常预册立大议。徐阶致仕家居，年已八十，应特赐优礼，以昭太平盛事。"

皇上纳其言，命所司议行。

端阳节将近，皇上为让张居正早日康复，赐五彩、五毒、艾叶、双缠身蟒纱及胸背各一件。其他辅臣、讲官也有所赐。

官员中掀起为首辅消灾祈寿的高潮，唯家屏和沈鲤不为所动。有人提醒他二位："首辅乃当朝炙手可热的人物，谁能惹得？他对送礼示好者未必记得，对不光顾者却是记得的。孰能不畏其报复？"对这样的话，他二人不予理睬。

五月，张居正生日那天，皇上遣司礼监太监孙隆到张府，赐张居正银一百两、蟒纻四表里、银福寿字、食物等。官员们纷纷到张府门前排队送寿礼。

皇上听取张居正提议，遣行人涂时相存问徐阶。敕曰：

朕闻古者，公孤在朝，则坐而论道；更老在学，则宪而乞言。惟尊贤尚齿之义，实褒德劝功之典。眷言耆硕著有勋，庸世咸仰为达尊。朕岂靳于殊数？卿才优王佐，学擅儒宗。早驰誉于清华，历试功于盘错。简知皇祖，晋陟台司。履忠顺以事一人，持廉靖而先百辟。当愍壬之既黜，更治化以维新。惩贪污而仕路肃清，奖忠直而真才汇进。申明典制，多安边裕国之筹；默运枢机，有尊主庇民之略。定邦本于危疑之际，宣上德于弥留之中。翼我先皇，嗣基图而抚方夏；保予冲子，升储贰以奉宗祧。方倚重于黄扉，遽乞间于绿野。后先多绩，朝廷资其典型；终始完名，寰宇想其

---

① 倡乱：造反，带头作乱。

风采。自天纯佑,俾尔寿康。届兹八旬,敛时五福。匪直先民之楷式,实惟盛世之祯祥。朕祇遹先猷,追惟旧德。粤稽功勋,载锡宠章。兹特遣行人涂时相赍敕存问。仍赐银五十两、大红纻丝蟒衣一袭、彩币四表里……钦哉。"

徐阶遣其孙子监生徐元普进京赍谢,皇上特授徐元普为中书舍人。
张居正病不见好。皇上又遣张鲸到张府视疾,赐银与食物等。
张居正以病乞罢,皇上下诏慰留。
辽左大捷。张居正、张四维各荫一子,申时行升太子太保,李成梁、梁梦龙等俱有赏。
张居正再次乞休,皇上优诏:"卿受皇考顾命,夙夜勤劳,弼成治理。朕方虚己仰成,眷倚甚切。卿何忍遽欲舍朕而去?览之心动,其专心静摄,以俟辅理。"
皇上又遣太监魏朝到张府视疾,赐银与食物等。
降敕谕:"朕自冲龄登极,赖先生启沃佐理,心无不尽,迄今十载,海内升平,朕垂拱受成,先生真足以光先帝顾命。朕方切永赖,乃屡以疾辞,忍离朕耶?朕知先生竭力国事,致此劳瘁,然不妨在京调理,阁务且总大纲令次辅等办理。先生其专精神、省思虑,自然康复。庶慰朕朝夕惓惓,至意。"

就在一册九嫔之前,皇上一时心血来潮,临幸太后身边王姓侍女,侍女怀孕,太后发现后,令皇上册封王氏为恭嫔。
皇上让家屏写《拟册恭嫔文》:

制曰:朕惟《易象》贯鱼①,式严宫序,《诗》歌诒燕②,本重宗祧③,必九御④咸备其官,斯万年永锡之胤。咨尔某氏,温温成性,翼翼小心。简自蓬闱,升于椒掖。鸣佩环而有节,奉盥馈以惟虔。淑德既征,宠章宜逮。兹持遣使持节封尔为恭妃,赐之册命于戏。雍雍弓韣,肇祈凤震之

---

① 贯鱼:喻宫人排定顺序,以次进御,不争宠,不偏爱。
② 诒燕:为子孙妥善谋划,使子孙安乐。
③ 宗祧:宗,宗庙。祧,远祖之庙。
④ 九御:即九嫔。帝王之妾,等级位于后妃之下、其他侍妾之上。

第三十六章 皇上意外得子 居正不幸丧命

祥；肃肃衾裯，祗率宵征之度。尚遵阴礼，协赞宸闱。钦哉！

定国公徐文璧和张四维持奉节，册封恭妃。

太原、平、潞三府遭灾，粮食歉收，蠲年例、发库贮及本处仓谷，相兼赈济，民沾实惠。

张鲸传皇上手敕给张居正："今日闻先生病势不粥，朕深虑国家大计，当为朕一言之。"仍赐银四十两、食物等。

张居正具密揭，封进，举荐潘晟、余有丁。皇上视朝，升任潘晟、余有丁入阁办事。

第二日，张居正卒，时年五十七岁。皇上震悼，辍朝一日。皇上遣太监张诚经纪张居正之丧，赐银五百两及纻丝、罗纱、柴布、香烛、茶、米、油、钞、盐、炭等，两宫皇太后及中宫各赐银币若干。礼部依例赐祭九坛、加祭七坛。遣官造葬，谥文忠，赠上柱国。荫一子，尚宝司司丞。

朝中择日派遣锦衣卫两名官员，护送张居正灵柩归葬。给张母驿，差太监陈政护张母归。

八月，王国光代皇上祭孔子。朱赓、韩世能主顺天府乡试。这一年，家屏作《山西乡试录序》：

> 万历壬午秋，山西当大比……所选士二千三百有奇，锁闱三试之，拔其俊六十五人，籍其名氏，若文以献。某窃惟孔子叙书，断自唐虞，以下而司马迁氏作本纪，至西涉崆峒，北过涿鹿，渐海浮江，以求黄帝尧舜之处，而风教殊焉。断以为古文近是，夫蒲平阳安邑间为尧舜禹所更都，迁生其乡，习其风教甚熟，岂必览观四方而后知其征信，于古文正见。夫故都风教，有独异于四方者在也。某今偎以校士之役，凭轼而入其境，遐想夫岳牧元恺，师师济济之容，思一觏其盛而无繇，则咨嗟叹矣。然而太行恒霍如故也，洪河汾沁萦带，而演迤不改流也，主上游神垂衣之烈，隆儒术而兴太平，而山以西声教所首被平章昭明比屋可封之俗，非易民而化之，岂以举士唐虞之乡，而忧乏材乎？顾闻之圣王在位，百里一士犹无有也，累世一圣、千里一贤若比肩至矣，则材大小之辨也。明兴二百余年，巨公硕辅，起家并冀，而显功名者何可偻数，乃璧宫俎豆，右祀瞽宗之

列,或旷代难其人而河津薛先生①崛起与焉,国家得一薛先生而教化,借以大重材诚在杰不在多也。子诸士斌斌登贡籍甚盛,第令续食计偕不辞无能析圭儋爵不让无才,惟产生唐虞之乡,继河津而出,则有不难于盛而难于杰者矣。要之,学以立身,非以饰名;仕以济时,非以千禄。尝考薛先生为学从政,一本诸笃实居平辞受,取予操义甚严,比当大节至遗,利害死生不顾,尝言读书穷理,须实见得是,然后验于身心,体而行之。斯先生之所以深于道也,尔诸士诚安于卑,卑则已设欲蜚英腾茂岂然,表树于世而擅不朽之称,缘见习闻,取法不远舍河津将安师乎!语田至城之极,金石可靡,其惟以诚心自任,学蕲立身,仕蕲济世。毋树颐颏而略躬行,毋骛虚声而亏实际,毋苟宠荣而轻志意,毋急功课而病雅俗。宁稚鲁少文,毋筹张以哗众,宁介特寡合,毋夸毗以趋时,庶几哉,秉道循理之士,无忝尧舜之风。教而于先哲为有光矣,况进此乎!昔赵文子始冠,受规于公族,以语张老,张老曰:"善矣,从栾伯之言,可以滋范叔之教,可以大韩子之戒,可以成而栾伯主务实,范叔主戒宠,韩子主始与善。此三言者文子终承之,以克光绍成宣之业,不陨其名。某不佞无以佐诸士始进者,第甲晋人之语,勖之诸士,勉乎哉!

贾应元的儿子中举,家屏写文《贺贾春宇中丞令嗣发举》:

恭惟台下,善庆深培,浚祥茂发。是钟哲嗣,早掇巍科。藻誉翩翩三辅,壮风云之色;文光照烂九霄,贲奎壁之章。辟天府而奏名,共称得俊;敲霜台而报捷,佥曰象贤。托骥足之非群,信凤毛之有种。某忝尘编籍,谬辱通家。闻喜独先,观光甚快。是父是子,允为盛世之祯;尔公尔侯,端叶高闳之瑞。就冬日而可爱,凤尝捧袂龙门;候春风之始和,伫见着鞭鳌陇。肃申燕贺,陈彩币于阶前;恭俟胪传,引绿袍于殿上。

万寿圣节,皇上御皇极殿,文武百官致词称贺。恭妃生了皇元子,皇上诏告天下。

---

① 河津薛先生:指薛敬轩,字德温,山西河津人。登进士第,官至礼部侍郎。天顺间,在阁数月,见石亨等用事。叹曰:"君子见几而作,不俟终日。"遂致仕归,隐居龙门山中。著《读书录》二十卷,学者宗之。

诏曰："兹荷皇天锡佑，列圣垂休，以今年八月十一日第一子生，系恭妃王氏出。上副两宫圣母忧勤之念，下慰四海臣民仰戴之情。粤稽旧章，用覃大赉，所有恩例，开列于后……"

不日，皇上又以加两宫皇太后徽号诏告天下。

两宫覃恩①，加张四维为少师、申时行为少保，各荫一子尚宝司司丞。加余有丁为太子太保，荫一子中书舍人。进封皇亲武清伯李伟为武清侯，升李伟的儿子李文全为指挥使、李文贵为左都督副千户、李文松为指挥使。荫冯保弟侄一人为都督佥事。

张四维觉得不妥，上疏，说："今次大庆特施异恩，臣等敢不遵承？第中有一二逾越典常，碍于施行者。如左都督为武职极品，各边将帅有屡建大功终身不得者。李文贵等骤升至此，不厌物情。且武清伯进侯，封恩礼已非常典。左都督似可少杀也。又在前内廷诸臣荫典无过千百户者，今冯保等荫至都督佥事，都督列衔五府阶级，最崇。自来无荫授者，典制所系，岂得轻越？其三宫管事牌子、答应人等，通行荫叙亦在前所无，虽皇仁浩荡，名器亦不可不慎也。"

皇上不听。给事中张鼎思、御史崔廷试、南京科道阮子孝等纷纷上疏反对。皇上谕："知之。"

南京河南道御史郭维贤上疏，荐举吴中行、赵用贤、艾穆、沈思孝、邹元标等。皇上怒，说："郭维贤是同党相救，降二级，调到江山县当县丞。"给事中尹瑾等、御史帅祥等纷纷上疏相救。各人被罚俸，官员们愤愤不平，为皇上亲政不能稳妥处理政事而焦灼。有人找家屏，希望他发挥作用，让皇上辨忠识奸。

皇上阅读宋史，对韩琦和范仲淹产生了兴趣，让家屏解疑释惑。家屏为皇上及大臣们讲《宋韩、范二公经略西事始末》：

唐末夏州人拓拔思恭以讨黄巢功赐姓李，遂有银、夏、绥、静、宥五州之地。宋初，李维俸来朝，以其地献。其族弟维迁叛走斤泽，朝廷以优诏致之，赐名保吉，寻还其地。保吉死，子德明嗣。曹玮欲乘其新立，击之，以绝后患。帝不许。封德明夏王，传之元昊。

元昊雄黠多智，素耻其父臣宋及袭封。阻河为固，并地万里。宝元元

---

① 覃恩：广施恩泽。

年，遣使窥河东路，谋先攻鄜、延。知州范雍不为备，城几陷。

会知制诰，韩琦使蜀归。论雍节制无状，宜以仲淹代。遂以夏竦为陕西经略安抚招讨使，韩琦、仲淹副之。仲淹以延州诸砦多失守请自行，遂诏兼知延州。先是诏令边兵寇至，官卑者先出。

仲淹曰："将不择人，以官为序，败之道也。"于是大阅州兵，得万八千人，分六将领之，日夜简练，量贼众寡，使更迭出战。又请建鄜城为军，输河中、华、同租，以给兵饷，省转运劳。

敌人闻之，相戒曰："小范老子，腹中自有数万甲兵，勿以延州为意也。"

初仲淹上言，关中虚弱，宜严戒边兵，为持重计。及元昊陷塞门、诸砦，猖獗日甚。帝遣学士晁宗悫即陕西问计，琦主进兵。

仲淹言："臣上琦等一心，非有怯弱，但战者危事，一或差失，转延岁月。况兵少则难追，多则难进。未见其利。"

琦曰："贼昊倾国入寇，不过四五万，我兵势分，故遇敌不支。若大军并出，破之必矣。"

会，元昊遣人求和。仲淹为书遗之。令去帝号。

琦曰："无约而请和者，谋也。"乃命诸将戒严而自行，边已贼众，果寇渭州，蒋怀远城。琦募兵八千人，命任福将之。令趋德胜，砦要击贼。且戒之曰："苟违节制，有功亦斩。"福谍知贼少，易之，遂堕伏中，大败于好水川。奏至，贬琦秦州。

后元昊答仲淹书，多不逊语，仲淹对使焚之。朝议以仲淹擅通书，又擅焚之，奏斩。

杜衍曰："仲淹志在招纳，盖忠于朝廷也。何可深罪？"乃贬耀州。

庆历元年，元昊进关，丰州陷之。复以琦、淹分制四路。元昊寇镇，戎军到。总管葛怀敏督诸砦兵御之，为贼所败。贼遂乘胜直抵渭州，泾邠以东皆闭垒自守。仲淹自将蕃汉援之贼乃引，还。

帝闻之，喜曰："吾固知仲淹壮也。"因遣王怀德谕仲淹，徙镇泾原。

仲淹乞与琦俱，曰："琦兼秦凤，臣兼环庆，泾原有警，臣与琦为犄角。"渐复横山，以断贼臂。

琦请于鄜庆渭三州，各益兵三万，俟贼举动观利击之。

帝悉用其言，乃复置陕西路经略安抚招讨使、开府泾州益屯兵三万，以琦、仲淹分领之。琦、仲淹在兵间号令严明、爱抚士卒，诸羌来者，咸推诚抚接，自是贼渐屈，又饥馑频仍死亡疮痍者相半。上书乞和。

时朝廷亦厌兵，许之。乃召琦、仲淹还。

按：仲淹经略西夏城十二砦，以抚流移城、大顺城以据贼腹，又以元昊阴诱，属羌为助，请招犒赏诸羌，阅其人马，立为条约。由是诸羌咸乐为用盖其意。主于招纳，故所至定堡障、通斥堠、兴屯田为持久计。

琦则愤贼势跋扈，期剪除根孽，不欲以牵制为名，故每议西事辄与仲淹左。尝城笼竿城，以通萧官之道，沙汰冗兵，增练土著，修战守具，以此诸将多勇敢者。

然两人计若相反，而心未尝不相得，故能各用其志，以立功边境。

西人为之谣，曰："军中有一韩，西贼闻之心胆寒；军中有一范，西贼闻之惊破胆。"其威名盖并重一时云。

史臣曰："宋当继迁屡叛时，不即讨平，姑用名爵，羁縻之蔓延，至于元昊噬脐矣。范恐激成其祸，故主抚。韩恐养祸益深，故主攻。两公者各有攸有形，迹非所论也。以能声威相倚，并挫勍敌休哉。然方任福丧师元昊以悖书至危矣。竟获原者，则二公忠义素著也。范尝以天下事自任，韩尽力事君，死生以之。故任福之败，韩之不幸耳。通书。元昊殆以亮节自信也。若乃逡巡顾忌，违嫌远害，小丈夫则然。岂所以论二公哉。"

呜呼，人臣欲乘大义，急国家之难，结主上之知，树勋名、光竹帛者，当观二公之行事矣。

江西道御史李植参冯保犯十二罪，当诛。

直隶巡按王国参冯保专权纳贿。说："张居正病故，冯保令徐爵索其家名琴七张、夜明珠九颗、珍珠帘五副、金三万两、银十万两。"还说，"吏部左侍郎王篆送冯保玉带十束、银二万两，谋掌都察院。"

皇上有旨："冯保欺君蠹国，罪恶深重，本当显戮。念系皇考付托，效劳日久，姑从宽。降奉御发南京闲住，伊弟侄冯佑等，都革职，发原籍为民。张大受等降小史，发孝陵司香。将各犯财产抄没入官。"

陕西道御史杨四知论张居正十四罪，说他"贪滥僭奢，招权树党，忘亲欺君，蔽主殃民"。

皇上下诏："居正，朕虚心委任，宠待甚隆，不思尽忠报国，顾乃怙宠行私，殊负恩眷。念系皇考付托，侍朕冲龄，有十年辅理之功，今已殁，姑贷不究，以全始终。"

倒张居正之风起,不是皇上寥寥数语就能制止的。

皇上恩威并举,恩诏南京太仆寺卿林景旸等十数名官员,每人荫一子入国子监读书。

经筵上,家屏正襟危坐,讲《孟子·梁惠王下》中的一节。

  王曰:"吾何以识其不才而舍之?"曰:"国君进贤,如不得已,将使卑逾尊,疏逾戚,可不慎与?左右皆曰贤,未可也;诸大夫皆曰贤,未可也;国人皆曰贤,然后察之;见贤焉,然后用之。左右皆曰不可,勿听;诸大夫皆曰不可,勿听;国人皆曰不可,然后察之;见不可焉,然后去之。"

  齐王因孟子讥己无亲臣,解说:"此亡去者皆是不才之人,我始初不知,而误用之故,不以其去为意耳。我今当如何预知其不才,遂舍之而不用,使所用皆贤乎?"孟子对言:"人君用人与其悔之于后,莫若谨之于始。是以国君进贤,将用未用之际,其难其慎,审之又审,似势之所迫,不得不用,其谨如此,所以然者,盖以尊尊亲亲,乃国家体统之常设,使今日所尊者未必贤,日后必别求卑而贤者用之。是使卑者得以越尊者,失尊卑之序矣。今日所亲者,未必贤,日后必求疏而贤者用之,是使疏者得以越亲者,失亲疏之等矣。一举措之间,而所关于国体甚大,是安可以不慎乎?始进能慎,则所进皆贤,而不才者不得以幸进,自可无后日之悔矣。王何以不知人为患哉?

山西道御史魏允贞也在听讲者之列,听得入神,连连点头。

官员们憋着一股劲,要为因反对张居正夺情被处分的"五君子"昭雪。他们以为时机成熟,先由四川道御史孙继先上奏,说:"自古英君欲建久安长治之功,必重直言敢谏之士。前者吴中行、赵用贤、艾穆、沈思孝、邹元标各以张居正夺情一事建言得罪,至廷杖遣戍。皇上英明天纵,岂不知诸臣无罪?但以为不如是,不足以安张居正耳。张居正亦不请宥其罪而还其职?

"顷见皇上纳御史李植言,斥冯保而没其家;纳御史江东之言,籍徐爵而置之法;纳御史杨四知言,怒张居正而追问坏事之人。似非有心深罪诸臣者,奈之何?赐环犹稽,使人有遗佚之叹也。至于忤触张居正被黜,如余懋学;以不与送丧被黜,如赵应元;以申救言官被黜,如傅应祯、朱鸿谟、孟一脉;以参劾张居正被黜,如王用汲等,亦当一体复用,以开言路。"

给事中陈与郊等也有奏言。

终于得旨，皇上说："朕一时误听奸言，以致降罚失中，本内有名建言得罪者，俱起用。"

四川道御史孙继先上奏，说："自古帝王欲图至治，莫不决于去小人、急于用君子。故虞舜即位，即诛四凶，收用元恺。顷陛下罢工部尚书曾省吾等，以清部署之奸；逐司礼监太监冯保等，以除左右之慝。去恶可谓断矣。乃有摧折权奸，屏迹山林，如魏学曾、胡执礼、贾三近、温纯、陈有年、赵参鲁、王锡爵……品格虽殊，要皆才德优隆，志行高洁，或宜于密勿，或宜于部堂，或宜于拊循，皆海内之正人，士林之君子也。语云：'山有猛兽则狐狸藏形，国有贤臣则奸邪隐迹。'愿陛下及时起用，以收进贤之效。"

皇上从之。

第三十七章　朝中倒张风起
　　　　　　皇上如愿主政

　　皇上终于下诏录用因建言被贬为民、遭谪戍的诸位臣子，吴中行、赵用贤、余懋学、傅应祯、艾穆、沈思孝等人官复原职。
　　御史张应诏参劾南京刑部尚书殷正茂和兵部尚书、两广总督陈瑞，说二人搜刮金银珠宝，私馈张居正、冯保及张居正家奴游七。
　　"陈瑞抚楚时，前往张家吊唁张居正。一入门，就加了一顶孝帽，痛哭。请见张居正母亲时，内官向鲸也在侧，张居正母亲嘱咐陈瑞说：'陈公祖看顾向官儿。'陈瑞起身作答：'只有向公公看顾得陈瑞，陈瑞安能看顾向公公？'其奴颜婢膝竟如此。"
　　皇上命殷正茂、陈瑞致仕，着司礼监拿问向鲸。
　　周子义充《大明会典》副总裁。徐显卿、于慎行回京，仍充《大明会典》纂修官和日讲官。家屏设家宴，召集诸位，庆贺重逢。席间谈及形势，大家对官员们随着皇上一味反对张居正表示担忧。
　　郑雒担心朝廷产生麻痹，题奏："大同按原规划应修军屯、民堡二百五十七座，应添敌台一千二十八座。四年来，因受资金筹措影响，只修完冲堡四十一座、敌台一百六十八座。今春当修未完者。"
　　御史参劾锦衣卫那帮人在抄冯保各犯事内官家时做了手脚，同恶相济。先是刘守有奉旨封锁徐爵、冯保等人的房屋。"刘守有乘机搬运、鼠窃，报官者只有十分之一二，以至于将房屋田产公行欺隐。党恶欺君，何以自解？"
　　皇上诘责刘守有："逆犯财产，尽心稽查。如再有隐漏，定行重治。"相关人员被革任。
　　御史黄钟参劾湖广巡抚陈省，说他向张居正"行重赂以争宠信"。

"为防护张家，设兵丁数百，岁给饷数千。更有甚者，为扩建张府，将荆州旧城古迹尽夷，重新规划。工程尚未结束，张居正物故①，前役告罢，矛盾激发，兴师对垒，乃至杀戮，几于偾事。"

皇上命："将陈省褫职为民。"

御史江东之劾王宗载、于应昌。"当年御史刘台劾张居正，被褫职。仇家又诬告刘台，江西巡抚王宗载、巡按陈世宝、辽东巡按于应昌勘问。他们捏报虚赃，辱刘台，苦楚万状，戍浔州，死于戍所，衣衾棺木俱无……又有人谓，仇家诬奏刘台，也是王宗载唆使。今陈世宝已呕血暴卒，王宗载、于应昌宜抵罪。"

王宗载上疏自辩。事下所司，刑部侍郎刘一儒请会官议拟。皇上许之。

昔日跟随冯保沾了光的内官亲戚被查处。张大受之弟张恩等被谪配到烟瘴之地充军。何忠弟、何志等俱为民。

吏部会同都察院考察天下诸司官员。

给事中唐尧卿上疏："往者逆冯保招权，内外为奸，荐绅②望风趋附。今内党已去，外党犹未尽去。人人攻击，将人人疑惧。及今诚发明诏，平日往来群奸之门者，速自省改，勉修职业，以图将来。其愿避贤路者，许以礼去。若逢颜易向，阴谋报复者，容臣等查访劾奏……"

皇上说："在前，权奸结党营私，科道官寂无一言，及罪人斥逐，却纷纷攻击不已，有伤国体。且各攀附有显迹的，既已处治了，其余令省改修职，不必再行搜索，以后有怙恶怀奸、仍前恣肆的，指实参来，重究。"

给事中阮子孝论张居正、王篆有几个儿子滥登科第，乞行罢斥。皇上令：内阁拟旨革黜。

张四维说："张居正诸子所习，举业委俱可进。惟其两科连中三人，又皆占取高第，故为士论所嫉，以致谤议失实。至于王篆二子，不知所学如何。若一加覆试，则堪中与否，可以立见。伏望圣慈矜察。张居正二子在翰林者调别衙门用。一子在部属者，容其照旧。王篆二子令吏部都察院于午门前出题覆试。"

皇上不从，亲自批复阮子孝："张懋修等都革职为民。"

魏允贞劾兵部尚书吴兑："攀附高拱、张居正，馈冯保金一千两。署名标封尚在。又装送兵器、火器赂俺答。乞治吴兑欺君之罪。"

---

① 物故：指人死亡。

② 荐绅：缙绅。古代高级官吏的装束，亦指有官职或做过官的人。

章下所司。

已升为兵部左侍郎、总督三边的高文荐也被给事中冯露、御史韩国桢参劾,说他"附逆冯保,馈遗无算。娶王篆侍妾之妹,交通纳贿……"

皇上下旨,高文荐革任闲住。

吴兑因被魏允贞论劾,乞休。皇上不允。

皇上下诏:"两京四品以上官员才品可用的,由科道官会举,其余由吏部酌量起用。"

皇上在考虑另一件事,闰二月春祭时,择寿宫。皇上令内阁筹划。

张四维说:"照世祖先例,命文武大臣带领钦天监及深晓地利风水之人先择二三处,画图贴说明,进呈钦定,然后营建。"皇上从之。谕礼部。

沈鲤生病,家屏等前去看望。皇上遣中使赐物。

殷士儋病故。谥文通,给诰命。家屏与于慎行及众人聚在一起,缅怀恩师,气氛庄严肃穆。于慎行要将殷士儋的诗、颂、文、讲义等收集成书,拟起名《舆山房稿》。家屏说:"全力相助。"于慎行说:"成书时,请对南兄为之作序。"家屏答应。

官员们调度频频,周子义被升为礼部左侍郎,沈鲤为右侍郎。蹇达留山东,王体复去陕西,朱赓掌院事。

给事中冯景隆荐举了曾受张居正处置的官员——赵世卿、张位、习孔教。赵世卿因反对张居正苛政举措,被张居正以"不谨"之名免职归里。张位曾写信给张居正,劝其遵制丁忧,当赵用贤被贬时,又以诗相送,张居正愤恨之,降补为徐州同知。

当邹元标被廷杖谪戍时,习孔教以桑梓往视,且敛赠路费,以资其行,张居正恨之,乘星变考察,谪为泉州推官,遂褫职。

御史孙维城也荐举以上三臣,另加赵志皋。赵志皋劝张居正终丧[①],致拂其意,借考察之名,降解州同知。

御史方万山也奏荐张位。

吏部科道官荐原尚书陆树声等三十三人。

张鲸总督东厂,抄没犯人冯保、徐爵等人的家财。

户部给事中王继光劾兵部尚书吴兑结交冯保,受将领馈遗。

刘台已故,复原官职,赠光禄寺少卿。也算给了死者以交代。

---

① 终丧:父母去世后,服满三年之丧。

第三十七章　朝中倒张风起　皇上如愿主政

御史于有年劾左都御史陈炌阿谀权势，倾害忠良。说："御史赵应元按楚时，张居正回籍葬父，独未往吊。陈炌参论赵应元，落职为民。员外王用汲忠愤所激，具参论，被陈炌挟私中伤，亦坐为民。乞将陈炌罢斥，为大臣謟谀之戒。"

皇上说："言官论人须当审事实，参详公论，若不谙事情始末，不分人品高下，辄肆诋排大臣，将人人自危，岂成政体？于有年躁妄当治，姑从轻，罚俸半年。近日科道官争以奸党为言，斥退已多，今后务体国惜才，用养和平之福。若再有违旨搜索往事的，定行重治不饶。"

皇上亲政，须了解昔日大案，刑部将王大臣一案宗卷呈上。

得旨："此事如何这么就了？查原问官与冯保质对。"

张四维说："此事已过了十年，原东厂问官即冯保，参与者还有朱希孝，今罪犯已决，朱希孝已死，陈希美说王大臣系冯保潜引，也没有得力证据，若复加根究，恐骇观听①。"

皇上听了张四维的话后，遂置之不问。

皇上览阅大理寺呈上的游守礼、冯昕等人在狱中的供词。皇上命将现任锦衣卫指挥的张居正儿子张简修削职为民，潘晟冠带闲住。游守礼、冯昕等大辟②或遣戍③。

三月三日，皇上任命："右庶子兼侍读王家屏掌左春坊印信，右谕德兼侍读沈一贯掌司经局印信，侍讲于慎行、张一桂充《大明会典》纂修官。"

家屏等官员为殿试做准备。

就在殿试即将举行之际，山西道御史魏允贞上疏，言救时弊四事："一曰公文武之用……依定制文吏隶于吏部，武吏隶于兵部。张居正辅政，文武职一命由辅臣察，今其职事应还归二部。二曰严科场之防……顷岁，张居正欺陛下冲龄，诸子后先及第……今辅臣张四维子张甲征、申时行子申用懋参加廷试，读卷宜引嫌回避。三曰慎台谏之选……今之给事中、御史皆张居正辅政所选授，多亲友死党……乞陛下痛惩前弊，由吏部科道官……延访④另选。四曰务战守之实……"

皇上说魏允贞是漫逞私臆，语多过当，令都察院参看。

---

① 观听：引申为舆论。
② 大辟：死刑。
③ 遣戍：放逐罪人至边地、军台戍守。
④ 延访：指广为访求。

张四维上言:"魏允贞条陈四事,有两条由兵部议覆。其中公文武之用、严科举之防两条,关系臣职守名节,不容无辩。自成祖建置内阁,赞理机务,百司之事咸赖经画……今因前臣行私而欲臣不与闻吏兵之事,臣获优逸,将使主上日劳万几与百司相酬应?此臣之职守,不容不辩。科举之制,唯才是取,原不限于世类……臣有五子,二子向学,前岁蒙大庆覃恩,臣以第三子承荫中书舍人。今臣长子年三十余,攻苦半世,始掇一第,复疑行私,不幸为辅臣子也。此臣名节所关,不容不辩。伏望圣慈察臣悃诚,特赐骸骨。"

皇上说:"阁臣辅理,自当与闻大政,至若文衡,公器安所容私?卿秉公体国,茂宣劳勋,朕正切倚信,岂得遽以浮言介意,宜亟出辅治,不允辞。"

申时行亦辩:"魏允贞条陈四事,大略诋议前任辅臣,追论往事。国朝科举定制原不分孤寒与仕宦,至如辅臣之子,掇取科第,如商良臣谢丕、杨慎皆历历可证,未有疑其私者。如必令辅臣之子皆不识丁,不应举以示公道而远嫌疑,则亦不近人情。允贞言臣四维及臣子中式有私,一付之公评,但臣伴食有年,守官无状,伏望皇上允臣休致,以息疑喙。"

皇上说:"兹事朕已洞悉,卿宅心至公,原无可疑,不必以浮言介意,宜即出赞理。不允辞。"

皇上遣中官孙斌捧手谕,慰留张四维、申时行。

手谕:"朕昨览御史魏允贞条陈四事,内言科举之防,其言疑讥卿等,允贞恣意妄言,语多过当,已着都察院看。卿等照旧安心佐理,不必介意。即出辅政,以慰朕怀。"

皇上特别下令:"命张四维子张甲征,申时行子申用懋照常廷试。四维、时行读卷准回避。录内仍列衔①。"

户部员外郎李三才说:"辅臣子不宜登第,允贞言是所陈四事,乞敕该部查覆施行。"

皇上说:"魏允贞方奉旨参看,尚未处分,这厮辄敢出位妄言,窥探上意,恣肆护党,当重处,姑从宽,降三级调外。"

周邦杰、赵卿等救魏允贞、李三才。皇上不允。

三月十五日,皇上御皇极殿,策试经会试录取的李廷机等三百五十名贡士。本届殿试取中朱国祚为状元,授修撰,二、三名李廷机、刘应秋为编修。

兵部覆魏允贞:"宣大之军未因房款而薄战士。辽左战功,按臣、兵备随

---

① 列衔:签署职衔。

营纪功……又再四驳审,以防欺诈……查验首级务极精详,以明功赏。"

吴兑乞罢。准致仕。

任养心以两淮巡盐御史的身份巡查归来,条陈四事:一曰革私税。说除国课外,各府州县别立名目收取盐运过关钱等,悉宜禁止。二曰革牙行。滑胥为盐运增加的中介须剔除。三曰禁荆属私贩。荆州属地私贩严重,须严加整治。四曰浚运盐河道。

郝杰由陕西右布政使升为山东左布政使。

李采菲升任山西左参政。

山西巡抚辛应乾上奏:该省去年麦田未种,今春亢旱,饥民死伤,已将库贮发赈,乞准开销。皇上令赈过银、谷准销,动支该省主兵银三万两,赈济。

张四维忙于阁务,又拟制《古文真宝》前序、后跋,又写昭仁殿、弘德殿箴言等,在朝堂上呈交皇帝御览。

张四维上疏:"江西连年多事,百姓困瘁。烧造瓷器,如碗、碟、瓶、罐等项不可缺者,宜减量。至于烛台、棋盘、屏风、笔管,从来皆用铜锡竹木制造,以节民力。"

负责勘定寿宫的徐学谟、杨巍上奏:"臣等遵旨恭诣天寿山,将各寿宫地图逐一覆视,择得三地,并称吉壤……伏望圣明另遣重臣再行覆阅。"

皇上命徐文璧、张四维同司礼监太监张宏秋后覆阅。

突然传来消息,张四维父丧。皇上得到消息后,想让张四维夺情,张四维哪里肯。皇上遂命礼部从优拟恤。

张四维父张允龄祭葬如例,加祭四坛,差官致祭造葬。皇上赐给张四维路费、衣物、驰驿等,并差行人护送。两宫皇太后亦各有所赐。

申时行因张四维将要守制,请会推阁臣。皇上特命许国升礼部尚书兼东阁大学士,入阁办事。杨巍改任户部尚书。

家屏和诸位山西籍官员帮张四维忙前忙后。

皇上听取张四维的意见,命许国充《大明会典》总裁。陈经邦掌詹事府事、管国子监司业事。黄凤翔掌南京翰林院事。

皇上于文华殿西室召见张四维。

皇上说:"先生辅政有年,启沃功多,方切倚信,偶尔忧归,慎勿过哀,以慰朕意。"

张四维顿首,说:"臣行能薄劣,日侍左右,无所裨益,今当远离,伏望皇上法祖孝亲，讲学勤政，清心寡欲，惜财爱民，日慎一日，保终如始。"

皇上说："朕知道了。"

没过几日，传来徐阶逝世的消息。在家屏等大臣的努力下，朝廷给徐阶作了正确的评价。家屏代写《原任大学士徐阶赠太师谥文贞诰文》：

  制曰：元臣旧德，至身殁而名益光；锡命彝章，惟功崇而礼斯备。矧兹耆哲，宜得显褒。

  尔原任少师兼太子太师、建极殿大学士徐阶，伟才命世，明德协期。自早列清华，及践扬中外，纯心直道，百折不回。伟绩徽猷，历试皆效。因简知于世庙，多定倾保治之谟；暨翼戴乎先皇，纾裕国筹边之略。乃时当盘错，则妙用善藏。即事属危疑，尤沉几能断。用能起颓风于汤穆，遂致登世道于升平。全节全名，海宇望其丰采；有德有齿，朝廷恃为典刑。天下不憖遗①，人之云：菱良足深悼。庸示渥恩。兹特赠尔为太师，谥文贞，锡之诰命。呜呼，穹阶峻秩，官联已冠乎群僚；节惠易名，荣问永光于奕世。缅惟灵爽，式克歆承。

家屏等在京遥祭徐阶。

皇上派官员负责安葬徐阶，家屏写《拟谕祭大学士徐阶文》：

  惟卿：学坛宗工，才优王佐。荐登三事，翼赞两朝。居明德以善，藏沉机而断。奠邦本于危疑之日，回世道于靡荡之中。位高益谦，功成乃退。跻康毅于耄耋，秉完节以始终。爰有贤嫔，凤资内助，后先沦谢，良轸朕怀，祭葬并颁用彰酬，眷灵而不昧。尚克歆承。

皇上主持了今年的殿试，命余有丁补撰辛未、甲戌、丁丑三科题名记。

《大明会典》的修改依然被列为朝廷重务，应许国诚邀，又将陈经邦充副总裁官。

李长春回京，官复原职。升范应期为司经局洗马，管国子监司业事。盛讷

---

① 憖遗：亦作"憗遗"，出自《诗经·小雅·十月之交》："不憖遗一老，俾守我王。"意思是愿意留下，特指前代留下的元老。

九年秩满，升翰林院编修。曾任山西布政使时，以兴修水利为民拥护的张士佩由吏部右侍郎升为左侍郎。沈鲤从礼部调到吏部，任右侍郎。国子监祭酒高启愚为礼部右侍郎。

张居正当朝之际，严立捕盗条格①，有强盗决不待时之律，再加上有司奉行太过，屡有装诬②成狱后，获真盗招出情节，渺不相关。其中有收监丧生者，不可复生。

御史陈荐上疏："乞将万历二年以来所捕获的'强盗'，略缓处决，重新审理，再问……"

他的奏疏下刑部，刑部覆："法贵因时，治宜审势。皇上御极初年，人心玩愒，固当行之以峻。今乾纲震肃，人心警惧，又当济之以宽。合无容臣等会同兵部将万历二年以后新立捕盗条格，再加详确，请自圣裁，著为令甲。"

皇上同意刑部的意见。

抄没冯保的房地产数量惊人，皇上下令，通通交归潞府。

皇上令罗万化为国子监祭酒，徐显卿、张一桂、李长春、吴中行、赵用贤负责《大明会典》参对与校正事务。

御史徐鸣鹤奉旨勘查贾应元，说他勒索代王府赃银。经勘查，贾应元委实没有勒要银两。徐鸣鹤将各方情况具奏，皇上却说："代王为太平王时，犯大过，岂肯承认授银给贾应元？"结果贾应元被皇上"革职，冠带闲住"。

雒遵升为光禄寺卿。

皇上曾下令选女子三百，未选足。皇上命礼部再行选报。

牛惟炳、马允登上疏论及此事，他们说："……两次选中将近百人，若必取盈，恐媒妁纷纭。愚民无知，会说皇上将志气逐渐移于女谒③。"

章下所司。

兵部右侍郎辛自修条陈武学事宜包括定考验、复专官、重教职、正始进、明赏罚、重乡试等。皇上基本同意。

胡来贡条陈边务三事：定操练、慎召补、慎委用。另就冲途供应发表议论："大同一岁中，客使往来所需廪给、夫马不比内地少，营马供乘，营军供舆，且扣除月粮，以供使者食用，还怎能应敌？应责成守备官，严加稽查。"

---

① 条格：指法律条文。
② 装诬：捏造诬陷。
③ 女谒：指女宠。

兵部回复，如奏。

御史陈性学劾麻锦贪淫酷暴，麻锦被革。

数日后，郑雒上朝，说："御史陈性学劾麻锦，说其子参将麻承勋索玉带一条、银二百两，为总督祝寿之礼。总督即臣郑雒。御史或是听信传闻之误。臣宜退避，以俟公议。"

皇上温诏答之，不允辞。

皇上命申时行等及吏、礼二部堂上官考选新进士，有二十八人，改庶吉士，同一甲进士朱国祚、李廷机、刘应秋一起，送翰林院读书。陈经邦、周子义教习庶吉士。

六月，吴中行掌右春坊印信，赵用贤为右赞善。

俺答死了。早在闰二月，封俺答子乞庆哈——黄台吉为顺义王。黄台吉差夷使赍表文、马匹谢恩。

朝堂上，申时行说："虏酋黄台吉感恩，于进贡之外，送臣等每人一匹马。人臣义无私交，应否辞受，恭候圣裁。"

皇上说："外夷向化，乃卿等运筹，赞襄不可拒绝，宜收受，以慰外夷。"

兵部尚书张学颜说虏酋也送了他一匹马，皇上说："受之。"

因封礼成功。郑雒升为兵部尚书兼副都御史，总督照旧，赏银五十两、飞鱼衣一袭。胡来贡、萧大亨各升俸一级，赏纻丝二表里。总兵麻贵升一级。贾应元复职致仕。

杨巍任吏部尚书。

周邦杰等遵旨会举京官，报出结果，说："有三十九人宜昭雪起用。"

皇上说："既然公同推举，着吏部再加参酌，陆续叙用。非罪去官的也分别议处。"

礼部题请潞王出府参加秋讲。

八月，高启愚、罗万化充经筵讲官。王懋德、冯琦充展书官。

起用原任大理寺右少卿丘橓为通政司右通政，丘橓在官员心目中的威望很高。

皇上遣徐文璧为正使、申时行为副使，持节捧册封淑嫔郑氏为德妃。册文说："朕观鸡鸣儆戒，思得贤妃……咨尔淑嫔郑氏，柔嘉玉质，婉嬺兰仪。九御升华，恪守衾裯之度；双环授宠，弥遵图史之规……"

郑氏受宠封德妃，其父郑承宪得以升迁，以锦衣卫正千户升本卫指挥使，带俸。

皇上下旨："追夺张居正谥封。"

给事中王毓阳参劾王篆，借与张居正有姻戚关系，利用朋党王宗载等人陷害忠良，元凶巨蠹，不宜优游田里。皇上下旨，将王篆黜为民。

八月二十一日，徐文璧、申时行到天寿山详视吉地。看得二处风水俱称上吉，候圣驾重加睿阅，裁定。

通政司参议梁子琦对新选定的两处有异议，认为不妥，列名参论，说："徐学谟与申时行为儿女亲家，附势植党。"

申时行、徐学谟各自疏辩，说："梁子琦所择之地，石门沟山坐南向北，逼窄难用；黄山一岭在献、裕二陵之间，位次非宜，又不满于形龙山、大峪山，执拗纷争，何时得决？"

皇上下旨："梁子琦挟私渎奏，夺俸三月。"徐学谟因梁子琦疏论，求罢。皇上不允。

周邦杰劾梁子琦，不宜因择寿宫与徐学谟意见相左而忿争，更不该辄指大臣为奸党。吏部回复："梁子琦已受处罚，免于再究。"

吏部决定对余懋学等奏荐的官员陆续起用或酌量叙用，皇上同意。皇上敕武清侯李伟为太子少保。

潘季驯宣读敕书："祖宗陵寝特命尔等居守，统率守城、守门等项……各官如有怠玩不率应参奏者，听尔等指名参奏，应拏问者，径自拏送法司问理。其有紧要事务即便差人奏闻。钦哉，故敕。"

皇上率后妃从京师出发，出德胜门，经清河，过巩华城、达昌镇，到形龙山、大峪山等处相择寿宫。家屏通阴阳，认为大峪山属大吉之地。皇上决定在大峪山建寿宫。谕内阁，传示礼部并通知钦天监。

寿宫将由钦天监[①]选择吉期动土兴工。

---

① 钦天监：官署名。掌观察天象、推算节气、制定历法。

大明首辅

王家屏

（下）

王与甘 著

华中科技大学出版社
http://press.hust.edu.cn
中国·武汉

有 态 度 的 阅 读

小马过河(天津)文化传播有限公司

目录

001	第三十八章	出任武举主考官　教习新选庶吉士
014	第三十九章	丘侍郎奉旨抄张家　张敬修含恨写血书
025	第四十章	家屏入阁充会典总裁　皇上祈雨谕百官省躬
038	第四十一章	浚初中举谢贺　四维逝世告哀
046	第四十二章	辅臣上疏敦促皇上　祖母犯病耽搁浚初
058	第四十三章	王家屏为景夫人丁忧　李维桢携周弘禴来访
070	第四十四章	皇上圣体违和不上朝　家屏数辞起召再入阁
085	第四十五章	周弘禴斥怠政　皇上不理　雒于仁疏四箴　家屏申救
096	第四十六章	进皇宫　皇上召见四辅臣　出京城　王家丧失几条命
107	第四十七章	家屏自陈乞罢　时行奏议大略
120	第四十八章	委郑雒重任　请皇上立储
133	第四十九章	阁臣表态再不册立辞朝　元标上疏直言时弊被调
142	第五十章	郑雒依略行事　辅臣相继辞朝
151	第五十一章	时行上密揭外泄　许国准回籍调理
162	第五十二章	时行恳乞　终放归田里　皇上亲点　又新增辅臣
171	第五十三章	武弁闹事　曾同亨受辱　采菲污人　王家屏乞勘
178	第五十四章	王家屏促锡爵出仕　赵志皋乞皇上御朝

188	第五十五章	封还御批申救言官　乞罢归田以全臣节
200	第五十六章	上辞朝疏频回弃妇头　忧大明时横洒孤臣泪
209	第五十七章	着手写《金瓶梅》　筹划修河阳桥
219	第五十八章	邢玠用车兵筑堤　维桢聘家屏修志
227	第五十九章	皇子并封 遭百官非议　廷推家屏 惹皇上恼火
237	第六十章	魏允贞望北岳祷雨　李淑人在老家病逝
247	第六十一章	王阁老送女儿　诸战将说援朝
257	第六十二章	万世德调万家军　王锡爵写《金瓶梅》序
266	第六十三章	吏部二次会推辅臣　锡爵八疏乞休辞朝
274	第六十四章	家屏奔五台山寻亲　家璧回山阴城丁忧
284	第六十五章	刘虞夔不幸早逝　赵志皋被参误国
291	第六十六章	邢玠报兵部朝战大略　家屏贺世德东征奏捷
302	第六十七章	沈一贯一人守内阁　万世德贺正兼贺生
312	第六十八章	支持魏允贞作奏草序　痛悼刘东星写墓志铭
323	第六十九章	众老臣为家屏贺生　王阁老在山阴病逝
337	第七十章	浚初湛初整理遗著　维桢向前写跋作序
353	附录：王家屏年谱	

第三十八章　出任武举主考官　教习新选庶吉士

　　家屏与徐显卿主考会试武举，历九月十九日、二十二日、二十五日三场，选拔出武进士一百人。

　　家屏作《武举录序》：

> 万历癸未秋九月，上还自山陵，天下才官、介士贯弓矢、挟策待试于司马。司马辟泽宫，更日校步骑射，得俊①请校方略。上命臣某偕侍读臣某，往而分校，则都给事中臣某某，郎中臣某某。臣自惟谫陋，即治经生言，事上讲幄，犹然无所阐明，屏使筹兵，安知其便？顾臣代人也，耳目疆事，不敢诿曰未闻。则与诸臣矢公，慎设规，虑置难，参验于司马之格，合然后收之，遵制拔一百人籍。奏，臣谨序首简。臣尝说诗，上前以三百篇讽日荷橐滥厕从后，窃伏睹上禋冕而展陵庙也。怵露凄霜，不胜剑舄之慕。臣谓宜歌，下武曰三后在天王配于京永言孝思也。礼成，建翠华阼，高山四望，惟时天澄日明，王气合而庆云翔百雉，边城倚其阴。而九州岛，如带如盂环其下。上悠然若溯丰芑之泽，而思引长之也。臣谓，宜歌天作。曰：天作高山，太王荒之，文王康之，子孙保之也。銮辂甫旋，紫宫不暇，宁辄班功令而宾士，盖一岁祀春秋者，再春旋浃月策文士千庭，秋旋浃旬而甄武士臣，谓宜歌桓曰：保有厥士千，以四方克定厥家也。夫周王灵承三后，追念荒康之绪，思与子孙，世守之保，基之谟远矣。乃所与共定四方则惟曰：桓桓士士，所击顾不重哉、上孝思笃至，光

---

① 得俊：及第。

于配京，乃者登山永怀，岂河山是爱，意若曰兹。二祖戎衣之所肇造，列圣宵旰之所维安也。墜茨彻桑宜，不以清夷辍虑，故虽鸿俊布列，虎臣如林，而侧席捌髀，求士滋急，将谓蹴张伎飞间亦有桓桓其武，以定邦家如周士云，尔周王以孝思式士，士翕然则之靡不象孝为忠，媚一人而应顺德者，故其诗卒章曰：于万斯年，不遐有佐，诸士幸逢，仁孝之主媚兹敬应，实维其时，则何以象上指抒忠顺而佐万年之大业乎？无谓时方泰宁，武臣无所受事，疏附御侮亦各并时而荣，汉卫霍两将军轹高阙、封狼胥，以竟武功，功成而汉耗，彼用天子嘉边事，奋为人主则忠，非为汉宗庙远虑也。夫汉帝谥相传以孝，岂非欲子孙世世奉祼鬯勿绝乎？乃甘泉泰畤，日有鸾和之音，而长陵霸陵，山非不高，未闻过而陟陟而思也，比之周德浅矣，何以劝士，士所贵忠顺颛志，并虑精白，以戴一人功不薪幸成患，不薪苟避销萌厌，难图于未形，心有所怀，威动千里，此夫扞圉不以金汤，憸士不以旗鼓，执馘奸丑，不以长组利剑也。所就视卫霍功孰多，不者轻骄恃气，外饰伉厉之容，而中情蓄缩，甚则默贷冒功，朘下罔上，卫霍且羞称之，奚以讬于圣世顼，疆吏上功状不应，上遣绣衣簿责斥，罚不少贷，辽帅积首，房多剖符，位列侯议者排而弗予。上特直其功厉战士，天下咸服。上英明若日月，恩威立断，捷于风霆，士奋而起行，间效不效，功过无所蔽，安可不务自厉哉。士则上而厉，诸忠斯行间，则士而厉诸勇，一德旋相应而效之、命之，曰：大顺。大顺之世，虎贲税剑陈常时夏，而治登乎昭明周道所徯，称郅隆也。士往矣，诚勉纡忠顺步武周积问赞上永言之孝，俾后世歌国家，有佐于万年，将焜耀高山之灵，无已时而雅颂雝容，不独著于周庙主司，咸与有荣焉。

不久，家屏由原右庶子兼侍读升为少詹事兼翰林院侍读学士，掌翰林院事。家屏作《詹事府题名记》，明确建府历史及詹事职责。

府以詹事名，所以处官僚、奉储君也。自汉以来皆常设之矣。顾所掌皆储帷微细，事典、车驾、仪从及庆贺、奏启之文而已。非有毗辅讲劝之实也。洪惟我太祖高皇帝稽古建官，首重国本，初设詹事院，寻改院为府，置僚其中，而领之大臣。俟皇太子出阁，则诸官分次入直讲读经史，陈说政事，所为万世根本，虑者法至善矣。是以二百余年以来，圣圣相承，丰隆继述。虽一时股肱耳目之臣，若百司庶府，靡不恪共厥职，然而培养本源之地，则尤以储养之功豫，而辅导之职专也。夫有丰芑燕诒之图，必有疏附先后之士。有颙昂圭璋之粹，必有冯翼孝德之臣。在昔成王缉熙密宥，日靖四方，为守文令。主则周召保傅之业，至今诵之矣。故诗曰：文王孙子，本支百世。凡周之士不显亦世，盖主圣则臣与之俱荣，世远则名与之俱久也。我列圣钟浚哲之祥，笃蕃隆之庆，深仁厚泽，浃洽民心。骏烈鸿休，辉映宇宙。肆今仰圣学则知朝夕论思于储宫者，有人焉。仰圣德则知启心沃心于储宫者，有人焉。仰圣治则知谟猷入告于储宫者，有人焉。列圣之泽不泯，而诸臣之名亦将与之俱不泯也。顾不荣哉！于周士则奚让矣！呜呼，从容于广厦之前，细旃之士而能致主于尧舜，堵宗社于灵长者惟此职耳。佔之居是府者，尚其观省于兹。

吏部推升郑雒协理京营戎政。皇上说："郑雒在边镇节省钱粮，是好官，边镇该用他。如推升他到京营，放在那里，形同闲散。"

申时行说："郑雒在边镇九年，劳绩已久，资俸应及。"

皇上说："今后但凡各处要紧事情，重大的不必以资格历俸为则，必须推能堪任的。"

十月，升光禄寺卿雒遵为都察院右佥都御史，巡抚四川。

雒遵的儿子雒于仁中进士。

又有人翻腾刘台之事，牵扯到张学颜和李成梁。

张学颜疏辩，说他难腼颜①就列。皇上温诏留之。

沈一贯为左春坊左庶子、司经局洗马，管国子监司业事。范应期为右春坊右庶子兼翰林院侍读。于慎行为左春坊左谕德兼侍讲。

皇上命余有丁主持武举宴，招待一百名新武举进士。家屏、徐显卿参加。徐显卿展出几幅他所作的反映武举考场的画，众人指点，现场气氛异常热烈。

李成梁因冯景隆参奏，上疏要辞掉爵位。皇上不允。

邹元标疏陈五事："一培君德。陛下鼎盛之年，何欲不遂，宜研几孟子寡欲之训。于声色间，居处有时，行幸有节，非独养德，养身亦在其中矣。一亲臣工。大政事宜召内阁、九卿、侍从、儒臣当面商榷，科道官旁为纠正，则圣心日益开明、圣政日益广大矣。一肃宪纪。奉差诸臣不患无才，患身不正而威令日弛也……宪纪肃则群吏畏摄，贪黩者且闻风而靡矣。一崇儒术。将私创

---

① 腼颜：厚着脸皮。

书院毁之,是将先贤遗踪一概拆废,宜令郡邑或修复,或调停。一饬抚臣。抚者安养休息之谓也,宜思抚摩之义。正身率属,以爱民、节用为本,政安则民和,民和则天地之和应之矣。"

皇上说:"事关朕躬者,知道了。其余下所司。"

都察院复邹元标疏"肃宪纪""饬抚臣"二事,说:"诸按臣务必激浊扬清,以肃吏治……赃银、罚银除解到部,以备赈灾,不得私自取用,亦不许妄行馈遗……"

皇上同意都察院的意见。

礼部复邹元标上疏关于书院一事:"人情向背,视上指挥,若不辨公私,毁之未几而复之旋继,又滋地方一番骚扰。私创书院已经拆毁者不必一概而论,全部恢复。如果有先贤所遗,或系本朝敕建者,曾经拆毁,量为查复。其'天真书院'既然说是先臣王守仁专祠,行文命抚按查早先年奉何明文盖造?动支何项钱粮?所称'书院',学田是否学徒置买?应否归入里甲?俱议拟前来以凭斟酌。"复奏:"其各省学田原额不一,今书院拆毁之后,田归何处,一并查明,到部请旨处分。"

皇上说:"重道崇儒原无讲学之禁,也与有无书院没有关系。近年已经拆毁变卖的,不必一概议复,以防费财扰民。"

赵志皋升为南京国子监司业。

邹元标上疏,说:"南京户部尚书张士佩去年还是抚臣,没几天成了吏部侍郎,又没几天成了尚书,有骤进之嫌。礼部尚书徐学谟,自山陵回后,物议沸腾,犹腼颜就列,无易退之节。"

疏下所司,张士佩上疏请罢斥,皇上命以吏部左侍郎致仕。

徐学谟上疏,说:"邹元标左袒梁子琦,微词冷击,迫臣去,乞放归田里。"

得旨:"准令致仕,赐驰驿。"

六科十三道举边才,其中有杨俊民、陈于陛、贾三近、舒应龙、邢玠、贾待问、郝杰、蹇达、贾仁元、李采菲、李颐、顾养谦、郑汝璧、冯子履、万世德等。

皇上令:"吏部仔细查核,酌量推用。"

陈经邦为礼部尚书,沈鲤为吏部左侍郎,陆光祖为吏部右侍郎。魏学曾为南京户部尚书。

郑雒上疏言事,有审夷情、议贡市、明抚赏、裁猾酋、治叛夷、慎招纳、酌工役等。

皇上命人存问陈以勤，命陈于陛驰驿来京。命范应期、张一桂、吴中行、赵用贤俱充经筵讲官。

家屏修书一封《上陈松谷老师》：

仰惟老师，经世讦谟，格心大学。燮调元化，扶翊太平。功成不居，龙蟠鸿举，海内人士莫不翘首。下风歆艳，诵慕若松柏挺秀。灵光独存也。

某凤厕门墙，特承恩造。自执经从玉垒丈后，尤藉渐摩。乃及清秋，恭逢大耋。获睹今上所以尊礼旧德，宠异高年，予告乘邮，金币骈蕃之盛，则谓国恩家庆振古所无。恨不能负弩前驱，称觞高会。猥从公祝，滥附一言。

顾蒙台慈省存，诲贶下逮。启函拜赐，喜愧交并矣。伻旋勒状叩谢，并候台禧，所愿颐真葆和，永膺难老。某伏楮不胜祈祷。

御史孟一脉奏：“一曰保圣躬。御用宫女急急选取，非节宣之道……一曰正人心。仕重始进……宜先品格、后才华，趣向端，士风自定。一曰厚民生。差役繁重，民力日竭。司牧当委心抚字，使民不流移。一曰禁淫巧，一曰整戎兵。等等。”

皇上说：“孟一脉这厮如何轻率渎奏？姑着调外任，今后言官建白时政，都不许掇拾浮词，掮撼旧事，卖直沽名。再有这等的重治不饶。”

六科十三道各具疏申救，皇上俱切责之，为首者，夺俸三月。

德妃郑氏为皇上生了第二个女儿，申时行、余有丁、许国及家屏、沈鲤等讲官因此事各有赏赐。沈鲤充任《大明会典》副总裁。

皇上下诏，取太仓银十万两、光禄寺银五万两，以备宫中遇喜事行赏用。

申时行说：“太仓岁用不敷，难于措处。”

皇上又令：“光禄寺取十万两，太仓五万两。”

申时行再奏：“不可。”

皇上命停取太仓银两，谕：“光禄寺取银十万两，进用。”

光禄寺的官员们着了忙，俱言"库贮匮乏，乞赐停止"。报，已有旨。

那日夜，慈宁宫失火，太后移居乾清宫。皇上以为此次火灾系上天示威，传示百官，省愆思职，共图消弭，以承天心。

丘橓陈数事：“一曰考绩，谓各官考满，岂都称职？宜择不称职者注劣，以抑之。一曰请托,持斧之使未出都门,而贿买之简札已接踵。堂堂豸冠,岂可听人颐指?一曰访察,考语必托有司,彼此交通,是非倒置。一曰举劾,谓庸劣去任者如百足之虫,无一不在优荐。一曰捉问,谓纠治贪残止有提问一节,乃或批驳以相延,或朦胧以幸免。一曰拘资格,谓有司举荐先尽甲科,而纠劾则先尽举监,不问贤否,而先计出身之途。一曰处卑职,谓佐贰教官,等之刍狗①,而不问其职业。一曰馈遗,谓劾者不肯自任为仇,而举者乃冒认以为德,明送暗投,钱神铜臭,恬不为非乞。"

十二月十三日,李伟卒。皇上传旨赠李伟国公。
申时行说:"皇祖、世宗皇帝,前所未有封典赠公者。若圣意必欲从厚,合无②加赠太傅,以仰慰圣母。"
皇上令中官传谕:"今圣母在上,朕当从厚。赐赠太傅安国公李伟。"
家屏应死者生前之约及孝子之求为之写《武清侯赠太傅安国公谥庄简李公行状》:

公讳伟,字世奇,别号毅斋。其先出山西平阳府翼城县,代有显者,永乐初,曾大父政从文皇帝靖难军占籍顺天府之漷县,遂为漷人。大父冈,父玉,俱以公贵赠武清侯。母某氏,赠夫人。公生有异质,童时与群儿嬉,里中偶羽衣道士过其前,惊眄语人曰:"此男骨相奇伟,异日当大贵,位极人臣。宜善视之。"大父闻其语,心独喜,抚爱异于诸孙,常摩其顶曰:"闻先人言,吾上世累德,几数百年后,当大发,岂在兹乎?"遂命其名曰伟,从羽衣之言也。公家故饶,比长受室,家渐落,人或讶羽衣言大谬。嘉靖丙午春,公夜梦空中云五色,承辇旌幢,鼓吹导之下,直达寝所,惊寤,仓皇揽衣起,犹隐隐若车骑纷纶状,邻舍多与闻者,不解何祥。其冬十一月,圣母慈圣宣文明肃皇太后降里中,异香弥旬不散,司候言,后星见燕分直帝城东南其地,女家多喜,自负莫能当之者。庚戌秋,虏阑近郊,畿辅戒严,公始携家入京居数岁。圣母俪庄皇帝裕邸,癸亥诞今上。公乃悟羽衣言与向所梦。悉征客③有贺公者,公辄逊谢,此宗

---

① 刍狗:古代祭祀时用草扎成的狗。
② 合无:何不。
③ 征客:指作客他乡的人。

社之庆也，岂臣下所敢侥福？隆庆改元，庄皇帝推恩戚里，授公锦衣卫都指挥佥事。壬申册立今上为东宫，加公中军都督府都督，同知。是年，上嗣登大宝，尊两宫圣母为皇太后。晋公爵武清伯，追赠三代，岁食禄千石，赐乘肩舆。寻以昭陵工完，及朝宗桥成，禄益百五十石。戊寅，大婚礼成，推尊上两宫圣母徽号，恩又益禄百石。壬午，皇子生，晋公爵武清侯，仍给三代诰命，官两子，皆都督。公蒙受恩眷，宠荣无与比，而小心畏慎，终始如一。凡圣驾躬祀南北郊，若诣山陵，及幸学耕籍，必命公居守。公昼夜部署，宿卫士巡警不少懈数。奉遣命告祭太庙及恭请高皇帝神主，配圆丘必斋居熏沐，而后将事一登降陟趋咸质诸礼与士大夫处无崇卑，务折节为恭敬，然未尝相干以私，以是缙绅益雅重之，多与之游，先后蒙被恩泽，所赐第宅、庄田、金币、宝锭之类，种种美溢而自奉甚约。凡狗马声伎、珍绮玩好之具，泊然一无所嗜。朔望一食蔬素，每晨起，衣冠拜天毕，即望阙遥叩。岁时伏腊，辄建醮诸寺观，为圣母今上祝厘以为常。暇日训敕诸子，惓惓以骄奢为戒。岁入租庑下，辄指示诸子此颗粒皆出国恩，宜共惜福慎无溢费，又揭圣母所赐，谦谨持盈，宝翰于庭。语诸子曰："懿训昭然，尔辈所宜恪守，不可使后日谓外宗恣横，自吾门始，以上亏圣母之德，覆车在前，深可鉴也。"诸子奉教命，循循一轨于礼度，下至仆御，亦皆敛迹市里，无敢纵者。又性慈祥，讳言人过，人有善称，誉若不容。口闻人疾若，恻然怜之，甚于己身。尝手调匕剂济人，贫不能葬者，给之棺椁，岁不下数百。他所施舍赈恤，多不可纪。忽遘疾，以万历癸未十二月十三日卒。距生正德庚午正月十八日，享年七十有四。讣闻，圣母与上震悼无已，为辍朝一日。赙赠加等，赐谕祭二十坛。敕有司治葬。赠太傅安国公，谥庄简。尤为异数。配王氏，封夫人。子男三，长文全、次文贵，并中军都督府左都督。文全妇田氏，继吴氏。文贵妇俞氏，并封一品夫人。次进御马监太监。次女适平江伯陈公王谟子、锦衣卫正千户胤征。孙男四，诚铭、诚钱、诚矿、诚锡。孙女八，长适左都督朱公希孝孙，锦衣卫指挥同知应梅。余幼。文全等卜以今年月日奉公柩，葬于阜城关八里庄赐地。墨衰①过某列公行事，呜咽请状，某与同里，习知公谨厚谦抱，无戚里富贵态，其所称述皆不虚，遂次第其语为状，备诒公采择。

---

① 墨衰：指黑色丧服。

就慈宁宫发生火灾，皇上下诏令百官修省一事，官员们议论纷纷，认为应查究火灾发生原因，若是天怒所使，当修省者应是天子，而非百官。

礼科都给事中万象春耐不住，说："宫闱火警，皇上当反躬自咎，臣意当今急务是保圣躬，其次是节财用。爱君者，防其渐；保身者，谨于微……晋文公得南之威，推而远之[1]。仪狄作酒，禹饮而甘之，遂疏远仪狄[2]……财用是国家命脉，今宫中用度无节，太仓增进二十万犹称缺，君买繁多，支用四出，此皆修之实也，臣愿皇上加意。"

疏入，人多危之，还好，皇上没有因此而发怒，只说"知道了"。官员们为皇上圣明能从谏而高兴。

御史丁此吕又因火灾条陈五事：慎举动、弘听纳、正典刑、去幸位、训近侍。说："宜撤鳌山之灯，止寿宫之阅，停瓷器之制，节织造之工，立建言被贬、四处逃窜诸臣，如赵用贤、吴中行、邹元标、沈思孝、艾穆等，诛冯保朋奸游七、徐爵等。去张居正党羽，勿容充位。"

王士性也说："慈宁宫有此变，皇上宜修德消弭，安得复恣燕乐？"

皇上采纳诸臣意见，取消宫内正月十五鳌山灯展。

邹元标以慈宁宫失火，诏求直言的机会，陈六事，包括保圣躬、亲臣工、开言路、节财用等。皇上怒，欲处邹元标。申时行申救。

"……皇上前者斥逐憸邪[3]，录用忠直，起元标于投窜之中。今未数月，复以修省建言罪之，一人之身，炱用炱舍，似非所以慎举错而慰人心也……若处分过重，将来謇谔之气日微，谀佞之风渐长，即有大利害、大奸恶，谁肯输诚尽言，干不测之威乎？"

皇上怒气稍解，下旨："元标降调，免廷杖。"

范应期被任为国子监祭酒。

左都御史赵锦申谕[4]："诸位言官必须慎重进言。乞皇上宽弘大量，以光圣治。"

皇上谕："言官是朝廷耳目，有奸邪乱政、欺君罔上、蠹国害民者，应

---

[1] 典引自《战国策·魏策》。晋文公得南之威，三日不听朝，遂推南之威而远之，曰："后世必有以色亡其国者。"

[2] 典引自《战国策·魏策》。舜的女儿仪狄擅长酿酒，酒味醇美。仪狄把酒献给了禹，禹喝了之后也觉得味道醇美。但因此疏远了仪狄，戒绝了美酒，并说："后代一定有因为美酒而使国家灭亡的。"

[3] 憸邪：指奸邪的人。

[4] 申谕：反复开导。

据实论奏。近来有人沽名卖直，疑君怨上，琐屑烦渎，全失国体。再有违者重治。"

如此一来，诏求直言就此了之。

丘橓忍不住了，说："迩来虚文与日俱增，实政几乎没有。士风越来越萎靡，吏治变得污浊不堪。远到海滨，近在朝堂，愁苦萧条之状随处可见，这可是尽谇之气数……臣谨陈八事之积弊……乞敕部院议行。"

得旨："览奏，切中时弊，有裨风纪，所司着实举行。"

不日，起用王世贞为应天府尹。

家屏当值，圣旨到。"命詹事府少詹事兼翰林院侍读学士王家屏教习庶吉士。"庶吉士中有一人形容举止酷似叶朝荣，他是叶朝荣之子——叶向高。

另一个让家屏看重的人是方从哲。

正月将尽，刘东星派人抵达家屏家中，告诉他刘母故，托他写墓志铭。

家屏与刘东星称兄道弟，情深谊厚，对刘母格外敬重。他怀着沉痛的心情，写下《封恭人刘母牛氏墓志铭》：

> 刘恭人者，封宪副松岩翁配，大参晋川君母也。余与大参君称同袍兄弟十七年。于今，数寿两尊人于堂。两尊人起居，无岁不相闻也。万历癸未秋，大参君以转漕如京，私语余："星二亲今年并七帙，幸道便还，将拜家庆于漳水上也。"余曰："然。则愿附王生一觞？"大参君许之。持以行，行未数月，走使奉恭人之讳抵余……余惊讯状！方大参君归，奉两尊人膝下，欢留不欲行。恭人因以大义迫遣之去，复遣孙用相慰之于淮上，曰："慎毋西顾念吾二人，吾二人无是念也。"其健自负如此，乃仓促旦莫①间遂不治，迄无一语及家事云，余受状，怆然悲悼……恭人姓牛氏，出沁水窦庄，父勤，母阳城郭氏。恭人生而聪慧端淑，女红、《内则》②不学而能，父母爱之，为择配归封翁……封翁性下急，遇人寡容，而恭人时佐以柔婉，家众滋益和然，训子独严，初大参君受书外传归，必课所诵习几何，谁让不少贷，从子东启少失恃③，恭人收而字之，所以抚爱训督，一

---

① 旦莫：指早晨和傍晚，比喻时间短暂。
② 《内则》：《礼记》中记载男女居室事父母、舅姑之法，即家庭中主要遵循的礼则。
③ 失恃：指死了母亲。

如大参君……恭人生正德甲戌九月初七日,卒万历甲申正月廿四日,寿七十有一……铭曰:佐廉掾,佐廉贾,良人以为辅;为孝妇,为孝女,捆内以为矩。安子于官,安子于旅,终焉誉处;堂上纶玺,堂下绣斧,归休乎玄圃。是为晋川君之母。

家屏和于慎行几位挚友为刘母做道场。

李淑人计划着换套大院落,将景夫人接来,早晚侍奉,以尽孝道。

二月,皇上以皇女诞生,赐三辅臣及讲官银币。

家屏诸年丈被朝廷委以重任。沈一贯为詹事府少詹事兼翰林院侍读学士,掌院事。徐显卿为左春坊左谕德兼翰林院侍读,掌坊事。张位为司经局洗马,掌局事。韩世能、张一桂、李长春俱为右春坊右谕德兼翰林院侍讲。陈于陛为司经局洗马,兼翰林院修撰。王弘海为南京吏部侍郎。王世贞为南京刑部侍郎。吴中行升为司经局洗马,管国子监司业事。

御史王九仪说:"江西巡抚曹大野是一位狎邪小人,很早就与张居正相勾结。是时,张居正为次辅,想把首辅高拱撵走,招结南北言官论劾高拱,无人响应,于是就唆使曹大野弹劾高拱'十大不忠',把高拱比为秦桧和严嵩。及高拱去位未几,曹大野果然得以升迁,不久就开府江西。如此佞臣,可使开府重地哉?"

得旨:"曹大野冠带闲住。"

黄凤翔升为南京国子监祭酒。王国又荐多人,有邹元标,还有王锡爵、陆树声、胡执礼、耿定向、海瑞、魏允贞等。伏乞及时擢用。章下吏部。

范应期任国子监祭酒后,被试御史徐申参劾。

文书官传圣旨:"范应期系何人荐起?今被论,荐者也应受处!"

申时行说:"查其先后,无人荐举。今徐申所论,即前时科道所论,别无大过。但既然被论,再难表率师儒,应令致仕,或降调南京。"

皇上准范应期致仕。三月,张位继范应期之后被任命为国子监祭酒。

赵志皋掌南京翰林院事。

丘橓被提升为刑部右侍郎。条陈:其一,请广搜屈抑之士;其二,请均处邪媚之臣。

"近日芟除①邪党。王宗载、于应昌致死刘台。王宗载主谋,已拟充军,于

---

① 芟除:除去。

应昌同谋又下手,只罢官,不几失刑乎?劳堪致死洪朝选。两位抚按都是张居正鹰犬,杀其仇以献媚,妄杀之罪亦同,今王宗载充军,劳堪只罢官,又不几失刑乎?郭思极为监临官,密中张居正之子张懋修;林应训、张一鲲为监试官,密中王篆之子王之鼎……曹一夔身为御史,上疏称冯保为顾命大臣。冯保是内官,怎能称顾命大臣?今冯保已充净军,那些小人,有何颜面立于圣朝?朱琏认冯保为义父,结游七为义兄,今义父充净军,义兄拟斩,罪为子弟者,只罢官?"

丘橓上奏的第三条令皇上大惊。

"其三,请罢臣官。臣去年冬天莅任时曾发誓,数月后,若积弊不除,世态如故,是臣宪体不端,协理无效。臣甘以不职之罪受惩治。今已过了三个多月,各省大吏恣肆如故,有司贪残如故,百姓愁苦如故,四方馈遗如故,臣又将这一切置若罔闻,不加报奏。以臣前日之言责臣今日之罪,臣将以何辞解脱?乞罢臣官、加臣罪,以风示天下。"皇上准其奏,让丘橓遵新命供职。

之后,皇上下诏:"劳堪不必再行勘查,和张一鲲都褫职为民。"

又有御史说:"刘一儒与张居正为儿女亲家……前任南京各科给事中,都是张居正的心腹恶党,其罪不比陈三谟轻。今陈三谟已为民,其他人仅降调,怎叫陈三谟心服?"

皇上皆准其奏。

皇上发现内阁近日对朝事有意避问。于是谕内阁,说:"朕于天下事不得尽知,常要咨访,内阁若各项事体都不与闻,设内阁何用?张文熙多言,先生不必介意。"

皇上以为是张文熙有内阁揽权的言论所致。

于是申时行说:"……国家典制及阁臣责任,言官须知。祖宗旧制,各衙门每月从内府领取精微文簿,开写事件,月终送内阁收掌,年终分类送六部,此是二百年成规。今考成文簿与精微文簿相同,详略稍异,各衙门事体不使阁臣闻,诸司之事全不与闻,皇上有问,臣等凭何奏对?即有票拟,凭何参酌?又说吏兵二部升除不当,一一取裁;又说各处督抚、巡按不当密揭请教,阁臣以平章政事为职,用人是政事中的大事,故文官自京堂、武官自参将以上,部臣与臣等商量,无非虚心为国,以求慎重公平。但当问所用公与不公,不当问知与不知。至于地方大事,督抚等官不与臣等言之能行?如陕西等处重灾作何赈济?辽东房情作何防剿?云南莽贼作何备御?此皆朝廷大计,但论事体当与不当,不必论知与不知。又说票旨不该使同列知。臣在阁无一事不与二臣拟议，何从禁革？假令臣等居位食禄，事事皆说不知，岂不安逸？臣等受皇上厚恩，何以塞责？"

皇上说："朕以大政悉委卿等，各衙门事务岂不与闻？卿等忠慎公勤，朕所洞鉴。"申时行等称谢。

吏部起用贾三近为原官，鲍希颜调陕西任佥事。

吏部对几位官员发表意见："何雒文，辞章虽足炫世，名节不能提身，当休致。沈懋孝，学有本源，性甘恬退，偶来浮议，无累平生。高启愚，侍从日久，谨愿端悫，已荷留用，无容再议。丁此吕，身为台谏，及踵其言，以害善良，系臣等选用人不当，臣等亦有罪。"

皇上下诏："何雒文以原官致仕。沈懋孝等留用。言官论列，须据实秉公，岂可诬善乱政？丁此吕调外用。"

巡按韩国桢参劾临江知府钱若赓，说他在任上杖毙二百余人，因此，钱若赓被逮问。朝野不知是真是假，为之惊诧。

四月，因为处理丁此吕，王士性、江东之、李植、杨四知等交章参劾杨巍，语涉申时行。

皇上传谕余有丁、许国："拟旨，令申时行尽心赞理，放高启愚，留丁此吕。"唯独没有提及杨巍。余有丁、许国为之辩。

申时行奏："王士性、江东之等论劾杨巍，说他参劾丁此吕以媚臣；再，江东之说臣不想让人说科场之弊；再，王士性说臣不当拟调丁此吕。殊不知凡票拟必经御览！凡处分必奉宸断！臣何敢有毫发擅专？臣不擅专，部臣怎会忌惮我？怎会对我献媚？臣二子中科，其文字可复识，深知无弊，怎能讳言科场之弊？至于票拟丁此吕，原奉圣谕，亦因吏部参词，说他不宜言路，遂拟调用。臣不能上赞优容之德，下昌敢言之风，罪不得辞矣。伏望皇上：复还丁此吕原职，以全言官之体；准臣休致，以为失职之戒。"

皇上说："卿勿介浮言，为何又要引避？卿持正奉公，朕所素信，宜遵旨亟出辅理，以慰眷怀。"

申时行、许国俱乞休致仕，皇上下诏慰留。

杨巍乞骸，皇上说："大臣体国，不允再辞。"

余有丁说："近日，申时行遭王士性、江东之等论劾，杨巍受波及乞休，许国反复为诸臣辩论是非，亦欲避去。四日内，阁臣中有两位不入阁，阁中机务繁重，近来左都御史赵锦、左副都御史石星、吏部右侍郎陆光祖各人都被论，在朝大臣人人自危……臣目击一时气象，非盛世所有。伏望切责言官，留用杨巍,以安二臣之心……以飨和平之福。"

皇上说:"览卿所奏,朕已悉知。卿宜赞襄治理,以副委任。"

皇上派遣文书官宋坤到申时行府第、李浚到许国府第,分别传制慰留,备极谆切。申时行、许国致谢。

杨巍、陆光祖乞休。皇上让他们安心供职。

第三十九章　丘侍郎奉旨抄张家
　　　　　　张敬修含恨写血书

　　辽庄王府次妃王氏奏："张居正谋陷亲王，强占钦赐祖寝，霸夺产业，势侵金宝。"

　　奉旨："张居正侵盗王府金宝，伊父占葬王坟，掘陷人墓，罪犯深重，如何通不究？拟令司礼监太监张诚、刑部侍郎丘橓、左给事中杨廷相、锦衣卫都指挥曹应魁前去，会同抚按官，查照本内王府仓基房屋，并湖地洲田及一应财产，都抄没入官，变卖解京。原占坟地，归湘府军部管守。积欠税课，追并完纳。将王氏奏内金银宝玩等物，务必根查明白，一并追解。如有漏透容藏者，重治。"

　　其时，刑部已查张居正在京庄房，值银价一万六百七十两。原住宅内金二千四百余两，银十万七千七百余两，金器三千七百一十余两，金首饰九百余两，银器五千二百余两，银首饰一万余两，玉带一十六条，蟒衣、绸缎、纱罗、珍珠、玛瑙、宝石、玳瑁尚未统计完毕。除此之外，还有数箱尺牍礼单等。

　　赵锦上疏，说："圣祖时，严嵩特受眷知，却怙宠行私，其子世蕃，大为奸利。于是言者四起，而圣祖放逐严嵩，收捕严世蕃，言者犹不已，以至于说严世蕃有谋反状，于是正严世蕃之罪，而籍其家……今日久事明，严世蕃实无叛状……今张居正之家，臣等不敢说一无所藏，比之冯保万分不侔……今张居正之罪迁延日久，即有微藏，亦多散灭，况人心愤恨，言常过当，万一复如世蕃往日之事，其流毒三楚，十倍于江西。且居正诚擅权，非有异志，其翼戴冲圣，夙夜勤劳，四外迭谧，功亦有不容泯者。今其官、荫、赠谥及诸子官职，并从领革，已足示惩，乞特哀矜，稍宽其罚。"

杨巍疏称："居正为顾命辅臣，侍皇上十年，任劳任怨，一念狗马微忠，或亦有之……上干阴阳之气，下伤臣庶之心，职等身为大臣，受恩深重，惟愿皇上存天地之心，为尧舜之主，使四海臣民，仰颂圣德，则雷霆之威，雨露之仁，并行而不停矣。此非独职等之心，乃在朝诸臣之心，天下臣民之心也。"

皇上一概不听，说："张居正侵占王府坟地产业，岂可姑息？尔等大臣，何乃辄行申救？"

申时行说："圣德好生，门下必能曲体，不使覆盆有不照之冤，比屋有不辜之累也。冀始终留神，以仰承圣德，俯慰人心。"

许国已入内阁，也说："愿推罪人不孥之义，以成圣主好生之仁，且无令后世议今日轻人而重货也。上累圣德，中亏国体，下失人心，奉旨行事者亦何所辞其责。"

丘橓即将赴楚，有些曾经极力巴结张居正的官员为他送行。丘橓对他们不屑一顾。三杯酒下肚，丘橓将酒杯一摔，说："你们一个个都让我看不起，抄没张居正在京住宅时，多有你们为他祈福祷告的书札，有人许愿要折自己的寿给他，如今墙倒众人推，一个个成了反张先锋，也不脸红！"

有的官员惊得脸上失色，生怕丘橓将那些信札公布于众，或交与皇上。

有人巧言开脱，说："人在矮檐下，哪个不低头？"

丘橓说："其中唯独没有王家屏的只纸片言，王家屏真乃端人也。"

丘橓一班人从京都出发，此事少不了湖广巡按任养心参加。

家屏和于慎行几位聚在一起，以为此举太过，应尽力制止。

家屏给任养心写信《寄任正宇侍御》：

　　江陵事既已竟结，复有严旨趣之。举朝汹汹，攻排未已。大抵进言者务激昂，而持法者尚平恕，张氏之祸极矣，此外更何以加？能平亭轻重之间、上回天而下泽骨者，惟在门下。此非独用解脱，行德于冥冥，所以全国体而存主上帡幪之恩，法应如是止耳。门下实重图之。

于慎行给丘橓写信：

　　江陵殚精毕智，勤劳于国家，阴祸机深，结怨于上下。当其柄政，举朝争颂其功而不敢言其过，今日既败，举朝争索其罪而不敢言其功，皆非情实也。且江陵平生，以法绳天下，而间结以恩，此其所入有限矣。彼以盖世之功自豪，固不甘为污鄙，而以传世之业期其子，又不使滥有交游，其所入又有限矣。若欲根究株连，称塞上命，恐全楚公私，重受其困。又江陵太夫人在堂，八十老母，累然诸子皆书生，不涉世事，籍没之后，必至落魄流离，可为酸楚。望于事宁罪定，疏请于上，乞以聚庐之居，恤以立锥之地，使生者不致为栾、郤之族，死者不致为若敖之鬼，亦上帷盖之仁也。

皇上御文华殿讲读。开讲之前，申时行、许国谢谕留。
家屏讲《诗经》。

彼茁者葭，壹发五豝，于嗟乎驺虞！彼茁者蓬。壹发五豵，于嗟乎驺虞！

此《国风·召南》终篇。诗人咏南国诸侯，仁恩及物。

南国诸侯，承文王之化，能仁民以及物。故诗人赋其事，以美之。言王道以及物，为全功。而尤以因心为至德。我今观于春田，而知我侯之仁，及于物者广矣。盖春阳和煦之时，正万物发生之候，我侯田猎于此，试观于草木，但见葭草之始生者，其芽茁然上出，而生意如彼其茂盛焉。举一葭而我侯之仁恩沾被于草木者，可概见矣！试观于鸟兽，但见野豝之群聚者，一矢连中其五。而种类如彼，其蕃多焉！举一豝而我侯之仁恩施及于鸟兽者，可概见矣！然是我侯之仁，岂有待于勉强哉？一良心自然之功用耳。吁嗟乎，我侯其即驺虞也乎！盖驺虞之为物，不践生草，不食生物，合卜就有仁性，非勉然也。我侯慈祥，本乎天性，和气自尔其充周，仁爱友于由衷，恩泽自尔，其普遍以蕃草木，以育鸟兽，皆从一念生生之仁，谐孚而默运之耳。比之驺虞，固同一仁心之自然也。向使仁有未至，则民且未必仁，况能及于庶物，致有如此之盛乎？此固诸侯及物之仁，而文王之化，其所被者远矣！

召南序此于篇终，不可以见王道之成哉。臣尝论之，天地万物本吾一体，故虽草木昆虫之微，其荣枯生息靡不与吾心相为流通，但人为私意所隔，见得物与我判然为二。故一体之念寖疏，而此心之生理几绝。流而为残忍刻薄，皆一念己私所致耳。惟圣王全体此心，浑融无间，故其推以及物。自虞衡山泽谷自司存，即胎卵勾萌曲加爱护，皆此一体之念，盎然流贯，而不容已焉耳。然是一念其用甚大，其端甚微，昔齐宣王不忍一牛之穀觫，所爱无几，孟子遂许其可以保民而王。宋哲宗戏折柳枝，所伤无几，程顺则进谏，以为方春发生，不可无故摧折。以是知人君一念之仁，微如萌蘖；一念不仁，惨于斤斧。故善端不可不充，而妄念不可不制。体仁之功，莫切于此。

仰惟皇上，仁心恻怛，体天地之好生；惠泽沆濡，侔化工之发育。九围清晏，时方幸其正戈；群品昭苏，世共欣于解网。熙熙然，太和元气之运直与成周，宇宙不殊矣。故圣心以不息为纯，而王道以无外为大。一念少懈，即仁体之有亏；一物失所，终化机之未达。考之文王，道已至，而犹怀未见之诚；民已安，而犹切如伤之视。故诗人颂其德之纯，至与天命之不已配焉，则鹊巢驺虞之化，久道后成，要非一日之积矣。

伏惟圣明留意。

皇上和参加经筵讲读的臣子身在文华殿，心都关注着荆州那边事态的进展。家屏主管教习的庶吉士在殿前旁听。叶向高、方从哲等人听得很认真，经筵结束后，热烈讨论。

庶吉士们传抄于慎行写给丘橓的信，信念起来朗朗上口，是好文章。

天大旱，皇上祈雨。命百官于十三日起，致斋三日。烈日炎炎，百官聚在祈天殿前举行祈雨仪式。有人在祈祷上天降甘霖、润万物、救苍生。

有人在祈祷皇上"仁心恻怛，体天地之好生"，给张居正家孤老遗少一条生路。

赵用贤乞归，皇上不允。

陈于陛由修撰升编修，充《大明会典》纂修官。

张四维丁忧，皇上派出官员为其父修墓，竣工后，张四维归来。张四维让其长子上疏，谢皇上遣官祭葬谕慰。

张四维给家屏修书一封，语多勉励。家屏回文《答张凤盘先生》：

自师翁柄政，旋乾转坤。世道又一更始，海内士民承泽仰流，皆以为太平可立致。不意忽及太翁之恸，以衰绖去帝左右。国事若中流失舟楫，奚独关里闬欣悴而已。长途潦暑，衔恤西奔，向切悬念。伏闻肤泽小滞，旋就安和，社稷之身，神明所护，区区鄙私，欣慰无量。即今主上眷怀良弼日厪，侧席之想，天下莫不闻，更觊勉抑哀，诚早襄大事。旦夕且有征命，九重延伫，安能久虚？辱惠德音，肃兹附状。临书耿切，不尽瞻驰。

又有南京吏科给事中刘一相参劾高启愚，说："高启愚从王篆那里打听到张居正讨厌别人称他周伊，于是在为张居正祝寿时送上一幅《舜禹禅受图》。张居正将此画挂于书房中，甚是喜爱。高启愚在他任乡试主考官时，出《舜亦以命禹》题，为张居正篡夺皇位做先声。"

皇上听了，大怒，说："王篆附党献谀，黩法乱政。高启愚出题谬妄，附媚干进①。都当重处，姑各革职为民，追夺诰命。"

四月底，"任王家屏为礼部右侍郎，兼官、经筵日讲如故"。升朱赓为礼部左侍郎。

五月初，御史黄师颜、巡按蔡时鼎，两人在奏疏中语涉杨巍。

皇上厌其渎扰，俱报罢。

申时行上奏，说："潞王出府成婚已逾一年，今封国何地尚未定，应尽快确定后修建府第……"

皇上谕礼、工二部："朕弟潞王成婚逾年，宜遵祖制分封。兹奉圣母慈训，预建藩府。合行事宜，二部会议，以闻。"

武清侯李伟死后，其妻王氏请皇上让其子李文全承袭侯位。皇上将此事下吏部处理。

杨巍上奏，说："世宗皇帝早有明旨，外戚不得封公、侯、伯。李文全一门三官都督已至极品，不宜法启幸门。"

吏科都给事中齐世臣、御史房寰等都以为不可。皇上不愿违背太后之意，恩准袭一辈，后不为例。

吏部给事中杨文举上奏，说："王氏之请是启中官之专恣，开外戚之幸恩。"皇上大怒，夺杨文举二月俸。

习孔教为南京国子监司业。王世贞升为南京刑部右侍郎，在籍调理。杨巍以衰病乞骸骨，温旨留之。

众议拟定建潞王藩府两处。湖广衡州府为上，河南卫辉府次之。衡州府地当南岳，山川凝秀、物产肥饶、民俗淳美。河南卫辉府，地当要冲，民物蕃盛，风俗淳朴，也宜建府。论远近，卫辉近，衡州远。比地方，卫辉不及衡州。

申时行将众议结果报与皇上，供选择。皇上下旨："于衡州府盖造。"潞王

---

① 干进：谋求仕进。

却说:"臣愿就近,咫尺天颜。"皇上又下旨:"于卫辉府盖造。"

皇上命沈一贯和家屏一起教习庶吉士。
没过多久,传来荆州那边的消息,张居正长子张敬修自缢身亡。
不知从哪里传来张敬修临死前血书的抄本,庶吉士们争相传阅。

  呜呼,天道无知,似失好生之德;人心难测,罔恤尽瘁之忠。叹解网之无人,嗟缧绁之非罪。虽陈百喙,究莫释夫讥谗;惟誓一死,以申鸣其冤郁。窃先公以甘盘旧眷,简在密勿。其十年辅理之功,惟期奠天下于磐石,既不求誉,亦不恤毁,致有今日之祸。而敬修以长嗣,罹兹闵凶,何敢爱身命而寂无一言也。
  忆自四月二十一日闻报,二十二日即移居旧宅,男女惊骇之状,惨不忍言。至五月初五日,丘侍郎到府,初七日提敬修面审,其当事噂沓之形,与吏卒咆哮之景,皆生平所未经受者,而况体关三木,首戴镣巾乎!在敬修固不足惜,独是屈坐先公以二百万银数,不知先公自历官以来,清介之声,传播海内,不惟变产竭资不能完,即粉身碎骨亦难充者!且又要诬扳曾确庵寄银十五万,王少方寄银十万,傅大川寄银五万,云:"从则已,不从则奉天命行事!"恐吓之言,令人胆落。嗟此三家,素皆怨府,患由张门及之,而又以数十万为寄,何其愚也!吾意三家纵贪,不能有此积,亦不能完结此事,吾后日何面目见之,且以敬修为何如人品也!今又以母、子、叔、侄恐团聚一处,有串通之弊,于初十日,又出牌,追令隔别,不许相聚接语。可怜身名灰灭,骨肉星散,且虑会审之时,罗织锻炼,皆不可测,人非木石,岂能堪此!今幽囚仓室,风雨萧条,青草鸣蛙,实助余之悲悼耳。故告之天地神明,决一瞑而万世不愧。
  暖乎,人孰不贪生畏死,而敬修遭时如此,度后日决无生路!旷而观之,孔之圣也而死,回之贤也而死。死有重于泰山,有轻于鸿毛者,予于此时,审之熟矣。他如先公在朝有履满之嫌,去位有忧国之虑,惟思顾命之重,以身殉国,不能先几远害,以至于斯。而其功罪,与今日辽藩诬奏事,自有天下后世公论,在敬修不必辩。独其虚坐本家之银,与三家之寄,皆非一时可了之案,则何敢欺天罔人,以为脱祸求生之计。不得已而托之片楮,啮指以明剖心!此帖送各位当道一目,毋谓敬修为匹夫小节,而甘为沟渎之刑也。祖宗祭祀,与祖母、老母饘粥,有诸弟在,足以承奉，吾死可决矣。而吾母素受辛苦，吾妻素亦贤淑，次室尚是稚子，俱有烈妇风，闻予之死，料不能自保。尤可痛者，吾有六岁孤儿，茕茕①在抱，知亦不能存活也。

五月初十日写完此帖，以期必遂，而梦兆稍吉，因缓。十二日会审，逼勒扳诬，摄以非刑，颐指气使，听其死生，皆由含沙以架奇祸，载鬼以起大狱，此古今宇宙稀有之事。上司愚弄人，而又使我叔侄自愚，何忍，何忍！

丘侍郎、任抚按，活阎王！你也有父母妻子之念，奉天命而来，如得其情，则哀矜勿喜可也，何忍陷人如此酷烈！三尺孩童亦皆知而怜之，今不得已，以死明心。呜呼，炯矣黄炉之火，黯如黑水之津，朝露溘然，生平已矣，宁不悲哉！

有便，告知山西蒲州相公张凤盘，今张家事已完结矣，愿他辅佐圣明天子于亿万年也！

吴中行又乞休。不允。杨巍再以衰病乞归。不允。

太监张诚奏本证实张敬修确实自缢而死，事涉荆州府衙，随即逮捕荆州府知府郝汝松。

刑科给事中刘尚志为郝汝松上言，说："张敬修自缢，拿郝汝松疏虞②问罪？莫非要他收受贿赂放其逃走？乞免逮问郝汝松。"

皇上大怒，烦其渎扰，夺俸三月。

刑部尚书潘季训说："陛下闻张敬修自缢而赫然，问罪于负责看守的大臣，仰见保全旧臣后裔之初心。不过，这样问责知府，该府会对张家人丁备加严管。而张家上有年逾八旬之母，下有柔脆之子……伏乞特降恩纶，将张居正家属暂行保释。"

礼、吏、刑部官员共议，赞同潘季训所言。

皇上下诏："令湖广抚按申饬保全。"

申时行又说："臣等仰惟皇上扩大舜好生之心，体文王不孥之意。部、科、道诸臣皆以张居正老母为言……张居正虽以苛刻擅专，自干宪典，然天威有赫，籍没其家则国典已正，众愤已泄。若其八旬老母衣食供给不周，子孙死亡

---

① 茕茕：孤单无依。
② 疏虞：疏忽，失误。

相继，仰窥圣心必恻然不忍。伏望将张居正老母保全周恤，与之衣食，宽其子孙，勿令颠连失所，甚至攀连受寄之家。"

皇上下旨："张居正大负恩眷，遗祸及亲。既然伊母垂毙失所，诚为可悯，以空房一所，田地十顷，以资赡养。"

六月，安嫔王氏为皇上生了第三女。

抄没张居正家的事尚未了结，又有许国因言语伤及言官而被御史陈性学论劾。

申时行站出来为许国说话，陈性学被皇上夺俸半年。

许国说："陈性学论臣，不知道所说何事。可将臣先行罢斥，把陈性学所论在朝堂上宣示，如果臣确有罪状，公议不容，窃伏斧锧，以待诛谴。"

皇上优诏慰之。许国再次求罢，皇上优诏留之。

许国要求皇上放他归田，理由有三条："其一，大臣之义在定国。当今黑白混淆，纪纲紊乱，国是如此，臣不能定，宜去。其二，大臣之义在正人心。当今流言广布，谗说肆行，人心如此，臣不能正，宜去。其三，大臣之义在保安善。今用一人，朝贤暮佞；持一议，甲是乙非。大臣数见诋排，老成皆无固志。善类如此，臣不能安，宜去。其他纤细，不可枚举。伏望哀怜，放归田里。"

皇上手敕："报，留之。"

吏科都给事中齐世臣等联名上疏，称："许国不宜顿怀去志。"

皇上下诏："大臣系朕股肱，倚托甚重，岂宜以言语小嫌固求自便？科道官朝廷耳目，言事须秉公据实、审辨是非，不得任意繁言、逞私求胜，以伤大体。辅臣许国已屡旨慰留，还着鸿胪官宣谕朕意，即出辅理。"

曾省吾和王篆因为有人说张敬修在他俩家中寄存银两，分别上疏辩解。皇上命张诚"从实查勘"。

张诚奏："抄没张居正住宅、坟地、财物及诰命牌坊等，分路解进。"

皇上有旨："张居谦等既无罪，免抄没。隐匿收寄者，勘实追回。侵占藩王府第、坟地等罪，候勘明之后再定。"

皇上躲在深宫斋居，大臣们颇有说法。

礼科给事中万象春提请皇上："慎斋居、重祀典，暂离深宫之燕闲，从事大廷之严肃。"

皇上说："朕对于郊庙、社稷祀典每次都特别严慎，但朕若在便殿斋居，护从人众，隆冬盛暑，喧杂难容，故于宫中致斋，诚敬精虔，未尝有间。为何来烦渎？姑且夺俸三个月。"

皇上对郑妃备加宠爱。

七月份，郑妃的父亲——武安侯郑维忠掌府军前卫事，免不了被人说道。

文书官急匆匆到内阁传旨："张诚原说张居正家属缢死者只是二人，如何说饥死者十余人？着出旨查问。"

申时行说："臣等前时就听到此言，问之，出自湖广抚按承差①之口……诸臣误信，伏乞宽宥。"

皇上怒气未消，仍令查核。后来，工科给事中王毓阳上书认罪，说为风闻所误。被夺俸一年。

恭妃王氏给皇上生第四女。

太监张诚题："张居正家，该抄没的都已抄没。为其母留空宅一所、田十顷……曾省吾等三家受寄银两是否追解？"

皇上下旨："……家产既抄，眷属准保。曾省吾等受寄银两，查审追解。"

田一俊仍充《大明会典》纂修官。张学颜乞休，不允。余有丁因病请假。

皇上看了刘一相的奏章，令文书官谕内阁："拟旨，罢免刘守有。擢升丘橓、余懋学、赵世卿、李植、江东之。"

申时行说："刘守有谨慎无过，说张简修将金宝潜匿他家，事属捕风捉影，不能完全听信刘一相，罢免刘守有。臣等愚见，丘橓等优擢②，待张居正家籍没事竣，另议。"

皇上不解："张居正罪孽深重，为何纷纷党护？"姑且不究。

户部奏："籍没张居正金银宝玩共一百一十杠。"交由内库查收。

李植参劾潘季驯，说："张居正即使斩棺斫尸，尚有余罪。潘季驯昔为张居正私党，衔卵翼之恩，为跖犬之吠。不说张居正宜抄，而说皇上好货贪财；不说张居正当诛，而说皇上损德伤体。倡言惑众，奉差籍没诸臣只是少加推问，被他说成用铜栲铁夹，断肢解体，拷毙数命，饥死十人。询问楚人，并无此事。"

皇上令潘季驯对状，潘季驯一一认可。皇上怒黜潘季驯，并夺其诰命。

皇上着文书官谕礼部，以八月七日进封贵妃郑氏，册封荣妃王氏。

许国再乞休致，并请宥言官。皇上优诏慰留。

许国上疏，说："臣三次乞休。奉旨：'卿再救言官，具见雅量。大臣以君

---

① 承差：各部院衙门承担书写文稿等事的吏员。

② 优擢：提升官职。

命、国事为重。卿勿坚持去志，其即出辅理，以副眷怀。'臣不胜惊惧，皇上之尊，天也。其威命，雷霆也。今臣屡烦渎不即遣斥，且谓大臣以君命、国事为重。虽父母之谕子，未有温于此者。臣虽至愚极陋，亦有耳目心胸，顾敢负恩方命违天而干雷霆哉？然而臣区区愚心，有万不得已者。盖皇上之命臣，非徒以禄位宠荣之也，欲其任事，而大臣之任事，非必能奔走躬亲也，欲其率人。今臣数被诋斥，既已不能率人，纵使再列班行，又何以能任事？是以俯揣分义，仰恃恩私，奉旨愈温而陈情愈切，不自知其戆且数也。"

皇上回复，说："卿累诚恳，朕非不体悉，但机枢重地，倚藉正殷，岂可独遂高尚？册礼在迩，卿其亟出将事，毋辞。"

张位任国子监祭酒后，陈六事：修廨舍，以饬学宫。优叙迁，以重儒官。简生徒，以需任用。储经籍，以备教典。复科举，以广试途。议考选，以通铨法。

八月，经过充分准备，徐文璧、申时行为正使，吴继爵、杨炳、许国各持捧节册封德妃郑氏为贵妃、安嫔王氏为荣妃。

皇上传口谕，通知礼部九月十三日躬谒山陵，两宫圣母及后妃同行，一应礼仪照万历八年（1580年）。

自从潘季驯等人被逐之后，朝野议论纷纷。有人猜测以前被朝廷废了的辽王必然复封，有人说张居正难逃被戮尸之辱……

没几日，文书官宋坤传圣旨："着内阁拟写恢复已废辽王爵位，定张居正重罪。"

申时行等说："张居正罪状已著，无法再加。复爵一议，有违皇考法典……今既许辽府死者归葬，又与花生子口粮，给伊母王氏养赡，恩已厚矣。复爵之议，臣等知其不可。"

皇上顾左右说："内阁说得对，复辽之事罢议。"

都察院等衙门复参张居正。

皇上下旨："张居正诬蔑亲藩，侵夺王坟府第，钳制言官，蔽塞朕聪，专权乱政，罔上负恩，谋国不忠，本当斫棺戮尸，念效劳有年，姑免尽法。伊属张居易、张嗣修、张顺、张书都永戍烟瘴。"

朝野闻之，多为之叹息。

贾三近升右佥都御史，巡抚保定。

时至九月，余有丁的病不见好转，乞归调理，皇上温诏留之。

陆光祖任吏部侍郎后，因言辞过激，为言官排挤，自陈引退。文书官到内阁传旨："内阁拟旨，准陆光祖致仕。"

申时行以为不妥，上疏说："大臣进退予夺由皇上决断，臣等不敢曲为庇护。但陆光祖历事先朝，有直亮名……今以一人指摘即去，恐在位老成因而解体。"皇上遂下诏："陆光祖仍供职。"

浙江巡按羊可立举王锡爵，引满朝热议，人们以为王锡爵当举，对羊可立多有非议。

李成梁的儿子李如松任山西总兵后有人非议，说："李成梁身为主帅，世授伯爵，一门父子，两镇总兵，权力太大，应限制。"

李成梁听到此话，提出辞任。皇上谕："内阁拟旨慰留。"申时行说："为安李成梁之心，以息谗谤之口，可让李如松只任偏裨。"皇上下诏："慰留成梁，准李如松回京，注府管事。"

皇上谒山陵，躬行秋祭，蠲免经过州县年份钱粮。祭陵毕，奉圣母、率后妃亲阅寿宫，遂定万年之吉壤。皇上谕礼、工二部："遵皇祖规矩预做寿宫，一应营建事宜，礼、工二部会同择日来行。"

余有丁久病未瘳，再恳归。皇上手敕："卿疾未愈，静俟平复，何乃又有此奏？准宽假调摄，痊可即出辅理，以副眷怀。"

丘橓和张诚再次赴楚追抄张居正家及其寄放到别人家的财物。皇上下旨："起解，不许延缓，差去内外官准回京。"

建寿宫开山伐木定为十月初六卯时，开工动土定为十一月初六辰时。

陆光祖连章乞休，皇上不允。

第四十章　家屏入阁充会典总裁
　　　　　皇上祈雨谕百官省躬

十月，皇上敕令："徐文璧、申时行知建造寿宫。张学颜、杨兆总督工程。何起鸣、王友贤专管。陈经邦总拟规制……"

皇上亲自定寿宫式样和尺寸。

又有人举荐王锡爵、陈于陛等。余有丁的身体状况很差，再次以病乞休，皇上优慰之。荫陆光祖子陆基忠、温纯子温予知、贾三近子贾梿为国子监生。陈经邦以人言乞休，皇上初不允，后准予致仕，给驿以行。沈鲤升为礼部尚书兼翰林院学士，田一俊掌南京翰林院事，十一月，升舒化为刑部尚书，丘橓为刑部左侍郎，陆光祖为吏部左侍郎。王家屏由礼部右侍郎改为吏部右侍郎，兼官并经筵日讲如旧。沈一贯为礼部右侍郎，张位掌院事，陆光祖到南京那边任工部尚书。

余有丁卒。皇上闻讯，为之震惊并哀悼，遣文书官刘恺到余家视丧赐物，祭九坛，遣行人护灵归葬，谥文敏。

余有丁逝世后，内阁只剩申时行和许国两人，二人请会推阁臣。堪任者五六人，报与皇上。

陆光祖刚离开吏部，李世达就晋升为吏部左侍郎，徐显卿为国子监祭酒。陆光祖又以人言乞休，慰留之。兵科给事中张希皋等参劾戚继光，戚继光被罢官。

陆光祖又乞休，又不允。沈鲤因御史龚一清参劾，也乞休，也不允。十二月，王锡爵升为礼部尚书兼文渊阁大学士，王家屏升为吏部左侍郎兼东阁大学士，俱入内阁办事。

家屏上《甲申入阁辞疏》，辞免新命。

吏部右侍郎兼翰林院侍读学士臣王家屏谨奏，为披沥悃诚，辞免殊常恩命事。

准吏部咨传，奉敕：吏部王锡爵，升礼部尚书兼文渊阁大学士，着差官行取驰驿来京；王家屏升吏部左侍郎兼东阁大学士。俱入内阁，同时行等办事。如敕奉行。钦此。

臣闻命自天，不胜震悚，窃惟天下治乱系朝廷，朝廷轻重在辅相。从古得人之盛，率由度德之公。或畴咨在廷，或旁求于野。谋之于众，必灼见而灼知；任惟其贤，故其难而其慎。方今圣明御宇，亶称极辨之朝。俊义在官，咸抱太平之略。岂乏良弼，何有微臣？

念臣学术于疏，器能窳陋，猥蒙先帝储养，充二史于词林；恭荷皇上甄收，备一经于讲席。徒竭呻占之技，曾微启沃之劳，遂自宫僚，冒冰衔于翰署；寻迁卿贰，尘水鉴于铨司。扬秕在前，愧浮华而鲜实；积薪居上，讶枯朽以畴容。极知遇主之荣，但切妨贤之惧。正图引退，偷偃息于清时，误辱登延，俾参联于内阁。眷惟重地，将以备顾问而代天言；循省非材，何克效弥纶而襄帝业？悉谋谋于密勿，预机务之殷繁。譬之不琢玉而求文，厥瑕难掩；未操刀而试割，所伤必多。矧百辟岩瞻，无逾五臣之选；而苍生雅望，偶同一日之升。凤鹢偕翔，诚自惭于俦匹；驽骀附驾，可立待其奔疲。若不量力所能，遽此腼颜以就，岂惟轻朝廷而羞当世之士？抑恐愭职任而累主上之明。

伏望皇上鉴亮鄙衷，非由矫饰，收回成命，别简忠贤。傥仍守旧官，可勉图于报塞，即放归田里，亦永戴乎生成。臣无任，激切恳祈之至。

皇上不允家屏辞新任，让他拟内阁书请王锡爵。
家屏写《内阁请王荆石相公》：

伏以蒲轮赐召，东山拥上相之辀；枢席调元，北斗曳文昌之履。十年去国，此日登朝。尔有嘉谋嘉猷，入告我后；天使先知先觉，出牖斯民。卜泰道之将兴，宜名贤之汇进。参联四辅，庶谐化瑟之音；综燮万微，允赖和羹之手。敬循僚谊凤戒宾筵。田有飞龙，利大人之觐止；庭充振鹭，贲嘉客以来思。

沈一贯由礼部到吏部任右侍郎，兼经筵日讲。

皇上下旨："命大学士王家屏充《大明会典》总裁，及同知经筵，日侍讲读。"

家屏作《经筵赋》：

恭惟我皇上，握符御宇以来，礼宗庙，飨郊佅，幸太学，躬帝藉。表废绌以勤忠，正罪辟以止愿。蠲租赋之逋逃，罢工造之不亟。膏泽润于黎甿，威武詟乎绝域。大小臣工莫不延颈而欢呼，曰："猗与吾皇，纪纲毕振，法度齐一，是谓化之盛，治之极矣。"而臣独疑未尽职也。夫圣有闽阃，鲜窥其樊道，譬渊海莫测其源。不观帝德之日新，则孰知鸿业之敷贲者哉。

臣窃见我皇上之始即位也，仰契奎璧之象，俯察河洛之数。绎丰芑之诒谟，启姚姒之玄悟。乃命礼官考制度，辟文华，延师傅。征图书于六馆，挨缥缃于四库。方其庭，燎辉陛戟；具闿阐，开宵钟布。

帝乃冠通天，履朱约；控时龙，乘玉辂。凤盖参差，羽旗交互。御宝幄而垂冕旒，拜夔龙而俯鹓鹭。时咫尺于轩墀，亲剖划乎庶务。受四海之图籍，通群工之言路。逮乎，朝仪告肃，百官沓旋。

帝乃谕虎贲以前驱，指法驾于东偏。降修除之迤逦，循曲槛之蜿蜒。凌隥道而左顾，缘扣砌以上迁。经驺荡，披飞廉，望青杨，入崇贤。郁东观其特起，荷栋隆而高褰。列芬櫋以曼衍，饰藻绣以纶连。雕楹屹峙，罘网星县。天窗绮疏，刻桷金缠。宛瀛洲之窈窕，丽方丈而增妍其中。则前鼎后彝，左图右史，宝籍荧煌，琼编萃只。文茵烂其铺芬，细旂郁乎靓美。

帝乃却铺帷，释黈珥，下銮舆，临玉几。考镛鼓其铿鍧，肃从臣之拜起。鸿台诏仪谒者，奉玺谏议纠违。文学承旨，目眴盻而若迷，足盘躅而欲累。尔乃，移玉案，启瑶函，纡锦帙，披牙签，则有饫六籍之浓艳，苞百代而沉潜。跄跄济济，烨烨谵谵，虽金马石渠而莫俪，视麒麟白虎其犹谶也。于是分局就班，循绳叠进。步趋委蛇，礼不用引。气晬暧而春容，蹑前席其端慎。

尔乃抒孔孟之精华，漱仁义之芳润。言本中庸，道称尧舜。盖律倡而吕宣，殆金声而玉振。言轻则书陈典谟，易阐阴阳，诗咏雅颂，礼揭纲常，惟春秋辨乎，夷夏故摘摅其大防。言史则上自羲农，下迄唐宋，仁暴、兴衰、安危、轻重，炳若蓍龟，靡不述诵，独秦隋与金元，而特明其非正统，此其大较也。若乃规时政，赞经纶，抽密旨，绎微文。或据理而直解，或比事以旁论，或激伉而谔谔，或讽谕而訚訚，或铺张乎鸿业，或归本于君身，言约之而弥远，意索之而无垠。沨沨洋洋，恳恳勤勤，气吞吐而虹结，音喷欻而云屯。炉烟袅其澹浮，太宇静而无尘；芸香馡其发色，层冰涣而成文。鱼翻藻以上窥，鸟戢翼而下驯。时瞻觐乎天颜，听亹亹而方殷。盖专精而笃嗜，又安知昼漏之既分也。及乎讲说周御几撤，翠华起，箫韶作；帝乃命夫大官，肆筵酒，正举醻。庖人炙燔，膳夫烹濩。盛供帐于离宫，进诸臣而宴乐。俎豆缤纷，礼义交错。玉瓒苾芬，雕盘绎络。奏以云门，间以大勺。歌惟九功，舞用羽钥。恍既醉于周庭，沾蓼萧于在洛；际礼遇之休明，荷皇恩之寥廓。群工具庆，虎拜雀耀。莫不祝天子以万年，而祈鸿基之磅礴也。于是帝乃策玄虬以回驭，退游息于乾清。惟圣衷其渊穆，若参前而倚衡篤方。藉诸臣之启沃，括六艺之精英，葆一真于静定，湛万化于虚明。必慎终而如始，不内泪而外莹。彼夫蕙殿椒房，瑶池广囿，夜光悬黎，文绮刺绣，玄草灵芝，珍禽异兽，便嬖巧任之于妖声艳色之媾，驰驱弋猎之娱封禅神仙之谬，纷至沓来，交攻乎前后者，何限而曾不足以辱帝心之一隽也。斯以纪纲炳焕，文度弥张，踔百代，迈三王，追二帝，耦羲皇，囿斯世于熙皞，而跻万汇于平康者哉。遂作颂曰："閟阊哉，文华，竦层构于云汉兮，太阳升中，光烛耀而璀璨兮；琨璧茧丝，义泮涣兮；故老名儒，资论赞兮；缉熙光明，登道岸兮；祚我邦家，绵无算兮。"

张卤祝贺家屏入阁，家屏作《谢张浒东老师贺拜相》：

某塞下鄙生，浅中弱植。材同朴樕之冗，学无根核之深。荷蒙老师，收在门墙，储之馆署，因得出入周卫，充笔橐之班；供奉燕闲，奏呻占之技。积以岁月，渐疏瀹秋宸聪；溯厥渊源，本习闻于师说。用偕非常之遇，屡叨不次之迁；视东省之箴墨，司存是愧，佐中铨之衡镜，躐冒弥惊。矧是纶扉，实关政本。调羹补衮，同寅自有三公；伴食署衔，分采何须一介。柴愚参鲁师辟由哞，元非从政之才；夏时殷辂周冕虞韶，敢叩为邦之略。老师为吾道庆喜，曷趋于弹冠。门生以天意占会，且聆夫振铎。远廑鼎翰，沾沾情见乎词；兼损篚颁，种种与伤其惠。

肃兹登谢，不尽敷宣。惟冀示我周行，俾不迷于进止；庶几偕之大道，永有赖于裁成。

另有官员前来祝贺，家屏作《谢贺拜相》，一并相谢。

  伏念某朴樕冗材，斗筲小器。猥夤缘于厚遇，忝供奉于清班。徒更出入之勤，靡见短长之效。蜗涎易涸，渐觉中干。驽力将穷，宁堪远驾？负且乘于铨省，正此凌兢；引而置之纶扉，其如震惕。况值多贤之际，自有岩瞻；岂兹不肖之身，可当岳荐。拔泰茅而并进，愧彼连茹；受鼎实以参调，虞将覆𫗧。所赖宪邦宿望，名世魁人。示我周行，偕之大道。乃辱衮章过饰，珍贶隆施；谊重同升，情深不寐。眷惟提挈之雅，曷胜感佩之衷。肃附谢言，并蕲箴诲。式廑瞻仰，不尽敷宣。

广东巡按邓炼荐举地方人才，有海瑞等数人。皇上交由内阁议。申时行汇总阁臣及礼、吏二部意见，提请皇上起用海瑞。

皇上下旨："海瑞即起用。"

张位、吴中行俱充日讲官。三镇贡市事竣。不日，南山要厄①工程修完，叙效劳官员，赏郑雒、萧大亨等。许国乞恩改荫许立德送国子监读书、许立功荫中书舍人。张位、吴中行充《大明会典》纂修官。张学颜又以母亲年老为由乞休，皇上还是慰留不允。

钱若赓被捕之后，他的案子争议大，有人认为他罪该死，有人认为他冤当释。申时行和家屏等商议后，上疏："请缓钱若赓之死，准令监候处决，既使皇上圣德增光，也使臣等不职稍逭。"皇上从之。

通政司缺左通政，家屏以吏部左侍郎提请廷议，众人举荐海瑞、吴时来。皇上用吴时来为左通政。

皇上问："海瑞原任何职？"

家屏说："经查，海瑞原任都御史。"

皇上说："查相应职位起用。"

家屏负责通知海瑞进京到吏部听调。不日，收到海瑞快信，说他正月上旬抵京。

家屏给海瑞修书一封《答海刚峰冢宰》：

---

① 要厄：关键，要害。

惟翁高标亮节，岳峙人寰。某仰止私衷，久知向往。顷者，帝怀旧德，藉重留铨。凡在朝绅莫不喜色相告，以为正人一出，泰道可期。虽以谫劣如某，亦得瞻奉仪刑。禀承提诲，即执鞭所欣愿焉。伏蒙瑶札见诒，知以端月初旬就部。肃兹附复，并布贺忱。不尽鄙悰，但有驻注。

春日来临，因有王锡爵和家屏新人入阁，皇上下令按旧例修沙堤，从皇宫门外到阁臣门第，把长安道修整一番，以示皇上尊重阁臣。

沙堤路如期修好，家屏在上面行走，心情格外舒坦，写诗《沙堤行》：

春风习习长安道，和烟十里生芳草。
芳草春风夹道香，行人共说沙堤好。
汉家宫阙郁崔巍，天使宣麻辇路开。
紫阁遥通丞相府，黄金新筑礼贤台。
高藩结驷人争睹，九衢十陌腾箫鼓。
凤凰池上接夔龙，松岳人间降申甫。
忆昔尘埃缝掖时，金矿玉璞畴能知。
千载明良会鱼水，一朝声望系安危。
天子垂裳居便殿，密勿丝纶亲召见。
上阳门里赐肩舆，长乐宫中承镐宴。
貂冠黼衮近丹枫，百辟班行避上公。
气吐风雷回造化，手扶日月辟鸿蒙。
君不见，
莘野耕夫宅端揆，一夫不获犹自耻。
渭滨出应非熊兆，八百余年卜周纪。
傅岩霖雨润苍生，古来相业俱如此。

皇上在拜相台举行隆重的拜辅臣仪式，群臣依序致贺。礼毕，赐上尊珍馔。

几位辅臣借此时定夺如何安置海瑞，提了几个职位，多有不妥，比较合适的是南京都察院佥都御史。皇上下旨，海瑞到南京就任。

户部尚书王遴条陈八事。其中有一事，讲近年来佛、道、白莲等教，拉拢信徒，纠集聚会，布施金银，捐纳粟米，举国如狂。

礼部题："僧道之禁，不啻三令五申，而斋醮施舍愈昌愈炽，今宜敕各抚按严督守令，以移风易俗为先，申明圣谕，劝化愚民，教以君臣父子之道，示以农桑衣食之业……大经既正，邪慝渐消，行之既久，教化可兴，世道有赖。"

皇上下诏毁天下私创庵院。此令一出，奉旨臣工严查各处寺观庵院。皇太后自皇上亲政后，一心向佛，得此消息，忐忑不安，大为不悦。

数日后，皇上复谕都察院："前有旨，清寺观庵院，恐奉行过严，一时军民惊扰，令五城御史停之。"

皇上一会儿一个想法，令人摇头叹息。

皇上重阅王遴条陈，又下诏："重惩贪吏，严禁馈遗。"

起用海瑞，也起用毕锵。王家屏收到毕锵回复，说他已经起身北上，家屏修书《答毕松坡冢宰》：

仰惟门下，道德文章，模楷一世。某虽不敏不获，早列于门墙。然高山景行，窃知向往。顷者衮鸟北上，幸慰具瞻顾无能，伏伺燕间，敦请矩诲。徒从都人士后，笙观宴镐之仪，快睹钱郿之宠而已。骖轩既发，言念丰芑。陕区鉴衡，重地老成。当轴善类所归，循省虚庸实惭。造就顾远，廑鼎翰慰藉；沾沾衔感，诲提岂胜贯。佩旋遽附谢，并布鄙忱。听履有期，日以延伫。

家屏联系起用的另一位是王世贞。得知他的消息，家屏修书《答王凤洲司寇》：

不佞某之于门下，犹周人之于桓武也，世被教泽矣。然未能一介绍于门下，为歉。顾独慕好门下之著作，时剟其片言只简，宝之若天球[1]大贝[2]也。晚而获睹其大全，珍重愈甚。盖无顷不置几案间，间有微文疑事不可致诘者，就集中检之。辄得其解，所受益殆不可胜纪[3]。故虽去门下数千里，音候阙如，乃区区宗服之诚，即执策请业不加密焉。

顷迫召命，力疾出山，亦庶几瞻奉光仪，毕其就正之志。而旧京根本

---

[1] 天球：玉名。

[2] 大贝：一种贝，上古以为宝器。

[3] 不可胜纪：不能逐一记述，极言其多。

之地，倚明公之重，不啻九鼎。于是旌轮且北，而适有大司寇之命。留，不果①。来，则天之绝。不佞使不得，遂谒门下也。

门下顾不弃而惠之德音，开不佞以向往之途。欣慰何似至念！及朝野横议，君国隐忧，谓宜图所以斡旋其间。思深哉，老成人之虑！

不佞与三公共勖之矣！

行取王锡爵的官员回京，王锡爵疏辞新命。皇上温旨不允辞。

顺天府通判周弘禴，职位不显赫，却干了一件出人意料的事。上疏论劾兵部尚书张学颜、太仆寺少卿李植、吏科给事中齐世臣等。

其奏疏内容大略："张学颜已多次被论，皇上因此逐去一名给事中和三名御史，此人心所共愤也。张学颜和张鲸结为兄弟，有许多勾当，言官不敢妄议。

"李植当初论劾冯保看似忠谠②，却是由张宏门客乐新炉为他策划，因此，李植交好张宏。李植巡按顺天，纳娼为嬖，猖狂干纪，则恃张宏为内援。张鲸、张宏既窃陛下权，而李植又窃司礼势，更有甚者，指挥左右诸多御史，此公论最不能容。

"祖训允许大小官员到御前言事，而吏科都给事中齐世臣公然请禁部臣建言。首先，张居正当朝时，齐世臣的前任周邦杰自同寒蝉，再前任秦耀甘为猎犬……逐一人之言者其罪小，禁诸臣之言者其罪大。严嵩、张居正犹不敢明立此禁，何世臣肆无忌惮，一至此哉！其次，张居正厌恶管志道之条陈，指使御史龚懋贤，考以老疾；厌恶赵世卿之条陈，由王国光谋划，锢以左官。赵世卿最终屈从，却废了志道，令人切齿。龚懋贤、王国光是附权臣而弃直言之臣。

"乞将张学颜、李植罢斥。秦耀、周邦杰、齐世臣等，分别处治。"

皇上听不得这些话，降旨："……张学颜已屡有旨留用，李植、齐世臣皆好官，为何挽词诋斥？周弘禴狂躁出位，降三级调边方用。"

内阁会议时，申时行问："该将周弘禴谪往何地？雁门关外？"

家屏看周弘禴是个端直人才，说："雁门关南代州即可。"

于是周弘禴被谪至代州，降级任判官。

周弘禴是麻城人，系《爱莲说》作者周敦颐的后裔。离京赴代州时，家屏

---

① 不果：最终没有实行。

② 忠谠：忠诚正直。

为他送行，说代州乃军事要地，愿他能在郑雒、胡来贡等正人君子的提携下，大有作为。

沈鲤任礼部尚书后本想大干一场，无奈身体欠佳，以疾乞归，皇上不许。

礼部须尽快确定科场事宜。徐显卿被任命为国子监祭酒，李长春等充经筵讲官。

二月，皇上遣家屏祭孔。

经吏部报请、内阁商议，皇上下诏，海瑞又被提升为南京吏部右侍郎。

京师大旱，从去年秋八月至今年春二月未雨，有些地方河干井竭。皇上谕内阁："传礼部，祈雨。"

万历十三年（1585年）三月，家屏老家发生地震，所幸损失不大。

慈宁宫重修即将完工。三辅臣往视，皇上分别赐银币及斗牛、麒麟、孔雀服。

王锡爵迟迟未到，再疏辞新任。略云："臣有当去者三，大臣不能帅群臣当去，师不能训弟子当去，老成而为恶少年所推亦当去。"皇上优诏："朕慎简辅弼，以卿宏才硕望，特兹召起，宜遵成命，用副倚毗。"

李松、李成梁帅师破虏于边外，斩首八百余、获马五百，以大捷报闻。皇上下旨，对有功人员论功行赏，辅臣也有赏赐。

一日，百官集于阙下，却不见皇上驾到。

俄顷，有旨传出，说："今日圣躬小违和，免朝。"官员中有人嘀咕皇上患了什么病，应该如何调理。没两天，皇上就好了。

张学颜乞休，皇上许之，给驿归。

节省朝廷用度是内阁关注的事项。浙江抚臣王世扬上疏："旧例每年袍服织造一万疋，后来增至一万二千疋，不堪负。"经内阁组织部科重核，皇上下诏："从今以后，一年二运，一运只四千疋。"

四月初，丘橓升为南京吏部尚书。丘橓受命后，往南京赴任，行至半路，上疏辞归。皇上命温旨慰留。

家屏以吏部左侍郎身份修书一封《答丘月林冢宰》：

> 大臣去就举世属耳目焉。翊翁宿德重望，巍然为国典刑，一顾瞻左右百辟视以为向往，乃轻言去哉！陪京根本之地，家卿九列之长，所赖铨综吏治，正叙官才与梦山公提衡，而统均四海者，上意惟翁是毗、是倚。朝而拜命，中道而辞归，推翁之心，当亦不应若是恝也。且以不佞之暗劣，

日伴食省闼间，汶汶闷闷无少建明方之于翁，若未尝具眉目者耳，而尚逡巡未即，去亦徒以老成人在位为足恃也。如翁之请，恐去者相望于岩中矣。业奉温旨慰留，敢此以私劝。幸勉承圣眷，终惠苍生。

至祝。

丘橓见了家屏书信，踌躇再三，还是去了南京。

修改《大明会典》乃是一大工程，家屏提议加派人手，皇上诏令："沈一贯、朱赓、王弘诲充任副总裁。"

天气一天比一天热，皇上照例赐辅臣及沈一贯等讲官彩扇若干。祈雨的仪式已举行三次，天未霈施。皇上与臣子们心甚忧惧。皇上谕内阁："朕步行亲诣南郊祭祷，卿等传礼臣具仪。"

御史邓炼陈四事：缓寿宫之建、减烧造之费、行赈济之实、宽赎锾之追。司礼监太监持邓炼疏至内阁，传谕："烧造瓷器内有屏风、烛台、棋盘、花瓶，已造成者拣进，未造者可停。"家屏等阁臣附奏，说："臣等听说烧造明细内有新式大龙缸，很难做造，请皇上一并停之。"皇上从其议。

四月十七日，骄阳如火，皇上着素服，步行出大明门，百官以班前导，目的地是设立于南郊的祈雨坛位。街道两旁，人头攒动，市民们挤挤扎扎，以一睹龙颜为快。锦衣卫全部出动，维持秩序。

坛座特高，坛顶彩幡林立，中有仙人石像，头顶承露盘。皇上领头上香进帛，三献八拜……礼成，召见辅臣及九卿于幄次①。

皇上说："天时亢旱，虽系朕不德，亦因天下有司贪赃坏法、剥害小民、不肯爱养百姓，以致上干天和。今后还着该部，慎加选用。"

申时行说："皇上为民祈祷，不惮劬劳，天心必然感动。臣等奉职无状，致天下有司不能仰体皇上德意，即与该部商量申饬②。"

皇上说："还要行文，让天下都知之。"

返回时，近侍请皇上乘车，皇上挥手拒之。正中午，红日当头，皇上又从郊坛步行至皇极门。家屏连日劳累，陪着皇上走了一遭，中暑了，皇上着人扶归。皇上此行往返二十余里，回宫后，又到奉先殿告知皇太后，皇太后自然欣慰。但老天没有因皇上步行祈雨而降雨。

---

① 幄次：帝王休憩或祀神用的帷帐。

② 申饬：申斥，告诫。

皇上敕令六部及都察院："天时亢旱，雨泽愆期，朕夙夜殷忧，屡祷未应。虽朕不德所致，亦因天下有司官多贪赃坏法，酷害百姓，不肯抚恤爱养，上干天和，该部今后宜慎加选用，都察院便移文申饬，务修实政，无事虚文，朝廷加意小民，欲新吏治，有故违不奉行者，重罪不宥。"又谕户部，"查重灾区，准蠲免一年田赋，以示朕轸恤穷民。"

申时行以调燮无状，疏求罢斥。皇上不允。大臣们纷纷以旱灾引咎。皇上先优诏答之，后谕百官免自陈。

也有官员不甘自陈，而把矛头直指皇上；或借题发挥，以天旱为启由而言他。

福建道御史谭耀上疏，说："旱魃为虐，皇上命官三祷，又亲自步行躬祷，数日来，不但无雨，蕴隆^①愈炽，何故？诗曰：'惠此京师，以绥四国。'昨蒙皇上面谕辅臣，说'天下有司不肯爱养百姓，以致上干天和'。大哉！皇言，闻者泣下。然而，臣以为人君出治，必自心身宫闱，以及朝廷百官，然后达于国都，以及天下，此本末之序也……诚望皇上，毋以理枉为自足，而独观于念虑；毋以减蠲为已尽，而昭察于性情。中夜奋思，以求其故，昔何以顺，今何以违？"

浙江道监察御史蔡系周弹劾李植，说："朝有权臣则旱，狱有冤囚则旱。今日之旱殆繇李植，宫省事秘，谁能知？而他说皇上呼某某为儿，每当看到籍没宝玩必喜……皇上谕刑部矜惜冤枉，而刑部尚书潘季驯被李植所攻，削籍之冤尚未雪……"

御史孙愈贤亦交章劾之。而羊可立则抗其言，各说各有理。

内阁批了几句："孙愈贤等奏疏尚未处理，羊可立为何争之？且问羊可立，奸党为谁，有何实迹。"转呈皇上。

皇上手敕内阁，说："览卿等奏揭，欲使羊可立明说奸党人，情急之必妄有扳指，于国体何？朕今发一札子，卿等知之。"

皇上又敕谕都察院，说："谏官务存国家大体……自今各修尔职，不许琐词渎扰。敢有仍前不悛，重治无贷。"

羊可立疏得旨："冯保、张居正事出朕独断，久已处分，谁敢怀私报复，自干宪典？以后不许借言奸党，攻讦争辩，违者罪之。"

李植、吴中行、沈思孝、江东之、羊可立等各疏求罢，不许。

---

① 蕴隆：指暑气郁结而隆盛。

皇上下旨："朕方为陈大旱焦忧，各官宜省躬修职，不许纷纭争辩。"

辽东宣捷，加李成梁岁禄，加张佳胤太子太保，加李松兵部左侍郎，巡抚如故，俱升其子。辅臣也被加恩，赐银两、彩缎等。

户部闻道立以旱陈三事：法祖宗之制，以勤召对。推蠲赈之仁，以议大工。广钦恤之恩，以一法纪。

"故相张居正已正其罪，逐其党矣。臣有请者，其母以就木之年罹其忧苦，恐所给田产不足以养生送死。而曾省吾以受寄赃财，取盈追偿，势必牵连，今荆南一路首罹灾伤，其惨更甚，则天意可知。请下法司，量行豁免。"疏中也提及钱若赓之事。

皇上听不进闻道立的话，怒其出位，降一级，调外用。

雒遵也以旱言事。雒遵说："京师旱，当退奸臣，进忠臣。奸臣谓赵锦，忠臣谓海瑞、邹元标、邹应龙……"皇上将他的奏疏交吏部会议。吏部会议时，皆不直①雒遵，雒遵奏疏被陈与郊等交章攻之。皇上以混淆公论斥雒遵，雒遵又上疏，多有盛自夸大之词。皇上下诏："切责。"赵锦以人言乞罢，皇上温旨谕留。

因反对张居正夺情被牵累的官员基本上都官复原职。赵用贤官复原职兼修撰，赵志皋等纂修玉牒。

六月，慈宁宫重修竣工。工部奏："原计划需四十八万，今只花了十五万。"皇上高兴，下旨："各官效劳，从厚恩典。"荫申时行一子为中书舍人，荫许国、家屏各一子为国子监生。

吴中行三次上疏乞归，皇上终于许之。

又有御史龚懋贤对皇上、朝事评头论足，总结出"五少三多"。五少：皇上心膂②少、中外兵少、民间财少、士论公道少、天下任事之臣少。三多：朝廷冗费多、天下刑狱多、时事隐忧多。

"皇上所倚为心膂者，二三辅臣而已，仅备票拟③……心膂少。京营之兵可守而不可战，九边之兵可战而不可胜……兵少。灾伤洊至，闾里萧条，气象渐窘……财少。士大夫……恐他人白璧不瑕、恐他人脱颖而出，乃至攻讦大臣备

---

① 不直：不以之为是，不信任。
② 心膂：心与脊骨。喻主要的辅佐人员。
③ 票拟：也叫票旨、条旨，内阁学士把来自全国各地的奏章，在送呈皇帝批示前，用"小票墨书"把批阅建议写在纸上并贴在各奏疏上以进呈。

极丑诋，不复计昔日之为材贤……公道少。

"内府所入，何啻百万……此用其一，而彼用其二，公取其三，而私耗其九，不尽无耶……冗费多。广东、陕西、臣所部，狱囚有决单者五六百人，先毙者不知其数……刑狱多。亢旱频仍，内廷灾异，其可忧乎？不然。君臣之情不亲，身家之念各急，可忧；郡县积案盈箱，可忧；贪官酷吏，可忧；杀参将、辱抚臣、营伍之乱时发，可忧。其他隐忧更多。"

皇上看罢，转部司。

皇太后信佛，要印《大藏经》，皇上着辅臣为之写序和跋。为此，赐申时行银五十两、纻丝四表里。许国和家屏每人银四十两、纻丝二表里。

王锡爵终于离老家而还朝，四阁臣再无虚位，家屏位居其末。内阁重新分工，王锡爵充《大明会典》总裁，同知经筵，日侍讲读。

王锡爵将家璧的一封家书交予家屏。这两年，家璧在苏州任职，与王锡爵交往甚密，他们都是太原王家后裔，以弟兄相称、家人相待。

张一桂回京，补日讲官。

皇上在宫中走动，意外发现一本名为《明心宝鉴》的书，翻开一看，为之欣悦，于是便把那本书拿到内阁，命辅臣订正、制序后重印。内阁组织人员重新编排《明心宝鉴》，写了序与跋，制出样本，呈皇上。皇上特别高兴，赐申时行银一百两、彩缎四表里。许国、家屏每人银八十两、彩缎三表里。

第四十一章　浚初中举谢贺
　　　　　　四维逝世告哀

　　七月，于慎行、李长春出任应天考试官。沈思孝任顺天府府尹。
　　潘季驯被李植所参而削官夺诰，官员们一直不满。这次，御史董子行说："潘季驯轻信人言，扩散谣传张居正家属毙于狱者数十人。只是小罪，何至于重处？"御史李栋则大书潘季驯治河之功。疏入，俱夺俸一年。
　　家屏负责培训的庶吉士中，经吏部考核，钟羽正等八人就任各科给事中，李天麟等十六人就任试监察御史①。
　　沈思孝、李植被御史龚仲庆参，疏辩，求去，皇上不允。盛讷、萧良有充《大明会典》纂修官。李如松提督京城内外巡捕。邹元标任吏部验封司主事，邹元标以母老为由，疏求改派到南京，皇上不许。陆光祖以病乞休，经三次上疏，方许。
　　八月，皇上命申时行率众到大峪山查看修寿宫工程。李植、江东之、羊可立三位上疏，说："大峪山非吉壤。申时行与原尚书徐学谟关系要好，故赞成徐学谟的意见才定到大峪山，令人遗憾。"申时行辩。皇上说："阁臣职在佐理，岂能责以堪舆？"为此，将李植等三臣各夺俸半年。皇上传谕内阁，说："大峪佳美毓秀，在那里修寿宫系朕亲定，又奉两宫圣母阅视，原本此事与卿等无关。再说，李植等当初亦在扈行，初无一言，今吉典方兴，辄敢狂肆诬构？朕志已定，不必另择。卿等安心辅理。"申时行等谢过皇上。
　　张一桂、陈于陛任顺天乡试考试官。

---

①　试监察御史：简称"试御史"，明朝任官制度中的一种试职。入都察院为监察御史的官员，先以试职的身份在院工作一年，以熟悉政务，并由都察院考察其品行才识，堪用者乃实授。

南京礼部郎中马应图上疏，提出三条建议："事权之渐重当议，恩赏太骤当议，召对不广当议。"马应图在疏中盛赞李植、江东之、吴中行、沈思孝，丑诋齐世臣、孙愈贤、龚懋贤，以至杨巍。皇上下旨："祖宗设阁臣参预机密，有股肱心膂之托。岂能说与阁臣闻政事便谓阁臣有权？马应图怀奸挟私，颠倒公论，姑降边方杂职。"

遣王锡爵祭孔。

万寿圣节来临，赐申时行银六十两、彩缎四表里。许国、王锡爵、家屏各银五十两、彩缎四表里。沈一贯等讲官每人银二十两、彩缎一表里。圣母慈圣皇太后搬回慈宁宫，赐申时行银一百两、彩缎四表里，许国、王锡爵、家屏各银八十两、彩缎四表里。

谪李植、江东之、羊可立。

自去年四月，丁此吕论高启愚南场命题为劝进，杨巍以为不可，李植等恶之，杨巍与许国求去。皇上留许国，李植等又恶许国，相构不休，为言路所攻。皇上虽屡屡下旨切责，尚未有意令其去。

寿宫议起，李植等阴推其教习师王锡爵，又以通晓堪舆，荐引三人，皆拒之。

王锡爵看得清楚：张居正、冯保事初发时，是圣志先定，言者投机。张居正、冯保被查后，"群奸天旋地转，推功言之"，竟然创出一种朝廷风尚，以为普天下除却建言，别无人品；建言中除却搜翻张居正、冯保旧事，别无新创。他不支持李植等人。

中秋节来临，皇上赐四辅臣上尊珍馔。

慈宁宫失火后，慈圣皇太后出银三万两，以资重修，殿修好，回迁。诰谕皇上："古称，帝王之德，莫加于孝。子正位长乐十有三年，于兹矣。惟皇帝自在冲龄，夙有至性，承颜顺志，朝夕不违。临御以来，祇肃训词，进德修业，勤图治理，慎节起居，继述有光，予衷允怿。顷者慈宁宫灾，实予不德所致，皇帝震惊戒惧，引咎责躬，亲率后宫左右趋慰，爰因旧址鼎建新宫，孝诚感孚告成，不日乃以中秋之望，奉予还御，望舒圆满，轮奂辉煌，意甚适焉。予喜皇帝之孝，特用褒扬，以示永久，其自今，万福来同，百祥咸集。寿算比冈陵之固，子孙如瓜瓞之绵。保此宏图，助予燕喜。使万世称帝王之孝，与天无极，是予愿也。故谕。"皇上奉表谢之。

王世懋升为福建省参政。

王浚初参加山西乡试。

当年朝廷派往山西的主考官是吏部考功司副郎中王教，他是品行端正的官。

山西乡试采用的是密封卷，共录举人六十五名，依考卷优劣排定名次，然后当众拆封，公示结果。众人都关心今科解元是谁。

解元卷的密封在众目睽睽下拆开，人们敛声屏气，一看，是王浚初。有知情人说："王浚初乃王家屏长子。"又有人说："自前首辅张居正诸子中举被论，辅臣子弟一旦高中，尤其名列前茅，多有非议，不妨将王浚初改为第二名以避嫌。"

王教说："诸君阅卷时，有谁知道此卷为相辅公子的？"

众人摇头，说："无。"

王教又说："知道王浚初为大学士之子而录取，和知为大学士之子而贬抑，其实都是自私之举。如因此被论，或被说三道四，由我一面担当。"

王教力排异议，主张唯才是举，将王浚初列为解元，张榜公布，卓显公正。王教将所选举人的六十五份考卷封送京城，呈礼部核查、留存。

浚初考取山西解元的消息传到老家和京城，京城多有前来祝贺者，家屏设宴招待，作文一篇，席前当众宣念。又抄一份，捎回老家。

《谢贺浚儿发解》：

窃惟朝廷设科目之制，意在需才；郡国奏贤能之书，号称贡士。自非俊彦，曷副明杨。

儿浚，闾巷童昏，山泉蒙困。世守蠹鱼之简，业愧雕龙；门留凡鸟之题，誉惭穴凤。猥沾教泽，葳蕤涵雨化之春；肇启文明，奥窔镜天光之旦。应弓旌于部下，绣鞶悦于闱中。率尔摛篇，偶合主司之指；袖然举首，遂成竖子之名。虽衡鉴一秉至公，无容提援而陶铸。实徯大造，何幸遭逢。设燕承筐，贲周室宾兴之典；续食劝驾，陋汉庭偕计之仪。物采焜煌，礼文绸缪。衣冠侈为盛事，乡里托其荣光。

某爱切将雏，情深祝烛。鹡鸰弱羽，惊决起于榆枋；羔雁末行，喜班跻于桃李。科名奕世，表宅里以维新；契分通家，托门墙而滋渥。国士无能为报，徒怀特达之恩；小子莫知所裁，尚冀曲成之诲。敬修尺牍，恭布一丝。感谢殊殷，敷宣罔既。

沈鲤和刘虞夔查看了浚初的考卷，都认为是佳作，说他是做中书舍人的好材料。

重阳节后，皇上将阅视寿宫，命定国公徐文璧、彰武伯杨炳、申时行、许国、王锡爵、王家屏等随行，皇上为他们各安帐房一座。

阅视寿宫赏赉不足，皇上谕兵部，取银十万两。

给事中杨芳认为不可，说："马价银系京边买马之用，与别项可以挪借者不同。自万历九年取用以来，至今陆续支费共计八十万两，本无涓涓之流安足以盈漏卮之泄？"皇上不听，酌减，谕户、兵二部："朕兹阅视寿宫，赏各官军共银五万两，东厂锦衣卫等一万两。户、兵二部各出三万两支给。"

皇上驾临巩华城，于行宫见昌镇总兵官董一元，蠲免所过州县田粮。皇上率后妃到长陵、永陵、昭陵祭拜毕，阅视大峪山寿宫。这次随行的还有吏部尚书杨巍，户部尚书毕锵，礼部尚书沈鲤，刑部尚书舒化，工部尚书杨兆、何起鸣、倪光荐，兵部侍郎石星、辛应乾，大理寺少卿王用汲等。皆请，寿宫地址勿改卜①。

皇上于幄次召见四辅臣。"朕遍阅诸山，惟宝山与大峪相等。但宝山在二祖陵之间，朕不敢僭分，还用大峪，传与所司，兴事无辍。"四辅臣褒赞圣德，致词称贺。

皇上欲退还感思殿。临行，命司礼监太监张诚将四辅臣召入殿。四辅臣进殿后，又随皇上入东室。皇上赐四辅臣罗衣及玉带，皆一品服饰。

四辅臣欲退时，皇上又将他们召入，说："此事朕自作主张，纷纷如此，竟是何意？"

申时行说："诸臣之意不过仰赞圣裁，没有其他意思。"

皇上还是心存犹豫，又念叨起李植所选中的几处地址。

申时行说："李植初说向简山不及此，可令对状。"

皇上思忖少时，说："明日还京。"

四辅臣顿首出。

数日来，大臣们随皇上阅寿宫，耳边尽是风水之说，有的说"这边的山是万马奔腾"，有的说"那边的地是真龙潜伏"，有的说"宝座下有土好，接地气"，有的说"宝座下有石好，主江山永固"。

皇上也明白了一些道理。第二日，对四辅臣说："就风水而言，在德不在险。昔日秦始皇营骊山，何尝不选求风水？未几秦亡，选求何益？我祖宗择山

---

① 改卜：重新占卜，另行选择。

陵，既然卜于天寿山，圣子神孙，千秋万岁，皆当归葬此山。朕志定矣。"
皇上说罢，还京师。

朝廷派员阅视宣大山西结束，结论为功绩辉煌。加封郑雒为太子少傅，荫一子锦衣卫百户。萧大亨、胡来贡，各荫一子国子监生。麻贵、李采菲、邢玠等，升职一级。家屏对他们表示祝贺。张佳胤也以阅视叙劳而加封，贾三近也有升赏。

本期庶吉士培训结束，家屏和沈一贯组织会试，全部合格。有十人授翰林院官，其中叶向高、方从哲为编修。给事中五人，其中姜应麟在户部。

王锡爵病了，请假。皇上说："卿偶疾，准暂调摄，痊可即辅理。"皇上赐王锡爵米、酒、蔬、肉，派中使送至府第。

任养心仍担任湖广巡按御史，他回京参了考试官李盘一本，说他违反乡试规则，用朱笔添改诸生考卷文字。有几位京官失于觉察，因此受到处分。

吏部尚书杨巍考满，加太子少保。家屏对他表示祝贺。

王锡爵的病不见好转，以病乞归。皇上说："朕以卿忠猷亮节，特召起家，兹眷倚方殷，岂可遽以微疾求去，宜慎加调摄，痊可即出。不允所辞。"皇上遣太医院医官朱儒等五人到王锡爵府第，为他看病。

王锡爵谢皇上，再具疏乞归，甚恳。皇上仍温诏留之。

内阁由许国和家屏当值。

云南道御史蔡时鼎上疏，提及张一桂任顺天府考官被诬陷之事。

当时求官没有成功的戚畹子弟，诬陷张一桂偏向他的门客冯诗、童维宁及编修史钶的儿子史记纯，又胡乱录取假冒籍贯的五个人。皇帝大怒，下令冯诗、童维宁扛枷，解除张一桂、史钶的官职。申时行等人为他们说情，皇帝更加生气，削史钶官职，降冯诗、童维宁职。法司廷上审查没有实证，张一桂又以忤逆圣旨被责备，最终被调任南京。

蔡时鼎认为事情最初不由外廷揭发，而是从朝廷中揭发出来，其中甚为蹊跷。"小人毫无根据的话直接传达皇帝，这种风气不可助长，况且总是怀疑大臣言官有私心，股肱耳目都不可信，还能信谁？"皇上大怒，让内阁治蔡时鼎罪。

许国、家屏仅拟停俸半年，并且请求缩短冯诗、童维宁扛枷时间，以保全他们的性命。皇上不答应，责怪蔡时鼎猜疑毁谤君王，将他降调到边远地区任杂职。

许国、家屏又上奏："君主明，可贵的是明智，不是善于察断……希望停止暗中察访，以顾全大局。"皇上不高兴，亲笔写了诏书责备他们。

皇上将蔡时鼎贬为马邑典史。

此时，有消息从山西传来，张四维逝世。他的长子、兵部主事张甲徵告哀于朝。

皇上让家屏代写《谕祭大学士张四维文》：

惟卿：问学闳深，器资端亮。劳存史局，望著经纬。由翰署而历践清华，自宫尹而晋参密勿。属当更化，尔乃秉枢。驱回遹而世道一新，涤烦苛而民生用乂。方赖股肱之助，遽惊蔔葍之归。孝庶移以事君，毁乃终于灭性。眷思旧德，良轸朕怀。谕祭特颁，用彰悫恤。灵其不昧，尚克歆承。

议定赠张四维太师谥号文毅。家屏受命写《原任大学士张四维赠太师谥文毅诰文》：

制曰：朝廷轸旧，式怀夹辅之勋，寀穸厚终，特贲优崇之典。生克襄乎大业，殁宜锡以荣名。尔原任少师，兼太子太师，兼吏部尚书，中极殿大学士张四维，器宇端凝，才猷练达。自蜚英于侍从，已征华国之文，迨条予于论思，历试匡时之略。属更化纪，弦辙维新。尔位寮，机衡默运。宿蠹批而不仁自远，宽条布而群品皆苏。眷兹至治之成，实赖交修之助。方需后效，用佐中兴。胡棘棘以奔归，遽柴瘠而不起。俯感骑箕之化，永遗亡鉴之思。愍册肆颁，恤恩滋备。特赠尔为太师，谥文毅，赐之诰命于戏。周太尉之重厚，属大事以克胜，韩魏公之真诚，折群疑而能断。兼资众美，允副褒纶。秩既晋于三公，宠实荣于一字。缅惟灵爽，尚克歆承。

家屏不食前言，为之写《光禄大夫柱国少师兼太子太师吏部尚书中极殿大学士赠太师谥文毅张公行状》：

万历乙酉十月十六日，故少师大学士凤盘张公卒于蒲坂里第。厥嗣兵部主事甲征等告哀于朝，恩命既下，乃摭其生平行谊，将乞碑志，于名世元老，以垂不朽，而先属不佞为之状。状曰：公讳四维，字子维，中条有别峰曰凤鸣山，因以凤盘自号……公生而颖异，甫能言，解夫人抱持膝上，问儿所欲，公即大言曰："欲一当明主，康济天下……"七岁就外傅①，动如成人，出入必以礼，同学者，皆严重之。十五举茂才高等，时督学刘公徭翰林，出视学政，高自简贵，鲜所许可，见公年少有伟度，异之，则下堂循行，因睨观公草草未竟，而刘公读之以为奇，乃特移坐堂，皇上更数题试公，公立就，于是刘公叹服曰："蒲即多才易得耳，若乃国士无双。"遂置以为第一。自是每试未尝不第一。己酉举乡试第二人，癸丑成进士，以庶吉士第一，读中秘书。

公以为国家待士厚，不宜工肇悦，取世资，以自菲薄，于是取国家典故悉研究之。询考四方利弊及兴革所由，无不洞察。当是时，公已隐然负公辅之望矣……壬申春，今上在东朝出阁讲学，诏慎简辅导之臣，乃起公克侍班官，协理詹事府事，寻掌府事，兼教习庶吉士……乙亥秋，手敕升公礼部尚书兼东阁大学士，入内阁参与机务。公疏辞。优诏不许。公既拜命，侍上讲读于便殿，上以御书"一德和衷"大字赐公。公稽首谢，既出，上顾左右曰："新辅臣器度与众不同，注视者久之。"

……先是天下苦江陵公②法令、烦苛吏诡故钓名而民益瘠，是月江陵公卒，八月皇嗣诞生，公乃因庆典，密疏请下宽大诏，省督责，缓征敛，举遗逸，赈灾害，以培养国家元气。上怃然曰："先生言是，亟议行之。"公乃拟上诏，条格罢铸钱、丈田之令，欲以渐罢政事不便者，诏下郡国，民忻然若更生。而楚人故窃弄江陵公政权者，皆侧目摄公矣……上欲逮系江陵公诸子，籍其家，公屡疏救解……嵋川③公卒，讣至京师，公哀毁骨立，如不欲生。上特遣中使宣谕曰："闻卿父辞世，朕心甚悼，孝情当尽，尤宜节哀以慰朕怀，副众望。"中使谕上意，欲夺情，起公视事。公泣曰："生不逮养，没不奔丧，何颜以立于世？为我谢上，臣死不敢奉诏……"翌日面辞于文华殿，稽颡奏曰："臣行能薄劣，日侍左右，无所裨益，今当远离，伏望皇上法祖孝亲，讲学勤政，清心寡欲，惜财爱民，日慎一日，保终如始。臣不胜惓惓。"上答曰："先生辅政久，朕所倚信。兹以犹

---

① 就外傅：就学于师。
② 江陵公：指张居正。
③ 嵋川：张四维之父。

去，其节哀自慰，称朕意焉。"因泣下殿，中侍立者皆感动。公既辞阙，兼程以奔，旦夕哭临，痛生于腋，过陕州创甚，扶病渡河，至首阳不能进，月余始抵舍……盖公初病腋痛，继病耳闭，百乐罔效。乙酉六月，禫嵋川公之丧，而弟室及从子又亡，公以蛊伤复病脾泄。十月朔禫继妣胡之丧，公已伏箦不能兴矣。月之既望晨戒仆人具盥漱，整巾服，扶藉端坐，举手揖空者三，及昏而逝。

……新郑、江陵两公皆以才识交公，欢两公既辅政，凡国家大事皆以咨公，公亦尽言无所讳，新郑公之去国也，公方拜宫詹之命，自获鹿取道与会于栾城。入都，江陵公谓曰："新郑以得罪君父去，公奈何见之？"公曰："畴昔之交高公犹今事公也，去而远之谓交谊何？"江陵公乃释然。公生平俨重①，简默呐呐，如不出口；至其临大政、决大疑，当机而断。

……公生嘉靖五年五月十二日，卒万历十三年十月十六日，享年周一甲子。甲征等将以丁亥三月十七日葬公于蒲之风陵乡王庄里侯家庄之南，公所自卜兆也。

张甲徵说："家父有遗稿，欲整理成《条麓堂集》若干卷，待成书付梓之日，烦劳先生作序。"家屏允之。王锡爵为张四维作墓表。

南京传来消息，丘橓于万历十三年（1585年）十二月在任上病故。皇上赐赠太子少保，祭葬如例。官员们关心南都吏部将由谁执掌。

---

① 俨重：庄重。

第四十二章　辅臣上疏敦促皇上
　　　　　祖母犯病耽搁浚初

万历十四年（1586年）正月，郑贵妃为皇上生了第三子。皇上赐辅臣及讲官花币等，辅臣祝贺。

仰惟皇上：圣德格天，至仁昌后。熊占协吉，欣逢再索之祥；凤历开熙，适应三阳之候。庆延宗社，喜动寰区。臣等欢忭私惊，倍万恒品。不胜踊跃瞻戴之至。

立太子，一时间成为朝野议论的话题。

吏部等衙门考察官员有了结果，推举贤能官员二十六名。皇上命擢用，吏部通知来朝。有六十八名存在问题，皇上降旨，依惯例罢黜，或者降调。

杨巍上疏请罢归，皇上温旨慰留。

郑雒被御史辛志登弹劾，辛志登给他罗列了十二条罪状，郑雒予以奏辩。

略云："臣抚大同，前官所留商税不过六七百两，臣到任三年有余，所积至八千余两……今谓动支商税逃粮打造银器，及受郭总兵之金是谁为之？而冤及于臣……今谓臣扣留银两，稍买奇货，是谁为之？而冤及于臣……防秋事毕，抚镇各道旧有一宴，委实虚文靡费，自臣任事痛加裁革。今一币不受，此三镇官军所共知者，谓臣滥受馈遗是谁为之？而冤及于臣！冯保非臣安肃县人，乃臣县亦有房屋，既籍没变卖，各承买有人，安得谓臣吞买？且既谓臣用价吞买，又密语冯保待回付还，此何谓也……谓臣媚房，私增四十万金。不知互市、抚赏三镇、巡抚各自支销，各有岁报。臣标下亲支抚赏每年一镇旧取四千两，今每年每镇所取银或二千两或一千五百两，岁费不过七八千两，该道稽查出纳，今谓每岁私增四十万两，是取足于户部，是扣除于军粮，臣与三镇抚臣奏缴文册在科，可一查而知。"皇上以郑雒久历边陲，任事省费，慰留之。

毕锵任南京工部尚书、吏部尚书后，现任户部尚书，他在任上痛陈时弊，提出除弊布利九条："节财力、核边费、停召买、定催征、清滥冗、正风俗、戒纷更、崇道德、尚俭勤"。引起朝廷重视。

毕锵自觉年迈，以体虚多病，不堪重负为由，上疏乞休。皇上慰留。没过几日，毕锵上朝时，不慎失足跌倒，遂再次上疏乞休。皇上从其请。

礼部忙于会试前的准备，请皇上增加会试录用制额。皇上特命取三百五十名，并以此数为今后惯例。

官员考成结果报内阁，家屏等辅臣票拟，罚俸者极少，皇上怀疑处罚太轻。家屏等剖析、申言：

> 考成之法所以稽查、勘合、催督未完者，今次考成项目较往年精减，六科本内报完者多，未完者少。如不以催征钱粮为项：有水旱灾伤，部以完征为由，司以库空而忧，除不肯议蠲①，还多方捶楚②，则无辜就毙，百姓不安，盗贼蜂起，此臣等所大惧也。又如捕获贼犯一节：亡命之徒四散奔逸，潜踪隐迹，即使朝廷之力，不能得之于四方，而况抚按，专驻一方，岂能搜之于别省？若以此重责抚按，往往会导致为官者逼拷平民，无辜被冤。此臣等所大虑也……考成是皇上为了事治民安而警饬臣工，肃清吏治。事苟治，不必苛责，民苟安，不必外求。

皇上听了，认为有道理，不再唯处罚是问。家屏主张任用官员应先行公议。

朝中缺一位左都御史。吏部会推舒化、宋纁、傅希挚、李世达、石星等，供皇上参考。皇上说："舒化执法平允，不必改用……用辛自修。"

家屏虽然将经筵同知的官衔推给了王锡爵，有关经筵之事还是由他俩共同操持。春节后，朝廷又将王弘海、韩世能、赵志皋、赵用贤补充为经筵讲官。

给事中李弘道举荐海瑞等人，说他们皆君子，当进。说现任兵部尚书张佳

---

① 议蠲：谓审议灾情，蠲免赋税。
② 捶楚：杖击，鞭打。

胤乃小人，当退。乞皇上将张佳胤罢斥，腾出位子，由海瑞补之。皇上看了他的奏章，说他"编捏排挤，且擅自指缺定拟，罚治之"。

郑雒被论后，憋了一肚子气。"为官多年，反倒罪状日深，身既蒙污，人将侧目，恳求皇上恩准致休。"皇上令他"勿畏避疑谤"，慰留之。

郑雒被罗列十二条罪状，有几条牵扯到胡来贡，胡来贡受不了这些明枪暗箭，又无处发作，便进京到家屏那里发牢骚，说他要乞休，回山东老家。家屏劝慰他，并将皇上所赐扇子找出来，赠予他。胡来贡选了几把，让家屏在扇面上题诗。家屏提起笔来，每扇题一首，连题十首。胡来贡这时才说："好了，好了，听你的便是。"

《和韵题扇送胡中丞》十首：

其一
万夫选一将，难得忽轻徙。
仗钺谅多贤，如公能复几。

其二
身系国安危，一捍解戎麾。
好遁非忘世，龙蛇各以时。

其三
射虎长城下，人惊百中材。
养由今善息，弓影莫侵杯。

其四
蛾眉偏受妒，猿臂总难封。
勿谓君恩薄，天阍隔九重。

其五
揽辔倦风尘，哔哔驱骆马。
归及海山秋，陔兰正堪把。

其六
一剑提十年，剸断不曾暇。
收回匣中藏，须防风雨夜。

其七
轻车历康庄，前遇羊肠邲。
世路有平陂，悠然感今昨。

其八
黄金飨士频，戎橐萧然竭。
沧州一鹤还，清映关山月。

其九
上方忧关外，公乃去云中。
只乏冯唐对，应知拊髀同。

其十
岘首吴人泪，东山谢傅名。
苍生悬望切，未可拂衣行。

胡来贡打消了乞休的念头，在京城待了数日，返太原。

圣旨到："遣大学士王家屏祭先师孔子。"家屏和礼部官员率经筵诸讲官及国子监师生举行了隆重的祭孔仪式。

那一日，内阁四位辅臣聚在一起，谈到册立东宫一事，都以为事关国本，宜敦促皇上早作宸断。

四位辅臣共奏一本：

窃惟国本系于元良，主器莫若长子，故汉臣有云："早建太子，所以尊宗庙、重社稷也。"仰惟皇上，受天眷命，缵祖洪图。德泽浃于寰区，嘉祥钟于胤嗣。自万历十年元子诞生，诏告天下，五年于兹矣。即今麟趾螽斯，方兴未艾，正名定分，宜在于兹。查得祖宗朝故事：宣宗以宣德三年立英宗为皇太子，时年二岁。宪宗以成化十一年立孝宗为皇太子，时年六岁。孝宗以弘治五年立武宗为皇太子,尚未周岁也。盖冢岁升储,所以明震器之重;冲年贻哲,所以端蒙养之功。成宪具存,昭然可考。今元子聪明克类,岐嶷凤成。中外臣民属心已久,及兹睿龄渐长,阳德方亨,册立礼仪,允宜修举。伏望祇率祖宗之旧章,深惟国家之大计。以今春月吉旦,敕下礼官,早建储位,以慰亿兆人之望,以固千万世之基。至于出阁讲学及朝贺等仪,稍俟一二年后睿体充实,次第上请。伏惟圣明裁断施行。

皇上下旨:"元子婴弱,稍俟二三年举行。"四辅臣面面相觑。

丘橓死后,在配备南京吏部官员时,家屏主张由吏部公议举荐。吏部举荐李世达为正,海瑞为副。皇上任李世达为南京吏部尚书,海瑞为南京都察院右都御史。

张佳胤因李弘道论劾,力辩,乞休。皇上慰留。

没过几日,申时行代表四辅臣又为册立东宫之事上疏。

自古享国长久,莫若成周。善辅养太子,亦莫若成周。盖自孩提有识,而已备师傅之官,抗世子之法矣。何者以少成,若性胎哲自初,不可不早建而预教也。本朝列圣建储多以冲年,实取法成周遗意。今元子方及五龄,虽未甚壮然,比之宪、孝两朝,实已过期矣。如欲修讲学之故事,备朝贺之盛仪,则恐婴弱之年,勤劳未习。臣等岂不知仰承圣意,爱惜睿体?今但举行册立之礼,在宫中,不过一受册;在文华,不过一受朝仪,不甚繁劳,不甚久。而名号既正,则千万世之统攸关,典礼一新,则亿兆人之心斯慰。臣等所以不避烦渎,而再有恳祈者也。伏祈皇上念主鬯承祧之重,为久安长治之图,先议册立,以正储位,其讲学等仪,遵奉明旨,少俟二三年举行,则贻燕之谋,保爱之道,两得之矣。

皇上命:"遵前旨行。"

兵部尚书张佳胤再次引疾乞休,皇上仍慰留之。

王锡爵、周子义充会试考试官。

科道交章请册立东宫。俱报:"闻。"

吏部推荐吴时来任吏部左侍郎。皇上命沈一贯升吏部左侍郎,吴时来为右侍郎,姜宝为南京吏部右侍郎。

皇上不立太子,传谕封生了皇三子的郑氏为皇贵妃,引起官员们议论。有人猜测，皇上进封郑贵妃，有废长立幼的想法。

给事中姜应麟等上疏，说："正名定分，国本所以安；别嫌明微，君道所以正。恭睹圣谕，贵妃郑氏着进封皇贵妃。臣愚，窃谓：礼贵别嫌，事当慎始。贵妃以孕育蒙恩，岂曰不宜？但名号太崇，亦所宜虑贵妃虽贤，所生固皇上第三子也，犹然亚位中宫，则恭妃诞育元嗣，主鬯承祧，乃其发祥，顾当翻令居下耶？揆之伦理则不顺，质之人心则不安，传之天下，万世则不典，非所以重储贰定众志也。伏乞皇上俯从末议，收回成命，以协舆情。其或情不容已，势不可回，则愿首册恭妃为皇贵妃，次及贵妃，两典一时，不妨并举，则礼既不违，情亦不废，长幼之分明而本支之义得矣。抑臣之所议者末也，未及其本也。皇上诚欲正名定分，别嫌明微，莫若俯从阁臣之请，册立元嗣为东宫，以定天下之本，则臣民之望慰，而宗社之庆长矣。"

皇上怒责其窥探，命降调极边充杂职。姜应麟被调到山西广昌县充典史。

礼部请立皇储，并封皇贵妃，皇上不听。又有官员交章论救姜应麟、沈璟。

皇上谕内阁，说："科道救姜应麟、沈璟。朕之降处非为册封，恶其疑朕立幼废长，揣摩上意。朕思，我朝立储自有成宪，岂敢私己意以坏公论！彼意置朕不善之地，故有是处。"

皇上令辅臣拟票要突出以下内容：皇上圣智如神，睿谋独断。慎重国家之大本，率循祖宗之旧章……

经家屏等几位辅臣拟票，报皇上酌定为："立储以长幼为序，乃祖宗家法，万世当遵。朕仰奉成宪，俯察舆情，岂肯以私意违拂①公论？姜应麟等揣摩上意，以舍长立幼为疑，置朕于有过之地。特降处示惩，非为奏请册立之故。国本有归，朕已明白晓示，待期举行，各官宜体朕意，不许妄疑渎扰。"

浚初有心参加会试，接妻子和奶奶景夫人进京。他的儿子已经两岁，因与其曾祖的生日相同，故名泰庚。

家屏现在的住处比以前大得多，景夫人被安排在里头院的大正房，雇了个丫鬟专门伺候，她反倒不自在，硬是不要，门姑娘过来陪她一起住。景夫人较几年前明显苍老，令家屏欣慰的是饭量还可以。她自己也说身体还行，无大碍。

---

① 违拂：违背，不顺从。

李淑人先是带了林、徐二夫人给景夫人叩头，又让孙子孙女们都来叩拜奶奶。

李淑人向景夫人介绍，湛初如今是国子监生了，先和郝杰的女儿订了婚，可惜郝家姑娘早逝，如今娶了兵部主事孙训的女儿。沛初念书，早些时候与薛纶的女儿订婚了；汲初与安嘉善的女儿订婚了，可惜他岳父早早走了。李淑人认的干女儿秀云、林夫人生的瀹初、徐夫人生的二女儿青枝，都一一见过景夫人。

李淑人说："青枝的命不好，和应州田蕙家的公子订婚了，不承想田公子少亡，唉！"

李淑人总管全家，早用皇上赐予的上等衣料为景夫人做好了几套衣服。景夫人试了试，件件合身，乐得眉开眼笑。

李淑人问她哪里不合适，可以改动。

景夫人说："哪里都好，只是袖口挽回显短，装不下多少布头线脑。"

景夫人有个习惯，爱将捡来的破布条、断线头掖挽在袖口处，以备不时之需。众人又是一片笑声。

门姑娘说："您儿子如今当了朝廷大官，还用您捡那些破破烂烂？"

景夫人说："他不就是兰陵院的一个讲官。他当的官越大，咱越得节俭，一米一饭来之不易，一丝一缕物力维艰。"景夫人常把"翰林院"说成"兰陵院"，也不知从哪里拾掇来几句格言，时常挂在嘴边，律己律人。

李淑人又将一些柔软的衣料抖落出来要给景夫人做内衣，景夫人捡了两块，说是要给胡来贡和家玺的女儿做棉坎肩，其他的让李淑人统统收起来。

浚初、湛初两小家住进了书房院，几个大些的念书的孩子也住在这里。院内一应事务由徐夫人经管。

湛初就读于国子监，爱好十分广泛，一会儿研究木牛流马，一会儿研究亭台楼阁，心思多不放在四书五经上。

湛初还搁记着游悬空寺的事，问浚初近来可曾约朋友一起去过恒山，有无新诗作。

浚初写《恒山志》，留意收集相关资料，翻出几首，与他看。

其中有王世贞《谒北岳庙》二首：

祠坛缥缈过云孤，朌壺英灵飒有无。
象应星辰天北极，气蟠龙虎帝神都。

羞从禅代论金检，喜向侯邦乞宝符。
混辟将何酬圣主，祁连不遣祭休屠。

郁蟠河朔古今雄，柴望千年礼数崇。
黑展灵旗开水德，白飞穹石见神功。
尊同四岳非真拜，秩比三台是寓公。
闻道率然元尔阵，可无风雨净遥空。

郑雒《早过悬空寺》：

石壁何年结梵宫，悬崖细路小径通。
山川缭绕苍窦外，殿宇参差碧落中。
残月淡烟窥色相，疏风幽籁动禅空。
停车欲向山僧问，安得山僧是远公！

《登悬空寺》：

昨过招提故不登，重寻兰若问山僧。
峰头青鸟来还否，洞口白云去未曾。
谁结丹梯高万丈，我闻佛法演三乘。
凭虚顿悟心无住，好步禅关最上层。

杨巍《登恒岳五首》：

恒岳来何所，正当北极中。
早年闻胜迹，老我谒玄宫。
雷雨留晴壑，松杉撼晚风。
灵山瞻礼罢，怀古意无穷。

南去临全晋，北来控朔方。
千年形胜在，万壑松云凉。
上界金银阙，悬崖薜荔房。

乾坤回首处，冀野路苍苍。

不览群山遍，宁知北岳尊。
于今归圣代，自古障中原。
日月递明晦，烟云互吐吞。
秋高临瀚海，万里辨清浑。

昔人巡狩地，风景有无殊。
恍惚危峰堕，阴森古殿虚。
夕阳岩五色，虎峪柏千株。
依旧玄天月，泠泠照玉除。

层崖独立处，万木秋风寒。
水作玲珑听，山如菡萏看。
卢敖元有杖，殷女尚留丹。
宝箓肯相授，明朝即弃官。

胡来贡《春夜同裴巢云山人、杨胪山计部话别，二君将约为北岳之游》四首：

倾盖分春色，谈诗坐夜阑。
灯花摇阁细，竹叶引杯宽。
地主明朝隔，天涯此会难。
无缘随帝里，望望五云寒。

久擅淮南赋，还为塞北行。
剑峰寒朔气，笔阵撼边声。
暖颊余风雅，添杯迟月明。
青春来二妙，侠气满层城。

莫话河梁事，临风欲黯然。
黄云团火盖，画角急长天。
塞入飞狐近，关从倒马悬。

归朝报明主,皎月满祁连。

玄岳带晴烟,双旌拂远天。
卧游非我志,独往羡君偏。
飞石龙悬壁,乘风虎啸川。
磨崖留胜迹,翘首寄瑶篇。

湛初看后,说:"三峡自古诗千万,只缺李白'一日还'。"

浚初看他这般傲然,说:"李白游恒山,曾写'壮观'二字,为后人称道,但愿你游恒山,能写出一首与'壮观'齐名的好诗,流传百世。"

王锡爵与家屏,一家住在路东,一家住在路西,因他俩同时入阁,百姓为便于分辨两位"王阁老",故有东、西王之称。

王锡爵的长子王衡才学横溢,浚初和他整天形影不离。翰林院图书府是他俩常去的地方。他们经常去刘虞夔那边喝茶叙话,听翰林院的官员们议论时事,间或向他们请教一二。刘虞夔鼓励王衡待下届乡试,也像浚初一样拿个解元名次,王衡信心满满。

胡来贡回山西后为修建墙堡墩台筹措银两,尚有近万两不敷之数令他寝食难安。

朝里还在为册立太子之事纠结,刑部主事孙如法上疏,说:"皇上宜允阁臣、礼部之请,册立东宫;贵妃、恭妃宜同时进封,以释群疑。"还说,"皇上应召回姜应麟、沈璟,给他们官复原职,并予以褒奖,以彰显皇上虚怀纳谏之度。"

皇上发怒,说:"立储定序已屡次降旨明示。孙如法不属于言官,如何出位渎扰、救护?且宫闱事体,彼何由知?好生狂躁!本当重处,姑且降极边、干杂职。再有妄言者像他一般,予以重治。"孙如法被调到广东潮阳县任典史。

海瑞上疏,恳恩致仕,说:"《礼》,大夫七十致仕,臣今比七十过了三岁,狐死首丘①,人情同然。"又说了些"太祖初剥皮囊草"之类的话,忠爱切直而语多疵滞。皇上命他继续供职。

就在浚初准备参加会试的头天夜里,家屏在内阁当值,家里发生了一件意想不到的事。景夫人下地小便,不慎昏倒。

门姑娘睡梦中听见响动,慌忙掌灯一看,景夫人躺在地上,呼之不应,处

---

① 狐死首丘:寓言故事,意为狐狸临死前总要把头朝向它的洞穴方向。

于昏迷状态。她将景夫人扶至床上,叫醒前后院全家人。

家里出了事,李淑人是总指挥,浚初不得不帮忙,又要请太医,又要抓药、煎药、喂药,待景夫人醒过来,早误了会试,只好放弃。

会试点名时发生意外,有人混扰,余姚两名举人陈希、伊宁海被踩踏致死。王锡爵是主考官,负责让考场内会试正常进行。家屏和许国赶到考场外处理突发事件,处罚失职人员御史、兵马等官,动员顺天府给死者家属多一些银两,协调兵部将尸体送还。

景夫人的病时好时坏,初时用药效果明显,后来越来越差。

南京科道检举揭发了数位升职官员,说他们均属冒滥①,其中有李松、胡来贡。吏部议覆。皇上降旨:胡来贡留用,李松在籍听用。

早在三月三,皇上以风霾谕廷臣陈时政。家屏偕同官上疏病民四事,若织作、陶瓷、税赋之类,请一切宽减。皇上很重视他们的意见。

工部题:"御用监造天灯、万寿灯及春联、门对等项估算工价十万余两。今寿宫始造,采木、采石,运送俱用钱。大工方兴,如此,则前项似应暂停,以免顾此失彼。"

家屏和许国当直,票拟"从部议",交皇上御览。皇上未全听其言,犹令措办三分之二。

冯保奉旨在南京闲住,差家人冯继清进京找通政司,乞求恩赦还乡。道政司报:"冯保极恶穷凶,神人共愤。蒙恩薄贬,已宽斧钺之诛,何当辄有此奏?伏乞大奋乾纲,将冯保从重正罪,殄绝妖孽。"皇上命锦衣卫将冯继清抓来讯问。

河南道试监察御史许守恩题奏,说:"皇上宽仁爱人,如祈雨步祷南郊,恤灾特发帑赈,是至仁也。臣以为广此至仁,请加意节用……珠磁,饥不可以为食,寒不可以为衣,况海内尽灾,流离载道,尤当轸恤,皇上勿以珠磁等为迂也……国家虽安,不可忘武。皇上戎衣谒陵,乘骑往郊,天下咸颂圣神武。臣以为天子之武在慎选名将,固守封疆……人之声音发于丹田,皇上天音宏畅,后声悠长,天下咸颂万寿。臣以为养寿之道在于节其酒色,强固圣躬,况今皇子冲龄,圣躬关于宗社者尤为至重乎!思其重而节其欲,则亲儒硕,勤召对,御暖阁,阅章奏。凡保身以保国者,自次第举矣。

"臣又闻之,有仁明英武之圣君主之于上,亦必有德望隆重之大臣佐之于

---

① 冒滥:不合格而滥竽充数。

下，乃可以压服天下之心，震慑四夷之胆。今兵部尚书张佳胤、宣大总督郑雒皆廉耻扫地，缙绅不齿……乞速赐罢斥。"

张佳胤、郑雒因被人参劾，多次疏辩乞休。皇上下旨："两臣留用"。

景夫人屡屡犯病，每当清醒时，便环顾左右安排后事，她不求什么名封，只求家屏趁她活着，送她回老家；将来死了，和宪武安葬在一处。还说，她死后，坟里不要陪葬什么贵重东西，以免贼人惦记。特别嘱咐将那对金手镯还给李淑人，金耳环送给日夜侍奉她的门姑娘。

中秋节过后，景夫人病情加重，太医院的医官使尽浑身解数也于事无补。家屏遵从景夫人意愿，派家人回山阴，传家玺、家楫速来。家玺、家楫二人听说母亲病重，连夜赶路，仅三天就赶到京城。八月二十七日，景夫人握着家玺和家楫的手，平静地逝去。

第四十三章　王家屏为景夫人丁忧
　　　　　　李维桢携周弘禴来访

景夫人卒，诸多事情亟待解决。

按家屏现在的职务，已故父母及妻子宜加封相应官衔，包括景夫人，还有王宪武、韩夫人、霍氏等。同时，应为其父母御修坟墓。刘虞夔、李尚思及吏部邹元标等官员前来帮忙，料理治丧。

家屏须还乡为景夫人丁忧三年，实为二十七个月。家屏安排好内阁及其他兼职事务，乞假归。皇上遣文书房刘恺到家屏家中送去银钱、纻丝等，家屏作《谢赐赙币银钞疏》致谢。

　　吏部左侍郎兼东阁大学士、今丁忧臣王家屏谨奏，为恭谢天恩事。

　　本月初一日，伏蒙皇上以臣继母景氏在京病故，钦遣文书房官刘恺，恭捧钦赏新钞一千贯、银三十两、纻丝二表里，到臣私宅颁给。谨望阙稽颡，祗领讫。

　　窃念：臣猥以庸愚，被恩高厚，福量既满，罪戾兼丛，不自灭亡，祸延臣母。臣子之分，两不克伸，终天之恨，万死奚赎？荷蒙圣慈，悯臣茕苦，颁赐赙仪，恩数隆施。岂臣苫块游魂可能承载？徒增涕泪于感激，誓衔结于他生已耳！缘衰绖不敢匍匐诣阙谢恩。

　　无任哀顿感切之至。

皇上批准家屏回乡丁母忧，家屏作《请恤恩疏》：

　　谨奏，为比例乞恩，请给恤恩，以光泉壤事。

顷者，臣母景氏病故，荷蒙圣慈轸恤，颁赐钞币银两。臣感激殊恩，揆之分涯，不啻逾溢。安敢复有希觊？痛念臣生而屯蹇，数遭愍凶，甫七岁而臣母韩氏见背，赖继母梁氏抚臣于髫龀之年。又七岁，而梁母复丧，赖今故继母景氏抚臣于童卝之日。计臣五十岁之身，所繇成立者，蒙臣父之教；所繇长育者，更三母之慈也。臣幸遭际圣明，备员辅导。而臣父母先后见背，浅厝荒原，礼并阙于慎终，地久需于卜兆。今当扶柩还籍，合葬新阡。缘臣继母限于明例，不敢冒请恩恤。外，但臣父王宪武累赠奉直大夫、司经局洗马兼翰林院修撰；母韩氏累赠宜人，虽叨受诰命，而秩止五品。及臣滥竽密勿，未经考满，亦未受本等之封，不得蒙祭葬之典。臣心非槁木，身不空桑，幸叨遇主之荣，未遂显亲之愿，此臣所以裂肝摧膺、仰天而泣血者也。查得嘉靖四年，礼部右侍郎李时以母边氏病故请恤，奉世宗皇帝圣旨：边氏准照例与祭葬。李时日侍讲读，多效勤劳。伊父李蓘，还准与应得赠官，诰命并祭一坛。钦此！又查得，隆庆六年，礼部左侍郎马自强以继母张氏病故请恤，奉圣旨：马自强日侍讲读，效有勤劳，伊父母准给与祭葬。钦此！

臣伏自念，侍讲幄者十年，直纶筐者二载，虽才微功鲜，不敢比于二臣，然孝思显扬人子之情，本无或异；而周旋左右乞恩之例，偶与相同。用是昧死冒陈，上干慈轸。伏望皇上悯臣哀苦，敕下该部，查例上请，庸广特恩，庶苦块余生，少慰煑蒿之慕；而泉台累骨，均沾封树之荣矣。

臣下情无任悲号控吁之至。

皇上答应了家屏的请求，赐路费，令差行人护送。

申时行、许国、王锡爵、沈鲤、沈一贯、于慎行、贾三近诸位大臣前来吊唁景夫人。

家屏又呈《谢恤恩疏》：

谨奏，为感激天恩悯恤优隆，恭陈谢悃事。

臣项因继母景氏病故，将扶柩回籍与臣先父母合葬，具疏乞恩，伏蒙敕下，礼部查议上请。奉圣旨：王家屏讲读年久，辅赞忠勤，着给与应得诰命，伊父母照例与祭葬，仍赐路费银五十两、彩缎四表里，驰驿去还，差行人一员护送，以示优礼。钦此！

臣不胜感激，不胜悲恸。

窃念，臣生居荒徼，家世单寒。先臣宪武屈首呻占，竟淹衿弁以老；先母韩氏委身操作，早更荆布之贫。一室屡空，三釜不待。虽生前之有子，知身后者何人？伏遇皇上官材周择于细微，以致卑琐荐跻于腼仕。曾涓埃之莫效，遽险衅之横罹。不自省循，妄有陈乞。方虞冒昧，比例非伦。讵意慈温，推恩越格。念其年久，褒以忠勤。予诰命而驰赠新衔，兼加荫于合圹；锡银币而乘邮远路，仍遣使以护行。礼意优隆，典章焜耀。岂但非分之宠，前此所无。在臣过望之私，始亦不及。舁灵舆而就道，哀且知荣；奉愍册以归藏，吊将相庆。伊嵩余慕，庶少酬罔极之天；倾蘧微忱，奈渐远长安之日。情倍凄于感恋，词不尽于敷宣。

伏愿，帝治光华，圣躬保乂。任贤勿贰，孚明良一德之交；典学有常，资理义养心之助；总万机而执其要，临下简御众宽；忧四海而恤其穷，征敛省用度节。侵岁轸蓷苻之警，暇时周桑土之防。

臣苫块游魂，无任哀鸣，祈望之至。

皇上遣文书官李兴将路费、彩缎送至家屏家中，家屏又上《谢赐银币疏》：

谨奏，为恭谢天恩事。

昨该臣具奏请恤，伏蒙纶音涣发，典礼隆施。臣感激殊恩，已经具疏陈谢。外，随蒙钦遣文书房官李兴恭捧路费银五十两、彩缎四表里，到臣私宅颁给。臣谨望阙稽颡，祗领讫。

窃念，臣苫块余生，衰麻病骨。持丧在疚，特廑中使之临；扶榇[①]将归，复辱内庭之贶。捧精镠其璀璨，拜文绮以焜煌。持荐几筵，重泉增贲。携归道路，六传生辉。激涕泪以淋浪，阻趋谢于葡匐。

臣无任哀号感荷之至。

沈一贯为御修王宪武、韩氏、景氏合葬墓撰写碑文，并制碑。御修王宪武墓由胡来贡任总指挥。皇上两道制书于九月十三日下。

奉天承运，皇帝制曰：朕缉熙圣学，夙资论道之臣；寅亮天工，懋简调元之佐。眷惟名硕，方切倚毗。载嘉辅理之功，亟举褒崇之典。咨尔

---

① 扶榇：犹扶柩。

第四十三章　王家屏为景夫人丁忧　李维桢携周弘禴来访

吏部左侍郎兼东阁大学士王家屏，端凝重厚，博大渊贞，自居甘泉持橐之班，已有傅岩调鼎之望。金华论学，久沃嘉谋，玉署作人，式端师范。秉寅清而赞典礼，精藻鉴以贰铨衡。乃自廷推，爰登阁学。协心同道，参谋断于万机；正色和衷，树表仪于百辟。期猷裕以匡国，是乃仓皇而遘家艰。未克蒇功，宁忘宠赐。兹特授尔阶通议大夫，赐之诰命。于戏！素冠栾栾，暂返郑公于洛社；赤舄几几，尚迎姬旦于周郊。朕万虚席以待贤良，卿岂去国而忘王室！勉承新绂，庸副至怀。钦哉！

制曰：黄扉亮采，代终久藉乎良臣；彤管垂芳，正始必资于淑媛。虽环佩之音既远，而丝纶之命维新。尔吏部左侍郎兼东阁大学士王家屏妻、累赠宜人霍氏，女师京训，君子好逑。筐筥是将，夙着相成之德；琴瑟中断，竟违偕老之期。眷兹补衮之名儒，念尔结缡之令配。匪申愍恤，曷表幽光！兹特加赠尔为淑人，象服辉煌，难挽山河之度；龙章赫奕，永扬沼沚之风。

制曰：良臣体国，熙帝载于奋庸；淑媛宜家，嗣徽音于思媚。肆举酬庸之典，宜申从爵之章。尔吏部左侍郎兼东阁大学士王家屏继室、累封宜人李氏，令仪棣棣，恭德温温；御下而闲有家，相夫不解于位。湘彼锜釜，共成调鼎之勋；乐我缟綦，益赞素丝之节。弥章壸范，载涣廷纶。兹特加尔为淑人。素衣同归，未备六班之饰；彤管有炜，永扬四德之休。

万历十四年九月十三日制诰之宝。

奉天承运，皇帝制曰：策勋班爵，首重纶扉，崇德象贤，恒先祢庙。朕念予良弼，久深风木之思；乃哀此棘人，载云丝纶之宠。尔蒙赠奉直大夫司经局洗马兼翰林院修撰王宪武，乃吏部左侍郎兼东阁大学士家屏之父，孝敦天显，义重月评。腹笥五经，诸生从而受业；家徒四壁，一介不以取人。献策弗躬，拜麻有子。经纶补衮，式微裘冶之遗；曲蘖和羹，未遂釜钟之养。兹加赠尔为通议大夫、吏部左侍郎兼东阁大学士，龙章荐锡，培庆祉于封槐；马鬣增华，衍休光于奕叶。

制曰：奋庸以宅百揆，训本严慈；明发而怀二人，情均怙恃。惟是悼心失图之日，愈深属毛离里之恩。尔累赠宜人韩氏，乃吏部左侍郎兼东阁大学士王家屏之母，德什珩璜，学通国史。相夫苦节，糁井臼以躬亲；爱子知劳，迪诗书而口授。断织启经纶之业，和丸兆燮理之功。靡依甫及于七龄，衔恤将逾乎四纪。兹特加赠尔为淑人，宠贲黄垆，报劬劳于罔极；名垂彤管，幸圣善于无疆。

万历十四年九月十三日制诰之宝。

几道石碑制成后，先行运往山阴。十月六日，家屏陛辞起程。沿途时有与家屏关系密切的官员在景夫人灵柩前路祭[①]。

行至阳和，薛纶有子侄多人在此做生意，薛家安排将景夫人灵柩停放在城内西南大寺院，薛纶女儿以孙媳身份着孝服，薛家以亲家名义为景夫人做迎送道场。

不日，一行人抵达云中，胡来贡迎至距温景葵墓不远处的路边，在水泊亭前设坛路祭景夫人。家屏将景夫人生前为胡来贡做好的主腰送与他，他捧在胸前，泣不成声。胡来贡安排家屏一行在华严寺停棺宿住一日。宪武及家屏在云中的亲朋好友闻讯前来吊唁者络绎不绝。

回到山阴，家屏打发行人赵一鹏返京，写《奉丧抵家谢恩疏》，托赵一鹏代呈。

> 谨奏，为感激天恩，驰驿回籍，恭陈谢悃事。
>
> 臣于本年八月内丁继母景氏忧，例该守制回籍。钦蒙圣恩，赐臣驰驿及路费银两、表里，仍遣官护送。臣仰荷恩慈，随于十月初六日陛辞起程，该行人司行人赵一鹏将命护行，于本月二十日抵里，讫。
>
> 臣伏自念，遐荒贱士，偃蹇庸流，谬叨知遇之恩，滥厕弼谐之列。福过其分，宜为神明所憎；祸延于家，忽焉慈亲见背。靡瞻靡恃，遗两间共弃之身；不孝不忠，负万死有余之罪。悲摧屡绝，匍匐畴怜。猥荷圣慈，特垂悯恤。予之金帛，珍分内府之藏；给以车徒，绋藉县官之助。纶音涣发，贲宠衰麻；节使与俱，增辉旌翣。扶舆就道，顿纾执靷之劳；拥传出关，况值销兵之候。边尘不耸，旅榇遄归。涉千里若坦途，更两旬而抵舍。顾瞻堂寝，虽室迩而人遐；守奉几筵，幸灵安而魄妥。以此思忧思惧，弥增涕泪之零；第恐求瘼求宁，未释痌瘝之念。望薇垣而注想，伏苫块以陈词。大造生成，恩礼备全于终始；私衷衔结，感图宁间于幽明。
>
> 臣无任感激哀鸣之至。

家屏扶景夫人柩离京后，申时行请补阁员。皇上不许，说要虚席以待王家屏丁母忧归来。

---

① 路祭：亲朋好友在灵柩或丧车经过的路旁设香烛纸钱以及供品祭奠。

回山阴后，首先要为景夫人安灵，家屏作《丙戌奉先妣景淑人丧归安灵》：

母昔家居，多忧寡欢；迎母于京，庶几承颜。
承颜几时，几饮几餐；一疾不起，匕箸长捐。
乡山阻绝，旅榇萧然；荷蒙恩恤，给传扶还。
冲风蹋雪，千里间关；一呼一踊，足茧咽干。
两旬抵舍，瞻寝非前；妇号宇下，女泣帷间。
子姓甥婿，衰绖骈阗；共欣吉出，忍见凶旋。
维兹正寝，母昔所安；歌斯哭斯，奉几陈筵。
呜呼恸哉！

发引时，云中官府、山阴县衙派官员前来参加，依例于御修墓前宣读皇上加封圣旨。太原府晋王、大同府代王分别派员参加。

家屏作《发引祭》：

痛惟母殁，忽已逾时；朝临夕叩，惟此缞帷。
缞帷虽虚，母灵如在；为日几何，遽及祖载。
人谓母荃，大事克襄；儿悲母荃，中心孔伤。
伤哉母儿，从兹决绝；地下人间，幽明永隔。
母昔在柩，恨不可亲；此柩一出，母魄转湮。
母昔在帷，恨不可即；此帷一空，母灵转阒。
佳城郁郁，父母所居；母今归窆，幽魂舆俱。
逝者有知，偕藏共安；独不念儿，茕茕失所。
丹旐既发，虞殡难留；儿号女泣，从之靡由。
酹酒陈词，特修遣奠；仿佛母容，徘徊眷恋。

代王特地给家屏修书一封，说他将依代王子所嘱，在山阴县城内为家屏修一处辅臣住宅，家屏婉言谢绝。

为景夫人过百日时，胡来贡前来参加，他见家屏身体欠佳，担心他又会犯病，劝他待百日后回南洲山庄休养。家屏说："这三个多月来，确实操劳，到南洲山庄清静一段时日也好。"胡来贡听了家屏此话，这才放下心来。

胡来贡又因河南道试监察御史许守恩上疏弹劾郑雒，语涉自己，而忿忿然。家屏劝他尽心职守，不必计较诸如此类的聒噪，更不该因此而分心。

家屏作《百日祭》：

嗟乎，恸哉！

他人一母老相依，儿更三母三割离。韩母弃儿儿酷啼，梁母弃儿儿酷思。

赖父在堂母继之，父教儿严母以慈。饥就母食寒母衣，顿忘身在二母时。

朝呴暮濡四十载，一巢三卵无参差。巢成卵育雏能飞，母心可安神可怡。

云胡一旦弃雏去，浃月弥旬不复归。向疑京邸不可居，而京里舍空衾帷。

向疑鼎食不充饥，而今菽水持向谁？向痛二母早见遗，而今母驾亦飙驰。

倏忽百日可指数，悠悠痛恨，千秋万古无终期。

有餐盛盘酒注卮，泣率子姓前致词。一父三母相追随，明灵不泯同鉴兹。

为景夫人百日祭罢，家屏回南洲山庄休养。胡来贡隔三岔五前来与他相聚。一日，胡来贡说："皇上还是听信了许守恩等人的聒噪，欲内徙于我。这次吏科河南道交章劾工部尚书何起鸣、兵部左侍郎辛应乾、礼部左侍郎陈思育、兵部右侍郎李松、陕西巡抚韩必显，和我等十员。

"皇上将我调离云中，乃明升暗降。"

家屏说："我从邸报上已知一二，皇上调你回兵部，也好。只是云中少了位好官。"

胡来贡对朝廷未将浑源恒山神庙定为北岳祭祀点耿耿于怀，他向家屏表示，回京后仍要为此上奏。

没过几日，胡来贡离开山西前，抽空来与家屏辞行，他为还清修建边塞屯堡费用而高兴，为王宪武墓尚有部分工程未完成而遗憾。家屏对他安慰再三，作《送胡中丞内徙序》：

万历丙戌冬，不孝孤奉先妣丧归，自京邸去云中，不尽一舍宿亭下，镇帅大中丞胡顺庵公祖出郊吊焉。孤望见公，伏地泣，公前掖孤起，亦泣，相慰久之，然后别丧既抵里，会公，按行塞过县手自为文，祭先妣木下……明年春，用上愍恩，檄县道为先父母起冢，徒庸①既集，而台臣有议，公不宜边镇者，诏徙公内地。孤于是拊膺叹曰："甚哉！天之困孤于厄也。既使孤不得终养吾亲，将又使孤不得终葬乎！奈何徙公去也！"

公与孤同年举进士，相善，自郎署出为我云中太守，用治最，迁河东，寻备兵雁门，徙怀隆，遂建大中丞钺，宦辙更涉，前后廿载，无一日不在我并冀之间。孤之官京师也，留先妣于家，菽藿或不继，而以岁时问，遣惠溢于庚釜焉。孤弟若子，偷惰失学，扑楚②不能收，而公以日月课厉③，爱深于卵翼焉……此孤所为仰天太息，徘徊缱恋而不能已者也。而里中父老则为孤言，公国之干城，民之父母也。何可一日去镇？镇所最苦者虏，非虏则盗，则吏则岁，数者有一焉，皆足为吾氓病。乃自公莅镇，察民疾苦，方略拊循，省赋轻徭，具严科率，有司廉平者有殊奖，苛墨④者无佚罚。吾氓是以休息于宽条而不虞吏……是以衽席于承平而不虞虏……是以起沟壑延须臾之生，而恃公为司命则又不虞岁矣。公功烈在镇，惠泽在吾氓，积且数载，自将吏士民，以及穷庐毳幭之众，无不德公、颂公者，孰议公不宜边镇者乎……不观之恒岳乎，嵌金翠薇，岿然雄峙于代北，自有虞氏柴望以来，未尝易地，而一旦中于蜚石之讹，坛场圭币，骤而迁之曲阳，承其谬至今，即公疏请正之，竟不能得。嗟乎，神可诬而迁也，公固可诬而徙，当其始迁见以为惑不察，察知其诬而犹安之，而不能复尚可觊哉。然而岳之所以嵌金翠薇，岿然雄峙于代北者，固自若也。要不以迁祀损天幸，而终惠吾氓。公当复来，即不可必而所移者，公之衮舄耳，乃吾氓之德公、颂公，虽去之，千百岁有余思，岂蜚语所能移哉！

胡来贡离开大同时，地方官吏和百姓依依相送。家玺和家楫也来为胡来贡送行，两人恸哭。有老者嘱胡来贡，若有机会，再回云中为官。胡来贡激动不已。

家屏在南洲山庄的食宿由戎夫人一手安排。近日，王宪成染疾，戎夫人打

---

① 徒庸：意为人工，指用工数。
② 扑楚：同"楚扑"，以杖拷打。
③ 日月课厉：每日每月督促勉励。
④ 苛墨：残酷贪婪。

里照外，略显忙乱。

浚初因照看景夫人误了会试，有知情人表示惋惜。吏部在分配进士时对举人也予以安排，浚初被翰林院聘用为中书舍人。浚初是王宪武嫡长孙，随家屏回山阴为景夫人丁忧，这些天也住在南洲山庄，照顾父亲，并在父亲指导下整理《恒山志》和《宋诗文全集》。

一日，李维桢来访，他不在京为官多年，养成了闲云野鹤的习性。家屏和沈一贯在吏部任侍郎后，曾动员他回京，被他一口拒绝。李维桢此次借来山西巡查之机，到代州会了周弘禴。周弘禴和夫人董少玉雇了车马游五台、逛恒山，数日后来到南洲山庄。家屏见到李维桢和周弘禴，喜出望外。

李维桢向家屏介绍董少玉，说："她就是王世贞首肯的江南才女、人称当代李清照的董少玉。"

家屏笑着说："曾听说过，今日一见，果然气质非凡。"

李维桢又向董少玉介绍浚初，说他是山西解元。

董少玉向众人施礼，说："幸会，幸会。"

李维桢问浚初《恒山志》编写得怎样。浚初急不可耐地向李维桢、周弘禴和董少玉索要诗作，以充实《恒山志》。家屏鼓励周弘禴编写《代州志》，李维桢一拍脑门，说："我怎么没想到呢？是该让他写些东西，省得虚度年华。"

浚初和戎夫人安排李维桢一行在庠馆歇息。饭后，浚初和戎夫人陪周弘禴夫妇去刺梅园观赏刺梅。董少玉见那刺梅在数堰梯田地里横生漫长，便笑着说："分明是蔷薇，你这解元公却说它是刺梅，也不懂得做架培育，而是任其丛生，岂不是将好好的花作践了？"浚初被董少玉数落得只能憨憨地笑。

一阵风起，竟然下起雨来，雨虽下得不大，却也淋湿了衣衫，周弘禴望着夫人那窘迫模样，哈哈大笑，说："应该在这里建一宜遮阳避雨的小亭，就叫玫瑰亭。"

周弘禴身材高大，张开手臂要为董少玉遮挡风雨，董少玉委身躲到他腋下，说："是该在此建一小亭，叫玫瑰亭未免太俗。"

周弘禴请董少玉给起个雅名。

董少玉想了想，朝浚初笑笑，说："古人云'宜亭斯亭'，就叫也宜亭，解元公以为如何？"

浚初连声说好。

周弘禴和浚初约定，说："我从代州雇几个木匠，就在此处建也宜亭，你负责监办，建成后，我和夫人再来，悬匾挂联，以示庆贺。"

浚初拱手应允。

不一会，雨过天晴，夕阳的余晖照在五颜六色的刺梅花上，那些花沾着雨露更显得娇嫩。董少玉兴致极高，嘴里哼着江南小调，伏下身来闻闻这朵，又闻闻那朵，周弘禴干脆摘下一朵，戴在她头上。

看天色已晚，几个人有说有笑地往回走。回到庠馆，李维桢让浚初写一首情景诗。浚初望着董少玉头上的花，随即吟《刺梅》诗：

江南客认是蔷薇，浓抹胭脂映夕晖。
更有繁香清且馥，如风吹送袭人衣。

董少玉听了，高兴得满脸绯红。

家屏和李维桢在东客厅屋内，秉烛彻夜长谈。忆起当年他俩在翰林院修史，自然谈到了张居正。

李维桢说："我虽因闲言碎语得罪了张先生，他将我弄出京都，他落寞后，也有人蛊惑我诛伐于他。但我只感念他对我的知遇之恩，仔细想来，离开京都有什么不好，反倒远离了许多是是非非，对南兄不知别人，还不知王篆？他可谓当朝知行合一、德才双馨者，却也跟着张先生受了许多口诛笔伐，我若不是远离了中枢机关，就凭咱口无遮拦，说不定早已被言官们弄得身败名裂、体无完肤。"

家屏问李维桢，这些年远离诸同袍，是否有孤独感。李维桢说："君子之交贵在交神，我与诸同袍，可谓神交矣。只要有事，闭目思之，诸同袍招之即来，我何来孤单？再说，我有志于行万里路、著万卷书，每日忙都忙不过来，哪还有闲空去孤单？"

谈到周弘禴，李维桢认为他疾恶如仇，是一位敢于直言时弊、有担当的士君子，是言官的好材料。家屏也知道周弘禴是个难得的人才，却因为自己在为母丁忧，无职无权不能举贤而抱憾，他修书一封，让李维桢去找沈一贯。

夜已深，家屏让李维桢到正房歇息。李维桢说："我乃东吴人，为何要住北屋？就住东屋。"家屏只好依着他。

几天后，周弘禴果然从代州雇来两个木匠，浚初也已备好了料，开始修建也宜亭。数月后，也宜亭竣工，周弘禴和董少玉如约而至。周弘禴带来了他为也宜亭题写的匾，董少玉为浚初带来她的部分诗作。

家屏写《谢周带川方伯表园亭》以表感谢：

昔严中丞以小队出郊，杜少陵之野亭斯重；魏观察以玄贝表宅；张志和之钓隐弥高。自非盛德之光，孰阐幽人之贲。如某陋质，废处穷陬。控地鹡鸰，卑伏榆枋之下；入山麋鹿，长逃蓬藋之中。幸托庇以安居，数屈尊而临顾。猥希非望之宠，冀沾不朽之施。得一字两字以为荣，乃大书特书而见贶。璇题昭揭，炳焉奎壁之章；瑰制联翩，铿若琳琅之律。槐堂绿野，功名总愧于裴王；北海南山，德福敢兼乎仁寿。至蒙庆赉，愈溢刀涯。回视杜少陵之野亭，殆尤增色；以方张志和之钓隐，讵止成名。某敢不奉为镇宅之符，期朝夕瞻颜于咫尺；遗作传家之宝，俾子孙诵德于无疆。肃附谢言，不胜铭戴。

董少玉捧着家屏所书，如获至宝。

周弘禴告诉家屏，他已着手收集资料，编写《代州志》。他觉得这是一件很有意义的事，一旦钻研进去，其乐无穷。

光阴荏苒，景夫人过世不觉已满一年。过周年时，家屏作《周年祭》：

嗟乎！
日回月旋，羲轮不停。春露方濡，秋霜奄零。
伤哉我母：
昔年此日，弃养于京；今年此日，殡宫在堂。
燧火俄更，瞻彼日月。昏则有明，亏则有盈。
何独我母：
长夜不旦，大梦瞢瞢。
相彼物候，萎则复萌，枯则复荣。
何独我母：
一灵永蛰，息影销形。
世人之俗，感时则惊，胡历八节，不关母情。
世人之寿，计岁而增，胡周一岁，不增母龄。
新穀既升，以供母餐，母腹莫克；
授衣届候，以制母裳，莫被母躬。
往日既迈，来日滋征。生不能养，悔恨何胜。
用陈哀荐，于豆于登。当筵号恸，裂眦摧膺。

第四十三章　王家屏为景夫人丁忧　李维桢携周弘禴来访

二周年过后不久，家屏为景夫人作除丧服之祭。写《禫祭》文：

念儿有身，父生母鞠。三年于怀，报恩并讪。
兹为景母，居庐持服。缺养是追，罪悔是赎。
茕茕梅梅，缞麻馻粥。以此行丧，终身不足。
其如制何，禫期见促。素冠乍除，哀诚转郁。
俯仰祠宫，瞻依宰木。畤谓安平，培增踯躅。
一豆一觞，一肴一蔌。以荐明灵，居歆仿佛。

其时，朝廷委派地方官员宣读早已草拟好的圣旨，家屏特作《襄事谢恩疏》：

谨奏，为感激天恩，专官祭葬父母，恭陈谢悃事。
先于万历十四年八月内，以臣继母景氏在京病故，该臣衔哀具奏，比例乞恩，荷蒙皇上怜悯微诚，特从优恤，既给应得诰命，仍准照例祭葬。臣仰承殊渥，扶榇还乡。该行人司行人连标肃将明命营兆域以维新①，本布政使司参议郭性之祗奉愍书秩莅罿其有恪，遂以今岁季春之朔，合葬臣父母讫。
窃念，臣伶俜弱质，驽钝庸才，自联供奉之班，久佚旷瘝之罚。迨丁家难，本积衅以召蘖，重忝国葬，转因祸而为福。在法：官未满三年，绩不得貤封，而臣独滥非时之典；亲未受三品，封不得蒙恤，而臣独侥非分之恩。生我父母，长我父母，养并讪于生前；葬以大夫，祭以大夫，报乃隆于身后。敞华筵而升祔，开大隧以偕藏。封君斧而若坊，掩映河山之色；制如纶而如绰，昭回云汉之章。闾里竞观，共讶生人未睹；泉台歆服，畤云死者无知。宠灵曲注于殁存，典礼备全乎终始。釜钟不待，顿纾风木之悲；帷盖兼施，敢忘犬马之报？生当出力，供赋役于田间；殁且衔恩，图草环于地下。
臣无任感激哀鸣之至。

---

① "行人司"为官署名。"行人"为官职名。"连标"为人名。"肃将"为书面敬词。"明命"为奉命行事，即遵行而为。"营兆"即修坟下葬的雅称。"域以维新"为祝祷词。

第四十四章　皇上圣体违和不上朝
　　　　　　　家屏数辞起召再入阁

　　胡来贡回京后，刚刚安顿好，就上疏奏请将祭祀北岳的地点明确定于浑源州恒山出关处的山神庙内。奏疏中，他罗列证据若干。反对者以沈鲤为首，引虞书、魏史之文，说不可，但须修浑源庙宇，用存古迹。皇上不知所以，下旨："北岳祀典既系国初定制，仍旧行。"

　　建储是家屏所关心的热点问题。家屏丁忧期间，申时行等又上疏请皇长子建储及皇三子封王。初皇上嘉纳之，祭告南郊、北郊、社稷、神祇之后，便没有了下文。申时行催请皇上下旨确定立储典礼举行日期，皇上命："候旨行。"御史何倬、钟化民、李维桢等人也各请建储。不报。

　　《大明会典》终于修成，沈鲤加太子少保，沈一贯、朱赓、王弘海、张位、于慎行、徐显卿、赵用贤、刘虞夔、刘元震、孙继皋、冯琦等人受到嘉奖，或加官，或进俸。

　　海瑞以老以疾屡乞致仕，皇上不允，结果卒于任上。史官用几句话对海瑞进行了评价："剔弊垢，毛举细察；期省约，以裕民力；然过刚，不能容人。"他死后，贫不能殓。皇上下诏："予祭葬，赠太子少保，谥忠介。"

　　沈鲤在朝中颇有威望，官员们希望他出面督促皇上早立太子。圣寿届期，沈鲤审时度势，奏乞早议册立巨典，以对群情，以昭大信。沈鲤在奏疏中说："申时行等曾以国本为请。上谕：朕见元子婴弱，少候二三年举行。今已逾三年，元子千秋亦且八岁，举行大典，此其时矣。况值万国嵩呼之会，慰四海仰望之心，宗社稷无疆之庆，端在于此。"皇上仍命："候旨行。"都给事中苗朝阳、御史李天麟随沈鲤之后也响应上疏。皇上未允。沈鲤自觉脸上无光，引疾恳乞致仕。皇上谕："卿学行素优，典礼清慎。朕委任方殷，乃屡以疾辞，情词恳切,暂允调理,痊可具奏起用,仍赐金币驰驿。"

皇上热衷于修建寿宫,亲阅之后,见工程已初见规模,心嘉悦,对协力效劳的诸臣加以特典。申时行荫一子尚宝司司丞,许国荫一子入国子监读书……沈鲤、杨俊民、于慎行、徐显卿、萧大亨、朱赓、王弘海等都给予赏赉。

皇上越来越不喜欢朝讲。申时行等拟写思政、养心、省心、乐志四箴,想借此使皇上自律,不见效。皇上通过内监传话与内阁沟通,又有半月余不上朝。申时行每次见了传话的太监,总要恭问皇上起居。传话的司礼监太监都说皇上万安。

申时行上疏说:"先奉圣谕以圣体偶尔违和,暂免朝讲。连日以来,每从内使恭问起居,并称万安,曷胜欣慰。臣等不奉天颜,半月有余,经筵常朝,多从传免,岂圣躬虽已康豫,尚未耐劳?圣志虽切忧勤,犹须静摄?伏望皇上顺承时令,保养太和,以迓天庥,以慰众志。"

皇上没有回应。

万历十六年(1588年),任养心身为巡按直隶御史,劾辽东总兵李成梁父子兄弟,说他们列据宣、辽、蓟、保,恐有尾大①之患。李成梁因此乞休,并请皇上连同其弟李成材等人一起罢免。皇上不允,传谕,令李氏人等尽心任事。兵部特为他们或加俸,或加官。任养心很不甘心。

朝鲜国王李昖多次遣员赴京,于慎行、徐显卿等轮流负责接待。徐显卿由礼部调吏部,仍为右侍郎。赵焕改左侍郎。

朝中出了件大事,申时行等自陈不称职,乞求皇上罢斥。冯保被扳倒后,东厂由宦官张鲸掌握,横行不法比冯保有过之而无不及。御史何出光上疏,以八项死罪弹劾张鲸及其同党刘守有等。刘守有被削职为民,张鲸却未受惩处。御史马象乾严词峻语,切责内阁。

申时行上疏,说:"张鲸处分未定,御史马象乾切责臣等,臣等既不敢委曲调停,犯众论之公;又岂可窃禄苟容,贻清朝之玷?惟有引罪乞身,不至于上误国事、下启群疑。"

皇上谕:"张鲸事已处分,章奏皆朕亲裁,卿等谁为阿从?且忠谨昭著,公清素闻。何必因言求退?宜即出赞理,不准所辞。"

杨巍等大臣也因对张鲸处分不明,上疏要求"伸公论,正国法,以慰群

---

① 尾大:比喻臣下势力强大。

情"。皇上谕令杨巍："即出理事，不允辞。"

马象乾上疏，说："窃谓皇上英明不世，昔日冯保怙藉宠灵，操弄威福，一发其奸，弃如脱屣。今张鲸恶不在冯保之下，而去张鲸不若去冯保果断，何也？岂不是张鲸日夜以微劳陈乞，而皇上过听之？遂使大憨盘踞宫闱，千人指之不能去，万贿坐之不能动……上亏圣德，下贻后忧，成何景象？"

马象乾在疏中指责皇上受张鲸万贿。疏入，皇上震怒，下令镇抚司将马象乾抓了打问。申时行急于营救马象乾，封还御批。

申时行上疏，说："臣等既以失职，仰负圣眷；又以拒谏，累及言官。臣等乃万世罪人，宁与马象乾同赴司刑，万无腼颜在位之理！且不见近日张居正之事乎？皇上始为张居正谴责言者，卒之公论不容，身受恶名，家被显祸。若马象乾得罪，臣等异日即张居正之续耳。伏乞圣慈鉴察，曲全臣等，谨封还御批。"

皇上不为所动。

许国、王锡爵分别为营救马象乾上疏。

许国说："言官言事，乃其职耳，祖制特许，风闻虽误，不究。况据事直陈者乎？臣为讲官时，朝廷为张居正挞辱言官。臣心痛，愤恨不及食张居正之肉。今乃蹈其覆辙，使旁观者复欲食臣之肉，贻万世讥笑。何且近日论张鲸甚多，悉置不闻，乃独为臣等发愤究问，使臣等得罪于天下后世，又甚于张鲸矣！"

王锡爵说："马象乾论臣等阿从失职，义正词严，皇上宜赐采行，使人知前后诏旨俱出臣等票拟，原非圣意，则人情自定，圣德有光矣。奈何抵之罪乎？先年张居正以夺情迁怒、狙击言官，臣于是时稍能消让，张居正为言者解，所以张居正败而臣得进用。夫皇上本以忤张居正用臣，而今又即以处张居正之事处臣，臣之不才纵不能道扬主德，维持国论，亦何忍见朝堂之上再有此异常举动，使天下万世谓臣：外援忤权之名，以进身；内挟当权之势，以沮众。臣今日即死，上何以见九庙在天之灵，下何以见刘健等于地下，明何以谢举朝士大夫之公论，幽何以辞张居正之鬼责哉！臣身轻如羽，使万世蒙诟，而有益于皇上。臣不敢避今身既不肖有累言官，而又并累圣明，以怫谏之名，不惟不可一日立朝，且不可一日为人矣！"

疏入，俱不报。

皇上见阁臣皆罢朝，谕申时行，说："昨览卿等所奏，悉见雅量。朕怒此辈纷纷扰奏不遂，辄逞私臆，借言排击，甚失国体，故治其狂妄之罪，非卿等累及。卿所奏留中，以全卿等之美。卿可体朕意，即出视事。并谕两次辅知。

又览次辅王锡爵题帖内说亡女一事，卿可代朕谕，勿悲惜过度，恐失治生之道；亦不必再有托陈，负朕倚协辅至意。"

申时行奏谢，说："文书官李文辅恭捧御札至臣私寓，臣谨领即传示同官，讫伏念臣等猥以庸陋，忝备弼臣，过有万端，愚无一得，自知窃禄尸位，有负皇上任使之恩，而顷者因事惕衷，省躬思咎。盖众论喧腾，人情危脆，而不能镇服；朝政有缺，主德未宣，而不能匡维。虽无阿从之心，而有阿从之迹；既有失职之罪，而幸逃失职之诛。此公论所以不与，而言官所以相规也。乃蒙皇上不即弃捐，仍令在列，而圣慈天覆宸谕，眷温俯从，臣等之愚，曲贯敢言之士，仰见皇上转圜之度，止辇之风，将流誉寰区，垂光史册。岂臣等得专其美。至臣锡爵亡女私怀亦蒙轸念，仰惟皇上眷绥之渥，不啻家人父子之情，臣等义激铭肝，感深雪泣，即捐躯陨首，不足以报圣恩于万一矣……其圣谕一道，谨尊藏阁中，彰皇上容言礼下之美。谨奏谢。"

是日，皇上遣司礼监太监陈政口传圣谕："张鲸侍奉多年，他家用的人做了坏事，他未必知，如今都下法司问过重罪了，张鲸着他私家闲住。这不为章奏纷纷处他，只为近年四方灾伤，民间疾苦，每令他访奏，不以实闻，故此处他。"又谕："朕欲召见先生们，偶因动火未安，待朕体全愈，即出召见。"

申时行等奏谢。

"窃惟进退用舍，乃朝廷大纪纲，不可以近而或忽；访问灾伤，乃朝廷大政事，不可以远而或遗。皇上天纵英明，日亲几务，犹欲访求民瘼，通达下情，而张鲸不能仰体圣心，不以实奏，壅蔽之罪，诚无所逃。且内外官工皆当守法奉公，简身戢下，而张鲸任用匪人，犯法坏事，以致法司尽暴其罪，言官交斥其非，疏纵之愆，亦难自免，皇上特垂宸断，出之私家，非为人言纷纷，姑以塞盈庭之议，乃繇圣心独断，用以儆失职之辜，此真至明至公，同符尧舜，非臣愚昧所能仰窥万一，惟有播之在廷，书之史册，使万世称颂圣德而已。"

由庶吉士任吏科给事中不久的李沂上疏劾张鲸："倚势乘宠，招权纳贿，罪恶万状。屡经科道指摘，今群党既处，而元凶未伏其辜，非法之平。数日来都市喧传，都说张鲸广进金宝，多方请乞。果尔，则亏损圣德，又不止顾念侍卫之微劳矣。伏乞乾断①，以释群疑。"

皇上说："李沂这是借攻击张鲸为冯保、张居正翻案。"下令将李沂抓起来

---

① 乾断：帝王裁决。

严加审问。

李沂被镇抚司打问后，御批："拿在午门前杖六十，斥为民。"

申时行等大惊，具救，说："李沂系庶吉士授官未及两月，新进书生不识忌讳，若张居正、冯保在日，彼犹未入仕途，原无恩仇，何为报复？不过风闻建白①，心实无他，似不必深罪。且昨为马象乾所言，皇上犹为臣等曲全，褒臣雅量，况皇上天地之量，何所不容？而苛求一无知之小臣哉……李沂上干圣怒，已蒙打问，死生未保，再行廷杖，重复加刑……此累朝以来所未有，仰累圣德，关系臣等，不能匡救，必难腼颜在列。伏望少霁天威，俯全言官垂死之命。"

有顷，传谕："先生每说话依得的依了，依不得的也难依。如前日马象乾就依了，李沂放下各处贪官污吏不说，却说我贪，这等掘污君父，岂可轻宥？"

李沂被廷杖六十，削职为民。因李沂一事，皇上甚怒。连日称疾，不视朝。申时行让做起居注的史官如实记录。许国、王锡爵见皇上如此，上疏辞官。

许国奏："昨廷杖李沂一事，臣备员辅弼，既不能潜消众议，调护于先，是以清主上之听；又不能披豁微诚，挽回于临时，以霁主上之威，致使圣心焦劳，外观震骇。而臣一辞莫措、一筹莫施，得罪群臣、贻讥万世，失职之罪，莫此为甚。伏望皇上将臣罢斥，别选忠贤，列在枢机，共跻治平，宣扬盛美。臣虽跧伏田野，犹瞻仰阙廷也。"

得旨："卿辅政多年，忠勤端亮，正赖分猷弼违②，岂可遽自引退？即出辅理，不允辞。"

王锡爵奏："……皇上天地祖宗付托之身，而以委巷风闻，书生狂直一言，疾威震怒，起居失常，臣喑无献替，止办哀啼，非报恩之道也……近日张鲸金宝一事，既出讹传，则心无愧怍，正足资皇上一笑焉……若张居正、冯保报仇之疑，则理外矣……凡廷杖非正刑。先朝虽间一有之，亦未有逮鞫、廷杖并行于一人一时者，臣每见犯人惟强盗、大逆则有'好生打问'之旨。今以加之言官，窃恐未安。张居正擅权时，欲箝人口，将世宗晚年遗札尽行进御，名虽效忠，实欲导皇上以刑辱言官，自为己地耳。皇上必欲法祖，自有良法美意可师，张居正万世罪人，岂可黜其人而复行其志乎？凡阁臣受心膂之托……皇上倘谅其心，则不必疑其言；倘疑其言，则不必用其人……伏望皇上垂日月之明，先将臣罢斥，以正失职之罪……"

---

① 建白：提出建议或陈述主张。
② 弼违：指纠正过失。

得旨:"卿公忠直亮,敷陈谠言。朕方嘉纳眷倚,岂可遽自引退?宜即出辅理。不允辞。"

挨到万历十六年(1588年)十二月十五日,几位阁臣计算家屏丁忧期满,上奏:"原任大学士王家屏,德器宏雅,学识深淳,十载讲帏,启沃之功最茂;两年政地,经纶之业方新。臣等忝与同官皆自以为不及。今服制已满,应及时召用,光佐圣明。且官必择人,人惟求旧。上得忠贤,以资明谟弼谐之益;下得僚采,以成同心共济之功。此臣等荐贤为国之愚忠,以人事君之职分也。"

皇上谕令:"撰手敕来,行。"

申时行随即为皇上拟撰手敕:"敕吏部原任大学士王家屏,升礼部尚书兼东阁大学士入阁办事。遣官行取,驰驿来京,如敕奉行。"

行人司受命,派出行人安希范为钦差,赴云中山阴接家屏进京。安希范携僮仆等风尘仆仆驰驿而行,不一日,赶到阳和,恰遇天降大雪,便找一处上好的客栈住下。第二日,雪停了,家屏在郊园设宴招待安希范。张县令及家屏在县学任教的诸友人作陪。

月川已是县学主事,他白胡白鬓,苍老了许多,他乘机向张县令诉说县学校舍需翻修、扩建一事。山西连年遇旱,山阴尤为严重,张县令扳着手指头也凑不出多少钱来。家屏建议集资修建,月川面有喜色。

安希范原想家屏见了圣旨会立即赴京,不承想家屏连夜写了《戊子辞起召疏》交与他,让他转呈朝廷。

原任吏部左侍郎兼东阁大学士、臣王家屏谨奏,为创痛残躯不堪起用,恳免非常宠召,以安愚分事。万历十六年十二月二十九日,于臣原籍接到吏部咨,恭奉敕旨:原任大学士王家屏着升礼部尚书,仍兼东阁大学士,照旧入阁办事。便差官行取驰驿来京,如敕奉行。钦此!臣闻命自天,震惕兢惶,罔知攸措。

窃念,臣一介庸愚,遭逢明圣,自词林而拔置讲席,由讲席而简厕纶扉。不逾数年,躐跻四辅。原兹非据之福,皆皇上特达之恩也。乃寸报未伸,先慈倏殒,复蒙宸衷轸恻,恤典隆施,给传护丧,遣官营葬,俾亡亲骸骨并妥幽原。人子孝诚,迄无遗憾。凡此哀荣之数,又孰非皇上特达之恩也。以圣恩如此之隆,即厚地高天未足方其容盖。而臣愚感恩之切,虽粉身碎首犹将誓以驱驰。况庐居甫届于禫除,陛召遽承秋手敕。晋新衔于八座，还旧职于中司。众咸刮目以观，臣敢矫情为让？奈臣福量满而灾虞总至，命期迫而疾疢交侵。臣素患脾虚，兼挟痰火，罔知将息，驯至缠绵。血气滞于咽喉，饮餐作哽；疽毒盘于胸膈，肿溃频危。此在同采诸臣向所习知其苦。迨更丧变，重感悲辛，沉忧积摧，宿疴增剧。倚庐三载，卧褥经年。形虽具而精力衰颓；息仅存而神魂漠越。方恐盖帷不待，遽填沟壑之中；岂堪簪绂重施，再立朝堂之上？此臣捧纶音而感增涕泣，抚病骨而恨切膏肓者也。

伏望皇上怜臣毁瘠之躯，委难鞭策。察臣披沥之悃，非敢支吾。曲赐鉴涵，亟收环召。容臣依栖先垄，结竟余年。庶止足之分少安，生全之恩弥渥。

臣不胜战栗哀恳之至。

安希范拿了家屏的《辞起召疏》回京交差。内阁诸臣乃至皇上俱不依。没过几日，又令安希范第二次到山阴请家屏起召赴任。一个月后，安希范再次来到山阴城。其时，家屏过罢春节又回南洲山庄修养，安希范不敢怠慢，马不停蹄，赶到那里传圣旨。

家屏又写《辞起召第二疏》：

谨奏，为再沥悃，诚恳辞召命，免妨贤路，上负圣恩事。

臣于去岁十二月二十九日，准吏部咨，奉敕起臣入阁。臣具疏控辞，候旨间，随该钦差行人司行人安希范恭承遣命，至臣里舍，趣臣起程，臣日夜叩祝，惟得旨允辞，可借口报命。不意，本年正月二十九日，接到吏部咨，该臣具奏前事，奉圣旨：卿辅弼旧臣，启沃赞襄忠绩茂著，兹特召用以匡治理，宜遵命上紧来京，不允所辞，吏部知道。钦此！

臣犬马下情，未蒙矜察，愈切兢惶。

窃惟，人君之起旧臣也，非徒哀怜废弃而姑收之也，必试其有可用之才，人臣之应起召也，非徒恋慕宠荣而遂赴之也。必自度有致用之具，若臣技能短拙，资识迂愚，曩尝待罪中司，参陪密议，一等靡措，寸效无闻，此臣自知甚明，而亦莫逃于皇上之洞鉴者也。纵使躯壳无恙，而铅刀已难于再割；朽木不可以复雕。皇上乃欲拔臣废弃之中，置在深严之地。以臣自度，试于昔既以罔功，起用于今，安能责效？材具不克任也。以摧毁之躯，遘沉痼之疾，神志内折，肌肤外销，精力不克任也。材具薄劣，既如彼；精力疲惫，又如此。乃责使载病趋朝，扶羸就列，则岂待颠隮已及方诒鼎轴之羞。而即此竭蹶不支,已玷弓旌之宠多矣。虽旷恩轸旧,不察臣之不堪;大度包荒,不督臣之不逮。而盛名莫副,臣固知惭;重任难胜,臣固知惧。

夫以臣在阁二载,阁务不见其增修;迨臣归里三年,阁务不见其积滞。则臣不足为中书有无可知也。庙堂之上,鸿儒布列,耆宿充庭,贤于臣者,甚多;如臣之比者,不少。则臣不足为朝廷轻重又可知也。使不度德而量力,徒以冒进而饕荣,上则干误国之诛,次则继纺贤之议,其可为惭且惧者,岂直在一身名节之间哉?臣用是毕控血诚,直陈情愫,不避烦渎,再冒威严。

伏望,皇上曲赐矜怜,特收涣汗,姑容衰朽退息丘樊;别简忠良晋参帷幄。庶扩转圜之度,同符解网之慈。

臣不胜激切控吁之至。

安希范携家屏《辞起召第二疏》回京交差,得召命:"行人敦促"。一个月后,他于二月二十四日第三次来到山阴,这一次,他必须把家屏接进京。

家屏和前两次一样,还是不肯进京。安希范在山阴城县衙内住下,每日早晚到家屏家中催请,就这样坚持不懈达半月之久,直到家屏答应三月十七日启程,方才放下心来。就在家屏收拾行李期间,流感突袭,家屏寒热交加,咳嗽不止,七昼夜未能成寐,饮食俱废。张县令请来山阴名医余孟和为家屏诊治,说病在腠理,宜发汗。用了几剂药,烦热不退,咳嗽不减。

月川等友人又请了时医杨景时来诊治,说病入肠胃,毒热内蕴,宜泻下。几经折腾,家屏精气大耗,不能确定何日起程进京。

家屏扶病写《辞起召第三疏》,陈述自己的情况,建议安希范先将奏疏带回京复命。

谨奏,为遵命起程陡感寒疾,困笃难前,恳乞天恩,怜悯衰羸,终赐放免,以全草木余生事。

臣自闻召命,夙夜兢惶,深惟创痛残躯不堪任使,具疏奏辞,未蒙矜察,随具臣才能浅薄,曩昔试用无效之状,披沥上陈复未蒙矜察。于本年二月二十四日,接到吏部咨,奉圣旨:朕以卿宏才硕望,密勿旧劳,特召起家,用资襄赞,宜遵成命,所辞不允。着差去行人敦促来京,吏部知道。钦此!

臣仰荷圣慈隆笃，天语温谆。又该钦差行人司行人安希范朝夕过臣，趣臣就道。臣用是恪遵严命，定于三月十七日起程，整办行李间，不意感患时疾，寒热交争，痰嗽大作，头目昏眩，肢体烦疼，盖累七昼夜而目不得交睫，勺水不能入口。当延本城医士余孟和诊视，谓病在腠理，寒邪外抟，于法宜汗。遂听其用药，汗之。既汗，而烦热不退，咳嚏不止。复延镇城医官杨景时诊视，又谓病在肠胃，毒热内蕴，于法宜下。听其用药，下之三数日间，再汗再下，于是脏腑枵然若洗。而臣亦瞆然，不复辨物，四肢百骸，皆不可控而有矣。今游魂稍复，生意渐回，而骨力全消，精气大耗，饮啖未复，步履犹艰。茫无痊可之期，敢定起程之日？

然而，君言久宿，使节稽留，则又臣怔营战誉，恐恐然如雷霆在上，干天谴以难逃；斧锧居前，慢君命而莫逭者也。使成命一日未回，则臣忧惧一日未释。臣忧惧弥甚，则病势日增。臣一死不足惜，而有累皇上生成之恩，不能曲全其终始，则臣生有余辜，死当有余戮矣。盖臣前日所辞，犹进止未定之迹，而今日所请，则生死莫必之身，其势诚急，其情诚可悲也。

伏望皇上怜察悃诚，收回征命。俾臣得以从容医药，调摄尪羸，则自今有生之年，皆皇上再造之赐也。

臣不胜战栗陨越之至。

安希范回京，将家屏辞召第三疏呈送朝廷。皇上令沿途调理，仍宜加慎，以副眷怀。安希范几乎没有停留就又重返山阴。

家屏好不容易打发安希范回京，又经过半个多月调养，身体渐好，随安希范返京。

家屏路经浑源，再次祭祀北岳恒山。想起诸多逝去的亲人、友人，不禁凄然。走走歇歇，行至京郊，有快马来报，说兵部尚书兼都察院左副都御史郜光先病逝，托家屏写墓志铭，家屏为郜光先早逝而哀恸不已，写道：

虏自款贡保塞称外藩，逾二十年，文武重臣拥节旄、树声威于列镇者，其人可偻数，乃劳阅最久、勋绩最著，则文川郜公督陕以西，烂焉烈矣。公讳光先，字子孝，别号文川，山西长治人也。幼颖敏，为文亢爽有奇气。嘉靖乙卯举于乡，己未成进士……皇上熟知公忠劳，先后玺书、章服、银币赐予无算。公亦自念受国厚恩，矢不以身家二其心……公闻父南庵公病笃，一恸辄僵不起，以万历己丑四月九日，距生嘉靖癸巳十二月二十四日，得年五十有七，讣闻，诏赠太子太保，予祭四坛，命行人张辅之董葬事，视常典有加焉。公扬历中外，服官十有一任，大半居戎马之场，其在行间严重有威，颦笑不苟，望之如神明……铭曰：穆修文昭，食邑自部。颁填王府，大鼎在庙。济阴之裔，蔚焉允宗。在晋生才，为明巨公。射策彤庭，分符赤社。治最云间，声蜚日下。柏台执简，棘寺明刑。神羊气劲，狴犴风清。迨晋中丞，抚绥重镇。剖剧刺繁，器同游刃。遂提大斧，总制三秦。单于解辫，悉主悉臣。贾饵既施，终缨不请。渥产云腾，狼烽昼静。壮猷采芑，污谋彻桑。乃俤刍饷，乃奠金汤。保大定功，宸论嘉奖。晋陟台垣，荐膺上赏。槐枪迅扫，箕尾俄升。公目不瞑，甘宁未平。四镇均哀，九重特轸。予兆三泉，跻荣一品。良弓甫息，鞲鹰已扬。囊驰赤白，舌鼓雌黄。嗟公精忠，炳同日月。皎皎行天，本完无甄。遥遥旅衬，临睨故丘。爰有嘉耦，先公神游。生也相成，殁而同厝。陨祉发祥，永绵庆祚。

四月二十一日，家屏抵达京城。于慎行等急着要为家屏办接风宴。内阁诸位大臣轮番和他说这几年发生的重大事件。前来看望家屏的官员们向他介绍官场现状。

"朱赓升任吏部左侍郎，回部内管事。"

"王弘海兼管教习庶吉士。"

"刘虞夔掌翰林院印信。"

"田一俊任国子监祭酒后，设法让张一桂任司业。之后，田一俊升任礼部左侍郎兼翰林院侍读学士。黄凤翔从南京调回，任国子监祭酒。"

"皇上朝典久旷，起居注也没法记录，申时行常为之嚷嚷，功效甚微。"

"王锡爵考满，加太子太保，荫一子入国子监读书。他久有归隐之心。"

"今年又是乡试大比之年，皇上令翰林院及科部等官往直隶及各省任主考。"

家屏见了杨巍。他六年考绩，加太子太保，乞休，皇上不允。

杨巍曾在阳和做官，少不了问家屏一些阳和的情况。家屏告诉他阳和又扩建了校场，房人多年未扰，杨巍甚感欣慰。

官员们恭贺家屏召还，家屏仍入阁，且升任礼部尚书。家屏以为皇上如此安排欠妥，上《召还辞进秩疏》：

谨奏，为奉诏起家，叨恩逾格，恳免新升职衔，以图报称事。

臣顷叨蒙起诏，累疏辞免，未荷允从。忽感沉疴困笃，几殆以致迁延里舍，稽误简书，慢命之诛，万死莫赎。

伏蒙圣慈宽贷，谕以：偶疾不妨，调理勖之加慎，以副眷怀。

臣感激天恩，扶病叩阙，遂以本月初六日就道，二十一日入京，于鸿胪寺报名见朝讫。顾臣尚有万不自安之情，不敢不直陈于皇上之前者。

臣伏考本朝阁臣既罢而复起者最少，除服而复起者为尤少，间或有之，止于复除其旧职，未闻升授以新衔也。乃臣柴毁余生，棘栾秽质，起官东阁，已惊破格之恩；晋秩南宫，实切循墙之惧。盖尚书上应台斗，喉舌之寄匪轻；而宗伯分率春曹，礼乐之用为急。必名贤硕德，望重岩瞻，宿学鸿儒，才优黼藻，以居是任，始能其官。臣以至愚极陋之资，乘巨痛深创之后。三年不为礼乐，久疏检押之坊；一旦而厕冠裳，曷称寅清之地？处非其据，则负乘之寇可虞；举莫能胜，将折足之凶不免。此臣所以徘徊道路，越趑而不敢前；瞻顾班行，逡巡而不敢就者也。

伏望皇上俯察愚悃，特免新衔。俾臣仍守旧官，少图后效。庶名器慎重，上无误及之恩；分义获安，下释僭逾之愧。

臣无任激切祈恳之至。

皇上不允辞。家屏于二十六日到内阁上任，又作《到任题面恩揭》：

谨题，臣钦蒙圣恩差官行取来京，于本月二十二日见朝讫，缘次日适遇免朝，未获面恩。该同官臣申时行等题请，令臣：先行谢恩到阁办事，候补面恩。奉圣旨：是。钦此！臣谨遵依于二十六日到任讫。

窃念，臣三年去国，久罹枕块之虞；一旦起家，再玷演纶之直。伛偻拜命，腼冒①就班。虽咫尺天颜，未遂瞻承之愿；而参陪禁近，预克顾问之员。臣自今敢不精白乃心，恪共厥职；尽忠弼违而辅德，誓仰答乎洪慈；同寅协恭以和衷，期共襄乎至治！

除恭候皇上御门之日，另补面恩外，谨具题知。

家屏刚到任上，就接到王崇古在老家病卒的讣告。家屏报皇上，奉旨写《原任兵部尚书王崇古赠太保谥襄毅诰文》：

---

① 腼冒：羞惭冒昧。

制曰：盖闻"非常之原，常人惧焉。及臻厥成，天下晏如也①"。夫业已收实知之效，而思始事之臣。其事存，其人亡。此朕所为列钟鼎以书劳，听鼓鼙而太息者也。

尔已故原任少保兼太子太保兵部尚书王崇古，博大有谋，沉雄善断。绵更外服，践历戎行。洎拥节旄，任惟锁钥。诸艰历试，百折不挠。当那酋叩关之初，适众议盈庭之际。先皇雄断，尔实肃将。遂折棰而服名王，尽敛衽而称属国。兵革之端息，输将之费省。边境以安，朝廷以尊，尔始终区画之力也。入柄本兵，益畅边筹，虽悬车高谢，而边臣守遗策，匈奴循故约，以迄于今……赠尔太保，谥襄毅。赐之诰命。以尔有大勋劳，故命曰襄。以尔定大谋议，故命曰毅。生为人豪，殁膺国恤。古称不朽……

家屏又为王崇古作《王襄毅公传》：

王襄毅公者，晋之蒲坂人也。讳崇古，字学甫，别号鉴川。其先盖河汾文中子之裔。明初自河汾徙家蒲，奕世载德，语具：王氏族谱中数传而至素庵公，配孙夫人，举三丈夫子。公其季子也。公生有异质，年舞象②，即下帷发藻③有隽声④。嘉靖丁酉举于乡。辛丑成进士。

甲辰除刑部主事，历郎署八年，方严有执……徐文贞公贤之，拟内补公，而公固辞。庚戌出守安庆，以忧归。癸丑改汝宁……

乙卯晋湖广副使，部署常镇兵事，以备倭。常镇有兵备，自公始。公至，立海防条议。躬擐甲胄，出入清江柏林间，歼岛夷二百余级。再以忧归。起改陕西副使，部署廊延兵事，茸险阨，广屯种，居三年，虏不敢近塞。

辛酉晋参政，明年晋按察使。秦邸人多恣，唯为奸利。公语长史："吾奉三尺，治此辈，奚难？难者法及王耳！"王闻，使使谢过。邸中人皆股弁⑤。

甲子晋河南右布政使，关中使民至遮道泣送，未几，简为都察院右

---

① 非常之原……天下晏如也：引自汉朝司马相如《难蜀父老》。意为：不寻常，本来就是常人感到奇怪诧异的。所以说不寻常的事刚开始，百姓害怕它，而等到它获得成功，天下就安然无恙了。
② 舞象：武舞。古代成童要学象舞。后指成童之年。
③ 发藻：显示文采。
④ 隽声：美誉。
⑤ 股弁：大腿发抖，形容极端恐惧。

佥都御史，巡抚宁夏，上《秋防六事》，大筑塞垣，起花马池，跨于平虏城，金汤屹然。公戒诸将：毋畜家丁，示私务。均甘苦，以一众志。众皆感奋，思用命。虏寇清水营，遣大将吴鼎击走之。又招降卜儿丈三百余人。虏惮公，不敢窥西宁，则东觊榆林，公即提兵赴榆林援之。虏闻风宵遁。而忌者掩公功，不录。公亦绝口，不自明也。在宁夏，先后斩首虏二百五十余级。缮边城三万七千二百余丈。又乘暇引河水灌田，以便民。构揆①文书院，以造士，俊乂彬彬起焉。

丁卯秩满，晋右副都御史，巡抚如故。冬，晋兵部右侍郎，总督陕西三边，首上强兵弱虏十事及延宁利病八事，诏如议。行不期月，旌旗壁垒，皆改色。虏阑入塞，三公遣大将赵岢、董一奎、雷龙先后击走之。又遣龙等出大边二百里，捣其巢。公心度虏且复入，遣帅白允中伏兵，靖虏卫击破之。虏嘆嗟曰："太师，天神也！"自是相戒，不敢轻生事。而桑园贼聚众钞掠秦晋间，公调兵剿平之，两河以宁。在陕西先后斩首虏七百二十级，缮边垣六百余里，筑治城堡亭墩二千一百有奇。功视宁夏倍多。庄皇帝嘉公功，晋都察院右都御史，兼侍郎，总督如故。

庚午特诏公更督宣大、山西。疏陈六事，备内郡，杜纷议，其最要，云：当是时，虏酋十数，而俺答最为雄桀。我叛人赵全等亡入其部中，目占古丰州地，聚众近数万人，屋居田作号，曰：坂升。岁导虏入寇边境，骚然中国，悬上赏购之，不能得也。全等日重用事，而虏日鸷，且易公新至，率众寇五堡尝之。公督兵血战，伏流矢中其渠酋，虏败走。是秋，公驻怀来，而谍者言土蛮且寇蓟，诏趣公入关。公曰："车虏非纠西虏不深入，今西侦虏无东意，奈何先自扰乎？"已而，虏果散去。公还，次左卫，而把汉那吉者俺酋爱孙也，以内却挟其妻，叩关请降。公喜，曰："虏入，吾彀矣！"乃受其降，飞疏闻上。朝议纷然，谓不宜轻受开衅。端公奏言，绝虏甚易，然策其不可绝有三：虏爱孙投我，殆天峻，非人力。请厚抚而谨防之，毋令与虏通。虏来索，则要以执全等为赎。策一，有如虏恃兵强索，则申严守备，而示斧柜于把汉以制其命。策二，又如弃把汉，不顾我，效汉人置属国居之，使异日与俺酋嗣子抗衡，自相敌。策三，疏入，诏许公便宜。而官把汉指挥使。俺酋果不胜忧恚②，用全等

---

① 构揆：即揆构，规划营造。
② 忧恚：忧愁愤恨。

谋，召诸部兵分道入索。公坚壁不战，伺虏懈，纵奇兵分左右翼击之，别伏兵邀其归路，一日七战，皆捷。虏酋兀慎者中创走。虏始夺气，知把汉未易以战索也。则遣使来款，曰："还我孙，誓不扰塞。"已又一使至，曰："还我孙，愿且保塞。"然殊无意执全等。公计，全等不得，则边患无已时。乃整军容，出把汉，示虏。而把汉者已拖金纡绯，意扬扬甚适。公指谓虏使曰："此机上肉也。天子曲赦其死，而又官之，尔酋虽老，悖独无人心乎？夫结怨中国重尔酋罪者，实繇全等，此辈与把汉孰亲？尔何爱焉？而不执以赎？"遂遣偏将军田世威偕虏使往谕之，具道公所以厚遇把汉状。俺酋感泣，曰："太师恩信如是，敢不唯命诚许！我款者愿执畔内附，世世称外藩。"公为请于朝。虏果缚全等九人，致塞下。公亦遣把汉归。既献俘，上大悦。诏晋公太子少保，兵部尚书兼副都，总督如故。于是始议封贡，而俺酋意独以其所部盟，公计他部未尽属，亦非完策。乃使使趣俺酋，令悉要诸部盟，然后奏。于是自老把都以下，永若邵卜哆啰土蛮诸酋皆传檄而定。

辛未公乃会奏条上封贡八事。廷臣初争言不可，其后或可，或否，独执政题公策，而奏于讲帷，议乃决。是夏敕封俺答为顺义王，各酋拜官有差，公亲诣弘赐堡宣布。

上德威，导诸夷罗拜，奉表称臣，虏始知汉天子尊。其贡马岁五百，有九市，马赢牛羊，以十万数，而马居强半。陕西贡附，宣大入市，亦准宣大。于是东抵渔阳，西尽酒泉、张掖，九边万余里，皆寝燧释兵，公之策也。礼成，天子祭告郊庙，御正朝百官上表称贺。诏晋公太子太保，尚书都御史如故，仍留公总督计善后事，而公乃设方略以操纵诸酋，如俺答欲迎佛，因教之杜杀端黄台吉欲败盟，因谍间其父子，使自相角，黄台吉失所部兵，内困欲降，阳抚之，终拒不纳，其沉深多智，类此，而诸酋亦凛凛守羁靮，亡敢奸约者。

壬申，今天子践阼，加公柱国。

癸酉，上念公久劳苦兵间，诏公入协理京营戎政，其在宣大，先后斩首虏四十六级，以款塞，故战功独尠，而缮边城至一千六百余里，招降几五千人，垦田二十余万亩，内治犁然举矣！

甲戌，三贡礼成。诏晋公少保太子太保，尚书如故。

乙亥秋，改刑部尚书。傅御史应祯言事，语侵故相江陵，诏拟罪。公曰："朝廷置言官罪不言，不罪敢言，吾法官知守法耳？"具疏请宥御史忤旨，切责御史竟论戍，于是江陵忌公异己。

丁丑夏，改兵部尚书。一品秩，且再满，而蓟帅戚继光贿结宫府，势倾中外，心独惮公，求江陵为解。江陵益不便公瞰言官，群构公去。上谓公有社稷功，慰留至再，而公疏三上不已，乃允公致仕，乘传归。

公身事三圣，游扬中外，几四十年。历官十有九任，其政绩或以刑名，或以吏治，而大者在边功。天子所以眷礼之极为隆异：诰封者五，封一品三代者二，玺书劳功者一，益俸者二，遣中官就第赐者二。荫子为锦衣世秩正千户者一，太学生者四。诸蟒绯银币之赉不可胜计。公归之五年，以国庆益月廪岁，隶又六年，而虏酋扯力克袭，其父黄台吉王封，至是虏封凡三世，每见中国使者来，辄问公起居如何。

上思公竭忠百事，诏有司存问。公时年未八十，盖特典也。公里居十二年，而薨讣闻。上震悼，辍一日视朝。诏赠公太保，谥襄毅，予祭九坛。遣中书舍人营兆域，仍荫一子，太学生，始终被眷之渥如此。

公丰颐伟干，仪观颙昂，望之若神明……隆万间，蒲有杨襄毅公与公先后为督府本兵，皆以安边制虏显迠其终也……公生平虽在戎马勷勤中，不废笔研①为文，词闳大庄②，严雅善诗，诗宗大历③。以前所著有《山堂诸稿》，及诸《奏议》若干卷，行于世。子二，长谦，丁丑进士，今为职方郎。孙六，长之桢为锦衣卫都指挥佥事，管卫事……赞曰：北狄为中国患久矣……自王襄毅公始……宣威布信，驯之股掌之间，卒使异类革心……公之始事固已难矣……余边人也，被服公休泽④，习知⑤公安边境、卫社稷之功，特为表而出之，以副太常。

皇上真如百官所言，不上朝，家屏担忧，长此以往，如何了得。几位阁臣商量该如何让皇上上朝、御讲、立储。

---

① 笔研：即笔砚。
② 大庄：指《达庄论》，是三国时期魏国思想家阮籍的哲学论著。
③ 大历：唐代宗大历年间十位诗人所代表的一个诗歌流派。
④ 休泽：恩惠。
⑤ 习知：熟知。

第四十五章　周弘禴斥怠政 皇上不理
　　　　　　雒于仁疏四箴 家屏申救

　　内阁诸位大臣先以申时行牵头上疏，说："国家之患有二，曰水旱，曰盗贼。近三四年间，山、陕、河南及真、顺等府，屡有旱灾；江、浙、直隶、苏松等处，屡有水灾……此臣等所大虑也。异时山西之矿贼、陕西之罗贼、江南之湖贼，皆以荒年乏食，啸聚出没……臣等才识无奇，不能销弥制驭焉，皇上纡宵旰之怀，无所逃罪。然愿皇上体仁爱谴告之心，务恐惧修省之实。朝讲临御以时，章奏逐日览裁。此感孚天意，维系人心之大端。臣等所惓惓愿望，而不容默者。"

　　疏入，皇上没什么反应。

　　四月廿六日，王锡爵又上疏，说："臣窃见，今年二月以来，皇上仅送潞王殿下，一出朝；行太庙时享，再出朝。其余常朝日期，尽行传免；经筵春讲，至今未开。臣等因是近侍，得以覼闻音旨，若外廷百司，耳目不接，谁能无疑？昼居却事，或曰不如向晦之安；酒醴祛疾，或曰不如勿药之喜；燕婉当御，或曰不如前凝、后丞之严；玩好充陈，或曰不如左图右史之乐。皇上苟欲明其不然，则莫如勤御朝讲，日亲外臣，使人人得以望下风而承休问，则天下幸甚。或以天暑静摄，则十二时中以六时宴息，三时游衍，一时定省慈闱，二时看阅章奏。使群下晓然，知意在尊生、不在厌事，在色养、不在佚乐也。则天下亦幸甚。又或以天工人代，不必事事身勤，则早定根本之计，升储出阁，发旨自中，然后委诸事于阁部，则天下亦幸甚。今留中诸疏，动至经时，册建吉期，杳无明示，阁臣兼旬累月，不承顾访，又何颜面立群臣之上哉！

　　"昔我皇祖世宗亦尝斋居西内，然手不操奇赢之算，躬不狎驰骋之劳，虑不忘稼穑之苦，所以能始终盛德保身、保民也。皇上即今动法世宗，何不试取

《宝训》《实录》观之，当时边庭警报、大吏升除与夫稽古考文、祈年忧旱等事，手批数下，口宣数及，不必亟见群臣，血脉通矣。穆庙在邸时，人情颇亦危疑，然宫闱无别子，管簟无私御，则不必更议册立，大本定矣。今皇长子伦序，久定，皇上三年前明旨已宣，付史馆播传天下，册立之举去年未行，犹曰年未及也，今年未行，犹曰潞王未之国也，过是皆无说矣。不早下九卿台谏之议，以顺臣民瞻戴之情，此臣之所以日夜无膺而出血也。

"如果不能事事躬亲，则应早定根本之计，升储出阁。今留中诸疏，动至经时，册建吉期，杳无明示，阁臣兼旬累月，不承顾访，又何颜面立群臣之上哉！"

疏入，皇上温旨报："闻。"

周弘禴在代州待了几年，被调回京都，因他任州官时监管雁门军中有功，颇受兵部青睐，兵部特将他调往南京兵部任武选司主事，这倒遂了夫人董少玉南归的心愿。

周弘禴因事回京，风风火火地来见家屏，家屏不在家。他将《代州志》初稿丢下，说是让家屏修改。还有一套《纲监会纂》，是王世贞捎给家屏的。放下东西，他就走了。家屏回家后，得知周弘禴近日又要到南京上任，便抽出时间到周弘禴府上与他会面。

周弘禴和董少玉见了家屏有说不完的话。周弘禴向家屏介绍了南京官场的情况，喜忧参半。

董少玉说："先生又有许多新作。他的弟弟王世懋不幸病故，给他的打击很大。他厌倦于官场，一心想致仕后办书院、做学问。"家屏已得知世懋去世，少玉提起，又是一阵哀叹。

周弘禴说："我在南京听说近几个月皇上不上朝，奏疏也懒得批，回京一看，果不其然。你们几位阁臣为何熟视无睹？"

家屏将申时行、王锡爵俱已上疏的情况告诉周弘禴，气得他跺着脚直骂昏君。他要上疏，将皇上敲醒。

周弘禴果然上疏，说："迩者，远近喧传，谓皇上奏之疏十留六七，以臣所睹记，似亦不诬。姑即南京言之，正月以来，兵部尚书等官，吴文华、陆光祖、姜宝等有疏矣；太常寺、国子监、礼科等衙门给事中等官朱维藩、赵用贤、赵参鲁等有疏矣；旷月因循，迄无明旨。果已经上裁而不及批发乎？

抑未经裁定而有为通政司之所停阁①？文书房之所阻滞？调旨②辅臣之所规避乎……皇长子年已八龄，正出就外傅③之日，大小臣工不谋而合，接踵连疏，可以知人心矣。皇上竟未闻，发号正名，晓示天下，徒使无知之人据私意而揣摩、乞采。举朝舆论，一应章疏，俱赐省发，册立大事，尤宜独断，则国本定而言路通，万世之治安可保矣。

疏入，如石沉大海，不报。

皇上不上朝，殿试也不能像以往那般进行。内阁和翰林院官员对各处岁贡生员考取上等、中等卷取之。

王锡爵之子、国子监生王衡于万历十六年（1588年）参加北直隶乡试，得第一，复试也是第一。王锡爵家里门庭若市，有许多官员前来祝贺，王锡爵设宴招待众人。浚初和湛初不离王衡左右，忙得不亦乐乎。

家屏作《贺王荆石相公令嗣发解》：

> 懿惟令嗣世兄，圭璋粹质，黼藻雄文。凤呈吐凤之奇，久擅雕龙之誉。顷游国学，遂首京闱。榜朝出，而名夕播于四方；录一传，而纸增价于数倍。捷音遽听，惊如贯耳之霆；病目盱衡，喜得开颜之日。呼室人而相告，欢腾子弟，亲若共于一堂；美国士其无双，才屈英髦，避舄止于三舍。
>
> 是惟天祚明德，衍其裕后之祥；以故世济巍科，标厥象贤之美。是父是子，鸣初和于在阴；尔公尔侯，巢仁依于阿阁。不胜庆忭，肃布贺私。礼诎情长，形留神往。

王衡发解，惹人非议，有人拿王锡爵比张居正，认为他有利用职权为儿子谋私之嫌。更有皇亲国戚对内阁和翰林院官员联合复试不满，密奏皇上。也有官员反映郑贵妃父郑承宪家子弟在乡试中作弊。皇上传谕对王衡和郑家子弟一起再行复试。王衡有真才实学，不怕考，但他受不了这番侮辱，他宁愿弃功名于不顾，也不和郑家子弟同堂复试。王衡发誓，父亲只要在朝为官，他就不再应试，也不为官。

---

① 停阁：也作"停搁"，犹搁置。
② 调旨：矫旨。
③ 出就外傅：指离家就学于师。

那一年，进士名额预定三百五十名，实取三百四十七名。一甲赐进士第一名是焦竑，二甲赐进士出身第一名是董其昌。

延绥是九边重镇之一，郜光先病逝后，内阁和吏部、兵部合计以贾仁元为都察院右佥都御史巡抚延绥。邵陛升为左佥都御史，协理院事。

夏至将要到来，家屏和许国提请皇上祭五岳。皇上口谕：遣公徐文璧，侯吴继爵、李言恭，大学士许国、王家屏分献五岳等神。

家屏要去祭祀北岳，他身体不太好，带着浚初、王衡和湛初上路。一入山西，萧大亨闻讯前来迎接。郑雒调入京都后，这边由萧大亨接管。他坐入家屏车中，边走边谈边防事宜。谈罢聚落、许堡、浑源、蔚州，又谈阳和、天城……

浚初、王衡、湛初三人一路讲地理、谈天文，也议论朝中发生的大繁小事。浚初将胡来贡和沈鲤为确定北岳祭祀地进行的论辩说给王衡听。王衡对悬空寺三教合一的理念更感兴趣。

他们三人是皇上近臣子弟、国子监生，尽管夹着尾巴做人，却还是动不动就惹人非议，几人免不了发些牢骚。

家屏一直在琢磨怎样才能让皇上不为酒色财气所误。王衡和浚初认为朝中的大学士、讲官对皇上的教育是失败的。湛初对孔孟之道更是不屑。

浚初以前和诸友人曾依《登恒山》诗韵写过一首诗：

> 巍巍直与太清齐，翻觉星河影渐低。
> 呼吸应知通帝座，登临总不藉仙梯。
> 任从天险穿云度，岂是冬巡为雪迷。
> 最喜山灵却封禅，何须玉检嵌金泥。

浚初又写《登恒山和邵邦韵》一首：

> 嶔崟玄岳万山宗，缥缈天门箭筈通。
> 谁遣五丁开圣迹，只教太乙显神功。
> 灵岩嘘气龙泉水，空谷传声虎口风。
> 泰华嵩衡堪并峙，不须括地较雌雄。

湛初作《游悬空寺》一首：

谁凿高山石，凌虚构梵宫。
蜃楼疑海上，鸟道没云中。
莫讶星枢近，应知帝座通。
恒河沙作观，大地总成空。

萧大亨陪家屏一行在恒山神庙住了一晚。第二日，依礼祭祀北岳。祭礼毕，家屏和萧大亨先到云中。他让浚初、王衡、湛初回山阴走一遭，先到县城，把他筹备建县儒学号舍的后续银两交与张县令和月川，再代他到南洲山庄看望一下患病的王宪成，他今年已七十二岁。

家屏惦记着朝中大事，在云中休整三日，等浚初几位回来后便启程回京。路经阳和，家屏见了王世扬，参观了那里的演兵场。家屏对重修演兵场予以表彰。薛纶得知消息后，盛情接待了家屏一行。薛纶在陕西任职时曾被郜光先倚重，又和王鼎爵交往甚密，席间喝了些酒，不免为他二人早逝而感叹。薛纶厌倦了官场生活，赞赏王衡放弃仕途的行为，鼓励他经商。家屏到宣府会见了在那里身兼要职的王象乾。家屏告诫萧大亨和王象乾，边事要多向郑雒和胡来贡请教。

家屏回京，见皇上仍不露面，不由懊恼。申时行以"阁臣王家屏自蒙召用尚未面恩"为由，促皇上视朝。皇上口谕："待秋凉。"诸位大臣听了，只觉得心里发凉。后来，"待秋凉"成了官场懒政、堕政、怠政的一种说辞。

南京那边，陆光祖出任吏部尚书，王世贞为刑部尚书，姜宝以年逾七旬乞休，加太子少保，致仕，调王弘诲继任礼部尚书。

皇上久不御朝，诸臣多有猜测，有的认为皇上在使性子，不用张鲸，遂废朝政。也有其他诸多说法，皆与酒色财气有关。

杨巍等大臣疏请皇上明示秋日视朝，以释诸臣之疑。赵世卿等亦具疏以请。俱报"闻"。

六月尽，皇上又传谕内阁，说："朕前者以疾暂辍朝讲，欲静摄服药，迨今将及九旬，头眩未止，心肝二经之火未降，近又中暑湿，腹泻身软，每致圣母忧顾，屡差人谕以用心静养，朕遵承慈命，急欲少痊，面谒圣母，庶可以尽子职而少纾慈念。又思孟秋时享在迩，力疾难行，今次暂遣官恭代。可传与遣官及陪祀官，务各禀虔洁。故谕。"

看样子，皇上"待秋凉"也将成为空话。

家屏上《请御朝讲发章疏》：

礼部尚书兼东阁大学士臣王家屏谨奏，为朝讲久辍，章疏稽留，敬效忠规，上干圣听，以隆政体，以慰群情事。

臣往年守制回籍，叩辞天颜，归伏苫庐者三载。叨蒙起召，再点朝行，朽质衰材，实惭称塞。所恃圣明在上，贤哲居前，或可勉循旧职，将顺休德，助宣下风。乃自入京以来，已逾三月，尚未获一瞻天表、一奉玉音，私心彷徨，良用悚仄。以臣庸鄙，双凫乘雁，来去飞集，何足有无！诚未敢倖一顾之恩为宠。独念堂陛之交，所恃以存其体貌者，惟有朝讲；军国之政，所恃以集其谋议者，惟有章疏。臣往年恭侍朝讲，窃睹皇上宵衣听政，日昃横经至勤也。乃今朝讲久辍而不御，皇仪阙于展究，圣学倦于缉熙，勤励殆有间焉。原其初偶以圣躬静摄暂时传免耳。后来因循之久，安如故常。册封遣官而免，郊庙奏祭而免，典礼为之并废矣。目今圣寿届期，捧表入贺者云集，万国之所瞩目也。尚可端居大内而不一出乎？一出而群疑之汹汹尽消，颂声且远播矣。臣往年参预枢机，窃记皇上暖阁咨询，郊坛宣谕至断也。乃今章疏频留而不下，内阁不得票拟，外庭无由禀承，省决殆少疏焉。原其初偶以圣意未协间一留览耳。后来停阁之多，寝以稽滞。事关黜陟刑赏而留，关民生国计而留，纲纪为之渐弛矣。目今皇储虚位，上书力请者鳞次，四海之所倾心也。尚可留疏禁中而不早定乎？一定而谗口之哓哓自息，国本且不摇矣。盖皇上之法象犹日月也，及万方仰照之辰，而宣其光照临弥远；皇上之命令犹风霆也，乘群情郁积之时，而施其声鼓动弥迅。

故臣愿皇上早御朝讲，无违祝圣之期；毕发封章，首下建储之议。诚冀举一时之旷典，快万方之睹闻。为圣德计，为国体计，非便臣一人瞻奉之私而已也。

臣不胜陨越待命之至。

疏入。皇上御朝，虽然只坐了一小会，也算是给了家屏面子。第二日，皇上令内监传谕，说："王阁老忠爱之心已有了……"

家屏上《传圣谕谢疏》：

谨奏，昨日该文书房官李文辅口传圣谕：王阁老忠爱之心已有了，昨升殿，头眩，坐不久。钦此！

臣不胜感激，不胜欣忭。

窃念，臣顷具疏，恭请皇上视朝，葵藿之心虽特专于向日，而犬马之诚实未足以动天。

　　伏蒙皇上圣寿之辰，已展升殿之礼；兹常朝之日，又举御门之仪。此固百僚庶采祈望之同情，非臣一人忠爱之私悃也。得蒙嘉纳，已彰圣度之能容；猥辱褒嘉，敢谓此心之既竭！

　　伏愿皇上慎起居之节，茂迓天庥；扩虚受之怀，益弘圣听。既于朝讲之请，略见诸施行；更于章疏之陈，数勤于省览。庶微臣忠爱之念，得以少伸；皇上采纳之恩，不为徒悦矣。

　　臣不胜感抃祈恳之至。

　　王锡爵女儿逝去、儿子遭诬、自己受诋、皇上不御朝，这些事让他心灰意冷。他引疾乞归，皇上温旨慰留。

　　常说水旱是国之大患。万历十七年（1589年），山西、陕西、河南春夏大旱，秋后连雨不断，导致黄河暴涨，有几处决堤，良田被淹，百姓丧生。

　　早在万历十六年（1588年），黄河大患，给事中梅国楼等举荐潘季驯官复右都御史，总督河道。

　　万历十七年（1589年）秋，潘季驯上报灾情："黄水暴涨，汹涌异常……冲入夏镇内，浸坏田庐溺死居民，其余或水与堤平，或堤没者尺许，势且不测。"

　　有科臣说："前此工程培之未高，筑之未坚，以招此患。"

　　皇上下旨："堤完未久，遽有冲决，显是修筑不坚，经管官各夺俸三月。"

　　这般处理，许多人不服。

　　家屏组织科臣认真阅读潘季驯报成、叙功两疏，之后，以张养蒙为代表上疏，说："近睹潘季驯两疏，诸臣劳绩了然在目。极称工程坚固，足保无虞……此其故，皆由于河臣不久任也。官不久任，不便有三：后先异见也；人已异谋也；功罪难执也……查万历五年有管河司道等官，都着久任，不许升转之旨……今右都御史潘季驯三任河漕，熟谙水道，陛下起用之意固欲责其新功，首宜久任，以重河务。其司道各官，并令一体久任。盖治河如治虏，边方总督有十年一镇者矣，兵备有佥事加至布政使者矣，河道之臣胡为不行久任哉……以后年年修筑，疏防皆河臣职守所当自尽，更不必琐琐叙录，致启幸途。"皇上从之。

　　潘季驯得以落实他"以河治河，以水攻沙"的理念，成绩显著。他主张综合治理黄河下游，筑堤束水，借水刷沙。他主持修筑的堤防，包括"束水归漕"的缕堤、缕堤外的遥堤以及二堤之间的横堤，三堤构成拦阻洪水的三道防线。

家屏写《答潘印川司空》一文，对潘季驯的工作给予肯定和支持。

> 承教修完沿河堤坝，遥堤之内有格堤，以遏其顺流；缕堤之内有月堤，以防其横决。心思精密，法制周详。自陂九泽以来，河工所未有也。乃襟带三省，逶迤二千余里，创新葺旧，尺度寸量，斯已勤矣。
> 兹复定为加帮之例，岁报之规，诚使典守得人，修筑如法，晏然故道，百世可循。正恐洪水易防，人心难淑。智者作法，愚者更焉。不能保其舍由如今日耳，即顷西垂中房，谈兵者如猬毛起，人人自谓方叔召虎也。而总督一缺求其代，便不可得，其于河务当亦然耳。岂不可慨也哉？敬复。

八月初，家屏收到薛纶差人送来的请柬，说他今年要过五十大寿，请家屏届时参加。家屏将请柬拿与李淑人看，说："亲家公这是在催我们尽早给孩子们完婚。"李淑人着手为沛初准备婚事。刚过了中秋节，家屏派沛初携贺生帖，前往薛府。

> 懿惟门下，储神光岳，毓瑞星虹。才兼经纬之猷，器擅栋梁之具。厥施未究，长揖以归。拥少室之琴书，恣东山之杖履。丰神绰约，迈姑射之仙人；游息逍遥，陋漆园之傲吏。祥开初度，序属中秋。金飙荐爽于兰阶，玉露含澄于桂馆。宾筵凤启，纷其祝千岁以称觞；台席方虚，未由睹五更之赐杖。敬托塞鸿之翼，聊申厦燕之枕。伏冀麾存，曷胜抃跃。

家屏另写一帖，表明态度，何日为儿女举办婚事，悉听亲家安排。

薛家乃大户人家，寿宴办得异常豪华。薛纶和徐夫人十分喜欢沛初，当着众位达官贵人的面宣布，春节时为二女儿、二女婿完婚。

十二月初二是家屏生日，于慎行诸友人提议他也办寿宴，大伙聚一聚。家屏过生日时，李维桢为之作《山阴王相公寿序》。

时近年底，皇上还是不肯上朝。

雒遵的儿子雒于仁已是大理寺评事，行容举止越来越像他的父亲，他也受众言官激励，上《酒色财气四箴疏》：

酒箴：耽彼曲蘖，昕夕不辍，心志内惛，威仪外缺。神禹疏仪，夏治兴隆。进药陛下，酿醨勿崇。

色箴：艳彼妖姬，寝兴在侧，启宠纳侮，争妍误国。成汤不迩，享有遐寿。进药陛下，内嬖勿厚。

财箴：竞彼锣镱，锱铢必尽，公帑称盈，私家悬磬。武散鹿台，八百归心；隋炀剥利，天命难湛。进药陛下，贷贿勿侵。

气箴：逞彼忿怒，恣睢任情，法尚操切，政庋公平。虞舜温恭，和以致祥；秦皇暴戾，群怨孔彰。进药陛下，旧怨勿藏。

皇上之恙，病在酒色财气也。夫纵酒则溃胃，好色则耗精，贪财则乱神，尚气则损肝。

以皇上八珍在御，宜思德将无醉也，何酿味是耽，日饮不足，继之长夜。甚则沉醉之后，持刀舞剑，举动不安。此其病在嗜酒者也。

以皇上妃嫔在侧，宜思戒之在色也。夫何幸十俊以开偏门，宠郑妃而册封偏加。即王妃有育皇家嗣之功，不得并封。甚则溺爱郑妃，而惟言是从。储位应建而未建。此其病在恋色者也。

以皇上富有四海，宜思慎乃俭德也。夫何取银动至几十万两，索潞绸动至几千四，略不知节。甚则拷索宦官，得银则喜，无银则怒而加杖。如张鲸以贿通而见用，给事中李沂之言为不诬。若使无贿，皇上何痛绝忠良，而优容谗佞。况沂之疮痏未平，而鲸凭钱神复入，虽皇上无以自解，何以信天下，而服沂之心耶！此其病在贪财者也。

以皇上不怒而威畏，宜思有忿速惩也。夫何今日杖宫女，明日杖宦官。彼诚有罪，置以法律，责之、逐之可也，不必杖之累百，而不计其数，竟使毙于杖下。此辈密迩圣躬，使其死不当罪，恐激他变。甚则宿怨藏怒于直臣，如范傍、姜应麟、孙如法，俾幽滞于林泉，拘禁于散局，抱屈而不伸。此其病在尚气也。

皇上诚嗜酒矣，何以禁臣下之宴会；皇上诚贪财矣，何以惩臣下之饕餮；皇上诚尚气矣，何以劝臣下之和衷。四者之病缠绕于心，系累其身，圣恙何时而可也？

家屏在内阁当值，接到雒于仁奏疏，奏疏必须经司礼太监之手转呈皇上。

谁都能料到，皇上看了这本奏疏，势必会重处雒于仁，说不定他会因此丢了性命。家屏随即上《申救大理寺评事雒于仁疏》：

> 谨奏，为辅理失职，上误圣明，致生妄议，自请罢斥，乞恩矜宥狂愚事。
>
> 臣惟人主置相，责使保乂王躬，辅养君德。职亲任重，非庶官之比也。人主出入起居之节，庶官所不及知者，相臣得先知之。人主耳目心志之娱，庶官所不敢谏者，相臣得豫谏之。是以，能止愆于未形，防欲于微眇，弼成主德于内，而宣召令名于外。夫然百司庶职其将顺之不遑，尚何妄议之有？妄议之兴，咎在相臣失职，不能导主于善，匡救之不力，而弥缝之谊疏也。
>
> 臣起田间，再参辅弼之末，已逾数月。窃见天时物候灾沴频仍，国计民生公私匮乏，私忧过虑，无日不惕然于怀。而值皇上端居大内，堂陛不交，款款之愚，无由自效，俯循职事，思引罪自劾久矣。顾犹谓圣躬静摄，方在调护之时，且诏旨叮咛，有非取安逸之谕，是以逡巡有待，未敢遽以为言也。
>
> 适接得大理寺左评事雒于仁一本，大要谓：圣体愆和，病在酒、色、财、气四者，列为四箴，以进。臣初讶其词语狂诞，指事虚诬，疑其误听訛言，妄生臆说，愚戆之罪良无所逃矣。而思之，于仁庶官也。于皇上之起居尚及知之，于皇上之愆违尚能谏之。臣职亲于庶官，任专于辅导，乃尚有所不知，不谏。夫不知，失职也；知之而不谏，失职也。安可独罪于仁哉？
>
> 使于仁之言诚误且妄，犹可诿也。倘其一事偶中，一言或投，以圣躬之康豫而真有阴阳之患，干伐其天和，以圣德之清明而真有云雾之翳，障蔽乎日月。为臣子者，何忍诿之不知而不谏乎？故臣于于仁之规，宁幸其误且妄也。无宁事皆中、言皆投也。误且妄也，罪止于于仁一人之祸耳？事怕中，言皆投，于仁蒙罪而言之，为宗社、生灵救无穷之祸，乃所以为忠也。
>
> 何者？甘言疾也，苦言药也。善养生者，不以无疾而弃攻砭之方；善养心者，不以无过而厌箴规之语。有药于此，食之，虽瞑眩而可以愈疾，人必颦蹙而强服之矣。于仁之四箴以规皇上，则为妄试之医以备养生，未必非延历之术也。此臣所以谓于仁为忠也。

若臣者从谀承意，缄默苟容，无能匡正宸枢，弥缝衮阙，上亏圣明之誉，而下陷庶官俾以愚戆蒙不测之威，此乃真所谓不忠之臣，不可一日在左右者也。

伏乞皇上罢臣归里，以示尸素之惩。矜宥于仁，以廓优容之度。庶臣工竞劝，圣德弥光。臣无任披沥冒恩之至。

疏入，官员们为雒于仁担忧，也为家屏担忧。

第四十六章　进皇宫 皇上召见四辅臣
　　　　　　出京城 王家丧失几条命

　　家屏因有申救雒于仁的奏疏呈上，在皇上未批示前窝在家中等待。

　　家屏和雒于仁疏非秘奏，负责誊抄的官员有意无意间将他俩上疏的内容传抄了出去，一时间成为朝野热议的话题。家屏将实情告与李淑人，安排李淑人带全家离开京城，以防不测。李淑人嘱家屏找申时行商量对策。家屏说："夫人所言极是。"

　　恰在此时，申时行派人送来一封书信，询问家屏究竟发生了什么事情，弄得满朝风雨。家屏还在气头上，修书一封，并将他那篇申救雒于仁的疏稿一起交来人呈送申时行。

　　　　不佞某不自循揣，妄言自陈，以冒天威，诒忧左右，愧负不浅。第一念忠赤，本欲借此以感动上心，为门下措手之地，今疏稿见在，可覆也。有一语可疑，一字可讶乎？而志意难明，欲益反损，某何足惜，二百年来内阁体貌某一人坏尽，岂不忍哉！惟门下一赐回旋，俾某得早一日出国门，即门下终始之大恩也。某不胜翘首，祝望之至。

　　申时行看了家屏的奏疏，也觉得问题严重，他和许国、王锡爵两位辅臣商量，内阁全体要和家屏站在一起，静观事态发展，全力申救雒于仁。

　　四天过去了，皇上那边没有什么动静。

　　薛纶在京城的商号得到消息，建议家屏将家人转移到他老家避避风头。家屏让浚初、湛初留京，李淑人和沛初带领其余人随薛纶到阳和暂居，春节后，按择好的日子给沛初和薛小姐完婚。

湛初媳妇怀有身孕,她父亲兵部主事孙训不愿让女儿过年时奔波,便把女儿接回娘家居住。

李淑人走后,院子里冷冷清清,家屏坐下来,又给申时行修书一封。

> 小疏上已四日,不下。干冒天威,不测此身,莫知所措。诘旦,先发妻子行矣。倘有不测,全仗台慈得保全首领,以归始终之恩也。衔结敢忘?

春节前两天,申时行派人给家屏送来消息,说春节那日要组织百官贺岁。皇上传出话来,欲约见四辅臣。万历十八年(1590年)正月初一,皇上在毓德宫西室,召申时行、许国、王锡爵、王家屏入见。

皇上说:"朕病了,疾已痼。"

看皇上气色很好,申时行说:"皇上春秋鼎盛,神气充盈,只要注意调养,不用药,自然也会好,不必过虑。"

皇上说:"朕去年以来心肝二经有火,时常发作,头目眩晕,胃隔胀满,最近调理得稍好些,又接到雒于仁奏本,肆口妄言,惹朕发怒,以致肝火复发,至今未愈。"

"皇上圣体,关系最重,无知小臣,狂妄轻率,皇上不必在意。"申时行挡在前面说。

皇上把雒于仁的奏本递给申时行,说:"先生你看这奏本,他说朕'酒色财气',给朕下了这么个评语。"

申时行展奏疏,没来得及回答。

皇上又说:"他说朕好酒,谁不饮酒?如果酒后持刀舞剑,这不是帝王应该有的举动,可是没有发生过这种事啊!又说朕好色,偏宠贵妃郑氏。朕只因郑氏勤劳,朕每到一宫,她必相随,朝夕间小心侍奉罢了。恭妃王氏,他有长子,朕让她调护照管,他们母子相依,所以不能朝夕侍奉朕,朕何尝有偏?他说朕贪财,受张鲸贿赂,所以用他。去年李沂也这样说。朕为天子,富有四海,天下之财,皆朕之财,朕若贪张鲸之财,何不抄没了他?又说朕尚气。古人云,少时戒之在色,壮时戒之在斗,斗即是气。朕岂不知?但是人谁能不生气?就如先生们也都有童仆家人,难道能不管教?如今内侍、宜人等或有触犯以及失误差使的,也曾杖责,也有病死的,如何说都是打死的?先生们拿出个重处意见来!"

"这个无知小臣，误听道路之言，轻率奏疏。"

皇上说："他还是出位沽名！"

家屏说："他既沽名，皇上若重处之，适成其名，反而有损皇上圣德。只有宽容不计较，才显示圣德之盛。"

申时行把奏疏还给皇上。

皇上沉吟答道："这也说的是。倒不是损了朕德，而是损了朕度。"

家屏说："圣上圣度如天地，还有什么不能容忍？"

皇上又取奏疏交给申时行，让他仔细看。

申时行稍阅大意。

皇上连连说："朕气他不过，必须公告重处！"

"此本原是轻信讹传，若票拟处分，传之四方，反以为实。臣等愚见，皇上宜照旧'留中'为妥。容臣等载之史书，传之万世，使万世都知道皇上是尧舜之君。"申时行代表众人对答，又把奏疏还给皇上。

皇上又问："如何设法处分他？"

"此本既不可发出，也没有别的办法处分，还望皇上宽恕。臣等传话给本寺堂官，使之去任，可也。"申时行将早已想好的办法说了出来。

皇上点了点头，脸色不像原先那般难看，说："各位先生都是朕的亲近之臣。朕有什么举动，先生们还知道些，哪有那些事啊？"

家屏说："九重宫深，事具秘密，臣等也不能详知，何况疏远小臣。"

皇上说："人臣事君，该知道理。如今没个尊卑上下，信口胡说。前些年御史党杰，也曾奚落我，我也容了，如今雒于仁又是这样，就是因为没有重处，所以才如此。"

家屏说："人臣进言，虽出忠爱，也要从容和婉。臣等经常是推断事体不得不言者，方敢陈奏，臣等怎敢不和皇上同心？如此小臣，臣等岂敢庇护？只是以圣德、圣体为重。"

皇上说："先生们还讲究尊卑上下，他一个小臣却这等放肆。近来只见议论纷纷，以正为邪，以邪为正。一本论的还未来得及看，又有一本辩的，使朕应接不暇。朕如今掌灯后看字，不甚分明，如何能一一遍览？这样也不成个朝纲！先生们为朕股肱，也要做个主张。"

皇上此话显然是说给家屏听的，家屏不言语。

申时行说："臣等才薄望轻。因鉴于前人覆辙，一应事体，上则禀报皇上独断，下则付诸外廷公论。所以不敢擅自主张。"

皇上说:"不然。朕就是心,先生们是股肱,心离开股肱,安能运动?朕既委任先生们,有何畏避?你们还要替朕主张,任劳任怨,不要推诿!"

众叩头谢,说:"皇上以腹心股肱优待臣等,臣等敢不尽心图报?'任劳任怨'四字,臣等牢记。"

家屏又问:"皇上近来吃药吗?"

皇上说:"每天吃两次药。"

"皇上须慎重拣选良药。"

"医书朕也常看,脉理朕都知道。"

"皇上宜以保养圣体为重,清心寡欲,戒怒平情,圣体自然会安康。"

"臣等好久不见圣上的面。今日幸蒙宣召,见了圣上,心里话怎敢不一一倾吐?近来上朝、讲筵,外廷每天都盼望。如今圣体需要静养,臣等也不敢频繁地烦劳起居。但一月之间,或三四次,或每隔一段时间临一次朝,也足以安慰群臣瞻仰之情。"

"朕病好了还不想出去?就如宗庙大典,也要亲自去。圣母生身大恩,也要时常过去看望。只是腰痛脚软,行走不便。"

"册立东宫,系宗社大计,望皇上早定。"

"朕知道。朕无嫡子,长幼自有定序。郑妃再三陈述情况,恐怕外间有怀疑,但长子身体还弱小,想等他壮健些,再打发出外才放心。"

家屏说:"皇长子年已九岁,现在进行教育正是时候。应该让皇长子出阁读书。"

皇上说:"人资性不同,有的生而知之,有的学而知之,有的困而知之,还有的生来自然聪明,怎能一一教训?"

家屏说:"资禀赋于天,学问成于人,虽有睿哲之资,没有不教而能成者,须及时像教,才能成德。"

皇上说:"朕已经知道了,先生们回阁去吧。"

皇上吩咐各赐酒饭。众人叩头谢恩。

四位辅臣出宫门数十步,皇上又命司礼监内臣追上来说:"且稍等一会。皇上已令人传唤皇长子来,让先生们见一见。"

众人又返回宫门内,等了好一阵。皇上又令内臣出来看望几位阁老。

内臣问:"听到要见皇子,心里高兴吗?"

"我们能见到睿容,就如睹景星庆云,真是高兴得没法形容。"

内臣入奏,皇上微微地点了点头。

过了一阵，皇上命司礼监二太监对四辅臣说："可唤张鲸来，先生们责训他。"

申时行说："张鲸乃左右近臣，皇上既已责训，何须臣等。"

司礼监二太监入奏。皇上复令传谕，说："此朕命，不可不遵。"过一阵，张鲸至，向上跪。

申时行传皇上旨意，说："尔受皇上厚恩，宜尽心图报，奉公守法。"张鲸自称以多言得罪。申时行说："臣事君犹子事父，子不可不孝，臣不可不忠。"张鲸三呼皇上万岁，乃退。

司礼太监入奏。皇上说："这才是不辱君命。"又过了好一阵，司礼监太监传话："皇长子到，皇三子也到。"但皇三子不能离乳娘，于是又引入西室，到御榻前。皇长子在榻右，皇上用手携着。皇三子在旁边站立，一乳娘在后面护着。

众大臣向皇上祝贺，说："皇长子龙姿凤目，相貌非凡。仰见皇上，齐天之福！"

皇上高兴地说："这是祖宗的德泽、圣母的恩庇，朕怎敢当？"

"皇长子渐长，正当读书上学。"

皇上说："已令内侍授书诵读了。"

"皇上正位东宫时年方九岁即已读书，皇长子读书已晚了。"

皇上说："朕五岁即能读书。"

皇上指着皇三子说："这孩子也五岁了，还离不开乳母，还多病。"

众人稍向前，端详皇长子。

家屏用手引皇长子，让他站正，注视良久，因奏道："皇上有此美玉，何不早加琢磨，使之成器？愿皇上早定大计，宗社幸甚！"

皇上没有正面回答。众乃叩头出。

四位阁臣全力营救，锥于仁免遭重典。

申时行走出宫门，长舒了一口气。

锡爵问家屏："刚才对南兄在廊下闭目吐纳，不知在想什么。"

家屏说："我想起'酒色财气四堵墙，人人都在里边藏'那句俗语，琢磨皇宫这四堵墙可真大呵！"

家屏问王锡爵，"荆石兄在想什么？"

锡爵说："我想起宋人卓田的《眼儿媚》：丈夫只手把吴钩，能断万人头。如何铁石打作心肺，却为花柔。尝观项籍并刘季，一怒世人愁。只因撞着虞姬戚氏，豪杰都休。"

家屏说："这个'只手把吴钩'，欲断'万人头'的'丈夫'厉害啊！"

王锡爵又说："救雒于仁易，救'万人头'难！皇上在和'四皓①'较劲。"

家屏说："痼疾难医，'四皓'难当。"

浚初和王衡已在宫门外等候多时，他们分别将家屏和锡爵接回家中过年。

家屏今年换了一位精干门卫。据说他父亲也是个读书人，只因近四十岁才得了他这个儿子，取名姗姗，乃姗姗来迟之意。姗姗与三三音同，不知道的人还以为他排行老三。

姗姗告诉家屏，有几位官人来访，已在客厅等候多时。家屏到客厅一看，原来是于慎行、陈于升、李维桢、周弘禴、刘虞夔几位。浚初安排厨下将御赐食盒里的酒肴热了，众位边吃边叙。大家为家屏能平安归来而欣喜。

家屏说："皇上分明将我申救雒于仁的奏疏置于几侧，却故意不提，看来皇上尚未释怀，所幸雒于仁得以保全性命。雒于仁要为皇上医治'酒色财气'，蔡桓公讳疾忌医，纵有扁鹊，也是枉然。"

李维桢、周弘禴更关心册立太子的事。

家屏说："今日皇上倒是让辅臣们见了皇长子，也提奏了册封和御教，但愿皇上能以社稷为重，不再虚与推诿。"

李维桢又问家屏："你们四辅臣有何妙招能让皇上不为'酒色财气'所误？"

于慎行说："首辅申先生也没少为此下功夫，上奏疏旁敲侧击，立箴言醍醐灌顶，皆于事无补，看来还须另辟蹊径。"

家屏说："'醍醐灌顶'一语，对我颇有启发。佛教的启蒙、说教方式，值得借鉴。"

刘虞夔和浚初、湛初几位热衷于讨论宋诗词。

旦日，家屏安排湛初去给李淑人报平安，叮嘱湛初帮李淑人把沛初的婚事办妥。

申时行对皇上召见自己很欣慰，对官员们说："闻宣召，急趋入，历禁门数重，乃至毓德宫。从来阁臣召见未有至此者。且天语谆复，圣容和晬，蔼然如家人父子，累朝以来所未有也。"

第二日，四阁臣乘兴联名上奏："昨蒙皇上召见臣等于毓德宫，天语春温，

---

① 四皓：双关语。其一，指汉时四皓；其二，指申时行等四位阁臣。

圣容开霁。皇上一言如镌金石，臣等一见如睹日星。宗社大计，须臾立决。臣等伏见皇长子年龄已茂，气体已充，正当就傅之时。乞皇上亟下明诏，以今春举行册立大典及出阁诸礼。又见皇子并侍膝前，未有章服，此皆立号未正，等威未隆。乞于皇长子册立之日，并皇三子一并册封。"

疏入。皇上说："昨已命卿等自见，外虽岐嶷，内本质弱，豫教已知，册立候旨行，不必再有烦扰，以间天性。"

四辅臣满以为问题得以解决，却不料皇上回了这么几句，责怪之意，显而易见。

没过两天，大理寺上疏报："评事雒于仁以病乞回籍。"

皇上口谕："雒于仁出位妄言，朕已姑容。今又托疾规避，令革职为民。"

就这样，雒于仁拂袖离京，回陕西老家去了。

陈于陛升为都察院左副都御史。正月孟春享太庙，皇上又遣徐文璧代行之。

朝野频传皇上怠政。皇上让内阁拟敕书，谕六部、都察院、科道等官，说：

> 朕惟国家选任贤能，布列在位，部院修政肃纪，为庶僚表仪；科道绳愆纠邪，为朝廷耳目。所委以分猷、共念安利国家者也。朕总揽乾纲，图惟化理，孜孜不怠。近因心肝之火，时触辄发，深居静摄，未即痊安，所以视朝稍稀，章奏间有停留，从容断决，若使朕躬复旧祖宗庙祀大典，岂不欲朝夕定省？惟一时偶疾，未能遂心，非朕偷勤而自偷逸也。至于左右近臣，不过承旨办事，朕皆独断。纵有一二徇私坏法，朕自有处治，岂敢为奸？近来诸司官员，多有不务本等职业，不畏祖宗法度，或轻信讹言，沽名卖直，诬讪君上；或妄生议论，扰乱国是，排挤端良；或窥采观望，煽惑人心；或邀结附和，颠倒公论。言路原无阻塞，动辄借口诏旨，方行禁革，公然违犯，彼奏此辩，甲是乙非，章奏满前，使朕不得遍览。如此纷乱，是何朝纲？辅臣为朕股肱，心非股肱，安能自运？朕已召见面谕，责以'任劳任怨'，为朕主张，无得推诿。尔等受朕委托，各有职司，事有当行，不得顾忌回避；言务可采，不得混淆烦渎。频年天变民穷，其过岂独在朕？尔等务要洗心涤虑，率职奉公，以副朕任人图治至意，如负朕命，国有宪章，钦哉，毋忽。

敕稿最初由申时行组织阁臣撰拟，进呈御览后，皇上亲自更定数语，如"一二徇私坏法，朕自有处治"，及"沽名卖直""扰乱国是"等，皆御笔添注。看了皇上添的这些注，大臣们又多了几分猜忌。

家屏还不甘心，他以礼部尚书的身份，鼓动礼部上奏，说："皇长子年已九龄，及并新岁，乞敕择日具仪，举行册立大典。并请出阁读书。"

皇上见了奏疏，不悦。

降旨："皇子体质尚弱，纷纷烦扰，意欲离间乎？仍候旨行！"

家屏又与申时行诸阁臣商议，上奏疏，说："豫教已有明旨，请皇上亲定出阁吉期。"

疏入，皇上不予理睬。留中。身为吏部尚书的杨巍干着急，使不上劲，以病乞休，皇上慰留，不允。正月里，皇上不隔时赐四辅臣上尊珍馔，但与辅臣之间的疙瘩却越拧越紧。

湛初赶到天城，将这边的情况告诉李淑人，她一直悬着的心才放下。

沛初的婚事由薛纶一手操办，既风光又体面。

薛纶虽有四个儿子，还是十分看好沛初，他喝了些酒，要沛初弃文经商，跟着他做生意，将来分一个摊点让他经管，强过将来走仕途之路与官场上的人为伍。

家屏的五儿子瀹初是林夫人所生，聪明伶俐，模样俊俏，自来薛府就和薛四小姐在一起或咏梅赏雪，或抚琴作画，真是两小无猜，大人们戏说他俩是天生的一对。薛纶有意将瀹初留下，将来让他做四女婿。

山阴那边传来消息，宪成年前病故，为等家璧回来，尚未打发；李淑人兄李月川病危。李淑人待不住了，遵照薛纶的意见，将沛初小两口和瀹初留下，领着其余老小回山阴。湛初回南洲山庄协助家璧等办理宪成丧事。李淑人将山阴城的院落收拾出来，供全家居住。

李月川此次病得不轻，已经有十来天水米不进，见了妹妹，强打精神说："二十四间学舍业已建好，家屏资助的钱，一厘一毫没有浪费，明细在此，你可交与他过目。"

李淑人见哥哥生命垂危，问他还有什么话。

李月川让妹妹转告家屏："有机会推举张县令到京都管财物过。他是位精打细算、不贪赃枉法的好官，现如今，找这种人，难。"

没过几天，月川在妹妹和外甥们的精心照料下，好了。

李淑人却因此熬倒了，赶上山阴城冬无雪、春无雨，发生灾疫，染上了流行病。家里的人一个传染一个，谁也没逃脱。林夫人平时体弱，这次一病不起。请来名医诊治，吃了几服药也不见好，反而加重。

林夫人临终前对李淑人说了几句话："我死后，姐姐将我暂时寄埋在山阴城外，待日后先生看下坟地再和众人迁一处……瀹初是我生的，自断奶后就由姐姐照管，我死了，也不要让他回来，我怕他也传染上，万一有个好歹，如何向先生交代……那孩子胆小，我走后，他有个差错，让他爹不要硬喊喝。"

李淑人问她对先生还有什么话要说。林夫人说："有句话，本不当我讲，姐姐问，我就讲了，不要让先生在朝里当官了，每天半夜三更起来上早朝，自个儿身体不好，日子长了，怎能受得了？他脾气又直，说不定哪一时、哪句话惹了皇上和同僚，家里人跟着担惊受怕，有什么好？哪有薛亲家那般自在？"

李淑人含泪应允。

湛初在南洲山庄办完宪成的丧事，回山阴城和李淑人一起办林夫人的丧事。

家田赶到，他说家屏曾和三叔在距河阳堡不远处看下一处坟地，只因朝廷催得紧，让回京，所以不曾购下。现如今，不妨花些银两将那片土地买下，把林夫人安葬在主墓穴位之侧。李淑人听家田所言，将那片正对佛宿山的荒地购下，把林夫人安葬了。

办完林夫人的丧事，李淑人和湛初携全家回京。家屏得知亲人去世，极其悲痛，为宪成写墓志铭，为林夫人做牌位供奉。

湛初回京后，将小两口的房间收拾好，正准备去接媳妇，孙府派人急慌忙跑来禀报，说："小姐今早突然腹绞痛，老爷请太医院医官到家中诊治，喝了独参汤，针了十三穴，该用的方法都用上了，也无济于事，几次昏死过去，老爷唤姑爷速去。"

湛初和李淑人急忙赶到孙府，人已经没了。太医告诉李淑人，他们来时，望诊发现孙氏眼睑、口唇、指甲盖皆苍白无血色，问家人得知她怀孕近三月，认为她是孕子异常，导致内血崩，其病来势凶猛，医官等回天无术，只能尽人事，听天命。

孙训夫人等女眷早已哭成一团。李淑人定下神来，含泪给儿媳整好衣冠，让湛初抱至车上，一路扶持着，运回家中打发。家中遭逢这样的事情，家屏也由不得分心。李淑人反倒说："朝里再小的事也是大事，家里再大的事也是小事。"让家屏为朝里的事多操心。

郑雒协理京营，升兵部尚书后又总督仓场。杨博之子杨俊民以户部尚书充经筵侍班官。家屏向他推荐了山阴张知县，杨俊民说："户部正在物色这样的人才。"

祭孔是礼部分管的事，家屏报请皇上"遣礼部尚书于慎行行礼"。家屏又推举礼科都给事中苗朝阳升任太仆寺少卿。

皇上还是一如既往下旨："免日讲、经筵。"申时行无奈。家屏建议，将撰好的讲章进上，以备省览。申时行也只能这样，皇上从之。

另有一事，引起朝野热议，吏部报奏本部验封司员外郎邹元标等铨补①，皇上长期无故留中。

上次因申救雒于仁，皇上恼了家屏。这次王锡爵抢在头里上疏，说："臣见近日以来外廷纷然，或露章显诤，或屏立私语，不是说'册立、豫教之旨何故不行'，就是说'邹元标、姜应麟等推用之，何故不下'。臣愚，谓册立之典虽未举行，然皇上自有长幼之说，臣等不必争岁月之早晚。惟豫教一事，则不论皇长子、皇次子，年至九龄俱当出阁。臣等今年为皇长子请，亦将待后年为皇次子请，乞皇上明示吉期，安四海臣民之仰。"

又说："邹元标诸臣，或追录在前、理无追废，或惩艾已久、法得叙迁，又或有言虽无当。而其人无他过，意在纳忠者，乞皇上并赐包容。"

疏入，留中。

杨巍也为此事犯堵，多次乞休。皇上终于准杨巍致仕，且准驰驿而归，仍令有司岁给人夫，月给俸米。

兵部阅视延、宁、甘、固四镇边务的官员回京，充分肯定了总督郜光先的功绩，家屏等根据朝廷惯例，票拟"荫一子，入国子监读书"。皇上从之。又补陕西右布政兼佥事邢玠于山西阳和兵备。阅视宣大、山西以贡市为主要内容。事竣，分别赏前后任督抚诸臣郑雒、萧大亨等银币若干。

四辅臣再次上疏，请皇上御朝讲。不报。南京刑部尚书王世贞乞休的奏疏再次报至内阁。家屏与申时行等商议，票拟许之，皇上从之。

杨巍致仕后，宋纁任吏部尚书，石星任户部尚书。万历十八年（1590年）四月，任养心升为右佥都御史，巡抚江西。皇上降旨，让任养心督办瓷器若干。任养心上疏备陈地方灾困。疏入，不报。

---

① 铨补：选补官职。

家屏于无奈中给任养心修书一封：

江西吏民，苦烧磁之役，灼肌煅骨，未喻其痛楚也。累年解进，器皿堆积，午楼上甚多，岂真乏用？无如阉宦辈，借此以为利，何耳？大疏备陈，地方灾困。恤民之念，恻然可鞠，乃九重之上，知有左右之言可听，何知有抚按之言、小民之苦哉？门下方引陶匏之俭，规切圣德。嗟乎，是何异挽江河而行之山也。此不佞所以日夜惟乞骸是计，外愤内愧深矣！言之气短。

第四十七章　家屏自陈乞罢
　　　　　时行奏议大略

　　申时行等因灾异陈言，请皇上亟举三事：一、勤视朝，以修圣政；二、教元子，以重国本；三、恤刑狱，以召和气。

　　"臣等先于正月有册立元子之请，册立未许，乃请豫教。又于三月有朝讲之请，日讲未御，专望视朝。今皆未蒙裁答，未见举行。然欲慰人心，仰承天意，莫切于此。至于人命最重，狱情难知，若用法不平，多有冤抑，其冤气菀结，亦足以上干天和……"

　　家屏上《庚寅自劾请罢疏》：

　　谨奏，为起用逾年，尸素无补，自劾请罢，以避贤路事。

　　臣闻之，《书》曰："无旷庶官，天工人其代之。"言人君代天理物，宜分任庶官，不可使一官或旷一官，旷则一事废矣。一事之官且不可旷，况陪辅弼之任者哉。

　　臣起田间，再从同官三臣后，参预大政一年，于此居官甚宠，受禄甚厚，所叨大官供饩，上方赉赐甚丰。乃程功计能曾不得比一官之职。臣藏其拙，而使三臣独任其劳，臣诚不胜惶汗愧悚。夫署衔伴食，无所事事，古之为亚相者多有之。顾在清静宁一之时，则可非所以语于国事艰危之日也。有器于此三人，举之而以不胜为患，益一人焉。力不加多则益者惭矣。天下事岂但一器之任已哉！

　　昔人有言：宰相上佐天子，理阴阳顺四时；下育万物之宜，外抚四夷，内附百姓，使卿大夫各得其职，其任之重未易举也。如此，今时则更难矣！天鸣、地震、星陨、风霾、川竭、湖涸之变迭见于西方；水旱、虫螟、凶荒之患,天昏札瘥,疠疫之殃,交丛于累岁。天时物候乖沴,如此则调燮之难,套虏蜂屯于陕,土蛮猖獗于辽,贡市诸夷复虎啖狼贪于宣、大,虚内以事外,内已虚矣,而外患未休。竭民以供军,民已穷矣,而军饷积缺。此边腹并溃之势,兵农俱困之时也。民生国计匮乏,如此则均节之难,至若奉公忧国之臣,尽忠竭节之吏,师师济济,布满中外。如臣之庸劣不胜任者,诚鲜其人。然而议论纷纭,罕持大体,簿书详致,秪饰弥文。纲维废弛,而玩愒之风已成;名实浑淆,而侥幸之途渐启。士风吏治惰窳,如此则董正之难,以至重之任当至难之时,使三臣蒿目而忧刻心而画。而臣智不能赞一筹,力不能效一臂,则安用臣为哉?将今臣具员侍从,备顾问之末行而已。亦必皇上假清燕之间,临御外庭,延见便殿,臣虽不敏,犹可以随执经荷橐之班,陈伏蒲造膝之诲。乃今皇上深居静摄,朝讲稀临。计臣一岁间仅仅于去年八月一奉朝参、今年元旦一奉召对而已。自余月日求一瞻衮冕之容不可得,间尝一进瞽言,略蒙慰谕,竟与诸司章疏事关规谏者并寝不行,臣自是遂不敢复有尘渎,盖臣窃自量德望学术孰与三臣?以三臣佐政,久受知深,犹且抱忠而不得施,告猷而不见纳,如臣之鄙,乃欲以犬马之诚动天,蚍蜉之力撼岳,计终不能感格高厚,回旋分毫,此臣所以上负恩慈,中惭同列,而下腼颜于庶官百执事者也。

目今骄阳烁石,飞尘蔽空,小民走望不宁,号呼愁痛之声,殷天震地。而独未彻九阍之内,上轸皇情,恭忆曩年,斋居修省之诚;郊坛步祷之典。敬天一念,昔何以虔,今何以懈乎?臣即不能与巫尪并暴,导上钦畏之忱,而尚贪官爵之荣,优游逸豫。《诗》曰:"天之方蹶,无然泄泄。"此岂臣泄泄时也?臣用是自列罪状,冒渎宸严,冀赐罢归,以避贤路。庶少逭旷官之愧,免于误国之诛。

臣无任战栗,待命之至。

上了第一疏,皇上不批,家屏又上第二疏:

谨奏,为再沥悃诚,自陈乞罢,以彰圣听,以弭天灾事。

臣项自劾请罢。伏奉圣旨:"灾异频仍,朕深加警省,卿为辅臣,忠慎素著。正当赞襄实政,岂得引咎乞休!宜照旧辅理,不允辞。吏部知道。钦此!"臣感激天恩,宽臣罪谴,仍赐慰留,岂不知被濯此心,勉图策励？顾臣所以引罪乞休者，非为臣一身去就计也。臣不肖之身，若九牛一毛，去就何足轻重。臣所虑者，在圣躬，在宗社，而前疏所陈，止据时事艰危著臣失职之罪而已，乃臣夙夜忧惧有不能顷刻安其位者尚未敢尽言也。

夫人臣事君，如子事父母。父母有疾，为子者谨视汤药必瘳乃已。此至情也。自臣至京一岁，皇上静摄之旨屡形，传谕曰"眩晕动火"，曰"饮食少思"，曰"眼目障涩"。如此者，不止一次。臣子之心能自安乎？否也！幸而圣体康豫，而不能朝夕献替，导主德于缉熙，则不安。即或圣体愆和，而不能左右调护，导圣躬以节宣，则尤不安。此臣之夙夜忧惧者一也。皇长子膺主器之重，具冲睿之资，中外臣民系心已久。请册立未许，请豫教未许。国本莫定，群情危疑。此臣之夙夜忧惧者二也。禁庭深密之中，侍御仆从之事，喜怒过当，则圣性累其和平，苛责太严，则群小震于摧压。此臣之夙夜忧惧者三也。臣抱此忧惧之衷，兼遘灾危之会。揣循才力，既不能有济于时；积累精诚，又无由感通于上。此臣所以内愧尸素，不能顷刻自安者也。

皇上幸垂省臣言，上轸天变，下恤民艰，亟修朝讲之仪，早定储闱之议，自余宽政，次第施行。即行即褫臣官，是臣之说效也。臣有何辱？若徒留臣充位而已。臣犬马微诚不克究宣，仍复窃禄苟容以妨贤路，臣罪弥重，臣昧死再恳天恩，将臣罢归田里。庶可以消弭灾变，慰安人心。

臣无任战栗陨越之至。

再上第三疏：

谨题：臣顷再疏乞休，未蒙圣断，席藁待命，正切忪营。

今日伏闻圣驾出朝，爰自大小臣工，下至舆厮走卒，无不欢欣踊跃，望车马之尘而喜色，闻钟鼓之声而动容，乃臣偃蹇之踪，适在谴诃之域，梦徒惊于视夜，身竟阻于瞻天。未即违离，尚觉云霄之近；一经临照，顿回日月之光。帝德维新，不崇朝而誉宣四表；愚忠可采，即三黜而荣并九迁。

伏冀旷恩，俯从微恳。特罢归于田里，免诒玷于朝行。

臣无任欢感祈望之至。

三疏入，不报。

王锡爵也因灾异自陈。上疏，说：

> 臣之在事满五年矣，兹五年之内：朝讲一月疏一月，一年少一年；四方无岁不告灾；北朝南寇，在在生心；太仓藏钱廪米，枵然一空；而各边请饷、各省请赈，茫无措处；皇子册立大典尚未举行；即豫教急务，亦尚停阁。见今京师亢旱、风霾，人情汹汹。求其召灾之故，而不可得；则有妄传宫廷举动，归过皇上者。臣谊属股肱，职叨辅养主德之未光，则臣不肖之身实累之。伏惟皇上，察臣无状，首赐罢免。

得旨："灾异叠臻，朕方切兢惕，卿辅弼重臣，岂可引咎求去？宜即出佐理。不允辞。"

端阳节时，皇上令赐辅臣上尊珍馔。内官传出话来，说："皇上圣体偶尔违和，召太医院医官进宫内诊视。"申时行具疏恭候万安。家屏自陈三疏未发，申时行一再请，不报。王锡爵乞假调理，皇上许之，令："痊可即出。"

天大旱，皇上遣徐文璧等分别到南郊、北郊多处祭告风云雷雨诸神，祈祷雨泽。

李长春等日讲官上疏，请皇上临讲。报："闻。"皇上并未临讲。

王锡爵以疾再告。皇上命中使赐猪、羊、米、酒、甜酱瓜茄等物。锡爵具疏谢。

皇上难得视朝一次。却先由中使说："圣体初安，言外之意，不能久劳。"百官见皇上步履尚艰。

皇上谕："因各处灾伤勉出，仍令速议蠲赈以闻。"

申时行等上奏，说："窃闻旱灾甚广，自北直隶地方至河南、山东、江北夏麦俱已全枯，秋禾未能布种，但夏灾奏报列在五月间，然小民冀望圣恩，甚于饥渴，若不待奏报，先布德音，尤足以收拾人心，消弥祸乱，至于饥荒之际，盗贼易于窃发，亦宜通行申饬，以备不疏。"

皇上谕户部，说："朕念小民贫苦，今岁又罹旱灾，各该被灾地方，着抚臣上紧具奏，巡按御史勘实，前来查照，分数蠲免，其积有谷石去处，便从宜放赈重灾地方，还多方设处赈恤。"

皇上谕兵部，说："朕念各处灾伤，地方盗贼易起，所司往往避事偷安，不用心缉捕，甚则隐匿不言，玩寇养乱，各该抚按官严行稽查，务督率所属，申饬保甲，实练兵壮，潜消祸本，无得疏懈。"

新任户部尚书石星感到赈恤压力太大，说："太仓银数，今岁出数不下四百余万，库银仅四十余万，窖房银仅一百一十七万，今南直、浙江、湖广诸处见被灾疫，淮扬以北连河南、山东、北直隶、山西、陕西俱报旱荒，各省直亿万生灵之众，何所倚赖？各寺库数十万两之费，何所措办？"

未待石星说完，皇上令："各条议以闻"，便欲离去。

皇上御朝不见家屏，第二日，命文书官李相到内阁转告家屏，令到阁办事。申时行请发下家屏疏。不报。是日，家屏具谢，又呈《给假调理疏》：

> 谨奏，为感患宿疾，不能赴阁，乞恩给假调理事。
>
> 本日，该文书官李相口传圣旨："着内阁传与王阁老，便到阁办事。"
>
> 臣闻命自天，不胜感激。即当匍匐趋朝，勉供职事。缘臣具疏自陈，未蒙圣断，正在席藁之时。况昨日圣驾临朝，未获随班。尤切向隅之恨。加以忧思过度，惊悸伤心，郁火上炎，宿疴暴作，见今委顿床褥，羸惫不支。此殆臣福尽灾生之辰，命毕缘穷之日也。
>
> 谨此伏枕哀鸣，上干慈恻。将臣亟赐罢免，俾得生还，或暂赐假期，准容调治。
>
> 臣无任战栗控吁之至。

皇上许家屏请假调理，让中官送去猪羊酒米等物，家屏上《谢赐猪羊酒米疏》：

> 谨奏，为感谢天恩事。
>
> 该臣以患病乞假调理。伏蒙圣恩，钦遣御前牌子陈朝贵，赐臣鲜猪一口、羊一腔、甜酱瓜茄一坛、白米二石、酒十瓶，到臣私寓。臣谨扶掖焚香，望阙叩头，祗领讫。
>
> 窃念，臣本以茕疲残躯，浸淫滞疾，出山之日已狼狈，而不知升朝以来，觉尫赢之踰甚。会恒旸而不雨，莫分云汉之忧；心悼暑以如熏，卒遘阴阳之患。爰杜门而请告，正仰屋以呻吟。惊传中使之临，纷异尚方之惠。兼牢美粲侈充牣千庖厨，旨酒嘉蔬蔼芯芬于尊俎。俨威严其咫尺，无能正席而尝；苟视息于须臾，独有抚床以泣。精魂耿结，宁忘豢养之恩。骸骨乞还，早望生全之泽。

臣无任感激荷戴之至。

家屏又上《乞骸疏》：

谨奏：为滞疾难痊，乞恩放归田里，以延残喘事。

臣顷以患病给假。伏蒙圣恩，准臣调理，仍颁赐猪、羊、酒、米、瓜茄等物。臣感激洪慈，委身医药，固冀少收调摄之效，仰答生全之恩。此臣之至愿也。

乃今旬日以来，忧生之念愈危，而心火愈炽；攻疾之药愈力，而脾土愈伤。饮食下而即停，渐成关格；形神离而不属，是处顽麻。当盛夏，以犹寒，或通宵而少寐，不但臣自怜其困笃，非针石之可投；即医亦讶其沉绵，谓岁月之难保也。盖臣福量本浅，浅则满而易倾；病根已深，深则痼而难拔。及今休退，尚可望其生还。尚复迁延，将恐上辜恩造。况枢庭密勿之地，一日二日万几殷凑，官未可以暂虚；乃宵衣勤励之时，一朝再朝屡策不前，心曷安于偃卧？

伏望，皇上怜臣淹病，势已侵寻；察臣苦衷，词非推托。早准休致，容假息于丘樊；别简名贤，俾分猷于帷幄。庶辅相得人，而重可无充位之羞；微臣处已，而安获免妨贤之戮。

臣无任伏枕哀鸣控吁之至。

家屏乞休，皇上温旨眷留。家屏又上《温旨眷留谢疏》：

谨奏，为感奉恩纶，力疾陈谢并抒愚悃事。

该臣以患病在告，具疏乞骸。伏奉圣旨："卿方忧国献忠，正合尽心匡济，岂可引疾乞休！宜即出辅理，以副倚任，毋得再辞。吏部知道。钦此！"

臣窃自念，草土残人，久甘沦弃，谬蒙恩造，拔至周行，夙夜积思，誓捐縻此身，仰酬知遇，此臣之志也，亦臣之分也。乃升朝一岁，上之无以辅相德义抒致主之忠，下之无以裨赞猷为佐匡时之略。臣虚庸不任之状已见于此矣。会时亢旱引罪乞休，未即准从，旋婴疢疾，杜门奄逾一月，卧褥亦已经旬。偃仰私居，久旷阁直，臣羸惫不支之状又见于此矣。由前言之，失职当罢；由今言之，抱病更当罢。固未有未病而求去、已病而反留者也。况项皇上宵衣听政，御幄再临，而臣不获随仗下之班；手敕恤灾，德音四达，而臣不获预帷中之议。是皇上有转圜之度，而臣将顺之未周；皇上有求瘼之怀，而臣助宣之无序。臣愚戆浅陋之罪，又见于此矣。

　　皇上幸宽谴斥，复赐眷留，且嘉其忧国之诚，谓有献忠之志。勖之尽心匡济，效辅理之勤；戒其引疾再辞，副倚任之重。臣捧读神竦，感激涕零。自惟樗肿之材，曷胜褒饰？驽疲之力，久怯驱驰。情莫遂于乞骸，势必至于折足。此所以彷徨越趄，惧前愆之莫赎，忧后效之难期也。顾身轻命重，岂再四之敢辞；俾神愦形羸，非旦夕之可出。倘少宽于时日，或勉竭于支持。更愿皇上励精匪懈，受谏能容。扩一念之忧勤，慎其终务如其始；集众思之献替，用其身必行其言。

　　臣无任感激祈望之至。

家屏调理数日后，到阁办事。王世贞乞休后，任陆光祖为南京刑部尚书。

终于雨泽大霈，皇上遣官告谢南郊北郊、社稷山川等神，并将祭品赐辅臣。

陈于陛任工部右侍郎。邵陛为左副都御史，协理院事。

吴时来因病乞回乡，不久，卒。百官关注如何评价吴时来。

内阁给出以下评语："初以直节著称，抗权奸投荒万里，颇为士论所推许，及再起，人微有訾之者，然侃侃不愧大臣风节。"朝野无非议。

潘季驯上奏："增修泗洲石堤经用不足。"工部议，请将淮安府库贮停浚草湾银四百四十余两拨予。皇上许之。

郑雒几次以疾乞休。不允。

沈节甫在南京给家屏写了一封信，说他要效仿家屏"以去格主"。他现为南京光禄卿。

家屏回信《答沈镜湖光禄》：

　　再奉诲函，仰知雅志。直将高蹈远引，莫肯凤夜，此于洁身之义，得矣。如君国何然，士习方骛于奔竞，而台下抗恬退之节以明高；主上方耽于宴安，而台下设疢疾之端以示戒。所以风厉世教，劘切圣躬，意义深矣！远矣！非漫然求去者比也！诵之钦服，肃此谢教并申攀；挽之惊幸，抑遹思勉副眷留。

　　是祝！

家屏全家为湛初媳妇过百日，孙训携数名女眷前来参加，祭祀时，李淑人陪着众夫人又是一顿哭涕抹泪。

祭奠礼毕，孙训对家屏说："我与应山乃至交挚友，看着湛初长大，自湛初与我家小姐结亲后，我更是把他当儿子一般看待，无奈小姐命薄福浅，早早地去了。见今百日已过，看湛初萎靡不振，丢魂失魄的模样，我寻思还是早些为他续房为妥。"

家屏长叹一声，没有说什么。

孙训直来直去，问："李楠有心将女儿嫁与湛初，亲家以为如何？"

家屏说："以前曾有过戏言，不知他如今意下如何。"

孙训说："待我与他说知，若能成，我给他女儿做干爹。"

提起李楠，孙训说兵部阅视保定边防兵备各项皆优，兵部和吏部欲将李楠由保定太守推举为陕西兵备按察使。

家屏说："郜光先早逝，陕西兵备确需加强，李楠是个人才。"

两人又谈起虏王扯力克和三娘子引兵西去送达赖三世骨骸之事。

孙训说："虏王居心莫测，兵部已令沿路严密观察其行踪，尚未发现异常。"

家屏说："边事须谨防，不能掉以轻心。"

家屏和李淑人商量后，着手操办儿女婚事。

家屏给李楠修书一封《与李龙峰求亲》：

伏以河洲荇菜，式劳琴瑟之求；沼沚苹蘩，端赖筥筐之荐。宗祧是托，姻契初订。行柯斧于高门，敢云偶大；厕冠裳于末里，久拟亲仁。至藐一介之男，尚虚两髦之匹。

伏闻令爱，凤禀柔嘉。向不轻以许人，天特为之作合。遂令：鹡鸰弱息，谬孚鸣凤之占；鲂鲤珍鳞，竟协食鱼之愿。一言而诺，重何啻于千金；二姓克谐，好且通之百世。恩联肺腑，喜溢心颜。依依有耀之光，肃函书而布谢，耿耿未将之敬，端请命以陈仪。

李楠欣然同意，家屏又修书《谢李龙峰亲家》：

顷者不揣寒陋，仰附高华幸惠。温俞僭修薄聘：俪皮为币，惭无日壁之陈；百两以将，愧彼朱轮之迓。俟庭俟着，婚姻之礼粗成；有室有家，

第四十七章　家屏自陈乞罢　时行奏议大略

父母之心斯慰。是惟亲翁，敦修古谊。不以俗调，征求用是。小儿早叶良缘，得以宗祧付托。自远有耀敢，妄意符敬仲之占；故旧不遗庶，相与守周公之教。肃函芹献，驰布谢忱。伏冀鉴容，曷胜欣戴。

往来间又发现李楠五子李昌时和家屏二女儿青枝是"天生的一对，地造的一双"，便又说合他俩成婚，两家大人自然同意，家屏修书《与李龙峰亲家送奁》：

伏以良缘天启，贲缥壁以充庭；嘉礼时成，肃轮辕而就道。结缡禀训，合卺孚欢。伉俪之愿克谐，父母之心交慰。

仰惟亲家门下，仙源疏派，名阀于云。家声阐奕乎先猷，壸政嗣徽于内德。是钟哲胤，具挺英标。美曰眉之最良，缔朱陈其惟旧。河鲂靡择，介柯斧以行言；候雁可将，盛篚筐而委聘。畸零弱息，抚爱有甚于生男；婉娩柔姿，操作未娴于为妇。若釜锜，若箕箒，尚托严姑之福庇，教自初来；即礼乐，即诗书，尤需察父之义方，勖之远到。佳儿佳妇，知勤顾复之恩；宜子宜孙，伫迓骈蕃之祉。克昌厥后，发祥允赖于贻谋；式遄其归，遣嫁独惭于备物。箧笥楎椸充，入室之用以无加；蕰藻苹蘩修，见庙之仪而有恪。韩姞于焉燕誉，永绥乐土之禧；向平从此浮游，顿释情尘之累。其为感忏不尽。

安嘉善病故后，安家迁回代州居住，汲初现为廪生，他和安小姐也到了婚嫁年龄，李淑人主持为他俩完婚。

李淑人给干女儿秀云备了一份和青枝同样的嫁妆，秀云嫁给了李文进的长孙，他也是廪生。

时隔不久，陕西抚臣揭报，出现虏情边患。

早在嘉靖年间，俺答率部入青海征讨叛逃异姓王，胜利后留下一子丙兔及丙兔之子真相、火落赤等于青海。俺答在西宁建仰华寺，与三世达赖在寺内会晤，从此皈依佛门。仰华寺成了虏酋上层活动中心。

近年来，火落赤、真相曾多次扰边。

万历十六年（1588年），三世达赖死于赴鞑靼传教途中。十八年五月，扯力克向明朝廷申明，欲往西海镇抚起叛者，收其部落，并护送三世达赖喇嘛的骨灰至青海。兵部尚书郑雒允其假道甘肃至西海①。

扯力克一到西海，火落赤便怂恿他兴兵称霸河西、青海，说："河西五郡虽近，然城完厚，尤足固守。若留一套王卜失兔等于海底，以为声援，而潜渡精甲，直捣洮河，破其临巩，余皆不攻自下，五郡真吾东道主囊中物耳。"

其实，扯力克早有称雄番夷之意，欲以其实力要挟明廷，得利更多。火落赤得到扯力克应允，纠合真相等部入洮州。副总兵李联芳率三千人抵御，全军覆没。接着，大战河州、临洮、渭源等地。总兵官刘承嗣与游击孟孝臣等屡败，游击李芳战死，西陲大震。

内阁初议平定洮河之乱的大策。申时行汇总众人意见，上《虏情疏》。

疏中说："臣等蒙皇上股肱之托，不敢不尽心。于边事亦尝讲求、于虏情亦尝咨访，谨以大略为皇上陈之。今日虏情，与嘉靖年间不同。先年虏常侵犯各边，惟一意拒战而已。今虏方款贡，自宣大至甘肃，不用兵者已二十年。虽犬羊之性不齐，豺狼之欲无厌，然部落有大小，情态有顺逆，以此论主持款贡，大概不失矣。不可以一部之作歹，而废各部之羁縻；不可以一边之骚扰，而致九边之决裂；如其背约，则当致讨；如其输服，则不穷追。此今日制驭之大略也。今洮州失事……虏王头目禀帖，尚犹未至。果否背盟犯顺，尚未可知也。今日之计，惟责成督抚：一面晓谕虏王，使无助逆；一面革绝火落赤抚赏，密图剿处。而最急者在挑选精锐，措处兵粮。务伸中国之威，破黠夷之胆。联属番族，保固封疆。如其处置得宜，战守有效，则以功论。如其因循玩愒，虚文搪塞，则以误事罪之。"

边事紧急，皇上终于视了一次朝。是日，皇上召申时行、王家屏等几位阁臣到皇极门暖阁。

皇上拿出陕西巡抚赵可怀奏本，交给申时行，说："朕近览陕西总督梅友松等所奏，说虏王引兵过河，侵犯内地。这事情如何？"

申时行从基本情况说起。"近日洮州失事，杀将损军，臣等正切忧虑，伏蒙圣问，臣等敢以略节具陈：洮河边外都是番族，番族有两样，中茶纳马的是熟番，其余的是生番。先年虏骑不到，只是防备番贼，所以武备单虚，仓促不能堵遏。如今虏王过河，是被火落赤勾引，多为抢番，又恐中国救护，故声言内犯。然虏情狡诈，不可不防。"

皇上说："番人也是朕之赤子，番人地方都是祖宗开拓的封疆，督抚官奉

---

① 西海：青海湖别称。

有敕书，受朝廷委托，平日所干何事，既不能预先防范，到房酋过河才来奏报，可见边备废弛……皇祖时，各边失事督抚官都拿来重处，朝廷自有法度。"

"皇上责备督抚不能修举边务，仰见圣明英断，边臣亦当心服，如今正要责成他选将练兵，及时整理。"

皇上说："近时，督抚等官，平日把将官凌虐牵制，不得展布，有事却才用他；且如各边，但有功劳，督抚有升、有赏，认作己功；及失事，便推与将官，虚文搪塞。"

"各边文武将吏各有职掌，如总督、巡抚只是督率、调度，若临战阵，定用武官。自总兵以下有副总兵，有参将，游击守备，各分信地，如有失事，自当论罪。"

皇上说："古文臣如杜预①，身不跨鞍，射不穿札；诸葛亮，纶巾羽扇，都能将兵，立功何必定是武臣？"

"此两名臣古来绝少，人才难得，臣等即当传与兵部，转谕督抚诸臣，尽心经理，以纾皇上宵旰之忧。"

皇上说："将官必要谋勇兼全，曾经战阵方好。"

"将才难得，自款贡以来，边将经战者亦少。"

皇上说："重赏之下必有勇夫。只是不善用之，虽有关张②之勇，亦不济事。"

"近日科道建言，要推举将才。臣等曾语兵部，及早题覆，今九卿科道会同推举。"

皇上说："前日有御史荐两将官。"

"所荐将官一是王化熙，曾提督巡捕，臣等亲见亦是中才，只宜腹里总兵。一是尹秉衡，曾称良将，今老矣。"

皇上说："不论年老，赵充国岂非老将？只要有谋。"

"将在谋不在勇，圣见高明，非臣等所及。"

皇上又说："朕在九重之内，边事不能悉知。卿等为朕股肱，宜用心分理。如今边备废弛，不止陕西，或差有风力的，科道或九卿大臣前去，如军伍有该补足钱粮、有该设处，着一一整顿。《书》云：'事事有备无患。'须趁如今收拾，往后大坏，愈难。"

---

① 杜预：西晋时期著名的政治家、军事家和学者，是明朝之前唯一一个同时入选文庙和武庙之人。
② 关张：指三国时蜀国名将关羽和张飞。

"当初许虏款贡，原为内修守备，外示羁縻，只为人情偷安，日渐废弛，所以三年阅视，或差科臣，或差彼处巡按御史。"

皇上说："三年阅视是常差，如今要特差。"

"臣等在阁中议，要推大臣一员，前去经略，且重其事权，使各边声势联络，庶便行事，容臣等撰拟传帖，恭请圣裁。"

皇上说："还拟两人来。"

过一会，又说起款贡之事。皇上声称，款贡事成全是皇考圣断。"赖皇考神谟独断，许通款贡已二十年，各边保全生灵何止百万。"

皇上说："款贡亦不可久恃，宋事可鉴。我朝与宋事不同。宋时中国弱，夷狄强，原是敌国；今北虏称臣纳款，中国之体自尊，但不可因而忘备耳。虽是不同，然亦不可媚虏。虏心骄意大，岂有厌足？须自家修整武备，保守封疆。"

"今日边事，既未可轻于决战，又不可专于主抚，只是保守封疆，据险守隘，坚壁清野，使虏不得肆掠，乃是万全之策。皇上庙谟弘远，边臣庶有所持循。至于失事有大小，情事有轻重，若失事本小，而论罪过，罪则边臣观望退缩，虏酋反得挟以为重，又非所以激励人心，自今尤望皇上宽文法，核功罪。"

皇上说："如今失事，却也不轻。"

"圣恩从宽处分，容臣传示边臣，使感恩图报。"

皇上复问："次辅病安否？何如？"

"臣锡爵实病，屡求去，情非得已。"

皇上说："如今有事时，正宜竭忠赞襄，如何要去？"

"皇上注念锡爵是优厚辅臣，至意臣等亦知感激，但锡爵病势果系缠绵，臣等亲至其卧内，见其形体羸瘦，神思愁苦，亦不能强留。"

皇上说："着从容调理，痊可即出。"

申时行等唯唯，因叩头奏："臣等半月不睹天颜，今日视朝，仰知圣体万安，不胜忻慰。"

皇上说："朕尚头眩臂痛，步履不便。今日特为边事，出与卿等面议。"

"伏望皇上万分保重。"

皇上又说："闻山西五台一路多有矿贼，啸聚劫掠，地方官如何隐匿不报？"

"近闻河南嵩县等处聚有矿贼，巡抚官发兵驱逐，业已解散。"

皇上说："是山西地方——五台，因释氏故知之。"

皇上恐误听，又说："释氏是佛家，曾遣人进香耳。"

"地方既有盗贼啸聚，地方官隐匿不报，其罪不止疏玩而已，容臣等传示兵部，令查明具奏。"申时行等遂叩头出。

皇上谕兵部："西镇边备废弛，虏情狡诈，还用大臣一员前去经略。兵部便会同九卿科道官推举来看。"

又谕兵部："朕惟洮岷乃西镇要害，诸番为中国藩篱，祖宗开拓疆土，经画边备，具有成法。督抚官奉敕行事，须常时选择将领，整搠兵马，联属番夷。今虏众猖獗抢掠，番族侵逼内地，各官平时不能制驭，临时不能堵遏，职守何在？岂不惰误边事，大负委使？朕已宽其罪罚。姑令策励其各边，武备废弛亦与西镇相同，今须及时收拾，加意整顿，务要惩创凶逆，保守封疆。毋得狃于贡市，畏避怯懦，及虚文搪塞，因循怠玩。如有违误，宪典具存，必不轻宥。你部里传与各边督镇官知道。"

升姜璧为大理寺左少卿，王世扬为右少卿。

官员奏疏中有许多论及西事。兵科右给事中侯先春上疏，西事请"一意征剿，虏请和，勿许"。御史周孔教列西镇失事罪状，追论先任督臣郜光先，说他当年未剿虏，以致虏日渐猖獗。皇上也不明究竟，要处分郜光先。知郜光先已故，遂追夺郜光先诰命。

兵科左给事中胡汝宁提出各边有别，当依情况而定。"各边惟甘肃与辽东最为孤悬。在辽东则边长难守，乞敕抚臣条上方略。"

郝杰时任辽东巡抚，申明常行四事："选战兵、修城堡、严守保、练火器。"其他巡抚也分别提出各自的措施。

第四十八章　委郑雒重任
　　　　　　请皇上立储

　　几位阁臣认为经略西事须经九卿和所部会举，报皇上。

　　会举时，家屏提议郑雒经略陕西四镇及宣大、山西等处边务，洮河之乱由他全权处理。原因有三：其一，自王崇古之后，与鞑靼事务皆由他主持或出面处理，三娘子及顺义王乃至诸虏首对他尊之若神。其二，他任山西、宣大总督多年，对北方边备及将帅了如指掌。其三，他现为兵部尚书，当此大任，名正言顺。

　　皇上听取内阁主持会推的意见，"命兵部尚书郑雒兼都察院右都御史，经略陕西四镇，及宣大、山西等处边务"。

　　郑雒领命，挑选精锐，措处兵粮。家屏作《贺郑范溪司马》：

　　　　远塞荒陲，久淹台履。忠猷劳绩，笃契上心。协将相以交欢，合华夷而辑睦。威行异域，允惟折冲千里之才；功在本朝，复见舞羽两阶之世。皇情眷倚，即股肱未喻其推心；而疆事劻勷，乃启处积劳于鞍掌。肆膺内召，晋总中枢。统七校之师，上将实陪乎万乘；掌九伐之法，夏官特重于六卿。喜溢行间，欢腾辇下。某也，情同瞻藿，敢曰无以。公归时值弹冠，庶几复从仆御。肃端牛马之走，敬布燕雀之忱。伏冀鉴容，曷胜忭跃。

　　皇上敕令宣大督抚："扯酋市赏暂行停止，俟其悔悟方奏请报可。"

　　侯先春等荐辽东佥事万世德出任剿虏将领。万世德系隆庆五年（1571年）进士出身，山西偏关人，先始祖万杰曾随徐达在大同征战，以壮勇驰名，后以武官从南京迁来，世为军户，戍守在黄河边上万家寨。万家军能征善战，远近闻名。家屏力挺万世德。

遂命："兵部武库司主事梁云龙、辽东兵备佥事万世德随经略大臣行边，仍于宣大二镇各选家丁三百名随行，并发太仆寺马价银二万两军前支用。"

皇上不时向兵部询问洮河失事后，兵部做何防御，虏贼有何变化。让兵部马上差人传与郑雒，着三日一报，不许违误。

谕锡爵："近日西镇屡报虏情，卿辅弼重臣，岂可引疾求去？兹闻卿疾已愈，宜即出辅理，副朕眷倚至怀。"

申时行等请皇上御经筵日讲。皇上以圣体未安，暂免。

礼部右侍郎黄凤翔上疏，说："方今诸司四夷鳞集阙下，复值此虏酋内讧，羽檄交驰之会，而陛下频免朝讲……犹然耽溺宴安，臣窃耻之。愿陛下……屏游宴，御朝讲。与大僚庶官共图修攘。"

又说："今天下大计，惟用人、理财二端。宋臣有言：'平居有极言敢谏之臣，则临难有敌忾敢死之士。'吏部员外邹元标，直声劲节，业已受知陛下，顷铨司特拟召用，而圣意顿改，于前建言谪外……愿皇上将建言、得罪诸臣亟赐召用。"

皇上与阁臣八月在皇极门暖阁的召对由史官详细记录后，载于邸报，引发热议。

九月，山西道御史万国钦论申时行。

"申时行于前月召对时，皇上问虏酋侵犯，则委之为'抢番，无意内犯'。皇上切责督抚，则委之为'武臣之信地，文臣无与'。皇上意在选谋勇将材、曾经战阵者，则委之为'少有'。上称款贡乃皇考圣断，则乘机逢迎，欲入和说，则对'贡二十年，保全生灵何止百万'。及为皇上所屡折，其奸因以难掩。是皇上之意在战，公论亦在战，而申时行之意独不在战。皇上之意在绝和，公论亦在绝和，而申时行之意独不在绝和。"

又说："申时行受辽将王国勋等数千万金，无事则为之援引，有事则为之庇护。而兵部侍郎许从谦以三千金贿申时行，又为吴时来转托，乃有是转，兵部尚书王一鹗、总督梅友松、抚臣李廷仪俱申时行私人，互相党援，欺君误国。"

皇上不听他的，说："元辅忠诚清慎，朕所素知。近时召议边事，参酌机宜，甚合朕意。万国钦如何辄来淆乱国是，任意污蔑？念系言官，姑降一级，调外任。"

申时行上奏，说："近日……虏王助逆，洮河之役杀将损军，凡有人心孰不奋然思一大创以雪仇耻？即虏王市赏已奉旨停革，臣何尝主于不战？臣之愚计谓必使虏王归巢，诸边安静，乃可以专力制西虏。必使西事既定，边备大修，乃可以全力制大虏。今不分顺逆，不量彼己，必欲诸边一时尽罢贡市，而与之战。使虏势尽合，我力益分，东撑西支，乘危侥幸，未有如此而能得志者。"

又说："王一鹗久历边方，其任本兵，以廷推简用；梅友松臣未曾与识面，何得为臣私人？至谓臣贿嘱王国勋等，夫贿至千万，必有过送之迹，皇上试逮王国勋等，令多官廷鞫①，如臣有一毫沾染，臣即悬首挫尸，心亦甘之。乞皇上罢斥臣，以谢言者。"

皇上降旨："卿为首臣，竭忠谋国，持廉秉公，顷筹划边情，具有次第。既遣大臣经略，付以便宜，责其成功，不必又议，以滋烦扰。其他诬蔑浮言，原无影响，何足介意。朕方倾心信任，岂人言所能间？宜深体此意，亟出辅理，匡持国是，以慰朕怀。"

邢玠任大同巡抚。

又有给事中任让参了许国一本，说许国"耳聋、目昏、头摇、足蹇"，列出八事，劾其"不堪任辅弼"。皇上以任让"妄言轻诋"，令"罚俸半年"。

许国乞罢，说："所列八事，关臣名节，臣不容无言……"

王锡爵认真研究近期西事，上疏，说："臣观跳梁之虏，唯火酋一枝，显然逆天自弃，断乎不可收拾其他，或在阴阳顺逆之间，或在观望反侧之际。必庙堂之上气先定，谋先审。毋动摇于流议，毋怵惕于近忧。逆命之诛，先首恶、而后胁从；驰词之使，先约战，而后议抚。重悬赏罚，使将官之勇气先振，而后使文吏策其便宜，严督催诿，使诸边之血脉先通，而后使本兵课其功实。"

又说："方今诸边战士有几？习虏敢战之将有几？转饷诎于岁俭，发帑困于空虚。一旦诸酋瓦解，四面大征，我之拙形尽露，何以支撑？臣以为不如且寓战于谋，藏拙于巧。勿遽为张皇自扰之状。经略大臣既付以诸边重担，庙堂但当总大其纲。授以大指，其琐细节目当一切宽假，勿为遥制。"

皇上依议行。

申时行、许国各具乞休。皇上俱不允。

----

① 廷鞫：亦作"廷鞠"。在朝廷上审讯。

有人提出增设将官，以加强边防。

申时行上疏反对，说："洮河失事不在少将，而在少兵，若使军伍充实，训练精强，即使副参领之，自足以振肃边防，抗御虏酋。各边自辽东至甘肃，一镇设一总兵，此祖宗定制，未有一镇二总兵者，自总兵而下，又有副总兵加以协守，职衔则事权隆重，亦与总兵相等，今兵未及添，而但议添将，使两将各分境界，不相统属，事权既分，兵力愈寡，将焉用之？况总兵一设，则随军役使占用必多，衙门、钱粮、糜费愈广。"

皇上从之。

于慎行请皇上亲御郊庙。皇上下旨："庙享大典朕当躬亲对越，岂有推托？但朕宿疾未愈，今次已有旨，遣官暂代郊典，临期奏请，候旨行。"

万历十八年（1590年）十月，叶梦熊巡抚陕西。

许国再次乞休，于疏中请保圣躬、勤朝讲、定储贰三事。皇上下旨："览卿奏，具见忠爱。卿既欲报国自效，何乃又屡求去？所辞不允。"

申时行以病乞归。"臣之忧危，如镝攒心，如芒负背，盖已百倍于往时，人非金石，何能不病？如臣前疏所陈：齿痛妨食，耳脓妨听，痔瘘妨行，此左腿时常麻木，不能屈伸，时常痿软，不能举动。乃今旧患未平，新疴又作。左臂左腿时常麻木，不能屈伸；时常痿软，不能举动。见今延医调治，咸谓积忧所致。病根已深，若非亟为攻除，必将渐成瘫痪，尤须节劳省事，假以岁月，庶可望痊。今太医院官朱儒见视，臣疾可问而知也。内阁非养病之地，辅臣非窃禄之官。若偃蹇而卧家，必因循而误事。辗转思虑，晨夕不宁，忧深则病愈不支，病痼则忧愈不解。臣之衷情至可哀怜。望皇上察其恳诚，恕其烦渎，特准休致。"皇上慰留不允。

许国力疾①，请早定宗社大计。不报。

申时行力疾，申明："传闻南部主事蔡时鼎、南监司业刘应秋皆有论臣；又接南道御史章守诚揭帖，大抵以边事责臣，佐万国钦之说。论者之意以为不言和议不足激天下之愤；不言主和不足以甚臣之罪。不知款贡之议，实先帝主之，先任辅臣赞之。于时安得有臣？而欲甚其罪乎？臣以边事再次揭奏，具在御前，臣所议拟皇上采用，具见节次明旨，臣何尝专主和议？专言不战者乎？

"今九卿大臣皆明习国家事，乞皇上召集阙庭，质以臣言，使议其可否，上请圣裁，断而行之。庶国是始定，人言始息。"

---

① 力疾：勉强支撑病体。

皇上谕："卿社稷元臣，安危所倚。这边计既主张至当，何必疑虑。"

郑雒传疏来，说："臣于八月出京……沿途广询边备虏情，俱曰：'虏王东归，其庄卜等酋俱在巢穴未动'……至固原，会督臣梅友松，出三娘子一书，大都理穷认罪……火真二酋向哨在莽捏二川，今遁迹益深，复令熟番远为哨探，务得情形。

"臣同赞画、佥事万世德先至庄浪，再相事机，直抵甘州。候大同副总兵尤继先所部家丁至日，酌量分布。总督梅友松于兰固之间，往来调度。巡抚赵可怀驻扎洮河，相为犄角……伏望皇上少宽西顾，假臣日时，臣当与督抚诸臣戮力同心，共歼此虏。"

得旨："朝廷既假卿便宜一切，制虏方略务要随机措置，以保万全。"

家屏给郑雒修书一封《答郑范溪经略》：

边烽久戢，西事猝兴。远迩绎骚，上下震恐。赖台下以上公之重辍，从枢府出总戎，麾十乘启行，群情稍定，度关而北，倍道兼驰，先声所临，风霆共迅，弦鸣雁落，草动蛇惊，近塞诸酋，夺魄可想，台下区别顺逆，昭示恩威，青酋不绝，则扯酋之势益孤，保塞之夷获安，则离巢之夷自屈。此所谓携其党则渠恶靡援，披其枝则本根自拔也。即足未周六镇，而戡定规模、经营次第已确然。制胜掌握之间，折冲万里之外矣。庆幸何似，惟是洮河天末，霜露秋深，师行有程，起居保重。诸凡方略，揣情观变，自有圆机，捕影捉风，勿徇多口，来谕谓一腔赤血以报朝廷，此之忠诚，天日鉴临，鬼神诃护。不佞即至顽鄙，感激高谊，成败利钝，愿与共之。心有所知，必当倾布。

太子位久虚，都说是因为皇上受郑贵妃影响，欲废长，立她所生的皇三子为太子。郑贵妃的兄弟郑国泰上疏，欲为郑贵妃洗清疑议，官员们猜测这是皇上授意的。阁臣们将郑国泰的奏疏票拟后报皇上，皇上迟迟不发。

几位阁臣再次上疏恳请建储，以定人心。

疏中直陈：

向来道路讹传，皆谓皇贵妃独蒙眷注属意所生，京师百万军民颇倡后议。今郑国泰之疏已票而不行，则外间又生疑议。且以为皇贵妃姑令郑国泰塞责，皇上姑为皇贵妃解纷，何以杜军民之口、负四海之心……臣等窃谓祖宗一定之家法，决不可不遵；皇上已出之纶音，决不可不信；皇贵妃未白之心事，决不可不明。皇上何不早发德音，定以明春册立元子，敕礼部具仪，择日立决大计，尽释群疑，使臣等得关其忠。臣等之言尽于今日，臣等之去就决于今日，惟圣明鉴察。

内阁诸位明确表态：皇上若仍不册立太子，将集体辞朝。
疏入。皇上谕内阁：

朕览卿等所奏，固是，但皇子体脆质弱，再少俟时月，朕自有旨。其于长幼之序，岂有摇乱。内虽皇贵妃之尝赞言以定名分，以免疑议。朕前已面谕卿等知之。今卿等又来陈奏，朕岂不知？朕意必待朕自处，不喜于聒激耳。岂有谣言而惑朕哉？卿等可看两京大小文武，自十四年至于今日，有一年、一月、一日之不聒激者？盖此辈心怀无父，志欲求荣，不思君上之疾，但虑身之望。固于此时欲激君上之加疾，以遂己之心志。朕度此辈，意欲离间父子之天性，以成已买直图报之逆志耳。其安心甚远，其立意甚详，可见其沽名悖逆之甚。卿等可思，子乃朕子，岂有父子无亲之理？岂有越定序之理？朕又思，安有子不望于君父之旨而私结人心，以言激君父成者？孰理乎，孰否乎？而为臣者，以言激之，其为忠乎？其求荣乎！欲朕之疾剧乎！朕固于所陈奏一概留中，不发者，朕怪其聒激渎扰，归过于上，要直于身耳。非有别故，至于郑国泰之奏，朕欲留中，恐卿等不知，故与卿知之。又思我朝戚臣未敢有言于国政者，而国泰出位妄奏，甚非礼制，朕姑且容之耳。其建储之事，还候旨行。不必又有陈渎，徒费纸笔。卿等可安心赞襄，协龢共治，不可学此辈，以激言之事，虚文塞责。

申时行代表内阁又上疏，说：

臣等捧读圣谕，敢不钦遵传示？然文武诸臣之意，实亦无他，止为元子年及十龄，正宜豫教，又见京师军民传妄谣言，故欲皇上早定此举，以安人心耳。至于臣等尤股肱心膂之臣，窃谓此举一日不定，则流言一日不息。其意实望皇上早出自中之圣断，以杜后来之聒激。所以不请发外庭诸辄票郑国泰之旨者，盖以言出戚臣，则盛美，皆归之宫禁外庭，自无所要功，正见臣等不沽名誉，赤心忠爱之忱也。且如疏远之，臣可以言离间，国泰乃皇贵妃亲弟，岂有反离间自家之骨肉者乎？新进小臣可言图报求荣，而九卿大臣年皆已长，位皆已尊，更何所扳援求望于后日之荣乎？窃恐此谕一下，人情未必心服，而烦言愈起。皇上既厌外人聒激，莫若先令元子出阁读书，臣等可上为皇上释疑，而下亦可以职业自释。

疏入，不报。
王锡爵又上疏，说：

国家之事，人君事事可以独断，惟册立庆典，则前代皆以天子谦让，臣下固请，而后从兹皇上以故事谦让为言，则无不可。若谓必当自处，而外庭有请，即谓之无君无父，心怀悖逆，则汉文即位之元年，而群臣首以建储请，岂非不祥之甚？而文帝从之如响，其后享国最长。繇此观之，建储何妨于圣躬，抑何利于群臣之身家也。且圣谕又谓：子不望于君父之旨，而私结人心，以言激君父。夫元子年未十龄，便妨其私结人心，则自此日长月壮，群臣愈当避私结之嫌，永不敢再求册建，再议出阁，此岂君臣父子之间所宜有？臣等又安逃万世依阿误国之名哉？皇上即自谓心无摇乱，皇贵妃密有赞言，此暗室无影之事，臣等何凭晓谕外庭？亦岂有因此遂解疑息嚣之理？臣适又闻，外间喧传中宫有疾，嫌疑之间，甚而以小人极暧昧之心，窥皇上，臣窃痛之。伏望皇上念臣宿疾难支，报恩无地，准骸骨还乡。

疏入，留中。
于慎行等官员上疏，说：

圣人举事必顺人心，人心所同即天意所在。今元子册立之礼，自阁部台谏诸臣前后不啻数十上，今肺腑之臣郑国泰中有云：皇贵妃跪而诤之，至此而天听犹高臣等所未喻也。臣等惓惓愚忠，以为国本不可不豫，建储训不可不豫，端伦序已明，何若早立一日之为安？睿龄渐长，何若早教一年之为益？惟望皇上俯顺群言，早颁成旨。

得旨：

第四十八章 委郑雒重任 请皇上立储

建储之事屡有明旨，如何又来渎激奏扰？其立序已定，不知尔等大臣每每催激早立，但迟亦是立，早亦是立，不知早立何意？迟立何意？不知尔辈心为何使？虽皇贵妃跪泣谆立之言，可不言牝鸡晨鸣为家之索？这立储之事还候旨行，不必以烦言间离天性。

于慎行又上疏，说：

臣等待罪，礼官关系职掌，若及时不请，责有所归。至于长幼之分序已定，迟早之间似无容虑，臣等亟请举行，惟以早立则侍从可简，谕导可修，人心安，而烦言可息。所以体皇上爱子之心成教子之益也。惟是臣等才望轻微不能感动圣听，乞赐罢斥，以为失职之戒。

皇上给于慎行等下旨：

尔等既言长幼，久奉明旨以定，如何又屡屡催激，迨无虚日，至言尔等职典邦礼，其于要君疑上，淆乱国本，亦难逃责，姑各罚俸三月。

家屏上《请宣谕三辅臣揭》：

谨题：今早文书官李文辅发下首辅臣时行本，令臣拟票。臣昨与同官臣锡爵曾具揭请发主事蔡时鼎等论时行疏，至今未蒙明示，未敢擅拟。

独念臣猥以谫庸，参联内阁，向来阁务实赖三臣在前，臣时行总持其纲，臣国、臣锡爵分理其绪，臣是以得蒙成处佚，掩拙藏疏。项因时行与国称疾杜门，殆将两月，止有锡爵与臣在阁，重任并负，已觉不胜。而锡爵忽于昨日又复不入枢机要地，遗臣一人，发下本章无论事体，茫然莫知拟议。而顾瞻禁直，寂阒萧条，有臣若无，成何景象！据三臣所以不出，在时行与国，则因人言屡至，国是未明；在锡爵，则因储位久虚，国本未定。律以大臣之义，虽无所逃，原其求去之心，良有所激。

盖人主所托以继体者莫如元子，故谕教贵早；所赖以共治者莫如辅臣，故信任贵专。皇上于元子，亦既明示其长幼之序矣，乃廷臣屡请册立未即允从，反责其求荣卖直。在皇上若欲少待时月，而百官万姓因圣意之久不决也。辄造妄传讹，猜议横起。锡爵见以为社稷安危所系，故不得不以去就争，所谓涕泣而道一惓惓忠君爱国之至情也。岂得已哉？

皇上于辅臣，向尝面谕以股肱之托矣。乃小臣屡疏讥评，未即剖决，概置之停阁不行。在皇上若欲悉屏烦嚣，而后进小生因诸疏之留不下也，将乘间抵隙，侮玩愈滋。时行等以为主心疑信难明，故不得不以骸骨请，所谓谮言则退一惴惴忧谗畏讥之苦也。亦岂得已者哉？

皇上诚察三臣迫切之衷，念一体相成之谊，回旋圣虑，需发德音，遣官慰谕三臣，趣令即日赴阁，相与咨谋大计，镇戢群嚣，务使国本不摇，人心翕定。庶几彰皇上优礼辅臣之体，副臣民远迩属望之情。不然三臣求去之章陈乞未已，章章裁报，日日慰留。不惟旨意频繁，有劳批答。而阁务丛委，畴克赞襄？

臣不揣僭逾，恭拟圣谕一道，连首辅时行及次辅国原本一并上进。伏惟皇上裁定，遣命鸿胪寺官传谕施行。臣不胜悬跂待命之至。

皇上令文书官发下申时行、许国、王锡爵的谢恩疏，命家屏票拟。家屏票拟后进上，随后，文书官将申时行本发下，许国与王锡爵的奏本留中不出，家屏再上《请册立揭》：

谨题，今日文书官潘朝用发下首辅时行及次辅国、锡爵各谢恩疏，命臣票拟。臣谨遵依票进。随蒙文书官李文辅将时行本发下，而国与锡爵本未蒙发出。臣窃思，三本同时票上，而有发有不发，意者国与锡爵本中有请册储宫之说也。

夫册储之请，非独二臣所当请，亦臣所当请也。请之而皇上不从，非独二臣当去，即臣亦当去也。抑非独臣当请，臣当去也，自大小臣工凡请于皇上而不得者，盖无不有求去之念矣。

昨者，皇上于九卿之请，则严旨切责；于礼部之请，则夺俸三月。百僚庶采无不怅然失望，惕然寒心者也。特皇上处深宫之中，不及见外面人情摇摇景象耳。今九卿不敢复渎，礼部不敢复争，惟臣等二三阁臣忝受皇上股肱腹心之托，言犹得进，计或可行。乃于臣等之言复不见纳，臣等而下，谁敢复言！谁何所言，皇上乃听！诚使皇上不听，臣下即可无言，臣等何乐强聒！顾臣等不言，言者方多；言者愈多，圣怒愈甚；圣怒不解，群疑转深；哓哓之争，何时而已！臣为此惧。故于二臣本中俱拟票云册储事，谕旨甚明，盖因昨圣谕中有少待时日，候旨举行之语也。即如圣谕候旨举行，臣等犹恐时日迁延，未能久俟。岂有并此谕旨亦迟疑者哉？

臣谨披沥愚诚，上干聪听，乞将二臣本及早发下，以安二臣之心，令其亟出，待首辅时行到阁，仍容臣等具揭。恭请皇上定拟册立豫教之期，庶使大小臣工惊相叹服，仰见皇上所以诘责九卿、礼部原无他意。盖不欲催之以激聒，而欲断之以从容；不欲部寺台省杂议于外庭，而欲与二三阁臣决策于帷幄也。岂非大圣人之识略迥出寻常万万者哉！不然，臣等以屡疏争之而不得者，以一去塞责而有余，而皇上所与其图宗社之大计者，臣不知当待之何日，而决之何人也！臣不胜涕泣恳祈之至。

家屏在阁中久等无音讯，又上第二揭：

谨题，臣昨因次辅国、锡爵各谢恩本未下，臣窃意，二臣之疏并为请册元储，而臣所拟票帖有"谕旨甚明"之语，或未当圣意，遂致留中，因敢具揭尘渎。伏蒙皇上省纳臣言，将二臣疏从臣拟票同时发出，且特赐御札谕臣，仰荷宸聪垂鉴，圣度转圜。臣不胜欣戴，不胜佩服。

臣恭绎圣谕，以臣等为辅弼大臣，受股肱重任，欲臣等传示圣意，以释众惑；分析群言，以解摇乱。臣等备员禁近，感承皇上眷倚至恩，以分而言，则辅导善谊者臣等之本职也。以情而言，则奉扬休美者臣等之至愿也。皇上一言之善、一政之得，则臣等与其光荣；一言之违、一政之失，则臣等均其耻辱。臣等岂不欲宣示德音，使诸司诵圣，四海称明，化疑惑为信从，镇摇乱为宁壹，而臣等亦与有荣誉哉！

顾事有关于宗社之大计，非臣等一肩背之敢担；议有出于亿兆之同然，非臣等一口舌之能定。则正今日册储之典是也。当万历十四年，诸臣尝以为请矣，而皇上不许也，将言者重罪之。今五年矣。诸臣以为请皇上又不许也，而又重罪之。

夫请之而不许，臣下已不能无疑。不许而又罪之，此疑惑之所以益深。而摇乱之所以益众也。臣等于此时，岂但不能传示圣意以释众惑、以解摇乱，而身为辅弼之臣，不能劝上早定大计，方且为众所疑，为众所诋，安有身在疑惑摇乱之中而能定群下之疑惑摇乱者哉？下既不能逃责于百司，上又不能得请于君父，势不得不以去就引，决股肱大义、犬马至情，诚非得已敢以去留之术要挟君上哉！

夫欲释众疑莫若大信之早全，欲解摇乱莫若圣志之早定。虽目前举行未敢遽必，而欲过十岁则似太迟。臣谨遵谕旨，传示二臣，趣令入阁办事，待时行到阁，再容臣等恭请宸断。臣不胜悚栗，祈恳之至！

皇上手札谕家屏：

朕览卿昨者所奏揭帖，欲讨二次辅陈谢本，朕已发之。朕思卿等为国辅弼大臣，托股肱之任，前者谕旨着卿等传示诸司，以释众惑，非以诋毁卿等，而卿等受兹委托，朕正赖卿等与朕分析以解摇乱，卿等岂可自生疑贰，纷纷求退？朕又思：卿等以此去留之术，要挟于朕。朕恐此非为臣大义，卿可传示朕意，着二次辅亟即入阁办事。不必又有指摘陈辞。至于册立之事，朕以诚实待天下，岂有溺爱偏执之意？少待过十岁，朕自有旨。册立、出阁一并举行。不必烦言催渎。今谕卿知之。

皇上又让文书官到内阁口传圣谕：

册立事，如明年春夏科道等衙门不来渎扰，便于明年冬传旨册立……

家屏又上第三揭：

谨题，今日文书官李浚到阁口传圣谕："册立事，如明年春夏科道等衙门不来渎扰，便于明年冬传旨册立。如再来渎扰，直待十五岁册立。钦此！"

臣伏奉圣旨，窃幸皇上燕诒之谋，已定万年之计。册立之举，不出一岁之间。群臣累疏请之，而未谐皇上片言，决之，而已确。臣等不胜欢忭，不胜蹈舞。宜即传示圣意，遍谕诸司。第又思之，数年以来两京部寺台省诸臣所以连章累牍请册元储，不避渎扰之罪者，正以元储渐长，册礼未成，虽云候旨举行，而未示的确之期。年复一年，日延一日，此群情之所以摇惑，而请乞所以频繁也。今元良之建，断自宸衷；册立之期，拟于来岁。圣心一定，臣下幸成命之可守，皆当喜色以欢。传明冬遹临，臣下幸大礼之将行。皆当诎指而拱俟。此不待禁其渎扰，而自然无言之可渎，无事之可扰矣。

臣恭奉德音，欣承休美。只恐口传天语宣布未周，不如皇上亲发绘

第四十八章 委郑维重任 请皇上立储

音,播告尤速。谨拟传帖一道,伏望皇上览裁,发下礼部施行。所有"再来渎扰,直待十五岁方册"之说,容臣默示圣意,戒谕诸臣,似未可入之传帖。如此圣谕益切,圣德益光。傥此谕一出,而诸臣再有渎扰者,臣当甘伏欺误之罪焉。

臣不胜庆忭对扬之至。

家屏见册立有期,甚感欣慰,向礼部于慎行等三位大臣口头传达了皇上的旨意。因为太子册立大典须由礼科早做安排,家屏偕同官上第四揭:

谨题,昨二十八日,该文书官李浚口传圣谕:"册立事,如明年春夏科道等衙门不来渎扰,便于明年冬传旨册立;如再来渎扰,直待十五岁册立。钦此!"

臣等恭拟传帖一道进上,随蒙皇上复遣文书官李浚到阁宣谕:"臣等札子不必用,只需口传。着明年传各衙门造办钱粮,后年春举行册立。再有渎扰者,定如前旨,待十五岁。钦此!"臣等不胜欣喜遵奉。即日传示部科讫。

臣等又虑,恐大小诸臣不能尽晓圣意,倘万一再有激扰,致取迟延,是臣不能奉宣德音,耽误大典之罪也。因复面礼部三臣备宣圣意。三臣皆欢然,举手仰颂皇上明圣,曰:"诚如圣谕,谁敢复有激扰者哉!"下至百僚庶采六军万姓,喷喷妄议之口,咸化为讴歌;汹汹摇乱之情,悉归于镇定矣。从此宸聪靓密,绝无烦聒之干;圣志清宁,安享和平之福。岂非神人胥悦之会,宗社无疆之庥哉!

臣等谨恭报成命,仰纾圣怀,兼陈谢悃。伏望皇上计周根本,教始宫闱;坚大信于四时,衍宏图于亿载。臣等不胜抃舞祝愿之至。

家屏见册典有期,又上《请票三辅臣本揭》,希望内阁能尽快恢复正常。

谨题,臣本资识愚庸,才力绵薄,在阁年浅,事体生疏。偶值同官三臣相继请告,臣单身守直,承办文书章牍,至前惶惑靡措,出则造问首辅时行,乃知其首尾;入则检寻中书故牒,始得其根因。旬日以来,竭蹶殊甚,代斲已见其伤手;扛鼎渐至于绝筋。臣犬马颠隮诚不足恤,而致万几丛脞,庶绩其惰。滋玩于诸司,诒忧劳于君父。此臣之所夙夜悚惧,寝食不遑者也。夫一郡一邑之官，犹尚有长有贰；一都一鄙之役，亦必有正有陪。岂有天下之大，万乘之尊，可使辅弼缺人，四邻虚位也哉？幸昨圣谕传宣，人心翕定。宫府清宁之日，君臣相悦之时。同官三臣，俱客瞻恋皇慈，早晚毕出，但时行因有南京主事蔡时鼎、司业刘应秋、御史章守诚各本未下，尚欲辩明。而次辅国乞假本、锡爵谢恩本，亦尚留中，不免延候。

恳乞皇上，俯念内阁重地股肱大臣不宜久旷，将前本一并发下，容臣票拟。上取圣裁，趣令亟出。庶赞襄有赖，信任弥光。臣不胜迫切恳祈之至。

于慎行等见册立太子终于有期，说："适奉玉音，谨已通行南北诸司，传示大礼有期，令其静俟。"

这样一来，惹出了乱子。

皇上不悦，复令文书官谕家屏："所传示令卿知，奈何遽示礼臣？且部复，是何等语？"

家屏回复："宗社大计，非臣等一人所能定。今疏屡请，又重罪之。臣等不能传示德音以释众惑，且为众所诋，犬马之情，诚非得已。"

不报。

第四十九章　阁臣表态再不册立辞朝
　　　　　元标上疏直言时弊被调

家屏偕同官又上《回口传圣谕揭》：

　　谨题，日文书官刘宣到阁口传圣旨："册立之事，只传与先生们，先生是股肱大臣，如何传与各衙门？渎扰！自十四年起至今，屡屡未止，该部回什么话？别的话如何不回？为臣的疑上，为上的不得不疑！朕所以动火，自今之后，不许聒扰！钦此！"臣等不胜惶惧，不胜悚惕！

　　窃念，臣等备员禁近，仰见渊衷纯一，圣度光明，真如天日照临，万邦共睹，原无纤芥可疑。止因册立一事，奏请未从，遂致讹议横生，烦哓蜂起。自万历十四年以至今日，无时暂静。不但圣聪厌其激聒，即臣等亦虑其触忤。苟可以分析群言，解释摇乱，臣等恨不能焦唇敝舌以置辩、剖心析肝以相明也。第圣意未宣，空言无据，人心不定，渎扰仍来。臣等安能以二三人之说词，破千万人之愚惑。幸蒙圣谟独断，天语传宣，以臣等为股肱大臣特示之以腹心密议。臣等祗承嘉命，敢即轻传！

　　顾窃念，群情摇惑，原以圣意之未定也。圣意既定，则疑贰自消。众议纷纭，原以册立之无期也。册立有期，则纷扰自息。臣等为诸司摇惑虑，则不得不传。为圣心触忤虑，则不得不传。为宗社大计，明断盛美，乃传之四海而颂圣，书之史册而有光者，则尤不忍不传也。据部科回话，虽若渎陈，而一念忠诚实存，将顺皇上既已布大信于天下，诸臣何敢复心疑二之心哉？

　　伏望，皇上大度宽容，元和珍燮，勿以臣等奉宣无状，遂介宸衷，庶郁火渐平，康禧茂集。

臣等无任战栗引罪之至。

皇上使文书官到内阁，给家屏口传圣谕："册立事如明年春夏科道等衙门不来渎扰，便于明年冬传旨册立；如再来渎扰，直待十五岁册立。"

家屏谢过，又奏："天语口传，宣布未周，不如亲发纶音，播告尤速，谨拟传帖一道，伏望览裁，发下。"

皇上又让文书官传命："只口传，明年各办钱粮，后年春册立，如再渎，定如前旨'十五岁行'。"

十一月，申时行乞假调理，并请发蔡时鼎、刘应秋等留中疏，以明心迹。得旨："蔡时鼎等无根泛辞，朕以洞察虚妄，本俱当发出重处，因体卿雅量，留中。都不深究，卿宜体朕至意，即出任事。"

申时行未即出。内阁还由家屏一人独守。

那日，家屏收到邹元标条陈四事的奏疏，奏疏言及庶民备受秤头之苦、虚粮之苦、徭票①之苦、积荒之苦等。家屏被疏文感动，特修书一封《答邹南皋吏部》：

不佞自奉征纶，翘首光尘，日切延伫，辱书知以初秋，命驾瞻承在即，欣慰如何！比来吏纵于贪，士靡于佞，官成于巧，政骦于偷，财匮于兵，民伤于岁，此忧时识治之君子所共咨嗟太息也。而昌言阂议久未之闻，默默容容大都皆不佞之比耳。忽接大疏，伏而诵之，亹亹数千百言，吏治民情，摹写殆尽。而慎抚臣一段，实私弊关纽，病痛本源，诵之一字一击节也。盖堂上论人者审，局外观棋者明。惟公以无着之心，具高世之见，故能洞烛事理，曲尽物情。如此安得今食人之食，事人之事者，心公之心哉！大疏谓天下无不可为之事，顾在人真心何如耳，体此一言，而吏治民瘼尚足忧耶！容他日面订之。草草，附复不悉。

圣母万寿节就要到来，家屏须带领百官朝贺。但就在此前几日，家屏昏倒在回家的路上，他只好休息调理。上《给假调理疏》：

---

① 徭票：官方颁布的征收地丁赋税定额的文件。

> 谨奏，为感患痰厥给假调理事。
>
> 臣素患痰火，举发无时。昨因感冒风寒误用表药，忽于初五日申时，出阁回寓，陡发寒战，倒地不醒，四肢厥冷，移时始苏。伏乞天恩怜悯，准假调理。犬马病躯不胜感激，祈恩之至。

十七日，申时行、许国、王锡爵闻讯，到家屏家中看望，见皇上未对家屏表示慰问，具题："思家屏亦系患病给假，与臣等事同一体，臣等亲至其家，委系痰疾发晕告病，实非得已，而数日来未蒙例赐，此必宫禁事繁，该衙门未及奏请，然伏见皇上体臣之礼下之隆，自臣等及部院大臣，凡有病假皆蒙赉予，今臣等皆有，而臣家屏独无？部院大臣皆有，而阁臣或无？则臣等之受特赐愈加局蹐，而部院之视阁臣反见轻侮。"

皇上让人给家屏送去猪、羊、酒、米等。十八日，家屏上《谢赐猪羊酒米疏》：

> 谨奏，为感谢天恩事。
>
> 该臣以患病乞假调理。伏蒙钦遣御前牌子郑斌赍赐臣鲜猪一口、羊一腔、甜酱瓜茄一坛、白米二石、酒十瓶到臣私寓。臣谨于卧榻叩头祗领讫。
>
> 窃念，臣拥肿贱材，支离病骨。两年窃禄，力靡效于丝毫。百计忧生，身屡试于针石。顷一仆而不起，幸垂绝而复苏。游息仅延，将永负生成之德；皇慈曲轸，乃勤施培植之恩。遣中使以敦临，诏大官而亟馈。若牢若醴，惠并出于天庖；一粒一蔬，珍悉分于御廪。醲鲜备物，虚馁乘时。葡匐登嘉，乍得三咽之力；淋漓饭歠，宁夸七发之谈。虽鼷腹易盈，知属餍之既久；而鸿慈湛渥，觉报称之弥艰。鼎铏覆公，薄技业穷于今日；壶飧得士，微劳愿毕于来生。
>
> 臣无任感激铭戴之至。

圣母万寿节，皇上自八月以来再次视朝。申时行同百官幸圣体康宁，致词称贺圣母。皇上赐四辅臣珍馔。

家屏在家调理几日，不见好转，想辞朝还乡。二十八日，又上《谢病疏》：

> 谨奏，为病势沉笃，瘥可难期，乞恩准放生还事。

顷，臣以感患痰厥，乞假调理。伏蒙圣恩，颁赐猪羊酒米等物。臣仰戴皇慈，俯惜躯命。延医数辈，疗治百方。恨不能应手而瘥，克期即起，苟绵犬马之余日，勉毕奔走之微劳也！奈何福尽、数穷、灾深、病痼，始初昏晕仆地，迷不知人，诚不敢望有今日。乃今游息虽属，元阳已枯，内则脏腑虚寒，脐腹绞痛；外则肢体麻木，手足不随，即卧褥之上辗转已难，况下床而行安能动履？病势沉笃如此，殆卢扁所不能治，造化所不能仁者也。

顷者，恭遇圣母万寿圣节。臣不能勉随班列，祝燕喜之喜。时下冬至昌辰，臣复不能匍匐阶墀，叩履端之庆。既积旷官之罪，兼丛废礼之愆。此臣所以据榻椎心，彷徨悚仄，燥火为之塞胸，惶汗因而浃踵者也。

及今罢去，尚可生返乡间，少淹日时，惧且委弃道路。

用是直陈危苦，哀恳君父之前。伏望皇上，开天地之心，怜蝼蚁之急，早赐骸骨，俾得归正首丘，结草衔环，敢忘恩造？

臣无任迫切祈控之至。

皇上温旨慰留，不允。家屏病稍好，到阁办事。
十二月十三日，家屏上《见朝揭》：

谨题，臣顷感患宿疾，伏蒙赐假调理。及乞骸求去，又蒙温旨慰留。戴高厚之恩，亦知奋励；抚衰颓之骨，终苦支持。委顿筐床，奄逾旬月。勉资医药，幸苟须臾。仰荷生成，安敢偷惰。谨于本日，恭诣午门前，朝见行礼，随到阁办事讫。天颜咫尺，不获瞻承。臣无任感激依恋之至，谨具题知。

家屏病了半个来月，在此期间，郑雒不时报来西镇情况。陕甘军事经整顿，好了许多。但陕西无总督，由郑雒兼任，他却说有难处。他说："臣欲往甘肃，则洮河难顾。欲驱流寇，则套虏难防。恐四夷闻之，谓臣一人之身，忽然而经略，又忽然而总督，边事日去，国体益轻。"郑雒想辞掉总督一职，皇上不允。

让人难以接受的是皇上对邹元标的处理。

先是吏部再次提议让邹元标补文选员外郎空缺。皇上谕："缺人既久，宜另行题请，如何只言元标可用？天下才品，岂有二三独擅……元标改南京别衙门用,不必再来渎扰。"

给事中杨文焕、御史何选帮邹元标说话,被贬到外地。石星为之辩解,也遭责备。

吏部拟将元标调任南京兵部职方司。皇上命改礼、刑二部用。吏部回复南京礼部员外郎已经裁革,皇上即命于刑部用。于是邹元标被调到南京刑部任广东司署员外郎主事。

解缙是洪武二十一年(1388年)进士,官至内阁首辅。因直言屡遭贬黜,最终以"无人臣礼"下狱,永乐十三年(1415年)冬被锦衣卫埋入雪堆冻死。

邹元标南行前上疏,称解缙:"英资间气,奥学宏才,初荷宠于高皇,而选列台端,屡效献纳之益,继受知于成祖,而简参政本尤多,匡赞之谟盖振代之才人,亦济时之哲辅也。祇以仁庙升储密决大计,遂致逆藩构谤,竟陷沉冤,故文皇帝已悼惜于当年,而士论尤惋悲于今日。所当赠官赐谥,以慰忠魂。"

礼部议"准赠谥",报皇上。皇上准奏。

家屏到阁办事时,邹元标已赴南京。他调看他的奏疏,认为虽然讲的是解缙,却在讽诫当下。

时任礼部右侍郎的黄凤翔始终支持邹元标,见皇上如此,以疾乞休。家屏票拟"调理",报皇上。皇上命中使谕家屏改票,同意黄凤翔乞休。

家屏、于慎行等为黄凤翔送行。

家屏握着黄凤翔的手,说:"放归也好。"

黄凤翔苦笑着说:"强似解缙被埋在雪里冻死。"

于慎行说:"年丈先行,我将随后。"

黄凤翔走后,南京礼部右侍郎赵用贤兼任翰林院侍读学士。

家屏作文对赵用贤表示祝贺。作《贺赵定宇少宗伯》:

> 仰惟门下,人伦楷式,吾道南车。正师席于两雍,茂衍菁莪之泽;建英髦于四学,蔚兴薪槱之材。信恺悌可以做人,非寅清畴能典礼。肆疏宸纶,简宿学以升华;俾贰春卿,敷皇猷而润色。文中子之周礼,向不废于家居;武德间之谠言,今且酬之台席。乘积德百年之运,综宪章三代之规。肆绵蕝于诸生,岂须求野;端章甫为小相,安见非邦。会佐皇极于中和,允锡词林之光宠。阻趋贺而是愧,辱音贶以弥惭。敬附谢函,兼抒私忱。伏希麾顿,曷任瞻驰。

盛讷升为国子监祭酒。刑部尚书陆光祖以被论乞休，不允。

春节前确定了钦遣阅视官员。穆来辅视察蓟镇，兼阅保定、昌平，王世扬视察延绥，曾乾视察亨大同，周弘禴视察宁夏，张栋视察固原，侯先春视察辽东，钟羽正视察宣府，张贞观视察山西，李汝华视察甘肃。

春节将至，皇上赐各辅臣银两、彩缎。万历十九年（1591年）元旦，皇上谕："圣体违和，免朝贺。"正月初，家屏代阁臣上疏："岁暮大祫，圣体违和，遣官代摄，此出一时权宜，今孟春时享大典，乞亲赐举行。"皇上谕："二十九守岁，朕朝见圣母，起拜艰难，庙享恐难成礼，暂遣官恭代。"

没几日，薛纶家的公子到家屏寓所报丧，其父于正月十三日不幸病故。
家屏怀着沉痛的心情，写《陕西按察司副使薛公墓志铭》：

公生有异质，少与伯兄经同受书塾师所，伯兄未叹句，公已数行下，比伯兄一再读，则公已成诵，掩卷不复省，其为文亦然，纵横数百言立就，文藻烂如也。于是伯兄自谓力学不如仲敏，谢去治家人产佐公读，公学益专，以弱冠补卫学生，两试省闱不利，曾房大入攻，当路塞，赠公夫妇并遇害，公泣谓伯兄："为丈夫子，不能挺身入虏磔臊羯奴，雪父母之恨，地下宁能处危巢，坐待覆卵之祸，以殄吾宗耶？"乃尽以家秉属伯兄，而轻身束书游太学，从日门胡先生讲业，刻厉苦攻更三年不返，卒成进士……壬午擢陕西宪副，治兵定边，当市群虏索赏而噪，莫能止。公前叱言："抚赏，岁有定额，若等背约而索，岂以来岁当不复贡市耶？"虏众望见公仪貌魁岸，惊若神人，咸应声慑服，终市事寂然，无敢哗者。督府部文川公甚倚重之，将遂荐公开府……未几，值政府鼎革之际，楚人嘘江陵余烬，以攻晋人首，大冢宰，遂波及公，若以乡曲故见庇者，不胜，则复嗾楚人按关中者论公定边事，乃公任定边才两月耳，寻端不能得，竟乘大计蜚谤，罢其官。既罢，士大夫交书唁公，公怡然自得也，曰："某幸席先世之产，兄耕弟贾，资某于学，以有今日，于某足矣。"敢薄山林时，薛氏不析产已五世，盐策在维扬①者季缨实理之，以是公子姓婚姻、田宅、奴婢，南北居半数，往来省视以为常，余每窥公人岂鸿雁也，而翔鹜南北，仆仆不惮烦耶。公复好客，喜酒，池馆之侧，房闼之间，所至觞

---

① 维扬：扬州的别称。

具设焉，间用声伎，余皆不谓善，公顾乐之要，以公长才大略，郁勃而不得宣，非讬于奔走经营，饮食燕笑，则无以浇胸中块垒，发舒豪宕之气，余所谓烦，乃公所谓快耳。余甚愧余陋，而慕公之达，宜有得于养生之指，乃一旦疽发于股，竟以不治，此余所以痛恨，于公之罢且殁也……铭曰：家于代，贾于扬，齿于胄，宾于王。宰于雍，守于梁，观兵乎河湟，止于坎，逃于虚，媲德乎庚桑。哕若灵凤，其采九苞，择音高冈；矫若骞鹏，乘风图南，九万翱翔；飘若冥鸿，远迹薮泽，缯弋靡伤。睐于养，倦于游，归休乎玄学。隐若干将，虹蟠蜕藏，耀百世而有光，公其不亡。

收到郑雒揭报，在甘南设卡，凡诸虏自南而北者，准开一路，押发出边；自北而南者，极力谕阻，使其回巢；谕之不从，敢于扒墙闯边者，相机堵剿。先俘获八十一名，已奏报。惟卜失兔仍率众西行，应援火酋，被捕剿。共斩虏首级九十五颗，夺其坐蠹及原授敕书。卜酋被伤奔窜，获骆驼、马、驼、牛、羊，戎器、达衣、帐房、行李等。是役也，西镇之捷，未之前闻。

郑雒为梁云龙、万世德等请功。郑雒提出，此酋被大创，应行捣穴。但念伊母素称恭顺，且在套住牧，与群酋保塞如常，先将本酋市贡停革，以示杜绝……倘卜失兔悔过认罪，另行酌议。

郑雒研究此次甘陕出事的原因主要是朝廷多年来实行"委番啖虏"的政策。在处理西事时，须将番、虏分开，谨防番虏合一，截路以杜流虏，悬赏以鼓诸番。

家屏修书一封给郑雒：

> 甘陕失策，全在委番啖虏，撤我藩篱，资敌爪距，是不削自弱之势耳。今截路以杜流虏，而又悬赏以鼓诸番，番无虏之害、有赏之利，宜其掠者乘隙而思归，居者应募而乐就也。即夷妇送回番族，虽其志意恭顺，有足嘉者，而外惮兵威，内防番变，亦迫于势之不得、不然也。总计送还及编该兵者已五千余人，而两赞画分行招抚衮钺，复亲至西宁，定筑堡保番之策。番族有所恃，以自固其归附，当日益多，番汉并力同仇，西事不足平矣。颙仰，颙仰！

皇上仍不上朝，内使传谕："皇上偶患目疾，右目有红瘀肉。"申时行等辅臣具疏问安。

郑雒以考满加少保。郑雒上疏请辞免总督三边军务，以便专力经略。皇上从之。

李楠升陕西布政司副使，分巡河西、安靖边陲，统率将吏，以抚士卒，儆军实。在任期间修缮诸城堡，又视察安定、安塞水利、引水灌田；策划开大渠二条，灌溉两邑田地二万亩；又为保安①创开炭窑，解决军民燃煤问题。

郝杰现任佥都御史巡抚辽东，小儿子郝雒图已长大，受荫入国子监读书。

家屏代皇上祭孔。

刘虞夔的母亲边氏病故。皇上准刘虞夔驰驿归葬，并赐路费、表里。家屏等官员为他饯行。

郑雒率部入西宁，控扼青海。扯力克西徙二百里，将洮河所掠人口归还。扯力克与三娘子认罪。郑雒遣使促扯力克东归。郑雒遣李云龙、万世德收整番族，以弱虏势。

内阁与兵部就西事计议，肯定了郑雒的策略，说："制虏之策，莫善于此。"

又议自俺答在西宁建仰华寺之后，东、套二虏借口礼拜迎佛，常聚该寺，肆行抢掠。郑雒欲俟扯力克和三娘子东归后，大建旗鼓剿捕火酋，并将夷寺尽行烧毁，以绝二虏西牧之念。内阁和兵部赞同毁掉仰华寺，奏报皇上。从之。

家屏修书一封给郑雒：

> 汉设五郡，本为隔绝羌虏，使不得连和为内地患。而比年流虏西牧，乃至假道以延之，建寺以居之，委番以奉之，是昔人离羌虏为二，而今反合之使一也。如是数年，番虏一家，甘肃、洮岷、宁夏可保，天佑社稷。降此艰屯，用开台下经纶之业：首严假道之禁，以制虏，使不得西通于番；次下招抚之令，以收番，使不得外迫于虏。兹又议焚仰华寺，以壹空流虏之巢穴，永拔浸淫之病根。从此番无虏患，附我自坚；虏失番利，狡谋自阻。莫安五郡，廓清两川，当可计日而待矣。欣畅，欣畅！
>
> 至于卜首以闯边被创，则怜其请罪，而准令罚赎。不他失礼以回巢借路，则嘉其恭顺，而赐旗护行。虏王以遗孽迁延，则威之以大兵，而勒限催促。火真率所部逃遁，则震之以露布，而预饬松藩。操纵弛张，一一中会，非机智识略，运用烂熟，畴能如斯。惟是边将，周章故套，恫喝虚

---

① 保安：今属延安。

声,踵弊承奸,其来已久,顾以诳惑我辈则可,岂可以摇撼师中之丈人、壮猷之元老哉?自非台下真见定力,鲜不以说传妄报,遂动声色,所谓虏得多方误我之术,我犯无所不备之,或坐此误事,良不鲜矣。诚不可不一申饬,以明节制,以释群疑,但其人颇有微功,策励方始,姑涵贷而训诫之,责其后效可也。临书不胜觊缕。

田一俊以病乞归,准回籍调理。三月,不幸病故。

申时行一品九年考满。皇上下旨:"特加太傅,兼官照旧,给予应得诰命,支伯爵俸……荫一子做尚宝司丞。"申时行具疏称谢,又说:"造物忌满,鬼神恶盈,居宠则多危,乘高则疾偾,臣虽愚昧,亦惧颠隮其敢蹈已覆之车、被不衷之服","以待罪乞休",不允。十八日,申时行到阁办事。

第五十章　郑雒依略行事
　　　　辅臣相继辞朝

宫内的事常被外泄。

皇上在宫内清理了数名内监，且把久废朝讲等归罪于他们。

皇上谕内阁，说："朕疾稍愈，原朕之疾因火致患生痰成病，故朕食少寝废，虽尝服药饵未见瘳愈，以致庙享屡遣代行，朝讲久废，乃左右奸顽之所激，虽辄痊又病。朕兹见上天示儆，心甚忧惧，反躬自咎，乃知为小人之蛊惑，以损朕之德行，擅作威福，长自己之奸恶，以致上天震怒，星变垂戒，奸恶小人，朕今以斥逐之，固谕卿等知之。"

内阁辅臣不明就里。

司礼监太监又到内阁口传圣谕："邢锐擅作威福，结交宫婢，与何成、赵升等，通同钻刺①都打发出去了。说与臣等知道。"

申时行顺应皇上，上疏，说："皇威有赫，宸断不疑，险邪既已屏除，宫禁为之清肃，且特涣德音，深自引咎……从此，圣躬康豫，庙享、朝讲可以次第举行矣。"

不见皇上有所行动。

西镇报捷，称征西将领与诸番同剿潜住莽剌南山的可卜列部，斩首一百四十二。

四月，皇上亲享太庙。

于慎行六疏乞休。内阁票进，已有一旬，或去或留，未蒙批发。申时行以影响公事为由疏请皇上批发。

---

① 钻刺：像拔刺般除掉。

吏部尚书宋纁卒于官。

陆光祖升为吏部尚书。家屏修书《贺陆五台太宰》：

> 今朝廷所重者，人才；郡国所急者，吏治。品格资于鉴别，绩叙视所铨综。必权度之素精，斯统均之克称。
>
> 恭惟门下，道心澄彻，涵水鉴以无私；德望尊严，酌斗枢而独运。山涛再居选部，凤推启事之名；姬公晋陟冢卿，益遂进贤之志。人才长短若樽栌榱楠之异，用已预度其所宜。吏治污隆，犹泾渭淄渑之分，流胡激扬之弗。效世道从兹，清淑泰阶，赖以登闳。喜倍切于弹冠，愿莫谐于听履。敢藉鱼械之便，附申燕贺之忱。冀护八座之启居，茂膺九重之眷顾。

内阁诸大臣疏请皇上视朝。皇上谕："庙享回来，一向头目眩晕，体未大安。"大臣们继续恭候。

萧大亨说："大虏将归，门庭之寇可虑。"只因郑雒调走了这里的兵与将，"万一虏有变，无以应对"。

时至五月，南京礼部祠祭司主事汤显祖上《论辅臣科臣疏》，弹劾申时行和科臣杨文举、胡汝宁。皇上大怒，将汤显祖放逐到雷州，贬为典史。

皇上谕内阁："朕因玄象示异，奸恶不轨，故特谕内外臣工恪恭乃职，省已秉公，用弭天变，以图治安。今各不任所责，归咎元辅，前万国钦，捏诬诋辱，朕念系言官已薄罚了。汤显祖以南部为散局，不遂己志，故假借国事攻击元辅，本当重究，姑从轻处了。卿等可说与元辅，不必以浮言介意，卿等俱安心供职，还着鸿胪寺传示元辅，即出办事，勿负朕意。"

端午节前，皇上赐四辅臣上尊珍馔。

陆光祖劾御史王之栋，奏辩乞归。不许。

山西这边出了事，原归附明廷的史、车二酋背叛出关。皇上命革其赏，不许复入。萧大亨命游击抗大才将二酋亲子施计擒获，当作人质。史酋恐惧，将所掠牛羊退还，请求赎回其子。又阴谋捕捉参将，易子复赏。有人来降，将二酋阴谋告诉抗大才。

抗大才预行提防，到边地与史酋讲说，史酋阴谋未能得逞，他的部下射出一箭，射中抗大才左胸。官军奋勇对敌，生擒十二名人质，内有史酋子女；斩首十五人，内有史酋妻；获马五十五匹。萧大亨上报战果，奖赏有功人员。

张一桂出任国子监祭酒。王世贞病故。陈于陛总督漕运、巡抚凤阳。

又到了五月边贡正市之期，往年虏酋将贡马送至宣大军门处，今年因扯酋停革市赏，宣大边外未敢进各酋之马。诸夷苦请。萧大亨疏请："除扯酋遵旨暂停外，将在巢诸酋应贡马匹照例查收……以彰分别顺逆之意。"从之。

朝中反对郑雒的大有人在，他们给事中张栋上疏，说："郑雒解任京营，握符西行……黔驴技穷。"

五月，李涞劾申时行老家太守石昆玉"不职"，"擅动吴县库银"。下所司堪问，属子虚乌有。御史李用中揭申时行，说他和李涞挟私报复石昆玉。六月十一日，申时行上疏自辩，说："若抚臣李涞之参石昆玉以钱粮，而臣之行勘昆玉正以显明其心迹……臣乞求放归。"皇上优诏答之。

王锡爵奏："闻母病，乞放归省。"皇上不允。

陆光祖奏："被御史陈登云论，请乞查勘，并赐罢斥。"皇上不允。

皇上谕王锡爵："朕览卿所奏，忽闻母病，恳切求去。朕思臣事君之道，忠孝岂能两全。卿之忧苦朕岂不知？奈今边方多事，所赖卿与元辅等共济时艰，岂可辄为引退？既卿母微疾，见有卿子王衡在籍侍养，卿可安心调理，待母病痊，差官迎取来京奉养，以全子道，岂不忠孝两全？卿不必忧思过虑，即出佐理，共图国事，慎勿再辞。"

家屏起草，与二辅许国同上《为同官请给假省亲揭》：

谨题，昨该同官锡爵以母病乞归。伏蒙皇上温旨勉留，且特赐手札，遣官慰谕。臣等私相感诵，以为皇上眷倚锡爵优异。如此，不但锡爵当竭节酬知，即臣等亦宜淬志自励者也。

即日，同诣锡爵私寓，劝令即出以称上德意。锡爵感激流涕，与臣等言，亦知殊恩难报，大义莫逃。第八十老亲经时卧病，风烛之虑，未忍尽言。倘归侍无期，悔恨何及！语毕，涕泪被面。臣等亦皆恻然动容，不能复为解说矣。昨闻其家信续至，母病渐增，故今再疏乞归。情词愈迫。臣等窃详其疏，乞假省亲与乞身求去者轻重固为有间，而省亲危迫之际与省亲安平之时者缓急又自不同，似应俯顺孝诚，暂容请假。倘谓前限五月嫌于太宽，或量改三月，差官守候，趣令如限前来。则单骑遄往，子情既得以暂伸；趣驾还朝，国事亦不至于久旷矣。但阁臣去留，臣等未敢擅便。乃拟二票进呈，伏候御览裁定施行。

臣等无任惶悚待命之至。

第五十章 郑雒依略行事 辅臣相继辞朝

皇上准王锡爵三个月假,驰驿归省,特赐路费银一百两,纻丝四表里,差官伴送,促令如限前来。王锡爵疏谢皇恩,于午门前行五拜三叩头礼,辞朝。

家屏送别锡爵,锡爵仍惦念太子册封那些事,又吟了宋人卓田的《眼儿媚》:

丈夫只手把吴钩,能断万人头。如何铁石打作心肺,却为花柔。
尝观项籍并刘季,一怒世人愁。只因撞着虞姬戚氏,豪杰都休。

锡爵又与家屏提起叶朝荣之子叶向高,说待他三年考满,宜调回翰林院。

郑雒贯彻执行预定的西事策略:务使虏王东归,毋再垂涎西土,火、真二酋,归原寨,毋令盘踞内地。陕西巡抚叶梦熊却另行其道,招来三千苗兵,移书郑雒,欲"以战雪耻"。郑雒说:"兵凶战危,未易轻举。""度其时势,虏未可轻动,不欲委生灵于锋镝,以贻君父忧。若驱逐虏王,俟其远离,王号应革,市赏应绝,资之庙谟,自有定议。"叶梦熊条陈修墩堡、增年例等费,工部依议行。魏学曾议欲绝款贡,专修战御。

家屏修书给叶梦熊《答叶龙潭抚台》:

边事自款贡以来,因循养寇已非朝夕,台下愤扯酋之反复,诧平处之非宜,慨焉。有雪耻除凶之志,即此一念,忠可以贯金石,义可以激三军。不佞诚不胜竦服。第今卜酋既已认罚,扯酋亦将东归,火真之势渐孤,则台下荡平两川之功可计日而就。若虏方驯伏,未有衅端,而遽议革号断赏之事,恐虏势连合,不惟临洮构兵,而延宁宣大之间亦已树敌,纷纭纠结,胜败未期,万一参差,何以收拾?是台下舍易成之绩,而规难必之功,释一隅之守,而任七镇之责也。同舟之人且冈忌心矣。幸台下熟计而缓图之,即机会可乘,时难再得,亦必须与经略公密切商议,议定而举,举必万全,正所谓师克在和,集大事当协人心也,人心协比何谋不遂,何为不成,所云革号断赏之事,雪耻除凶之烈,终当有赖于台下,岂必计效眉睫哉。西首,不胜恳祝。

家屏又修书给魏学曾,进行协调,作《答魏碓庵督府》:

不佞至谫陋,何知边事。然每奉翁教,固不觉霙然意舒、洒然心服也。翁前疏请罢和，谓不宜斩。然俱罢，当以虚实缓急权变其中。而不佞谬有"图之以渐"之说，虽不敢窃自附于高明，而权变之间，阴寓渐次之意。实同一算计也。第翁欲先正罢和之名，力图战剿。不佞欲先修战剿之具，徐议罢和。横竖迟速稍有不同，而翁台之持论甚伟，不佞之虑患亦深。何也？自前人之玩寇而武备积弛，士气积衰非一日矣。他人裕盎，以我御穷。骤而罢之，外既多敌，内复不支。利则为他人盖愆，不利则代他人受过。固不若翁今所议，置其顺者，剿其逆者。去者不追，来者必拒。势分则易制，敌寡则力专。从此我兵日练，我备日饬。而我反当以罢市赏挟虏，而虏安得以增市赏挟我？是治之以不治、款之以不款也。万全之略，诚无逾此。疆事庇赖宜何如？承教欣抃之甚。颙伫、颙伫。

又修书一封给郑雒：

私念台下，驱车远塞，以孤军当番虏之交，夙夜劻勷，不遑安处，危苦极矣。耳食之辈，技痒之流，猥欲称兵，动言罢市，甚至上章告急，贻书诋讥，是羌虏易摧，而口舌难戢也。可恨如何原所以呶呶之由，但谓扯酋屡约归巢，辄负不果，疑与火卜二酋合谋入犯耳。夫扯酋徘徊西塞，即不佞辈亦深以为忧。然恃台下在事弛张操纵，意自有妙算，非人所及，知者正来谕所谓人之性命不自爱惜，而该人所爱惜，斯言足以破纷纷之惑矣。幸余虏已移帐起身，将由镇羌出境，即六月动头，七月终旬可尽，亦才五六十日，事诎指可待，得此酋东还，虏情既无可疑，人言自无所指。台下可缓带而图海上之功矣。若叶中丞之书，魏督府之奏，雄谈豪辩，虽竦听闻，而以台下万全之略视之，不啻太和元气中之一候，更望采纳而并容之也。盖群策兼收，必且相济，两说并立，不色起争，今台下经略，而魏、叶二公督抚也。二公主谋，台下主断，虽其言未可用，姑且收之以备一着，彼所谓绝款贡，即我所谓分顺逆，非有二也。但我识先后着，而彼欲以末着为首着，差不同耳。能收之则彼为我用，而我大，若见谓异同，我是彼非，相持互敌而我反小矣。语云：德有容乃大，事有忍乃克，有济此不佞一得之愚冀，惟裁察凡军中谋议，有取舍而无示异同可也。

至祝，至祝！

朝中又有徐元论兵部尚书王一鹗，说他赍回叶梦熊劾郑雒揭。揭中有语，诋毁郑雒为秦桧、贾似道。王一鹗申辩，因此乞求致仕，皇上不允。

又有光禄寺寺丞朱维京上疏，说："郑雒听王志宝、计龙之邪谋，御虏辄为两可之词以相愚弄？郑雒主和，而总督魏学曾、巡抚叶梦熊主战，抵牾如此，能无偾事？"主张"将郑雒还京别用，或暂回籍。经略总督之任专委魏学曾，令他与叶梦熊同心展布，复剖判功罪，严行赏罚"。

皇上谕："已有旨。"叶梦熊荐举若干名将领。皇上谕："不许推用外将……等。"

申时行六次乞休，圣谕勉留，谢恩，又到阁办事。

许国、王一鹗因御史胡克俭参劾李世达被牵扯，各求去位，不许。许国谢恩，入阁办事。

李管奏申时行十罪，其中一条是指使他人上玄宫有水之疏，还有一条是"受郜光先之贿，授以总制，致火、真盘踞两州"，又说"王锡爵感申时行援引之私情而攻李植玄宫之议"。

家屏偕同官许国上《为首辅辩谤揭》：

> 谨题，今日文书官刘宣将下首臣申时行乞休本。盖为佥事李管诋诬疏尚未下，故其求去甚力。
>
> 臣等看得首臣在阁十四年，事上最久，受知最深，以感皇上高厚之恩不宜去。即今时事多艰，边患尤亟，以大臣委身徇国之义不宜去。即顷温纶褒答，手敕慰留，不啻再四，昨传谕部院，令其申敕庶官各修职业。虽概为国体，实专为首臣，以皇上信任眷留之，切不宜去。乃今屡疏乞休，坚卧不出者，岂忍负上恩而忘臣节哉？盖缘比来世道倾危，朝纲颓坏。即首臣为人上所素知，翼翼小心，孜孜为国，忠诚廉介，周慎包容。而浮薄之士乃益恣，蓁斐之奸，附和之徒，遂竟成鬼蜮之党。席未暖而遽撤，户方辟而又扃，其受侮亦已甚矣。其情事亦良苦矣。至今管疏尚未发下，竟不知其疏何言，所言何事。臣等亦为忧疑莫决，愤惋不平！
>
> 窃念，人臣北面而事君，虽无论尊卑内外，但朝廷之上自有纪纲，位宁之间自有体统。以时行之事，皇上与管孰深？以时行之总，百官与管孰重？若管可以言，则何人不可言？管之言可信，则何人之言不可信？虽皇上照临如日月，不为浮言动摇，涵纳如沧溟，不使谗说流布。而群小工于窥伺，易生揣摩，彼见不蒙处分，愈加轻侮。则时行虽有恋主之诚，欲不去而不可得矣！

伏望皇上审辨忠谗，早赐裁断。将以首臣为当去乎？宜明示保全之旨，以完君臣始终之义。将以首臣为可留乎？乞将李管本特赐检发，使人昭然辩其罪状之有无，晓然明其心迹之邪正。不宜泯泯没没已也。

臣等干冒宸严，不胜战栗待罪之至。

吏部等衙门会题："李管以外吏而诋辅臣名……宜褫革，以为妄言之戒。"

皇上谕："寿宫储典皆出朕断，今大工已就绪，美完定册，久有谕旨。李管如何横生异议？且妄引先朝凶逆，排诋辅臣，不但倾陷忠良，实扰乱宗社大计。狂肆欺罔，本当拿问，姑革职，永不叙用。"

八月，郑雒上疏："自五月以来虏王迟归，群疑复起。哨报卜酋调兵未必有据，但边臣各有职掌，封守各有疆域。

"甘肃、固原抚镇宜慎守……使洮河之地堂奥①无虞；松山之虏实在贺兰山后安牧，宜照常市抚；宁夏抚镇须慎修战备；延绥与甘肃互为犄角，宜权术制驭。"

周弘禴根据"虏酋逆顺未可知，诸部落去不去未可凭"，提出"宜以市赏牵制之"。"宜迟市赏而系未动之酋；预收敛而防过轶之寇；张疑兵而遏其必趋之路；分重兵而尾其既退之辙。此目前之计也"。

于慎行代祭孔。不久，他被御史何出光论劾，说山东乡试于考前泄露考官姓名之事与他有干系。于慎行上疏申辩求去。皇上不许。

郝杰在辽东巡抚任上，以老病求去。皇上不许。兵部尚书王一鹗以老疾求去。皇上不许。

郑雒报："夷酋撤户阿赤克等至镇羌出境，未停留骚扰。此酋既为前导，则扯酋与卜永诸酋亦相继东还。"

十一日，内阁和礼部对十五名庶吉士糊名考试，评出上八、中七，报皇上审批，御览裁定，发下后拆卷填名。上卷进翰林院，中卷进科道。

十三日，生皇五子，赐辅臣每人一桌。中秋节，又赐辅臣上尊珍馔。十七日，万寿圣节，又赐辅臣酒肴。

十八日，皇上谕申时行："卿昨日因朕寿节到门拜贺，以知卿疾愈，方今国家多事，中外忧疑，卿可体朕眷注之意，亟即出入阁，共图治化，以慰朕怀。"

---

① 堂奥：厅堂和内室。

申时行上疏称："昨日拜起,甚是艰难,扶回后,旧疾愈加,左手足酸麻如故,今日腰下又发一疽,痛楚呻吟,不能转侧……"

皇上谕:"知道了。阁务繁重,宜暂调即用副朕怀。"

十九日,皇上又以生第五子赐辅臣纻丝、金银物件等。

申时行奏谢,七恳休致,以全余生。"臣之恳切控吁除前二十余疏外,今又六七,岂得已哉?臣情愈迫,臣说已穷。"皇上还是不允。

二十日,三位内阁辅臣署名的奏疏转呈皇上:

> 谨题:先是万历十八年十月二十二日节奉圣谕,册建元储,伦序已定,少待时日,候旨举行。亦须卿等决策。钦此。二十六日又奉圣谕,册立之事,朕以诚实待天下,岂有溺爱偏执之意?少待过十岁,朕自有旨,册立出阁一并举行,不必言摧渎。今谕卿知之。钦此。又二十八日文书官李浚口传圣旨,传与两京都寺科道等官,册储事明年传各该衙门造办钱粮,后年春举行册立,再不许诸司激扰致迟延。钦此。臣等照得,册立皇储国家大典,断自宸衷,皇上亲则父也,尊则君也。臣等备在帷幄,虽得与闻密计,止是候上裁定,不得外传。伏读圣谕,少待过十岁,今皇长子盖已十有一龄矣。独所谓朕自有旨者,天下臣民尚未及闻。会万寿圣节,四方皆来朝贺,但见臣等,无不首以此事为问,臣等无以应之。但答曰圣意已定,明旨昭然,册立之诏,旦暮下矣,又李浚口传,在十八年十月,则所谓明年者,即今年也。所谓后年春者,即明年春也。相去四五月间,为期甚迩,百官兆民颙颙伫留。臣等窃思,皇上大信既已布昭,盛典所宜早定,况谕中册立出阁一并举行,事体繁重,尤须及时料理。今内阁衙门各色钱粮必已造办,而外司部寺当行礼仪及讲读宫僚一切官属亦当先行,查议先行简抡皆非旬月所能猝办,则传旨册立此正其期,凡事预则立,臣等何敢妄附于决策之列,以犯邀功之嫌?千万年定策以为宗社至计,独在皇上,诚一旦惠然,旨从中出,颁示四方,敕下所司,拟定来春诹日具仪,次第而举,当出震之时,行养家之典,片言可以击九鼎,尺牍可以邕群情。固结欢心,导迎和气。社稷幸甚,华夷幸甚。不然,窃恐众心失望,而摧渎激扰之者又至,他日纷纷,上下天怒,莫谓臣等今者不言也。无甚悚惧,恳祈之至,谨具题以闻。

奉旨:"卿等所奏,朕知道了。"

工部主事张有德奏请册立太子。皇上令："罚俸三个月……于万历二十一年再行册立。"工部尚书曾同亨复请明春册立，勿改期。并请罚治不能率属。

皇上谕："小臣枉肆妄言，卿等如何不行训诫，反来聒激①救扰？册立已有旨，卿等安心供职，勿得妄言激朕。"二十一日，几位阁臣一同题请明春册立太子。家屏为之作《请无更册期揭》：

　　谨题，臣等窃惟，册储大典前已恭奉德音：于明春举行，不许诸臣激扰。故一岁以来，大小臣工咸遵守成命，肃然无敢哗者。不意工部主事张有德，偶以造办钱粮系其职掌，陡然具疏奏请。臣等正恐干冒宸严，有妨大典，不得已亦具一揭上进。意谓臣等之揭可备上裁，则有德所言不烦省览。讵意部臣既失之轻率，而臣等又欠于周详，致咈圣衷，特蒙诘责，将册期改于二十一年。臣等战兢震越，殆无所容，岂敢复有陈说？第臣等浅陋，止以秋冬将近，正当传办钱粮之期。何知圣虑所存，有过圣节举行之意。诚知皇上有此美意，臣等方将顺之不遑，岂烦词之敢渎？在臣等轻率奏扰，于罪本无所逃。但皇上成命已颁，大信岂容或爽？若因臣等之请，遂更册立之期，则大小臣工所累疏劝之而不足，以臣等一疏坏之而有余。求速而反迟，将行而忽止。臣等不但得罪于皇上，得罪于宗社，而得罪于中外臣民、天下后世亦不浅矣。

　　伏望，皇上悯臣等愚昧，特霁严威，念大典久虚，难稽岁月，复申前者候明春之命，践今者过寿节之言，仍准于二十年行，宣示臣等遵守。臣不胜惶悚待罪之至。

皇上谕："已有旨了。"

礼科给事中罗大纮题请来岁立太子。皇上命："罚俸三个月。"

二十二日，申时行奏："为抱疴沥悃，八恳天恩俯容休致，以全余生事。该臣具奏乞休除前二十余疏外，今又七疏，未蒙俞允……"申时行八疏乞休，不允，谕："还着九卿催促，亟出任事。"申时行以病势缠绵，乞假调理数日。申时行上密揭，说："阁臣建储公疏，初不与知，不宜列名。至于近事，漫无可否，但云社稷之计，裁自宸衷，毋惑群言。"

---

① 聒激：拍手叫好。

第五十一章　时行上密揭外泄　　　　许国准回籍调理

皇上为申时行密揭特降旨："览卿所奏，朕已悉知。建储之事，已有旨了。卿可安心调摄，即出赞襄。钦此。"也不知什么原因，皇上特旨连同申时行的密揭错发到了礼部，到了礼部给事中罗大纮手里。

申时行得知密揭被送至礼部，便遣人以自己欲睹御札为由，取回原揭。罗大纮见申时行不还，登门索之。不与。

罗大纮十分恼火，上疏说明情况："观时行密奏，遁其辞，以卖友；秘其语，以误君。阳附群臣请立之议，而阴缓其事，以为内交之计。陛下尚宽而不诛，高庙神灵必阴殛之。乞与臣一并罢斥。"

皇上下旨："元辅奏揭，原为解朕之怒，非有别意。罗大纮见前所逞私臆不遂，因借言污诋辅臣，况屡旨不许激聒以迟大典。罗大纮明知故违，好生可恶，着降边方杂职，不许朦胧升转。"

申时行乞假调理期间，听说罗大纮有疏论，不知所言何事，会许国和家屏后方知原委。

申时行随即上疏，说："病中一揭所奏批答，取回尊藏，罗大纮遂以为欺君玩法，此未察臣心事，未考阁中旧规也……阁臣题揭，或别奉答谕，或就批原揭，各留阁中，此乃相沿旧规，维时臣不在阁，文书官遂将臣揭并各本一同送科臣，原据实而言，何敢欺谩？取回送阁尊藏，何敢私匿？乃以为欺君玩法，不已甚乎？伏乞允臣退休，幸甚。"

申时行又说："臣何尝有毋惑群言之语？原揭具在，查阅自明。"

得旨："卿屡请册储，备极忠恳，顷具揭宽解朕怒，更切调停，批札收藏，自是阁中常事，诬奏的已有旨处了，卿宜早出佐政，岂可避谤求归？吏部知道。"

礼科都给事中胡汝宁上疏。"昨日揭帖一事,说是许国进揭,若先与申时行说知,必有酌处,乃未告知申时行,而列其名于首,是许国先失之也。且阁帖不必送科,而送科未必无意。揭既落科,而申时行亟令索回,不欲拟抄,乃见其有成心矣。此申时行后失之也。乞严谕二臣,协恭和衷,羽翼元储,以全君臣始终之义。"

皇上谕:"二臣辅政多年,同心共济,所奏揭帖,各失于意,有何嫌隙?姑免究。"

九月二日,申时行又上疏,乞恩容宥言官,以息群议。

"罗大纮论臣,奉旨降谪,臣不胜惶怵。又闻都给事中胡汝宁等疑臣与同官许国自相戕陷,臣又不胜愧惕。

"古之人有上殿相争如虎,下殿不失和气者,方其争时能无此是彼非、甲可乙否者乎?而终不失和气者,以其心在公家,非为私事也。臣与臣许国词若相左,而意实相成。总之,欲挽回上意,赞成大典而已。今以道路之讹言谓为嫌隙,以婉曲之愚计谓为戕陷,不亦冤乎?胡汝宁在省日久,尚不知臣,何况大纮新进,未谙事体,虽疑臣太过、责臣太苛,而心本无他,情或可恕,且同官王锡爵素称其志,臣亦对尚书陆光祖力荐其才,谏席未温,遽遭严谴,臣不能不为之惜也。伏望皇上念系言官,姑从薄罚,免其降调。上可以昭圣德之宽容,下可以逭臣遇之罪戾。"

得旨:"卿以元臣当轴,忠谋密议,匡益弘多,同列所共信服,和衷之谊,当非浮言可移。罗大纮肆口诋排①,薄示谴责,岂须申救?宜遵屡旨勉出赞政,用副倚毗。吏部知道。"

就在九月二日,许国也因"素望不孚,动遭疑谤,恳乞罢斥,以谢人言"上疏,说:"臣在阁与同官家屏办事,接得礼科都给事中胡汝宁揭帖,论臣与首臣申时行不协,彼此相戕②,宜谕以和衷,速令省改。臣读之,不审所谓,不胜惊愕!臣自辛酉与时行同乡举,先后登朝历三十余年,同年、同馆、同官、同志,无纤毫嫌隙,无丝缕猜疑。独因旧年因争论西事颇有异同,然实为国家,非有私怨……即昨揭帖一事,臣以圣谕明春册立,造办及期,而时行抱病未出,恐缓不及事,有误大典,故具揭帖署名以请。未暇为时行虑也。时行具

---

① 诋排:诋毁排斥。
② 相戕:相互争斗,相互伤害。

揭自明，亦以时方卧疴，乃臣等署其名，不及与知，亦未暇为臣等虑也……夫册立盛典，臣之揭欲请皇上之断以早慰神人之望，为国本计也。时行之揭恐激皇上之怒而愈缓册立之期，亦为国本计也……伏乞皇上鉴臣之无他肠，悯臣之有衰疾，早赐罢斥，以终余生。"

得旨："卿忠诚直亮，遇事辄言，不存形迹，朕所鉴知，正赖谋断相资，共图康济，岂可偶因疑谤，遽此求归？宜即出辅理，慎勿介怀。吏部知道。"

中书舍人黄正宾上疏，说："臣睹申时行所进揭帖与所奏本大相矛盾。其揭云云，以请册立原非其意，而辅臣许国代书之，总恐犯首事之罪，而外欲博建立之名。万一激渎上怒，必将归咎于两辅。惟知排挤同官，而不计其丑状至此，乞严加罢斥。"

得旨："黄正宾以卑官擅言国事，诬论辅臣，内必有主使之人，着锦衣卫拿送镇抚司打着究问。"

九月四日，申时行又以攻讦朋兴，危机可畏，恳赐罢斥上疏。

疏中说："夫臣之揭固在阁也。黄正宾从何得见？述之如此其详，而又将揭中所称'圣意已定，谕旨已明'及'勿因小臣妨误大典'等语皆削不录，此则巧文深诋，立标鼓众，欲使人心之愤怒皆集于臣，群口之骂詈尽归于臣，则臣虽身为齑粉，何以谢天下？

"伏望皇上特垂乾断，先将臣罢斥，以为失言之戒，仍乞皇上坚持昨年之明谕，以慰四海臣民愿望之心，勿以小臣妄言而迁改，早示来春之吉期，以培万年宗社延长之庆。"

与此同时，许国以感恩悔罪，再疏乞归。

疏中说："臣误随小臣之后，竟忘首臣之规，蹈聒激之烦，犯迁延之戒，上干圣怒，遂改前期，以致首臣不安，多言竞起。罗大纮移怒于时行，而有丑诋之疏，胡汝宁归怨于臣国，而有戕陷之疑，皆臣愚所自取，至衅孽之滋多，千指有余，万悔无及，虽横分碎磔，不足以快天下之心，虽远窜穷投，不足以泄天下之愤。

"伏望皇上察臣事之偶误，怜臣心之无他，毋以一夫之轻言，遂妨九庙之大计，仍复明春之定期，勿改诞后之初意，以慰四海普天之望，以安首臣危疑之心。臣即伏斧锧①、流荒裔②，固所甘心。"

---

① 斧锧：古代刑具。行刑时置人于锧上，以斧砍之。
② 流荒裔：指被流放到边远地区。

皇上令文书官李文辅到内阁发下申时行和许国二臣乞休本，谕家屏拟票。家屏详看二疏，遂写《请定册期以留辅臣揭》：

谨题，今日文书官李文辅到阁，伏蒙发下首辅臣申时行、次辅臣许国乞休本，命臣拟票。臣详看二臣疏词，皆因明春册立一事劝请未谐，以致群口嘵嘵，疑谤蜂起。此二臣所以不安其位而求去也。

臣念此事数年之间两京大小臣工奏请非一人，仰望非一日矣。自臣去冬守阁，恭奉圣谕，定以今冬造办钱粮，明春举行册立，传示诸臣勿复聒扰。以此一年以来，肃然无哗，颇觉安静。不意主事张有德冒昧渎奏，干犯宸严，致改册期，移于次岁。于是群情惊诧，猜议横生，咸归怨二臣：谓臣国不宜轻率奏请于前，臣时行不宜宛曲依违于后，且谓二臣志意不协，彼此相戕。若罗大纮、胡汝宁、黄正宾等疏是也。

夫二臣揭有先后，心无异同。总期于感格圣衷，赞成盛典而已。乃今揣摩百出，诬蔑多端，虽皇上已惩妄言之罪，终非所以安二臣之心也。盖群辈所以攻排二臣者，不在其两人嫌忌之间，而在于皇储册立之典。册期不复，则疑谤不休；疑谤无可解之时，则二臣无可出之日也。皇上纵欲严刑峻责，以惩谤议而留二臣，而一罗大纮退，一罗大纮出；一黄正宾去，一黄正宾来；皇上亦安能日日而厉惩戒之威，日日而降眷留之旨乎？

臣愚不揣孤陋，吐竭忠言。望乞皇上循省初心，坚持大信，仍将册立大典定拟来春。庶明谕朝宣，群嚣夕寝。二臣闻命而即出，百官翘首而均欢矣。若徒照常拟票，臣恐皇上之留旨虽频，二臣之奏乞未已。无论阁务委积，非臣独力能当，即批答频繁，亦非臣一人之所能办理。所有二臣原本连揭封进，伏候圣裁。臣不胜战栗待命之至。

之后，申时行疏得旨："卿忠猷谋划，朕已洞知，若使奸小之辈如卿度处，何误大典，册立之旨，以示明白，不可再烦，以迟厥事。卿可即出佐理，不得以借此妄诬之语介怀，吏部知道。"

许国疏得旨："卿前次误随小人之后以迟大典，今又烦激，意实何也？可即出赞理，不得以此挟君托故。吏部知道。王家屏亦以储贰①未立，人言无已，

---

① 储贰：亦作"储二"，指太子。

虽严加谴斥,而旋斥旋言,安能日厉谴责,疏乞明示,拟定来春,以安二臣之心!"

这几日阁中事务繁忙,石星改任兵部尚书,杨俊民任户部尚书。

阅视大臣陆续回京。阅视固原的张栋上疏称:"扯酋负固不归,经略玩寇贻患。乞先斩王志宝,以为卖国者之戒。"郑雒揭帖至,却说:"扯酋率众东归,诸酋复还松套,其所未获独火酋、真酋耳。"兵部称:"郑雒经略已有次第,仍令他移住近便,会同各督抚,务成斩获之功。"皇上认可兵部此议。

于慎行、杨俊民求去位。不许。

阅视宁夏的周弘禴题:"陈学曾所当休致,梁问孟当罢,钟化民当改调。"从之。又题,"全陕民屯钱粮,积年拖欠,听抚臣酌定应征、应蠲,务于应征内督催,遵限通完……钱粮问题亟待解决。"

魏学曾阅邸报,邸报上有一段:"皇上怒扯酋之变诈,着经略勒限驱逐,再不遵即绝赏革封,行大同、山西捣巢。"于是上疏,向皇上表态:"臣当督将吏勠力逐虏,即劳瘁至死,亦所甘心……听臣之言而不能驱虏出边,愿治臣以不效之罪,以为尝试者之戒。"

史、车二酋叛去,纠夷要挟。令蓟镇宣大督抚官捣剿,谕安兔二夷不得助逆。

将在外,终日为全军钱粮盘算。

叶梦熊会同郑雒题称:"见驻客兵并家丁至年终尚欠饷数月,民运拖欠至四十余万。合将延庆等二府籴本开荒支剩银,并买粮银;兰州见贮马价支剩银共有八万四千,悉准动支。尚有陕西巡茶、河东巡盐等官十七年赃罚册内剩银一万七千两尽数接济军需。"皇上从之。

家屏一人在内阁忙得不可开交。九月五日,家屏晕倒在从内阁回家的路上。九月六日,家屏上《给假调理疏》:

> 谨奏,为卒感痰厥不能赴阁,乞恩给假调理事。
>
> 臣素患痰火,时发眩晕。顷因同官注籍,单身守直,章牍纷委,办理不前,惶惑怔忡,心神迷乱,于昨初五日昏黑出阁,归至私寓,陡然厥逆,一仆几危。见今昏卧匡床,乍醒忽晕,委难趋阁办事。恳乞天恩,准臣给假调理,庶获生全。臣无任战栗控祈之至。

同日，许国上疏，回复圣旨："蒙皇上不加诛戮，责之赞理，臣感恩省过之不暇，又复何辞？但臣之一念有不得不自明者，敢为皇上陈之。昨册立一事，累奉明旨，决无改移，臣日侍帷幄乃不谅圣意之久定，成命之将行，辄随小臣冒昧渎奏，臣之罪也。然臣受皇上之委任甚重、恩遇甚隆，非诸司远臣可比，凡有见闻，义难隐默，况元子册立、及期讲读未备，臣上感皇上之眷知，下迫缙绅之诘责，故不觉烦言，冀回天听，亦臣自效之职分也。臣事君惟忠与义，固不得越俎而生事端，亦不得括囊①而亏职业，区区素心，以此自担，若挟君者无上，托故者自欺，此人臣之大戮②，盛世所不容。臣虽至愚，非特不敢，亦有所不忍也。独念臣齿发向衰，心神愦乱，语言无序，致触圣聪，惴惴不知所出，倘复顾恋，不自引退，是臣但知高爵厚禄之为荣，不顾窃位素餐之可耻，其为自弃名教，有辜任使，罪益大矣。恳乞圣明察臣悃诚，言无矫饰，速赐罢归，以为人臣不能奉职者之戒。"

得旨："览卿所奏，因册立之事，卿乃不谅成命有期，误随小人进言恬激，以致朕怒。阁务繁重，宜亟出入阁办事，弗得推诿，遂谋身之计，以副眷怀。吏部知道。"

皇上又让吏部尚书陆光祖捧圣意传示申时行、许国、家屏三位辅臣，说："朕近年以来因痰火之疾不得举发，朝政久缺，心神烦乱。昨因张有德违旨渎扰，以致朕怒。卿等正宜调元赞化，寅亮天工，反随小臣雷同附和，朕岂不怒？自古宰相协和，然后可以保国。卿等今各为身谋，不为国计，意欲高蹈，置朕孤立，则天下国家、万民庶政望谁理乎？忠君者顾如是乎？昨家屏在阁，今日陡然有疾。册立之事，昨已明白传示，父子至情，岂不在心？今四方多事，阁务繁重，卿等宜遵屡旨亟入阁，共成康济之功，勿得再有托陈。卿等其钦承之故谕，还着吏部传示朕意。"

于是申时行于九月七日上谢悃事本，奏第二日入阁办事。许国也于九月七日上奏，恭谢天恩，并乞宽假。

得旨："览卿奏谢，朕知道了。卿既陡患痿疾，准暂假调理数日，即出佐理。吏部知道。"

家屏也属"陡然有疾"，陆光祖到他家"传示朕意"，家屏亦上表具谢。

《谢遣吏部宣谕疏》：

---

① 括囊：扎紧袋口。喻缄口不言。

② 大戮：谓杀而陈尸示众。喻大耻辱。

谨奏，为恭谢天恩并陈愚悃事。

本月初六日，钦奉皇谕："朕近年以来因痰火之疾不时举发，朝政久缺，心神烦乱。昨因张有德违旨渎扰，以致朕怒。卿等正当调元赞化，寅亮天工，乃宰相之职分，反随小臣雷同附和，朕岂不怒！自古宰相协和，然后可以保国。卿等今各为身谋，不为国计，意欲高蹈，置朕孤立，则天下国家、万民庶政望谁理乎？忠君者顾如是乎？事君者抑如是乎？昨家屏在阁，今日陡然有疾。册立之事，昨已明白传示。父子至情，岂不在心？今四方多事，阁务繁重，卿等宜遵屡旨亟入阁，共成康济之功，勿得再有托陈。卿等其钦承之故谕，还着吏部传示朕意。钦此。"

该吏部尚书陆光祖到臣私寓，恭捧宣示。缘臣病不能兴，伏枕叩头谢恩讫。

伏念，臣参联禁近，忝沐殊恩。循揣虚庸，惭乏寸效。术既疏于格主，才更诎于匡时。偶因册立之期，曾奉传宣之命。猥欲赞成乎盛事，不图咈逆于上心；误大典以忧惶，感宿疴而委顿。方申哀控，获蒙赐假之恩；随荷眷存，特需敷言之训。昨日在阁而今有疾，迹诚莫逭于严诛；不为国计而为身谋，念何敢萌乎高蹈？宸章涣锡，诵服知荣。天宰敦临，趋承恐后。苟职分之可尽，忍自外于协和！即时事之多艰，当共图于康济。第宗社大计早定，则国本不可摇；父子至情豫全，则众口不能间。尚有望于决策，非徒念之在心。意圣度不难于转圜，岂臣愚敢安于卧褥？臣不胜感恩激切之至。

皇上降旨："览卿奏陈谢悃，朕知道了。阁务繁重，章奏壅滞，卿宜即出佐理，毋得固辞，再有托陈。吏部知道。"

九月九日，申时行上疏，十恳天恩，放归田里，以全余生。

疏中说："昨承君命力疾勉出，以尽臣子之心。其实病根尚未脱身，人情尚多侧目，臣之进退实为两难。又该御史邹德泳论臣理应自陈待罪……德泳知臣甚深，论事甚当，其言似当允从。伏乞皇上俯察愚诚，特准休致，以全臣节，以息人言。"

皇上降旨："卿耆硕元辅，德望优隆，经济时艰，勋猷茂著，朕所鉴知，小人妄言，卿何须介怀。卿今屡疏乞归，岂不思朕眷倚？况阁务久虚，章奏盈几，卿其思之宜即出入阁辅政，勿得再有托陈。吏部知道。"

皇上又令鸿胪寺给申时行送去圣谕："迩来四方多事，大小臣工正当镇静，不意奸邪小人佞言烦兴，尊卑陵夷，国是纷纭，诋诬丛生，谣议大臣，以致卿心不安，密务枢机之地全赖忠良之臣。卿为朕股肱，正当任劳而理国，岂可因毁怨而息肩？况周公不免管蔡之流言，孔子至圣尚遭毁誉之谤，且宰相之量容纳百川，卿雅度冲襟，董率百僚以厌封疆之难，岂可托陈而求退？还着鸿胪寺官宣示朕意，宜即出，入阁办事，勿负朕眷注至意。卿其钦承之故谕。钦此。"

王锡爵于六月二十四日辞朝出京，以假归乡省亲，他已在钦差的护送下平安到家。今日钦差之一返回京都，将王锡爵感激天恩恭陈谢悃的奏疏呈上。

得旨："览卿奏谢，朕知道了。今四方多事，国务孔殷，卿问慰事毕，宜遵前旨，如限前来供事，以副朕悬思至意。礼部知道。"

是日重阳节，赐辅臣上尊珍馔。

十日，申时行再上疏，说："臣自初六日奉谕之时稍能扶掖而行，即欲勉强以出，故于谢疏已布，下枕及闻御史邹德泳有言，理当待罪，夜中草奏，忽冒风寒，体热如燔，骨痛如束，求汗不得，困惫难支。当此烦言横兴已不胜内忧之迫蹙迨兹沉疴稍减，又复遭外感之侵凌，是臣命数迭遭灾殃凑泊，造化忌其盈满，鬼神降之凶危，即欲竭蹶以任劳，岂能匍匐而趋召？"

是日，许国以"衰庸不厌众望"为词，四疏乞归。

"闻御史邹德泳论臣年迈当去，臣心服其言。且谓臣心常善忘，名为伴食，滥宠逾溢，坐待丧身。此其知臣甚真，其爱臣甚至，虽使臣自陈，亦不过此。顾臣揣己量力，欲乞骸骨之日久矣，然犹贪恋盛时，未忍遽去者，盖以受恩之日长，报称之义薄。思得一当，少自塞责，此臣之素心亦职分也……臣学不足以格心，才不足以图事……况臣年逾六十，血气尚衰，无鬻熊①之老谋，有师丹②之忘事，即犬马之心未忘，自效而力已不能矣……皇上俯察微诚，放回田里，将前邹德泳疏特赐施行，是臣虽去犹甚荣于臣之留也。"

奉旨："册立之事朕自有定拟，小臣激阻，卿为次辅正当调停度处，反为附和，朕一时之怒，言语急迫，为人臣者宜当忍受，如何屡次求退，以致废政壅滞？卿即称痿疾，准回籍调理，着驰驿去。病痊之日，着府按官具奏召用。该部知道。"

未经申时行同意，三辅臣联名上疏请册立是家屏和许国二人所为，因此而受到惩处，应由两人共同承担，不能归咎许国一人，家屏援引许国"准予回

---

① 鬻熊：又称鬻熊子、鬻子，楚国开国君主熊绎曾祖父。
② 师丹：西汉大臣、政治家。

籍",上《乞与次辅并免疏》,乞休、去位。

  谨奏,为传旨不实,致误群僚,乞恩概赐罢归,以塞众望事。
  臣方以患病在假调理,忽于今早接得同官臣许国一本,为衰庸不厌众望,四恳天恩特赐骸骨事。奉圣旨:"册立之事朕自有定议。小臣激阻,卿为次辅正当调停度处,反为附和,朕一时之怒,言语急迫。为人臣者宜当忍受。如何屡次求退,以致庶政壅滞?卿既称痿疾,准回籍调理,着驰驿去。病痊之日,着抚按官具奏召用。该部知道。"
  臣不胜惊悚,不胜震栗,切念,阁臣辅导,谊均一体,有罪斥罚,不宜异同。臣与国并厕机庭,协襄政务。即顷册立之事,国与臣居平,商议数矣。国始具揭时,臣实赞之。属草揭既具,臣实与之连名,其始谋同也。上揭之日,适值主事张有德疏至,初恐事势促迫尚在逡巡,已见事机凑合难复延缓,其从小臣之后附和同也。既冒天威,致廑谴责,不思调停度处,从容转旋,徒以雷霆震惊,不遑宁息,遂引罪自劾,移疾求归,以致庶政壅滞,其耽误阁事之罪抑又同也。臣罪既与国同,则罚不应与国异。今国既荷圣恩准其回籍,乃臣未蒙罢斥,尚此瓦全,在国体非所以示平,在臣愚能安于幸免?况国今日之所请,本臣前岁之所传。臣前奉德音,业有成命。国等不过遵皇上之大信,订册立之定期。事匪无端,言实有自。今国等过听臣传宣之言,遂干上激聒之怒。则所以误国于有罪之地者,始终皆臣之为也。臣不传宣于前,国何据以为请?臣不怂恿于后,国之请必不坚。由此观之,误国于罪者,非臣而谁?
  且臣非独误一人而已。自传圣谕以来,部科以回话夺俸矣。侍郎黄凤翔以忤旨放归矣。近日言官如罗大纮、锺羽正等,并以争议册期蒙上谴责。从此争议愈众,谴斥愈多,则何莫非臣传宣之不实误之也!又不独误大小臣僚而已。以皇上之美意既定而复摇,以册立之吉期既届而复改,所以改宗社之大计者,亦由臣传宣之不实致之也。然则臣之罪不但当与国同罢,虽加以斧钺窜诸遐荒,犹未足以安九庙之神灵,快四方之觖望也!
  臣忧危并至,殃咎兼摧,委顿匡床,喘息仅属。谨伏枕力疾,披控血诚,伏乞皇上垂悯迷冥,兼察衰惫,将国留用,放臣早还。或并赐罢归,俾分任罪戾。臣不胜陨越待命之至。

  皇上不许。谕家屏:"近来小人狂肆,不遵谕旨,阻挠国事。元辅因险邪小辈,假以建言,倾陷成风,朋谋攻击,以致羁滞忧病。朕屡谕,未出视事。昨令鸿胪寺官催促,奏云感冒风寒,是以暂准调理。其二辅恳称屡疾,特准回籍调理。今内外章奏,每日朕自亲览,应行的朕自批拟,其中边方重务、品骘官员、紧要文书,自初六日至今,堆积盈几。是朕孤立于上卿,可忍乎,孰不可忍乎?书云:'君逸臣劳',用臣犹子代父,卿逸卧在家,心可忍乎,不可忍乎?卿前有疾,近闻稍瘳,着鸿胪寺官悉示朕意。遵旨:携饵扶掖,入阁办事,以慰眷怀。庶政务不致废坠,弼赞有赖,毋再有托陈,以旷治理。钦哉!"

皇上让家屏"携饵扶掖,入阁办事",朝中诸多正直大臣也不愿家屏辞朝而去,赵用贤等纷纷对家屏进行劝说,甚至表示,家屏若辞朝,他们也辞朝。

家屏修书《答赵定宇宫谕》:

某资识迂愚,暗于世调,趋舍臧否,与俗异同,心所不然,言弗敢讳,此其所蔽也。若一念朴诚,则以为事君交友皆当勿欺,使心一是非,口一是非,羞肺肝而愧衾影宁死所不能为也。起家一年日侍三公左右,才技短拙,无能少分,献念则有之,而事关国体,言出公论,心之所知,其不可者未尝不尽言相告,自以为忠于三公矣。主上朝讲久辍,储位久虚,章疏多停阁不下,而日闻掖庭鞭笞之声,不佞以为此非细故也。会时亢旱引罪自劾,冀以一去感悟圣心,又自以为忠于皇上矣。乃昨岁一疏入未下,仅蒙宣谕忠爱,许以卜日出朝,而止其事载之起居注中,可考也。今岁第一疏上,九日而后下,第二疏竟不下,据内阁言,则以为忤上意也,据人言又以为非上意也。而纷纷之说杂出,不佞恶从而知之,惟一去可自决耳,乃疏再引疾以去,又不许,而会圣上三出视朝,三公以为圣意方有回旋之机,不可悻悻求去,乃此暂留,而腼冒①则愈甚,愆尤②则愈深矣。语云:事君数斯辱,朋友数斯疏,不佞盖两蹈其失焉,而何敢以不肖之迹厪门下省念乎。及奉密谕慨惜时事,言言中膏切情款此正不佞所仰屋而叹,而向所尽言相告者,亦居半矣,以当事者之高明,岂不内照而一齐众楚如咻之者何?门下德望学术三老所推,方望以箴砭之言相切磋,或宜尊信而可轻言去哉,亦非不佞所愿于门下者矣。旋遽手占附报,并谢心教,外四君子者,不佞素所雅重,敢不皈依。

---

① 腼冒:羞惭冒昧。
② 愆尤:过失,罪过。

张一桂也劝说家屏，家屏修书《答张玉阳年丈》：

伏奉珍诲，諰諰盈楮。凡为君国谋，及为不肖弟谋者，委曲详尽，非道义至爱，安从闻此言乎？顾所云，潜消默运功夫，虽非弟疏卤可及，而濡忍则已久矣。三数年间，无论弟言轻不入，即阁中一切揭奏，何尝蒙皇上省纳者，岂惟不纳，少有咈逆，辄被谴责。如昨年处颖老事，是已。阁臣见轻一至于此，弟诚慕与颖老共弃，不愿效他人阿意取容也。况册立之期，弟曾传奉明旨，操之如左券，然皇上可以此诳弟，弟敢以不信之言诳天下士大夫乎？用是褊志陕中不胜悸悸之，鄙思以一去成皇上之信，伸阁臣之体，即弟去而阁中之体貌尚存，翁丈与诸公即日受事，尚可措手其意，颇欲自勉，而不虞其决裂，遂至此也。偾事之罪，可胜言哉！然弟之当去，更不止此。翁丈会且自知。自古及今，未有一柄众持而能为政者，况持之者非止一辈乎！势不得为才，不能为，固宜引身而去，以付贤者，不应尸位误国也。鄙见如此，不知当世贤士大夫能见原否？惟可诉之翁丈也。窃意主上圣明，幡然甚易，诚使不肖弟去而得大贤如翁丈者，相与共兴太平之业，弟即在草莽有适焉！颙伫，颙伫。

第五十二章　时行恳乞 终放归田里
　　　　　　皇上亲点 又新增辅臣

家屏上《谢遣鸿胪宣谕疏》：

谨奏，为钦奉宣谕，恭陈谢悃事。

本月十二日，伏蒙圣谕："近来小人狂肆，不遵谕旨，阻挠国事。元辅近因险邪小辈，假以建言，倾陷成风，朋谋攻击，以致羁滞忧疾。朕屡谕，未出视事。昨令鸿胪官又催促，奏云感冒风寒，是以暂准调理，其二辅恳称痿疾，特准回籍调理。今内外章奏，每日朕自亲览，应行的朕自批发，其中边方重务、品骘官员、要紧文书，自初六日至今，堆积盈几。是朕孤立于上卿，可忍乎，孰不忍乎？书云：'君逸臣劳'，用臣犹子代父，卿逸卧在家，心可忍乎？不可忍乎？卿前有疾，近闻稍瘳。着鸿胪寺官宣示朕意，着遵旨携饵扶掖，入阁办事，以慰眷怀。庶政务不致废坠，弼赞有赖，毋再有托陈，以旷治理。钦哉！"该鸿胪寺卿杨宗仲恭捧到臣私寓宣读。臣谨焚香望阙叩头，承命讫。

伏念，臣之事君，如子之事父。大义本无所逃。臣伏君劳，如子代父劳，至情尤不容已。臣虽性资愚昧，未明天地之常经，然而恩遇优隆，实感乾坤之洪造。前后在阁计已五载有余，出入循规，何敢一日偷惰！止缘顷者，劝请册立，未协上心，以致疑谤纷纭，横生物议。臣内既不能赞襄乎圣断，外又不能镇戢乎群嚣，寮友被构而无计解纾，机务积棼而莫能剸剖。是以忧惶交至，寝食俱妨，由精力之不支，故疾疢之骤作，势不得不请假而调摄也。乃不图元辅以羁忧在告，未即出门；次辅以痿疾乞休，特准回籍。遂致内外章奏堆积，充满于公车；紧要文书批发，悉烦于圣览。

据臣误国之罪,奚逃旷职之刑!荷宣谕之自天,诚措躬而无地。第尫羸病骨,虽若歉于代劳;犬马贱躯,何敢耽于逸卧!臣可忍,孰不可忍!凛焉一字之诛,心可安,身不可安!惕若十行之札,臣敢不祗承谕戒,肃奉训词,乘沉痼之稍瘳,携药饵而即出。庶力办乎政务,以仰慰于眷怀。敢复托陈久虚弼赞!惟是辅臣忠于任事,不独在簿书筐箧之间;圣主逸于任人,当深惟宗社本根之计。倘数假之词色,其何爱于发肤!

所有颁赐手谕,容臣尊藏,以为镇家之宝。其报名朝见,定于一二日内以遵入阁之期。

臣不胜感激瞻荷之至。

得旨:"览卿奏陈谢悃,朕知道了。机务繁重,国事劻勷,正赖卿分犹赞治,卿遵谕明晨疾出入阁佐理,深慰朕怀,勿得再有托陈。吏部知道。"

是日,申时行上疏,为久病旷官,忧危日甚,十一恳放归田里,以全余生。

疏中说:"臣气血已衰,精神益耗;忧思内结,疾疢外侵。即今困卧月余,才能起立,方图勉出,又感风寒。旧恙未平,新疴复作。且人言未已,物议滋彰。以数年劝导之苦心,蓦被无根之谤;以一时调停之微意,翻蒙不白之冤。有口不能自明,何颜可以就列?臣病躯如此绵缀,心事如此忧危,意气尽惰,方寸已乱。至于密勿重地,虚无一人,而不能强出;诸司章奏停已数日,而不能佐理,尚可以称股肱之臣,厕枢机之任乎?臣又有至苦者,臣母远在家乡,近婴衰疾,望臣归视,以日为年;先人丘陇,近报水侵,祭扫不亲几三十载矣。臣忠孝两负,何以为人?惟有仰天叩心,伏地待命而已。惟皇上特垂矜悯,俯允放还,臣去有主荣,没有遗憾。臣不胜激切哀恳之至。"

奉旨:"卿尝上密揭屡言储位久虚,劝朕早立,以固国本。朕久已在心,不意小臣要名渎激,以致朕怒。卿等见小人妄言,纷纷求去。即今四方多事,正赖卿与朕分忧,今屡疏乞休,朕慰留再四,卿急迫愈恳。兹特准暂回籍调理,痊可之日,着抚按官具奏召用。着驰驿去,还差官护送。该部知道。"

十三日,家屏入阁办事。又呈见朝揭:

谨题,臣偶感宿疴,致停阁务,赐假调摄已逾数日之期。降谕传宣。特奉十行之札。恪遵严命,勉策衰躯,谨扶掖以趋朝;庶拮据而供职,于今早恭诣午门前,廷谢礼毕,到阁办事。

臣不胜感戴天恩之至。

家屏正待收拾积压章奏，忽然接得申时行十一恳乞放归田里本及皇上给申时行所下圣旨，面对不三日间二辅臣相继谢政，家屏急忙为乞留元辅上《请留首辅疏》：

谨奏，为时事多艰，阁务积滞，恳乞留任首辅，以重政本事。

臣昨恭奉宣谕，方拟报名朝见，入阁办事间，忽接首辅申时行一本，"为久病旷官，忧危日甚，十一恳恩放归田里，以全余生事"。奉圣旨："卿尝上密揭，……钦此！"

臣不胜惊遽惶悚。切念，密勿重地，军国繁机，往者四辅备员，仅能办理。自顷，首辅时行以烦言排诋注籍乞休。数月以来，机务积棼，顿觉丛脞。臣与次辅国方朝夕督趣时行，望其早出，共襄国事。不意国甫蒙恩以去，时行亦即得请而归。不三日间，而二臣相继谢政。即在承平无事之日，辅弼不可缺人。况当艰难多故之时，老成岂容轻去！即今南倭北虏，烽羽腾传。水潦蝗螟，灾伤迭奏。是惟时行资识敏练，尚可以剖决纷拿；器度冲夷，尚可以燮调缓急。如臣尪膄病骨，既难以一身而胜办理之劳，即得梦卜新贤，亦何能以仓促而奏剸裁之效！三公并罢，枢轴之地为空；一老不遗，股肱之臣安在？

伏望皇上念朝廷举动系四海观瞻，大臣去留关国政理乱。亟谕首辅勉抑遁思，俟四方稍宁，再图高致。朝省幸甚。臣愚幸甚。

臣不胜激切恳祈之至。

皇上为家屏降旨："览卿所奏，元辅朕之股肱良佐，辅弼纯臣，纳诲启沃，朕方攸赖，不意小臣朋谋攻讦，排诋烦兴，以致元辅忧忿成疾，乞休之疏凡十余上，朕不得已，暂准回籍调理，痊可，抚按官具奏召用。卿殚忠为国，勉留元辅，深体朕意，朕知道了。吏部知道。"

御史马朝阳等申救罗大纮，皇上余怒未息，每人被夺俸一年。

申时行上疏谢天恩放归。又题："臣仰窥圣意必谓阁中乏人办理，犹欲以臣备员，但臣衰病已成，人言未息，委实难以任事。窃思圣明在上，贤哲在廷，慎简预储，惟上所命。祖宗设内阁以来，有用六七人者，有用四五人者，今见在止臣等三人，或遇有时故，偶有疾病，遂至阁门昼闭，机务耽延，甚非事体。伏望皇上特垂宸鉴，博选忠贤，以充是任，使练习故典，讲求政务，以资匡赞，以备缓急。谨将相应官员开坐上请，伏乞圣明于内点用一二员，发下阁中撰敕施行。"

家屏在内阁收到申时行推举阁臣的奏本,皇上用御笔点了赵志皋和张位。家屏为之写《题新辅臣职衔揭》:

> 谨题,今日蒙发下首辅臣申时行推举阁臣本。内御笔点用赵志皋、张位。臣看得二臣器识端亮,学术醇深,才品并优,人望久属。兹蒙皇上简自圣断,拔置中司。主德允赖于弼谐,相道有光于梦卜。即臣至愚极陋之质,亦得同心共济之贤。诚不胜庆忭、不胜钦服。
>
> 第二臣资叙微有浅深,加升职衔相应酌拟。查得近例,入阁诸臣,如时行与马自强,臣愚之与王锡爵,或以尚书,或以侍郎,官衔各异。臣拟得赵志皋升礼部尚书,张位升吏部左侍郎并兼东阁大学士。谨拟敕稿进览,伏惟圣裁施行。

申时行疏谢颁赐银一百两、纻丝四表里、新钞三千贯、大红织金坐蟒一袭。

"除具疏谢恩外,今当远赴原籍,长辞阙庭。咫尺威颜,冀瞻天而莫遂,委蛇周道,将刻日以遄归。戴德南征,怀恩北望。仰祈圣算,协天长地久以无疆;徯睹皇仪,歌海润星辉而有喜。缘臣病未痊可,不能廷辞,谨遵例陈奏。臣不胜惓惓依恋之至,谨具奏闻。"

皇上降旨:"览卿奏,朕知道了。"

文书房刘宣到内阁,发下于慎行九恳求去的奏疏,皇上仍不允。

于慎行让仆人去见家屏,家屏知他归隐心切,遂写《请票礼部尚书于慎行乞骸本揭》,连同于慎行辞呈一并转呈皇上。

> 谨题,今日文书官刘宣到阁,发下礼部尚书于慎行本,为九恳天恩俯赐骸骨还乡事。
>
> 臣看得本官问学醇深,器资端谨,向侍讲帷,启沃多劳。自擢礼曹,靖共匪懈。方当勉酬知遇,懋展猷为。乃因宿疾缠绵,私忧迫切,屡求休退,委出恳诚,虽荷温旨眷留,令其安心调摄,而卧褥日久,职务渐妨,宜其辗转不宁,控辞愈力也。
>
> 如蒙皇上怜其淹病,非系托陈,望乞俯从。
>
> 臣拟票准令回籍调理,或当留用,未可放归,亦乞明示圣意,容臣改

拟。恭请上裁。

皇上终于许于慎行以老病致仕。

皇上让家屏拟敕书:"吏部赵志皋升礼部尚书兼东阁大学士,张位升吏部左侍郎兼东阁大学士,着差官行取,驰驿来京,俱入内阁,同家屏办事。如敕奉行。"

家屏乞遣官趣令王锡爵赴京辅政。上《请敦趣给假辅臣还朝揭》:

谨题,臣窃惟内阁本枢机之重地,辅弼为股肱之近臣。参佐固贵于得人,表率尤资于硕望。臣猥以一介叨陪四邻,向恃三臣在前,循行逐队,因得息肩处逸,袖手蒙成。

乃自同官臣锡爵以乞假省亲,顷者臣时行、臣国又以养病回籍。禁庐遂至于空虚,章牍不胜其纷委。虽已奉有简命增置阁臣,臣位尚在原籍江西,未能猝至。即臣志皋到阁,与臣才只两人而已。朝夕共事,固幸有所咨谋,领袖之人,终莫为之提挈。

思得臣锡爵鼎衡重器,柱石贞标,久虚侧席之怀,深系具瞻之望。今其假期既满,母病已痊,当此朝廷多事之时,似非家乡久住之日。伏乞皇上特颁优诏,亟遣专官趣令遵限赴京,纡谋赞政。庶朝纲为之振肃,而主势弥尊;国是赖以主持,而人心允服。

伏惟圣明裁断。

皇上下令差官敦促王锡爵奉母驰驿来京。

敕谕锡爵:"前者给假省亲,准以三月。昨见谢恩本,知卿母稍愈,朕甚嘉悦,今国祚多艰,边事未宁,朕是以夙夜戒惧,宜赖直亮纯臣,调元赞政,君臣协和,可以共成康济。元辅等因被人言屡屡求去,乃今阁务繁重,卿启沃朕躬,尽心报国,卿今假限已满,特差官一员……前去敦趣……钦哉。"

又差行人刘景辰取张位入阁办事。

吏部尚书陆光祖奏称:"故事凡推吏、兵二部尚书,三边总督,内阁大臣俱吏部、九卿、科道会推。近闻申时行密荐赵志皋、张位,今乃果然。虽二臣之贤不负所举,然一听独举、密荐,恐开徇私、植党之门。"

得旨:"阁臣既士论称服,足见元辅至公,后不为例。"

赵志皋以"阁臣不经会推"为由,恳辞相位。他说:"祖宗定制,凡阁臣及吏、兵二部尚书员缺，该吏部会同九卿六科十三道廷推请旨简用。今皇上特听辅臣之荐，缪及于臣，臣实惶惧不胜。且臣学术迂疎，才识短浅，若今日受命不辞，而他日奉职无状，则上累皇上之明，下负辅臣之荐，外既惭于公议，内复愧于自知，臣之罪益不可解矣。伏愿皇上念阁臣非庶职之伦，廷推为祖宗之制，容臣辞免，仍守旧官。"皇上不许。

奉旨："卿学行闻望，朕心简孚，岂必廷推？乃协公论宜遵命入阁办事。不允辞。吏部知道。"

家屏以内阁名誉，发帖请赵志皋，作《内阁请赵濲阳相公》：

伏以前疏锡命，新宣枫陛之麻；上衮升华，伫听槐阶之履。班高玉铉，名重金瓯。特膺黼扆之知，晋陟文昌之席。协人情于梦卜，百辟瞻岩；熙帝载而登庸，六符启泰。对扬宸命，预藉龙光。敬肃宾筵，祇迎台驭。宴需云而衎衎，挹湛露以瀼瀼。喜起一堂，共笃和衷之谊；燮调四序，尚摅赞化之猷。

谨启。

继赵志皋之后，罗万化任吏部左侍郎。礼部左侍郎李长春被任命为礼部尚书。沈思孝为佥都御史，巡抚陕西。李楠为陕西兵备。

王一鹗病故，按惯例处置。

萧大亨报擒获史酋妻、子，有功人员分别受到奖赏。

于慎行临离京前让仆人将家屏叫至家中，说他还乡后要为其父制作神道碑，以了却多年心愿，家屏为之写碑文。

某尝考，汉经学名家大抵多齐鲁间诸儒……乃今观于册川先生经术冶效烂焉。垂显世之烈，殆齐鲁名家，卓然可述者焉……先生生有异质，十岁能文章，受学邑中丞刘公，刘奇之，字以兄女，年十三，督学姜公，试其艺，冠。已杂他郡士试之，又冠。大见称赏饩之学宫，一时目为神童……守庆阳时……闻子慎言举于乡，遂决志归。归十年，见宗伯公偕计以其年卒。是为嘉靖壬戌十月十七日，得年五十有七。其后六年，为隆庆戊辰，宗伯公成进士，又二十年，诰赠先生如宗伯公官，而配刘为淑人……子男五……女二……所著有《册川集》六卷。

系之铭曰：有伟儒宗，凤则俊望……纪德丰碑，千秋如在。

于慎行告诉家屏,他收集恩师殷士儋生前的著作,参与编写的《金舆山房稿》十四卷业已完成,即将刻印,家屏为之写《金舆山房稿序》:

今之名文章家殚精①坐驰万景,上摹百代,皆讬之乎不朽。盖臧文仲称不朽者三,言乃其最。下而刘勰论文有三:曰政化,曰事迹,曰修身。而撰造不与焉。

今所谓文者不能加于古之撰造,而古人视撰造第文章之余耳,文章视古立言为余言,视功德又为余然。则今之所谓驰万景而摹百代者,乃古人之所余,三累②之下者也。

吾师殷文庄公没七年,而邵中丞始刻行其集。集中若疏、若颂、若讲义及诗、若文共十四卷。其大者,启沃宸聪,损益典礼,高文大册,焜耀金匮石室之上;而细者,诠序景物,品隲今古,登高而赋,饯别而慨,体膂鲁之裾驯,兼燕赵之悲壮,采吴越之婉丽,以争胜于历下、娄水之间,要以蓄极而发,积厚而流,无意于为文而文生焉。

不佞既受而卒业,则伏而叹曰:"勰之作称在兹乎,然是先生之余耳。先生当肃皇帝时,推择为青宫师保,及庄皇帝践阼③,以旧学膺爱立之命,所以斧藻圣谟,斟酌元气,宏猷巨烈,格于黼扆,而隐于人耳目所不及者,不可胜纪,及先生拂衣去,而天下争以不究其用为恨然。先生雅意,用世,能用而能不用。语曰:"德之积以为身,其余绪以为天下,惟用之天下,又敛之于身,而德乃余。"先生其有合于立德之旨耶。说者以为先生用有所未究,故郁郁勃勃,泄为文章,若造物以千秋之名,偿其所不足者。顾先生安所不足也!夫燮和论道,其政立矣;纪往诏来,其迹著矣!束发澡行,迄于没齿,其身洁矣!始为之羽翼,继为之股肱,以弼成隆庆之治,功立而德懋矣!其文取诸政化事迹修身之余,其言取诸功德之余,先生安所不足哉!今之殚精敝神,驰万景,摹百代者,大都有意于为文蕲以其名,讬于古人之余以显,而先生之文乃讬于其所,自立者以显,百世而下有敬慕先生,愿起先生九原而为之执鞭者,当以先生不独以其文也。然则先生之所为不朽者,可知矣,先生家食时读书金舆山,其请老也,即是山著书焉,

---

① 殚精:竭尽心思。
② 三累:惟亲所信,一累;以名取士,二累;近故亲疏,三累。
③ 践阼:即位,登基。

故以名其集,以附昔人藏副之意。而不佞以门下士为序之,简端如此。

陕西巡抚叶梦熊任甘肃巡抚,王世扬任宣府巡抚。

于慎行回籍,上疏称谢皇上赐银三十两、纻丝二表里。

于慎行托行人给家屏捎来他于还乡路上写的小诗一首:"向来多远梦,从此闭重关。不似终南路,依栖慕世间。"于慎行捎来一封书信,是邢侗所写。

邢侗与于慎行交往甚密。万历二年(1574年),邢侗参加会试,于慎行任主考官,看了邢侗的文章,惊叹:"子天下才,徐淮以北固无此。"遂收邢侗为弟子,二人成莫逆之交。

于慎行刚回老家,邢侗就赶来看望。其时,他正参与编写《临邑志》,早听说家屏先祖曾在该邑为官,欲编辑入志,书请家屏提供翔实资料。

家屏给邢侗回信,并将一份自家刻印的资料一并捎去。

《与邢知吾侍御》:

先曾王父去贵邑百余年,一旦蒙立佳传,清操惠政,遂不至暗忽无闻。子子孙孙,与有荣问,久图裁谢,忱病妨之。兹承远道寄声,兼以瑶章见教,天球大贝,照耀心颜,因不觉耳目开明,神情振竦,乃克附一械以往也。李君又言,台下别有咨询,若将为俎豆地者,此则何敢过觊,独其生平大略,闻之先人诵说,十尚忆其二三。盖曾王父以成化四年贡入太学,又十年,乃生先王父,先王父从之任时,才六七岁,则任贵邑,实成化之十九、二十年也。今邑志列之弘治十年,不知何据,可再一参订否?其之官也,骑而前驰,曾王母乘帷车,驾二骡从其后,最后一骡用两箦拥树,子女衡载其上,子即先王父,女长先王父一二岁者,别无舆马,亦鲜门皂。先父每言,成弘时官仪简朴,曾王父尤甚。今之官者,车骑人徒,络绎道路,声威烜赫百倍,曩时而劳费亦复不赀矣。比至县,问民疾苦,条其徭赋之最重者,请于上司,咸获裁损。身先节约,斋厨之内萧然,粒米寸薪,非俸不入。晨起署案毕,单骑行视阡陌,延见田夫、织妇,劝以农桑,奖其勤者,以愧游惰,于是士女竞奋,每当曾王父出,耕者、耘者、蚕者、绩者、汲者、舂者,争效其功以奉顺。曾王父指期年,而村墟烟火改观矣。学宫倾圮,捐俸葺之,青衿少年,时加课试,闾阎争讼,率令就乡三老质平。罪应挞者,以荆杖挞之,不忍见血,见血辄泫然泣下,为之掩面焉,人咸称曰王佛。王佛云然善察物情,曲直奸良,一见洞烛,毫发不能遁，以是又有镜王之号。政且满，会傍邑讯盗，盗不任榜掠，因自诬服，所连引皆大姓，坐系凡十数人，台察以属，曾王父鞫之无验，又名籍多舛，心知其枉，不欲以株狱绐良民，力为白状，请尽释诸系勿治，台察大恚，疑曾王父以私庇也。则移其狱陵县，陵县乃悉坐诸系论死，于是台察称陵县尹才，而操曾大父甚厉，曾大父拂衣起，曰："古人杀一不辜而得天下不为，乃欲吾戕数命，以博一墨绶吏乎？"宁死而已，即日称疾，不视事，竟投劾归。初曾王父至邑，邑有乡先生二人，一邢、一王，曾大父甚敬礼之，政弗决者，每造两公咨可否，两公亦披诚相示，欢若同室，行之日，两公率子弟及阖县父老送之数十里外，至垂涕不忍别，赠言一轴，中有"帘垂政简讼平中，琴鼓民安物阜里"之句。归两月，而真盗从他县劫人，事觉具伏，其辜诸系乃解，台察始大悔，自恨泥深文失长者，特纠陵县尹镌二级焉，曾王父闻状，举手祝曰："噫嘻，有是哉，何可谓无天道也。累累者得不以冤死，吾弃官而游，地下快矣。"诸亲戚故人，操牛酒来贺曾王父，颂其阴德，曾王父曰："阴德则不敢当，惟不忍昧此方寸，虐良民以自完差可不愧于神明而已。"众皆啧啧叹服，曰："真佛也，佛也！"曾王父丹颜丰角美眉目，微须貌冲而气和，居家恶声不及臧获①，与乡邻处呴呴有恩，缓急相救助，不以暮夜风雨阻。晚而归田，联宗族近舍，益务亲睦，一味之甘，分饷必遍。训课子姓读书，治生俾各任其力，不强所不能，独勉使做好人，行好事，宁弱勿强，宁让勿竞。居乡居官，总此数语。而已殁之日，远近哀悼，共怀其德。谊请于宪台与祀典合因祀于乡，大略如此，其他遗德隐行，非先人所常诵说者，不能尽考，亦不敢臆对也。外家刻②一种附上。

---

① 臧获：古代对奴婢的贱称。
② 家刻：一种私刻，指刻印自家先辈父兄的著作。

第五十三章　武弁闹事 曾同亨受辱
　　　　　　　采菲污人 王家屏乞勘

　　万历十九年（1591年）十月，就扯酋归巢一事，所报各异。郑雒称，扯酋已东归。魏学曾称，扯酋部落虽归，阴留精兵二万于嘉峪关，欲助火真入寇。魏学曾主张宜题兵暂驻兰州，以备靖虏。视西事缓急，再作移动。萧大亨则称，扯酋、套虏东归，甘固①似属无事。惟宣大贡款未定，宜令郑雒将此前挑选带走的宣大兵马遣归，以备叵测。扯酋所部不过二三万人，既云东归，则不应留兵。

　　若扯酋果然留兵，则郑雒、叶梦熊务须详慎战备。若火真远遁，则陕西各镇宜俱付魏学曾，郑雒还归。关键须探明扯酋是否阴留精兵二万于嘉峪关。

　　内阁和兵部议定，让萧大亨遣忠勇通官径入虏巢，面谕扯酋，令其撤回所有人马，勿自坏条款公约，并取真正番文实报。

　　得旨："扯酋已就东归。郑雒原带人马俟西事平定，挈回宣大。其将领传报虏情互异，明系迎合，误事匪轻。以后如有这等，各督抚官从重参究。"

　　家屏等会题，韩世能升职、回礼部管事后，盛讷资序相应，升詹事府詹事掌管翰林院印信。又题李长春升任礼部尚书后，敖文祯可补前缺。

　　奉旨："是。吏部知道。"

　　十月四日，王锡爵上奏本，说衰亲疾已成痼，日抱惊危，恳乞天恩，容令在籍终养。

　　王锡爵回乡时由行人王孝守护送。王孝守告诉他依限三月内返京。这样，往返三千七百里水陆之程，确有困难。

---

①　甘固：指甘肃、固原（属宁夏）一带。

王锡爵在疏中说:"臣母犹然喘息在床,口不能言,足不能步,见今身处热乡,时当秋令而重炉灸背犹以为寒,累纩为衣犹苦其薄。问之诸医,以为病根止因留京日久,积受寒气,以致湿疾上壅而成寒涩,元阳下坠而成虚冷,此必非药力所能挽回,惟有屏居密室,避风避寒,仅可支持岁月而已。"

又说:"偶接邸报,见金事李管有疏论及臣,皇上赫然震怒,将李管重处,意虽不专为臣,然……惟大臣在朝任事与去位不同,在朝则义不受污,以主持国是为职业,去位则甘心忍饶。"

锡爵乞皇上允其"在籍终养,将原差守催官召还"。

皇上不允,奉旨:"朕体卿将母至情准假暂归,母疾已痊,岂宜留滞?目今朝廷多事,边鄙①不宁,家国君亲,孰为缓急?至谗邪诬谤,朕特旨处分,不足烦卿介意。项已遣官赍敕趣卿于家,卿未即来,前后差官何以报命?尚遵召亟发,用慰朕侧序之怀。吏部知道。"

那日,有诸武弁聚众闹事,他们的攻击目标是工部尚书曾同亨。

曾同亨的弟弟曾乾亨受命阅视大同边务,劾罢总兵官十余人。又见士兵岁饷沉重,民不胜扰,议留精兵若干,冗员尽汰。

有人从中作祟,说曾乾亨请裁冗员以裕经费,也是针对京卫诸武臣。这帮武人听说要减自己的月俸,大哗。他们以为曾同亨是曾乾亨的后台,曾乾亨的主意源于曾同亨,因为曾同亨曾将内府工匠由原一万五千八百人,寻汰二千五百人。

武弁们伺曾同亨出朝,围而噪之。他们说曾同亨、曾乾亨弟兄二人是叛臣,声言要揪出来,共诛之。

家屏闻讯赶到,对武弁们喊话,说:"天下有叛军,岂有叛臣?若聚众于禁地辱大臣,罪且死。"诸人乃散去。

兵部尚书石星也赶来解围。之后,他上疏,说:"曾乾亨'裁冗员以节经费'一疏原不为京卫官而言,乃郎中张国玺出示安众,而语涉糊涂,众情疑畏,致贵臣被辱,大伤国体。"

给事中钟羽正亦上疏言之。

皇上谕吏、兵二部,说:"近来新进后生得司耳目之职,全不持公心,专

————————
① 边鄙:边远的地方,接近边界的地方。

以挟私报复，妄逞胸臆①，三五成群，互相攻讦，淆乱国政，不胜不已，是何景象？且为本兵正当镇静以宽，夫叠石之冈，势非不峻，而草木不茂；金铁之溪，水非不清，而鱼鳖不生。前日各卫军官喧哗禁庭，是何法纪？都本当重处，恐伤国体，还着吏、兵二部及都察院一体申饬。今后再有这等，该部院指名参来重治，罪不宥。故谕。"

家屏上《圣谕部院揭》：

> 谨题，今日文书官李文辅到阁，伏蒙发下敕谕一道，"谕吏、兵二部及都察院，朕见近年新进后生得司耳目之职，全不秉持公心……"
>
> 臣等恭诵纶音，不胜悚仄！切念，科道为耳目之职，其持论委宜秉公。而兵部乃枢管之司，其驭下委宜镇静。近来言官争尚蜂厉，类以摘发为名高；本兵痛惩萎靡，颇以振刷为任事。但纠绳太滥，或长攻讦之风；操切过严，不免克核之议。圣谕谓"垒石之冈草木不茂，金铁之溪鱼鳖不生"诚善喻也。第政体不可不宽，而国法亦不可不肃。顷各卫员役群噪禁廷，窘辱大臣，曾无钤束。如敕谕所云："是何纪法？"则骄悍之辈有不得不惩，疏纵之奸有不容不戢者，是又未可尽以摘发为挟私，振刷为峻厉也。但令正直之内常存忠厚之心，严毅之中无伤宽大之度，则公是与公非并著，国法与国体俱伸矣。
>
> 所有敕谕一道，谨令中书誊写上进。伏惟圣明颁发施行。

蓟辽总督蹇达揭称，夷情势已结聚，计必窥犯。

吏、兵二部为之做相应安排，宣大闻警即赴怀来保护陵寝，保定闻警径赴通州防护京通……

官员将领，调度频于以往。御史傅光宅上疏，言及抚镇更调繁数事。

有些官员提拔调迁遭人反对。如吏部提名任冯时可任四川佥事，因他曾支助邹元标，便生出许多恶评，说他只知游山玩水，甚至说他父亲妻妾成群，荒淫无度，等等。

皇上欲降敕宣谕吏部。手稿下到内阁，家屏以为皇上这样做欠妥，封还手敕。上《奉旨戒谕吏部封还手敕揭》：

---

① 胸臆：内心深处的想法。

谨题，今日文书官李相到阁，蒙发下御史傅光宅本，为抚镇更调繁数事。口传圣意，谓："近来吏部用人迁转太频……"欲行降敕宣谕，随蒙文书官刘宣将下敕稿，令臣等观看。臣等捧诵再三，仰见皇上留心吏治，加意官才。申久任责成之规，戒轻易纷更之扰。诚不胜钦服。

第吏部之职，名曰铨衡其资序，论定之中，亦不能无斟酌转移之法。才望特著，或人地相宜，彼此互更，意存器使，容有不得不然者。窃见吏部尚书陆光祖，老成练达，鲠介精严，其一念进贤，退不肖之心，真有孜孜汲汲，夙夜匪懈者。但其综核太锐，故更置稍频。乃其意则为公非为私，任怨非任德也。皇上即欲责使慎重，但于其回复疏中出一严旨，彼自当惕然警省，将顺不违。若颁降纶音，特加戒谕，不惟志意销阻，惰其任事之心，将且体貌摧伤，难居表率之地，其何以甄叙众职而压服人心也。

伏望皇上念系大寮，姑宽严督，恕其既往之咎，开其补过之门。庶几崇重天言，不至于亵玩；保全国体，共荷其优容矣。所有敕谕一道，乞准停止。

臣等无任激切祈望之至。

十月十日，皇上以皇子诞生，赐家屏等银两。
报给皇上的章奏总是迟迟不下，导致朝事不能正常运行。
家屏请将已票、未票章奏早赐批发，勿复壅滞，上《请发票留中奏疏揭》：

谨题，臣等看得诸司章奏，乃朝廷政务所关，必无留滞于中，斯克奉宣于外。譬之于水，前波不进，则后浪不行；譬之于丝，一缕欠疏，则众绪难理。小事犹堪停缓，至大事有不容时刻待者，岂可耽延？近臣犹便奏催，若远臣有阻隔万里外者，岂胜悬候？

伏望皇上垂神机务，于凡一切章奏，或已入而未票者，早赐臣等票拟；或已票而未发者，亟从御前发行。其或有事体差错，及臣等票拟未当者，乞皇上明示可否。如某人为是，某人为非，某事从轻，某事从重。容臣等遵旨拟票上请圣裁。则政无停机，既可以彰刚断之美；而事无坠绪，且可以免丛脞之虞矣。如近者，吏部覆云南巡抚吴定乞休本、复湖广巡抚李桢参官本、户部复潞府庄房租课本、兵科参五府及郎中张国玺首事偾事本，皆事体重大，未蒙发行，并乞皇上览裁，早赐批发。

臣等不胜祈望延候之至。

兵科都给事中章尚学以武臣围嚷,上疏请罪。章尚学被罚俸一年。

王世贞的儿子王士骐现为兵部主事,因去年王世贞病故,在家丁忧。他按其父生前遗言,给家屏捎来几本著作。另有一本奏疏,其内容为缴还工部为其父所备祭葬银两。只因其祖父王忬冤陷大辟,其父王世贞有遗嘱,死后要附葬于王忬墓穴旁,不忍另外择茔。家屏将王士骐的奏疏拟票后转与皇上。得旨:"赐葬系朝廷恤恩。不准辞。"

郑雒报捷,说新收番族一百二十四族,给有功将领升俸一级。

张贞观阅视山西边务,原任巡抚李采菲被参论。

十月十一日,家屏在张贞观论劾李采菲疏中发现有涉及自己的内容,说他"托言节仪之馈,册开不下数百"。

十月十三日,家屏上《乞勘张贞观论李采菲疏》:

谨奏,为赃馈连染,乞赐罢,行勘以清政本,以肃官箴事。

臣于本月十一日,在阁看阅章奏。有阅视山西边务,兵科给事中张贞观一本,参论原任巡抚李采菲,指称馈遗、括取赃罚。内云:"大学士王家屏坚白不滓,盖皇上所素谅,而托言节仪之馈,册开不下数百。"臣一见不胜骇愕,不胜愧愤!

伏念,臣入仕二十余年,悉冒冠绅,虚縻廪饩,曾无尺寸之技可称于人,丝粟之劳少补于国。此臣之鄙也。若乃兢兢检押之念,硁硁砥砺之操,冰蘖自规,脂膏有戒,则可质之天日,盟于鬼神者焉!

采菲向为司道,兵备朔州。臣之室庐在其辖下,采菲严重有体,每以鹰鹯自居。而臣实淡泊无营,幸不以犬马见畜。此臣与采菲平昔之相与也。迨其升任本省巡抚,适臣起家入京。彼曾以书币贺臣,臣随以书币返贺。礼既相称,费亦无多。此臣与采菲两年之交际也。自此之外,别无私密。书札相与往来,亦毫无套数,礼文互为施报,而乃虚栽馈遗于册籍之中,分俵赃罚于囊橐之外。名曰节仪,则行之非一次多至数百,则送之非一人。臣诚不审虚庸,何以见重于采菲,而拊藉如此其殷勤,赂遗如此其绸缪也!将谓采菲以臣素望轻微,易污以不洁,而杨巍名德老成,取严一介,乃亦坐以寿仪之馈。则何其忍于诬蔑也!将谓采菲以臣耳目隔远,可欺其不知,而阅臣躬临查核,察及秋毫,乃尚坐以供亿之糜。则何其拙于弥缝也!

非其有而取之不义，人有德而背之不祥。臣果接受采菲之馈，不义之迹固无所逃；若既受其馈，而又自昧其心，不祥之名尤臣所耻！是不可不一勘者。勘无其馈，可以明采菲居官之不私；勘有其馈，可以明采菲待士之有礼。即目臣为不义可也；目臣为不祥可也。区区一身之名节敢多辩哉！

伏望皇上将臣亟赐罢斥，仍行本处巡按御史提问采菲、家属，按册核查，追究下落。庶可以清政本之地，惩贪黩之风。

臣不胜战栗，待罪之至。

皇上下旨："卿清忠端亮，朕所素知。张贞观疏称册开节仪，明系李采菲污人饰己，不必行勘。政本之地，赖卿肃清，以风庶官，无得避嫌引咎。吏部知道。"

定国公徐文璧就武职侮辱大臣事端进行查访，说有百户李山等人，俱素称泼恶，纠众喧嚷。还说右卫指挥潘相隐庇凶泼，竟未纠举，宜并行提问重究。

二十二日，吏、兵二部及都察院因御史傅光宅论及各具本辩明，对有些官员的调迁做了微调，如改任冯时可为广西布政司参政。又有定国公徐文璧因论其教使卫官亦具本自陈，俱已拟票，未蒙发下，家屏上《再请发票留中奏疏揭》：

谨题，近该吏、兵二部及都察院因御史傅光宅论其轻率更调，差次未明，各具本辩白。又定国公徐文璧因科臣论其教使卫官聚噪禁庭，亦具本自陈。臣等俱各遵奉拟票以进，连日未蒙发下。

臣等看得国是宜明，国体宜正。傅御史论吏、兵二部更调轻率，其言则是。故臣等于吏、兵二部本拟旨责戒，以励其后。若都察院之题差次序，原有旧规，改正申明甚为平妥。而御史疑其偏私，其言则非。故臣等于都察院李世达本拟旨慰谕，以安其心。言虽出于一人，而是则曰是，非则曰非。在臣等辨别国是，不敢不宣昭皇上公平之度也。至于官军聚噪，在徐文璧虽无教使恣横、要挟君父之意，而身为勋旧之首，武臣皆其统属，禁庭何地，可容群众喧哗，旁观不理？故臣等于文璧本微拟切责，复拟原贷，所以保全国体，亦不敢不仰承皇上宽大之恩也。

乃今，本俱留中，概未批发。不惟诸臣无所禀奉，惶惧不宁，而群下妄意揣摩，疑议纷起，似非所以彰圣断、定人心也。

伏乞皇上垂神省览，早赐批发。如以臣等拟票未当，亦乞明示圣意，容臣等改拟，上请圣裁。

臣等不胜祈望之至。

洮河之役，仍是官员们关注的议题。

有议者，欲灭此朝食①。郑雒则坚持相机观变，隐忍俟时。

萧大亨遣通官王汉林入虏巢，亲见扯酋和三娘子，得知其部已全部东归，据实上报。

兵部上疏："虏王既归，经略宜遵旨东还，以定战款之略，陕西四镇宜悉付魏学曾防御。"

得旨："扯酋归巢既的，郑雒俟两川廓清，便作速来还，酌议款战大计。其西镇防御事宜，着魏学曾督率总镇，戮力以收后效。"

家屏修书一封给郑雒：

奉书知大兵以九月望日分道并出，直抵穹庐之北，去边五百里，不见一虏。盖自汉卫、霍度漠以来，仅有此举，猗与盛矣！还至仰华寺复纵火焚其遗构，一椽片木，无有存者。犁庭扫穴之烈，何以加焉！流虏尽散，火真远逃，西海既清，两川大定，更有何事可滞？节旄振旅而还，刻日可待矣。必如言者谓，须枭火真之头，绝腥膻之种，一虏不留，然后为收功、为竣事则请言者自为之，非庙议所敢责成也。业有明旨，趣台下前茅矣。延伫，延伫！

周弘禴因功以尚宝司司丞升任尚宝司少卿。

---

① 灭此朝食：意思是先消灭敌人再吃早餐。形容急于消灭敌人的心情和必胜的信心。

第五十四章　王家屏促锡爵出仕
　　　　　　赵志皋乞皇上御朝

　　郑雒会同叶梦熊制定修内安边条议：置将官、留班军、募冲锋、增年例、修器械、严番族、议援兵等。

　　阅视大同曾乾亨会同邢玠条议八款。阅视山西张贞观会同萧大亨条议五款。

　　阅视宁夏周弘禴条议：用石块包砌两坝，再浚大渠一道。兴水利，以遏胡骑；增产粮，以充军需。

　　皇上自赵志皋入阁以来未露面。

　　家屏疏请皇上临朝讲、决章奏，上《请视朝揭》：

　　谨题，臣等自今年孟冬恭遇皇上亲飨太庙，一睹天颜，此后每当视朝之期，辄报传免。大小臣工足不至交戟之下，目不瞻衮冕之容，已数月矣。

　　即今三冬已尽，一岁将终。伏念臣同官赵志皋荷蒙皇上简抡，擢居密勿之地，俾参大政，固朝夕备顾问之臣也。乃自拜命以来，恭候面恩已三阅月。未有朝夕顾问之臣而可三月不面者也。况大计在即，四方官吏群集辇毂之下听候黜陟，乃三载一入觐之典也。今从万里远来，瞻仰宸闱，如隔九阍，亦未有三载会朝之时而尚可九重安处者也。以辅臣则内阁之体貌所关，以觐吏则远方之观望攸系。伏乞皇上于数日之内，或十六、十九或二十三日勉移清跸一出视朝。庶殿庭之景象一新，臣下之精神咸备。

　　臣不胜企望之至。

第五十四章　王家屏促锡爵出仕　赵志皋乞皇上御朝

官员们特别关注刑部对武弁大哗、侮辱大臣所拘嫌犯的审讯。

刑部左侍郎邵陛等报称："卫官聚嚷禁地，侮辱大臣，甚非法纪。武官皆属后军都督府掌府事定国公徐文璧统辖，而所参仅六名，其中虚捏二名，枉报三名，止李钦一名，既非首恶，又不堪刑拷，含糊塞责……国法何在？宜确查真犯审究。"

家屏又上《请究五府京营纵卫官噪乱揭》：

谨题，臣等窃惟，天下之治莫大于纪纲。纪纲诚振，天下虽乱，终无害于治也；纪纲一坏，天下虽治，终无救于乱也。故善观人国者，但观其纪纲之理乱而其盛衰可知已。

顷者，京卫官军聚噪禁庭，侮辱大臣，其猖狂恣横之状，乃臣等出阁时所亲见者。当此之时，朝市为之喧阗，都邑为之震动。五府京营官岂可诿之不闻乎？闻之而高坐私第，自巳至申，无一车一马至长安门者。其偃蹇观望，已不能无幸灾乐祸之心矣！

皇上念系勋臣，姑不深究，特降温旨令其查参首事之人，论职掌，则武官皆其统辖，当无一人不知其名姓也；论事情，则未噪之先，文璧等曾领见阁部，当无一人不识其面貌也。此可诿之不能查乎？乃蔑视明旨，曲庇凶顽，却虚捏姓名，妄报老弱。据刑部所审，六人之内止一人是真。其弁髦法纪，玩弄朝廷，诚有如科臣钟羽正等、吴之佳等所参者。此而不惩，则官军得以辱大臣，五府又得以抗皇上。冠履倒置，堂阶陵夷。将使强悍得志而骄，奸凶攘臂而起。岂但大臣不得全其体貌，法司不得正其刑章。何以振国家之纪纲，肃四方之观听也？

伏望皇上大彰乾断，将刑部及科臣参论徐文璧本，俯从臣等拟票，早赐批发。可以少惩悖慢之习，阴折跋扈之奸。臣等不胜恳切祈愿之至。

得旨："徐文璧罚住禄米半年。还查真犯，具奏。"

经过这件事，曾同亨更加信服家屏，他将家屏当年为其父曾存仁写的一首诗着人装裱了悬于堂前。

这首诗是《题曾藩伯致政卷》：

宝铗清辉照洛川，乞身高卧楚云边。
石城秋冷江篱净，梦泽烟深野鹤便。

自分严陵今作客，肯从梅福浪求仙。
白头不尽匡时志，趣劝中丞叱驭前。

想着父亲的一生和自己坎坷的仕途，看着家屏这首诗，曾同亨为该不该乞休而焦灼。

甘肃为青海门户，归德为两川咽喉。郑雒提议在归德添设守备防守。
王世扬此次阅视延绥，会同魏学曾提议："新兴、三山、石涝三堡距边颇远，宜移于瓦楂梁，并为一堡。"
潘季驯加太子太保、工部尚书兼都察院左都御史，照旧掌管治河事。
十二月，张位再疏乞辞。皇上不许。
家屏一直不忘册立太子的大事，疏乞明春建储，以塞道路揣摩之口，销墙帷牵制之私，上《请册立揭》：

谨题，臣等窃惟，国有长君社稷之福，故古之帝王贻谋燕翼，莫不愿主器之有归。而臣民歌咏太平，亦莫不愿储位之早正。是以《诗》曰："穆穆皇皇，宜君宜王。"言胤嗣多贤，庶则宜君，长则宜王。长幼之分明，而君王之位定。国家之福莫大于此。故足愿也。

天祚圣明，笃生元子。岐嶷粹质，颙昂令仪。长而且贤，为四海臣民所属望久矣。乃升储大典屡请未谐，幸而奉旨传宣定于明春册立。中外人心方延颈企足以待，前星之耀而止，因部臣一疏干冒天威，遂将吉期改于次岁。数月以来，群情汹汹，疑议沸腾，似以为牵廧帷之爱者。

臣等窃意，皇上严明治内，慈孝根心。天性至恩，必非私昵可夺。尝恭奉谕旨，一则曰"父子至亲"，一则曰"长幼有序"。天言炳焕，昭如日星，此天下所共闻也。而毓德宫之召见，躬拥元子置之膝前，呴喻抚摩，钟爱深笃，此又臣等所亲睹也。廧帷牵制之议，万万不至如人言。惟是时日迁延，迟回不决，伦序虽定而名号未加，终为阙典；诏旨虽颁而岁月数易，愈致后时。臣等即能仰体皇上之心，安能尽开天下之惑？道路揣摩之口，则亦无怪其纷纷矣。纵使邪妄之言，不足尽信。以皇上无私如天地，光明如日月，其何乐于以毫无可疑之心，故示天下以可疑之迹也！

臣等备员辅导，义难缄默。敢昧死上请皇上早赐宸断，特需德音，遵明春之吉期，成前岁之大信。庶一言可以定国本，顷刻可以释群疑。宫闱

第五十四章 王家屏促锡爵出仕 赵志皋乞皇上御朝

雍睦之休，宗社灵长之庆。端在此举。
　　臣等不胜祈恳之至！

不报。

郑雒为有人说他媚虏养乱而申辩，传疏乞归。皇上下旨，对郑雒给予褒嘉，赐银三十两、蟒衣一袭，着任事如故。郑雒挥师自西宁起行，回京，每到一处就以塘报将虏情上报。

从大同带走的兵马归还大同。

万世德从万家寨带走的万家军凯旋。

大理寺重新审理军职聚噪禁地、侮辱大臣一案，并将审查结果上报。得旨："杨绍臣、高清等用大枷一个月，满日，发遣、发配。彭汝宁首恶，如何展辩解脱，照例发遣。"

家屏向吏部推荐吕坤。吕坤由陕西右布政升为巡抚山西都御史，提督雁门等关。

那年，家屏任讲官时，吕坤知大同有某人系家屏姻亲，以人命坐抵。托家屏向吕坤说情，希望能从宽处理。吕坤给家屏的答复是："狱已成，不可及矣。"

待家屏任吏部侍郎后，向僚友说："天下第一不受请托，无如大同令也。"特疏荐吕坤，升吏部主事。吕坤在部十年，七转郎署。又屡升山东济南道参政、山西按察使、陕西右布政至今。所到之处皆以廉洁正己而闻名。

家屏修书给吕坤，作《贺吕新吾中丞》：

伏以帅闱分符，奠金汤迟四塞；戎垣决策，固锁钥于重关。凡在骈憪，式均踊跃。

恭惟台下，鉴衡凤望，经纬宏猷。政事本于文章，教化先之德礼。古心古道，格夐迈于时流；仁声仁言，爱每遗于去后。民所歌舞，天自简遴。锡弓矢以建侯，用诗书而谋帅。殿中柱下，参联独坐之班；冀北并南，况属旧游之地。保厘全晋，增气色于山河；都护诸军，肃风声于草木。士民胥庆，将吏交欢。不图弃断之余，及庇甘棠之荫。受一廛而终老，拔三径以怡闲。获遂卑栖，即同大造。敬展登堂之祝，用抒贺厦之忱。伏觊麾容，可胜宠藉。

张国彦新升刑部尚书，乞求养病，皇上许回籍。

吏部公推待提升的官员，有正推和陪推，供皇上钦点。一般皇上点正推，这次，皇上偏不点正推而点陪推。

吏科给事中钟羽正等上疏，说："吏部前推应天府丞，正推孟一脉、陪推吕兴周；又江西提学，正推蔡时鼎、陪推马犹龙。乃陪推俱依拟用，而正推故置之。得非以孟一脉、蔡时鼎曾建言得罪，忌其后用，而故抑之乎？窃恐中外以言为讳，销忠直之气，结谏臣之舌，所系非渺小也。"

得旨："这点用官员，内有浮躁喜事、非为国为民者，故不点用；至若为君去邪逐佞、怀忠尽职的，不待你等烦聒。钟羽正徇私妄奏，朋党窥探，好生可恶！本该重究，姑罚俸一年。其余各八个月。"

家屏见皇上如此，只求锡爵快点回内阁支撑。

家屏疏请皇上再促王锡爵来京，以图匡济，俟国事稍纾再许归省，庶臣道可尽，子情亦伸。谨具奏以闻。

家屏作《再请敦趣①辅臣还朝揭》：

> 谨题，臣等昨接得原任大学士臣王锡爵揭帖，为辞免召命事。大要言母疾未瘳，己身难出。种种苦楚，委系真情。
>
> 第臣等窃念，君臣母子伦谊惟均，天下国家责任更重。故私恩不可以掩义，而移孝乃所以成忠。锡爵于皇上分则股肱之佐，义则腹心之臣也。知遇特达，则感激宜深；倚任非常，则报效宜厚。况今朝纲积弛，时事多艰，须得岩石具瞻如锡爵之德望，乃可以压服群僚；经纶素裕如锡爵之才猷，乃可以康济一世。国家托锡爵之力正惟此时，锡爵报皇上之恩亦惟此日。虽其母年高迈，惮涉长途，或不能奉以同来，俟其应诏至京，国事少康，何妨再许其归省。如此则公义所迫，彼既不遑顾其私；子情可伸，彼复有所觊于后。庶圣恩周于体恤，而使命便于督催。锡爵之出山有期，朝野之想望可慰矣。
>
> 乞将原本发下，容臣等拟票以进，恭请圣裁施行。

---

① 敦趣：同敦促。

第五十四章　王家屏促锡爵出仕　赵志皋乞皇上御朝

家屏修书一封给锡爵：

> 自翁奉诏归省，主上数月以待，公卿士大夫数日以待，而不肖某乃数刻以待也，延伫久矣！觊望深矣！即旦夕至犹以为迟，而奏使再来，笺诲申布，人间母子依依难舍之情，恻怛肫诚，古所未尝有。读之而不唏嘘陨涕，相体相怜，真桀跖为徒，枭獍作类者耳。世上何物浮荣，衮衣玉食之供，足相膻漫，而亦岂儿女麋鹿之私，咕咕把臂附耳，可移易至性者哉！良以主上腹心，非翁靡托，士绅耳目，非翁靡从，宗社大计，军国繁机，非翁靡定，靡决一出，则隆栋升而国势安于磐石，不则纲纽弛而朝政棼如乱麻，天下否泰，安危所关，非细故而已也。某不敢谓亲后于君，忠重于孝，而晨昏定省，稍缓于宵旰之忧劳，彩侍欢娱，不迫于苍生之愁痛，时固可以暂出，而情不忍于坐观也。翁试观今日之事势，与夫朝野之人情，能倏然怡闲，居然养重否乎？征命不可反汗，诏使不可淹留，万口同然，而某不能以一人之私趣翁出，又安能以一人之私赞翁不出也？若翁肯幡然一出，俟国事稍定，人心稍安，于是复图归省，某即至选懊不任，当竭力怂恿之矣。

蹇达接替张国彦任蓟辽总督。他整修边备，功绩显著，却也备受言官责难，求去位，不许。

家屏曾就诸多边事和蹇达交换意见，数次修书《答蹇理庵抚台》。他们为筹不到边关将士所需钱粮而焦虑，家屏在疏中说："边计重大，将士苦寒。必需钱粮，稍有盈余，乃堪调度。若称薪而爨，数米而炊①，此但可以赡五口之家，非所以立三军之命也。"又痛陈"诏令数易，国是参差"之害。也讨论"治水垦田"，"募兵为农，以田授兵"，"当令荒芜渐辟，水利渐兴，而官不知劳，民不称扰"之策。

赵志皋乞皇上御朝。不报。

沈一贯为父沈仁佶守制，并赐母淑人洪氏并祭合葬。

皇上以年节赐辅臣及讲官银币。

兵部汇总阅视大臣钟羽正、曾乾亨、张贞观等人意见，最好者当数蓟辽。积钱粮宣府为最，大同、山西次之。修险隘宣府为最，大同、山西次之。练兵

---

① 称薪而爨，数米而炊：称了柴再烧火做饭，数米粒做饭。此处形容俭省。

马宣府为最，大同、山西次之。整器械大同为最，宣府、山西次之。开屯田宣府为最，大同、山西次之。收胡马大同为最，宣府、山西次之。

有功绩、应升赏的官员有蹇达、萧大亨、王基、郭四维、邢玠、吕三才等。

家屏修书给蹇达表示祝贺，作《贺蹇理庵督府阅最蒙恩》：

蓟辽重镇，辇毂近郊。仰藉旌麾，特专节制。绸缪牖户，豫周阴雨之防；锁钥关门，顿绝烽烟之警。功高屏翰，名震华夷。肆考八事之成，首叙万全之绩。阅书入奏，庆册宠颁。五服五章，命德实徭天眷；一言一袞，显亲宜待宸纶。在国典本以酬忠，于下情何能与力。猥承逮藉，愧悚殊殷，附布贺忱，欢欣罔既。

家屏作《贺萧岳峰督府考绩蒙恩》，对萧大亨表示祝贺：

伏审：策府奏功，枫宸锡命。德与官而并懋，爵兼赏以隆施。车服增华，箕裘阐奕。家邦胥庆，将吏交欢。

仰惟台台，天挺人豪，岳锺雄俊。輶轩行部，威名凤播于穹庐；旄钺临戎，恩信肆孚于异类。不烦鞭挞，扫欃枪于镇静之中；悉发橐鉏，开瓯脱于大荒之表。军实充，而内帑之金钱倍省；边防饬，而列城之壁垒增坚。先事绸缪，计虑直垂之久远；与民休息，讴歌无间于幽遐。适当阅塞之期，独擅折冲之烈。帝嘉丕绩，涣发明纶。秩晋孤卿，上应台垣之象；赏延奕世，近联环卫之司。重以文绮兼金，绚云虹而并烂；鱼绯绾玉，瞻岩石以弥尊。允惟优渥之恩，式著忠勤之报。所为壮封疆之气概，慰宗社之神灵。氓隶以之倾心，夷首因而戢志者也。某情深抃跃，迹阻抠趋。肃陈丝缕之仪，用贺帡幪之庇。伏冀勋猷日畅，更二十四考于中书；庆泽滋绵，传四世五公于后裔。临缄颂祷，倍切欣荣。

考绩蒙恩的另一位是两广总督刘继文，家屏亦修书致贺，作《贺刘节斋督府考绩蒙恩》：

斗南重镇，岭表雄藩。

仰藉旌麾，特专节制。东西经略，周爰百粤之防；次第廓清，卒靖三苗之难。琼海之逋囚就执，巢穴斯空；珠池之剧寇荡平，波涛顿息。忠劳茂著，久淹履幕之星霜；最绩升闻，实炳旗常之日月。圣心嘉予，庆典行颁。宴赐彤弓，会举一朝之飨；勋标铜柱，载扬千古之徽。肃附贺械，不胜欣抃。

二十二日，立春令节到了，皇上赐辅臣上尊珍馔。

是日，家屏在内阁接到延绥总兵杜桐塘报，说达虏明安、土昧等分犯榆林等地，官兵出击，斩首四百五十余、生擒二十六。家屏作《题延绥塘报揭》，与塘报一起封报皇上。

    谨题，臣等昨接得延绥总兵官杜桐塘报，内称：鞑虏明安、土昧等酋于本年十二月初八日分犯榆林、保宁、响水、波罗等堡，本官约同神木参将张刚、孤山游击李绍祖同时发兵，分道出击，斩获首级四百五十余颗、生擒贼夷二十六名口，夺获战马、夷器甚多。臣等不胜欣庆。窃念，延绥地系冲边，逼邻强虏。数年以来，庄秃赖、明爱等酋无岁不肆其要挟，神木、孤山之间无处不被其残伤。该镇物力不支，人心积愤久矣。今当聚兵入犯之会，大收奋勇斩获之功。良由圣武布昭，严旨督责，所以督抚振励，将士齐心以克，有此奇捷，不但本镇数年以来所未见，亦各边款贡而后所希闻也。从此火真等酋皆为破胆而可消其狂逞之谋，即扯酋诸部亦将寒心而益坚其恭顺之志。封疆幸甚！社稷幸甚！臣等不胜欢忭之至，谨并塘报封进以闻。

二十三日，家屏将万历十八年（1590年）和万历十九年（1591年）所撰和讲过的经书、讲章类，写进呈，作《类进讲章揭》：

    谨题，先该臣等题称，每年终将讲过经书、讲章类，写进呈，以备皇上温习、观览，仍发司礼监接续刊板，已奉钦依节次进呈讫。

    今查万历十八年至今所撰讲章，除《易经》《通鉴纂要》俟积有成帙，另行写进外，谨将《孟子》《万章》《告子》《尽心》共六本，《礼记》《王制》上下、《文王》《世子》《礼运》共四本，类写装潢进呈。

    伏望皇上万几之暇，时加观览，以求温故知新之益。仍乞发下司礼监接续刊行。臣等不胜惓惓效忠之至。

是日，家屏又题："照得本年十二月二十四日起，例放除夕假，连年节上元假至新年正月二十日方满，先奉钦依于正月上旬先择吉开讲一次，仍暂掇讲，至二十日以后，照常日讲。臣等查得上旬吉日于祭祀之期有碍，节假以后即系下旬，容臣等于二月上旬另择日恭请皇上开讲，以后接续日讲，谨具题知。"

二十四日，以正旦令节赐辅臣每人二样吊屏、两对大门神、两对判子、两对招财利市、两对福禄狮子、两对笺纸葫芦。

二十五日，家屏等题岁暮所有官吏例于二十八日放假，正月初四赴馆供事。起居注馆亦各照例。

许国奏："为蒙恩得告给傅抵家，感激生全，恭陈谢悃事。"疏中说："臣虽犬马之诚未及伸于禁闼，而麋鹿之性已自适于山林。盖臣幼而蠢愚，老而昏眊，不识忌讳，徒有朴忠。上初自出阁以来，臣已备校书之数，从龙而往，仗马与俱。谬谓腹心之旧臣，欲披肺腑之深计。羡黄绮能羽翼，而不知其疑于要，闻赤松可与游，而不知其嫌于托。心存致主，力莫回天……伏愿顺百官万姓之情重，宗庙社稷之本急……使臣愚跧伏草野，扶杖而观德化之成；歌咏康衢，击壤而乐唐虞之世。臣回首恋慕，挥涕彷徨，不胜感激天恩之至。谨令男许六代臣诣阙奉表称谢。以闻。"

奉旨："览卿奏谢，知已抵家，殊慰朕念。末陈忠悃，尤见不忘君国至谊，尚慎加调摄，用副眷怀。该部知道。"

二十八日皇上祭告大庙祧庙，收回脯酰果酒，赐辅臣等三桌。

是日，谕内阁："朕自长至后偶尔动火，服清火之剂聊觉稍愈，昨者复又感冒，身体软弱，头发眩痛。今次祫礼暂遣公徐文璧恭代，卿等可传示知悉。"

家屏等题："今日文书官李文辅到阁传旨……臣等犬马下情不胜警惕。窃惟皇上一身，九庙之所依凭，万国之所仰戴。今节当岁暮，序属更新，祖宗在天之灵降临筵几，中外臣民之众环集阙庭，臣等正望一举朝祭之仪，用慰神人之愿。乃今适有传谕，臣等仰知皇上仁孝根心，情非厌怠，祇以起居违豫，意在珍调……为此具题，恭候万安。"

二十年正月初一，家屏题："恭遇元旦令节，礼当庆贺。"奉旨："传免。"皇上不御，免百官朝贺。家屏和赵志皋诣会极门①行五拜三叩头礼。皇上赐二辅臣上尊珍馔。

---

① 会极门：紫禁城内宫门之一。京官上本、接本于此。

第五十四章 王家屏促锡爵出仕 赵志皋乞皇上御朝

孟春，皇上遣徐文璧代享太庙。

兵部都给事中张栋等人动不动就散布一些过激言论，说什么"洮河之事，虏以二十年豢养之犬羊，逆天反噬，火真乱首也，顺义祸阶也，皇上赫然震怒，命郑雒以尚书经略欲其除凶雪耻，岂令虚词诱虏，实利媚虏？博一顺义东归了事耶？""今火真依海为窟，桀骜出没如故"，"逆酋未殄，国耻未雪"。在他们看来，郑雒不仅无功，且有罪。

官员们对延绥塘报官军剿杀虏酋一事也有争议，有言宜剿，有言不宜剿，亟待皇上表态。

正月二十一日，家屏题《壬辰请大计宣捷临朝揭》：

> 谨题，昨该臣等阅章奏，内刑部一本，为考察事，拟于二十三日请皇上御朝，举大班纠劾之典。又钦天监一本为捷音事。拟于二十六日请皇上御朝，宣延镇斩获之功。
>
> 臣等窃以为人主所以惠安兆民、攘斥夷狄，而收内顺外威之效者，惟于吏治边功加之意而已。兹考察事毕，正群吏待罪之时；剿虏功成，适总镇奏捷之会。以申督责之令，则惩贪诫墨乃三载一行者也，宜面加训饬之词；以宣挞伐之威，则雪耻除凶，固廿年仅见者也，宜躬受庆贺之礼。盖饬吏治乃可以安民生，重战功乃可以厉士气。今使入觐官员万里远来，而不获一睹朝仪，出征将士殊死决胜，而不获一陈功级，甚非所以联属四海之精神，奖率三军之志意也。
>
> 臣等伏望圣上俯循彝典，曲顺下情。至日勉御宵衣，暂移宸跸。庶天颜临幸，千官举乐于瞻承；圣武布昭，九塞咸闻而鼓舞矣。臣等不胜祈愿恳切之至。

礼科都给事中李献可等人奏请豫教皇子，言之甚切。皇上看了，大不悦。皇上在疏中终于找出一处笔误，欲处罚李献可等人。

家屏在内阁当值，文书官送来批本章奏，李献可的奏本也在其中。他打开一看，皇上以本内一处年号写错为由，令吏部对李献可等人"重加惩处"。家屏"不胜惊愕，不胜惶悚"，毅然决然封还御批。

第五十五章　封还御批申救言官
　　　　　乞罢归田以全臣节

家屏上《封还御批申救言官揭》：

　　谨题，今日文书官李文辅将下批红本章内礼科都事中等官、李献可等为请储教宜预事，蒙御札亲批："册立已有旨了，这厮每又来烦激。且本内年号错写，显是故违明旨，侮戏君上，好生可恶！为首的姑着降一级，调外任用。其余各罚俸六个月。吏部知道。钦此！"臣等不胜惊惕，不胜惶悚！

　　伏念，册立大典屡奉明旨，业有定期。大小臣工惟应恪遵成命，不宜复有渎陈。乃献可等轻冒天威，致干严谴，臣等何敢僭为解释？但看详疏，词内称："册立之典可少缓，而待来年。谕教之典不可少停，而虚今日。则其意乃在请谕教，而非请册立也。"皇上诚念，谕教当早，则宜俯纳其言。即未合圣心，亦宜宽贷其过，乃怒其烦激，遽加降罚，传之中外，实骇听闻。使献可等止以奏请谕教遂此重惩，若使奏请册立当加何罪？

　　臣等窃恐严旨一出，群情惊异，益起疑端，众口沸腾，转滋争论，哓哓烦聒，当无宁时。不将益混宸聪，而增圣怒耶？臣等敢封还批札，冒恳天恩，伏乞垂悯狂愚，特从矜宥，姑准留中，容臣等传布圣意，令其省悔愆尤。则不怒之威严于铁钺，受言之量速于转圜矣。

　　臣等不胜恳切祈恩之至，谨具题连本封进以闻。

封还御批分明会激怒皇上。皇上发怒，极有可能给家屏定个"欺君之罪"，轻则被罢斥，重则性命难保。

家屏回到家中将朝中发生的事情告诉李淑人，李淑人要家屏将官辞了，回家种田，说比在这担惊受怕好。家屏于是再次安排李淑人携全家离京。

二十三日，赵志皋到内阁，方知家屏因"偶感风寒"未进。

文书官宋坤到内阁口传圣谕："今日朝觐官大班纠仪，欲勉，疾出朝，头痛、两肋发胀，因受了科道的气，说知。"

文书官李相发下票本。一本是吏科都给事中钟羽正为"公疏触威，乞恩同罚，以彰圣断"事。疏中说："科臣李献可请训储大典，臣等皆从臾①之。今献可降职，臣止夺俸，何颜见六署诸臣？乞与献可同降调。"

奉旨："李献可职司礼垣，轻躁妄逞，敬慎何在？已故从轻处了，钟羽正这厮，职在科长例，不参规同类，反来朋救激君，好生可恶，本当拿问，姑着降杂职于极边用，不许朦胧推升。吏部知道。"

一本是吏科给事舒弘绪为"言官陈大计、蒙显罚，恳乞收回成命，以光圣德，以释群疑"事。疏中说："教谕元良，国家大事。献可之疏臣实与焉，愿代受谴。"

奉旨："舒弘绪这厮，辄擅党救聒激，好生可恶，本当拿究，姑从轻，着调南京别衙门用。李献可着降杂职，照前旨调用。吏部知道。"

还有一本是吏部尚书陆光祖为缺官事。奉旨："近来推升官员已有屡旨，如何还是'奉旨点陟的'？你部里显是徇私畏势，惧劾市恩，好生不公。堂上官姑且饶这遭，该司官都着革了职为民，永不许朦胧推升。这员缺着另推来用。"

赵志皋看了这些，遂上奏疏。疏中说："臣切思之，谏臣言事过激欲摅忠悃之心，皇上并包有容实为天地之量。至于吏部推升铙伸、万国钦亦体皇上宥过之仁、使过之义。如非有所私比也。今一事而连谪三谏臣，又一事而尽斥选司之官，皇上之加怒于诸臣者得无稍过乎？臣往任吏部侍郎时，见推升官员，堂上各有专主，员外、主事皆不得与，今并员外、主事尽坐以罪，恐属无辜也。臣至不才，荷蒙皇上置之左右，骤见严旨凛凛，惊惶欲言，则恐圣怒益增，不言则于臣心有歉，伏望皇上渐舒震怒，少霁宸威，将诸臣重加罚治，免

---

① 从臾：同"怂恿"，怂恿。

其降黜。岂惟诸臣再荷生全①，大小臣工均沾旷荡②，而臣亦与有荣矣。干冒天颜，无任激切恐惧之至，谨具题以闻。"

奉旨："小臣营身激上，卿为国佐治，反文言要誉，其于七诛三衅何？心欲君何？甚失义礼。既辅臣家屏，希名不遂，托疾，故症。钟羽正等本还当拿问究治，今看卿面，姑且容这遭，照遵前旨行。卿亦不可效由假言托疾，有妨庶政。"

是日，家屏上《乞罢归以全臣节疏》：

谨奏，为辅理无状，尸素可羞，乞恩亟赐罢归，以全臣节事。

臣闻汉臣汲黯有云："天子置公卿辅弼之臣，宁令从谀承意陷主于不义乎？且已在其位，终爱身奈辱朝廷何？"每感斯言，惕然内省。窃自幸遭遇皇上明圣，诚使朝政无阙，帝德罔愆，即将顺不为，从谀缄默，无嫌承意也。

乃顷年以来，九阍重闭，五位深居，宴安之毒是怀，兢业之衷渐替；郊庙不飨而仁孝之念疏，堂陛不交而君臣之谊隔；天灾物异之警罔彻宸聪，民生国计之忧不关圣虑。皇上试省，此心敬耶？怠耶？于治道得耶？失耶？臣具员辅弼，既不能婉导密规防君志未萌之欲，又不能明诤显谏扶乾纲将坏之枢；旷职鳏官，久当退避。所以逡巡未去，徒以被恩高厚，毫发靡酬，庶几殚竭愚忠，渐次匡正。

及今数月之间，请朝讲不报，请庙享不报，请元旦受贺不报，请大计临朝不报，臣犬马微诚不能感回天意已可见于此矣。至于升储大典，九庙之神灵共属，万方之想望惟殷。即册立之期或可少待，而谕教之举委宜早图。科臣所言未为差谬，皇上即恶其渎扰，报罢足矣，甚则罚俸足矣，何至降调外任乎？旨意一出，远近惊疑，使道路之猜议横生，宫闱之谗构交作。其于亏损圣德，动摇国本，非细故而已也。僭请宽宥未赐允俞，且复迁怒申救诸臣，概加谴谪。臣诚不忍明主蒙咈谏之名，清朝有横施之罚，部科罹无妄之罪，宗社蓄不测之忧也。循省虚庸，终惭匡救。若复依违保禄，泄沓苟容，正汲黯所谓从谀承意以陷主不义，贻辱朝廷者耳！死且有余戮焉！愿乞圣恩亟赐罢归，俾全晚节。

---

① 生全：保全生命。
② 旷荡：指宽宏的恩德。

臣无任感激祈恳之至。

陈文烃等诸多大臣听说家屏进谏不成，乞罢归，从旁劝阻。家屏修书《答陈愚所漕台》：

承教：匡扶主德，谓宜调停静定，此是格心之论。夫子谓信而后谏，先儒亦言："委曲以开导之，尽力以扶持之，至诚以感动之。"则谏牍果不在纷纭频数，纷纭频数，则上亦易厌，厌则主过，遂臣术穷矣。鄙见谓须专而有渐，劝朝讲则单言朝讲，请建储则单言建储，如此则言不烦，听易入也，且其为力也厚矣。劝朝讲而听乃请建储，请建储而听乃更言他事，如此则言之有渐，听之不觉，其入而易从也。其有不从，然后可以强谏力争，即数而取厌、取疏，以去就决之，可也。而今之谏章，只可当一条陈疏，以事多为倾竭，而不知一事不从，百事停格矣。谏术真难言哉。

敬复！

吏科右给事中陈尚象奏："台省诸臣请豫教不允，中外臣工莫测圣意，所注臣固知册立明旨，信如四时，然谕教不早，终无以解天下之疑。"有旨："切责尚象，佞言巧救，欺君无礼，褫其职。"

户科左给事中孟养浩奏："科臣李献可等请豫教辄蒙严旨，罪以侮君显斥加焉，有五不可，乞收成命，择吉举行。"章入，皇上大怒。说："册立、出讲前旨一并举行，且册立已谕明春矣。养浩疑君惑众，无人臣礼，着廷杖一百，夺职为民。"

礼部主客司员外董嗣成、河南道御史贾名儒、福建道御史陈禹谟等，分别上疏，救李献可诸臣。皇上怒，以"出位要名"夺董嗣成职，以"党救激君"降贾名儒边方杂职用，陈禹谟等其他官员被处以夺俸。

吏科左给事中李周策等疏救，受降斥。皇上说："诸臣狂逞，业奉处分。周策等何复亢上不遵？姑分别夺俸。张栋等俱夺职为民。"

二十五日，赵志皋上疏，乞催家屏入阁办事。疏中说："惟家屏之疏尚留未下。臣益局促不安，臣念家屏为皇上辅弼之臣，小臣建言获罪，辅臣职当匡救，救之不得，自宜候圣怒火解反复开陈，以回上意，乃遽引咎求去，言过切直，此家屏之罪也。然家屏之心实非有他，只因其言之不售，虑其忠之未尽，故复毕枕据恫，冀回天听于万一耳。若有'希名托疾'之心，是犯欺君之大罪也，岂人臣之义哉？伏望皇上念家屏数年辅佐之勤，一时忠恳之意，将疏批发，俾得出阁办事，则皇上优容之德独加于辅弼之臣，圣恩既隆而国体亦尊矣。臣无任激切恳祈之至。"留中。

二十六日，辽东宣捷，祭告郊庙，脯醢果酒，赐辅臣三桌。

兵部题主事梁云龙、佥事万世德，从经略尚书郑雒行边、驱虏、招番，备著劳勋，宜各加升一级。皇上以二臣"赞画著劳，命推边方兵备副使，需次擢用"，赐金币，予以表彰。

二十九日，仁圣皇太后万寿节，赐二辅臣上尊珍馔。

家屏上第二疏：

> 谨奏，为愚戆冒威，祸延朝省，乞恩早赐罢斥，以全善类，以安人心事。
>
> 顷因科臣李献可等疏请豫教，蒙旨降罚，臣不揣轻鄙冒昧封还，意以事系储闱，不宜盛怒，以损天亲之爱；言出台省，不宜峻斥，以塞忠谏之门。乃为圣德虑，为国体虑，非为献可一人也。揭请宽原，未蒙俞允。方当退而补牍，再沥悃诚。而科道诸臣申救献可者，若钟羽正、张栋、陈尚象、邹德泳等又已得罪。两日之内，严旨迭出，或夺其俸，或谪其官。方一旨调南京，又一旨调外任；方一旨降边方杂职，又一旨削籍为民。以至于孟养浩之廷杖一百，则更惨矣！雷霆横击，风日凄阴！凡举朝士绅、远方外吏，见者无不丧气，闻者无不摧心。诚不意圣哲之君有此举动，平明之世有此景光。而原其衅端由起，则自臣揭救献可始。是臣惜谔谔之一士，而反累济济之群英；争降罚之轻刑，而反构放逐之重祸。真善类之罪人，清时之戾气也。用是自陈愚戆，疏乞罢归。庶几感悟宸衷，消融圣怒，霎然开霁，赦宥诸臣。使之复还旧官，勉图报称。则始虽因臣延累罹无妄之灾，终乃以过见原获自新之路。臣虽退居垄亩，尚可以一去谢诸臣耳。
>
> 何图席藁累日未奉处分。询之同官，乃知为臣具揭，伏奉圣旨谓臣"希名不遂，托疾故症"。臣闻言怔悚，负罪弥深。
>
> 窃念：名，非臣之所希，实非臣之敢弃。臣所希者，期皇上为尧舜之主，而臣为尧舜之臣。此之为名垂千载有余荣，故足希也。若犯颜色、触忌讳、抗争偾事，被谴罢归，此何名之可希乎？必不希名！将使臣身处尊官，家享厚禄。主德愆违，而莫之救正；刑政坏乱，而罔克匡维。此可谓

之不希名之臣矣。而国家将奚赖焉！更使臣弃名不顾，将逢迎为悦，阿谀取容，虽许敬宗、李林甫之奸佞无不可为，是九庙神灵所阴殛，天下万世所唾骂也。不但得罪于李献可、钟羽正诸臣而已，岂当一日立于尧舜之朝哉？

伏望皇上察臣戆愚，本为祸始，将臣特赐罢斥，以示首事之惩；仍召还降谪诸臣，以释株连之累。庶善类无枉，群情不摇。臣感戴生成，环草难报。

臣无任战栗待命之至。谨具奏闻，伏候敕旨。

礼部尚书李长春等乞宽宥李献可诸臣。

皇上谕："卿等徒惧洗垢吹毛[1]？辄来陈救，甚失大臣之礼。"

三十日，皇上遣文书官李浚谕家屏："迩年以来，喜事小臣狂肆不道，逞臆激扰，姑以薄罚。卿为佐治，见此要名不义之徒，自宜调停厝处，缓词解谏，却乃径驳御批，故激朕怒，甚失礼体。及朕怒起，卿又不忍受，假疾具文，言求去。朕想卿真欲以此挟君废政，沽名逸卧，岂人臣之义哉？且卿辅朕燮理赞襄，佐治有年，方今国务多艰，卿恝然高卧，其心可安乎？卿既有疾，准暂假数日，即出入阁办事。卿宜钦承之，故谕。"

家屏于是日上第三疏，"恭陈谢悃"，仍乞罢。

谨奏，为钦奉圣谕，恭陈谢悃，并乞矜怜愚戆，开霁天威，俯容退休，以全恩造事。

臣顷以揭救科臣，致干圣怒。斥罚杖遣连及多官。数日以来惊悸不宁，惶惧欲死，凡两疏乞罢，未奉允俞。忽于本月三十日，伏蒙皇上钦遣文书官李浚恭捧御谕："迩年以来，喜事小臣狂肆不道，逞臆激扰，姑以薄罚。卿为佐治，见此要名不义之徒，自宜调停厝处，缓词解谏，却乃径驳御批，故激朕怒，甚失礼体。及朕怒起，卿又不忍受，假疾具文，言求去。朕想卿真欲以此挟君废政，沽名逸卧，岂人臣之义哉？且卿辅朕燮理赞襄，佐治有年，方今国务多艰，卿恝然高卧，其心可安乎？卿既有疾，准暂假数日，即出入阁办事。卿宜钦承之，故谕。"臣焚香叩头，祗领讫。

伏念，犬马犹能报主，葵藿尚克倾阳。物类且然，况臣具面貌心腹而

---

[1] 洗垢吹毛：同"吹毛洗垢"。吹开皮上的毛而洗去所藏污垢，比喻一心寻找他人的过失或缺点。

为人！受皇上作养生成之大德，十年讲幄，六年政府，即天地父母未足比其恩慈，虽粉骨碎身莫能伸其报塞。岂不知将顺圣意，镇戢群嚣，可以全君臣喜起之休，养中外和平之福！而止以册立一事，争议数年矣。在皇上，钦定册期已有确然不易之信；在小臣，数生激扰殊无帖然听命之恭。圣谕谓其"喜事"逞臆此诚诸臣之罪不可掩也。幸蒙"薄罚"，臣但当委曲调停，从容缓解。而封还御批，致激圣怒，圣谕责臣"甚失礼体"，此臣之罪，臣亦不敢辞也。但皇子于皇上父子之亲也，册立与豫教典礼之大也。言涉至亲，不宜有怒；事关典礼，不宜有怒；臣与诸臣但知为宗社大计，虑以尽言，为效忠而已，岂意其激皇上之怒哉？使诸臣预知皇上之怒，必不敢激聒宸聪；使臣预知皇上之怒，必不敢封还内降。而所以敢激聒、敢封还者，正恃皇上之圣明，无一言之不纳；皇上之宽大，无一物之不容也。及见今数日之内严旨迭出，斥罚纷然。臣乃始错愕消魂、战兢落魄。自恨以为忠非素蓄志未上通，而谬袭引裾之迹，期收补衮之功。以致一言不投，万事瓦裂。譬之偾辕之犊不可复乘，败群之羊所宜亟斥。自不能一日安于其位，而岂敢"文言求去，挟君废政"哉？伏荷天言切责，谓"沽名逸卧"，大非人臣之义所宜。且温旨慰留，念赞襄有年，当以国务之艰为虑，华衮鈇钺，总属皇恩，雨露雪霜，何非至教！臣诚不胜感激流涕，佩服铭心。惟是孤忠独立之身，抱下愚不移之疾。俯循深痛，恐非数日之假可瘥；望乞生全，实以一朝之褫为幸。

臣无任激昂瞻戴之至。

留中。

太常寺卿陈大科等救斥谪诸臣，皇上仍切责之。

二月，几经酝酿，因功赏郑雒银五十两、大红蟒衣一袭，荫一子国子生。巡抚叶梦熊、贾待问每人赏银四十两、纻丝三表里。总兵、参将、按察使、参政等诸多官员，乃至兵部尚书石星分别受到赏赐。

皇上差行人诸葛表催张位赴京。

今年由李长春代祭孔。

二月五日，家屏等提议今年会试须用二名考试官，应由翰林院拟定上报。皇上准奏。六日，家屏等请命陈于陛、盛讷充考试官。七日，家屏复以病乞罢，又上第四疏：

谨奏，为抱病旷官，四乞天恩，放归田里事。

臣辅理无状，罪戾交丛。伏蒙圣度涵容，宸章宣谕，感承高厚，省讼迁愚。固冀收复惊魂，支撑病骨，勉供任使，终竭驱驰。而旬日以来，忧惧相乘，宿疴剧发，精神愦乱，坐卧靡宁，脾气积伤，饮餐并废，湿痰流注，腰股不能屈伸，郁火上攻，头目时作眩晕。延医诊视，咸谓：疾居骨髓，非针石之可攻；患切膏肓，将罄漏之难保。小年易尽，虽万死不足深怜；残喘幸存，即一息尚希大造。既宽之斧钺之下，宜全之沟壑之中。盖山泽善藏夫疾污，惟雨露曲滋于枯朽。

臣用是呻吟伏枕，痛苦呼天，冀察危衷，早容休退。别遴鸿硕，俾佐熙明。庶恩礼有光于圣朝，庸劣免妨于贤路。

臣无任悲鸣祈控之至。

是日，赵志皋上疏请钦点廷推阁臣一二员，并乞留家屏办事。

疏中说："昨日该同官王家屏具疏乞休，臣不胜惊惧。臣惟家屏既蒙圣谕宣召，自宜钦承温旨，假满数日即出办事，不应具疏再辞。然臣思家屏之心，谓既以言获罪，惟恐雷霆之威尚未尽舒，忧惧之心岂能尽释？臣尝至其寓所，见其果以忧惧未解成疾。盖人臣不得于君则热中，中心既热，则病体滋烦，少须调摄，即可供事。臣因念阁臣旧常有五六员，同心赞治①，近又奉明旨廷推，诸臣共戴皇上特重阁臣德音。今并给假王锡爵与行取张位止惟四员，闻锡爵又具疏，请张位行取未到，惟臣与家屏二人共事。家屏数日不出，臣一人寡昧实不能胜。即皇上于廷推中遴选一二员以充任使，仅足五六员之数。伏望皇上念阁务重繁，员缺未备，无从家屏之请，再宽数日之假，令遵前旨即出办事，臣之所大幸也。"

地方官员有缺额，吏部陆光祖等推升数名官员补缺。按常规，皇上钦点正推第一名，此次，皇上偏不点正推而点陪推。奏疏发下，赵志皋颇为不解，上疏说："今皇上舍四御史而尽点部臣，在部臣以得升为幸，在御史则以得免为幸矣，且使吏部之事权不行，无以弹压人心也，而于国家旧制亦有妨碍矣。"

二月十八日，家屏上第五疏：

谨奏，为痼疾濒危，恳乞天恩，准放生还事。

---

① 赞治：负责文书的草拟工作。

该臣以抱病旷官，四乞休致，延候旬月未蒙允俞，忧惧滋殷，病势增剧。窃惟皇上至仁天覆，盛德春生，即草木虫鱼，尚将关其欣悴，若罢癃残疾，罔不轸其颠连。况臣参侍禁庭积有年岁，一动止喘息莫逃，鉴临乃凤嘤深痼之灾，渐迫衰残之候。胸疡外蚀，腹疾内攻，荣卫并虚，肌肤日削。而下情屡控，天听弥高。即今委顿筐床，杂试针石，心乍冰而乍火，形非鬼而非人。兼以妻子俱还，汤水不给，空厨寂阒，羁旅萧条。徒以孑然病躯，靠一二如瞆如聋之僮仆；垂亡性命，托三五暂来暂去之医巫。此臣所以怀故里而伤心，叩严阍而乞骨者也。

　　伏望皇上垂覆悯之弘慈，全生成之大德。俯怜危困，早准退休。庶倦鸟知归，特荷恩于解网；困禽见放，将图报于衔环。

　　臣无任激切哀恳之至。

　　二月十九日，王锡爵派义子王秀进京送来他再乞终养的奏疏，到内阁交予赵志皋转呈皇上。

　　疏中说："圣谕谓臣单车亦可就道，又谓不妨再归省亲，言至于此，使臣四面难逃，顾臣乃今日不知明日之事，生离即为死别之防，不能奉母同行，而况能弃母独行乎？一归既已晚，而再归尚可待乎？千思万思毕竟无策。臣且泣尽而继之以血矣。乞照京官独子终养事例，苟延旦夕。"

　　皇上回复："卿以母疾累疏终养，朕岂不知体量？只以国家多事，边鄙未宁，卿为辅臣，旦夕丞弼，匡济时艰，岂得再三陈情，恐非移孝为忠之道也。卿还当遵依累旨，即日起程赴召，慰朕眷怀。吏部知道。"

　　王秀听说家屏在家生病乞休，前去看望，家屏修书一封给锡爵：

　　自去冬奉书后，日夜延颈而望旌轮，心欲折、眼欲穿也！盖诚见枢轴之地久虚无人，天柱地维，岌岌乎，有摇机倾欹之势。得翁早一日至，庶朝廷早一日可宁；不肖某可早一日纾于压覆之患，而过岁不闻音息，已自惶惑无聊，思欲窃衔委辔而走，不意乃竟以奔踶偾辕，遘此摧轮脱辐之祸也。其何颜可复见门下？正席藁惊悸中，忽接台翰，知坚意老伯母侧，不肯出，所上表视前两疏词愈迫，情事愈危，诵之令人酸鼻刺心，泪簌簌数行下，何忍复以君臣之义伤翁母子之恩？且不肖方此乞骸引去，又何敢以逐臣、弃妇而谈忠节之事，然不体翁之至孝，而疆翁必来，则不忠于翁不思国事之艰危，而曲顺翁意，谓可以不来，则又不忠于国，此两者即不肖某亦且心战，莫知所决，则听命于主上可也。主上意旨严缓翁出山，早暮关宗社治乱安危大数，自有任其咎者，而不肖已不敢与闻内命几两旬矣，不肖所恨者前后侍翁政本之地五年，一颦笑步趋无不视翁为楷式，是非毁誉，出处进退，无一不愿与之共焉，在朝时不能留其去，其归省也不能待其来，册储之议向赖翁得引其端，翁去遂惰其绪，不肖不但负主上，负翁之恩亦不浅矣。顾不肖所以去要不止册储事，翁去而主上所以待阁臣者体貌可知也。上任之甚轻，而下责之甚备，与其辱国无宁，冒负国之罪而已。翁能谅不肖之心否也？

郑雒回京后见皇上仍不御朝，老臣们纷纷乞休。朝中一些少壮官员整日摇唇鼓舌，要扫平夷庐，斥责郑雒媚房欺君，皇上也没句公道话，于是郑雒请以病乞罢，皇上许之。

大同巡抚邢玠不明实情，派员携函询问家屏，家屏修书《答邢昆田抚台》：

不肖自席藁①待命，时已月余。疏已五上，而明旨未降。天怒方殷，草菅余生不知能幸逃于斧钺否也，敢复与闻军国之事？然封疆大计，战款机宜，与今督抚重臣，才猷勋略，或抗言于庙堂之上，或折辩于台省之间，则已泗舌焦唇，不遗余力矣。凡老成端亮之士，孰不知款之不可轻罢，将臣之不可轻议也。而自临洮启祸，一时蜂锐浮薄子乘机鼓噪，哓哓至今，又一二阁臣捕影系风，随声附和，间或高年大老亦从后生新进，构煽筹张，此等情踪，台下安从睹状也！不肖左枝右拒，阴解阳排，耳目具存，旨意见在，而经略公尚以不肖为诎其功也，不知不肖所以伸之者已百倍担荷矣。乃不肖朝离阁门，烦嚚夕起，向犹议战以坚款，而今则径议罢款矣。向犹藉款以攻经略，而今则藉款并侵岳峰公矣。试观四十日来，旨意如定，拟战款，如罢免经略，宁能出一字以持国，是以决边计，以忧边臣否耶？从此中外纷纭，上下衡决，势不启疆生事，辱国丧师，祸未但已不肖即去之林樾而桑梓首难身家，安得晏然，此不待台谕下颁，而自知关切，所当尽力匡救者也。利害安危之端已备，与潋阳、东泉二公反复开说，二公似皆许可款。议当终不可罢，岳峰公当终不可摇。惟是史酋早擒，则市赏可复，市赏既复，则房情驯服，而款贡可坚，外患平，内议亦

---

① 席藁：指用禾秆编成的席子。坐席藁上是古人请罪的一种方式，因以指请罪。

渐衰息矣。忧病中草此，奉复伏希，慈照。

许国得知家屏乞休，询问原委，家屏修书《答许颖阳相公》：

某畸单寡耦，局趣无奇，徒以一念朴诚，谬为翁台收采，腹心至谊，视侪辈有加焉。顾愧无以佐下风、赞未议者，猥自附于升储之请，而犯颜逆耳，乃使翁独失意于主上。某于此时，岂当首鼠自全，诿以为不与己事哉？然所以逡巡未即去者，政本之地虚其无人，姑暂守直庐之管钥，有所待也，何图？赤舄既远，黄绮不来，鸱鸮咏而周室方危，鸿鹄歌而汉储未定。期期不可敢谓无人，乃谴诃，横加斥逐，欲尽此时，欲复依违保禄，缄默合躯，诚恐尽弃平生，无颜复通，门下勉希高躅，直冒严威，死生以之无言去就矣。时方席薰，敬此附书，倘藉庇生还，尚当渡河逾淮，远谒杖履。临楮无任瞻驰。

会试取吴默等三百人。赵志皋上疏："三月十五日殿试，例用九卿、詹翰掌印，讲读学士等官阅卷。类送阁臣择取十二卷进读，则殿试一事，阁臣责任颇重，今内阁只臣一人，乞命王家屏入阁供事，并点用廷推阁臣一二员。"不报。

廷推阁臣成了官员们热议的话题。

有御史上疏说："廷推阁臣，特令吏部破格旁求，凡大小九卿中德业闻望可称名世者，俱得与翰林同举。"

皇上说："祖宗时大臣必量才擢用，正所谓知臣莫若君，岂若近年，借口会推，徇私幸举，今后奉旨任用者，倘有仍前造言挤击者，欲图市恩，必罪不宥。"

礼部定于三月十五日举行殿试，依遵旧例，将家屏列为首席读卷官。三月十一日，家屏以久病辞免读卷并乞休，上《辞免读卷疏》：

谨奏，为久病沉绵，辞免读卷，并恳天恩早放生还事。

臣以孤子一身，卧病两月，五乞休退，未蒙允俞。病日以深，命且莫必。兹遇本月十五日殿试天下中式举人，礼部以臣名籍未除，遵例拟臣充读卷官，具疏上请，奉圣旨："是。钦此！"臣闻命不胜惊悚。

窃念，大庭策士，欣逢清问之期；贤俊登庸，快睹明扬之典。诚获周旋于执事，固将竭蹶以观光。无奈二竖殷缠，羁囚比辱。精魂既散，谅缘分已绝于人间；跬步难移，即梦寐能之于帝所。徒抚床而陨涕，特望阙以陈情。倘宽其旷职之愆，不加诛戮；尚悯其乞骸之请，亟赐放归。臣生且衔恩，殁当结草。

臣不胜感激祈恳之至。

皇上回复："览卿所奏，情词恳切，既有疾，准回籍调理。着驰驿去。吏部知道。"

第五十六章　上辞朝疏频回弃妇头
　　　　　忧大明时横洒孤臣泪

　　三月十三日，皇上以皇女诞生颁赐家屏红云纻丝二疋、银抹金脚花二枝。送颁赐物件的差使从大门进入后堂，问家屏："为何院门大开，无人接应？"家屏出门一看，方知守门的仆人早卷了铺盖走了，不知去向。

　　送走差使，家屏遂写诗《仆亡走二绝》：

其一
鱼择深渊鸟择枝，物情向背莫须疑。
大千世界无遮障，南北东西任所之。

其二
平原宾馆翟公门，朝屦喧阗暮鲜痕。
何况厮中牛马走，几人能忆主家恩。

　　三月十四日，家屏奏谢赐归驰驿，上《谢予告疏》：

　　谨奏，为感激天恩，准容休致，恭陈谢悃事。
　　该臣以抱病沉绵，屡乞罢免，伏奉圣旨："览卿所奏，情词恳切，既有疾，准回籍调理。着驰驿去。吏部知道。钦此！"臣不胜感激。
　　窃念，臣本畸单贱士，偃蹇庸流，不阶根柢之容，误被眷知之渥。每誓心于天日，愿毕力于涓埃。而资识迂愚，才术短拙；居平尸素，碌碌无所建明；临事周章，期期周克将顺。犯颜逆耳，数干不测之威；藏疾纳污，特荷兼容之度。惊魂稍定，宿疾殷缠。褥卧将及于五旬，疏词殆穷于累牍。苦下情之难达，幸天意之终从。麋鹿山林，既遂归田之愿；骖骓道路，更叨乘传之荣。病骨积摧，觉顿回于起色；隆恩未报，良自负其初心。涕泗交流，语言莫措。孤踪去住，曾何系于重轻；大造生成，兹已全于终始。

臣不胜感激缱恋之至。

皇上回复："览卿奏，朕知道了。该衙门知道。"

家屏修书一封给锡爵：

不肖某向侍左右曲荷提携，以克执矩循绳，苟免颠踬，一自彩舆南指，察采星分，不肖猥以孑然之身，承摄管钥，大厦一木势固难支，然犹疆勉撑持，意谓衮舃遄旋，释担有日，何图征车留滞，命驾左无期，因是狂简靡裁，戆愚自用，偶争储议，遂冒天威，孤犊当辕，宜有夒驾摧辀之患，无足怪者，尚赖主恩浩荡，未即加诛，放许生还，良属厚幸，然罪衅深重，虑非一去可逃，即伏处巇岩，时恐恐然，若雷霆殷震也。蒲轮既入，魁柄有归。不肖始稍稍收复惊魂，发舒意气，顾自恨付托不效，决裂贻忧，当终已无复面颜，可介绍门下伏辱，台伻远涉，鼎札下颁，宝牍瑶函，如从天坠，且悲且喜，感何可言，恭谂太母怡愉，道履嘉畅，宫府雍穆，朝省淑清，此天所以纯佑，人国家俾，君臣父子之间慈孝相安，明良交合，斯百顺所徭，萃六符所徭呈也。即时事多艰，士风滋薄，以翁台德谊闻望，学术才猷，康济转旋，何施弗劾，乃犹取节弃断，问道覆车，徧省乖违，岂胜愧忏，楮短绪长，莫声万一。

陆光祖复以老病被言，乞罢。皇上许之，予驰驿归。

就在家屏准备离京时，兵部收到宁夏兵叛的奏疏，宁夏爆发了哱拜、刘东旸之乱。哱拜原是鞑靼部小酋长，嘉靖年间来宁夏，屡立战功，升任至游击将军，并任宁夏卫世袭指挥使。万历十七年（1589年），哱拜被加封副总兵致仕，其子哱承恩袭任都指挥使。

多年来哱氏势力在宁夏发展迅速，新任宁夏巡抚党馨对部下苛刻，克扣军饷，三年的冬衣布花银只给一年的，引起军士愤恨。

哱拜父子嗾使刘东旸、许朝等人于二月十八日冲入帅府，杀死党馨等人，挟庆王起事。发布告示，列诉党馨罪状，烧官署，释放囚犯，劫持总兵张惟忠以党馨扣饷激变奏报，并索取敕印。张惟忠自缢身亡。刘东旸自称总兵，以哱拜为谋主，哱承恩、许朝为左右副总兵，土文秀、哱云为左右参将。

叛军气焰嚣张，数日内横扫河西四十七堡，河西军官相继投降，全陕震动。直至三月上旬，总督魏学曾才派副总兵李昫摄总兵事，进剿。魏学曾奏报宁夏兵变，向兵部要兵要将、要钱要粮。

石星将宁夏情况报家屏，家屏已被谴罢归。家屏修书《答石东泉司马》：

> 某悉侍末行，向同献念，而适以边庭抢攘之日，被谴罢归，岂其避难而以忧劳诒左右，事会偶然耳。翁天植忠贞，英略规运，与政府二老谋断相资，何衅不除，何乱不戢，正无所用于偾事之人也。乃款贡之议，不肖与闻始事，史酋既执，宣蓟之间，可得安枕陵寝，庶亦不惊，两年市赏，委宜准复，况西夏方有松套诸虏之急，羁縻牵制，正惟此时，所以冒有陈说，幸蒙不鄙转闻于上，遂定今盟，不但可坚款虏之心，且可为制逆虏之地，封疆幸甚，至于战守之备，他镇不及知，若云谷之间，赖萧、邢二公振作经营，尽劳心力，庙堂之上不可不特加体恤，委任而责成功也。若宁夏叛卒，当始发时能作区处，或设间购求，防其内溃，或分兵屯守，杜其外援，只需一介之使，片纸之檄，可定。而迁延规望，纵火待泉，直至贼势已成，逆谋已合，勾虏入犯，而后请命朝廷求援，邻镇掘井救焚，不啻晚矣！即今遣将征兵监以直指，天威振动宜无不剪之凶，然已费力百倍，顾事势至此，有进无却，即倾内帑、灾良民，难复顾惜，螫腕断臂，岂应虑伤好肉也。只恐贼垒未易破，破而禁妄杀，正易制令也。嗟乎，宁镇之宗藩士民亦甚众矣，知谋勇略之士宜不少矣，而甘心叛卒受其迫胁，如土木偶人，随贼提挽，经时历月，无能出一奇一计，当城者意为身家耳。而贼不灭身家，宁可保也。生愧萧如薰死愧梁琦矣。彼哱氏父子跋扈日久，而以姑息养成其不轨之谋，随府一恣睢暴戾无行之人，而以才贤荐起，使入于不善之党，厉阶祸本若有数以凑合之庸人缓颊高谈，裕蛊而有余；贤者奔走驰骛，救败而不足。翁遭时则然，不得不身任社稷之重劳，固不可以辞，而将何所归罪哉。承赐咨稿内旨意，准将史酋监候，不必解京，甚得镇重之体，且监候缓死，可因以招安，余党后面更有着数可做，前此，擒献赵全辈，正由仓皇枭斩，致遗余孽，所以有今板升之族，良失策矣！至还谕虏王约束诸部，毋得扰边，数语亦甚紧切，松套诸虏，利贿助逆，须得虏王禁约，纵未尽从，亦少敛，戢我军乃可得利也。惟翁留意。某罪

废不宜言军国事，恃爱漫及，幸秘之。

十七日，家屏具疏辞朝，并恳皇上慎起居、平喜怒、隆孝养、奉蒸尝，敬天勤民，视朝听讲；任辅弼，惜老成，收罪谪之臣；斥贪残之吏，及议虏情、水患、叛丁、倭寇诸事。对于平宁夏叛军，家屏的建议是"特求戎首，尽宥胁从，势不烦兵而自解"；对于御海邦之倭寇，他的建议是"但谕守臣，分屯要害，可保按甲以无虞"。最后仍不忘提及皇储册立之事。

辞朝疏：

> 谨奏，为辞朝事。
>
> 该臣以病剧乞休，伏蒙圣恩特准驰驿回籍。除具疏陈谢外，今柴车在道，舆疾将归，簪绂去身，负担幸释。感乾坤之大造，顶踵难酬；想日月之清光，梦魂永隔。情依依而恋主，频回弃妇之头；心惄惄以忧时，横洒孤臣之涕。摧辕偾驾，虽驽质之已亏；爱卵惜巢，或鸟言之可采。
>
> 伏望皇上宥密凝神，特慎寝兴之节；中和养德，常平喜怒之情。隆孝养于两宫，奉烝尝于九庙；视朝听讲，一如万历之初年；敬天勤民，恪守祖宗之遗训；信任辅弼，爱惜老成，亟收罪谪之臣，用伸士气；重斥贪残之吏，以厉官坊。至若调宣大之虏情，急须乘款而修备；疏淮泗之水患，毋令坏堰以妨漕。平宁夏之叛军，特求戎首，尽宥胁从，势不烦兵而自解；御海邦之倭寇，但谕守臣，分屯要害，可保按甲以无虞。
>
> 惟是皇储册立之仪，系宗社根本之计，吉期既定，盛典将行，愿同薄海之民共仰前星之耀。臣不胜依恋悲哽之至。

申时行身在家乡，却一直关注着朝中发生的事情。他从邸报中得知家屏封还御批，以病乞休，于是他修书给家屏，劝他做能臣，"莫以阁老易一谏官"。家屏给他修书一封：

> 不肖某性资最劣，举动多尤，向恃标表居前，帡幪①在上，故迷冥知所向往，荒秽得以盖藏，未即颠隮②，实皆门下护持之力也。自违履舄，顿

---

① 帡幪：指古代帐幕之类的物品。
② 颠隮：指衰败覆灭，也指困顿挫折、跌落、坠落。

轶周行，横骛狂犇，摧辕毁驾，驽材重载，势必及兹。语云：沉渊陷谷，乃感前茅；震雨凌风，方思大厦。正不肖今日之谓矣。尚赖余庇，得逭严诛，薄谴放归，大喜过望。惟是堂廉隔绝，宫府睽离，国体朝纲，日以沦替，人心世道，日以倾敳，整顿匡扶，必须旧德，讴吟想慕，况切群情，翁台又安能恣杖屦于青山，置经纶于高阁已耶？不肖某乞得骸骨，行矣！田间苦乐，海内安危，占象泰阶，以翁出处临楮，不胜翘注。

家屏收拾整理家中存放的文稿，有些资料准备带走。

邢侗捎来他参与编写的地方志样书，其中有关王缙的内容，家屏已阅，尚未回复，临回乡前，家屏修书一封《谢邢知吾为先曾祖临邑公作传》：

岁前，承贵邑刘大尹公①寄惠公祖所篹邑志中，有先曾王父传。前徽阐曜，末裔增光。敬乘便翔，附书称谢者。伏以大邦文献，赍传琬琰之编；先世声猷，悉托丹青之笔。荣施不朽，感切如存。

念昔曾王父之受官，实叨藜比公之封域。单车之任，勺水盟心。抚尘甑以忘贫，施蒲鞭而掩泣。力行教化，一归谦让之风；躬劝农桑，尽破烦苛之调。尊贤敬老，父兄事者若干人；省赋轻徭，流移归者千百数。仁声四播，众腾王佛之称；冤狱屡伸，因咈上官之指。诬不盗为真盗，如彼何哉？耻杀人以媚人，有去而已。风波汹汹，引身希弃篆之高踪；天道昭昭，转盼白窃鈇之枉状。归田暇日，每云不愧于神明；没世多年，敢觊有辞于父老。

兹遇公祖台下：司存二史，兼总三长。彩侍余闲，博丘坟而掞藻；瑶编汇粹，辑邑志以成书。自有职官，概列纪年之次；独曾王父，特收循吏之中。往迹采之故家，言皆实录；公评质诸舆诵，名匪虚称。征信自今，传流未艾。再拜而荐之寝庙，俨灵爽之歆承；什袭而藏之巾笥，迨云礽其宝重。幽明共戴，天壤同悠。无一物之可酬，惟三熏而效祝。临械瞻溯，曷既铭藏。

家屏嘱浚初和叶向高将自己这些年来的奏疏以及尚存于翰林院和内阁的尺牍底稿抄一份妥善保存。又将御印的新书选一部分带回去研究，其中有一套是

---

① 贵邑刘大尹公：时任临邑知县刘承忠。

制作精良的《忠义水浒传》。

家屏选了个日子为霍氏扫墓。家屏在霍氏墓前焚香，心里默默地对她说："此去我将不再进京做官。我自认为做到了祭祀北岳恒山时所言'精白一心，公忠诚笃'；与同僚履行了若'皇上仍不册立太子，将集体辞朝而去之'的誓言。

"惟念'死亦同穴'，我已在山阴河阳堡购下墓地，择日为你起棺还乡。"

天宁寺那边传来钟声，家屏每次给霍氏上完坟都会到寺里走走，住持成了他的老朋友。

住持将家屏接入禅房。禅房墙上挂了一幅字，竟是家屏《再游天宁寺》那首诗：野寺青山近，何嫌出郭频。塔高云不碍，树老鹤相亲。茗啜松花细，经翻贝叶新。尽能谐吏隐，宁复厌僧贫。

住持说："先生诗中'塔高云不碍，树老鹤相亲'两句颇具禅意，贫僧故喜而书之，还请先生品'松花细'、翻'贝叶'经。"

家屏说："大师也许不知，我已辞朝归隐。"

住持打量着家屏说："先生是身隐心不隐啊！

"贫僧虽身在寺内，却也关心朝中大事，友人曾抄录先生申救雒于仁的奏疏拿给贫僧看，先生在疏中说，雒于仁'蒙罪而言之，为宗社、生灵救无穷之祸，乃所以为忠也'。又说，'善养生者，不以无疾而弃攻砭之方；善养心者，不以无过而厌箴规之语。'既然雒于仁的'四箴方'于皇上无补，先生的良方又在哪里？先生难道无雒于仁之忠乎？酒色财气确系世俗顽疾，我佛家讲求'八戒'，其中也包罗此四项，愿先生借鉴佛法，从长计议，以求良策。"

家屏品着松花细，翻阅着新印的经书，说："信而后谏，离地三尺有神灵，业有三报。想必这便是俗话所说'善有善报，恶有恶报，不是不报，时候未到，时候一到，一定全报'。佛家用因果报应教化弟子值得借鉴。"

住持说："正是。愿我佛保佑先生能悟出救宗社生灵解除'无穷之祸'的良方。"

赵志皋疏请廷推辅臣，官员们热议心目中的人选，皇上也想知道谁在百官中的威望最高，结果家屏居首位。皇上大不悦。

家屏不愿被卷入旋涡，于三月十八日，乘官车在行人的护送下离京还乡。车过燕山，家屏有一种放飞的超脱感，即兴写《春尽登山》诗一首：

燕山两度见春归，着屐登临兴不违。
石径穿云苔正滑，林峦着雨蕨初肥。
翻思岁月惊时变，俯瞰尘寰慨俗非。
直欲凌风扳绝巘，轻身高驾彩虹飞。

四月二日，家屏回到老家，上《回籍谢恩疏》，托行人转呈：

原任礼部尚书兼东阁大学士、今在籍臣王家屏谨奏，为蒙恩回籍，恭陈谢悃事。

该臣以积疴旷职，累疏乞休，于本年三月十四日钦蒙圣恩，准臣回籍调理，仍赐驰驿，当即具疏谢辞。于十八日离京，次月初二日到家讫。

念臣自奉召环再参枢席，感非常之遇，志每切于捐糜；竭不肖之才，效实疏于辅理。悠悠三载，久怀尸素之惭；踽踽孤踪，兼抱沉绵之病。马穷则佚，盖筋力之已疲；器满斯倾，由福缘之欲尽。累数章而乞罢，不胜抵冒之愆；拥六传以言旋，终荷保全之泽。出关而北，入山渐深。生知税驾之乡①，殁得容棺之所。纵填沟壑，亦戴德于乾坤；即处山林，忍忘情于廊庙。西陲未靖，知遗君父之忧；东禁②犹虚，曷慰臣民之望！无谓弃臣如涕唾，不足追念其言；尚思定国先本根，及今早为之计。宫彝既叙，神器攸宁。潜消蚌孽之萌，永保基图之固。臣不胜感恩祈愿之至。

家屏在疏中直叙他惦念的两件事："西陲未靖"，即宁夏叛军尚未平定；"东禁犹虚"，即太子尚未立。

晋王和代王分别派遣使者对家屏进行慰问，家屏修书对他们表示感谢。作《上晋王谢慰在告》：

某用世非才，致君无术。偶以册储之议，谬陈逆耳之言。上咈圣心，遂干严谴。屏夫扛鼎，竟罹折足之凶，孤犊当辕，宜速摧轮之衅。硁硁引决，但凭小丈夫之心胸；啧啧推称，敢辱士君子之齿颊。罢归田亩，幸迩藩封。居父母之邦，获依桑荫；被亲贤之泽，窃永椒聊。诚假余年，可

---

① 税驾之乡：指休息或归宿之地。税驾，解下驾车的马休息。
② 东禁：隐指东宫，借指太子。

苟安于耕凿；庶侥洪庇，将厚托于蚲蠓。讵意睿慈，特垂温眷。劳使臣于绝塞，惠音札于衡门。珍筐克庭，惊睹七襄之烂；衮言盈楮，宠逾一字之褒。登拜知荣，省循增愧。附谢椷而三沐，赐莫报于琼瑶；祝庆祉以千秋，祚永凝于磐石。

作《上代王谢慰在告》：

某奉职无状，赐玦以归。罪废之人，乡闾所耻。幸遇周亲启宇，明德绍庭。屹为磐石之宗，茂衍璇源之泽。国人共戴，讴歌无间于前王；倦客新还，耕牧尚知具故处。卑枝可息，即同大厦之蚲蠓；涸辙易盈，敢辱西江之灌注。猥蒙睿眷，厚损贶颁，分鼎俎之珍；业沾异渥，盛筐筥之具。愈倍恒情，登拜为荣。省循殊愧，肃申谢悃。附布末忱，伏冀鉴存。曷胜瞻感。

家屏还乡后仍有许多官员频频给他寄来书信安慰，家屏都一一回复。

冯时可改任广西布政司参政后，本不打算就任，经邹元标等人劝说，还是去了广西，之后，升任广东按察使佥事。他写信告诉家屏那里的情况，家屏修书《答冯文所宪使》：

不佞虚庸充位，尸素心惭，则上书而乞骸数矣。所未即飘然去者，徒以升储之典曾效一言，欲观成事。而不意台省疏入，横被谴诃，诚不忍见清明之朝有此举动，用是封还内票，妄意回天，而不自知其遂过于戆也。期期忤旨，悻悻危身，得赐生还，已为厚幸。

归来塞下，山深地僻，俗啬交疏，息影休阴，尘缘如洗。回想数年政府，尺寸无称，惟独内不敢求知于宦官、宫妾，外不敢得罪于贤士、大夫。进无隐情，退无私客。解官而返，家徒四壁。萧然寒儒，此可不愧于心，不愧于知己者也。若乃阴阳人主，倚中涓为奥援，岂但羞而不为，才力固限之矣。

昔人谓"有尾生、孝己之行，而无益于胜败之数"，即得其人无所用之，不佞之无用于世也，亦正坐此耳。

今朝纲积弛，时事多艰，非得望重才高、镇服一世者不能有所匡济。不佞之奉身而退也，亦惧以其不肖之身妨贤者之路，而俟后来者之足以办此也。

贤友经纶，大业韬闳，多年厚蓄宏施。正惟今日粤西臬务[1]，暂屈旌轩[2]，行且拜命大藩，奉对前席，陟处华要，诎指可期。

不佞以人事君，藉赖非一朝夕、林壑之下悬企尤殷也。远承注念，万里劳人，古道古心，曷任感佩。草此，占谢不尽。

家屏的一些乡社学友纷纷来访，有的求他成立书院，有的邀他开坛讲学。月川引家屏参观了新修的县学房舍，想聘他到县学任教，家屏只说身体欠佳，须静养、调理一段时日，遂去了南洲山庄。

---

[1] 粤西臬务：按察使简称臬台、臬司，掌管一省的司法、监察以及驿传事务。当时冯时可任广东按察使佥事。

[2] 旌轩：有旌节的车。

第五十七章　着手写《金瓶梅》①
　　　　　　筹划修河阳桥

　　家屏要去南洲山庄，家中有两个孩子入县学，李淑人留在县城照看他们，徐夫人带着其余几个小孩陪家屏一起回南洲山庄。

　　李淑人操持一个大家，终日不得清闲，身体大不如前，这些年全凭门姑娘在她身边帮忙。

　　月川从城里雇了一辆车，送家屏到南洲山庄，车上装了几箱书籍与抄本。

　　听说家屏要回来，戎夫人吩咐家人为他们收拾出庠馆后院。戎夫人每天到堡门外瞭晴。这一日，终于看到家屏回来了。

　　往年，迎接家屏的总是三叔宪成和家人。如今，宪成走了，只剩下戎夫人形单影只地拄着拐杖，站在风里，像一尊木雕。家屏见了，抢上前搀着戎夫人，不禁热泪盈眶。

　　走进三叔的家，堂屋正面挂着宪成的画像，端庄而又慈祥，家屏对着画像祭拜，作《祭叔考寿官石洲公》：

　　　　嗟我叔父，竟至此哉。方叔少时，遭家多难。依我二亲，拾薪共爨。我父力学，叔也力田。以耕佐读，人无间言。迨育诸儿，群之家塾。翼燕情均，鸠桑爱笃。一门子姓，诗礼雍容。科名趾美，蔚焉亢宗。门祚昌融，我父不待。叔享尊荣，怡愉未艾。昔侄归里，为母持丧。叔犹慰侄，日勿过伤。侄亦晨昏，伺叔眠食。幸叔康疆，庶几延历。云胡一疾，经冬

---

① 《金瓶梅》的作者学界尚无定论，但参与改写与修订者不在少数，而王家屏是否为作者或作者之一，留待学者们去考证。此书存其一说。

涉春。医药周效，卧起艰屯。迨侄起家，辞叔床下。叔曰儿行，勿予缱绻。侄来数月，日夜忧焦。时时修讯，冀叔有瘳。何知别来，遂成永诀。闻讣摧心，肝肠寸裂。号天徒恸，缩地无能。临风遥酹，泪血交倾。

孩子们在家屏的带领下祭拜宪成，行礼毕，就跑到房前院后玩。

徐夫人到后院安顿住下。

戎夫人一边给家屏做面，一边和他学诉①这几年的变化。

她说："你三叔病故后，乐儿②接我去苏州住，那可是个好地方，要啥有啥，难怪人们说'上有天堂，下有苏杭'，可我就是蹲不住③，老想着咱这里的莜荞豆面山药蛋，乐儿无奈，只好把我送了回来。"

她长舒一口气，说："回来好，山也亲，水也亲，说话谁也能听懂，不用像去了苏州，说句话还得别人传贩④。"

说到苏州，家屏想起王锡爵，问戎夫人："您去苏州可曾去过锡爵和鼎爵他们家？"

戎夫人说："去了，你们交情那么好，我还能不去？可惜鼎爵早早地走了，老夫人身体也不大好，跟前离不了人⑤……锡爵的女儿也没了……王衡奉侍他奶奶，可孝顺了，他来过咱这里，知道雁门关外的苦寒。他整天手不释卷，说是等锡爵啥时候不在朝为官了，就再考个进士给世人看。这娃娃有志气。

"老夫人信佛，受她指教，我也供了几尊菩萨，每日抄写几页经文，只落得心平气静。天也短了许多。"

戎夫人说着把她抄写的经文拿给家屏看，家屏夸赞了一番她的书法，戎夫人自然高兴。

家屏说："侄儿将要写一些劝世文字，有劳婶娘誊抄，不知可否？"

戎夫人欣然答应。

家屏在庠馆后院住下，正房正对南面的佛宿山作书房，便起名"佛宿山房"，想了想觉得欠妥，遂更名"复宿山房"。他要在老祖宗曾经藏书的这间屋

---

① 学诉：依照时间顺序，有条不紊地讲述。学音 xiāo。
② 乐儿：王家璧，号乐南，乐儿是他的昵称。
③ 蹲不住：指待不住。
④ 传贩：指翻译。
⑤ 跟前离不了人：意指生活不能自理，身边需有人照顾。也寓指病情危重，随时可能病逝。

内写出一部新书来。

先设计出一位酒、色、财、气四味俱全的人物，取"四全"谐音，号"四泉"作为男主角。

权衡再三，选用"商山四皓"的故事不及用《忠义水浒传》中西门庆与潘金莲的故事。

男主角就叫西门庆，但此西门庆非《忠义水浒传》中的西门庆。

需要几位女性为色者，最色者比《忠义水浒传》中的潘金莲有过之而无不及。女主角就叫潘金莲，但此金莲非彼金莲。"金""精"谐音。

还需一位蠢者，"春""蠢"谐音，就起名春梅。

另需一位介于二者之间，"平""瓶"谐音，就起名李瓶儿。

书名就定为《金瓶梅》，不乏诗情画意。

家屏取出《忠义水浒传》那套书中记述该故事情节的那一册，用朱笔断句，并将书中明显错漏加以修改。他要从此处嫁接出一枝一系来，建构一片《金瓶梅》的文字新天地。

文章该怎写？

用史官作《实录》的笔法，记事不议事。

以章回记述。每章首像《忠义水浒传》那样，写一首浅显易懂的诗或格言，以期引领受读者登高望远。

第一回的章首就选用宋人卓田的那首《眼儿媚》："丈夫只手把吴钩，能断万人头。如何铁石打作心肺，却为花柔。尝观项籍并刘季，一怒世人愁。只因撞着虞姬戚氏，豪杰都休。"借旧诗词以蕴新意。

正待展开写作，家屏的身体还没有完全康复。另外，他也静不下心来，宁夏叛军的事老在心头萦绕。而且李淑人嘱托徐夫人看着他，不让他熬夜。

端午节来临，万世德派人给家屏送来礼品以示慰问，家屏修书《谢饷端午》：

某两间弃物，一息余生。病骨新还，尚速阴阳之渗；惊魂未定，何知节序之移。猥恃薄缘，获依末庇。神鼎作镇，万怪俱藏。法镜在悬，纤尘不止。家执销兵之契，人怀续命之符。介子可生，当无烦于禁火；屈平而在，或未忍于投沙。自幸所遇之时，迥出前贤之上。栖衡饮泌，揣分量其已逾；切玉包金，宁惠慈之敢觊。叨承过渥，报塞弥艰。敬荐蒲觞，三行三祝而成礼；兼陈彩缕缕，一丝一岁以征年。伏冀鉴容，不胜欣戴。

萧大亨派人送来一封书信，言及边事，讲述了他智激扯力克，擒献史酋事，家屏修书回复，作《答萧岳峰督府》：

> 擒献史酋事，台下独劳神虑，成此不世之功，谓宜奖答高勋，涣颁异数，而两年市赏，靳于虏王，失信外夷，陕小汉制，不佞诚私心耻之。兹奉大疏，于市马抚赏中，量议裁革，堂堂朝廷使赏功之典，幕府不得专制于外，而动从中覆①，其何以存国体，而坚夷狄恭顺之心也。至宁夏叛兵，当其始发之时，为总督者，特遣一介之使，下片纸之檄，招诱②其渠魁③，抚安其胁从，不应，则赦其党与，而求其首恶如刘东阳者，或从中间之，或从外购之，或募敢死士袭而刺之，方略不可枚举。但谋其首，而其党自携，且有执以为功者矣。最拙则举三镇之兵力以临一镇，何坚不克？又拙则遣通官传谕松藩诸虏：无纳叛卒，得叛卒一人，献者赏银若干。则我以叛卒饵虏，而虏以叛卒为奇货也。纵不能必其执献，亦可免其交通矣。计不出此而袖手坐视，今日讨宣大兵马，明日讨虏王约束，屋中失火，招呼远邻，远邻即来，屋已灰烬，而况未能便集乎！在内者复不知委任督责之术，今日议起某废将，明日议起某司道，周章④孟浪⑤，全无主持，就如妇人渡河、小儿冒两脚乎不定，倾跌叫呼，殊可笑耳。以此戡祸、戡乱，不亦难乎，彼其向之高谈战剿，其伎俩竟何如也！夫在宣大以夷狄擒夷狄，而史酋可缚，在固原以全军制叛军，而刘东阳不可得，人之智略功业相去何啻天渊而已。不佞废弃之人，不宜复闻国事，承教因漫及之，抑愤懑积衷狂态顿发，殊不能嘿嘿宁忍也。

家屏在信中肯定了萧大亨"以夷狄擒夷狄，而史酋可缚"的丰功伟绩，备数平宁镇叛兵的屡屡失策。他的意见通过萧大亨和邢玠等人间接地影响到朝中

---

① 中覆：指朝廷的批复。
② 招诱：招引，引诱。
③ 渠魁：指首领、头领。渠，大；魁，帅也。
④ 周章：仓皇惊恐。
⑤ 孟浪：鲁莽，轻率，不着边际。

的决策。

甘肃巡抚叶梦熊毅然以讨贼为己任,兵部请命让他以原职赴宁镇。

皇上谕:"叶梦熊忠义可嘉,着以原官提兵星驰,同魏学曾、朱正色一心并力,克期剿灭。其从征文武官员、兵粮,悉听兼理调度。"

御史梅国桢愤宁变未平,请缨从征,奉旨前往任监军。

之后,改兵部右侍郎陈有年为吏部右侍郎。起原任南京户部右侍郎顾养谦为兵部右侍郎兼右佥都御史,总督蓟辽保定军务。起贾三近任兵部右侍郎,分理宁变事宜。贾三近以父母年迈,两辞而不允。调李如松为宁夏总兵,率领辽东、宣、大、山西兵及浙兵、苗兵等进行围剿。

萧大亨因功晋秩太子少保,家屏于山房中写《赠萧督府俘获叛酋蒙恩晋秩序》:

> 自单于款塞内附受号称外藩,边庭之间宴然,不闻有执馘献俘之事久矣。岁壬辰春,督府大司马肃公擒缚叛酋史二我列等,状闻,上嘉公绩,赐公玉府金若千镒、飞鱼衣一袭,晋秩太子少保。于是治粟使者某、镇帅某、宪大夫某等,咸籍籍颂公休烈,介书山中,属不佞某修词为公贺。某实病愈,不能文。独念我边氓,二十年来,老终壮长,寝食衽席之上,而无异时"烽燔燧举之虞,骨白磷丹之祸",公之赐也,安得无言!史车两酋者,盖匈奴支部当户之属,往与其仇,忿争不胜,来降我,受而处之近塞,给之衣廪,两酋亦往往以虏情予我效耳目之用焉。顷海虏中祸临洮,言者谓虏王西牧,实阴助之。上遣经略大臣责问虏王,夺其岁赏,勒使东归。而两酋适以其时倾巢逸出塞,朝绅①汹汹惧与虏王有连排,款议②者蜂起,公曰:"勿虑也!夫势轻重而已,急之,则虏重,能不以其去来为意,则我重,挟我之重以制虏王,存余,何忧逭酋哉。"无何,两酋悔罪,叩关求还故地,拒,弗许。求复衣廪,又弗许。两酋急则率所部,阚塞东西,侵轶③以恐喝④我将吏,要半赏焉,或欲予之。公曰:"予之,是赏叛也,非一大创,不可!"乃阴敕部将伏甲要害处,候其入,击之,斩

---

① 朝绅:本是束朝服的大带,后用来指朝廷大臣或曾任朝官而退居者。
② 款议:和谈。
③ 侵轶:侵犯,袭击。
④ 恐喝:亦作"恐猲",意恫吓、威胁。

首数十级，生得其子红亥等十八人。酋始气折，踆踆摇尾矣。会虏王东还，求复贡市，朝议重罢款，而犹不能无挠于多口，令虏王执史酋自赎。公曰："是难我也。"然不敢不勉图之，则遣谍数辈，入穹庐以风虏王，虏王初犹豫，弗忍。其贵人①受公指，说之曰："我弗忍人，人将忍我？"且先单于非素德汉也，尚能执赵全等以自附，我辈受中国恩深，不幸而值西垂之衅，蒙负汉之名，其何爱于一夫？虏王感悟，遂相与定计，执史酋我列等缚致公幕下，云，嗟乎！传记所称，威名折冲之臣用攘夷敌伉奏捷明光，告成郊庙者众矣，然未有不劳师损馈，持久而后克之者也。公镇静雍容，不动声色，而渊谋密书，机运天随，视讨逋寇于虏庭，如索而取诸寄曾无亡矢遗镞之费，以方古名将战胜之烈，孰为难易哉！赵全辈之禽献也，第中华之叛人耳，史酋与虏王譬之禽鹿其俦侣也，割俦侣之爱以媚中国，曾不敢一顾其私有唶啁踯躅之顷，此岂口舌能下，兵力能屈哉！威望所震，靡暴弗摧，恩信所孚，靡顽弗格，至其剂量操纵，变化弛张，捷若张圆，调若六辔，又有巧唇不能穷其算者，虏足以俯首帖耳，折而入其羁马之中，而抟心揖志，不盟而坚，奚恃兵力焉，故此一役无论坐而收胜，百倍战功。即溯观欵贡初年，尉荐拊循之厚，以视今车闲策劲，奔走而役，属之难易，又何如也！边备视昔加完，而边费益省；国威视昔加振，而国体益尊。公之所以制款者，大非昔日之欵矣！议者不深，惟终始猥欲以一偏之指挠之，诚如其言，虏王不可使，史酋不可擒，安兔不可间，长城南北所能荡摇边境，骀藉生灵，耗费金钱，糜烂士众者，岂必朔方之逆卒，海岛之穷夷，能俟我之疲敝而骚动之哉！乃朔方急，则倚公援；而西岛夷急，则倚公援。而东合九塞，而犄角之，何尝有一隅不借力于公也！而急则藉公之力以制变，缓则抑公之功以谍谗，公之心能无戚乎！即膺褒赉陟，孤卿②，声荣炳麟，不为不宠，而公之精忠一念，冲冲惙惙，所以忧社稷，而虑封疆者，固未已也。推其心宁己可无功，功可无赏，终不敢倖意外之虞，以起衅于边陲，诒他日无穷之悔，斯老成爱国之心哉。特表而出之以告于持庙议者。

虏王擒献史车二酋，不仅萧大亨晋秩太子少保，大同巡抚邢玠也升右副都

---

① 其贵人：指三娘子。
② 孤卿：少师、少傅、少保的合称。

御史，宣府巡抚王世扬以及王象乾、郑雒、石星、陈有年等也分别有赏。

赵耀于万历十九年（1591年）底，以山西左参政升任山西按察使。他特来看望家屏，带来消息说："张位已遵旨入阁办事。麻贵戴罪管平叛副总兵事。京营需人协理戎政，蓟辽总督蹇达奉召回京。此次平叛动用库银八万两。"

又说："朝鲜国王称，倭船数百直犯釜山，焚烧房屋，势甚猖獗。兵部已令辽东、山东沿海省直督、抚、道、镇等官，严加整练防御。"

家屏说："宁镇那边有贾三近辖领，尚不必忧。"

赵耀说："贾三近初到军中不负众望，大军所到之处，宣示'特求戎首，尽宥胁从'，兵不血刃而收叛军占据镇所近百处。可惜他身患背疽，病情恶化，不得不还乡疗养，也不知近况如何。"

家屏听了，深为贾三近担忧。

家屏和赵耀分析朝日时局，认为：其一，目前不宜贸然出兵朝鲜。其二，须激励朝鲜国王自己收复失地。其三，兵吏部宜派得力官员，固守辽东及沿海疆土及岛屿，常备倭寇来犯。其四，不与日倭重提朝贡。

家屏鼓励赵耀于必要时将这些建议上奏朝廷。

万世德来看望家屏，万家军西征归来，回万家寨休整。

万世德从西部带回一些青稞籽种，赠予家屏数升。家屏见青稞颗粒饱满，给它起了个名字叫"露仁"，吩咐族人选出一片好水地试验种植。

朝中有言官认为万世德不能尽歼火酋，薄其战功，几经揉捏，仅升任他为山东按察司副使。

家屏陪万世德在也宜亭观风望景，两人坐在石桌前叙话。

家屏说："大明立国以来，倭寇屡犯沿海，始辽东，继江浙，后山东。洪武初，太祖派使臣诏日本献贡，由此日本成朝贡国。洪武十三年，胡惟庸同日人勾结谋乱，事情败露后，胡惟庸被诛，朝廷绝日本朝贡，从此与日本往来搁阻。此后，日人常窜犯我沿海，我朝遂于沿海设卫置司。山东乃防倭入侵之门户，地理位置十分重要，如今倭寇入侵朝鲜，山东等地更宜选良将把守。"

万世德听了家屏这番话，欣然前往山东就任。

没过几日，月川引郭可川等几人来到南洲山庄，他们让家屏领头成立文会，还要重整庠馆，招收学生。家屏特地写了《劝立文会疏》，众人抄写若干份，给告老还乡的友人发去：

> 傑与诸友生，同里闬，游共黉庠，偶窃科名，谬尘仕版，每怀吾党，尝念归与兹幸废闲，数相接晤，济济才美，彬彬质文，但师友之谊颇疏，讲习之功尚阙，忠信而不好学，狂简莫知取裁。即其居无与，行无徒，岂乐介然独立，抑亦气相求，声相应，苦于依焉，靡从是用。不揣迂愚，僭申忠告。冀自今以文会友，翕敦研席之盟，敬业乐群，共缔切磋之约。务痛祛其鄙吝，期日进于高明。庶众善之相观，将多贤之辈出。使人谓鲁无君子，斯焉取斯；则岂必商有天民，觉其后觉。傑虽委惫，尚克交修。若夫堵室春炊，或艰于事育；公庭赋诏，间迫于追呼。一切辕轲，无端齮齕，则赖明察之长，慈惠之师。仰体国家造士之恩，奉宣台宪作人之指。优恤其困苦，俾志不分；培养其精华，俾气不挫也！傑当黾勉，愿与周旋。诸友勖哉，无自堕弃。

成立文会后，家屏的山居生活变得丰富多彩起来，文友们约期相聚，谈时事、论政务，诵诗作画，讲经说法。文友们还为家屏介绍、招用了一位办事可靠的仆人和一位书童。

盛夏炎热，文友们便到山中消暑，宪武曾住在沙家寺苦读数载，家屏也常带文友到寺里游玩。那日，他们共坐树下，幽禽鸣其上，听而悦之，竟不知其为何鸟，家屏遂写诗一首《山寺闻幽禽鸣》：

> 徙倚松阴暂避蒸，绵蛮幽鸟隔林声。
> 风停高树喧逾静，响落空山凄复清。
> 客坐乍闻如有意，僧家惯见不知名。
> 绿寡鹦鹉应惭汝，学得能言误此生。

七月十五快到了，李淑人筹划上坟事宜。她虽然身体不太好，却非要到河阳堡坟上去看看。

按照前三后四的乡俗，家屏于七月十四日先领着戎夫人到南山脚下给王宪成上坟，家屏又作《祭墓文》：

> 侄昔起家，辞叔应召。叔病在床，勉侄就道。曰勿我忧，我年已耄。风烛可虞，岁月难料。不待汝还，汝勿我悼。侄持叔手，惨然伤抱。劝叔加餐，庶需药效。何图至京，奉叔讣报。瞻望乡山，奋飞能到。今来至

家，登堂履奥。出惟叔命，反将谁告。四顾彷徨，五情震悼。含敛未躬，棺绑靡导。慈颜永违，大梦能觉。复宿山前，清泉环缭。双玉偕藏，式安新兆。祗荐壶觞，用申哀祷。

到河阳堡上坟要过桑干河，那年秋雨多，河水暴涨，两岸交通全靠摆渡。摆渡的工具是两只骆驼，摆渡人凭着好水性牵着骆驼往来于两岸，渡人渡物，忙个不停。

眼看再有几步就到对岸，家屏骑乘的那只骆驼居然卧下了。

家屏抱定驼峰，问摆渡人是怎么回事？摆渡人说："客官不知，这只骆驼久走河面，有灵性，知道您是贵人，它便跪道，向您讨要几个赏钱。"

家屏从腰间摸出一两银子，递与摆渡人，那骆驼才缓缓地起来，鼻孔"噗"地喷了一声，继续往前走。

有一两银子打底，摆渡人变得十分殷勤，摆渡其他人时再没有暗中使坏。

李淑人和徐夫人过来后，问家屏刚才是怎么回事。家屏如实讲述。

李淑人忍不住笑了起来，对家屏说："这骆驼认你是贵人，我听说贵人都有大本事，你何不在这河面上架一座桥？"

家屏被李淑人一激，真来了劲，在岸边转悠了老半天，想着在哪儿改道，哪儿建桥，计算要打几个桥墩，需要多少石头木料……真的动起了架桥的念头。

家玺、家楫领着侄儿们早已赶到，一家人在堡子里聚齐。家田的儿子领着众人到堡外上坟。

林夫人的坟，掩在秋草丛中。家屏绕着坟堆转来转去，也不说什么。李淑人让孩子们把供品摆好，她和徐夫人坐在坟前边烧纸钱边向死者哭诉这几年的变迁，好半天两个人才平静下来。门姑娘站在旁边，珠泪涟涟。

孩子们要家屏讲这座坟地的风水，家屏淡然一笑，说："没什么讲究，只为它南面正对佛宿山。"

家玺、家楫提醒孩子们说，家屏字忠伯，号对南。孩子们恍然大悟，一个个蹦跳着到周围去玩耍了。

李淑人对家屏说："我今儿来就是想看看将来的归宿地。"

李淑人站在主穴标志前，对家屏说："这就是正房，按名分由霍姐姐和我陪你。"

徐夫人问："我将来往哪儿埋？"

李淑人说:"你和林夫人,一个住东厢房,一个住西厢房,她的坟在那边,你的坟就在这边。"

门姑娘跑来问:"我生是夫人的人,死是夫人的鬼,我将来往哪儿埋?"

李淑人先是一怔,随后用手一指,说:"你呀,将来就埋到那儿。"

门姑娘认真地点点头走开了。

家屏责怪李淑人不该乱讲话、胡应承,李淑人却不在意。

孩子们问家玺和家楫:"两位叔叔将来埋在哪里?"

家玺和家楫说:"我们不能埋在这里,已选定了山阴城外。"

七月十五那天,家屏带领全家去给宪武上坟。

在临邑公坟前,聚集了众多前来上坟的族人,家屏给众人念诵了邢侗编写的《临邑县志》中记述临邑公的章节,族人们争相传抄。

扫罢墓,家屏领全家回到县城。

县衙里新调来一位县尹,家屏要宴请他,和他商量架河阳桥的事,于是家屏修书一封《请县尹》,特约郭见川等几位文友相陪。

伏以凫舄遥临,快睹天飞之翼;牛刀小试,惊传风动之猷。莅止维新,瞻依胥庆。恭惟台下,贞标岳峙,伟器渊停。学富五车,凤阐坟丘之秘;才高八斗,蔚宣河汉之章。偕计而对公车,汉贤良其比俊;剖符而得边邑,周侯伯以同尊。枳棘荒乡,虽愧栖鹓之地;黍苗阴雨,亟须泽雉之膏。山川共诧其回春,老稚咸歌其来暮。如荣朽瘗,更切欢欣。念吾侪之小人,遭逢非偶;事大夫之贤者,禀昂宜先。爰筮吉辰,肃俟觞豆。庶聆至教,永作规绳。躬拥彗以惟虔,觊乘舆之早贲。

谨启。

第五十八章　邢玠用车兵筑堤
　　　　　维桢聘家屏修志

　　县尹应家屏之邀赴宴。家屏偕众人跟县尹讲修筑河阳桥的好处。县尹有心支持，却拿不出钱来。家屏说资金可由民间筹措。县尹高兴得连声赞许。

　　邢玠正准备培训一支车兵。家屏托人请来代州木匠，帮邢玠修好安荣堡军库内存放的旧战车。为能让士兵熟练掌握驾驭独轮车的技术，教官下令每人到河阳桥工地上推土五日。没过半月，捎带完成了桑干河筑桥改道工程。

　　附近村民听说王阁老主持集资修桥，热情高涨，有钱出钱，有力出力。县尹允准从南山采伐修桥木料。由此河阳运料车马络绎不绝。上次那位拉骆驼的渡河人统领驼队，一头骆驼拉一辆车，专拉一般马车、牛车拉不动的大木料。

　　修桥工程进展顺利，很快就立起了桥墩，有望入冬前竣工。

　　梅国桢要求赐监军戎服督战，赐监军"佩刀"，用以诛不用命将士。皇上没把"佩刀"赐给监军梅国桢，而是把尚方剑赐给了魏学曾。

　　皇上悬赏："有能擒献哱拜父子赏银二万，封龙虎将军；擒献刘东旸、许朝、土文秀赏银一万，封都指挥使。"家屏看了载有此内容的邸报，将邸报一搁，说："此乃劣招。"

　　皇上命辽东抚镇发精兵二支，应援朝鲜。发银二万，犒军。郝杰差游击止于鸭绿江，未敢前进，相机援剿。

　　皇上降旨："援兵久遣，岂容迟误？今后各边镇紧急事务，毋拘奏请，致误军机。"

　　倭贼过大同江，朝鲜君臣即遁。

郝杰恐朝鲜国王兵败入辽——拒之不仁，纳之有难处。他认为宜令朝鲜国王："扎险要以待天兵，仍号召通国勤王之师以图恢复。"皇上回复："倭陷朝鲜，国王逃避可悯，援兵既遣，仍谕彼国大臣集兵固守，控险隘，以图恢复，岂得坐视丧亡？"

锡爵因母病耽搁，尚未进京。皇上催他尽快进京。

张一桂为礼部右侍郎。沈节甫为工部左侍郎。鲍希颜为都察院右佥都御史，巡抚辽东，赞理军务。

朝鲜郡城半陷，朝鲜国王穷困来归。兵部又发一支兵赴朝鲜，与前两支成掎角之势。皇上下旨："朝鲜请益援兵，须确议具奏。王来，择善地居之。"

李楠以陕西副使备兵西路。

张位奏宁夏讨叛"不当攻城，只当困城"。梅国桢揭："诸将用兵不及儿戏，报捷尽属欺罔……"兵部说："军令不肃，士不用命，应行督抚勘治。"皇上谕："酿乱损军，耽延日久……皆前督魏学曾辱国之罪，命锦衣卫逮系来京究问。"

叶梦熊取代魏学曾，御赐尚方剑交由叶梦熊领管。

起原任蓟辽总督顾养谦为兵部右侍郎。

征倭兵马攻入平壤城，史儒、张国忠、马世龙等俱伤，官兵多损。

家屏心急火燎，修书一封给顾养谦，《答顾冲庵抚台》：

东征之役，始谋已疏。本兵误之于前，经略误之于后。稔祸至今，败坏极矣！乃以属之台下，漏舟破屋，势固难支；溃堤决痈，力岂易措？不能、不便，烦整顿大费经营也。

盖朝鲜之倭与临洮之虏本不同，临洮必用经略，往者，虏阚我门庭，不能勿问。而梅督府公方自劾待罪，遣经略使靖两川，且以代督帅也。朝鲜中倭则藩篱之急耳。欲固藩篱而存属国，则蓟辽督抚固在就近委之，其耳目真臂指顺酌缓急而为之备，保我疆围而已。不得已而赴之，屯师境上，遥为声援，推朝鲜之锋，而殿其后，不为戎首也。又不得已，然后酌量征发，次第进兵，分番休舍，使刍粮可达，士马不疲，斯庶几万全之策焉。计不出此，一闻警报，辄不胜周章躁遽，奏遣专官经略。而所遣又恂恂儒吏，未尝更边事习兵也，徒据其海邦籍记，遂诧以为圯上之书，而付以重寄。当是时，不佞固预知其不任也。已而请增置堡台矣；请增设将领矣；请召募，而三辅骚动矣；请征调山西宣大之兵出，又远，而四川、两浙之兵至矣。其他搜铜铁以铸火炮、锻蒺藜，赋车牛以载衣甲、转糗糒，沿海郡县,怨声如雷。

不佞即伏在山间,震耳怵心,实未尝得一日安枕也。远迩绎骚,公私糜敝如是,曾未闻其出一奇、当一队、收一战之功。而山人、游客尽拜官矣;厮养隶卒尽富贵矣;车骑戈甲,连数镇之师,半委山谷矣;金钱刍粟,倾数百万之积,尽填沟壑矣。兵老财殚,智穷计诎。乃始听用狎邪无赖之辈,往来倭营,哀求和好;今日议贡,明日议封;外堕狡夷之牢笼,而内坐守寸步难移之困局。固宜其为解担释负计,而思委艰难于后人也。可恨!宜何如哉!今时势与资力并当困诎之际,国威与士气并当挫衂之余,为台下诚难。然非台下精忠峻节,伟略宏猷,未易办此,国家不幸。而遇两公损其威,犹幸而仗台下救其败耳。

今第镇以定静,筹以从容,按甲休兵,据险守要。沉几先物,观变俟时,必当有款隙可乘,关缴可制。无徒效前人,侥幸于孤注,竭作于一鼓也。昔卫为狄灭,齐桓公率诸侯为城楚丘,《春秋》高其义,未闻遂与狄仇,连诸侯之兵伐之也。今第以保会稽之耻①,激励朝鲜,以成楚丘之功,奖率将吏,无为主而为客,则得体矣!若欲从井救人,糜兵饷于不测之地,如前人所为,非不佞所敢知矣。弃妇逐臣,不宜妄议国家事。以蒙台下知爱,曾共猷念,托肝胆之交,故辄布其区区,忠愤激昂,不觉狂肆,更惟秘之。

兵部令宣大山西三镇再选兵三千赴陕西,邢玠派出车兵若干。宁镇地势低洼,形如釜底,明军绕城筑堤,借以水攻。邢玠派去的车兵发挥重要作用,长千七百丈大堤很快筑成,开始灌水,水抵城下,变兵昼夜惊。哱拜令义子克力盖向着力兔求援。李如松派李宁追截,斩获二十九人。卜失兔率兵来援,麻贵率军牵制。

黄河水被引至宁镇城外,已深达八九尺,哱拜与哱承恩、刘东旸率兵夜划小舟欲破坏官堤,被刘承嗣发现,刘承嗣率兵斩杀数人,生擒一人。审讯时,那人说:"城中乏谷,士尽食马,马余五百骑。民食树皮、败靴,死相属。"

梅国桢发布告,变兵趁机索要免罪、免死铁券。

百姓要求变兵接受招安。攻城在即,城内生齿三十万,若水灌,将尽为鱼,能否招安须请令。皇上命叶梦熊:"申军令,一众心,招安不必行。"叶梦

---

① 会稽之耻:指越王句践被吴王夫差兵围会稽山屈膝称臣求和之耻。后以此典喻不忘奇耻大辱。

熊和梅国桢施计，派李登以招降为名，入城离间哱拜父子与李东旸、许朝等。叛军内讧。李东旸杀土文秀，哱承恩杀许朝，周国柱杀李东旸。明军入城，哱承恩冲出，于南关被擒。李如松同李如樟围攻哱拜，有贼丁弃死拒敌，李如松谕令，投顺者给令箭免罪，贼丁弃甲投奔。哱拜与真夷抗敌。李如樟将哱拜斩首，其养子、部将或战死或被擒。刑部审具叛贼哱承恩等罪状，命磔斩，枭示九边。

皇上御皇极门，朝百官，宣布宁夏擒逆大捷。又以宁夏奏捷祭告郊庙。皇上谕内阁："宁夏平定，逆党已正典刑，皆我祖宗威灵默佑。卿等赞猷文武效力，朕甚嘉之……奏魏学曾虽复城堡四十余处，不能早计定乱，功魁实罪首也，本当置之重典，姑从轻，夺职为民，回籍当差。"

家屏在山阴，经过近两月努力河阳桥竣工，有人提议祭龙王，有人提议祭河神，家屏说："不必祭龙王，不必祭河神，就祭河阳桥。"遂作《祭河阳桥文》：

猗惟桑干，比灵河洛。建瓴上游，襟带云朔。
洪涛巨浪，鼍涌鲸腾。望洋秋叹，履薄春兢。
我昔忧民，溺由己溺。舟楫非才，乘舆靡给。
今也卜筑，在河之阳。纷纷病涉，目击心伤。
是用捐赀，购求山木。费不外资，役惟躬督。
导水傍注，掘泥下穿。鼎疑汉出，石谢秦鞭。
砥柱雄蟠，飞梁县控。趾奠金鳌，形纡玉蛛。
五旬而举，万众争观。咸伟厥制，惊叹无前。
高若凌云，虚若御气。彼岸偕登，慈航共济。
车闲骑逸，道咏途讴。岂缘人力，实荷神庥①。
荐藻羞苹，礼恭情慊。匪利福田，幸违坎窞。
百千万岁，不骞不崩。芦沟晓月，千里同明。

朝鲜方面告急。石星愿即日就道，往鸭绿江以决战守，必使一倭不入，然后奏凯以还，如其不效，军法处置。他提出的条件是：共事武臣必得李成梁，

---

① 神庥：神灵护佑。

并选京营壮丁千余随行。皇上没让石星去，着宋应昌往任其事。又以李如松为提督蓟辽、保定、山东等处防海御倭总兵官。

张一桂升为礼部左侍郎，不幸卒于任上。贾三近因背疽不治身亡。于慎行为贾三近写墓志铭。张一桂、贾三近英年早逝对家屏触动很大，他要尽快把《金瓶梅》写完，以防自己有什么不测。

令家屏欣慰的是，黄凤翔出任吏部左侍郎。盛讷、范谦升任礼部侍郎。工部尚书曾同亨乞休，皇上允准。

身兼山西按察使职务的李维桢一直关心着家屏，他琢磨着编写《山西通志》，想把家屏这个人才用起来。腊月，他差人给家屏送去一份聘书，家屏收下了聘书。

春节前，县尹亲自到南洲山庄告诉家屏，说李维桢带着参与修志的官员和文人要在山阴举行修志开馆仪式，时间定在春节那天，让家屏届时务必参加。

家屏全家回山阴城。

县尹为修志开馆做了充分的准备，街上打扫得一尘不染，几处墙上还刷写了时兴的名言警句。县衙这边写的是"惟公生明，惟廉生威""鞠躬尽瘁，死而后已"。县学那边写的是"少年易老学难成，一寸光阴不可轻"。集市那边写的是"义以生利，利以丰民"。公席设在县衙内，铺红毡、搭彩台，十分气派。

县衙的衙役们着装列队立于衙门外迎候来自全省的官员和学究。李维桢和吕坤一行驾到，鞭炮齐鸣，笙簧叠响。县尹和家屏在衙门口迎人，李维桢和吕坤见了家屏，一边一位扶着家屏往里走。随行人员鱼贯而入。李维桢也邀请了周弘禴和浚初参加修志开馆仪式，他俩写的《代州志》和《浑源州志》颇受推崇。周弘禴忙于他事，未能成行。浚初念家，赶了回来。

修志开馆仪式隆重，家屏本不想讲什么，李维桢不依。

家屏遂作《修志开馆答监司公席》一文，李维桢让人挂于堂前，众人围观，揣度其丰富的内涵。

伏以绣襜时巡，布惠风于四国；青旗春拥，回嘉气于群生。事匪空行，动惟豫顺。

五兵不试，适当燕喜之辰；万略新开，况应文明之书。

恭惟台下神纵性枢，左宜右有；功旋化轴，阴惨阳舒。及正月之始，和爱戴星而凤驾；临前见奏，对时育物以行春；地上有风，省方观民而设教。襄惟露冕，喜汉官今日之威仪；结驷联镳，庆豪杰一时之参合。

闵文献不足，谓求诸杞、求诸宋，事或可征；念咨度当周，必遵于邑、遵于野，谋斯有获。乃乘按部之便，遂疏式庐之荣。必躬必亲，亟问亟馈。

所至则重，岂惟吾党之光；有开必先，盖实斯文之幸。泽特沾于过化，愿允愜于抠趋。是以有衮衣，岂异东山之爱；相从而俎豆，何殊畏垒之诚。

敬恳旌轮，庶其永今朝、永今夕；肃称觞醉，聊以薄言献，薄言酬。望台座以瞻依，扫衡门而延伫。

公席结束后，家屏和浚初领着李维桢和吕坤、邢玠等回到家中。

代王为家屏修建的院落被人称作相府。时逢春节，门前的两尊石狮胸前系了彩球，颇显喜庆。门上的春联别具一格，显然是小孩的涂鸦之作。内容是极平常的两句话："一夜连双岁，五更分二年。"看那字，显得不拘一格；整体笔画稚嫩，反倒天真纯朴。尤其那个"岁"字，几经修改描画，让人看了忍俊不禁。

院子里有几个孩子正拣了除夕旺火烧剩的摞炭垒小旺火玩，身上沾满了灰尘。徐夫人见有客人来，招呼孩子们站成一排毕恭毕敬给客人行礼。

孩子们看见浚初，便围着他问这问那。

浚初把最小那个抱起来，问："大门上的对联是你写的？"

"是我写的，还行吧？"

"行，行。"浚初鼓励他以后要坚持每天练习书法。

"你得给我起个名字，我开春就要上学了。"

徐夫人说："灏初生在天快亮时。"

"好，我叫启哲，老二叫启真………你就叫启明。"

一伙人来到正房看望李淑人，她高兴得有说有笑，病似乎也好了几分。见众人来访，她忙让门姑娘给众位沏茶倒水。

李淑人掐算着自上次在京给家屏过生日之后已有多长时间没见李维桢，说："听说你要来，我准备了几条鱼，还有你爱吃的腊肉火锅。"

李淑人几句话，又勾起李维桢对当年同袍们在家屏家聚会的回忆，数算诸年丈，他告诉李淑人："贾三近和张一桂相继去世。刘东星现任保定巡抚，整日价窝在天津搞兵备、练兵丁，制炸药、做火铳，忙得不亦乐乎。于慎行在家闲居。我是自由身，满世界走动。"

李维桢知道家屏建县学舍、修河阳桥花光了家中积蓄，聘他修志，也是为了给他贴补些银两。

吕坤表示修志所需经费由省府出。邢玠和县尹表示将在大同和山阴城筹几间房屋供修志用。

家屏说："有华严寺两间厢房就成，不必另寻。"

李维桢问家屏还有什么困难。家屏考虑修志工程浩大，自己这般身体，担心志未修成人去了。

李维桢说："你若完不成，有解元浚初，子子孙孙，无穷匮也，有何忧哉？"

临别时，李维桢拉着家屏的手说："待我回去后，收集一些资料，送至你那'扫衡门而延伫'的南洲山庄。"两人会心一笑。

客人走后，浚初从包裹中取出几册抄本，交予家屏。这是他从内阁和翰林院抄录的家屏奏疏和部分尺牍。

家屏最关心的事是皇上是否上朝，王锡爵何时回京，朝鲜战况如何。

浚初说："自府君走后，皇上只是在平叛祝捷时御朝一次。荆石公这两日抵京，王衡留在苏州侍候老夫人。

"朝鲜那边少泉公任辽东巡抚时不赞成贸然出兵，他差游击止于鸭绿江，未敢前进，皇上不依，降旨：'援兵久遣，岂容迟误？'结果两支人马一入朝鲜便陷入困境。朝鲜国王先说有贮粮，可供三月，其实没有。将士们所带干粮吃不了几天，只能速战速决，副总兵祖承训下令攻平壤，官兵多损，令全辽丧气，倭势鸱张①。

"少泉公因与皇上意见不合离开辽东。

"赵耀上疏陈抗倭事，于九月，由山西按察使升为都察院右佥都御史巡抚辽东，赞理军务。

"西路平叛奏捷后，宋应昌、李如松入朝鲜，一举攻下平壤，虎视王京。百官中有人主张与日本议和，让日本重新纳贡。"

家屏对西路平叛有不同的看法，插话说："西路平叛改攻城为困城，是为良策，但不该放水灌城，伤及无辜。总督、监军临场答应的免罪、免死牌，不能不算数，更不应因此而论梅国桢等越权。"

"府君以为当前入朝军队应采用何种策略？"

---

① 鸱张：像鸱鸟张翼一样。比喻嚣张，凶暴。

家屏想了想，说："其一，力戒骄傲，骄兵必败。其二，剿敌粮草，断敌粮道。

"刘东星和万世德在天津制造设备很重要，不然大刀长矛很难对付日倭火铳。

"他们在天津三卫开局制器，行铺多避匿①。在军营又汰多弱、选精锐，得万五千余人，时操练、严纪律，可谓卧薪尝胆。担心的是'倭未至而民先病，兵未强而费不赀'。这可是长远之计，怠慢不得。"

李淑人让浚初劝家屏不要熬夜写东西，浚初想知道父亲在写什么，如此上劲。

家屏将一个书包打开，里面是《金瓶梅》手稿和戎夫人誊抄的本子。

"雒于仁上《酒色财气四箴疏》，你是知道的。我于那年腊月二十二日上《申救大理寺评事雒于仁疏》，新岁时，皇上会四辅臣于毓德宫西室，皇上欲将雒于仁置之重典。幸得我等委曲慰解，才斥于仁为民。

"那天，是我和王衡在宫门外等了多时才接上府君和荆石公。

"我在申救疏中曾有'接得大理寺左评事雒于仁一本，大要谓：圣体愆和，病在酒、色、财、气四者，列为四箴，以进……于仁庶官也，于皇上之起居尚及知之，于皇上之愆违尚能谏之；臣职亲于庶官，任专于辅导，乃尚有所不知、不谏。夫不知，失职也；知之而不谏，失职也'。我今急慌忙乱写此书，就是为了弥补'知之而不谏'的失职。愿皇上不以无疾而弃攻砭之方，不以无过而厌箴规之语。有药于此，食之，不被酒色财气所误。"

浚初双手把书接过来，说："府君这奏疏也太长了。"

家屏说："奏疏也罢，讲章也罢，能治四贪就好。这只是前半部分，你先拿去，交与荆石公，让他伺机转皇上。后半部分待我尽快写成。

"人常说，'酒色财气四堵墙，人人都在里面藏'，此书也可当作家训，传与王家后人。"

正月初，浚初给病中的母亲叩罢头，上路回京。家屏托浚初捎话给锡爵，有两个人劳他关注。一个是叶向高，当年四辅臣曾议过立储后推荐他为太子讲官。后来，立储不成，让他去了南京国子监。不久，他为父丁忧，期未满，母又故，又为母丁忧。家屏在朝时曾对他召起，他说待期满赴京，今已期满，若进京，请锡爵酌情安置。另一个是刘虞夔，他丁忧期满，需召起。

---

① 避匿：躲避，躲藏。

第五十九章　皇子并封 遭百官非议
　　　　　廷推家屏 惹皇上恼火

锡爵还朝，皇上特赐银两与麒麟服。

浚初回到京城在内阁守值，约了几位同官，说是得到半部奇书，众人先是传阅，后是传抄。

正月十五前，浚初将戎夫人誊写的抄本交给锡爵。锡爵一看书目是《金瓶梅》，署名是"兰陵笑笑生"。打开第一回，回首诗是卓田的《眼儿媚》，便知道这是家屏所作。

锡爵一边翻阅，一边念叨："笑笑生，小学生，你是小学生，我就是新杏子，欣欣子，也正好与笑笑生相对偶。"

锡爵将那几个抄本包好，拿回家中阅读。

正如家屏所料，锡爵把建储当作头等大事。正月十五过罢，锡爵密奏：

> 臣惟今国家之事莫大于建储，皇上之美莫美于揽权独断。乃前者册典垂行，而辄为小臣激聒，改迟，此群臣负皇上。已幸皇上亲发大信，定以万历二十一年举行，于是群嚚寂然，及兹春令，届期竟未有发一言者，盖皆知成命在上，有所恃而无虞；又知覆辙在前，有所惩而不敢耳。顾臣惟储宫谓之春宫……其举行之典又必在春月，即今上元节过，交春半月有余，诸司造办器物、定卜日期必在一两月前预传料理，方保临期无误，万一机务殷繁，简点未暇，以致过此春令，则外廷必曰：'昔以激聒而改迟，今以何名而又缓？'臣等虽百口不能为皇上按压矣。此臣入朝第一苦心，不欲使外廷知其言，出于臣手亲自誊写，不托吏胥，旋即封闭，不示同官，皇上一览之后，乞即从中降谕，决在春月举行，使盛美皆归独断，

则臣见哓哓之徒皆咋舌、愧死，而臣一生遇主，万里归朝，亦何少施颜面矣。

密奏入。皇上遣文书官李文辅到锡爵府第赐手札：

卿公清正直，朕素所倚赖，今冲寒驰驱，疾趋来京，忠勤可嘉，朕心欣慰。欲出与卿一见，昨者连日侍奉圣母，稍觉劳倦，今早览卿密奏揭帖，悉见卿忠君为国之诚。朕虽去岁有旨，今春行册立之典，且朕作读《皇明祖训》内一条，立嫡不立庶之训，况今皇后年尚少，傥后有出，册东宫乎？封王乎？欲封王是背违祖训，欲册东宫是二东宫也，故朕迟疑未决。既卿奏来，朕今欲将三皇子俱暂一并封王，少待数年，皇后无出，再行册立庶，上不违背祖训，下与事体两便。卿可与朕作一谕旨来行。

锡爵复奏：

圣谕称中宫尚少，傥后有出，恐于祖训有碍，要将三皇子一并封王，少待后日再处。臣惟自古国家虽有立嫡不立庶之说，然实谓嫡庶并生有子，以防攙越启争。今皇上嫡子尚未生，而庶子年已十二龄，向未有待嫡之意，乃自今日发之，使臣等何以造次奉行？抑臣又惟皇上所虑，不过为中宫耳……今日事体……皇长子既以中宫为母，即系正嫡所生，母亦自不必加封。上则使中宫安心抚养，下则使皇贵妃不失尊重。臣谨依阁中故事，遵谕并拟传帖二道，凭圣明采择。然尚望皇上三思臣言，毕竟俯从后着可以曲全恩义，镇服人心耳。至于并封一说，纵欲权行，亦必须于谕旨中明白说定立嫡、立长，将来断无改移之意，则臣庶乎可以担当。

皇上谕礼部：

朕所生三皇子长幼自有定序，但思祖训立嫡之条，因此少迟册立，以待皇后生子。今皇长子及皇第三子俱已长成，皇第五子虽在弱质，欲暂一并封王，以待将来有嫡立嫡，无嫡立长。尔礼部便择日具仪来行。

锡爵见皇上谕礼部的文字中有"有嫡立嫡，无嫡立长"一语，欣喜储位大

第五十九章　皇子并封 遭百官非议　廷推家屏 惹皇上恼火

事得到解决，便给家屏修书说"立储事已定，书暂不必上"。

他激励家屏将《金瓶梅》写完。如何将书献给皇上，却是一个难题。

锡爵从老家进京时，恐老夫人旅途劳累，身体不支，让王衡和奶奶随后慢慢走，现在他们一行也抵达京城。

浚初和王衡久别重逢，分外高兴，他俩拿了《金瓶梅》看。叶向高已进京，在翰林院待命，他俩又拿给叶向高看。三人商量着要将该书刻印。

"需要有序，请谁写？"

"荆石公写序最合适。"

"需要插图，请谁画？"

"翰林院这边万历十七年的庶吉士中有一位董其昌，想必你们也认识，书画俱佳，颇有名气，深受双一公①器重，一俊公在京病故后，是他千里护灵，送回福建，不妨找他谈谈。"三人去找董其昌，董其昌说他长于画山水，只怕场景画画不好。三人鼓励他大胆尝试，可以参考《帝鉴图说》和《徐显卿宦迹图》的画法，丢下几册书，供他熟悉内容，嘱他莫要张扬。

大臣中反对"三王并封"者，纷纷上疏。

朱维京在疏中说：

> 往奉圣谕，许二十一年册立，廷臣莫不延颈企踵。今忽改而为分封，是向者大号之颁，徒戏言也，何以示天下？圣谕谓立嗣以嫡，是已。但元子既长，欲少迟册立，以待中宫正嫡之生，则祖宗以来，实无此制。考英宗之立，以宣德三年；宪宗之立，以正统十四年；孝宗之立，以成化十一年。少者止一二龄，多亦不过五六龄耳。维时中宫正位，嫡嗣皆虚，而祖宗曾不少待。即陛下册立，亦在先帝二年之春。近事不远，何不取而证之。且圣人为政，必先正名。今分封之典，三王并举，冠服宫室混而无别，车马仪仗杂而无章，府僚庶采淆而无辨。名既不正，弊实滋多。且令中宫苟耀前星，则元子退就藩服，嫡庶分定，何嫌何疑。今预计将来，坐格成命，是欲愚天下，而实以天下为戏也。夫人臣以道事君，不可则止。陛下虽有并封之意，犹不遽行，必以手诏咨大学士王锡爵，锡爵纵不能如李沆引烛之焚，亦当为李泌造膝披陈，转移圣心而后已。如其不然，王家

---

① 双一公：指田一俊和沈一贯，他二人负责教习万历十七年（1589 年）庶吉士。

屏之高踪自在，陛下优礼辅臣，必无韩瑗、来济之辱也。奈何喋无一语，若胥吏之承行，惟恐或后。彼杨素、李绩千古罪人，其初心岂不知有公论，惟是患得患失之心胜，遂至不能自持耳。

皇上震怒，命将朱维京谪戍极边。
刑科给事中王如坚在疏中说：

臣谨按十四年正月内圣旨：卿等以册立元子请，朕见婴儿弱少，候二三年举行。夫明长子之为元子也，意有属也。臣又捧诵十八年正月内纶音：朕无嫡子，长幼自有定序。夫不言嫡子之有待也，示无易也。已而十九年八月内奉圣旨：册立之事，着改于二十一年行。此则陛下虽怒，群臣之激聒，而未尝一日忘册立之心。虽更已定之年份，而未尝遽寝册立之事。近于本月二十六日，礼部接出圣谕：三皇子欲暂一并封王，以待将来有嫡立嫡，无嫡立长。臣始而疑，既而信，终而骇。陛下言犹在耳，岂忘之耶？《书》曰：'王言惟作命，不言，臣下罔攸禀令。'今臣下将禀前命耶？禀后命耶？曩者二三年举行已迟之二十年矣，二十年举行又改之二十一年矣，今二十一年倏改为并封，是前日已明之旨。陛下尚不能自坚，今日犹豫之旨，群臣将何所取信耶？且如立嫡之条，祖训为戒弃嫡者也。今日有嫡可弃乎？少迟之语，陛下为待皇后者也，意果真待乎？自我祖宗以来，中宫诞生者有几？立嫡者有几？而国本早定，惟是皇元子是属，或二三岁而立，或五六岁而立，未尝迁延以待嫡也。且如圣母诞育圣躬，自是元良攸属，元命攸归，陛下英冲受册时止六龄，未闻有待嫡之举，亦未闻有并封之议也。今皇长子且十二龄矣，天性岐嶷，陛下许之俨然元良之度矣。臣闻皇后抚育皇长子爱犹己出，视仁圣皇太后保和圣躬者如出一辙，元子早定一日即早慰中宫一日之心，一日而不定诚恐一日之心未安也。陛下援祖训为据，人咸谓假祖训以箝天下之口；陛下体中宫为心，人咸谓假中宫以息天下人之疑。且天子之子与众庶不同，其间冠服之制、卤簿之节、恩宠之数、接见之仪，元子与众子又迥然不同，藉一旦并封而并号，得无有并大之嫌、逼长之患乎？

皇上令将王如坚也谪戍极边。
三王并封的圣谕一出，王锡爵不得安宁。那日，六科给事中一齐到王锡爵寓所，说："元子封王，从来无此事体！""三王并册，名分如何可辨？"责备王锡爵"蒙恩如此，万里入朝，反为皇上赞成如此之疑事"，还说将来万世误国之罪皆归锡爵。

给事中们还没走，礼部诸堂官也来了。

锡爵无奈，将皇上此前给他的圣谕中"背祖训、二东宫"之说告与诸臣。诸臣愈生疑虑，有的说："如此是皇上万万年永无册立之期，反不如去年、前年预悬定期，尚有一分指望。"有的怀疑"皇上别有他意"。

锡爵上疏，将情况告与皇上，分析外廷之所以汹汹如此，"一则，去年以前原无待嫡之旨，今忽变前说，形迹似乎可疑。二则，曾经诸臣累次陈请，甚至有以此得罪者，皇上止持独断、必行之说以胜之，而今结局止此，众口安能遽服？三则，历朝储位嫡出无几，即皇上十龄正位时，亦未尝言待嫡也。今不法近事而远引祖训，道路安得无辞？"

锡爵自怨自咎，痛其始之差错，不忍风波再起，上疏希望皇上俯从初议，早息众嚣。

又有官员联名上疏，说："封王之谕乃锡爵以寸晷立就，即次辅志皋、张位并不得与闻，而礼臣罗万化……等俱至锡爵私寓，乃不得其一面。始知今日之谕，皇上止谕锡爵一人议之。昔人有言：'天下事非一家私事'，盖言公也。况以宗庙社稷之计，而可付之一人之手乎……皇上不记昔年正位东宫之日乎？维时仁圣皇太后亦在盛年，而穆宗庄皇帝曾不设为必然之事，以少迟大计。法祖自近，此言皇上可思也？"

锡爵忙着申救朱维京、王汝坚，二人得以免戍，仅为民。

锡爵又上疏，说：

今日未定之事机，恐难息千万人疑讪之口，所以然者，去年之命既改于今年焉，知今日之命不改于他日？此群臣之所以疑也。皇长子始生业为之颁诏覃恩，诏书内所称祗承宗社及臣民仰戴等语，明以皇太子之礼待之矣，又称大婚有年熊祥未协，又明露彼时不能待嫡之意矣。此诏一颁，深山穷谷、九夷八蛮之人皆知之。而到今十二年后却反别寻题目，虚储位以待嫡子，此群臣所以又大疑也。皇上既有此含忍之心，莫若遂决此狐疑之计，使册立、豫教一旦并行，百官万民群疑尽释，岂非千古快事哉？

不报。

礼部尚书罗万化疏谏并封。皇上谕："已有旨。"

时至二月，兵部报称大兵甫至朝鲜，平壤遂一鼓而下，中国之威已大振。请谕令朝鲜国王还居平壤。

奉旨："平壤既复，便行与朝鲜国王仍旧居守。还令乘胜鼓勇，会兵进剿，务期荡平。"

大臣们见不到皇上，就找锡爵理论，热议"三王并封"和朝鲜战争，言语间锡爵多被诋忤。

大臣们鼓噪着让他主持多官会议以决大计，锡爵也想借此廷推阁臣，以便自己乞休。

锡爵上疏，说："臣谋国无状，人言朋兴，乞敕多官会议。"

皇上传谕："朕意已定，不必廷议。"

锡爵又上疏，说："既然会议之请不蒙允从，乞皇上赐臣一见，务求至当之术。"

赵志皋、张位也上疏乞皇上从元辅请，博采廷议，以定大计。

不报。

锡爵又上疏，说：

三皇子并封谕下会臣，彼时寮采既不在前，书籍又无查考，止据臆见，匆匆具答，虽首尾词意主于册立，一说，而不合拘守阁中故事，两票并拟，其误一也。答谕之后，始从庶子冯琦借得祖训观之，乃知立嫡之条原为藩封入继而言，悔不早见，其误二也。又初奉立嫡立长之谕，臣见老成相告，以为明妥，亦遂自信，而不知三王并册，礼臣无可据之仪；明旨数更，天下无可凭之信，其误三也。臣有此三误，愧祖宗矣、愧皇上矣、愧天下后世矣。抚心内省，毕竟臣之委曲规劝不如诸臣之说正而严；臣之仓皇陈答，不如诸臣之虑深而逮用。敢具自劾，伏乞天恩，容令认罪改正。

皇上说："朕为人君，耻为臣下挟制。今卿又有此奏，若自认错，置朕何地？朕正为卿含忍欲商量别处之法，卿毋党众激恼，以辜朕意。既如此，俱不必封。少俟二三年，中宫无出，再行册立。"

锡爵经此折腾，威望大减，去意愈坚，屡次上疏乞休，皇上不肯放他走。

锡爵想频繁和家屏沟通，浚初、王衡、叶向高、董其昌等急着要看《金瓶梅》后半部分，为了解决这一难题，浚初和王衡去找翟润甫。

翟润甫是浚初妻叔公翟廷评的公子，时任典客。翟润甫乐于帮忙，经他协调，大同跑京城的快马信使每旬到山阴一趟，维持家屏与京城的联系。

家屏忙于写书，将编写《山西通志》的事搁置一边。恰于此时，李维桢来了。

他这次来南洲山庄和春节时来山阴县城的派头大不相同，只见他身着便装，随随便便，和村里的教书先生没有两样。他只带了一个仆人，赶着一辆车，车上装满了书。

家屏听说来了客人，急忙出来迎接，两人相见，分外高兴。

李维桢说："这次给你带来一些资料，还有若干银两，不知你这些日子编写了多少。"

家屏说："谢你枉顾，尚未动笔。"

李维桢说："我知道你这些天也静不下心来，惦记着锡爵那边的事。"

家屏点了点头，说："也不知道立储之事有何变化。"

李维桢将锡爵改变观点和群臣一起反对"三王并封"、皇上收回成命的情形告诉家屏。

"'三王并封'这个主意是谁出的？"

"难道是郑贵妃？朝野多持此议。此计不成，她还会出什么主意？"

"怕她会孤注一掷，施手段直接加害皇长子。"

两人沉默。

李维桢仍住在上次住过的东厢房。

李淑人的身体不太好，她虽然不能亲自做饭，还是安排厨房做了李维桢爱吃的辣味饭菜。

饭后，维桢和家屏又聊起锡爵乞休、乞廷推。担心锡爵脾气倔，会和皇上弄僵。

家屏说："当年四辅臣上疏曾有言，皇上若不立储，集体辞朝。荆石公说到做到。此次出山奔的是立储，皇上又生出'三王并封'之意，他要乞休是必然的事。"

家屏让李维桢早点歇息，自己回书房写了《谢监司枉顾征郡志》一文：

曩奉宪条，滥竽郡志，久惭曳白，未竟杀青，端辱命于门墙，敢希恩于馆谷。恭遇台下，才综王伯之略，爱国而兼爱民；学本圣贤之心，重道而因重士。得志行乎中国，靡施不宜轻身。先于匹夫，有谋则就。襜帷行部，式西河以非荣；弓箭盈门，造东方而未盛。始承适馆之授，错文绮于珍函；继蒙开合之迎，罗苾芬于瑶席。物采照春华而共烂，谦光袭和气以交融。盖自绳契以来，典重编摩，固旷古而一见；由干旌而后礼，勤吐哺亦间世而独闻者也。所愧技劣宠优，劳微飨厚。纪言纪事，尚无副不朽之图，食志食功，其如据非望之福。且玄黄以献，君子总诎逢迎；虽苹藻可羞，王公讵昭明信。感恩一盼，顾鸳价以知增；拟报七襄，答鸿慈其安称。继此得见，所欣慕于执鞭；迨用有成，敢优游而挟策。敬抒谢悃，莫既敷宣。

第二天，李维桢读了家屏的文字，便和他讨论起编纂郡志的事。

李维桢边看边说：《山西通志》就要成为全国之最好。以班固为楷模，吸取、借鉴他的修史经验，在郡志中加入地理志及历史沿革等内容很有必要。是该编入名君、名臣、名士的作品，这次我带来的资料，就有一部分是这些内容，仍需继续收集、充实。我也将近期所著书稿带来，还望对南兄指点。"

李维桢话锋一转，问家屏："你是一位笔耕不辍的人，怎会'久惭曳白'？难道在忙于写其他？"

家屏拿出《金瓶梅》一书手稿，让他看。

李维桢在南洲山庄住下，和家屏讨论郡志编纂和《金瓶梅》写作。

他俩常聚在也宜亭，说东道西。

李维桢说："《金瓶梅》好在人物个性分明，让人读一遍就终生难忘，尤其每个人的语言各具特色。潘金莲说的是哪里话？"

"西手话。我们这儿称朔州一带为西手。"

"李瓶儿呢？"

"东手话，大同到京城一带。"

"书中有许多俗语，连我这个久居山西的东吴人读起来都需揣测，却又更换不得。"

"我想，用你们东吴话写出来，别有风味。"

"那你就让我写几章，试试？"

"行啊，未尝不可。"

"我觉得有几回须改写。"

"哪几回？"

第五十九章 皇子并封 遭百官非议 廷推家屏 惹皇上恼火

"西门庆勾结政要倒卖盐引，家财倍增；将领克扣军饷，激发兵变，多少无辜罹难，那几回。"

见家屏不言语，他又说："宁夏兵叛还不是因为官商勾结克扣军饷，给士兵三年的棉衣，只发一年的而引发的。平叛时，水淹宁夏镇，数万冤魂不散……书中写出类似情节，难免惹人非议。"

"说的也是，那就劳你将这几回改写了。"

"如此甚好。"

李维桢来了精神，摩拳擦掌，跃跃欲试。

锡爵疏请乞休、乞廷推辅臣。

皇上想"特简"，吏部尚书孙鑨力争，说："廷推是惯例，不经廷推，恐开捷径，官制将大坏。"祖宗传下的法则对皇上尚有约束力，皇上勉强同意由吏部提出候选名单。

吏部员外郎顾宪成，与吏部尚书孙鑨、考功郎中赵南星几人商议，将王家屏列居首位。皇上见了，十分恼火，将廷举名单置之一边，皆不用。

家屏极力劝锡爵等不要举荐自己出山，他给锡爵写信，说：

辱惠手教，所以诱进不肖者沾沾盈楮，至昵就之，谓是在天比翼。前劫一身，不肖即不敢自附于羽仪，而腹毳背毛相得于形骸之外，固已久矣。将托性命寄死生于左右，子孙同好恶不相背也。而几案之前，跬步之止，行藏进退，敢有二心？所陈病苦，委皆情实。审已量力，知足知止。此正不肖所以保生平之盟，成一体之谊者也。第令舆疾而出，旅退旅进，乍蹶乍起，其狼狈可厌之状，为道路所指笑，翁台宁愿之乎？乃举乙酉故事，谓不肖不宜援以为例，以翁台德望隆重，莘野傅岩，未方其出处而尚云有五可辞，则不肖所当辞者，讵止于五，即不肖前劝驾翁台今非自谬，爝火宜待光于日，日已出爝火固应息也。至谓翁台痛国是思，归非虑国事难处？惟恐翁台有去志，则不肖岂应复出？翁台肯留，则不肖尚堪出耳，此皆肺腑，非敢有一字矫伪，惟翁怜察，是望是祷。

吏部上报以邹元标为南京大理寺寺丞，以朱廷益为副。皇上点了朱廷益，不点邹元标。吏部又推邹元标为应天府府丞。不报。

给事中颜文选上疏，说："邹元标先年直臣，久当起用。"皇上说："邹元标狂肆轻躁，颜文选恶文选党类，降一级调外。"

吏部尚书孙鑨以病乞休。皇上说他是"托疾"，不允。魏允贞等上疏申救孙鑨等，也受到降调处分。

锡爵屡屡乞休，不允。遂闭门不出。皇上让鸿胪官到锡爵家中传谕旨："朕知卿忠诚，再四勉留，自有深意。朕因新春积火上升，两目疼痛，卿可即出，待朕少愈，召卿面商国事，必使卿安心，慎毋疑。鸿胪官其宣示朕意。"锡爵见皇上如此说，无奈重回内阁。

这些天，家屏与锡爵书信频仍，锡爵修书一封，向家屏诉说：

比见台翰周环，捧读尚未释手，而见讯之笺又至矣。弟之不忍欺翁，尤其不忍欺皇上也。乞归诸疏，字字皆真，而翁仅以为"目发赤"而已，则弟于同室之内尚有隐情，而又何足以厪翁之见问哉？放松一着之语，弟初实勇于请事，而比者身当拂郁，始见其难。论事势，则着着不得自由；论地步，则着着受人责备。前着不应，后着愈难，自是放松不得。至于病苦之中，国事归计，千绪万端，平日所推排素位知命之说，无一毫得力者，乃知此二字宝箴未易奉行也。当小疏六上，添官疏下之日，生机已自勃然，而比复忽焉变卦，天灭荡，贬逐纷纭，不知又酿成何等世界，薄命不祥之人，哭上更加笑，好事亦成恶，而顾犹挂身钥籍，不能即刻决躇以去，弟方自恨吾生之不辰也。弟未去，翁未来，天下时事可知？岂天必欲待其穷敝极坏，而后展翁之济时大手耶？可为浩叹佳果。

谨拜尊赐，并此附谢。

第六十章　魏允贞望北岳祷雨
　　　　　李淑人在老家病逝

　　锡爵把信让浚初发出。他问浚初，邹元标上疏讲了什么话，皇上说他"狂肆轻躁"。

　　浚初说："邹元标曾条陈四事，言及庶民备受秤头之苦、虚粮之苦、徭票之苦、积荒之苦等。家父深被疏文感动，特修书一封，称该疏'亹亹数千百言，吏治民情，摹写殆尽。而慎抚臣一段，实私弊关纽，病痛本源，诵之一字一击节也'。另有一疏，称解缙乃'济时之哲辅也，祇以仁庙升储密决大计，遂致逆藩构谤，竟陷沉冤，故文皇帝已悼惜于当年，而士论尤惋悲于今日。所当赠官赐谥，以慰忠魂'。"

　　锡爵令浚初速将此二疏找来，他要好好读一读。

　　读了邹元标的奏疏，锡爵拍案叫好，随即上疏，说："臣等尝取邹元标原读之词，气甚平，原无触冒。而外廷以皇上之忤为之，故昂其声价；皇上因以外廷之争为之，故抑其升迁。然则挤者，乃诸臣非皇上也……臣等职司调燮，故于邹元标之事，始终不敢苟附人言，归过于上。惟圣明将先年条陈平心观览，酌量处分，于则勒令该部改升两司外官，略其虚名，课以实事。"不报。

　　皇上又令将吏部尚书孙鑨乞休奏本发至内阁，在谕旨中有诘其托疾之意。锡爵遂造访孙府，见孙鑨卧榻间。问之，说是前些时考察官员时，偶感风寒，伤足疼痛至今。又问过侍郎蔡国珍、郎中刘元霖等人，也是这样说。锡爵向皇上报称孙鑨乃真病，并非装病。

　　孙鑨为赵南星辩护、为邹元标鸣不平，锡爵委婉地向皇上转呈了他的意见。

　　孙鑨第五次上疏乞休。皇上下谕："卿疾既未愈，不妨从容调理。该部合行事务,着侍郎蔡国珍暂摄,待卿疾愈仍旧供职。"遣人给孙鑨送去猪、羊、米、酒、酱食。孙鑨闭门不出。

《金瓶梅》潜移默化地影响着锡爵。夏至快要来临,他不由得想起该书中对西门庆不避伏天、肆意酒色的描写,遂上疏,说:

臣等考古人养生家言,以月令冬夏二至为阴阳相争之候,最易损人。即今节交夏至,一阴始生,正阴争于阳之候,惟我皇上清心寡欲,平气怡神,以养其内;节食戒饮,昼动夜息,以养其外。

山西巡抚吕坤条陈五款:裁冗员、蠲宿负、宽带征、别分数、严催科。被提升为左佥都御史协理院事。吕坤要离开山西,临行前去看望家屏。他始终不忘家屏对他的赏识和推荐。

继吕坤之后,魏允贞为都察院右佥都御史巡抚山西。魏允贞刚来山西,就到南洲山庄拜访家屏。天大旱,家屏陪魏允贞到化悲庙祈雨,即兴对诗若干首。

《和魏中丞忧旱》:

经春无滴雨,入夜每占星。
旱魃骄方甚,饥民涕欲零。
土膏千里赤,烟缕数家青。
安得桑林祷,回天惠自宁。

魏允贞在化悲岩朱砂洞内岩壁上留诗,家屏作《和魏见泉化悲岩作[①]》:

泉石夙婴弘景癖,尘纷未谢尚平缘。
却拚家去玄都近,可卜身求大道专。
紫塞年来销戍火,丹崖高处隔人烟。
藏修剩有云霞窟,耻乞于公买宅钱。

祈雨当天午后,下雨了。家屏作《和魏中丞喜雨》:

[①] 化悲岩作:化悲,指化悲庙,位于山西省山阴县南馒头山下。岩作,指题写于该处岩壁上的文字。

赖有贤开府，忧民似拯焚。
清风驱溽暑，和气酿油云。
解泽千岩沛，欢声四野闻。
明农谐所愿，志喜愧无文。

魏允贞又作《望北岳兼谢祷雨之应二首》：

其一
太行天造自洪荒，半插并州半帝乡。
孤岫星辰通上界，及时霖雨救西方。
巍峨黑地金为阙，缥缈玄云石作梁。
突厥北来骄转盛，好驱兵力答天王。

其二
侧身北望见嶙峋，祝帛缘民请故频。
岳镇千年雄此地，藤萝万仞隔凡尘。
常将甘雨来酬我，为感名山不负人。
欲以贞珉颂功德，可堪特笔愧词臣。

家屏作《和魏中丞望谢北岳二首》：

其一
幽并直北是龙荒，帝表恒山镇此乡。
形势蜿蜒蟠绝远，光灵倏忽现无方。
鞭霆拟用风为驾，横海应嗔蝀作梁。
震电须臾膏雨遍，功收康阜佐明王。

其二
东西泰华并嶙峋，守帅祈年走望频。
遂有甘霖沾下土，顿驱氛霭净边尘。
向来巡省藩方使，几见讴歌帝力人。
十亩桑麻生意足，预侥余润惠遗臣。

魏允贞在南洲山庄住了两天，家屏向他介绍了当地诸多方面的情况。

官员三年一考，刘虞夔被划为合格。还须过一关——拾遗，即诸臣从合格者的名单中揪出不合格者。有人翻出刘虞夔若干年前任经筵讲官时的旧事，当日皇上提出一个疑问，他没有当场答出，皇上说他不称职。锡爵将拾遗中被论及的刘虞夔等五人，报与皇上。

皇上批示刘虞夔任原职，又有人说锡爵有私心，偏袒他的门生刘虞夔。

家屏建议锡爵疏请皇上让皇长子出讲，扶持刘虞夔、叶向高等有学识且正直的官员任讲官。

朝鲜战事令人关注，魏允贞常与家屏书信往来，进行讨论。

家屏在给魏允贞的一封信中说：

东征之役，前车尽覆，后劲郤走。无救于属国，而延盗于中华。祸既燎原，宁可扑灭，草野之下，所谓不寒而栗者也。顾今大寇已逼，而本兵犹尚无人，庙算犹且未定。在阃外者，日请兵请饷，曾无出奇制胜之方。在庙堂者，方议战、议守，类多迂缓不急之务。以斯御寇，窃恐寇日益深、祸日益烈也。最可讶者，名为救援朝鲜，而重虐之。奴虏其主，鱼肉其民。督之修城，督之建署。举国奔走，服役之不遑，而部卒骚扰，鞍辂之害不与焉。奈何不驱之降倭也？我实驱以降倭，反咎其降，以自恕，我则有词，其如朝鲜之无告，何哉？及今收抚疮痍，慰安奔溃之众，镇以静定，联以慈和。朝鲜君臣，尚堪鞭策。倘朝鲜尽失，纵之于藩墙之外，而距之于堂奥之间，不喜不胜而已岌岌乎，殆哉？至制御之策，议者但急于天津、辽蓟，而不知淮海之更可虞也。此肩臂咽喉之分，然，与其入而御之，孰若御之，使不得入焉？善守者能使之不得入，善攻者尤能使之不得入。全罗虽失，汉江南北，犹多险阻，可据守，得其人，倭不知所攻矣。闽广浙直处处通海，师多习舟，岂宜远调？责使陆战第分路航海，直捣倭巢，釜山之倭，势将自解。此而攻得其人，倭不知所守矣。鄙见如此，不知台下以为何如？乃今方议远调将士于闽广浙直也，专设督帅于天津登莱也。嗟乎，远水近渴，无谓调之，未遽集也，即集矣，兵众则饷多，输挽可无虑哉？临危抱佛，无谓设之未必得人也。即得人矣，官多则权分，牵掣可无虑哉？一方之兵，自可以御一方之寇；一方之官，自可以办一方之事。而不务部署，不务责成，即集兵如林，设官如麻，无益万分之一也。

是自疲自尽之术也。力疾草草。

其他地方也有灾情。

刘东星奏天津、沧州、河间受灾，尤其这里宿集了大批准备援朝的军队，其状最苦。皇上允发德州漕粮两万石赈济，同时拿出八万石粮平粜，煮粥分赈。顾养谦奏顺、永二府所属地方宝坻、武清、东安、潞县、香河等五县频罹重灾，民贫彻髓，草根树皮已尽，赈贷所济无几。皇上允将梁城所的剩米五千多石，并各预备仓、义仓贮谷，委官严核贫民等级，分头散发。

时交秋令，锡爵上疏论皇上调燮之常理，说："静久当动。"又说，"天象示变，圣心警惕。"

  臣等夜视彗星渐近紫微垣，于象为君，于地为藏神布政之所，尤不可不深畏。尝闻天地之理，阳伏则阴飞，正赢则邪缩，在里舍，愚民尚有禳星镇宅之法，而况皇上身系泰阶之符，五行七曜，所从受纪，顾当此非常之谴异，而欲以寻常修省弭之，岂有响应之理。更望慎起居于宫闱；缓督责于左右；寡嗜欲以防疾；散积聚以广恩。于以上应紫微垣示戒君身之象，此亦天子之厌禳也。

尽管不报，锡爵还是要说。

吏部推邹元标为陕西提学，沈季文为副。皇上点了沈季文，没有点邹元标。

范谦和陈于陛教习庶吉士。皇上依然不上朝，口传御批。

皇上手札常有蝇头细书，锡爵见了，疑是郑贵妃所写。

锡爵疏请：

  今后皇上凡有宣谕，不须中官口传，愿皇上亲洒宸翰，随意数行，俯示臣等。容臣等即时据实条奏，以俟圣裁。臣等凡有所闻亦不必频具章奏，容臣等随事且陈简明数语，便达御前，望圣断即时信笔批出。

皇上手札岂能他人代笔？大臣们为之长叹。

吏部左侍郎兼翰林院侍读学士赵用贤请假回籍。皇上手札，谕锡爵：

自彗星示现，朕心甚忧惧、警惕。卿上密揭：意欲以大典为禳，甚见爱君忧国之心。卿之忠赤，朕岂不知。且夫册立之事，本欲早行。朕怒群小烦聒、疑惑，故屡改移。况今春有旨，候二三年，与出讲一并举行。朕意已定，今又发旨，是又无定言矣。夫二三年亦未为迟，且星变之灾，乃朕之不逮，咎在朕身，非卿失职。卿可安心辅治。册立事还候旨行。

锡爵一听此话就上火，又上揭：

天心仁爱，其昭然示警者，为群小乎？为皇上乎？使星占万有一验，果群小当之乎？皇上当之乎……更屡年久定之旨，而反欲守今年新定之旨。不知上天之怒以皇上食言而怒乎？以不食言而怒乎？圣谕到臣宅，臣开臣闭，无有知者，幸翻然，更赐裁决。勿复以成命难改为嫌。

过了些时日，锡爵又题：

目前第一重事，为百官日夜翘首者，无过册储。先是八月初旬，窃职该部科而下，皆预撰草，待圣节过而上之。臣等不胜忙悚，以为此岂无闲暇之日，而必于燕喜之时，连夜致书九卿、台谏，令其各谕意察属，毋得遽请。幸诸臣曲从至今。今岁功将暮，正当预备来春之册典，以慰久郁之人情。若皇上默无消息，则满朝又将有摇笔舌、呼朋类而进者矣。况皇长子明年便交十三岁冠婚之期，且迫，除册立、豫教外，更有何说？更有何处将使人愈不信皇上之言？愈不测皇上之心？而臣等拙词微力，又何恃而复能屹立风波矛盾之中，为皇上解棼也？兴言至此，追思春间扰扰之状，可为寒心。伏望一察迩言，永维大计，霈然降谕，断在明春举行，不胜至愿。

家屏提请锡爵通过皇上生母——圣母慈圣皇太后说服皇上。锡爵通过李太后的长兄给李太后呈上一道密揭，备言立储之急。

李太后将皇上叫来，问他："为何还不立长子为太子？"

皇上说："长子乃都人①之子，尚待嫡出。"

---

① 都人：宫女。

李太后勃然大怒，指着皇上说："你也是都人之子！"

皇上方知此语伤及母后太深，遂下跪谢罪。

万寿圣节那日，皇上御皇极门，百官贺毕，皇上独召锡爵至暖阁。

锡爵叩头致词谢累次降谕敦趣，钦赐银两、服色，恩眷。

皇上说："卿为国远来，辛苦。朕心良悦。"

"臣受皇上天高地厚之恩，粉骨碎身尚不能报，何况区区奔走之劳。"

"卿扶母来京，可谓忠孝两全。"

"臣今日正恐忠孝两亏。皇上召臣本付以国事，今诸务虽渐有绪，苦于朝廷之上论议日繁，止因册立一事不定，生出无数疑心，皇上受了无数烦恼。此皆臣不职，有累皇上。所以连进密揭，力劝早断，使人无辞。"

"朕意久定，迟早总则一般，岂为人言动摇？"

"圣意久定，臣等岂不知？但外人见无消息，莫遏胡言。臣窃痛皇上有何不明心难决之事？平白受此间气。"

"朕恐中宫有生，却如何处？"

"此事数年前说起犹可，今皇长子年至十三岁，待到何时？况自古至今，岂有人家子弟十三岁不读书之理？何况皇子！"

"已知朕子明年该长发之期，卿所奏洞悉苦心。"

"臣今日见皇上不知再见何时，伏望皇上念臣之苦，三思臣言，将此事作速早断，不必待冬至后礼部再请。自此之后更望皇上时出御朝，频召臣等商量政事，天下幸甚。"

"朕也要与先生每常见，只是朕体不时动火。"

"动火原是小疾，只望皇上清心寡欲，保养圣躬万安，以慰群臣。愿见之望即，如今日圣驾一出，满朝欢呼。可见勤政视朝是治安急务。"

圣驾欲起，锡爵叩头而出。

锡爵为立储之事尽了大力，自恃出讲有望。

锡爵等对庶吉士董其昌量才而用，破格录董其昌为翰林院编修，希望他将来能成为皇长子的讲官。

董其昌受《金瓶梅》影响，越来越觉得王朝大厦将倾，无力匡扶。在朝为官远不及书画及隐居使他感兴趣。

锡爵给家屏修书一封，诉说立储取得的些许进展及苦衷：

> 征天之幸，青宫出讲，此实老丈手缲丝绪以付织人，似已别无可虑。

目前独有东倭之议极其支离，大都在始太勇，后太怯；关外听于关内；畏议论甚于畏倭；此聚讼之所由起也。教中雨大雷小，马疾辔松，洞然如见矣。比来阁臣，轻尘弱草，人皆思以撼之，即如刘詹事，何攻之急，而词之烦，一至于是？弟之知詹事，实不如老丈之深，然使此议发于翁，则人必赞服奉行，当不至动相诟骂至此也。

周弘禴要到西部巡查边事，路过山阴，家屏请他到舍下一叙，书呈《请周带川宪使》：

伏以天宇秋澄，三事就登场之绪；霜台暇豫，一游乘省敛之期。铚艾有终，式凭保障。车旗暂憩，庶慊攀依。

仰惟台下，神挺崧高，气钟河秀。德器铿然佩玉，动则有声；道心湛若壶冰，挠之不浊。蝉冠鹰服，凤推柱史之风棱；鹤列鱼丽，兼熟兵家之形势。遂持宪节，来视戎行。原隰皇华，备涉驱驰之苦；蓝田采芑，力纾安攘之猷。肆烽羽之无惊，乃仓箱之尽入。含哺鼓腹，幸同圣世之民；介寿称觥，尚忆豳人之俗。时维九月，零瑞露于兼葭；地接三云，仰福星于桑梓。西巡在即，北望殊殷。尊俎凤陈，冀发登楼之兴；干旄枉顾，伫瞻在浚之仪。

谨启。

家屏邀周弘禴返京时再从这里走。李淑人说到那时她要亲自下厨招待他。

十月，李淑人病了，稍活动便心慌气短，不得不卧床。家屏忙着请医生给她治疗，她却说："我得的病我知道，只怕这次是死症候，治也不顶用。"果然，吃了几剂药，病不见好，反倒一日重于一日。李淑人忙着安排后事。

第一件当紧事是把霍氏的尸骨迁回来安葬。

家屏说："这也是我牵挂的，咱三人死同穴。你还有什么心愿，尽管讲。"

"门姑娘执意不再嫁人，你就收了她，要让她有个一男半女，女人一生没有自己的孩子，活得没后劲。

"门姑娘说，我死后她要为我守墓，河阳堡置的房地归了她。将来有个孩子，即便你走了，也不愁拉扯不大。更何况，别的弟兄们也会招招架架[①]。

[①] 招招架架：土语，喻有事时挺身而出，给予帮助或支持，使其渡过难关或不被欺负。

"两个女儿秀云和青枝,每年都回娘家住个半月二十天。尤其今年,见我病,她俩轮番服侍,我也知足了。她俩常羡慕别人的爹送女儿,你这个当爹的没有送过她们一次。现如今,你不似从前那般忙,就送上她们一次,也了了她俩的心愿。"

李淑人说什么家屏都答应。

家屏急速派几个家人进京,由浚初引领,将霍氏的尸骨启攒运回,先安葬在河阳堡坟内。家屏撰文《告亡妻霍淑人启攒》:

惟予与汝,生而同庚。当在提抱,业缔姻盟。翁喜得妇,舅喜得甥。媒不烦议,聘不责征。笄而入室,衣缟簪荆。安予窭陋,期予成名。下帷方赖,断琴俄惊。柔兰虽陨,芳芷遗馨。殁更三纪,三被恩荣。鸾章凤诰,烨煜铿锵。爵从予贵,足慰汝灵。骸从予堃,忍委汝形。兹陈敛具,冠帔辒辌。奉迁汝柩,往即佳城。庶同继配,待我余龄。将九京其参合,终千古以阶宁。

启攒之事刚安顿好,十一月二日,李淑人与世长辞。月川闻讯赶来,悲痛欲绝。

李淑人的丧事由郭河滨任总管,这是早就说好了的。

请阴阳、打怀殃、搭灵棚、定经事。

家屏派人通知在京的孩子们回来。在家大些的孩子分头到亲戚家报丧。

家里的财政大权该交给谁?徐夫人明确表态:"我不抱油篓,不拈油手,只管经留①孩子们念书。"门姑娘倒是精明,却也推诿,说:"我管上,算个什么?名不正言不顺。谁听我的?"家屏只好把二儿媳搬来坐镇。

忙乱了几天,基本安排就绪,除了京城浚初一行还在路上,其他人都已到了。

过一七时,家屏作《亡妻李淑人一七祭》:

嗟吾妻兮,何之?忍决绝兮,生离。闺房帷兮,无人。纷儿号兮,女啼。闻号啼兮,痛心,若刃割而刀批,岂丧偶之足悼,悼德音之永违,溯居穷于当年,追从贵于今兹。孝敬勤俭兮,孚内外而无间;冲夷静正兮,

---

① 经留:俗语,留意,督促。

历终始而弗渝。翁姑赖汝兮，生养而殁宁；朽夫赖汝兮，宦成而身归。弟妹赖汝兮，有家而有室；诸儿赖汝兮，左提而右携。谐娣姒兮，交睦；抚甥侄兮，均慈。食千指于一庖，煦九族而春熙。恩沾臧获兮，曾不闻其诃谯；惠施茕独兮，咸曲轸其寒饥。惟仁心之盎然，肆庆祉之丰培。荷封纶兮，冲锡；孕子姓兮，多奇。或彬彬而戴弁，或勃勃以胜衣，览盈阶而绕膝。方与汝兮，偕怡。胡宿疴之剧作，忽委蜕而上驰。儿号母兮，声震天；妇哭姑兮，泪沾帷。诸亲党兮，失赖。其谁不哽咽而唏嘘。岂应咎医之无良兮，术诎而效寡；良自恨予之不德兮，衅积而灾移。凤去兮，巢空；弦绝兮，琴摧。即七日之不复，何百岁之可期。摘肝肺以陈笾，酌涕泪而注卮。意爽其未遥，鉴哀诚而格思。

第六十一章　王阁老送女儿
　　　　　　诸战将说援朝

　　浚初在京，身为内阁中书舍人，整日忙得不可开交。近日"以武科上第，执金吾，领禁卫"，已是锦衣卫管卫事都指挥的李光先逝世，在京举行葬礼，浚初前往参加，被推举为管事之一。

　　李光先是万历十一年（1583年）武进士。那一年家屏任主考官，徐显卿为副。那年的武进士现在绝大多数已是军界要员，他们特别尊崇家屏。

　　李光先是西宁人，父亲昭毅将军二十八岁死后葬于西宁，夫人孙淑人死后却未能合葬。李光先一直想奉母丧西归，与父合窆，久不获请。万历二十年（1592年）春二月，终于许之，将行，盛讷为其父作状，家屏为其父作铭，李光先一直以此为荣，万历十一年（1583年）的武进士们也以此为荣。

　　李光先的英年早逝令他的同事及同科武进士们非常痛惜。

　　兵部为李光先治丧宴。丧宴上，解元和几位同科进士与浚初坐在一起，他们自称是"一起跪拜过主考官王家屏红纱灯的人"，托浚初向家屏转达他们的问候。

　　浚初回到家中，居然在库房的一堆杂物中找到了那只可折叠的红纱灯，拂去灰尘，撑开一看，上面"典试武闱主考官王家屏"的字迹依然清晰。浚初的长子泰庚拿了这只做工精美的红纱灯当玩具。正当父子二人摆弄红纱灯时，老家报丧的人来了。浚初听说母亲病故，两行热泪滚滚而下。翟夫人赶忙收拾行装，打发仆人去找大哥翟润甫帮忙雇车。

　　浚初到内阁请假。锡爵不乐意让浚初走，他一走就得二十七个月，却又无奈。浚初将手头的事交代给别人。

　　浚初和王衡还惦记着《金瓶梅》是否呈送了皇上，锡爵说："此事我已安排妥当,尔等不必操心。把刻印本给对南公带上几套,以备馈送他人。至于叶向高和董其昌,现在罗万化任吏部尚书,由他协调安排。"

王衡与浚初依依惜别。

王衡说:"家父做好了随时离京还乡的准备,老夫人的病很不稳定。家父常念叨,对南公将首辅重担从千里之外的京城送到苏州让他接,他想把这副重担再还给对南公。"

浚初说:"他俩想把皇上打造成尧舜之帝,忠心可鉴,而皇上未必知道。"

浚初的二弟湛初在国子监,三弟沛初以例贡任鸿胪序班,也都在京。弟兄三人携家眷一起回山阴。庚泰把红纱灯带上,他不知听谁说,地府路太黑,要拿着给奶奶备用。

浚初一行赶回家,忙着换孝服,守灵一夜,第二天一大早,就要发引。守灵时,浚初、湛初和沛初在灵前诉说,悔在母亲卧病时没有喂过一次药、递过一杯水。

家屏作《发引祭》:

　　嗟乎,人世夫妻,畴无恩爱。死别生离,情均感慨。惟予与汝,恩爱倍深。感兹永别,恸何可禁?恸也云何,糟糠荆布。黾勉有无,拮据旦暮。穷佐予学,仕佐予朝,俭佐予廉,勤佐予劳。予严汝庄,妇子咸肃;予惠汝和,宗姻咸睦。自内徂外,赖汝匡予。不能暂舍,蛩蛩巨虚。彼苍者天,云胡为虐。时可偕怡,疾乃遽作。汝病卧褥,予心如焚。虽则忧危,及视汝存。汝殡在帷,予心如碟。虽则悲酸,及守汝魄。泉宫既卜,汝柩将归。光尘俱杳,胖响终违。堂寝萧条,可胜阒寂。求一冯棺,已不可得。惨焉予抱,纷其涕零。叩之实漠,宁知我情。我年几何,河清可俟。汝归待予,会言近止。

泰庚是长孙,扛引魂幡,他把那只红纱灯外面罩了白纱,提在手里,走在灵柩前,说是给奶奶引路。

门姑娘边落泪边诉说:"夫人啊,我知道您常嫌头箍儿紧,我只给您松松地掖着。有几双您喜爱的鞋,平时舍不得穿,我给您填在了棺材小头。您平时怕狗,我给您袖口多塞了几块狗干粮。"

月川和他的儿女们哭得特别伤心,月川媳妇死得早,孩子们都由姑姑带大,娶儿聘妇都没离开她。

第六十一章　王阁老送女儿　诸战将说援朝

办完李淑人的丧事，亲戚们纷纷辞别家屏，回去了。

家屏不让人挪动李淑人房里的东西，他总觉得她还活着，她只是出了远门，说不定哪天会回来。

青枝和秀云不忍心看父亲孤独落魄的模样，想接他到婆家陕西、四川走一走，换换心情，家屏不肯。两个女儿好说歹说，他方才答应等过罢生日再说。

家屏把两个女儿留下，说是让她们为自己祝寿，其实是想和她们多在一起待几天，人生无常，谁知道哪一天他会追随夫人而去？

十二月初二，家屏迎来了六十岁生日。往年，每逢生日，李淑人都安排得有条不紊，今年家屏却不知该怎么过。最后他依了二儿媳妇和两个女儿的意见，生日要过，但不大操办。尽管没有发请帖，还是惊动了不少人，萧大亨等官员有的亲自来，有的派人送礼来，家屏一一具疏答谢。

家屏作《谢萧岳峰司马贺生》：

某天壤弃物，草泽逋人。顷更忧患之频，渐觉衰颓之甚。膏肓并据，侵齿发以交疏；皮骨空存，奈精魂之不属。灰寒木槁，直需就尽之期；冰薄渊深，倍切持终之惧。方共庚申而守岁，宁知甲子之周天。

门下量廓重溟，心周万汇。雅谊曲敦于故旧，至仁首急乎颠连。肆绵沟壑之余生，实荷乾坤之太造。猥因贱诞，轻混尊慈。嘉其弥六之年，宠以多仪之贶。瑶笺锦轴，耀奎尘以增华；文绮兼金，贲丘园而动色。骈蕃惠侈，诧使节于云霄；鞠育恩深，忆母劬于震夙。喜兼悲集，愧与荣并。伊蒿自恨其不材，社栎敢矜其能寿。惟二天是托，聊纾日昃之嗟；及一息苟延，或保岁寒之节。是为厚庇，岂假隆施。敬力疾以登嘉，用附书而称谢。郁中藏之耿耿，容嗣布其区区。

浚初见家屏体疲力倦，代他疏谢众人，家屏写了一篇《谢贺生》，供浚初参考：

不佞某赘疣陋质，拥肿凡材。少不竞时，志意积愔于凤夜；壮而涉世，功名靡著于春秋。自罢归畎亩之间，日偃卧筐床之上。衰因冗剧，悴允类于秋蒲；病以忧绵，腐且均于塞草。猥徼厚遇，叨依日月之光；获苟余年，实赖乾坤之造。乃兹贱诞，方鼓缶以咨嗟；猥辱慈存，纷承筐其委贶。上下下而褒嘉过溢，良惭耆宿之称；子元元而顾复惟殷，忍负公侯之爱。肃兹登拜，侈初度之荣观；眷惟解推，期终身其欢戴。感真次骨，言不宣心。

周弘禴从西部归来，给家屏送来一车炭。家屏作疏《谢周带川宪使送炭》：

伏以槐檀取火，候应玄冥。椒桂分炊，春生黔突。悉窃仁人之惠，顿纾寒士之颜。

仰惟台下，中正为观，文明以止。霜融绣斧，熙熙化日之辉；冰映玉壶，皛皛秋阳之烈。太和元气，熏蒸已浃于幽遐；永化孤灯，体恤更偏于茕独。翘翘刈楚，载欲汗牛；馥馥熏兰，允疑塑凤。以充环堵之室，信尺璧之非珍；用烘败絮之衾，何重裘之足愿。云中襦袴，将赓贤守之谣；爨下庱寥，倍感亡妻之戚。灼乌银于茶灶，烹雪谁同？调玉烛于茆檐，负暄徒切。肃兹占谢，不尽敷陈。

周弘禴回京，路经大同，将家屏的处境告与李郡守，李郡守为之落泪。他也差人给家屏送炭御寒，家屏修书，作《谢李实轩郡守冬日送炭》：

雁门之北，燕谷之西。条风①不度之乡，冻雪常凝之地。贫如东郭，曳敝屣而下穿；困似袁安，拥败絮而僵卧。何知节序，猥辱眷存。束椒桂以分炊，诏槐檀而取火。烟生黔突，暖入青毡。觉挟纩之非温，岂重裘之足愿。

敬兹登谢，不尽感铭。愿及新阳，益培元气。

关县尹知道家屏为修河阳桥花光了家里的积蓄，再加上新近丧妻，心情不好，没心思举办六十岁寿筵，便差人将他预备好的寿礼给家屏送去。家屏修书《谢关明吾大尹送鱼酒》：

台下眷念衰躯，特颁嘉馌。金鳞玉戥，珍分东海之鳌；桂醑椒浆，甘锡上池之露。烹愈二篿，冯欢不叹于无鱼；量匪百瓢，楚客幸宜于设醴。稍尝异味，顿减沉疴。靡物可酬，特兹占谢。

---

① 条风：本为立春时所吹的东北风，后多指春风。

李楠派儿子李昌时带着仆人送来寿礼。他每年给家屏送若干种大枣，有陕西产的、有老家产的，今年也不例外。

李楠让昌时多牵了几匹马，接儿媳青枝，也想让家屏到陕西走走。

眼看李淑人七七将至，过了七七，又临年关。家屏和儿女们商量，等过罢春节再起身。昌时留下三匹马，先回了陕西。

家屏作书《谢李龙峰亲家贺生》：

某支离陋品，偃蹇余生。日月岁时，六旬虚度；功名道德，一艺无成。俯循蒲柳之秋，实愧桑蓬之旦。猥厪慈注，劳公子以远临；宠锡华章，兼丰仪而卜贲。谢庭之兰美如玉，即之也温；安期之枣大于瓜，多而且旨。耀荣光于朽质，动喜色于衰颜。拜手登嘉，肃书附谢。居然叨异渥，竟莫报于琼瑶；何以制颓龄，尚有需于药石。良深感苾，不尽敷宣。

家屏喜欢二女婿，喜爱之情毫不掩饰，溢于纸上。

给李淑人过七七时，家屏作《七七祭》：

人孰不有伉俪兮，孰不期于偕老。
纵百岁之难齐，或白头之相保。
念汝结悦而归余兮，仅少余兮三龄。
余弱冠而汝笄，若苕华之始荣。
遭余家之贫空兮，立四壁于一屋。
朝舂炊而佐饔，夕组纫而佐读。
被缟綦以袭陋兮，糇藜藿而不充。
殚拮据而尽瘁兮，遑膏沐以修容。
窃愧余之驽钝兮，步屡前而屡蹶。
为余忍诟而蒙讥兮，终不告余以唇舌。
更坎坷兮，十载。
践亨衢而稍舒，禀至性以贞固兮，视宦达无异于寒儒。
惊朝鸡兮，二纪。
荷鸾章之三锡，倾箧笥之所储兮，曾何私一钱与寸帛。
睹于禄丰而享啬兮，宜福量之未盈。
胡痃疾之缠绵兮，渐日积而月增。

汝病困而思归兮，余亦宦成而知止。
退与汝偕隐于田间兮，庶明农而教子。
胡雅志之莫遂兮，忽险衅之相乘。
迫大命而不可挽兮，怅美缘之易终。
溯芳菲于盛年兮，耿既偃蹇而虚负。
将贞姿共此岁寒兮，复疾风之见妒。
怜余发之种种兮，兼善病而多忧。
何能堪此漂泊兮，如失岸之孤舟。
循房闼以彷徨兮，宛若见汝之寝处。
欲与言而不可得兮，郁余怀其奚吐。
老而夺我良匹兮，毒苦止余之一身。
不忍见此捐弃兮，弱孙稚子之缤纷。
从初丧以至今日兮，期已尽乎七七。
连衰绖以成帷兮，何顷不号踊而哭泣。
众咸悼辒辌之远逝兮，隔泉路之迢迢。
兹特陈余词以荐哀乎，或芳魂之可招。

泰庚是李淑人的长孙，对奶奶的感情深。

他每日晚上都要点红纱灯，说是给奶奶照亮。几个弟弟也跟着他，一起叩头、作揖，祭拜奶奶。

每次祭拜完，泰庚总要说："奶奶，你的五个孙子都来了，要不是那年夭折了四个，一共就是九个，您到那边一定要把那几个弟弟找到。有您在，他们就不害怕。"

浚初要为母亲丁忧二十七个月，从他回来起，家中事务就由他领揽。七七那日，做了道场，除了灵，之后，安排过大年。

浚初让家屏看了董其昌为《金瓶梅》所绘图画，家屏说："不次于徐显卿的《作宦图》，只是不容易刻印。"

郭文学从他原来作儒官的地方联系了两位雕刻艺人，年后来南洲山庄收徒弟，边教学边为《金瓶梅》开刻。

浚初担心家屏编写《山西通志》过分劳累，有心参与，家屏让他熟悉现有资料。浚初想让家屏出去散散心，动员他送两个妹妹回婆家。正月初六，青枝和秀云女扮男装，父女三人骑马从山阴启程。泰庚把红纱灯折叠好，让姑姑带上,以便晚上照明。

安嘉善的大儿子安境在代州城内有商铺,二儿子安疆在衙门内弄文墨,他俩给李淑人过七七时就听妹妹说阁爷送女儿将路经代州。他俩早做好了接待的准备。

父女三人到代州在安家吃罢饭,看天色尚早,家屏便说要去看看钟楼。

那年,家屏入蜀封藩顺便回老家探亲,路经代州,带头捐款修钟楼,还特地写了一篇《钟楼记》,讲述了这里曾经发生的故事。

安疆说:"带川公修《代州志》,已将《钟楼记》编入志中。"

说完,找出一本周弘禴编的《代州志》,翻开给家屏看。

> 代州城中央故建绰楔,而于四门题国朝进士名氏其上,达官贵人过而式之,后进之士望以为表,细商小贾,趋而列肆其下。总总撑撑如也。
>
> 万历癸酉,丰城孙公来莅州事,睹其制骇焉。会州士夫及父老,语之曰:"某闻日中为市,未闻其以坊也。夫坊中虚而柱隆然四起,是有火象,宜亟徙去更建丽谯以镇之。"不者且有火患,众莫信,间请于当道。当道亦谓非州事所急,已之。居数岁,果灾。延烧旁近舍,以百十数。州人始忆公言。服公先见。公之言曰:"州治左据太岳,右临汾水,从长横陕,是为木形楔柱环竿,是为火形;水居兑,而失势;火向离,而当位;故不相制。而祝融为之灾。其说盖出于堪舆家,余不能通其指顾。欲更建丽谯,设钟鼓,伺晨昏,以节民作息,严千陬之禁于以备,规制肃风,令其昼不可易也。后七年,而洛阳高公继至,问坊所徭毁,雅意新之。适余奉使过里,备以孙公之说告高公,曰:"然。楼可建也,坊亦不可废也。吾将次第庀厥事焉。"余曰:"费将安出?"公曰:"是不可谒于上,官币不给,则有阻之者。亦不可征于下,闾左不便,则有怨之者。吾将捐奉以先士民。士民能输者,听。不能者,止。愿输者,听。不愿者,止。俟费少具,然后请于当道,计上所必存,而下且可以无扰。"余感公义,乃首出锱若干缗,为州人倡,州人各以其力,乐输有差。其后费集而工举。果如公谋,经始于庚辰八月,逾年而成。楼甫成,公去。西夏吴公继之,嘉乃绩,属余为记。且将修废楔,终其未究之志焉。余惟天下事成蜗废兴皆有天数,而经营缔造之略,固存乎人。此一地也,向也坊,今也楼,规摹形概,骤然鼎革矣。然不有毁何以有成?故易之。屯也,启经纶也。蛊也,需振作也。焦灼煨烬之后,而杰构一新,观听倏改虽天启,其会乎,何尝

不赖于人力焉。明者睹兆于未然，能者收功于既坏。丰城、洛阳并著厥声矣。吴公遵用两公之画，踵而成之，且益增其所未备，治行踔跞，自耕夫牧竖类能歌诵之，兹不尽记记其一节，如此。

家屏对这个楼有感情，见楼上彩绘斑驳有脱落，想筹资粉刷。安境和安疆说：“此事何劳大人操劳，我俩操办便是。"家屏夸他俩像其父，勇于担当。家屏嘱安疆留意收集文史资料，安疆承诺照办。

安境弟兄二人要送家屏到太原，青枝和秀云不肯，她们觉得有她俩，足以照顾好父亲。

家屏一行往忻州走。眼看天色已晚，问了几处客栈，居然都住满了人，原来今日过兵。又敲开一家客栈，开门的伙计也说已经客满，家屏与店小二交涉，让他想办法匀一间出来。

老板出来，说：“听客官口音是关外人，可曾知道王阁爷？"

青枝插嘴，说："我们确是关外山阴人，也听说有阁爷这个人，却不曾认识。"

老板说："既然是山阴客人，小店后院有一间房，专给牲口煮料豆，炕上不冷，收拾出来也干净，客官如不嫌弃，可在那里对付一晚。"

父女三人便在那个房间住下。两个女儿让伙计给三匹马饮了水，又喂了草料。

父女三人吃过饭，先安顿家屏休息。

青枝心细，绕客栈转了一圈，见无异常才歇息。半夜，秀云怕父亲出去解手看不清，将那盏红纱灯点亮，挂在门外高杆上。

家屏离家后，心情好了些，路上劳累，夜里睡得踏实。

凌晨，家屏推开门一看，外面下了雪，纱灯下跪了许多人，最前面的是山西副总兵解元和店老板。

原来赴朝与日作战的兵将撤回，兵部让各省派一名副总兵或参将去接。山西的赴朝将士一部分已回阳和，剩下的将回太原等地。解元带领的人马恰好包了附近的客栈。

巡夜的兵丁将客栈后院挂起朝廷纱灯的事报与解元，解元出来看了纱灯，忙去询问店老板，根据描述，他初步判断那位老者是家屏，为了不惊动他，解元跪在纱灯下等待。下级官员们见解元跪下，跟在他后面纷纷跪下。

店老板原来是忻口宪武当年救助过的武家二兄弟的后代，在大路边开客栈也有十年八年。武家整日供奉着王宪武，店老板听解元说那位老者是王阁老，却被他安顿在草料房宿住，愧疚不已，也跟着解元跪下，望着草料房，叩头作揖。

家屏问清情况，急忙扶众人起来，回屋里说话。武老板把家里人唤来，向家屏父女行礼，彼此亲情顿生。

解元向家屏诉说他从徐州调到山西来的情形。他很想在山西大有作为，感叹目前军中缺少经费，举步维艰。武老板设宴招待家屏一行。家屏想了解朝鲜抗倭之战的实际情况。解元把军中事务安排好，打发大部队用餐后先上路南行，留下几位从朝鲜归来的将官入席陪家屏。

说起朝鲜战事，诸将官止不住唉声叹气、哽咽落泪。

"宁夏兵叛刚一平定，李将军便点起两队精干兵马，过鸭江，入朝鲜，要雪先前进攻平壤全军覆灭之恨。刚入朝，便为粮草不足而担忧……倭夷在平壤周围搞大清野。李将军率众没费多大周折攻克平壤，城内却几近于空。"

"经略宋应昌令沈惟敬往来于夷我之间，说倭夷要与我朝纳贡。"

"我师平壤一捷，开城再捷，追蹑已度王京三百里，苦无粮糒①，倭夷中途筑垒固险，于是有碧蹄之败。"

"因有碧蹄之败，许和之议再兴。"

"我朝不忍属国被剪覆，而为之苦战，岂是完策？"

"朝鲜不支，推我师为锋，我师亦难独立。更何况凭怒求战，致毒必深。"

"碧蹄一战，我师长驱之气已沮，倭奴何畏之有？乞哀求贡，岂是真心？恐乃缓兵之计。"

"碧蹄之役，委为血战，我军误入包围圈，损失惨重。倭夷退归来降，谁都觉得大有蹊跷。"

家屏问："降夷有多少，如何安置？"

"李如松先后收降一百六十余，留蓟镇六十四名，其余发宣大两镇及川陕各路。军部有令，不得滥收，所以不多。"

家屏又问："每有战事，多伴有疫情。朝鲜是否也有疫瘟发作？"

"这也正是我军久难再羁的原因。去岁，自入夏，湿暑交浸，疫瘟大作。枕籍道傍者，气息奄奄；伛偻而行者，癯然鬼面。将士亡殁多人，泣声震野。一经物故，尸辄烧焚，诸军悲且怨矣。像我等能存活归国者，十之二三。"

---

① 粮糒：干粮。

"此次我师是否全部撤回？"

"仍留刘綎将军领五千川军和五千南方军共万人帮朝鲜协守。朝鲜国王罔知惩艾①，陪臣互相观望。兵部说，若朝鲜仍泄然怠缓，即径撤还兵将至辽东沿江一带驻防，听任该国自为战守，能否有所震慑，也很难说。"

"东征大兵于腊月陆续撤回。"

家屏与诸位将官感谢武老板的盛情款待。武老板请家屏给客栈起个名，家屏和众将官商量，起名"归来客栈"。家屏题匾，并作附，以数语记今日之事。武老板将该匾当作宝贝。

解元率所部簇拥着家屏父女三人，一路说文论武，往太原而行。

---

① 惩艾：惩戒，惩治。

第六十二章　万世德调万家军
　　　　　　王锡爵写《金瓶梅》序

就在年前，万世德升为陕西右参政。

万世德在山东任职期间负责部署沿海防倭，他和刘东星相互合作，在天津研发军械、操练新兵，精简冗员、推陈出新，增设车兵、炮兵及火铳手。

万世德将万家寨的万家军调到山东参加训练，万家军成为一支掌握了新技术的教官队伍。此次，李楠建议他将这些人带到陕西。

万世德领着万家军到陕西赴任，绕道山阴去看望家屏，才知道家屏去了陕西、四川送两个女儿。浚初接待万世德一行，并将家屏所著《练兵议》刻印本送与他。

万世德督促所部要追上家屏。行至距离忻口不远处，见路边一家客栈门前围了一堆人敲锣打鼓、鸣放鞭炮，原来是武老板正在挂匾。万世德一看那匾，便知道是家屏所书，便问武老板："王阁老走了有多时？"

武老板说："不到两个时辰。官人是？"

万世德做了自我介绍。武老板久在大路口开店，久闻平西将军大名，不由分说，热情接待了他。

万世德一行赶上了家屏，早有快马报与魏允贞，他带随从，出城迎接。魏允贞将家屏父女和万世德当贵宾接待。家屏嘱魏允贞将傅震、傅霖兄弟二人请来。

太原傅家，傅震弟兄三人皆中进士，人称"傅家三凤"，在山西颇有名气。老大傅震是耀州守令，老二傅霖乃藩参公，老三傅霈曾为陕西道监察御史。傅家兄弟以文学、科第显重于时，而相与尤睦。

万历十九年（1591年），傅霈巡按蜀地还京，听说老大傅震解任耀州，抵故里而病危，遂请告归乡，亲自为老大抓药煎汤，调治护理，直至痊愈。

第二年，遇官员每三年一次考绩。因九卿台省举荐而治兵辽阳的老二傅霖被坐免。里居太原的傅霈听到消息后，觉得老二冤枉，怀疑是吏部尚书陆光祖伺机报复所致，便入京讼陆光祖。自己虽被镌秩①一级，却为老二洗白冤屈。

不料去岁秋，傅霈忽感宿疾，九月十七日卒，年仅五十。傅霈的儿子傅之谕，遵父遗嘱，衰绖到南洲山庄找家屏乞铭。家屏知道傅霈曾协助山西督学周霁崖收集编纂过《山西通志》，手头积攒了一些文献资料，便嘱傅之谕回去后和傅震、傅霖整理成册以备用。

魏允贞派人到傅家去请傅家二兄弟和傅之谕。叔侄三人听说王阁老到了太原，急忙随差人到巡抚衙门与众人相见。众人又不免谈起傅霈。

傅震说："傅家已将阁老为傅霈所作的墓志铭刻印成册，傅家子弟人手一本，铭中'公疏眉炯目，隆准丰颐，须髯髯垂脐，负气敢任，绰有西冈翁之风'数语，三弟的音容笑貌跃然纸上，每读至此，忍不住落泪。"

傅之谕说："铭中讲述了邹元标'以故相张居正不奔父丧，露章诋其无亲，皇上怒，廷笞之，众惧祸，即至亲莫敢近'，家父'携沈太史往视，且候其母为庀道里费资其行'，此事令人感动，傅家子弟以家父为楷模。"

傅之谕将记录了傅霈遗著及藏品的抄本给家屏看。一部分是山西籍名人及来山西做官或游览山西名胜的外地文化名人留下的杰作。家屏说："这部分可以编入《山西通志》杂文类。"一部分是傅霈收集的医方，其中有治疗瘟疫的医方，解元和万世德见了，说："朝鲜战地若有此，要少死许多人。"

万世德说："阁老在《练兵议》中谈到车兵可用车辆运输伤者和阵亡者。我想，在军中长设医官和医护车辆岂不更好？也可以从车兵中分出炮兵，专侍炮车。"

家屏说："说得对，术业有专攻。"

魏允贞说："太原可以培训医官，服务军营。"

家屏说："傅家叔侄足以当此重任。"

傅震、傅霖、傅之谕摩拳擦掌，跃跃欲试。

傅霖又拿出当年任辽阳总兵时的劲头，说："傅家全力以赴成此伟业，庭院可供使用，人丁任凭调遣。"

从朝鲜回来的将士们闻讯前来报名。

---

① 镌秩：降级或降职。

他们说，赴朝鲜死于瘟疫者、因负伤自刎者惨不忍睹，在军内设置医官实乃仁义之举。

傅之谕说："家父收集的资料中有记录，用生石灰和雄黄等可以控制疫情蔓延。伤科的方剂也很多，用药有象皮、云南白药、马勃、艾叶等，这些都需早做准备。"

魏允贞在考虑将培训医官的地址选在何处。

"城内，晋王府那边绝佳。城外，晋祠那边不错。再远些，平遥城也行。"

魏允贞安排家屏父女在巡抚衙门住下。青枝和秀云侍候家屏左右。

晚间，魏允贞忙完公事，来访。他拿来几本奏草，请家屏指点。

一本奏草说山西地瘠民贫，力主裁减幕府岁供和州县税费，节省出银钱，修治亭障和烽火台，购置军需器具和粮食。另一本奏草说雁门、平定有屯军因拖欠屯粮而举家逃跑，请免除两地屯军地租，招回潜逃者，恢复开垦。

家屏鼓励魏允贞将他所有的奏疏汇集成册，雕版刻印，以弘扬直风正气。

魏允贞说："我也有此意，除奏草外，别著有《立祠列传》《魏子肤见》《诗草诗编》等。"

魏允贞又和家屏谈起"岢岚互市"，家屏对他的政绩颇为赞许。

家屏问及魏允贞家中情况，魏允贞为不能在父亲膝下尽孝而惭愧。他父亲已八十多岁，家屏劝他将父亲接到太原居住。

魏允贞想让家屏在太原多住几日，家屏不肯。他和万世德、家屏商量沿路祭拜原兵部尚书霍冀和王崇古。

魏允贞修书一封，让解元面呈李楠。解元又点了一队人马继续送家屏出晋入秦。解元说："与阁老同行，受益匪浅，要让部下也接受一次熏陶。"

路经晋祠，小憩。家屏引众人抚唐柏、摸铁人，拜圣母殿娘娘、品难老泉清茗，又进王家祠堂祭拜了王家老祖宗，了却了两个女儿的心愿。行至孝义，众人到霍冀墓前进行了祭祀。众将官列队肃立于墓前，三呼霍司马永垂不朽。家屏作《祭霍思斋司马》一文，在墓前咏颂：

惟公：名世谟谋，匡时经术。才与诚孚，用从体出。早服理官，平亭疑律。民自不冤，法如画壹。乃擢西台，风猷愈茂。隼击霜空，鹏骞天漏。戎籍是稽，利用御寇。河汤之役，抚臣逡巡。公虑惛忆，奋不顾身。元凶授首，干羽阶陈。帝心简在，再陟中丞。总宪上郡，斥候弥增。士选以饱，马健以腾。累官三辅，来旬来宣。民无流徙，粟支十年。遂督秦陇，秉钺有虔。上曰懋哉，卿才武库。左提右挈，朕无北顾。惟兹九边，尔勋毕著。言登缙云，安危是负。帝之长城，天之北斗。一时汉廷，谁出其右。岁在执徐，皇奋厥武。靺鞈有爽，军实攸数。公佐厥成，维师尚父。天颜载怡，玄衮用锡。乐只君子，凝香画戟。彼何人斯，兔丝燕麦。箕毕好殊，格兹石画。公惟老臣，岂其唯唯。乘流则逝，遇坻而止。优哉游哉，介云汾水。人伟其去，复望其起。胡天不吊，山摧溃涸。剑气湮沉，履声萧索。深山穷谷，罔不悲愕。矧我与公，葭莩有讬。怀糈陈词，用慰松楸。南华有言，生浮死休。公位八座，公名千秋。人谁无死，公死奚伴。

出孝义后，队伍继续南行。每当休息时，将士们聚在一起听家屏讲王崇古的故事，已然对王崇古的历史功绩了然于心。

在蒲州王崇古墓前，万世德和解元主持了祭祀。家屏作《祭太保王襄毅公文》，在墓前咏颂：

河华之间，伟人相继。骏发于公，鸿勋盖世。西曹振采，南甸宣劳。大殱岛寇，丕靖江涛。乃建节旄，乃司疆场。允武允文，时禽时辟。运筹掌上，觇虏目中。明如观火，迅若拨虆。自西徂东，天骄胆落。既壮军声，弥恢戎索。孽胡内附，天实厌兵。公排群议，独受其成。殚竭经营，仔肩利害。竟伏单于，称臣保塞。戢戈橐矢，垂二十年。金汤谧如，盂带晏然。帝眷公功，书于盟府。陟位三孤，持衡两部。倚毗方切，累疏乞闲。裴公绿野，谢傅东山。觞咏雍容，虞都之下。威望折冲，填安诸夏。凌烟画像，永示仪刑。降王递袭，时问公龄。昔也公存，毡庐远徙。今也公薨，戎心荐起。高山蓁藿，谁则为樊。宸衷轸旧，思起九原。隆恤骈蕃，易名加秩。冢象祁运，茇陈芬苾。铭光竹帛，绪衍箕裘。全昌备祉，亦复何求。所为惜公，公家之故。万里长城，溘焉倾仆。玄扃复土，日月有期。里人胥怆，犹子增悲。酹酒来刍，临风寓奠。炳炳星精，公神宛见。

一入陕西，李昌时领两名仆人已在那里恭候。众人见礼后，有说有笑，结队往西京而行。家屏劝解元回去，解元不肯，说是要见李楠将军，家屏只得依着他。

入西京，抵李府，李楠举家热情接待。李楠办家宴招待家屏及同行将士，达数十桌。

宴席上，家屏夸赞李楠，说："昔日，王襄毅公改陕西副使，部署鄜、延兵事，葺险隘，广屯种，居三年，虏不敢近塞。亲家公乃是继他之后又一人。"

李楠说："全仗王襄毅公打好了基础。"又说，"我曾认真读过王襄毅公巡抚宁夏时上《秋防六事疏》。他曾告诫诸将，毋畜家丁，示私务；均甘苦，以一众志。这才使众皆感奋、思用命，不然虏屡寇，怎能屡遣大将击之？"

"他在宁夏乘暇引河水灌田，我来陕西也搞了引河工程，受益多多。

"他在总督陕西三边时所上'强兵弱虏十事'，督宣大、山西后'疏陈六事'，我都反复读了。他的最大功勋当数处理俺酋爱孙来投之事。俺酋用赵全等谋，召诸部兵，分道入索。襄毅公坚壁不战，伺虏懈，纵奇兵分左右翼击之，又以伏兵断其归路，一日七战，皆捷。俺酋始夺气，才遣使来款，说：'还我孙，誓不扰塞。'又一使至，说：'还我孙，愿且保塞。'却无意交出赵全等。又是襄毅公周全计议，才使俺酋感泣内附，世世称藩，并缚赵全等九人至塞下，才有了东抵渔阳，西尽酒泉、张掖，九边万余里遂寝释兵。

"我朝如襄毅公者能有几人？多亏亲家公为他立传，佐使他功绩永垂。现如今，虏酋一有风吹草动，那帮摇舌鼓唇者，便诬他亲虏，真是无耻至极！"

解元将魏允贞的信呈交李楠。

李楠阅后，说："见泉兄赤诚之心昭昭，天地可鉴。"

李楠将信递给家屏，信中谈及晋秦联合备兵于大河两岸，防倭虏再犯事宜。家屏也佩服魏允贞有远见。万世德和解元确是负责备兵的合适人选。

李楠问万世德："秦晋有相当长一段是以大河为界，邱泽公以为哪里更宜备兵？"

万世德不假思索地说："万家寨、老牛湾……"一口气说出五六处。

李楠说："老牛湾就不错。"

李楠本是忻州崞县人，对那边熟。

饭后，李楠着人将地域图挂于墙上，和万世德、解元商量备兵之事。

秀云的公公被贬回老家蜀地后，女婿也随父还乡。老家虽然安逸，饮食无忧，但女婿不甘年纪轻轻就此颓废。蜀王听说了此事，便将他召入府中教习几位小王子。而秀云想让丈夫像他祖父李文进那般出人头地，一路上鼓动青枝和家屏出面向李楠说情，招他到军中，也好成就一番事业。家屏拗不过秀云，和李楠说了一声。李楠性直，一口答应，说："我早想在军中办讲习，正缺像他这样的人才，只怕他不来。"

家屏和秀云在西京休整两日，便起程入蜀。李楠派出一队人马在前面探路。

川南王得知家屏要来，抽调两班家乐到家屏的亲家李梦多家助兴。

李家左邻右舍乃至全村人都行动起来为长街流水席做准备，光麻椒和花椒就各备了一担。

家屏一行到来，敲锣打鼓地欢迎一番之后，稍事休息，便用餐。但见数十张圆桌一字排开，好生气派，桌上的菜肴做工精良，荤素并重，有蒸炒烩炖，也有烤煮烧割，有巴蜀的三蒸九扣，也有北地的八大碗，等等。

亲家李梦多和家屏本是国子监同学，只因隆庆二年（1568年）带领监生闹事被除名。后来由同学们提携，去了几处州府做儒官，终因直诋时弊被贬回老家。他常以酒代茶，喝醉了便访杜甫、寻李白，怀抱青山，吟诗作赋，倒也自在。

李梦多与家屏久别重逢，形影不离。

女婿请家屏劝父亲戒酒，李梦多还真听家屏的话，当即表示从今往后不再喝酒，要以班固为榜样，编写史书，写一部《巴县志》。

李梦多信心满满地对家屏说："你下次送女儿就能看到我编写的《巴县志》了。"

家屏说："我来了，你这般破费，怎能再来？"

家屏本想祭祀赵贞吉等人，但相随者甚多，为了不给别人添麻烦，便将祭祀取消了。从此，留下个话把儿："王阁老送女儿——就此一遭。"

家屏问女婿是否愿意到李楠帐下任事，女婿是个血性男儿，说："若有战事，一定前往。"

家屏见他丢不下蜀王府那几位学生，便将李楠的便笺交予他，嘱他自行操作。

家屏在巴县不便多待，休息几日，便返西京、回太原，不误给李淑人过百日。

家屏去送两个女儿。他们走后，浚初把几个兄弟召集到一起，大家决定都搬到南洲山庄居住，重振庠馆，便于王家子弟读书识字，研究学问。

浚初一张罗，县里几位告老还乡的儒官、学究积极参加。他们奔着家屏和浚初而来，都要当不要报酬的先生，只求子孙们到这里就读。

王衡来过一次,带来了王锡爵为《金瓶梅》写的序,另有董其昌上次未完成的部分绘画,还有印书用的纸、墨等。

王衡来过一次,他说他父亲王锡爵想把首辅重担交给家屏后乞休。

家屏归来,浚初把王锡爵写的序给他看。

  窃谓兰陵笑笑生作《金瓶梅》,传,寄意于时俗,盖有谓也。人有七情,忧郁为甚。上智之士,与化俱生,雾散而冰裂,是故,不必言矣。次焉者,亦知以理自排,不使为累。惟下焉者,既不出了于心胸,又无诗书道腴可以拨遣,然则,不致于坐病者几希。吾友笑笑生为此,爰罄平日所蕴者,著述斯传,凡一百回。其中语句新奇,脍炙人口,无非明人伦,戒淫奔,分淑慝,化善恶,知盛衰消长之机,取报应轮回之事。如在目前,始终如脉络贯通,如万系迎风而不乱也。使观者庶几可以一哂而忘忧也。其中未免语涉俚俗,气含脂粉。余则曰:"不然。《关雎》之作,乐而不淫,哀而不伤。富与贵,人之所慕也,鲜有不至于淫者;哀与怨,人之所恶也,鲜有不至于伤者。"吾尝观前代骚人,如卢景晖之《剪灯新话》、元徽之之《莺莺传》、赵君弼之《效颦集》、罗贯中之《水浒传》、丘琼山之《钟情丽集》、卢梅湖之《怀春雅集》、周静轩之《秉烛清谈》,其后《如意传》《于湖记》,其间语句文确,读者往往不能畅怀,不至终篇而掩弃之矣。此一传者,虽市井之常谈,闺房之碎语,使三尺童子闻之,如饮天浆而拔鲸牙,洞洞然易晓。虽不比古之集,理趣文墨,绰有可观。其他关系世道风化,惩戒善恶,涤虑洗心,无不小补。譬如房中之事,人皆好之,人皆恶之。人非尧舜圣贤,鲜有不为所耽。富贵善良,是以摇动人心,荡其素志。观其高堂大厦,云窗雾阁,何深沉也;金屏绣褥,何美丽也;鬓云斜軃,春酥满胸,何婵娟也;雄凤雌凰迭舞,何殷勤也;锦衣玉食,何侈费也;佳人才子,嘲风咏月,何绸缪也;鸡舌含香,唾圆流玉,何溢度也;一双玉腕绾复绾,两只金莲颠倒颠,何猛浪也。既其乐矣,然乐极必悲生。如离别之机将兴,憔悴之容必见者,所不能免也。折梅逢驿使,尺素寄鱼书,所不能无也。患难迫切之中,颠沛流离之顷,所不能脱也。陷命于刀剑,所不能逃也;阳有王法,幽有鬼神,所不能逭也。至于淫人妻子,妻子淫人,祸因恶积,福缘善庆,种种皆不出循环之机。故天有春夏秋冬,人有悲欢离合,莫怪其然也。合天时者,远则子孙悠久,近则安享终身;逆天时者,身名瞿丧,祸不旋踵。人之处世,虽不出乎世运代谢,然不经凶祸，不蒙耻辱者，亦幸矣！吾故曰："笑笑生作此传者，盖有所谓也。"

欣欣子①书于明贤里之轩②。

浚初又将董其昌的画拿给家屏看，家屏看后，夸董其昌是难得的人才。

浚初说："《金瓶梅》若干天后可以开印，府君以为是否转宫内一套？"

家屏说："那两个月，京都催要新写就的章回，估计抄本已送入宫，不必再送刻本。"

浚初将锡爵欲荐家屏任首辅的意思告诉他，家屏以为不妥，他认为此事若激怒皇上，会搅得满朝不宁。

家屏说："多少年来，我一直想着'努力酬明时'。此次入蜀送秀云见李梦多，他说，'明朝事天自安排，知他富贵几时来。'我一路想他这话，不无道理。至于《金瓶梅》印几套、该给谁，你酌办。"

在给李淑人过百日时，家屏作了一篇《百日祭》：

嗟乎，日靡昏而不旦兮，岁靡冬而不春。
何吾妻之往而不返兮，归修夜而憩恒。
阴从诀绝数至于今兮，七尽又纪七七。
羲轮驶其不停兮，倏忽周乎百日。
览寒暄之一变兮，惊节序之更新。
爰抚今以悼昔兮，黯唏嘘其怆神。
昔吾汝丁兹辰以聚首兮，举椒觞以酬劝。
今椒酒湛其盈樽兮，不以酬而以奠。
昔儿女丁兹辰以拜庆兮，循行队而有仪。
今缞绖纷其环棺兮，不以笑而以啼。
昔宗姻丁兹辰以燕集兮，列辛盘以大醑。
今实筐篚以楮帛兮，不以馈而以吊。
眷兹情景之种种兮，无一不触目而摧心。
肠寸寸以欲断兮，泪承睫而岑淫。

---

① 欣欣子：王锡爵的笔名，取新杏子之音，与"笑笑生""小学生"相隐对。
② 明贤里之轩：暗指明廷内阁。

吾岂类彼雁凫兮，昵缱恋于俦匹。
念此衰年病骨之余生兮，伊谁关切乎缓急。
子弟非不孝且友兮，抑岂奉养之无资。
念此卧起饮餐之冗节兮，谁能调适吾情性之所宜。
朝徘徊于灵帷兮，夕追寻于梦境。
郁余怀其谁控兮，安能欣诸衾影。
绪牢骚而烦懑兮，忧何止余之一身。
闵闺职之耗废兮，若纽解而丝纷。
果悲苦能伤人兮，度吾生其难。
久痛汝徒劳碌于生前兮，吾又遑恤吾之身后。
顷卜兆而得吉壤兮，将经始乎玄堂。
迟厝事以有待兮，庶与汝而偕藏。
陈筵罍以荐哀兮，罗盈阶之缟素。
惨风日以凄其兮，儵精魂其临顾。

万世德回西京后和李楠制定了更详细的备兵之策。

万世德着人将发往西北边地的日虏拦截回来，想从他们那里了解日倭较详尽的情况，以求知己知彼。

解元向魏允贞汇报情况，山西很快也行动起来。山西、陕西两省将沿黄河两岸联合备兵的计划付诸实施。引水灌田，屯田以养兵；烧石灰，砌石、砌砖以加固边城、边墙、烽燧；研制车、炮、火铳等。训练将士一专多能。

魏允贞令各地探测哪里有可用作冶铁的矿石，哪里的煤炭最宜冶铁。山西的铁矿产地多，已开采和未开采的，均备案。工匠们经过实验，发现焦炭冶铁绝佳。相比之下，交城一带的"云子铁"最好，能年产十万余斤，专供制造兵器。陕西已探明的铁矿较少，所需由山西供给。

浚初带领众弟兄将庠馆整修一新，安排兄弟们住在庠馆前院。

距离也宜亭不远处有几间陋室，浚初住到那里。他每天仍按在京时作息，兄弟们称其陋室为"延署"。湛初特地作了一块匾，题"延署"二字，挂在门头。

第六十三章　吏部二次会推辅臣
　　　　　锡爵八疏乞休辞朝

李淑人过百日，正是皇长子御讲之时，王锡爵如释重负。

董其昌充展书官。

王衡为《金瓶梅》的事到山阴走了一趟。他走后，浚初开始印书。

浚初任中书舍人数载，在中书省见识过许多大家名流，有善于书法绘画者，也有善于雕版刻印者。那里有当朝领先的印书坊，浚初对印书的关键步骤了然于胸。

"延署"和"也宜亭"成了校印《金瓶梅》的场所。在浚初的督导下，郭文学引荐的两位艺人及徒弟很快印成二十余套，浚初选出几套，着人送往京城，交与王衡。

京都传来消息：礼部尚书陈于陛以病请告。皇上谕："史局将开，不准辞。"

曾经到山阴请家屏还朝的安希范和几位官员因建言获罪。有人议论，说安希范染上了王家屏的倔强脾气。

安希范在《纠辅臣明邪正疏》中说："窃惟古今治乱之关，进贤退不肖，两端而已。近年以来，正直老成之臣不安于位，敢言秉正之士削迹于朝，逸邪谄媚之徒接踵于国。

"赵南星、孟化鲤，铨臣之秉公持正，舆论称贤者，举次第屏黜，天下共惜而疑之……至如孙鑨之清修公正，李世达之练达刚明，李桢之孤介廉方，虽才品不同，皆部院诸臣中所指为正人君子者。孙鑨与李世达先后去国，李桢不堪小人骂詈，累疏乞休，天下又共惜而疑之。夫天下共惜者，惜诸臣之贤而不能竟其用也；天下共疑者，疑阁臣之妒，使不得竟其用也。

"伏乞皇上……严谕阁臣王锡爵等，无挟私心，无植私党，无以直言而逆耳，无以媚己而悦心，秉公效忠，斥邪扶正，则圣德光于日月，久安长治可翘首跂足而待矣。"

安希范被削职，回老家无锡为民。

各道御史疏救。不报。

家屏曾对魏允贞说，治百姓重在治官吏，治地方重在治宗室。

魏允贞发现王室宗亲根本不懂法，于是进京，疏请为王府立宗约。每月选几日将王室宗亲聚在一起，让长史教授给他们讲解《大明律》，让他们遵纪守法，并选出有齿德者为表率。

去岁以来，河南灾情严重，巡按陈登云封进饥民所食雁粪。刑科给事中杨东明进《饥民图》，图中饥民有吃树皮者、有吃人者。他们想让皇上知道下情，速行蠲赈。

锡爵知道去年遭灾，又逢战事，国财耗竭，万难措处。锡爵俸薪助赈，并乞皇上暨两宫各院分投布施。

纂修正史之事几经酝酿，最终决定由陈于陛、沈一贯、刘虞夔、冯琦、罗万化、盛讷、范谦等人负责，焦竑、董其昌等充纂修官。

锡爵以病乞休，皇上不允。

四月，锡爵密奏："原任大学士王家屏才望大为人情、物论所归，乞还旧职。"

数日后，皇上札谕锡爵："朕览卿密帖，卿之为君、为国纯忠赤诚，朕已知道。且朕近来不时火症，比因国事多艰，北房跳梁、东倭纷纷未已，正赖卿与朕分忧，卿宜给假调摄，待病痊入阁办事，以慰朕怀。"

锡爵细细地品味着皇上的话，去意已决。

内阁另二位，赵志皋、张位代锡爵恳请皇上给假回籍。

锡爵见密奏起用家屏无效，以"卧病一月，恐久废事"为由，复"请简用阁臣"，想通过会推请求皇上复家屏职。

时至五月，吏部会推阁臣七员，家屏居首位，其后是沈鲤、孙鑨、沈一贯、孙丕扬、邓以赞、冯琦。

皇上通过吏部查证得知吏部前两次原推阁臣，初推有沈鲤、李世达、罗万化、陈于陛、赵用贤，再推有朱赓、于慎行、石星、曾同亨、邓以赞。

皇上命陈于陛、沈一贯入内阁办事。

皇上诘责吏部："李世达系掌院御史，王家屏系起用辅臣，岂得一概列名？司官降调杂职！"锡爵具疏解救，皇上不听，只是温旨慰之。吏部尚书陈有年因此代司官顾宪成、王同休、黄中色引咎，请求处分。吏部左侍郎赵参鲁疏救。皇上皆不从。

陈于陛疏辞新命，不允。沈一贯在籍，差行人沈时来去取。

王锡爵八疏乞休。皇上令锡爵扶亲归省，并厚赐银币，遣驰驿以行。

户科右给事中卢明诹疏救顾宪成，被皇上降一级调外。皇上又将顾宪成削为民。兵科右给事中逯中立等疏救顾宪成，被皇上降调，其余签名者卢明诹等被削职。陈有年乞罢归，不允。

锡爵启行，疏辞皇上。皇上谕："炎暑长途，慎重调摄。"

萧大亨把吏部诸位大臣因会推受处分、锡爵辞朝、陈有年求去的事告知家屏，且流露出乞休的想法。家屏心中不安，修书一封给他。

往闻荆翁特疏谬举，固已预忧坐累，妨其鱼水之欢，为书止之，词甚恳切，以为荐我非所以全我而爱之，或恐其害之也。无何？会疏上而诘责之旨果下，纷纭谴斥，铨省几空矣。不肖草土废人，诛之、殛之何足怜惜，乃部院大老，台省诸君并以不肖干连，无端受咎，不肖无乃为妖星厉鬼，祸众殃人者耶！闻状以来，股栗心塞，无颜可立人世，恨不即死，以绝株累之端也。顾念不肖即愚戆冒上，何至震怒不解若此？人臣一身生之惟上，杀之惟上，咸何所不行，而不于其身，于其举之者，又何必曲求旁引，而曰："此会推堪用，非会议起用，至以上言德政例之乎。"此其中簸弄枢纽，造作机械，不止毒不肖一人。不肖死于君，则死耳，宁能死于此辈？则不得不强颜苟活，以待斧锧之及，而后敢死也。夫国之大政莫大于用舍刑赏，某之以不才、多罪放斥之可也，诛殛之亦可也，而荆翁以请告归矣，太宰又不安其位，去矣，抚镇司道以画边事，触忤疆御者，寻端罢之、逮系之矣。乃要功生事，误国殃民与夫跋扈飞扬，恣行胸臆者曾未尝出一言词组问焉。用舍刑赏舛错如是，宜老成忧国者所为感慨咨嗟也。顾奈何轻言去哉，幸为社稷计，为三镇军民计，非某敢以一人之私愿，依依左右也。

继兵部尚书石星以病乞休不允后，吏、户、礼三部尚书杜门请告。

第六十三章　吏部二次会推辅臣　锡爵八疏乞休辞朝

赵志皋上疏，说："六部事权匪轻，尚书关系良重。而天变时警，边鄙未宁……乞谕令其即出视事。"

吏部右侍郎盛讷丁内艰。吏部尚书陈有年上十三疏乞休，乃允。

沈一贯疏辞新命，不允。上任后，差人携礼看望家屏。

家屏修书《贺沈蛟门拜相》：

仰惟门下，渊涵大学，岳峙贞标。道裕弥纶，劳深启沃。向当彩服趋庭之日，业廑紫宸侧席之思。而皇情徒注于安危，至孝直期于终始。三年礼室久虚作厉之求，一旦枢庭顿慰瞻岩之望。泰交孚合，讵惟宗庙社稷；居歆解泽，沦濡将俾草木。禽鱼咸若制麻，邮布草野欢传。藐踽踽之孤踪，倍津津其喜色。宁忘情于贺厦，奈绝口于言朝。猥廑台使远临，珍仪骈赐。谊敦故旧，觇知吐握之虚怀；仁急颠连，想见施为之次第。欣焉手额，感欲魂摇。即弹冠之愿永违，乃安枕之期可卜。敬占谢楮，并附庆私。物菲心虔，形留神往。谟谋密勿，凤钦补天浴日之猷；匡济艰难，伫睹旋乾转坤之略。

浚初住在"延署"陋室，每日看看书，倒也自在，偶尔也写几首诗。春日将尽，《金瓶梅》印毕。浚初写《莫春①山居》：

塞上春归较晚，山中夜坐偏寒。椰瓢竹叶三盏，纸帐梅花一单。
雪来片片飞玉，雨下纷纷扬丝。半湿半干柳絮，乍消乍冻花枝。
绿肥池畔芳草，红绽墙头杏花。雨后轻鸥浴罢，风中软燕飞斜。
篱边菜甲新绿，垄上麦芽正青。溪水几渠浇遍，闲流涧底冷冷。
田妇晨炊脱粟，一肩挑向西畴。稍来野菜几束，不插山花满头。
新韭才生石圃，茅柴正熟花邨。蛰人一醉便去，依旧云深闭门。

几位年龄较小的弟弟常来"延署"和泰庚相聚。桃花开了，他们就让浚初写桃花：

莫道桃源是画图，小园开处色偏殊。

---

① 莫春：暮春，晚春。

落花流水浑相似,还有胡麻饭也无。

杏花开了,他们又让浚初写杏花:

枝头只为状元红,十里争看一色同。
独有东园桃共李,不言应是笑春风。

李花开了,他们又让浚初写李花:

琢玉镂冰未足夸,浑如天女散瑶葩。
水晶帘外因风舞,绝似玄霜六出花。

有几种花娇贵,不容易种活,浚初也写了几首。
有《来禽》:

一种林禽几处栽,接头新自洛阳来。
试看直待清明到,白白红红取次开。

有《牡丹》:

不惜金钱觅牡丹,姚黄魏紫得来难。
花房毳幕重重护,投到开时尚怯寒。

还有《芍药》:

辍直归来学灌园,手栽红药满阑干。
幽花静与幽人对,绝胜丝纶阁下翻。

还写了许多花,如萱花、葵花、卷丹、玉簪、石竹、凤仙花、鸡冠花、百般娇、菊花等。

孩子们把这些诗抄了诵读,还在湛初面前夸炫,湛初说他们是装点门面,附庸风雅。

和浚初比邻的是郭文学等人的住处。他们有着隐士的闲情逸致，每日不消闲，也像陶渊明那般到田里去种豆种菜，也种瓜。湛初给他们的住地起名——野人居。

夏天到了，浚初读书、整理《山西通志》资料之余，常到也宜亭消遣，写《夏日题也宜亭》诗一首：

> 石径穿花底，茅茨隐树间。檐虚不碍月，扉敞好看山。
> 雨润苔生色，云滋石有斑。公余聊涉趣，纵步得幽闲。
> 冷署浑无事，虚亭是也宜。远山青入牖，曲水细通池。
> 樾荫方垂槚，花香欲拂卮。跫然佳客到，舒啸发清飔。

湛初有着广泛的兴趣爱好。筹划刻印《金瓶梅》时，他琢磨制作粗陶活字，从火燎沟采了红泥，一会儿掺白垩土，一会儿掺马牙石粉。后来，戎孺人指点他到面高沟拉来煤矸石，磨成粉按比例配料，终于成功。

湛初听说魏允贞要考察山西哪里储有铁矿，便准备了磁铁石、兑臼、椰瓢、干粮等物，带领几个弟弟，穿沟进了山。湛初等不仅找到几处含铁的矿脉，还找到两处疑似有金银矿的地方，他们把这两处称为挖金沟和银洞沟。正当弟兄几个筹划请石匠做水碾、购水银等物，准备采矿石、碾矿石，用水银抓金、炒水银提取金粉时，家屏回来，对此行为严加制止。

浚初媳妇到浑源住娘家，众弟兄跟着她参观了悬空寺等北岳名胜地。回来后，湛初利用印书制版时剩下的边角料做了悬空寺模型，琢磨如何对该寺进行维修。

年龄较大的子弟都成了刻字、制版、印书的高手。他们把家屏以及别人的好作品拿来，渐次刻印成册，既便于随时学习，也便于和其他士子交流。其中有家屏参加阁试写的《日方升赋》和《经筵赋》，任讲官时和入阁后编写的讲章以及部分奏疏等。

家屏他们几个人创办的文会仍定期举办活动，讨论内容多与《山西通志》有关。李维桢常把他们的资料拿去和南方一些书社交流。

顾宪成被削职为民后，和邹元标等人筹划在南方办书社、做学问。安希范回无锡后与他们来往频频。

安希范到苏州去找家璧，两人抚今追昔，感慨良多。

家璧将一套《金瓶梅》和家屏的《练兵议》一册送与安希范。

安希范说:"小范在京时曾读过《金瓶梅》手抄本,今日始知确实乃相公大作。"

安希范面北而拜,说:"王相公,青史终垂日月名!"

家璧告诉安希范,《金瓶梅》由家母抄写送京。安希范对戎孺人肃然起敬。

家璧说:"这套书是前些时家母派人送来的,王衡已送我一套,故将这套送与你。既然家兄署名'笑笑生',自有他的道理,我等保密便是。"

安希范说:"明白。"

家璧说:"老家来人报,家母患病,我正欲请告回去侍奉。"

安希范说:"何日归,告知我,为你饯行。"

两人泛舟于西湖上,频频举杯,侃侃话旧。

安希范来了兴致,写诗一首《与王乐南别驾话旧》:

当年莘野起阿衡,曾捧征书下玉京。
踏雪冲寒渡关塞,送春迎夏滞边城。
黄扉虚负经纶志,青史终垂日月名。
此夕逢君增感慨,临岐莫惜酒频倾。

万历二十二年(1594年),给李淑人过周年时,家屏作《周年祭》:

嗟乎,昔余与子居室兮,亶静好而相宜。
更四十年如一日兮,曾未尝暂别而骤离。
胡自去冬而舍我兮,溘电逝而飘驰。
历春涉夏而逾秋兮,忽冉冉其及期。
人皆惜阴如惜璧兮,诧流光之易移。
余独度日如度年兮,苦晚景之凄。
其仰慨夫莘絷之失职兮,俯怜此儿女之累累。
外疲于人冗之杂沓兮,内伤夫壶政之陵夷。
甑迁其故处兮,扁钥弛于箱筒。
童婢涣散而无统兮,米盐屑越如漏卮。
不忍闻其喧嚣兮,目不忍见其参差。
执率作而使之应兮,孰纲纪而使之齐。
余乃今知余妻真贤妻兮,不可一日而无之。

余食非余妻而不甘兮，衣非余妻而不时。
暑宜葛而犹绵兮，寒宜褐而尚缔兰。
在畹而不芳兮，月当楹而靡辉。
社燕至而啁噍兮，霜鸿过而徘徊。
何节序之可以流连兮，徒导戚而增悲。
计岁三百有六旬兮，愀然无顷刻之伸眉。
志惝恍以如梦兮，神惛惛而似痴。
忧熏心以难拔兮，病切骨而畴医。
将旦暮之莫必兮，何余年之知蕲。
槐檀以为芗兮，春新谷以为粱合。
宗党而咸在兮，修哀荐以陈词。
朔气煦然似春温兮，宛笄珈之在兹。

李淑人过周年后不久，徐夫人猝然倒地而卒。王家为徐夫人举丧，将她的棺木安葬于李淑人主墓之侧。

家屏常念起徐夫人，说："她一辈子爱唠叨孩子们，临死连句话也没留下。"

第六十四章　家屏奔五台山寻亲
　　　　　　家璧回山阴城丁忧

　　远在山东的于慎行得知李淑人病逝，写诗一首，寄给家屏。
《山中怀寄王对南相君》：

　　屈指朋游岁晚疏，云中相国比何如？
　　百年禁苑论交谊，千里关河叹索居。
　　月落枫林常有梦，鸿归榆塞久无书。
　　天涯若问同心侣，素发于今已映梳。

　　家屏用其韵，写诗一首回复。
《山居丧偶承于宗伯惠诗枉讯用韵奉酬》：

　　不才主弃故人疏，泌水衡门意澹如。
　　恰傍晨炊甘觳食，那堪阴雨妒鸠居。
　　悲来欲废荀郎赋，病起时耽老子书。
　　空谷足音劳远讯，科头经月几曾梳。

　　万历二十二年（1594年）腊月初二，家屏过生日时，沈一贯来信贺生。沈一贯入阁后，遇大事常想听家屏的意见，他俩联系频繁。

　　家屏为"野人居"的李文学办八十寿宴，社友们都来参加。宴席上社友们商量编写《山西通志》事项。

家屏写《寿社友李文学》：

> 角卯游黉序，丰神秀更翘。
> 清芬兰是味，温润玉为标。
> 经术名师授，文词哲匠雕。
> 翱翔期万里，作养历三朝。
> 用大才非拙，逃虚志特超。
> 儒冠甘淡泊，野服恣逍遥。
> 渭水辞周载，商山避汉招。
> 修龄绵岁钥，淑气挹星杓。
> 晴日书占谷，春风酒湛椒。
> 觞行高士宴，曲步上真谣。
> 仙检丹方秘，朋簪白发饶，
> 愿公敦久约，容我伴松乔。

浚初作《寿李隐君八帙》：

> 复宿山巅紫气浮，仙人对此正居楼。
> 函关曾受五千字，海屋新添第几筹①。
> 喜见大椿②凝旭景，况逢丹桂馥清秋。
> 鹿鸣听彻归来早，笑看斑斓舞醉眸。

戎孺人患病后，常将家屏唤来，说她要立遗嘱。她立的遗嘱多是只言片语，家屏备好笔墨要记录时，她已说完了。戎孺人说："《论语》就是这样写成的，我以孔圣人为师。"家屏取来一沓抄本，专记戎孺人语。《戎孺人语》随即产生，且愈积愈多。《戎孺人语》开始由家屏记录，后来又由别人记录。最后，成了孩子们的习字抄本。

---

① 海屋新添第几筹：典引自"海屋添筹"。海屋：寓言中堆存记录沧桑变化筹码的房间。筹：筹码，旧时用于祝人长寿。
② 大椿：古寓言中的木名。出自《庄子·逍遥游》："上古有大椿者，以八千岁为春，以八千岁为秋。"后用以喻指父亲。

戎孺人的病情大有好转，能起床行走了。

那一日，戎孺人又要立遗嘱，让孩子们非唤家屏来不可。家屏来到戎孺人屋内。

戎孺人说："你四叔宪康还活着。"

家屏听了，为之一惊。忙问："俺四叔现在何处？"

戎孺人说："他在五台山，当大和尚。"

家屏的四叔王宪康说来也是个传奇人物。

家屏爷爷王朝用共有四个儿子：宪文、宪武、宪成、宪康。自从家业被宪文败光后，宪康丢了学业，跟着宪武、宪成务农兼做买卖。三人买卖越做越大，将长兄欠债还清后，尚有积蓄。宪武为宪康娶妻，生了个女儿。不久，宪康妻子不幸病故，幼女由戎孺人扶养。

宪康救过一位落难人，此人原来是五台山住持。宪康受其点化，皈依佛门。师父让他在五台山出家，他偏要回佛宿山下化缘建寺庙，在那里修行。

宪康选中的寺庙地址在距离南洲山庄不远处的土楼沟的土楼上。土楼本是一座特别大的烽火台，见方十余丈，把寺庙建在台顶上，这个想法确实超凡。宪康请师父看他建寺庙的选址。师父说他"尘缘未尽，却想做五百年后的事情"。宪康不听师父劝说，犟着一股劲，偏要修。他把自己的积蓄全部拿出来，并四处化缘，终于在土楼顶上建成"洪恩寺"，在寺里修行。

那一年，师父派人传他回五台山，他不肯。不承想，数日后，连降暴雨，土楼沟发洪水，一涨再涨，土楼被冲刷得不再方方正正，成了个土圪墩，建在顶上的"洪恩寺"毁于一旦。

洪水过后，南洲山庄的人全部出动，寻找宪康。结果只找到他的一只僧履，众人都以为他归西了，于是，他们在河漕边为他设坛祭奠，说他是苦行僧转世，践行了"与洪恩寺共存亡"的誓言。

多少年过去了，宪康的女儿已长大成人，找了个女婿也知书达理。王家的人对宪康也逐渐淡忘了。

前几年，宪康突然乔装归来，惊得戎孺人以为见了鬼。

宪康说，那年发洪水前，师父派人硬将他绑回五台山，他才幸免于难。没多久，师父坐化，寺院交由他领揽。

戎孺人对家屏说："我信佛就是受了你四叔宪康的点化。他让我每日抄写佛经，想不到因此练了写字，不然，怎为你抄书？"

家屏将这一消息告诉浚初和湛初，父子三人把家里的事安顿妥当，上路赴五台山，寻找宪康。

经过几日跋涉，家屏一行找到了宪康所在的寺院。其时，恰逢宪康在大殿为众弟子讲经。

宪康坐在台前开讲。台后一排坐着几位大和尚。台前有几十名僧人端坐在各自的蒲团上，四周站满衣冠楚楚的居士。家屏三人隐在一进门的隔扇后聆听。宪康声若洪钟，正讲几首偈子。

"'千江有水千江月，万里无云万里天。'全诗是：'千山共一月，万户尽皆春。千江有水千江月，万里无云万里天。'这是宋代禅僧雷庵正受的偈句。月只有一个，如佛性，千江如众生；江不分大小，有水即有月；人不分贵贱，是人便有佛性。无名烦恼尽去，佛心自然显现，'心清水现月，意定天无云'是一种超凡脱俗的境界。

"春有百花秋有月，夏有凉风冬有雪；若无闲事挂心头，便是人间好时节。这首偈子讲的是佛以心为宗……心无闲事，随顺自然，便是禅。"

浚初和湛初听得入神。

湛初悄声说："这首偈子和咱也宜亭的那副联，异曲同工。"

浚初说："阆苑瀛洲，金谷陵楼，算不如茅舍清幽。野花绣地，莫也风流。也宜春，也宜夏，也宜秋。"

湛初补了一句，说："也宜冬。"二人窃笑。

台上，宪康又讲："尽日寻春不见春，芒鞋踏遍陇头云。归来笑拈梅花嗅，春在枝头已十分……此偈鼓励我等多多参访，以求开悟，以便把佛法融入生命，以至随心所欲不逾矩，像菩萨般任运修行。"

宪康讲罢经，又回答了听经者提出的几个问题，才和家屏一行见面。

浚初和湛初给宪康行叩拜礼，宪康将他们一一扶起，让两个徒弟收拾禅堂，接众人到那里叙话。

禅堂的布置十分简单，正面供着一尊佛像，佛像前摆放着供桌，桌上有香、烛、供品等，桌前有蒲团。两面墙上有维摩诘不病装病、文殊菩萨前来探望，两位菩萨经辩的壁画。堂中铺了一块见方丈余的地毯，毯四周环几，几上或置经书，或置茶具。

家屏儿时就出入母亲佛堂，胸前佩戴着满月时外公送的玉佩，那玉佩于方寸间雕琢着与此壁画相同的内容。他一进屋，便有一种似曾相识的感觉。

宪康徒弟冲好茶便退下，禅堂内四个人边喝茶边介绍各自境况。浚初将包裹中的《金瓶梅》取出，交给宪康，宪康将其供于佛像前。斋饭毕，宪康两徒弟已将西厢房收拾干净，家屏父子在西厢房三间屋内宿住。

宪康对家屏说："你要编写《山西通志》，少不了写五台山。这次来了，别急着走，正好收集些资料。我这几天把其他事搁一搁，读《金瓶梅》，也好与你讨论。"

宪康住在东厢房。他看书时先整装、洗手，然后才端坐开卷。

宪康看书的速度随内容而变化，或快似一目十行，或慢如滴水穿石。数日之后，宪康对书中情节皆通悉之，尤其对书中部分诗词背诵如流。

浚初早在编写《恒山志》时就读过悬空寺诸庙内收藏的许多佛家经典。这次见了五台山的藏经，如获至宝，恨不能一日看尽佛门书。

湛初对建筑感兴趣，他走遍了山前山后所有寺院，绘制了大大小小若干幅寺庙建筑结构图。他也研究山中有什么矿藏，或有哪些石料可以用来雕琢佛像。

家屏自上五台山后，身体状况变好，也和浚初一道看书、和湛初一起逛庙、和宪康一同论道。不知不觉，山里染上了秋色，家屏父子准备下山回家。分别在即，宪康有些不舍。他说："当年，我师父说我尘缘未了，修行多年，今日方知，依然如故。"

浚初想听听宪康对《金瓶梅》做何评论。

宪康说："读此书让我常想起三句话，第一句是恒山悬空寺的主旨'三教合一'；第二句是'我佛慈悲'；第三句是'六欲诸天来供养，天花乱坠遍虚空'。"又说，"这部书，不同人能品出不同味。尤其书中许多诗词，与偈子无异，须多读几遍，慢慢领会，方能悟。"

宪康翻开《金瓶梅》，指着第一回回首诗《眼儿媚》，说："'丈夫只手把吴钩，能断万人头。'惟有菩萨心肠，方能对'万人头'产生慈悲心。"

宪康让浚初和湛初把他们写的诗各抄一首，他要看看两个侄孙的功底。浚初抄了《夏日题也宜亭》，湛初抄了《游悬空寺》。宪康边看边念，说："'冷署浑无事，虚亭是也宜'；'恒河沙作观，大地总成空'。你俩都与佛有缘。"

家屏此行收获甚丰，收集了许多有关五台山的资料，有利于编写《山西通志》。

临行时，宪康对家屏说："你写《金瓶梅》用化名笑笑生，让我联想起弥勒佛前那副对联，'笑口常开，笑天下可笑之人'，你怎就不能'大肚能容，容天下难容之事'呢？"家屏点头称是。

宪康对到过五台山的几位山西巡抚予以评说。"王世贞来五台山留有诗作，如《望五台山初雪》：'夜尽千峰紫更玄，雪山俄觉曙来先。青狮坐改文殊地，玉蝀桥横大梵天。会见九边消战色，已从三晋兆丰年。停鞭诧有阳春在，无奈王猷兴黯然。'他倡导以文兴晋，任职期间，山西中进士者最多。胡来贡下令封山禁砍伐，保全了五台山林木，功不可没。魏允贞上疏五台一带免征税，惠泽众生。他三人功德无量，须大书特书。"

宪康修书一封，对戎孺人几年如一日抄写经文及后来抄写《金瓶梅》予以赞扬。

戎孺人见了宪康的信，直念："南无阿弥陀佛！"

家屏回南洲山庄后，收到刘虞夔一封书信。他向家屏致以亲切问候，并告诉家屏，他有了儿子。

刘虞夔婚后多年，为无子忧，如今喜得贵子，家屏为之高兴，修书祝贺，作《贺刘和宇宫詹生子》：

> 伏审兑秋应序，九苞呈鹭鹭之毛；震凤开祥，一索协熊罴之兆。香凝荣戟，庆衍弓裘。家祚与国运皆昌，天道及人情并沓。
>
> 仰惟台下，中正大人之度，恺悌君子之心。持宪若持衡，不觭轻而觭重；保民如保赤，每周询而周谋。元气滋培阴德，久格孚于苍昊；休征荐至长祥，宜浚发于宗祊。时维七八月之交，耀长庚而现采；人合亿万辈之祝，感恒岳以降灵。芝有根、醴有源，本出遥遥之胄；水为神、玉为骨，况锺勃勃之姿。传雁信于衡湘，悬想重闻喜色；播麟书于云朔，腾闻四履欢声。豁老眼以乍明，振衰躯而欲舞。瑶林琼树，欣联奕世之缘；玉果犀钱，愧荐浴儿之会。聊展陈于丝缕，充觊弄于圭璋。从兹孙子以绳绳，伫见公侯之衮衮。式虔颂祷，不尽披宣。

盛讷于万历二十三年（1595年）七月十二日卒，盛讷的长子盛以达到南洲山庄请家屏为其父写碑铭。家屏闻讣而悲，为之写《嘉议大夫吏部右侍郎兼翰林院侍读学士赠礼部尚书盛公神道碑》：

> 少宰潼关盛公，以翰学侍上讲幄兼副正史总裁。值母丧，解官归，逾年感积哀而病，以万历乙未七月十二日卒于……余与公同官，词林以职事相从，久雅相善也……公讳讷，字敏叔，号凤冈。其先凤阳定远人，六世祖盛聚，杖策从高皇帝，行军有功，领元帅事，用敢战，殁于阵……公生，娟秀聪颖，八岁即能属文，年十四补卫学弟子员，闻乡先生马文庄公

讲业华山之青柯坪，负笈往从之游，文庄公见而器之，教使学先秦、两汉之文，遂以弱冠举壬子省试，声誉籍甚，顾屡上春官不弟，仍即青柯坪下帷发奋，前后几二十年，辛未成进士，选庶吉士。人谓不愧文庄公弟子焉……公天性仁孝，自为童子时，一草木萌蘖不忍残。年十七，洛南盗起，都尉公奉檄剿捕，力战遇害。公誓不与贼俱生，叩请当道发兵殱贼，号泣累日，勺水不入口。当道怜之，为发卒捕贼，贼众被擒……都尉公所遗产，仅取饘粥之田若干亩，余悉推以让二兄……在翰林湛静寡交，特究心当时之务，自国家典章以及星历、堪舆诸书，靡不综览，有得辄录以成帙。所辑有《玉堂日纪》《闻见漫录》《经书发纪》，各若干卷……其在讲筵，务积诚储悃，感悟圣聪，而进止有仪，不失尺寸……封倭之议，聚讼盈庭。公抗言："倭不退而求欵，恐非情实。宜控守要害，调度兵粮，为自治计。虚内事外，舍己耘人，未见其便。"众以为石画。嗟乎，世特患"无深识远虑之臣，为国家决疑定难，销祸于未形耳"。以公粹白之衷，虚明之识，使得谟谋密勿大猷，可计日而升，而不及相以殁，人之云亡，此君子所以痛心于殄瘁也……系之铭曰：开国元戎，世侯关辅。六叶兴贤，以文济武。河马呈图，歧凤翔羽。涵泳圣涯，翱翔艺圃。蘂阁严宥，花砖卓午。业篹缥缃，猷宣粉黼。璧水春风，菁莪化雨。薪樠群材，可梁可柱。纳诲青蒲，谈经白虎。道契宸衷，泽流寰宇。舟楫盐梅，腹心肱股。鼎望弥隆，舆情延伫。天未赐兆，峨峨封若坊斧。载德丰碑，永辉千古。

盛讷有相才，入阁辅政，指日可待，不幸早逝，令家屏惋惜不已。

戎孺人的身体本已恢复，又突然犯病，卧床两日，于万历二十三年（1595年）八月初二卒。远在苏州的家璧接到讣告，安顿回乡为母治丧。

安希范察听到消息后，急匆匆赶到苏州府衙，将一块用白绫包裹的沉香木料郑重其事地交予家璧，请家璧以此为原料，给戎孺人做牌位，以表他对戎孺人的敬意。

等家璧回到山庄，家屏和宪成长子家翰已做好了宪武与郭、戎二位夫人三人合葬的准备，家屏为其写合葬墓志铭：

吾宗自曾大父临邑公而下，世受书业儒，即儒弗就，率斤斤修志，意尚名检，节廉自好，有清白吏子孙之风焉。乃瘴身忍性，非其力不食，非其有不取，敦伦"扶义以质，礼行始终"，不为"约则挹损，丰则夸毗①"。
我叔父石洲公，尤卓然……内兄聚庵公举进士，拜寿光令，尝迎叔于官，
至见其斋厨萧然，比归，一缣尺帛无所受赠，曰："勿以我伤丈廉也……"
他日过酒肆，拾遗橐金，复守以候失者，还之……先公病疟垂殆，叔披发
引酒，自灌其首，而祝大愿以身代，顷忽有异人至门，授禁方疗之病，良
已，人以为虔祷之应焉……郭母沉静，戎母伉爽②……系之铭曰：伯奇孝
矣，履霜则疏。不如叔也，竭力菽菽。于陵廉矣，避盖则矫。不如叔也，
鸰原相保。乐羊怀金，入愧其妻。孰与归橐，刑于缟綦。孺仲拥絮，俯
惭儿子。孰与趋庭，彬彬诗礼。愿不徇俗，狷不离伦。含醇履素，率性之
真。比古逸民，作乡三老。善积而昌，允惟天道。南山之麓，高镇之冈。
有封若斧，伉俪偕藏。我铭其幽，以俟鸿笔。载美穹碑，永辉泉室。

家璧用安希范赠送的沉香木为戎孺人制作了精美的牌位，用珥笔沾朱砂在
牌位上写下"显妣戎孺人一位神主"等字样。
戎孺人的丧礼简约而隆重。家璧写《祭母文》，家屏写《祭叔妣戎孺人文》：

昔我叔父，原配郭母。当侄少时，多蒙恩抚。郭母早世，母也继之。
视侄如子，媲德均慈。迨侄宦游，二纪于外。叔父云亡，幸有母在。归依
堂下，庶可承欢。偶疾弗起，匕箸长捐。痛母痛叔，倍增伤悼。叔姊三
人，一恩莫报。绝地而踊，仰屋而号。洁陈哀荐，慈灵匪遥。

家璧为戎孺人丁忧，王家又多了一位参与编写《山西通志》的人。
沈节甫派人捎书给家屏，请家屏为他父亲写墓表。家屏写《封南京尚宝寺
卿沈公墓表》：

乌程沈氏，世以文献为湖州之望族。自余释褐，识今少司空镜宇公于
朝，俊俊鞠躬君子也。已识公二子者沈纮与沈演。演以春秋、纮以诗并荐
辛卯京闱第一人。明年连举进士。于是沈氏之家庆益奕奕，盛寓内矣。岁
乙未司空公介书使抵余山中，以尊翁之讣来告，且属余表其隧……

---

① 约则挹损，丰则夸毗：挹损，减少，缩小，贬抑。夸毗，以谄谀、卑屈取媚于人。
② 伉爽：刚直豪爽。

书使拿了家屏写好的墓表，路经京都，见了沈纮后再回湖州。家屏给沈纮写信一封《答沈铭缜太史》：

> 表桓之役，逋命多时。再辱盛伻，悚仄悚仄。念惟太翁，德履兼总伦常，须骤括芳徽，详加诠次，而其学问器识，皆从真诚一念中来，如建言讲学，宗尚二氏之书。最近日，巧宦霸儒，所托以吊诡，惊愚者于世道、士风蛊坏，不细。不佞实切齿恨之，而不谓太翁先获我心也。伏几披吟，一字一击节，第窘于篇幅，未尽表章，止称其不愧屋漏，可无愧色耳，稿上，幸赐斤正，诸可订讹补遗，裁润繁芜者无嫌点铁，盖此自为家乘计，非但黼藻荒陋而已。

一年之后，宪康徒弟到南洲山庄送信，说宪康坐化，山寺将于某日为他举办祈愿法会，师父圆寂前曾有言，奉告家人。其时，浚初、湛初几位已为李淑人丁忧期满，进京复出。家屏、家璧随即前往五台山。

石湖①大师导归极乐祈愿法会在五台山寺内隆重举行。参会者有全山僧众及居士数百人。有住持拈香主法，高僧说法，他的新老弟子依次拈香，至诚跪拜。

居士信众，双手合十，同声诵经。

高僧说法，云："生死交谢，寒暑迭迁。来也，电掣长空；去也，波澄大海。今有新圆寂石湖上座，生缘既尽，大梦俄迁。了诸行之无常，坐化而乐；赴佛塔之盛礼，随缘以寂。封苦行之身，入舍利之境。惟愿慧镜分辉，真风散彩。菩提园里，开敷觉意之华；法性海中，荡涤心尘之垢。"

家屏诵《祭叔考石湖公文》：

> 昔我大父，生子四人。伯仲叔季，文质彬彬。
> 伯也荡游，废产过半。诸弟伶仃，时乃析爨。
> 英英二叔，我父是依。衣食昏娶，竭蹶支持。
> 叔尚盛年，服勤农畂。既壮有室，资生小贾。
> 贾名儒行，义表仁衷。家门渐振，生计粗克。
> 乃去市廛，乃捐一切。断酒绝荤，栖心净业。

---

① 石湖：王宪康法号石湖。

禅林梵宇，檐卜旃檀。营修甚费，供养惟虔。
广义福田，冀成圣果。了悟无生，四大非我。
维摩不病，兜率终还。金篦道路，只履西天。
诸子若孙，奉其遗蜕。舍敛棺衾，收金入柜。
既殡于寝，爰树之旌。得名得寿，是谓考终。
乃布几筵，乃荐蔬素。衰绖盈阶，用申哀慕。

家屏和家璧回到南洲山庄，面对宪康画像，总觉得有心事未了，与众人相商后，将洪水冲毁洪恩寺时打捞到的宪康的那只僧履置于棺木中，将悬棺葬于佛宿山一处岩洞内，并为宪康立牌位，按辈分将他归入祖宗行列，与祖宗共祭。家屏汇总众意，再作祭文：

嗟乎！
天无知耶，叔何以寿？
天有知耶，叔何以无后？
岂数之不能两盈兮，抑福之难于兼凑；
原彼苍①之善人兮，要自有阴获而默佑；
何枝叶之非根苗兮，何卵翼之非雏鷇；
婿即子、侄即儿兮，何疏亲与薄厚。
生而冠履之满堂，殁而衰麻之雍柩。
宁比夫伯道与中郎兮，厥非式微而单陋；
兹祖载之留期兮，营泉宫其既就；
祔先兆以归藏兮，永息心于无漏②。
有饭一盂，有蔬一豆。
荐斋素以告哀兮，恍鉴临于左右。
唏嘘，恸哉！

---

① 彼苍：天的代称。
② 无漏：佛教语。谓涅槃、菩提和断绝一切烦恼根源之法。与"有漏"相对。

第六十五章　刘虞夔不幸早逝
　　　　　　赵志皋被参误国

浚初起官进京后，去见刘虞夔。

刘虞夔从浚初口里得知门姑娘如今在王家被称为门夫人，为家屏生了第九子，于是修书作贺。

家屏收到刘虞夔的贺信，随即复信，作《谢刘和宇贺生第九子》：

　　盖闻物珍则罕聚，类伙则易蕃。是以芝兰弗荣，而灌栁丛植；鹓鸾寡育，而蜩螗群翔也。不肖门祚单微，善谊浅薄。未知抱子，向惭人父之恩；既老休官，渐见丁男之壮。能胜衣矣，能胜弁矣，虽过望，以箕裘；而佩鞣兮，而佩觿兮，总不好，夫纸笔。天运如此，方当寄慨于衔杯；日暮云何，宁复容心于建鼓。乃尘根未断，腐秋草以为萤；业障相寻，绁老牛而舐犊。莫为白母翻增孔伋之悲，未毕男婚愈重向平之累。焉能为有，是奚足多。

　　伏承老先生门下，谊切呴濡，仁周卵翼。以所爱及所不爱，蔼焉万物一体之心；视邻子犹兄之子，浑然异姓同胞之契。宠颁藻翰，骈赐珍仪。载玄载黄，贲锦棚于筐筐；式金式玉，掩环珥之瑶瑜。至被孩提，以八凯之名；巨拟乳臭，以九官之数。情文并溢，耳目为惊。即倾十口之家，曷称万分之一。敢不拜嘉大贶藏之巾笥传诵鸿慈示诸来体。倘韩昌黎之猪龙，可辨应怀顾覆之恩；设刘景升之豚犬，难移讵爽结衔之报。

　　敬陈谢悃，并附菲忱。仰冀鉴容，岂胜铭戴。

万历二十四年（1596年）春，刘虞夔的父亲病故，刘虞夔回老家为父

第六十五章 刘虞夔不幸早逝 赵志皋被参误国

丁忧。

三个月后，刘虞夔的弟弟太学生刘虞龙身着缞绖，到南洲山庄哭着告诉家屏，说："痛哉！我家不幸，天祸降临。今年春天，家父见背，仅隔三个月，家兄又去世，丢下我茕茕然，怎能撑起门户？亡兄的孩子只有两岁，尚在襁褓中，我刘家怕是巢卵俱毁矣！"

家屏闻此噩耗，恻然泪下，说："这实在令人痛心疾首，你必须节哀去办父兄未尽之事，当务之急是为你兄长的遗孀、遗孤请恤。"

家屏指点刘虞龙："到阳和宣大军门找大司马梅国桢，他是万历十一年（1583年）进士，选庶吉士。你兄长是那批庶吉士的教官，梅国桢是他的门生，现如今梅国桢身居要职，此事由他帮办较妥。"

刘虞龙找到梅国桢，梅国桢不负所望，安排刘虞龙具状进京。

皇上念刘虞夔讲读功劳，特敕所司祭葬，荫其子国子生，视臣礼有加。

同是万历十一年进士，时任司经局洗马邹德溥为刘虞夔写状，时任国子监祭酒的萧良有为刘虞夔写传。

家屏写《詹事府詹事兼翰林院侍读学士刘公墓志铭》：

　　……志曰：直卿姓刘氏，讳虞夔，别号和宇。世为山西高平人，家县北太中里……聪慧勃发，日可读书积寸，其于经，初治尚书，已治周易，最后治春秋。咸自探讨，不由师授。年十六，魁省闱弱冠，登辛未进士，选读中秘……癸酉授翰林编修，明年使秦藩，寻充大明会典纂修官，教习内书馆。壬午考九载绩转侍读，是岁分纂起居、章奏，兼理诰敕，逾年充经筵讲官。丙戌擢左春坊左谕德，兼翰林院侍读，掌坊事。已简充日讲官，兼清武职黄会典成，晋左庶子兼侍读。戊子以太常寺少卿，兼翰林院侍读学士，掌院事。明年进詹事府詹事，兼官经筵日讲俱如故……无几彬泉公捐馆①，直卿扶病，号踊益毁，瘠不胜丧，竟委顿苦次卒，距其生年仅四十有五……原配郭继侯，大司马珵孙女，封皆安人，先直卿卒。子男一，侯出，初名元征，更名京，即承荫者……系之铭曰：天生名世，有开必先。若梦若卜，良非偶然。猗惟宫詹，怀征袭吉。紫衣在门，玄胎在室。匪微匪耄，匪筑匪渔。韶年俊望，凤驾亨衢。济南终童，洛阳贾传。经术向歆，史才迁固。藜青夕校，竹素晨绅。学非不博，而嗜冥搜。藻

---

① 捐馆：死的委婉说法。一般指官员去世。

润王言，铨综国宪。文非不工，而耽琱瑑。螭坳记注，虎观讲论。有书必直，非道不陈。程士南宫，再提衡镜。茅茹汇征，得人甚盛。升储东禁，数效箴规。葵忱郁积，大听终回。翼翼小心，斤斤亮节。砥行立名，金精玉洁。云胡多难，谗与丧并。谦而招损，孝乃伤生。昭荷皇慈，特加优恤。宠赉几筵，泽沾窀穸。祔而从示，地曰游仙。一通一体，合莫三泉。镌我铭辞，闳之中美。嘉祉蕴棐，永绥贻燕。

万历二十四年（1596年）四月，朝鲜战局发生变化。

碧蹄之役后，日本索封，兵部尚书石星主封事，他认为倭奴再狡诈，也不至无故渝盟。皇上派出册封使臣，一年余，无果。

册使李宗城突然从釜山日营逃回，说是听沈惟敬营千总谢隆说，关白起兵二十余万，目下要犯天朝。

石星上疏，说："封事谅已难成，调兵转饷事宜，须及时议处。臣负恩误国，罪曷容辞。乞亟选忠贤代任。"

皇上听到此消息，谕："倭情既有变更，册使何不报来？你部便马上差人前去侦探的确，回奏。先屡有旨，着督抚官训练防御兵马，预备战守，还再行申饬计处。余如议。行军机事，卿竭忠为国，朕所素知。不得自此退阻，宜即出任事，悉心筹划，毋致疏虞。"

石星奏："昔孔明街亭败绩，上疏贬秩行事。臣虽非其人，窃有其志。事势至此，谊不容辞。伏乞皇上……容臣以兵部尚书量兼宪职，前去会同督抚巡按，查勘倭情因何变动……如果违约是真，执迷不悔，则衅自彼开，信非我失。臣即据实奏闻，与同督抚诸臣，大调兵马，声罪致讨！赖皇上之威灵，藉文武之智力，必期'片帆不返'，永奠东隅。"

皇上谕石星："卿为本兵，一应军机，悉当居中调度。倭事但须详议审处，不必亲自往勘，宜遵旨，即出任事。"

朝中官员热议："朝鲜，天朝之属国，辽左之藩篱。其军储内竭，士马外残，不足以抵挡日本。我不援则彼必折而入于倭，援之则我代朝鲜被兵，而先受其弊。且登莱系山东门户，天津亦神京肘腋，扬帆飞楫，可以倏至。其重俱不在辽左下。"

"辽阳作何战守？登莱、天津做何预备？朝鲜应否再援？"

杨方亨又报倭情未变。

皇上下旨："倭情既未变，着照旧选风力科臣一员，与杨方亨去册封。"

赵志皋、陈于陛、沈一贯题："李宗城出营，杨方亨尚在彼处，以副代正，于理为宜。况今倭情传闻纷纭，实难预料。若尚属恭顺，则杨方亨、沈惟敬亦足完事……即令二人在彼充使，于事为便。"

几经计议，皇上令杨方亨充正使，沈惟敬充副使，待日本来迎，渡海行礼。

万历二十四年（1596年）五月，御史周孔教参石星误国，并参赵志皋，说："东事之始，志皋不顾宗社大计，曲昵私交，引同乡宋应昌……宋应昌，通国皆曰不可用，志皋独曰可用；东倭通国皆曰不可封，志皋独曰可封。力排群议，从谀石星，为此祸阶，实其戎首，乞并加罪。"

直隶巡按曹学程题："倭情已变，犹云未变；封事已坏，犹云可成。贼臣误国，一至于此！吾谁欺，欺天乎！今据李宗城揭称，关白执沈惟敬要求七事，原不为封……倭情变诈异常，贪饕无厌。得封不已，必求入贡；入贡不已，必求互市；互市不已，必求和婚；和婚不已，必求朝鲜纳赋；纳赋不已，必求割地；割地不已，必席卷朝鲜、渡鸭绿江，而蓟辽危矣……石星狠狠自用，志皋碌碌倚阿。元辅枢臣，不得辞其责！"

皇上谕："今差科臣，乃是上意。且累朝往封朝鲜、琉球，或内臣或文臣充正使、副使。今李宗城纨绔乳子，偷生辱命。欲着一风力科臣前去，一以完封，二以看彼中情形。何君命方下，辄纷纷阻挠推诿？常时每以微细之故，喋喋烦渎，欲伏斧锧不辞，及至委用，又捱迟不遵？其附和取荣，背君弃义，又明矣。"

奉旨："原推科臣，未推御史，辄来徇私抗渎，内必有贿，嘱关节，下学程，锦衣卫问。"

工部都水司郎中岳元声参石星"三辱四耻"，兼有五恨，且有五难。五难不备，必有五危。疏入留中。

赵志皋奏辩，说："今据杨方亨屡报，尚谓倭奴如旧。前者所报关白统兵二十余万已至南原崖，又未见有下落，而封疆之臣，见在议兵积饷，以待其来，初不因封以忘战，实未尝为欺、为误、为蒙蔽也。惟因疾乞骸，以谢诸臣。"

皇上谕："封倭一事，原系本兵集议，朕心独断，卿有何欺误蒙蔽？不必深辩。今虽倭情未定……宜即出入阁辅理，毋得再辞。"

石星奏："群言汹乱，人情疑畏。乞将妻子寄往京师，自解部务，往朝鲜地方便宜处置。"

皇上谕："卿再疏恳请，自料理封倭事情，足见为国任劳，欲释主忧之意。但本兵职总枢机，关系甚重，岂可轻易远出？还着安心居中调度，以副委任。其妄言诬蔑者，已有旨薄处，不必畏辩疑阻。"

沈惟敬塘报称："封事迁延日久，非日本愆期。盖缘天朝各衙门往往奉差员役及朝鲜人等进营言语不一，是非颠倒，以致日本人心疑，因而未决。"

皇上谕："这倭情原无变动，已有确报。只因我使臣出营，乃致封事迟延，其符节诏敕冠服等项，作速差官赍去，交与杨方亨往封。"

时至万历二十四年（1596年）七月，正使先渡对马岛，谓封局可结。满以为战局不会生变，皇上批准总兵麻贵养病。

万历二十四年闰八月，朝鲜国王李昖乞将原调兵马于鸭绿迤西，近边地方，暂行驻扎，以为声援；并乞敕部裕饷，以为兵行之计……患兵声一动，封事必移，故有是请。李昖又奏："今关白留下釜山若干人众，益为叵测。"曾几何时，朝鲜以为无事，而今又有此奏，机之不定也。

万历二十四年九月，魏允贞请停矿役，以光圣德，以安民生。

"开采之说，独二三武弁言其利，而举朝争之不得……即必不可已，且先试之一方，较其有无多寡，渐议举工，毋令四出筹张，使天地之气耗，而民生之害滋也。"

疏上，不报。

刑部尚书萧大亨等为曹学程鸣不平。皇上怒，说："曹学程抗违诏旨，避难忘君，无忠义心。着遵逆臣失节斩罪，监候处决。"

许国和陈于陛相继卒。礼部尚书范谦于万历二十四年十二月将他俩病故的消息报与皇上。

皇上谕："陈于陛讲读赞襄，忠劳茂著。准照例与祭葬，加祭二坛。差官护送，还与他谥。"

又谕："许国辅政多年，勤劳茂著。准照例与祭葬，仍加祭二坛，与他谥。辍朝礼，与陈于陛同。"

许国有遗言，请家屏为他写墓志铭。许国的弟弟许汶在鸿胪寺任职，遵许国遗命到山阴找家屏。家屏作《光禄大夫柱国少傅兼太子太师吏部尚书建极殿大学士赠太保谥文穆许公墓志铭》：

> 少傅新安许公，以经术侍上青宫。上即位，益亲近儒硕，遂以充经筵日讲官。先后周旋旂厦者十年而相。相十年，而以储议弗决，争之不能得，移疾归。居五年，以万历丙申十月十八日卒于里第。讣闻，上震悼，辍一日视朝。诏赠太保，谥文穆，加祭十一坛，所司营茔。官一子中书舍人。恩礼称始终焉……辛酉举南畿乡试第一人，报至，心薿公①卒，逾年，汪夫人②亦卒。公痛两尊人勌而不及食其报，哀毁③甚。服除，卒业宛陵。山寺有两青鸟飞鸣其后，移时乃去。僧言：此碧鸡也。相传唐李翰林自蜀携来者。我明惟舒梓溪状元一见。因出所藏图绘示公，公为赋《碧鸡篇》，意颇自负。乙丑举会试第七人，选翰林庶吉士……隆庆改元，授翰林检讨，奉诏，赐一品服，使朝鲜。适国王新薨，河城君盷摄郊迎礼。公以盷未嗣位，不许。国人哀恳，乃许之。成礼而还，馈遗一无所受，独使韶所过，览胜观风，间有纪述，若《皇华集》《吊箕子》《谒坛君》，诸作迄今为其国人所传诵焉。辛未春，公校礼闱，夏，使益藩。壬申，今上出阁讲学，以公兼司经局校书。万历改元，自编修升右春坊、右赞善。时上日御经帏，无间寒燠，而公斋心夙夜勤恪④，视侪辈有加，比进讲，仪容周慎，音节铿锵，讬事献规，曲尽忠欵。上每悚意听之，手书"责难陈善"大字赐焉。甲戌秋典试武闱，丙子秋典顺天乡试，所收文武士，并称得人。顷之，升司经局洗马兼修撰，预修两朝实录，书成蒙叙赉。戊寅迁南国子祭酒。庚辰转太常寺卿，领国子祭酒事，教士务在长育成就之，士乐其宽，不督而劝巳，擢詹事兼侍读学士，仍直讲帏，其秋改协理詹事府事，克会典副总裁。辛巳升礼部右侍郎，寻转左，兼官、直讲如故。癸未春典会试，夏简拜礼部尚书兼东阁大学士，入赞机务。寻从上考卜寿宫、晋太子太保、直文渊阁，予之诰命……计居政府九年，代祀先师孔子者二、分献南郊者三、诰赠三代、任子者四。其他以护驾、阅工、应制、赐蟒玉、银币诸恩数率优异，不可胜纪……公请辨邪正，以定国。是谓："昔之专恣

---

① 心薿公：指许国父。
② 汪夫人：指许国母。
③ 哀毁：居亲丧，悲伤异常，而毁损其身。
④ 勤恪：勤勉恭谨。

在权贵,今乃在下僚;昔之淆乱是非在小人,今乃在君子。"又言:"大臣犹梗楠,也宜取其阅历,略其寸朽;言官犹江河,也宜导之疏通,戢其风波。"时以为名言。然自是,忌者弥众,数交章诋公。公每疏辩,辄自劾免。上特嘉公忠谠,数谴言者,以留公。公言:"留臣而谴言者,是速臣之去也。"则复力救言者,往往得解。临洮之变,元辅欲俟房王回巢专力以制火酋,公愤欬房助逆,则欲并剿,以图大创。又尝言,戈矛不在敌国,而在彀下;安攘不在兵食,而在纪纲。其持论慷慨,引大义多此类。升储之议,自庚寅元日,皇长子膝前命阁臣谛视,论所以保爱之旨。而是冬,公以三事进规,其一册立,深以不得所请为惭,疏留不下,余乘间请于上,有诏:辰年春举行册立,戒群臣勿谨方静以待命。而主事某之疏上矣,时独公与不佞守直,度必偾事,因相与具公揭以进,冀有所调护于间。上果不悦,遣中使诘余两人:"先生奈何与郎署小臣比",公以是不自安,旬日而上书乞休者五,上重违公志,予告给傅以归。归携二三耆旧,徜徉山水间,所至易村醪市脯,与田夫渔父,接席相饮餐。置往事不啻遗迹,然燕居深念,未尝不以国事为忧。公闻太仓公请豫教,而俞始一色,喜寄声余,相庆,犹諰惚虑后事,曰吾卜其始矣,未卜其终也。则忠臣无已之心哉……居京时,每旦出,必携钱以施丐者。丐者群集陌上,人得受一钱去……公与元辅长洲公为同年友,而太仓公与不佞,后公一岁入,复同气味,无异时枘凿之嫌,公以是得一意发抒,惰肝胆自效。谋于庭,无遗谍;言于上,无隐衷。使得究其猷,为宫征交宣、咸酸互燮、转移,扶拔之力,宗社当终赖之。而今已矣,追惟往谊,潸焉涕零,讵直聚散、存亡之感哉。

铭曰:歙之东门,许为右族。台星注精,是生文穆。碧鸡兆瑞,金马升华。书绸细帙,藻润黄麻。造士贤关,抡才秋薮。既广陶甄,兼弘靳樞。青宫翠幄,执策周旋。琢磨绩懋,疏瀹劳殚。先学后臣,延登鼎轴。选爱万人,匪由萝卜。参调大匕,密覸前猷。皋夔益戒,杜断房谋。厥或睢盱,毛举挚击。国是一明,捷翩顿戢。狡焉秦虏,乌合冯陵。庙谟一定,猖獗斯惩。侃侃不挠,其直如矢。推沟轸伤,挞市抱耻。深惟主器,早属元良。约厘纳牖,虑切垂堂。天听匪高,多言易乱。方幸稿圆,俄惊反汗。几不如舍,行矣归休。销声息景,杖履优游。悬车五年,溘焉易箦。朝野摧心,风云失色。矛山之下,有郁佳城。褒纶悫册,荣与哀并。我志其葳,勒之贞石。形窆名留,昭示罔极。

第六十六章　邢玠报兵部朝战大略
　　　　　　家屏贺世德东征奏捷

　　万历二十五年（1597年）初，明廷遣使奉诏赴日本封关白为日本国王，诏书云：

　　奉天承运，皇帝制曰：圣仁广运，凡天覆地载，莫不尊亲；帝命溥将，暨海隅日出，罔不率俾。昔我皇祖，诞育多方。龟纽龙章，远赐扶桑之域；贞珉大篆，荣施镇国之山。嗣以海波之扬，偶致风占之隔。当兹盛际，咨尔丰臣平秀吉，崛起海邦，知尊中国。西驰一介之使，欣慕来同；北叩万里之关，肯求内附。情既坚于恭顺，恩可靳于柔怀。兹特封尔为日该国王，赐之诰命。于戏。龙贲芝函，袭冠裳于海表，风行卉服，固藩卫于天朝。尔其念臣职之当修，恪循要束；感皇恩之已渥，无替款诚。祗服纶言，永尊声教。

　　钦哉！

　　关白大怒，说："吾掌握日本，欲王则王，何待髯虏之封！"关白怒逐中朝使臣出境，不久，日本再次遣兵侵朝。皇上闻讯，令革去石星等人职务。
　　奉旨："倭奴狂逞，掠占属国，窥犯内地，皆前兵部尚书石星诒贼酿患，欺君误国，着锦衣卫拿去法司。"
　　朝鲜求援，兵部尚书尚无人选。
　　家屏虽然不在朝为官，但还想着这些事。他熟悉的将帅有宣大军门出来的那几位，萧大亨、邢玠，还有平西归来的万世德、麻贵。家屏一有机会就向内阁、兵部推荐他们。

内阁、兵部报请皇上,命杨镐经略朝鲜军务,麻贵为总兵官,邢玠经略御倭。

麻贵赴朝前,与家屏修书话别,家屏语重心长,临别赠言,以壮行色,作《答麻西泉总戎》:

岛寇凭陵东藩,震动主上。特函斋钺,驰授元戎。此朝鲜危急存亡之秋,国家托重恃力之日。老将军威名勇略,远播遐荒,蠢尔倭夷,固将闻风自退。盖不待摩旗秉羽,而先声雷震,海上之波涛已倒流数千百里矣。必将水断蛟螭,陆搏虎兕,筑京观于海外,献俘馘于明庭也。预贺!预贺!

惟是:本兵积误而成欺,不可复牵于中制;高丽积弱而垂毙,不可复困以输将;倭酋积玩而生侮,不可复堕其诈术。此三言者,幸老将军留意!

至于远征之士卒,宜体恤其饥疲,勿疾驰而自困;殊方之地形,宜侦知其险易,勿深入而乘危;别部之将校,宜兼采其计谋,勿专功而掩众。此则老将军能事,无庸不佞赘言之矣。恃爱谬谈,聊以赠行。

云尔!

邢玠请将刑部尚书萧大亨速补本兵,以便调度。不报。沈一贯也特地出面举荐萧大亨,说这是"舆论所孚,简任当亟"。不报。

时至万历二十五年(1597年)六月,石星以欺君辱国罪被扣押多时,而曹学程仍未释。万世德被提升为山东右布政使,兼副使,照旧分管军事。邢玠调兵三万八千余,尚不足。

那年,三殿受灾,皇上下诏恳求大臣讲实话。

张养蒙上疏,说:"近日之灾,前古未有。自非君臣交儆,痛革敝风,恐虚文相谩,大祸必至。臣请陛下躬谒郊庙,以谢严谴;立御便殿,以通物情;早建国本,以系人心。停银矿、皇店之役,杜四海乱阶;减宦官、宫妾之刑,弭萧墙隐祸。然此皆应天实事,犹非应天实心也。罪己不如正己,格事不如格心。陛下平日成心有四:一曰好逸……一曰好疑……一曰好胜……一曰好货……愿陛下戒此四者,亟图更张,庶天意可回,国祚可保。"

皇上不省。

魏允贞上君臣交儆疏称:"召变致灾,咎在辅弼。"历数辅臣张位等罪。

张位疏辩,说:"昔……处部臣六员。'专权结党'之旨,乃天语非阁票也。陈泰来等降级调外之旨乃御批,亦非阁票也……谓臣恨尚书孙鑨,倾之使去……恨尚书孙丕扬,倾之使去。而因及其友吕坤……吕坤之去,则自言官论列,圣心独裁。臣并无一票拟去……臣不早引去,奚胜为人射的哉?乞赐罢免,以为不职召灾者之戒。"

得旨:"边抚自有职守,如何干预朝政,借言攻击辅臣?殊失大体。朕已置之不理,卿不必苦辩,即出佐理,以副眷怀。"

张位的辩疏被公之于众。有臣子说他不该将责任推给皇上,说他恐难再被宠信。

过了几天,魏允贞又上疏,说:"臣闻,晋欲谋虞,其臣曰,有宫之奇在。淮南王谋反,独计汉庭汲黯直谏、守节。宋以司马光为丞相,辽人至,谓其疆吏曰:'中国相,司马矣,慎无开隙。'则中国之所为,制胜夷狄者,不独边才也。心膂之臣,以德望胜,则王家屏。股肱之臣,以才猷胜,则陈有年、沈鲤、李世达、王汝训。耳目之臣,以忠谠胜,则史孟麟、张栋、万国钦、马经纶。郎署之臣,以清议胜,则顾宪成、赵南星、邹元标。此数臣者,或德可佐圣,有论道经邦之谟;或才足济时,着率属倡牧之绩。或清比冰玉,一介不肯伤廉;或忠贯金石,百折不能易志。或以执法受疑,或以直言被放。诚慨然起之废闲,列于有位,将不为司马光、宫之奇、汲黯诸人者乎?且诸臣之贤,群臣举者多矣。陛下一不见信,岂以群臣所举皆私所好耶?诸臣去任已久,而公论佥推,正所谓国人皆曰贤也。陛下何疑焉?乞将王家屏等亟赐起用。庶显忠遂良,风在朝廷;向德畏威,服在四夷。其利奚止一边计、一方面,浔人之比哉!"不报。

兵部左侍郎李桢请急补枢臣,说:"部推六臣,如邢玠已竭力疆场外,其萧大亨、田乐、王世扬足备任使。"不报。麻贵和邢玠制定用兵方略:"候宣大兵至,乘倭未备,先取釜山。"先取釜山可以切断日本的兵员和军用物资补给线。

万历二十六年(1598年)四月,征倭之兵,水陆共计九万余,限五月底前全部抵达朝鲜。明军在蔚山吃了败仗。

六月,东征赞画主事丁应泰上奏,说:"贪猾丧师酿乱,权奸结党欺君。辽东巡抚杨镐、总兵麻贵、副将李如梅等,蔚山之败,亡失无算,隐漏不以实闻。次辅张位、三辅沈一贯,与杨镐密书往来,交结欺弊。"

奉旨:"朕览此奏,关系军国切要重务,着五府大小九卿及科道看议来奏。"

是日，张位与沈一贯奏辩，请罢斥。皇上慰留之。后来，张位和沈一贯又被科臣赵完璧、徐观澜交章参论。

张位上疏，说："群臣交至，孤忠可怜。恳乞圣明矜察处分，以全国体。"疏内有"臣心一毫无愧"一语，皇上见了，不高兴，谕："杨镐乃卿密揭屡荐，夺情委用，专任破倭。今乃朋欺隐匿，致偾东事，辱国损威，莫此为甚。尚言'一毫无愧'，忠义何在？但念辅理多年，积有勤劳，姑准冠带闲住。"

沈一贯闻言负渐，席藁待罪，恳乞圣明，俯亮心迹，亟赐乾断。皇上见沈一贯认罪愧惧，温旨留之。

皇上欲置杨镐于法，经赵志皋营救，杨镐免于逮捕。皇上又差徐观澜赴朝鲜会勘东征功罪。

朝中又发生了一件事，戴士衡捏造《忧危竑议》①，牵涉魏允贞。魏允贞被无端辱害，上疏乞回籍听勘。皇上谕："洞悉奸诬，屡有明旨。不允辞。"

刘东星受举荐，但没有到朝鲜战场，而是被升为工部左侍郎兼都察院右佥都御史，总理河道，提督军务，兼管漕运。田乐受公推，被升为兵部尚书。徐观澜查勘东征事宜有了结果。

蔚山之战士卒死伤二千，杨镐按而不报，只称死伤百余人。杨镐被罢职，万世德代之。解元也赴朝。万世德写信将情况告与家屏，家屏修书《答万丘泽督府》：

自翁丈开府畿南，兼制山东，窃幸君子经纶，实维此日。已闻经理朝鲜之命，东事有托，甚以为喜。而前车既覆，残局难收。况将领异心，事权掣肘，则又深以为虑也。翁丈才当八面，气雄万夫。鼓行而东，猝与大房相遇，率师奋击，遂解辽阳之围。用是一入朝鲜之疆，而士气倍张，倭魄潜夺，屡战皆克，所向无前。《诗》称："征伐猃狁，蛮荆来威。"以今观之，又一方叔矣！功何伟也！第建功易，居功难；制胜易，保胜难。侧闻，庙议倭平之后，便藉鼎重，留守其间，营平之也。湟中定远之制西域，是亦一策。第善作善成，善始善终，自古难之；保胜居功，于今世调人情，更复不易耳。虽然穷寇不迫，诸羌所以终降，荡佚简易，定远所以遗爱也。诚据险守要，省费息徭，拊循有方，招俫不怠，倭且怀仁慕义，

---

① 《忧危竑议》：万历二十六年（1598年），一部名为《忧危竑议》的书传入后宫，写历代嫡庶废立之事，痛斥废长立幼。

愿为不侵、不叛之臣，与朝鲜同奉贡职矣。何后事之足虞，奇功长策尚多可图，是在门下次第经营，鄙人不胜颙伫。

漆川梁之战，朝鲜水师大败，几乎全军覆灭。朝方再次起用李舜臣。李舜臣乘退潮时在鸣梁海峡设置铁索与木桩。日军进攻时，李舜臣集中力量攻击指挥舰，击毙日军主帅。潮水退却，朝鲜舰船趁势进攻，日舰顺潮向东撤退，遇上李舜臣事先埋下的铁索和木桩，进退两难。朝鲜水师全力拼杀，击败日本水师。

邢玠将明军分为水陆四路，中路李如梅，后替换为董一元；东路麻贵；西路刘𫄳；水路陈璘。各自负责，握守要地，相机而动。

万历二十六年（1598年）八月十六日，张卤卒。家屏作《嘉议大夫大理寺卿张公墓志铭》：

> ……吾师大理浒东先生，以豪杰之才，肆力圣贤之学，出而毅然以身任天下，施何所不宜。乃道足以觉民，而耻空谭；猷足以经世，而羞苟合。行务践其言，节务信其志。某窃以为：近代儒者能暗修卓立，不蕲[①]为名，未有如先生者也。夫何世仰其高，亦忌其峻，空谷之驾莫返，而泰山颓矣。吁嗟恸哉，先生之卒也……癸卯举于乡，两游南雍，购求古今图籍，若宋儒语录，名臣事实，下帷讨论，识者知其学在性命、在经济，不徒文秋间矣。丙辰服中宪公丧。己未登进士。除婺源令，承大母丧归。壬戌复除高平……甲子受卷山西省闱，录文多出其手，得士张更化、赵国相，而高平士举者二人，则先生所延以讲业者也。乙丑治最、被征，士民拥道攀留，去而建祠肖像祝焉。入拜礼科给事中，首论罢附相臣者二人，直声大振。丙寅肃皇上宾，明年穆宗践阼，一时典礼刑章多先生所酌议，升户科右。寻转礼科左。请册立东宫报允。戊辰春，分校礼闱，取会元田一俊而下二十九人，未征棘。升兵科都给事中。其秋同考武闱，取状元杨俊卿而下二十五人……居谏垣五年，补衮关饬朝纲。谓"敕旨不宜内降，

---

① 不蕲：不祈求。

阉宦不宜干政","辅臣不宜议更营制①","吏部推用督抚,不宜责令科道举荐"。每一疏出,读者咸吐舌危之,先生意气自如,无少回怵……戊寅八月,诏以原官起抚保定,提督紫荆等关,躬履当路,塞若银河、茨沟诸要地,修复险阻,亭堠一新,沿河口故未有城,城之。自先生始,屹然为京辅屏蔽。巳卯秩满,适阅臣奏其边课,为蓟辽最。上嘉念劳绩,诏晋副都御史,巡抚如故……原先生之学,自秀才时揭有宋太儒名言于座,业知向往。既而尊慕河东薛夫子②,谓本朝醇儒,惟文清一人,集其语为粹言二卷。至阳明良知之说,则力排其妄诋之为霸儒,以是其生平所学,壹归践履,孝亲友弟,笃厚彝伦,训子邢家,具有品式,即乡会所举文武士,进谒非厉以官箴,则开以世务,未尝见有谍亵之语,惰慢之容,肆出其门,为名卿重帅良守宰者,材各有适,即某至不肖,亦幸谊非徒之攻,皆先生陶铸力也……所著有读易自言、丧礼备纂,及高平省中留台恒阳家食诸稿,而奏议尤其所长。业子行于世。嗟乎,以先生之学、之才,视旗常钟鼎之勋梓,庆契致而两为时宰,所抑莫究其施,及观其立朝之大节,居乡之善谊,做人范俗,道化綦隆。桃李不言而成蹊,松柏凌寒而愈劲。儒有暗修卓立,不蕲名而名随者,惟先生为然,允足以不朽也……

铭曰:有星荧荧,自天降精。在浚之城,儒硕挺生。肇锡嘉名,曰大其闳。弱冠蜚声,观光二京。东南得朋,搴芳撷英。学海渊泓,扬于王庭。纡朱曳青,剖符长平。刃如发硎,治效铿锽。入待承明,矫矫风棱。龙鳞可婴,虎尾可拤。疾雷迅霆,破山靡惊。贲育匪勋,伊吕与并。容台礼成,大麓允升。九伯专征,闾钺是膺。纲纪经营,尉侥候乘。训农厉兵,以戍以耕。南国砥宁,北陲带萦。折逆销萌,万邦之屏。晋理祥刑,并于正卿。曲木直绳,谗构交兴。鸿飞冥冥,介石比贞。著书授经,身诎道亨。樾荫庇宏,药笼贮盈。膏霈泽零,遍于八纮。月旦所评,天章所旌。典册疏荣,泉宫妥灵。储祥毓祯,施于云仍。堂斧有铭,文献足征。

家屏又作文《祭大理张公》:

---

① 营制:军队的编制。
② 河东薛夫子:薛瑄,字德温,号敬轩,河津人。明代著名思想家、理学家、文学家,河东学派创始人,谥号文清,故又称"薛文清"。

吁嗟昊苍，云胡梦梦。谓鉴观之不爽，乃盈亏之失衷。相彼朴樕，仕
膴以崇；亦有罢驽，禄汰以丰。贪冒者进，媕娿者容；掊克者宠，夸毗者
雄。猥薄基而厚藉，宁度址而规墉。倚吾师其岳峙，本间气之积钟；览
中原之文献，擅昭代之儒宗。九流抵掌，列宿罗胸。茫洋学海，崒嵂词
峰。才吴钩而越砥，器金钟而大镛。初策名于兰省，奏最课于花封。擢拜
琐闼，献替抒忠。鸣先仗马，衮补山龙。晋掌容台之典册，出盐方镇之兵
戎。固北门之锁钥，饬横海之艨艟。声灵赫濯，勋望蓁隆。入联紫橐，庆
溢彤弓。赖持平于鸠署，忽瑶诼于狐丛。众拟圣谟而投杵，师甘孙肤以居
东。道存用拙，愠鄙书空。栗里亮节，洛社高纵。披一编其训子，艺十畮
以明农。苍生待泽，守宰趋风。造浚郊其有驷，占渭水之非熊。荐书累
上，征绋畴壅。盖传栈而忌直，或簧鼓以蔽聪。某品惭溲，渤悉备筠。笼
甄收谊，重陶铸恩。醲自执经于旗厦，寻参预乎机庭；溯渊源之所自，矢
依皈如駏蛩。顾负大之无力，效推挽其靡终。靳瓜衍于士伯，虚安车于申
公。感深报诎，背汗颜红。迨罢归于林樾，犹辱轸于飘蓬。矜疏斥之非
罪，嘉舍藏之偶同。即远违于杖屦，稔讯知其神锋。矍铄健步，清明在
躬。意閟宠于槐棘，将注寿于乔松。曾几何其日月，遘遘疾而长终。骇
昂箕之陨夕，怪树稼之凌冬。悼斯文之将丧，怅后死其奚从。世与运兮
交厄，理若数其焉冯。岂天行之纬缅，亦倚差于吉凶。门墙萧索，云雾溟
蒙。阻筑场于葡萄，惨哭寝而哀恫。溃椒浆其不腆，裁芜诔以非工。讬明
信于祝史，冀荐陈于帷宫。谅英灵其孚格，恍肸蚃之冲融。

万历二十六年（1598年）九月，萧大亨以赞画主事丁应泰论其代庖本部，与邢玠结党等，上疏辞免，以明心迹。不允。

邢玠恭报东征大致经过。

部复："兵马分派既定，尔部便急传邢玠，刻期相机进剿。阃外事务，俱听便宜行事，不必疑惑，致误军机。"

九月底，麻贵再次包围加藤清正于蔚山，两军互有胜负。麻贵后遭日援军夜袭、伏击而败退。十月，刘綎、麻贵分道出击，日军大败。

董一元和解元率兵三万余攻打日军泗川城寨，大炮炸膛，大营火药库爆炸，日军乘乱出击，又夺回泗川。

邢玠报："西路总兵刘綎，本月初二日用战车斫倒木栅，烧毁倭巢六十余间，杀伤无数，我兵亦有损伤。"

又报:"初三日水陆夹攻,陆兵互有伤损,水兵失利。东路总兵麻贵遣兵袭剿焚寨烧粮,斩获首级,夺回朝鲜人,得获畜器。"

又奏:"中路将帅轻敌失防,因惊丧师。"

皇上说:"东师三路进取,方望奏功,如何中路有此失事?明是法令不肃,各将骄恣轻敌所致,若不明正军法,何时得收荡平?着兵部从重参究,详加议处。以闻。"经勘查报呈,中路诸将轻敌失防,因惊丧师属实。

皇上下诏:"斩马呈文、郝三聘,以徇。彭信古等充为事官。董一元革官衔,降府职三级,各戴罪立功。"

朝议以东征师久无功,谓当撤兵。

有人上疏说:"如朝廷念朝鲜残破之后物力虚乏,更以帑金数万,助其修筑。留文武将吏各一员,分兵数万,与之使协济固守……其余兵马,尽撤还辽,屯种操练,以固守门庭。"

赵志皋也说:"兵疲饷竭,结局无期。请令督臣邢玠仍归本镇,与蓟辽抚臣一意制虏,而以东方之事,悉委抚臣万世德,量留兵将,分布坚守要害,互为声援。"

皇上令府部九卿科道集议。

此时,日本关白丰臣秀吉的死讯传至朝鲜,在朝日军准备撤退。日军由蔚山撤离,明军分道进击。日军撤退需乘船,明军数百战舰分布忠清、全罗、庆尚各个出海口,偕同朝鲜李舜臣截击日援军,日船无法靠岸。倭将下令,趁夜泅渡。

万世德和解元早在岸上准备生石灰若干,得到情报后,令士兵悄然投入海中,入水日军几无生还。

日军撤退时,有舟六七百计。总兵陈璘鼓众大战,在老牛湾、万家寨训练有素的数百名敢死队员,各驾轻舟,上置火油,围冲敌船,将敌船烧毁,致使日军死者无数,斩获首级三百余颗,功收全胜。

邢玠派遣飞骑报捷。皇上闻而喜,谕:"釜山悉收,倭寇荡尽。朕念将士劳苦,宜加恩叙。该督抚等官,便将功次确议,勘明驰奏,以慰军心。蔚山功罪,上紧勘来,尔部便遣人星驰,传示朕意。余如议。"

家屏修书《贺万丘泽中丞东征奏捷》:

蠢焉岛寇,恣其凶残。狞噬外藩,鼠窥近塞。致于大怒,命将徂征。谋臣盈庭,羽书载路。悉列镇之精锐,竭内帑之富饶。久屯而远饷者七年，偾事而失利者数辈。戎心弥狡，我计滋穷。讵惟淹河上之清人，渐且构舟中之敌国。坏形已著，败局谁收？

所幸天启圣衷，公膺特简。宠兼四镇之节，拜表辄行；旋移八路之麾，援桴径往。肃军容以严宪，破贼胆以先声。指纵南北之师，部署风云之阵。两军夹击，三道齐驰。陆攻而釜山之巢穴俄空，水战而炎海之波涛欲赤。斩馘无算，搜剃靡遗。亿万众之生口尽还，数百里之侵疆顿复。铙歌霆震，露布飙驰。雪耻除凶，功允高于千古；存亡继绝，义足动乎诸侯。释九重宵旰之忧，巩一统舆图之祚。神人共畅，朝野交欢。

某凤企鸿猷，预占骏烈。云开百济，欣闻时雨之兵；地隔三韩，阻介春风之使。猥廛音贶，枉贲衰迟。讯知疆理之清夷，想见起居之愉快。勋标铜柱，咸名远驾于征蛮；宴敞彤弓，庆祉仁承于归镐。敬乘便翼，附布贺忱。不尽扬言，但有忭蹈。

万历二十七年（1599年）正月，丁应泰疏论邢玠等赂倭卖国。萧大亨与张辅之、姚文蔚等朋谋欺罔，又说朝鲜阴结日本。皇上寝其奏，不下。

沈一贯上疏，说："近日朝鲜赞画丁应泰有疏诋切东事……若据奏，赂倭卖国，则将士皆当有罪，不得言功矣。此十万人者，久劳于外，瞻望恩泽，如农之望有秋也。一旦失其所望，而又加之以罪，窃恐人心愤怨，不可强制。万一激变为梗，是一倭去而一倭生……古称功疑从重，罪疑从轻，此圣王治天下之要道。今日之事，似宜务从宽厚，溥加恩泽，以慰士卒久劳之心，以平各官相持之情。若牵连无已，恐致误国。"

不报。

二月，监察御史于永清奏辩丁应泰，说："应泰既据诸将之囊橐，而掣其肘；复造不根之危谤，而摇其心。倭未退则曰我军有罪，倭既退则曰我军无功。甚至刺眉割发，百计凌轹。恐不激变不止也。惟皇上洞烛奸谋，无惰已成之美业。"

萧大亨奏辩丁应泰疏，说："……因臣与邢玠同乡，忌臣署事，举臣与科道打入一网，以为党与，而耸圣听。臣不足惜，国家之大体当惜；督抚之功不必叙，而将士之劳苦当叙。倭败遁已近两月，军士暴露，尚无归期。皆以应泰挠扰，既不叙其功，反加其罪。不知死者膏于草野，生者不获寸功，何以服数万军心？何以令外夷威服？且迟一月则费饷不止数万，失其心将来何以用人？"

皇上谕："朕念将士辛苦，屡旨催叙功次，何为多生烦言？自古功疑惟重，罪疑惟轻。朕今参酌事理，独断于心，其令从优叙录，不必苛诘，以示朕庆赏德意。"

兵部尚书田乐自陈乞罢，不允。邢玠自陈乞罢，不允。梅国祯自陈乞罢，不允。

定国公徐文璧与众人商议，说："东事既两奉明旨，功疑惟重，罪疑惟轻，着从优叙录，不必苛诘……臣等即欲再议，岂能出于圣断之外哉？"

皇上这时才说："丁应泰说贿倭退兵，自可理断，七年狂寇，岂五千金能买其退败？军国大事，府部多官会议，如何以数言复奏了事？昨发邢玠、万世德疏，其再会同详议。以闻。"

三月，赵志皋以邢玠疏语牵连，上疏力辩，乞罢。皇上温谕勉留之。

负责勘查军功的徐观澜与邢玠互相争讦。沈一贯上疏，说："二臣仇恨已深，势如水火。今使之共勘，启口矛盾，不至于相攻相击？为外夷笑不已也……"

四月，遣刑科左给事中杨应文代徐观澜查勘东事。

不久，明军班师回朝，皇上升座午门，邢玠等献日俘六十一，将其正法，削首昭告天下。百官朝贺，祭告郊庙。颁《平倭诏》：

奉天承运，皇帝诏曰：朕缵承洪绪，统理兆人，海澨山陬，皆我赤子，苟非元恶，普欲包荒。属者东夷小丑平秀吉，猥以下隶，敢发难端，窃据商封，役属诸岛。遂兴荐食之志，窥我内附之邦。伊歧对马之间，鲸鲵四起；乐浪玄菟之境，锋镝交加。君臣逋亡，人民离散。驰章告急，请兵往援。朕念朝鲜世称恭顺，适遭困厄，岂宜坐视？若使弱者不扶，谁其怀德；强者逃罚，谁其畏威。况东方为肩臂之藩，则此贼亦门庭之寇。遏沮定乱，在予一人。于是少命偏师，第加薄伐。平壤一战，已褫骄魂。而贼负固多端，阳顺阴逆；求本伺影，故作乞怜。册使未还，凶威复扇。朕洞知狡状，独断于心。乃发郡国，羽林之材；无吝金钱，勇爵之赏。必尽弁服，用澄海波。仰赖天地鸿庥，宗社阴骘。神降之罚，贼殒其魁。而王师水陆并驱，正奇互用。爰分四路，并协一心。焚其刍粮，薄其巢穴。外援悉断，内计无之。于是同恶就歼，群酋宵遁。舳舻付于烈火，海水沸腾；戈甲积于高山，氛浸净扫。虽百年侨居之寇，举一旦荡涤靡遗。鸿雁来归，箕子之提封如故；熊罴振旅，汉家之德威播闻。除所获首功，封为京观。仍槛致平正秀等六十一人，弃尸稿街，传首天下。永垂凶逆之鉴戒，大泄神人之愤心。于戏，我国家仁恩浩荡，恭顺者，无困不援；义武奋扬，跳梁者，虽强必戮。兹用布告天下，昭示四夷。明予非得已之心，识予不敢赦之意。毋越厥志，而干显罚；各守分义，以享太平。凡我文武内外、大小臣工，尚宜洁自爱民，奉公体国。以消萌蘖，以导祯祥。更念彤力殚财，为日已久，嘉与休息，正惟此时，诸因东征加派钱粮，一切尽令所司除豁。务为存抚，勿事烦苛。咨尔多方，宜悉朕意。

万世德仍带精兵万余，留在朝鲜，待局势稳定后撤回。

第六十七章　沈一贯一人守内阁
　　　　　　万世德贺正兼贺生

　　沈一贯上疏请亟补阁臣，以资辅理，说："臣历考自有内阁以来，绝无一人独任之时。盖一人见识有限，精力有限，即光阴亦有限，故必合众人之力以为力，而后能兴发主上之事功；合众人之见以为见，而后能裨益主上之聪明……顾词林诸臣，久典直侍，皆在圣心，孰逃洞照？而廷推再三，又合左右诸大夫国人之公论。此而不可信，更谁信者？"

　　皇上谕："览奏，情词恳切，具见忠爱。但内阁政本，辅弼重臣，诚乃恭默深思，岂可久不简用？便令吏部，通将前后会推员数，详开具奏。方今国事多艰，宜仰体君臣大义，始终一德襄赞，以副眷倚。至意。"

　　户部尚书杨俊民乞休，不允。闰四月十五日卒。家屏应其弟杨起曹之请，为杨俊民写墓志铭，作《光禄大夫太子太保户部尚书赠少保兼太子太傅杨公墓志铭》：

　　　　……顷年兵事数起，益以大礼、大工、助赈诸费，复皆额所不载者，司农之难，诚莫难于今日。已少保杨公，适承其敝用，黾勉调度，伸诎为赢，天子特倚重焉。尝曰：户部不可一日无杨尚书。而时时六卿虚席者半，则又数诏公兼摄其事。众不能无忌，公亦坐是积劳致悴，病矣。一日视事毕，忽眩仆地。上遣中使临问，赐以牢醴蔬餐，于其乞休也，复温旨慰留之，乃竟不起。讣闻，上辍朝一日，赐祭九坛……时新郑①当国。而

---

① 新郑：指高拱。

鄢陵刘生者，新郑甥也。傲不受课，倍佚之，除其名。又其兄中丞公擢有司请祀于乡，公恶其手刃一子，弗许。用是，失新郑，欢久弗调……余尝窃窥，公位崇而恪慎如庶官，禄厚而清约如寒士。身兼数器，而沉深朴茂，望之如木强人①也……

铭曰：国之桢干，匪以乔木。世臣是倚，弘农之植。植于蒲坂，环材郁起。三叶升朝，两陟台卿。是父是子，出拥旌旄。入赞枢机，后先一轨。屏翰郧齐，舟楫河淮。保厘丰芑，夏省筹戎。版曹治赋，刃游髋髀。西刍东糈，陆挽海输。榧属枏比，帑庾罄悬。吉凶频仍，征调未已。凤夜拮据，资有赡无。挹彼注此，天子曰嘻。鞠哉大农，忠勤乃尔。历试诸艰，俾署铨衡。俾摄纲纪，敢曰独贤。世荷眷知，义将奚委。滥觞漏卮，百方塞之。移为奸市，一木大厦。莫或相之，化为仇垒。可畏非谗，可爱非身。謇謇没齿，帝鉴孔昭。典备荣哀，恩全终始。大节高勋，克绍先猷。允光桥梓，勒铭羡门。质直不诬，用副信史。

万历二十七年（1599年）五月，邢玠条陈东征善后事宜。户部会兵部酌议："数年疲耗，今始息肩，尤宜内固根本，不当更为烦费……盖该国兵荒之后，不独苦倭之扰，而亦苦我之扰……臣等以为今日善后之事，仍当与彼国商之。彼主也，我兵也。故宜先量彼饷之赢诎，而后可酌我兵之去留。戍兵欲少而精，选将欲慎而重，廪粮宜简约，不宜杂冗，而作奸犯科之徒，更加严禁。务令我兵与鲜人两无病焉，而后可至于增马匹、增补标兵、创立巡捕，以至管饷府佐，悉宜停止。仍乞敕谕该国，自计绸缪，不得专恃天朝。"

皇上谕："东氛既净，本宜振旅悉还。念该国凋残，留兵协守……仍宣谕该国，当乘时自强，勿得恃援因循，致误长久之计。"

皇上敕谕朝鲜国王李昖："……兹念经略尚书邢玠振旅旋归。量留经理都御史万世德等分布偏师，为王戍守。王可咨求军略，共商善后。"

万历二十七年六月，邢玠再疏乞终养。皇上谕："边寄重大，宜移孝为忠。所请不允。"

万历二十七年八月，魏允贞上疏，说："臣自乙未以来，无岁不以亲老独子乞归侍养，未蒙俞允。臣父畿南，臣身山右，所不奉颜色，致定省者又六年

---

① 木强人：指质朴、正直、倔强的人。

矣。以九旬以上之人，堪六年以外之离情乎？臣父苦当何如也！臣进不能陈情于圣主，退不能竭力于臣父，苦又当何如也？皇上治天下，念有七年，即一物失所，亦用恻然。而忍使臣一家之中父子并苦耶？即今山西税额已定，虏情已不窥睸①，内外无虞，臣可弛肩矣。乞放臣归养。"皇上不允。

魏允贞从京城回太原，路经山阴，看望家屏。他将奏草拿给家屏看，向家屏详细介绍了他家的情况，最令他惦念的是老父年已九十，而他却不能在父亲身边尽孝。

家屏和几位社友为魏允贞父亲瞻云祝寿。家屏于席前作诗一首《瞻云篇寿魏封君九帙有序》：

三辅名家，首推魏氏。盖自节齐先生，以文学高等，充贡公车。倅郡齐秦，卓有治效。方廉见忌，拂袖遄归。五十无赢，一经足授。勋成哲嗣，匹瑞河东。科第联翩，冠绅接趾。文章气节，彪炳清朝。值长君②见泉公，以御史大夫，临抚全晋。勋高安攘，念切瞻依。请告甚殷，眷留加笃。是岁先生九褒，父缘子贵，寿与荣并。某忝讬通家，况叨封部。藉光桥梓，侥宠榆枋。庆忭弥襟，歌谣效俗。聊展千秋之祝，且抒片云之思焉。

太行山巅肤寸云，油油矞矞盘青旻。
氤氲元气三光合，烂漫天葩五色匀。
乍睹幡幢纡锦绮，渐看楼阁涌金银。
祥开鲁史登台候，瑞叶申侯降岳辰。
并冀封疆元接壤，古今忠孝几完人。
叩阍令伯情偏切，陟岵梁公迹已陈。
多少高车驱九折，谁何寸草忆三春。
中丞家在漳河上，大老年逾渭水滨。
蓬岛烟霞凝望眼，蓂阶岁月黯驰神。
术能缩地抽簪易，力莫回天补牍频。
帝为北门留锁钥，恩从中禁演丝纶。

---

① 窥睸：窥探揣摩别人心意。
② 长君：成年的公子。对他人长兄的尊称。

> 鸾书捧至金犹湿，豸服裁将绣正新。
> 晋室歌锺纷奏伎，信陵珠履盛延宾。
> 不需勾漏丹砂转，剩有函关紫气屯。
> 南极一星千古曜，箕畴五福四朝身。
> 飞龙会夹虞渊日，仪凤还调化国钧。
> 但得旗常旌峻阀，宁烦衮舄侍重茵。
> 瞻云赋就遥申祝，仿佛晴虹拥大椿。

说是宴席，其实饭菜很简单，但家屏等人的心意令魏允贞感动不已。

郭月川等特别欣赏魏允贞的文才，传阅他的奏草，连连称赞，希望《魏公奏疏》能早日整理成册，以飨士人。

万历二十七年（1599年）九月，皇上以东征功成，大赉文武诸臣。总督邢玠加太子太保，荫一子世锦衣卫指挥佥事，赉银八十两、大红纻丝蟒衣一袭，给诰命。督饷张养蒙赉银币。巡抚万世德升右副都御史，赉银币。各荫一子入监读书。

总兵陈璘以舟师歼倭功最，刘綎曳桥之功次之，麻贵功浮于罪。各升授、荫子，赉银币有差。董一元罪不掩功，复原职，赉银币。

皇上对自决战以来筹兵饷者，如萧大亨、李桢、杨俊民、田乐、张辅之、徐观澜等分别给予奖赏。魏允贞被提升为右副都御史，仍巡抚山西。王世扬升兵部尚书。李颐升右都御史。梅国桢、王象乾、李植等各升俸一级。

这几年，浚初得到户部尚书杨俊民、兵部尚书田乐的举荐被借到户部，行主事之职，为筹备兵饷奔波，他的才干得到官员们的认可。

兵部为石星、曹学程等乞贷，皇上不许。万历二十七年十一月，万世德称疾乞归，不允。十二月，荫万世德儿子万邦孚为国子生。

有万家寨的人从朝鲜归来，万世德托他们给家屏捎来朝鲜特产以贺生。家屏修书《谢万丘泽督府贺正兼贺生》：

> 伏以苍龙启策，瞻瑞霭于天东；青鸟衔图，贡瑶华于斗北。枌榆动色，椒柏孚欢。仰惟台下智勇兼资，才诚两合。十年一剑，陆剸水击而霜刃如新；万里片帆，电挚飙驰而星旄自落。筑鲸鲵为京观，威棱远播于炎荒；拥黑虎于外藩，勋望独尊于都护。革车三十乘，似齐桓定卫之初年；

君子六千人，励勾践仇吴之兑志。黍苗膏雨，业绥小国而见休；荆棘烟尘，应苦遐陬之留滞。数瓜时其既过，忽梅信之俄传；怀人在水一方，正溯鸭江之浩渺。劳使重茧百舍，备更驿路之崎岖。及除日以俨临，与条风而徇至。辛盘饷岁，兼分异域之珍；药裹延龄，并赐文房之玩。充函溢筐，不尽登嘉。委羽衔沙，讵堪称塞。师贞叶吉，仁观锡命之临；泰交应期，会托升猷之庇。一丝不腆，三祝殊虔。

家屏将来自朝鲜的特产与社友们分享。社友们为朝鲜战争的结束而欣喜，也为数万人战死异乡而悲怆。

偏关的万世德、右卫的麻贵是当地人心目中的真英雄，他们的事迹被传得神乎其神。自古功高盖主，容易遭人非议，横生嫉妒，乡亲们也担心他俩会遭人算计。

社友中有两个月川，李月川是李淑人的哥哥，晚李淑人五年去世。另一位是郭月川。

等到过年，郭月川将满八十周岁，众人相约届时为他庆寿，再相聚。为郭月川庆寿时，家屏和住在南洲山庄"野人居"的郭河滨同行。

郭河滨随着年龄的增长，变得越来越不修边幅。家屏为他准备了一套礼服，他穿上一试，大小还算合适。家屏又发现他的发网破旧不堪，于是给他做了个新发网，但他不收，非让家屏写几首诗。家屏只得依他，拿起笔来作诗四首。

其一
绿树清风岸帻时，盈簪华发竖丝丝。
为君新理霜华罩，犹恐霜华恋旧知。

其二
自上君头不记时，年年补缉费多丝。
乌纱白毡频更代，惟有青铜古镜知。

其三
醉倚胡床侧弁时，冲冠白发乱如丝。
不缘脱颖囊中早，白尽头颅那得知。

第六十七章　沈一贯一人守内阁　万世德贺正兼贺生

其四
忆昔良工结网时，手拈补衮细青丝。
频年结就弥天网，偏覆黔黎世莫知。

家屏和郭河滨每人骑一头毛驴，赶到山阴城参加郭月川的寿宴。参加寿宴的人很多，有社友，有官员，还有郭河滨的家人、学生等。

家屏作《寿社友郭文学》诗一首：

君年十五我初生，我年十五君已成。
君齿居前我居后，我行为弟君为兄。
黉序追随可一纪，文艺推君作嚆矢。
孔席能容祢仲平，陈榻频延徐孺子。
艺苑文场并辔驰，中达轮鞅忽分歧。
金华侍从谈经日，绛帐生徒讲业时。
讲业谈经均此学，相不加膴师不薄。
挟书博篮总亡羊，归向青山寻旧约。
山灵喜见故人来，绿鬓朱颜貌未衰。
南陌西阡同戴笠，风晨月夕共衔杯。
晨夕光阴堪指数，不觉予年六旬五。
耆英愧比狄兼谟，大老欣从师尚父。
尚父番番钓渭年，鸿钧气转得春先。
舒迟化日明弧旦，烂漫晴云拥寿筵。
寿筵开处炉烟袅，仙人自爱楼居好。
玳瑁盘擎王母桃，珠玑宝碢安期枣。
子姓盈阶客满堂，祝君千岁遁称觞。
君若千龄我八百，双骖鸾鹤谒天阊。

社友们聚在一起说不尽魏允贞的好。近来皇上又派出内官到各省，这些内官不通过巡抚就大肆征收赋税，搅得诸省不得安宁，有些地方的百姓被逼无奈，揭竿而起，众人希望魏允贞能制止皇上唆使这帮恶徒为所欲为的行为。

家屏曾修书一封给魏允贞，对他裁抑山西矿监给予支持和鼓励：

迩来人情国事，日以纷披，废锢之人，何敢深议？顾具兹，耳目良有不忍看、不忍听者，开矿之令更属可忧。今缇骑貂珰，衔命四出，而毫举利孔，寻声蹑迹，而渎奏者犹尚未已，不意二祖所创金瓯世界，为此辈群小簸弄捣击，将使疆土无余脉，山谷无完肤。而在廷诸公，徒袖手坐观。曾不经念于驿骚，动色于破坏也。可胜恨哉！

台下为国忠谋，疏请停罢，所言"民艰宜恤，虏患宜防"，意若专于敝省，而深惟社稷至计，旁及他藩，额供仁人之言。苶臣之虑所该溥矣。至称"帝王之宝，在善人，不在珠玉"，伟哉！格心之论，辅德之猷也。主上明圣，度必转圜。回天之功，窃当倾伫。敬此，附谢。

家屏等尚不知魏允贞刚开春就进京上疏，直陈时政之缺。疏中说："行取诸臣，几经论荐，陛下犹不轻予一官。廷臣所陈，率国家大计，一皆寝阁，甚者严谴随之。彼报税之徒，悉无赖奸人，乡党不齿。顾乃朝奏夕报，如响应声，臣不解也。钱谷出入，上下相稽，犹多奸弊。敕使手握利权，动逾数万。有司不敢问，抚按不敢闻，岂无吮膏血以自肥者？而陛下曾不一察及。金取于滇，不足不止；珠取于海，不罄不止；锦绮取于吴越，不极奇巧不止。元老听其投闲，直臣几于永锢，是陛下之爱贤士，曾不如爱珠玉、锦绮也。"

疏入，不报。

万历二十八年（1600年）三月，魏永贞又上疏参吴应麒、吴有成等盗攘国课，半充私囊。"查卖过盐价银二万七千五百有奇，止解一万三千余两。使国家冒牟利之名，而群奸乐富厚之实，所当究追。仍以盐政归之御史，按额解进，以助大工。"不报。

魏允贞随之以矿税二使，交毒官民，百状难堪，自劾不职，以乞罢斥。

疏中说："盖举劾之权，在内则科道，在外则抚按。前孙朝举太原知府周诗、令张忠，又参夏县知县韩熏矣。然举劾犹其小者，而太平县典史武三杰，以张忠经过，知县失于迎接，迁怒提责致毙。建雄县丞李逢春，被张忠、孙朝差人索钱不遂，备极凌辱而毙。二官虽小，无可杀之罪也。至如商税，不用天平，而用大秤，压重无算。土仪①帐幔手帕、绒花绒毡，一县多则千余，少有数百件，此皆民膏也。目击此景，俯自循省抚臣，重在举劾，今朝与夺之，则举劾失职矣；重在申冤理枉，今典史县丞不得其死，则伸理失职矣；重在清查

---

① 土仪：用来送人的土产品。

钱粮，今干没①无算，则清查失职矣。既不能为陛下执法，又不能为百姓救难，有臣如此，将安用之？乞先赐罢斥，以谢二使。仍将孙朝、张忠下该部查究，以为贪横不法之戒。"不报。

万历二十八年（1600年）四月，魏允贞上乞终养第十五疏。不报。与魏允贞同期乞终养者还有邢玠。

奉旨："邢玠威名素著，边计方殷，着照旧供职，以酬眷倚。不准辞。"

赵志皋第三十五次上疏乞休，不允。

上疏抗税棍者不只魏允贞，时任浙江巡按李楠也有上疏："狂谋两地同发，时事可虞。乞亟停搜括，以销乱萌。因赵天明等结聚倡乱，实徭税棍纵横，大肆掊克，在在鼎沸，莫必其命，故偷延旦夕之生，遂成大难之端。浙江随处滨海，迫对倭巢，风帆又便，窃恐民穷无计，勾通狡夷，祸不可言。乞将矿税责成有司其地。无艺之征，亟行罢撤，以收拾人心。"不报。

万历二十八年五月，魏允贞不仅未参倒督理山西税务的内臣孙朝，反被孙朝参了一本，说："巡抚魏允贞抗旨阻税，毁烬大木，并赃税三十余万。"

皇上当即御批："下部院，参看来说。"

吏部参看孙朝奏疏后，回复皇上："非是盖允贞禀性太刚，任事太执，处人太峻，即与阁部大臣时有争论；不能曲奉内臣，可知。孙朝疏中，欲食其肉而寝其皮。在皇上前尚骂詈如此，其在彼中，盛气以加抚臣，可知……若抚臣之疏不报，内臣之疏单行……今以镇抚重臣，因与中使相争而罢，则何以惮压冲边、激扬大吏？且内外俱是王臣，宫府当为一体，若处分稍偏，天下闻风而起。内臣日以参评抚按为事，内臣之私人，日以挑激拨置、参评为事，恐朝廷自此纷纷矣。"不报。

孙朝不仅参魏允贞，连按臣赵文炳也一起参，其罪名是"不与同心"。

皇上降旨："朝廷遣官税课，原为不忍加派小民，裕国通商，德意如何？内外各官，不思同心共济，彼此背戾支吾，职任安在？其清查无碍银两，着上紧会查明白。一半留彼军饷、赈济，一半并岁课解进。如有抗违，必罪不宥。"

魏允贞疏辨孙朝诬讦，缕折极详。不报。萧大亨身为刑部尚书，执法维艰，引疾乞休。不报。

六月，山西太原等四府、宁武等三关军乔、公相等在傅霖等人带领下赴阙②，极言巡抚魏允贞清操惠政，民倚为命。说他是被税监孙朝诬奸，哀恳保

---

① 干没：侵吞他人财物。
② 赴阙：入朝，指觐见皇上。

留,以慰民望。不报。

刘东星时任工部尚书,总理河漕,称疾乞罢。皇上以漕务正殷,不允辞。

山西巡按汪以时上疏,说:"近见参官之章屡上,缇骑之差屡下。人皆切恨中使,其实中使见制于群小,群小愚弄乎中使。三五成群,昼夜攒谋,构成奏疏,但求中使用一关防,诸棍即为赍奏,彼中使不通文义,常被欺哄。又心迹暧昧,常被挟吓。甚至中使失于关防,群小盗印空本,任意填写,奏援中使,朦然不知,及奉有明旨,只得以错就错。如马堂、孙朝辈,远近传笑。且张忠委官毛凤腾带有书房陈涵初、方遇春系赵古元逆党,被旗尉崔德缉获。凤腾何人,敢于纳叛,是安可置不诘也。又矿税两府差假官马化龙,斩关而入,富平之察院吊打马夫,嚷入县堂,击碎圣谕之碑亭,又何可置不诘也?皇上以利权委中使,而中使实同偶人,中使以腹心委群小,而群小皆是翼虎。冠柄潜移于奸丑,少贱若此,而皇上犹然不觉,何耶?"不报。

七月,魏允贞再以亲老疏乞终养。不报。萧大亨再以疾乞休。不允。郝杰时任南京兵部尚书,乞休。不允。赵志皋因病请了长假,先后三十五次乞休,不允。

沈一贯上疏,说:"臣孤身直阁二年于兹矣,天下之机务甚大,无论臣之不肖,不可独任,虽有天下全德具才之臣,亦万无独任之理。伏望即将吏部屡推阁员,钦定简命,以佐万几。"

得旨:"内阁政本重地,岂有独任之理?朕常绎思①,所以迟缓者,慎重其职任耳。可传示吏部通将前后所推阁员开奏,朕自裁定简用。"

八月十七日,郝杰卒于位。家屏为之作《资善大夫南京兵部尚书赠太子少保少泉郝公神道碑》:

> 余尝嘉慕古社稷臣,求其人当世而不多见,见今大司马郝公焉。公沉毅有识略,历官中外四十年,孜孜国家之急,殚精毕力,以奉一人,曾不以诽誉险夷为劝阻,用肩荷巨重,匡济艰危,光辅三朝,忠勤一节,所谓社稷臣非耶?而伤哉,已矣。讣闻,天子愍之,赐谕祭二坛,遣官治葬,赠太子少保,荫一子国子生……戊辰试事,会新郑高公拱再相,以公尝露章斥其器量不堪端揆,将借考功法中之,公知不容,请迁葬去。壬申新郑罢,起公原官,复为柄臣……在辽三年……阁臣核公课最,诏晋副

---

① 绎思:寻思,推究。

都御史……晋兵部右侍郎兼佥都御史，总督蓟辽。无何，晋右都御史，入理戎政，以抗议倭事不合，徙南京户部尚书，移疾归……荐起南京工部尚书，寻改兵部……以积劳感暑湿病欤，两乞骸，不许……八月十七日薨于位……

铭曰：法星煌煌，自远有耀。度并历参，降精于赵。世发其祥，生贤清邵。东京诸杨，上党二鲍。隼射高墉，豺驱当道。力振台纲，风棱惟肖。揽辔旬宣，靡国不到。威凛冬凄，惠敷春燠。脱巾寝凶，揭竿戢魋。受钺填辽，提师万灶。士厉精疆，凛裁浮耗。烽羽晨传，橦枪夕扫。海波沸腾，焦劳征调。趣师合援，抗议主剿。识炳蓍龟，乃或枘凿。左券既符，蒲轮遄召。八座三跻，秉枢弥要。鼎镇周南，栋隆高庙。根本维安，都人抃蹈。岩石具瞻，春秋未耄。哲人其萎，昊天不吊。帝曰鞠哉，礼宜加劳。爰敕所司，秩边营兆。郡城之东，厥壤惟奥。大隧丰碑，鸿名显号。勖哉后昆，弓裘永绍。

第六十八章　支持魏允贞作奏草序
　　　　　痛悼刘东星写墓志铭

　　万历二十九年（1601年）二月，魏允贞又上疏，说："开矿太监张忠，以违旨抗礼参夏县知县袁应春。奉严旨，降一级调边方用。臣念，袁应春修完崞县大城，及南关、西关二城，共节省银七千余两，响马巨盗不敢入境。朝觐止顾骡二头，用价七两，其干气清操，千百中一人耳。今若降之，谁为皇上捍卫边防，休养小民？况今奉敕官多矣，文官与武官无尊卑，皆不庭参；文官与内官亦无尊卑，皆不庭参。相沿以久，望皇上怜袁应春才可济事、守不扰民，特免降调。仍敕部院，将内臣与文臣相见，酌其人情事宜，议定议注。"不报。

　　万世德从朝鲜归来，皇上命他回都察院供职。万世德和邢玠联名条陈朝鲜事，从八个方面论述，即选将帅、练兵士、守冲要、修险隘、建城池、造器械、访异材、修内治。

　　阁臣推吏部右侍郎冯琦为礼部右侍郎。三月，万世德改左副都御史，协理都察院事。四月，魏允贞疏请终养，下吏部。五月，叶向高等催请册立太子。不报。

　　万世德以人言请去。皇上不允，准他回籍侍养。魏允贞将他的奏疏整理成册，家屏为该书作序。

　　《魏见泉中丞奏草序》：

　　士君子于天地，必有与立，正气是已，正气在人，匪徒豪植，箸张以鸷悍蜂锐为节概也。蕴崇于实，橐钥于虚。虚实之间，中和之宅，而正气出焉。世之瑟缩纤趋靡如茅、软熟如韦者固卑，卑不足道。即饬廉隅砺，龈颚风裁，议论足倾一时，而或矜欹匪衷，躁竞亡度，斯东汉诸贤所为，不免于垂折者也。抑何可与立之，有中丞见泉魏公，自司理荆州时，用介特不附柄，相失其欢既微。入为御史，值宫府鼎革之际，劾罢新置相及冢宰而下，为故相所引用者某某，复条上选部、科场宿弊数事，意在杜权门、塞幸路。语不能无侵，坐谪外徙，稍迁留铨，改光禄丞，历银台益务，砥节奉公，排私交以匡清议，寓内士翕然慕重公，以为归。迨领中丞钺，填抚我三晋诸所，摘抉兴除，若宪条边琐，细者案问，巨者驿闻，自疆宗债帅，墨吏猾胥，不寒而栗，即单于君长惮公威棱，亦皆啮指相戒，亡敢噪而干关市之禁者，为封疆重如此。会中珰以采金榷税来挖括公私，虐焰炽甚，公抗疏，乞罢，不报。议酌岁额，责办有司，又不报。则岸然以身捍之力攫其爪距，俾不得恣鱼肉于吏，民大为所憾，诉公于上，时两京台省及晋之吏民集阙下，白公之诬者，章如山积，珰龂舌竟不能以毫末加公，而公之志操乃益明，望乃益重。

不佞往读公疏草，心伟其议论。今征睹其行事，益叹服公之为人，信禀天地之正气，卓然特立于世者也。顾又窃窥，公坊表甚峻，而履道甚夷，坛宇甚严，而襟局甚旷。计乘塞八载于兹，劬勤尽悴不言劳，前鱼下薪不言诎。白云在望，乌私弗见。察不言羁，沮于忌，螫于谗。而忠君忧国之诚，丹漆不渝，金石可贯也。齐厨若冰而心若水，羽檄纷逡而裘带雍容、著作吟咏不休也。斯其正气所从，出蕴崇于悃愊，橐钥于恬愉，养之虚与实之间者，完且粹矣。世徒慕重，公节概见，谓刚大可塞天地，得孟轲氏之浩然。而不佞，乃独觇其神情，知其所为，刚大者壹本之中和也。是用表而出之，以别于时贤之豪植筹张者。公别著有三，《立祠列传》《魏子肤见》《诗草诗编》。参览之，庶信余言为不谬。云。

魏允贞致书家屏表示感谢，家屏又作《答魏见泉中丞谢文》：

窃惟著作乃不朽之事业，奏议尤有用之文章。皋益以来，罕馨嘉谟之告；晁董而后，徒烦故事之陈。鸣鸟不闻，寒蝉共戢。岂独抱空虚之质，才谢经纶；抑徭贬劲直之操，习为柔靡。节无可述，书何足传。仰惟公祖，振古人豪，中朝儒硕。身任纲常之重，力扶风教之颓。守法守官，壹归之守道；立功立德，兼志于立言。对仗而请剑裂麻，凛凛冰霜之色；分阃而埋轮破柱，耽耽虎豹之威。保厘宣五位之宽条，安攘策万全之石画。后先疏奏，幸存焚草之余；远近传观，快睹锓梨之盛。获章章而卒业,托亹亹之昌言。因于文墨议论之间,觇其学问涵养之益。谓恬愉济以悃愊,信刚大发自中和。洵社稷之重臣,安危足赖;完天地之正气,俯仰无惭……猥勤刻楮,曾莫肖其纤毫;讵意采葑,遂不遗于下体。瑶章烂锡,飞葭荷六管之吹;珍扉缛颁,敝帚享千金之直。重胜衡则殆,不任魂摇;宠过分若惊,宁堪颜腆。肃兹拜赐,恭布谢忱。惠侈琼瑶,无物展涓尘之报;文垂琬琰,何缘附宇宙之名。愧与欢并,感非言悉。

傅霖等人正在太原修建文峰塔和永明寺,他们和家屏商量,将来要为魏允贞立祠。还有人建议在魏允贞祠前立张忠、孙朝两尊跪像,以示向魏公及晋人谢罪。

吏部两推万世德总督蓟辽、保定等地。皇上以万世德经理朝鲜、熟知边情为由,命升兵部右侍郎兼右佥都御史。

七月,冯琦教习庶吉士,他把家屏的奏疏列为教习内容。

冯琦盛赞家屏:"黄扉三疏,照映千古。夫睹事不可而谏,三谏不入而去。使朝廷知有不爱爵禄之臣;天下后世知朝廷有守礼义、明进退之臣。此其为身轻于一羽,而为国重于九鼎。"

冯琦让庶吉士们把家屏说的名言当座右铭,即人君为所欲为者,由大臣持禄,小臣畏罪,有轻群下心。吾意:大臣不爱爵禄,小臣不畏刑诛,事庶有济耳。

八月,刘东星以病笃乞休。皇上命他在任调理。九月,赵志皋卒。

郑雒以三年考满,恩赠太保,荫一子为国子生。他的儿子们筹划为他办七十大寿,少不了邀请家屏参加。家屏因身体欠佳,未能亲临,作《寿郑范溪司马》祝贺:

伏以台鼎凝禧,梅信入调元之七;星弧启宴,椒馨浮介寿之觞。庆洽庭闱,欢均朝野。

恭惟门下,扶舆间气,光岳精英。学综丘索之微言,才裕经纶之大业。輶轩扬历,辙几遍于寓区;旌钺旬宣,劳独深于边徼。以尺组制毡裘之命,操纵曲当乎机宜;以丸泥悬锁钥之防,封守倍增于形概。作师洛水,九关肃虎豹之威;略地河湟,五郡扫豺狼之迹。予有御侮,宸衷方切于倚毗;公乃辞荣,雅志暂图于休沐。功成名遂,退寻黄石之高踪;累释天全,坐进丹台之大道。

第六十八章　支持魏允贞作奏草序　痛悼刘东星写墓志铭

时维览揆，景正迎长。七十杖朝之年，端笏垂绅，俨仪刑其山立；一阳生子之候，连珠合璧，绵气序以规旋。道应太来，协天地泰交之会；祥开初度，值春秋鼎盛之期。迓公旦于周郊，风雷有待；接夔龙于舜殿，日月增华。

某忝托鸿庥，欣逢令诞。阻趋陪于宾履，僭修祝于仙龄。愿岩石具瞻之身，翊宗社无疆之运。浃雄膏于苍赤，垂燕翼于云仍。

万历二十九年（1601年）九月十九日，刘东星卒。家屏在中秘读书时的同舍四人，贾三近和刘东星已经去世，剩家屏和于慎行。于慎行为刘东星写行状，家屏写《资善大夫工部尚书兼都察院右副都御史晋川刘公墓志铭》：

始余读书中秘，盖与东阿于大宗伯、峄阳贾少司马、沁水刘大司空同舍。云司空、司马并亢爽，负才气，每抵掌，天下事几得，一当缓急，表见所长。余与宗伯，逡逡谢弗及也。二公则戏谓余两人，公等谬为谦耶，夫坐而论道，公等他日事若宣力四方，不以险夷前郤，固应属之我辈耳，相与一笑而罢，既解馆，余忝从宗伯周旋供奉之班，而二公升沉出入歧路，参差或更十数年，不获一握手欢矣。晚而二公总师节镇，余与宗伯接席机庭，畴昔之言幸覆，乃日月无几，余两人相继归田，二公且后先即世也。朝露之感何，但晨星聚散，足伤心哉……公幼性颖敏，书一再读便能默识，而家贫，攻苦，常伊吾穷日夜不休也。年十四补邑诸生，试数冠。嘉靖辛酉举省试第三人，登隆庆戊辰进士，改翰林庶吉士，庚午授兵科给事中，转礼科。左居省闼，仅数月，以忤权相，故谪蒲城丞。去岁余，迁卢氏令。万历改元，入为刑部主事，调户部员外郎……庚子渠邵伯、界首二湖，二湖为维杨巨浸，风涛巨测，时以覆溺为虞。公议辟里河避之，初估费二十万，比成费仅三万……辛丑议凿迦河……初议费百二十万，费才七万金，而所辟已十二三，众咸谓渠成有日，而公病弗起矣。公体貌清臞，骨力峭拔，目光炯炯射人，遇事电发飙驰，健决自喜，即抵忌讳，冒嫌怨义，所当前，万夫莫能挠也……既病，上书乞骸，漕台亦代为之请，而上屡旨慰留，不允。则从床簀间，治程书而叹："吾当如昔人，鞠躬尽瘁，死而后已……"

系之铭曰：行山盘礴，沁水萦旋。郁钟瑰喆，神采翩然。冀北群空，天衢骏发。秘府缃书，上方给札。晨趋琐闼，夕拜封函。虎尾可践，蚤螫所甘。稍迁棘司，覆盆理抑。如黯诘汤，面斥刀笔。观文两浙，提衡秉公。如瑗造士，翕服甄镕。屏翰藩维，保厘畿甸。宪府铨曹，冰清露湛。洪河骤溢，漕破舟胶。司空命禹，荒度殚劳。畚锸云兴，胥徒共苦。经始商虞，省巡淮浦。渠纤蟛蜞，宅戢鼋鼍。两湖既奠，乃辟泇河。乘利垂成，修涂迄止。疢哉玄冥，勤而水死。宣房纪迹，岘首遗思。停春辍社，朝野均咨。国有大丞，乡推贤正。典册行颁，褒扬未竟。我铭其美，千载足征。是谓不朽，奚论无生。

赵志皋病逝后，沈一贯成为名正言顺的当朝首辅。

万历二十九年（1601年）十月十五日，在沈一贯任首辅后不久，皇上终于立朱常洛①为皇太子。

颁诏：

盖闻帝王久安长治之道，莫重于崇建元良。我祖宗家法相承，惟长是立，所以厚国本，定人心也。朕长子常洛，孝敬宽仁，天钟粹美，奉朕谕教，时敏厥修。今德器日益端凝，学业日益精进。允堪弘受，慰朕至怀。敬入告于圣母，册为皇太子。仰承庙社之灵，俯顺臣民之望。爰及诸子：常洵为福王②，常浩为端王③，常润为惠王④，常瀛为桂王⑤。俾各守藩，共维大统。典礼既成，普天同庆。丕覃渥恩，备列于后。云云。于戏！长男主器，益绵有道之长；众子分封，茂衍无疆之庆。敷予德意，使咸闻知。

沈一贯将这一消息告诉家屏，家屏欣然写《壬寅贺册立大典疏》：

谨奏，为欣逢大庆，恭陈贺悃事。

臣跧伏草野，适于今岁冬月，恭遇皇上肇举大典，册立皇太子暨册

---

① 朱常洛（1582—1620年）：明光宗，明神宗长子，孝靖皇后王氏所生。万历四十八年（1620年），明神宗驾崩后正式即位，建元泰昌。未一月，病，鸿胪寺官李可灼进红丸，服之即驾崩于乾清宫，年仅三十九岁，庙号光宗，葬庆陵。
② 福王：朱常洵，明神宗第三子，郑贵妃生，特受优待。结婚、建府、封地等均远超规格。
③ 瑞王：朱常浩，明神宗第五子，周端妃生。
④ 惠王：朱常润，明神宗第六子，李敬妃生。
⑤ 桂王：朱常瀛，明神宗第七子，李敬妃生。

第六十八章　支持魏允贞作奏草序　痛悼刘东星写墓志铭

封福王、瑞王、惠王、桂王，复以次月吉辰祗率彝章，尊上圣母徽号，曰"慈圣宣文明肃贞寿端献皇太后"两月之内，明诏再颁。臣不胜耸闻，不胜忭舞。

窃忆，臣向岁待罪机庭，预陪储议。方毓德宫之召见，业佥奉于明纶；迨文渊阁之传宣，复独承乎俞旨。仰窥皇情之眷注，雅属元良；无奈众口之纷嚣，致稽岁月。直需时于今日，出独断于宸衷。主器崇升，茂正青宫之位；诸藩众建，分疏赤社之荣。胤祚偕昌，本支式叙。溯璇源之流衍，浚自天潢；镂宝册以铺张，善归慈极。配乾元而称大，熙鸿号以扬徽。兹盖皇上道重纲常，治先典礼。作述兼圣明之懿，修齐率仁让之风。谟烈燕诒，调护无烦于羽翼；轩舆鹤列，尊崇备尽于情文。一举而天亲之爱具惇，遂洽八埏之和气；俄顷而宗社之计大定，丕延亿载之洪图。诚家国同休，神人胥庆者也。

臣识惭谋始，功愧求成。戴盆虽格于望天，倾葵实殷于向日。欣宗祧之有托，开神圣以方长；祝慈寿之无疆，抚曾玄而未艾。词弗胜其扬厉，情但切于讴歌。臣下情不胜欢忭踊跃之至。

家屏修书一封，对沈一贯任首辅表示祝贺。
《贺沈蛟门首揆》：

恭喜：格天业懋，巍居首揆之尊；取日功高，遄定元良之位。朝廷一二日，万机之政务，尽倚决于渊猷；祖宗千万年，一统之基图，倏维安于鼎力。纾房乔之谟谋，剚以杜克明之果断，挚二相而兼总其长；养狄公之沉密，发以韩稚圭之雄刚，匡一主而两收其效。此宗庙社稷神灵所共孚，欤朝野华夷伦类靡不歌颂者也。弟家屏愦辕孤㸌，逃笯倦禽。息影销声，招惊魂而未复；操心虑患，省积咎以滋危。乃幸晋陟上公，独提魁柄。窃谓专精于寅亮，仵观运掌于经纶。讵图泰阶之柄象，方新震器之升华。惟亟咫尺而乾坤旋转，俄顷而天日熙融。紫诏颁恩，庆宽条之概及，丹书记过，欣宿蛊之都蠲。若和羹，汝作盐梅，赖燮调其辛苦；人刀俎，我为鱼肉，荷保护于存亡。从此奠枕，而安衡泌之栖；敢不书绅，以识栟檬之赐。肃裁荒楮，走一价以扫门；薄荐菲芹，企三台而贺厦。冀垂鉴照，良切瞻驰。

皇上还想着因立储而先后去位、被称作当代"四皓"的阁臣。当时，许国已卒，皇上便派人存问家屏、申时行、王锡爵。

到山阴存问家屏的是中书舍人刘承诹。万历三十年（1602年）正月初十日，刘承诹一行在山西布政司官员的陪同下，锣鼓开道，恭捧敕书来到南洲山庄。

门夫人听说家屏要接圣旨，连忙翻箱倒柜寻他旧时的官服。家屏着人将也宜亭收拾了一下，铺了红毡，便是"龙亭"，又找来戎孺人拜佛时用过的蒲团，置于龙亭前，以便跪接圣旨。一切准备就绪，锣鼓暂停，刘承诹站在"龙亭"里，打开敕书，宣读圣旨。家屏身着昔日官服，跪在蒲团上听旨。

宣读毕，家屏起身接敕书。另有羊、酒及花银五十两、彩缎四表里，由门夫人收下，连同敕书，供于祖宗牌位前。山庄里的孩子们跑来看热闹，大人帮着招待客人。宴席上，刘承诹诚请家屏写诗，家屏遂作《奉诏存问纪恩二首》：

其一
岩栖梦隔紫宸朝，忽报春风拥使轺。
凤绰函书从北阙，龙旂簇仗自东郊。
天临咫尺瞻颜近，日驭重轮散彩遥。
烂漫恩光荣腐草，丘园喜气上千霄。

其二
玉节金舆列从官，听宣天语下云端。
丝纶共荷尧言重，粟帛欣逢汉典宽。
向累清评讥伴食，敢厪温诏劝加餐。
野人藜藿粗堪赡，鼓腹知恩报称难。

刘承诹此行，想带些家屏的诗文回去，家屏写《谢刘使君》诗一首：

青禁升储册礼成，紫泥颁诏属西清。
陪游功合酬园绮，惠养恩宜逮老更。
漫及旧僚方抱愧，况非大畫误叨荣。
高天雨露元无择，远塞冰霜奈此行。

刘承诹即兴作和，家屏大加赞赏。待刘承诹要回京时，家屏作诗《又赠行》：

凌云词赋挟天才，辍直承明捧节来。
骀荡祥风先道路，霏微瑞雪净尘埃。
衡门幸藉星轺贲，珂里争传昼绣回。
南去锦江江上看，江花如锦待君开。

家屏写《谢存问疏》，交与刘承诹，托他经内阁转呈。

谨奏，为感激天恩，遣官存问，恭陈谢悃事。
本年正月初十日，伏蒙钦差中书舍人刘承诹恭捧敕书一道，安设龙亭，偕同本布政司官，备办羊、酒及花银五十两、彩缎四表里，鼓乐导从，至臣田庐，宣示德音，颁给恩赉。臣谨俯躬舞蹈，稽首拜嘉。复瞻叩阙，庭具疏称谢者。
窃惟，自古国家大庆，率覃敷赐之恩；于时，草野耆贤，间蒙存问之典。顾恩非滥及，典无幸饔。须年德之并高，斯懿章之克荷。若臣者行能浅薄，材质虚庸。向厕纶扉，愧乏赞襄之效；数参储议，未谙将顺之宜。诚不足以动天，义弗安于尸位。是用奉身而退，长休农亩之间；然每蒿目而思，讵忘君国之虑？盖主器一日未定，固臣愚一日不宁者也。顷赖苍昊炳灵，启宸衷之独断；青宫正位，暨诸王以并封。尊上圣母之徽称，需锡臣民以闿泽。臣耸闻册礼，幸始愿之克谐；继奉诏条，庶宿忿之昭贷。幽忧十载，方欣奠枕之有期；悬隔九阍，敢望遗簪之见忆！
兹盖皇上，隆慈轸旧，大度包荒。雨露委润于凋枯，日月回光于暗忽。特遴星使，乘震旦以俨临；涣发天言，协春阳而温慰。醇醪肥羜，便蓄异庖廪之珍；文绮兼金，绚烂列筐筥之彩。贲祥光于衢巷，溢喜色于衡门。登对知荣，省循转惕。抚膏肓其沉痼，暂偷旦暮之生；举顶踵以放摩，奚荅乾坤之造！惟丹心之未化，质皎日以犹明。略陈垂尽之言，仰渎盖高之听。
伏愿，朝讲之临御如旧，章奏之裁发以时。股肱耳目，备其官无以猜嫌而妨委任；出入启居，式于度无以逸豫而弛忧勤。爱惜人才，渐收复乎废弃；矜怜滞狱，亟解纵乎累囚。更祈节宣索之需，俾军国得支其经费；罢矿税之使，俾吏民不困于诛求。将和气翔洽于两间，庆祚绵延本亿载矣。

臣下情无任欢欣祝愿之至。

此次存问，荫一子。湛初为中书舍人。李楠获悉后，修书一封，表示祝贺。家屏作《谢李龙峰亲家贺恩荫》：

不佞十载林栖，百念灰冷。乃鄙怀耿耿，寤寐所弗忘；惟国本摇摇，臬兀而未定。兹者恭遇宸衷天启，册礼时成。主器有归，宗盘孔固。不佞得以蠲除宿蛊，结竟初心。何喜如之于愿足矣。诅图存问，旷典所以优礼者贤者，波及于孤臣；荫叙殊恩，所以延赏勋裔者，概沾于弱息。日月容光必照，烛幽壑以生辉；雨露不择而施，滋枯荄其委润。小人忘罪，庶偷岁时伏腊之欢；童子备官，曷知朝夕晦明之绩。满将招损，逸则生淫。方当禀训礼法之家，敢遽系籍衣冠之族。伏蒙台慈俯眷，翰札遥颁。褒逾一字之荣，贶拟百朋之侈。岂一枝暂戢，足烦鹏顾之垂；抑五世其昌，过信凤鸣之卜。缅惟德意，直欲厉姻娅于丹霄；循省才情，何能谋子孙之垄断。所冀抗颜泰岳，惠句濠梁。怜鲍宣清苦之操，俾终完其幼志；折华廙轻儇之气，免诒玷于官评。是惟造就之恩，讵止呴濡之泽。肃申谢悃，不尽驰神。

立太子乃举国大事，首辅沈一贯有定策之功，皇上下旨予以褒奖："元辅忠劳，晋秩加兼太子太傅，进建极殿。自曾王父①而下，皆予之诰命。"

沈一贯的父亲慕间先生因此得赠光禄大夫、少保兼太子太傅、吏部尚书、建极殿大学士，母亲洪氏为一品夫人。

沈一贯请家屏为其父母写神道碑文。家屏作《赠光禄大夫少保兼太子太傅吏部尚书建极殿大学士沈翁暨配一品夫人洪氏神道碑》：

万历辛丑冬十月，册建皇太子礼成，中外臣民咸欢讴忭舞，颂主上之英断，而归元辅定策之功，云盖储议之积纷数年矣，元辅秉政才旬月，力赞大策，遂定元良之位，而维宗社万年之安，厥功良茂，有诏褒叙，元辅

---

① 曾王父：曾祖父。

忠劳晋秩加兼太子太傅，进建极殿。自曾王父而下，皆予之诰命。于是慕间先生得赠光禄大夫、少保兼太子太傅、吏部尚书、建极殿大学士。而配洪，为一品夫人……先生姓沈氏，讳仁佶，字允成，别号慕闲居士，世为鄞望族……先生即业儒未究，然喜读书……壬午进封中允，元辅方执经侍上讲幄图归，为先生修八十觞事，先生遣伯子来谕止之……己丑召再起元辅于家，先生再趣之北，而元辅坚请留，侍奉先生，日湖之新宅居焉。自是，每月朔，集里党高年为会，断荤茹素，奏梵讽佛经，以为常。居凡三阅岁，病滞下不起，讣闻……先生广颡修髯，色泽玉润，望之俟然若仙，性恬愉……其治家，先生澹于营，而夫人佐之，以纤啬训课诸子，先生宽于督，而夫人操之以矜严。盖元辅既贵，先生数勉之清白……元辅尝推先生所欲论著，注老庄，通其说，曰："孔子之道中，老子之道厚。中可以治天下国家，而厚乃合天。"先生深当于心也。曰："是余之志也。夫虽然吾犹有属于子，夫甚爱大费多藏、厚亡。凡损不足、奉有余皆天之所恶。而葬为甚。吾愿：吾死，竹簪楮袜，布衣掩形，袭以章服，其可也。尺帛寸锦，金银铜锡之属，毫不可混吾藏，违则比于不孝。"元辅以是葬两尊人皆从其志，无所隙，遂着为沈氏家法。

先生生弘治癸亥三月五日，卒万历辛卯十月十六日，寿八十有九。夫人生正德丁卯九月二十日，卒万历乙亥十一月十八日，寿六十有九……系之铭曰：澜东世家，湖西仁里。族蕃以昌，口惟沈氏。祈灵介丘，明神歆只。诞生巨人，凤敦伦纪。志元由夷，行模曾史。柳开格言，薛包懿轨。分宁让多，福无独美。心平若衡，味淡如水。慈俭谦冲，与道为体。燕处超然，内德象指。譬璠合玙，犹蘅袭茝。素范清规，式谷令子。为世儒宗，结知宸扆。简自经纬，荐跻端揆。始赞垂裳，化谐调七。在宥万方，登闳上理。帝曰良哉，朕所毗倚。陶皋铸夔，允资佑启。封册褒彰，煌煌纶玺。伉俪偕荣，九原色喜。芝溪之湄，堂坊爵起。瑞霭茏苁，虹纡霞委。我铭其阡，丰碑屹峙。过者式旟，高山仰止。

沈纮从京都捎来一封书信，说他父亲沈节甫卒。家屏作《祭沈司空》：

嗟乎，古称五交，同源异趣。素交独希，千载一遇。囊余偕计，升书礼闱。谒公郎署，式企清徽。追厕朝行，一再奉教。契分冥投，匪缘介绍。公迁少府，寻转符卿。差池南北，迹判神并。赠余绮琴，遗余缟带。

金石名言，肝鬲至爱。岁当己丑，征公太帝。狄云在望，重远其乡。三纪官资，陪京十七。日便遑将，宁甘杌柅。余尝方公，曾史由夷。寒松古瑟，玉尺朱丝。廉不近名，贞不戾俗。邦国典刑，时人耳目。醲华缛采，弥戬弥扬。振振公子，凤雏麟骥。媲美郊祁，联芬轼辙。焜耀弓裘，登闳阀阅。余为公庆，且觊公还。拜前拜后，庶预荣观。公既司空，余已林墅。世或唾遗，公独节取。封翁大隧，征表于余。匪攻余短，贵在直书。勉掇芜词，报命之辱。曾几何时，遽取梁木。好音才至，凶问偕诒。书仍削草，人乃乘箕。手泽空留，心期永毕。追念生平，潸焉涕出。情违挂剑，悼轸藏舟。缄词束帛，遥荐灵修。惨淡吴烟，苍茫越树。仿佛神游，鉴临其处。

第六十九章　众老臣为家屏贺生
　　　　　　　王阁老在山阴病逝

　　万世德回京后,听到许多言论,歌功者有之,毁誉者亦有之。皇上对万世德虽有奖赏,可是他怎么也高兴不起来。

　　大明开国之初,万世德的老祖宗万杰赴万家寨戍守,多年来,经几代人努力,打造出一支远近闻名、令敌人闻风丧胆的万家军。此次,他们中的佼佼者随万世德赴朝,战死者多,生还者寥寥无几。现如今,战事结束,谁还能想到他们?微乎其微的抚恤金也迟迟不发。每当想起这些,万世德就心里不安。

　　万世德上疏,说他整天做噩梦,梦见冤死的鬼魂向他索命。其中有战死的中国人、日本人,甚至还有煮海之战中被生石灰烧死的鱼鳖虾蟹。

　　还说,现在这些冤魂向臣下索命倒也罢了,若安置不住,向皇上索命怎么办?这样的事,史上也曾发生过,唐太宗不是就因此让尉迟恭和秦琼给他当门神?

　　如何安置这些冤魂?皇上依了万世德,敕旨在偏关开"龙华盛会",且御批以后每十年一次,对枉死冤魂进行祭祀。

　　此会由沈一贯与邢玠、万世德、田乐、王世扬、张养蒙、李植等官员公议筹备。浚初和崔应麟被定为具体的筹办人。有几位老臣应邀参加,家屏也收到了邀请函。

　　老臣们提出路经山阴时为家屏贺生。崔应麟做了一块牌匾,早早给家屏送去。家屏写《谢崔际虞侍御旌门兼贺生》答谢。

　　　　伏以隆称旌淑蓬茨,揭日月之光;大德资生樗栎,沐云天之泽。惟有章是以有庆,既得寿而兼得名。宠遇非常,欣承曷已。

恭惟台下，殿邦贤杰，命世人豪。养正气之浩然，蜚英声而籍甚。影缨珥笔，抗纠奸摘慝之章；揽辔登车，树激浊扬清之烈。巡行之辙，半寓内，六条具饬，壹准台纲；表率之轨，在云中，百度惟贞，尤敦风教。

以某罪废人之鄙，幸为下执事所收。雅度包荒，讵直衣冠之分；洪慈轸旧，实惟簪履之情。用不忍外于作新，则妄意勉图乎祓濯。奈高春之既反，赘力已愁；况末路之多艰，精神顿耗。黩剿竟疏于补衮，老大徒付之伤悲。岂是衰躯可堪盛典？表厥宅里，当览揆之贱旦而锡以嘉名；贲于丘园，委承筐之旷仪而华其初度。才愧东山之公辅，敢云望重苍生？齿惭洛社之耆英，猥辱礼优黄耇。庐西河之上，爱贤再见文侯；居北海之滨，养老重逢西伯。归仁既晚，怅斧绣之行还；拜赐频繁，佩琼瑶其能报。惟愿少绵乎晷漏，及闻高步于星辰。庶依台席之衡，永奠岩居之枕。

万世德是盛会的主角，他路经山阴，特为家屏贺生。家屏因身体欠佳，不能参加龙华盛会，写文对万世德表示感谢。

皇上未赴会。沈一贯陪应邀参会的朝鲜国王赴偏关。沈一贯先给家屏贺生，家屏作文《谢沈蛟门相公贺生》：

弟某支离陋质，偃蹇孤踪。控地鹡鹩，托榆枋其未稳；入山猿狖，灾林木以频惊。两间共弃之身，一线仅存之息。危如朝露，居恒惝恍以忘生；凛若春冰，敢觊优游而卒岁。伏荷门下，量涵溟渤，谊切云霄。故旧不遗，媲古昔大臣之度；颠连曲轸，异他人兄弟之情。武接夔龙，已邈隔星辰之剑履；齿存犬马，尚速察晷刻于璇玑。越千里以劳人，累重函而委贶。精镠文绮，宠分帝贲之储；丽藻瑰篇，涣洒天章之贲。饰英华于蒲柳，朽质增妍；褒节概于桑蓬，壮心顿厉。敷言锡极，造命信由君相之恩；御气乘虚，长生讵美真人之诀。三熏登拜，视丹砂玉札以非珍；什袭尊藏，与大贝天球而共宝。感激至形之鼓缶，捐縻末称于投琼。惟仰瞻六符于泰阶，启上宰平明之象；庶尽纳八荒于寿域，培本朝悠久之基。悉窃光荣，特麈颂祷。

沈一贯告诉家屏，他多次疏请补员，直到九月，皇上才决定让沈鲤和朱赓入机枢，他二人至今未就职。

朱赓此次也应邀赴会为家屏贺生。沈一贯托家屏动员朱赓尽快上任。冯琦和萧大亨也来贺生，家屏修书谢贺生，作《谢冯琢吾宗伯贺生》：

伏以天地之大德，日生不遗枯朽；河洛之至文，复出涣发昏蒙。泽醴湛露之渭，瑞炳瑶光之曜。衰躯顿觫，老眼为新。仰惟门下，学富缣缃，才雄黼黻。丝纶掌制，道典谟训诰之风；旂厦说经，阐仁义道德之奥。精忠默运，衮阙赖以弥缝；正气孤骞，明堂恃为砥柱。肆帝心简在，曰伯夷汝作秩宗；盖神器有归，惟绛侯可属大事。三命而升华，南省具瞻台座之星；浃旬而定策，东朝竟取虞渊之日。奠国基于磐石，世共伟其高勋；削罪籍于丹书，某更私其末庇。十年病骨，始知安枕之期；一息游魂，敢忆悬弧之旦。乃岁廛德念，逮宠颓龄。走使冰雪之中，委贶蒿莱之下。琅函璀璨，托仙官之符箓，贵自蓬瀛；锦轴焜煌，疑天女之机丝，堕从霄汉。三熏三沐，拜嘉莫喻其欣荣；一字一珠，庄诵曷胜其珍重。攻玉轸他山之用，曾何益于瑕瑜；徒薪录曲突之谋，宁足程其功过。褒扬逾溢，惠锡骈蕃。粉涤备极其情文，惭悚实浮于感激。淮南鸡犬，永违舔鼎之思；冀北驽骀，良负加鞭之意。惟愿机庭早入，配四象以调元；伫见寿域弘开，兆六符而启泰。言宣罔既，心祝殊殷。

为家屏贺生的还有邢玠、李楠等，大家作了多篇贺文、贺诗，冯琦和萧大亨作《寿元辅对南王公六十有六序》：

上御历之十九年，山阴王公晋陟元辅。越明年，以封还内降、抗疏予告归，年甫五十有六。又十年，而上乃册建皇太子，如公所抗疏指。使使奉玺书往问，公行有日矣。是岁，公年且六十有六。十二月朔，其览揆之辰。海内愿公寿、而万里祝者，适与命使会。某无似缘先大夫之谊得称。年家子已从词林，荷国士之遇，会今举庆典，得受事礼官。凡公所以弼上，与夫上所以终眷公者，咸与有闻焉。敢微一言以私下执事，盖自大夫狃于不显谏之说，乃始贵成谋，薄廷诤，乘会而导之以微，夫乃身安而道行。然世乃有成谋，因廷诤，而就微言，因骤谏而决，用世之道，因不用而尊，则于吾王公见之。世谓廷诤不如成事。盖出于陈平。今日面折廷诤，臣不如君；异日安刘氏，君不如臣。嗟乎，平之幸而中也。知士多谋，多成，而虑有迁；直士绝，虑无迁，自古以广之，中庸成克之，中立者，岂少哉，直士不惮，赐剑、赐玦，皎然明其独是，然后持正论者日强，而且前且却者，不敢反踵，故陵所欲为，则平成之，平所未必为，则陵激之。当公抗疏时，或以为直而过，然十五年以来，士不敢怀两心、操两端，以讬之于天子家事者，谁实主之。夫廷诤未必成事，而成谋，乃因廷诤以就，此不可不察也。凡人主有所欲为，而人臣诤之，强欲竟，则不可，欲止，则耻诎于下，后有人持婉辞以进，人主常喜而从之。乃其意，则当直谏时，固已自知其不可。夫入机以直动，而出机以婉发。直谏之功，在人主意摇摇不定之始；而婉言之功，在人主既定而未发之后。唐穆宗欲罪崔发，群臣诤言，不可。上不怿。即不怿，而上固知其不可。故李逢吉一言发，立得释。当公救言官时，说者谓虑，乃不如逢吉，不知，以一言去数言官，以言官罢一相。人主其亦有悔心，曰事得微有不可者乎。夫有公之法言，在后即巽可也。公诚有以动主上意，后即静可也。故骤谏未必悟主，而微言乃因骤谏而决，不可不察也。凡人主所用未必重，所不用未必不重。吕蒙正可谓得君，及其罢，帝诮以为望复位眼穿矣。汲黯屡告屡外补，乃比于古之社稷臣。人主谓群臣于官如含蔗耳。乃亦有不爱爵禄，一不合，脱屣去者乎。此于人主之私，甚不便，而心且重之，后且见思，有大任，则必曰：某也！可数十年以来，亦有合则留，不合即去，不辱理色，词气如公者乎？夫吾君圣人也，潜识而显施之深，惟而迅发之"用其道，不必于其人也。用其人不必于其时也"。故去国非所以求庸，而用世之道乃或以不用而尊，此不可不察。说者谓公以不用，故神完。假令公焦然机务之重，宁得暇豫自完？若此，吾以公之寿不关用不用也？公之寿在用直而抱一。夫直者生之徒也，而一者数之始也。譬之松柏，脉理直，而根不摇，直故其液，足以自濡，不摇，故常定。此风雨所不能撼，雷霆所不能惊，烁金流石所不能焦，而穷阴朔雪所不能剥者也。夫人所由壮盛者，血气也，而易竭也；遇事而有执者，意气也，而易折也。若以正理御正气，则孰竭而孰折之？纯气之守，是曰上寿。何问用不用哉？盖天下事，往往相反而以相成。廷诤之为成谋也，骤谏之为微词也，与夫不用之为用也。斯已然矣，处雷霆身反以安，居草泽名反以荣。托鳞践虎，死生成败之勿敢知，年反以长，乃任直而逆，忧其不完者，则何也？余持是说，间以语大司寇萧公。萧公以为知言，乃论，次之，而合词以祝。

冯琦的父亲冯子履和家屏同是戊辰科进士，万历二年（1574年）冯子履由兵部主事调任山西按察司佥事，治兵大同，后因人诬陷而被贬。万历十年

（1582年）重新起用后，迁陕西佥事。万历十七年（1589年），迁河南副使。万历二十一年（1593年），转河南参政。冯琦升任侍读学士，恐父子同朝为官过分显赫，便辞官告归。

云中士民建祠供奉有功官员，其中有冯子履。冯琦此次带来父亲画像，家屏作《封少宗伯前云中兵宪仰芹冯公像赞——有引》：

> 仰芹冯公之举进士也，余忝同榜，又同出大理浒东先生之门。公治兵云中时，余辱部末已久，偕嗣君用，用韫宗伯，游词林契善也。万历壬辰春，余解官西来，会公易水上。公执余手，踌躇不能别，乃逾年，公亦乞休归。归三年，卒矣！追悼平生，唏嘘霣涕，渍絮遣奠而闻宗伯焦毁过礼，益复增凄。适我云中士民建祠祀公，获拜公像衣冠，神采俨然生也。因赞一词，用副祝史，且慰宗伯之永慕焉。

> 伟哉人龙，昂昂颙颙。
> 道舆之貌，天植其衷。
> 德充符而睟盎，气配义以沉雄。
> 溢清扬于眉宇，标颖锐于神锋。
> 垂素丝之华发，悬藻鉴之青瞳。
> 陂千顷以程度，甲数万其蟠胸。
> 静镇定若峙岳，动迅厉如泻谼。
> 望之秋凛，迫之春融。
> 介匪崖异，和靡雷同。
> 片言而戢犷悍，杯酒而寝讹讧。
> 碎罔惊于佩玉，踣弗问其乘骢。
> 齐得丧而任化，讵爱好之足钟。
> 归亡珠于市愠，拯穿结于途穷。
> 怜纳隍而颦顣，向恤恤有余恫。
> 河无之而不润，棠所芘以均秾。
> 摹衣冠而写照，秩俎豆于祠宫。
> 剡先灵之陟降，媛瞻睇其丰容。
> 洵不亡者之在兹兮，夫何必怅想于悲风！

朱赓、于慎行、李长春、黄凤翔在家屏家中住下。几个人共发感慨，痛斥矿税贻害，为魏允贞鸣不平，痛惜刘东星之死，以"吾当如昔人，鞠躬尽瘁，死而后已"共勉。

家屏作小诗一首，加序，记之。

  时同馆诸丈，自山阴、会稽、东阿、富顺、晋江①，并以宗伯，里居。不肖出处，偶同聚散。是慨！因复感赋，用抒所怀。
  三五晨星在望疏，谊均出处古谁如。
  向来更直丝纶地，忽漫分投水竹居。
  天近北门唐学士，班高东省汉尚书。
  主恩暂许还山沐，握发多应不暇梳。

龙华盛会期至，偏关城内搭起高高的祭坛，台中心立的幡杆高耸入云，台周围幡旗排列有序。

道士们登坛做道场，官员们登坛祭天地。最前面应该是皇上，皇上未到，由一位资深太监捧着皇冠代之。其后是沈一贯、邢玠、萧大亨、李楠、万世德等诸位大臣。

街上有一处戏台，演《狂鼓吏渔阳三弄》，讲的是三国祢衡死后在阴间骂曹操的故事。另一处戏台演《雌木兰替父从军》，从木兰出征演到凯旋。看了这出戏，万家寨阵亡将士的妻室请万世德在万家寨组建"寡妇营"。

晚上，黄河岸边点起九曲黄河灯，五台山来的僧人诵经作法，超度亡灵。死难将士的家属披麻戴孝，拖儿带女排成一队。他们每家有一人捧着亡者牌位，走在前面，其他人每人手捧一盏素油灯，跟在后面转经。其后是身披白袍、臂挽黑纱的士兵……

待集体仪式完毕，各家在岸边画个小圈儿，供奉死者牌位，烧香焚纸，慰藉亡灵。有的呼天抢地，有的悲痛欲绝，有的欲哭无泪。

龙华盛会结束，沈一贯回京时随浚初又到山阴看望家屏。他问家屏朱赓是否同意出山，家屏说："往年因公推，皇上处分了顾宪成等众多官员，犹豫二年始决，岂非上疑？又从原公推中挑选，下岂能不惑？上疑下惑，莫怪他迟迟

---

① 自山阴、会稽、东阿、富顺、晋江：山阴，指王家屏。会稽，指朱赓。东阿，指于慎行。富顺，指李长春。晋江，指黄凤翔。

未到。他也担心以后会屡疏乞休而不允,积月独阁而尴尬。"

家屏将前几日写的那首诗拿给沈一贯看。沈一贯表示,他要找机会举荐于慎行和黄凤翔。

沈一贯问家屏:"浚初大概还没有告诉你,此次回京后,他将谪任柳州知府。"

"他没讲。他因何被谪?"

"朝战需要大量军饷,国库空虚,多地遭灾,内阁派浚初协调兵、民二部解决。浚初不动声色地掌控了盐引的发放权,触动了盐商利益,他们唆使言官伺机参劾浚初,加之皇上派出收盐税的内官也与奸商策应,浚初便被推到了风口浪尖。离京外任,也是他自己的意愿。说实话,我不忍心让他走,中书省像他这般能干的没几个。"

"我曾赴广西主持乡试,知道那里确需补充官员,为何给浚初选柳州?"

"柳州缺知府,几年来,由巡抚兼任。恰巧参劾兵、民部的疏中语涉浚初,皇上说,唐朝柳宗元曾是山西解元,被谪柳州后,造福一方,被誉为'柳柳州'。王浚初也是山西解元,让他也去柳州当知府,好一展身手。"

家屏沉默一阵后问沈一贯:"浚初被谪是否和他联络京官为顾宪成等人鸣不平有关?"

"皇上没有这样说,依我之见,为顾宪成等人昭雪的时机尚不成熟。"

"掐指算来,顾宪成等人被处分已七年多,人生能有几个七年?"

沈一贯公务在身,和家屏匆匆告别后返京。他让浚初留下来,陪家屏多住几日。家屏和浚初送走客人后,回南洲山庄。

门夫人将庠馆后院的书房收拾一新,灏初和洞初自称是家屏的两个小书童,不离左右。其实这里也是他俩的书房,家屏常以教他俩为乐。

洞初告诉浚初,说:"老儒给我起了字,叫启谦。"

他学着家屏的样子,说:"《舜典》云'浚哲文明',先'文'后'明',尔须谦逊恭谨,'博我以文',方能成为谦谦君子。"

人老惜子,家屏也不例外,他对这两个小儿子宠爱有加,平时称他俩"小书童",他俩称家屏"老儒"或者"翰林老先生"。

灏初和洞初都很壮实,他俩每天练习举石锁等。

灏初问浚初:"老儒说,要想练好字,就得练好臂力,举石锁是练臂力的好方法。我没见你举石锁,你的字怎写得那么好?"

家屏从屋里出来,见他们摆弄石锁,说:"老王家是军户,理当文武并重。"

浚初说:"这场援朝之战,伤亡者多是军户子弟,万家军、麻家军损失惨重,世德公忍痛又在万家寨建起了寡妇营,可谓壮心不已。"

"他的身体大不如前,几次乞休,不允。"

"万家军亟待重整,将来西路若有反乱,大明王朝这道屏障不能缺失。"

家屏和浚初边说边走,在也宜亭坐下。

家屏手抚白发,说:"这次来了几位老友,说我苍老了许多,我也自觉身体大不如前。生老病死,人之常情,应有所准备。你是我的长子,此次又要到四千里之外做官,有些话须说与你知道。

"其一,代王为我出资修的相府,已经卖给了商家,以后,你们回来就到老宅住,人多住不下,就回南洲山庄。卖房契约写明待我死后交房,所得款,还了修应州城墙、代州鼓楼答应下的捐款。"

浚初插言,问:"府君知道代王子的消息?"

"不知道。他早就预料到大明王朝迟早要亡,皇家宗室难免有血光之灾。他选择隐居,不必惊扰或打听他的消息。

"其二,我曾答应给几位友人写墓志铭,如李楠、王体复、李植、麻贵等,我若走了,有人找你写,万莫推辞。与我其他老友的文字往来,莫要缺失。你南下时,须托付给湛初。

"其三,我曾答应和你两个母亲'死同穴',我死后,把我三人葬在一处,至于封谥,顺其自然,万莫强求。

"其四,我现存的诗词、奏疏、尺牍等都在书房内摆放着,遗失的能找回多少算多少,你将来把这些文稿编辑成书,书名就叫《复宿山房集》,王家可以刻印。《山西通志》已基本完成,须官方核议方可付梓。本宁先生已调往他省,故且搁置别论。"

门夫人熬了甘草茶汤,备了玫瑰饼,让灏初和洞初送来。

浚初说:"坐在也宜亭,品着玫瑰饼,让我忆起周弘禴公。只因哱承恩等反叛,皇上怨他巡视宁夏曾荐举哱承恩,就被贬;又怨先任督臣郜光先当年未剿房,以致房日渐猖獗,致西镇失事,遂追夺郜光先诰命。何其荒唐!"

"朝战结束,朝堂上生出许多说法。离开京城,倒也清净。"

"相比之下,谪柳州知府,虽然在数千里之外,也不为太过,当荣辱不惊。"

一阵风起,家屏止不住咳嗽了几声,浚初担心他坐得久了受累,便扶他起来回书房去。两个"小书童"过来收拾茶具。

住了几天,浚初要进京,家屏和他依依不舍,父子俩心里明白,这次离别极可能是诀别。家屏嘱浚初,路上要祭祀北岳。他老想陪沈鲤做北岳考,现在看来,此愿难遂。

浚初回京后告诉妻子,他要到柳州当知府,过两年回来接她和孩子们。他把公事交接清楚后,便直奔桂林府。

万历三十年(1602年)四月,朱赓派罗姓使者专程来告诉家屏,他被行取到京,入阁办事。家屏回书:

罗生使者至,恭谂台履清娱,窃庆天佑相师,太平之符于是焉。在而又自幸获延游息,得乘鳞羽之便,又及一奉起居也。卒卒不遑觍缕,惟是年来天灾物异,纷见迭出,而人心积玩,国事自惰,章疏留中以为常,卿寺虚席而不补,所急者惟矿金、店税与没官之产耳……奈何哉?杞人之忧如此,谅亦翁丈猷虑所及,诚不意主上聪明仁圣,我辈向所交口而颂尧舜之资者,一旦鲜终至此,每一追惟辄欲恸哭。所愿天启宸衷,幡然开悟。早征旧学,锐意图新。翁丈即抱道至高,宁忍不为社稷苍生一出?得见翁丈出者,弟病且死有余快焉。悬企,悬企,诚切,诚切!

朝鲜之事,依然非议多多。还有人说朝鲜战争胜于关白之亡。

万历三十年四月,邢玠又上疏,说:

……当时东事累奉明旨:"必使朝鲜一倭不留,方为全功。"今八道一倭不留,举全国而授之朝鲜,则东事昭如日星,五尺之童能辨之。查关白报亡于二十六年七月初,各倭败遁于十一月二十五日,若以成功归于关白之亡,则十月内中路失事何以在关白已亡之后?即使乘其亡而袭之、诱其来而俘之,亦兵家正法。况献俘疏内,明开平秀政以下五十四人系擒之阵上者。要时罗以下七人系各倭差来讲事者。夫时罢等于进兵之时假以讲事,故来窥探,明是奸细,岂可轻放?至于海中斩获各倭,系各岛各部之人,诸将何能熟识?势必凭生虏之供报,或以死为生,以生为死,乃其常态。而倭中亡命更多,沈惟敬之党多次书来尚不知为何人所作,中间寓何诡计,科臣以为字字皆真乎……伏乞皇上先罢臣,以谢言者,仍将打点一事敕下该部复勘,如毫有的据,愿伏斧钺之诛。

皇上下诏："这事已屡经科道部院查勘极明，朕所悉知，何用复勘。卿不必萦心苦辩。"

冯琦时任礼部尚书，引病乞归。奉旨："卿有疾，宜慎加调理，稍愈，即出供职。"

皇上又让萧大亨兼管兵部。萧大亨疏言："枢管重地，如臣衰老，不能代署。乞将所推兵部左右各侍郎，速赐简用。"不报。

沈鲤行取在途，再疏引疾乞回籍调理。不允。

万历三十年（1602年）五月，朱赓捐俸一年，助大工。优诏，报闻。

邢玠以人言十五疏陈情辞任。至是得允。

七月，沈鲤行取到京，入阁办事。

八月，李楠加升陕西按察使，仍旧管肃川兵备事。

九月，万世德卒于任。

十月，冯琦病危。

御史于永清和都给事中姚文蔚倾轧左都御史温纯。温纯上疏揭发他俩，语涉沈一贯。沈一贯疏辩，皇上将温纯本发下，让朱赓票拟。

朱赓题：

　　蒙发下温纯一本，参论于永清、姚文蔚……臣甚难票拟，欲降二官，则首辅之言不信于皇上，首辅必不自安，是促首辅之去矣；欲宽此二官，则都御史之言不行于僚属，都御史必不自安，是激都御史之去矣。二大臣者，皆国家之柱石，缺一不可。臣不能为皇上荐用一贤，而一举手之间，至动摇二大臣。臣何以自解于天下万世？且次辅鲤亦以都御史疏中微词，有关心迹，连日皆不进阁。夫心迹在微渺之间，犹且引避不出，若票拟出自臣手，明是臣挤首辅矣。意将何为，此臣所以宁死而不敢票也。况臣智识短浅，初自外至，与廷臣绝无私交，不知永清、文蔚果是何等人，遽一拟之，亦无以服其心。臣今日尚在是非毁誉之外，犹可直抒愚悃，为皇上分明之。明日即在是非毁誉之中，虽欲自明不暇，安能论他人之曲直哉？谨将原本封进，伏候上裁。

温纯告病不出。

沈一贯等乞皇上俯念纲纪总司无人，或亲谕即出，或发臣等票拟以请。不报。

万历三十一年（1603年），朝鲜国王李昖舍长立次。湛初代拟敕谕。

《拟敕谕朝鲜国王李珲》：

朕惟立国之道贵于自强，兵家之谋先于未战。尔国以文物奥壤，武备久疏，致狡寇启疆，几于倾覆。劳我师旅，戍守海隅。暴将士者七年，糜军饷以万计。尔前王光复土宇，再奠家邦。是朕有大造于东也。王以壮年缵承先业，固宜亟修战守，思患预防。兹倭警再传，失图是惧，无乃怵于积威，弛于积弱，而萎苶不振乎。朕为王计，当卧薪尝胆，简将厉兵，屯俯粮刍，精利器械。凡釜山濒海要害之地，皆深隍坚壁，置堠传烽。寇至，王躬擐甲胄，奖率三军，奋勇当先，灭此朝食，如勾践之报仇雪耻，顾不伟欤，若更倚惠天朝重屡封殖，则我师有跋涉之苦，尔国有供亿之劳。往事盖可鉴已。朕业命防海诸将吏，振旅诘戎，谨备不虞，遥为声援。王毋恃中国之灵宠，玩寇启侮，贻我邻震之忧，则王之茅土常安，而朕之藩篱永固，王其勉哉。

故谕。

湛初对中书舍人这份差事缺乏兴趣，思谋着到工部实实在在做事。浚初南下时，把京城的家事交给了他，大嫂和几个在京上学的弟弟、侄儿由他照应。

万历三十一年（1603年）三月，沈一贯、沈鲤、朱赓共著守成、遣使、权宜三论。

守成论曰：寿域宏开三十一载矣。四方无虞，国本大定。天下引领以为不逮尧舜者，独一矿税耳。名为收自然之利，实强搜于小民；名为悯加派之苦，实横剽于额外。皇上但见耳目之前，微有所利，不知眉睫之际，已迫大害。试思此物从何处来？聚之禁中，则成千成万，浑闲事耳？而当其收之于民，乃积厘成分，积分成钱，积钱成两，至于成十成百，然后乃千万，不知费几多捶挞，几多枷锁！鬻妻卖女，几多恓惶，折产破家，几多惨毒，而后得盈此数也。汉文帝有言：百金者中民十家之产。妄索天下万金，是伤天下十万家性命；妄索天下百万金，是伤天下百万家性命！凭怒逞忿，何所不为？

遣使论曰：皇上之驭中官也，明饰法纪，未尝少假辞色①。一有违犯，必罪无赦，虽日侍左右，久赐蟒玉者，莫不侧目而视，重足而立，简制之严，有如

---

① 辞色：言语和神色。

此，然天下不诵皇上之严，而言宠信太优，宽假太过，是徒见奉差小竖，纵恣贪暴，而遂掩皇上之鸿名，以流谤声，甚可惜也。

家屏在邸报上看了他们的"三论"，觉得三位辅臣是众望所归。

皇上会听他们的吗？

圣躬违和。沈一贯入宫问安。皇上说他病重，将不久于人世，泣陈时事，首罢矿税。沈一贯奉诏旨，报皇上。皇上说，还要释放囚犯。

第二天，皇上身体有所恢复，反悔昨日决定。沈一贯不得已，交出圣旨。温纯已颁示圣旨，萧大亨说刑狱事须再请示皇上。没几日，奉旨，不再释放囚犯。

冯琦一片赤诚之心，想让大明好起来，于病危之际，尚伏枕草疏，说："今日朝政未肃者，病在人情之惰；吏治未清者，病在士风之贪；君臣上下之睽者，病在形迹之疑；而其要莫急于收拾人心，故去惰在批发章奏；除贪在速补监司郡守；通君臣上下之情在去疑端，于事释疑根于心。而所谓收拾人心者，撤中使，止矿税也。"奏疏刚承上，即卒。中外惜之。

五月，沈鲤以病乞休，萧大亨以病乞休，温纯求去，王世扬以老母乞假归省。

张养蒙遣人告诉家屏，他也有乞休之意。家屏写信劝他不要乞休，作《答张元冲司农》：

山有猛兽，藜藿不采①，正人壮士，何可一日不在朝廷乎？当翁丈屡疏求归，业知枘凿难投，而薰莸不共器也。乃匪石之指，竟不可移此，于劲节贞标，果挺然尘表而莫肯，夙夜朝夕，朝廷之上，景象如何？嗟乎，比周盈庭，骄人好好，此辈良得志矣。党与成于下，主势孤于上，孰与郤晋文之席寝，淮南之谋也？闻去国之日，都门送者如堵，即舆厮走卒，咸重其行，以为忠直不容于朝，朝纲何由而正？夫使清议出于阎阖之口，朝廷尚有人乎！可为忾叹，高平使者，便附候起居，琴尊巾屦，知甚恬愉。第太行王屋之下，亦可使鄙人偿一晤之欢否？临风瞻慕不尽。

李植也要乞休，家屏修书《与李顺衡太仆》：

---

① 山有猛兽，藜藿不采：意指山上有猛兽，人们不敢去采野菜。

第六十九章　众老臣为家屏贺生　王阁老在山阴病逝

吾丈一忤权地，嘉遁十年。困比积薪，艰于转石。毁忠蔽信，时望郁如也。幸今风静波平，云开日出。端人登用，正气复伸。忝在知交，可胜忻舞。顾独念材之大者，不以小用；器之重者，不以轻投。是以合抱之木，可以栋明堂，不可以室鼠穴；干将之刃，可以剸犀象，不可以击粪壤之虫。吾丈贞固之节，以培养而益完；英锐之锋，以淬砺而弥炼。其为合抱、干将，更大且重矣。窃谓宜慎其用，与投者；而后可谐士论、镇物情。表往昔之无他，全功名于弗坠。倘或藩篱未剖，圭角犹存。顺风而呼，则传声者骇；登高而指，则见影者疑。况今国是筹张，人情险反。上厉威而莫测，下救过之不遑。激与随两无一可，惟有敬慎可以守职，简默可以防谗。此所以附书琢庵丈，欲吾丈无出言外之言、干事外之事。虽知门下所自待者甚大且重，而区区忠爱，一念则犹恐其小用而轻投耳。伏荷采葑，不罪狂僭，而琢庵丈书来，亦盛称门下执持有"不犯其锋，不入其党"之语，审然即圣贤立身行已之道，无以加。兹如此，而士论有不归，物情有不协，功名有不盛，主眷有不隆，不佞请伏妄言之罪，永自绝于门下，所甘心焉。

时任楚王府镇国将军的朱华绩派人上告，说朱华奎不是楚恭王的儿子，不能继承楚王的位置。

分析此案，沈一贯和沈鲤产生意见分歧。两人分别上疏求去，宅在家中不出。朱赓以为首辅、次辅求去，总为楚事。楚藩之事一决，则议论自息，二臣不容不出，请皇上简发礼部会议以定。不见皇上有什么反应。

沈一贯给家屏修书一封，说他也要像家屏一样求去，家屏忙回书规劝：

弟三十年于几研之侧，不能为谀，而喜为戆，翁丈所稔知也。使翁丈飘然之思，义可自遂，弟固当劝之，岂应阻之？君臣之际，僚友之间，事、势、人，情义固大，有所不可也。翁丈试思，向来捐身、捐官以幸有今日者，何心？十疏百疏，推达二公者，何心？皆一念忠诚、体国求贤、共济之心也。善作者欲善成，善始者必善终。当艰危之时，独任其重，而无苦颜；值宁帖之候，参秉其成，而有违志？无！论非朝士大夫之心、非主上之心、非二公之心，即翁丈之心，亦有不能恝然①者耳。来书谓钱若水后有弟，弟非能学若水者，即若水急流勇退，亦见得太宗有轻忽辅臣之

---

① 恝然：漠不关心、冷淡貌。

意，故欲去。弟鄙见偶与之合，所以悻悻求退，而主上不予留也。夫安得不行？若翁丈，今日主上之眷倚，既笃二公之孚契又深，正宜一德和衷，协襄泰运，为海宇生灵造无疆之福，而可轻言去耶？乃沾沾慕两疏、羡若水之为人，不置岂两疏贤于五臣？而阿衡事业反当在若水下耶？时殊、势殊，委任权力又殊，不可谓两疏、若水非高人，而何可执以为定迹也。龙江①、金庭②二公，我辈三十年肝胆洞然之交，其心事青天白日，可百口保其不负翁丈者。稍有异同，意见之间，毫厘之差，而酸咸甘苦，正可赖以互济者也。二公各一味，翁丈以无味和之，仁且收调鼎之功。弟草野之下，与沾其膏馥焉。慎无使操刀执矍者，得乘隙，而水火其中，此于害公悚不细矣。有味哉，翁丈大章不立党之说也。此言一出，而相度休休，天空海阔，其何所不盖容，亦何所不宣畅。小群悉涣，而为大群矣。快服快服，愿永坚此心，与二公交相印证，无便纤芥参之。弟当于山间司盟府之载书焉。盖弟在政府时，无他长。惟不植私交，不泄禁中语，与姑苏、新安、太仓无枘凿也。是则，退而可以无怍者耳。故愿翁丈与二公之交好也。盖正人进者，治之机；而正人合者，尤治之机也。弟曾与二公书，有同舟期于共济，推车主于必行之说，敢并以闻。

腊月过罢十五，一天夜里，家屏梦见和马自强应制题《献芹献曝图》，醒后，他将梦中写的两首诗抄于纸上。《梦同马文庄公应制题献芹献曝图二首时病革》：

其一
秋圃柔芹脆可茹，偏思登豆献君厨。
悬知御食饶芬苾，玉薤金茎作弃余。

其二
陟倚茅檐向日暄，春阳烘背欲装绵。
何当捧上明光殿，和气长依尺五天。

万历三十一年（1603年）十二月二十一日，家屏卒于家。

---

① 龙江：沈鲤，字仲化，号龙江。
② 金庭：朱赓，字少钦，号金庭。

第七十章　浚初湛初整理遗著
　　　　　维桢向前写跋作序

浚初初到广西，去见巡抚杨芳。杨芳大惊，居然把一位资深内阁中书舍人派来任柳州知府。柳州那边内乱刚平，又有瘴气，他能待得住吗？杨芳将一本他编写的军事兵防宝典《殿粤要纂》送与浚初，一来让他通过这本书熟悉柳州乃至全广西的情况，二来让他为此书提修改意见。

浚初认真读了这套书，就书中内容和杨芳进行探讨，二位成为书友至交。

一次浚初生了病，杨芳前去看望，劝浚初娶个侧室，好照应他的生活起居。浚初坚决不肯，从此，杨芳更加敬重浚初。

浚初任柳州知府第二年，杨芳催促他回京探亲，动员他把家迁来，这正合浚初的心愿。

万历三十一年（1603年）春节前，浚初回京，准备春节后回山阴看望家屏。就在此时，从老家传来家屏逝世的噩耗。浚初上奏疏，报与朝廷。

皇上闻讣，为之辍朝，震悼，说："此朕旧学……骨鲠臣。敕赐祭葬如一品礼。遣行人往营葬事。特赠少保，荫一子，予谥文端公。"

朝廷发告示：

> 原任大学士王家屏卒。家屏大同山阴人，隆庆戊辰进士。改庶吉士，历官詹翰，徭日讲官，特简内阁。寻丁外艰归，上虚位。起之后，以争册储事，乞罢。至是，卒于家。讣闻，赐祭葬如一品礼。赠少保，谥文端。荫一子。屏器局博大，操履端严，正色立朝，临事有执。家居卜墅远郊，贞不绝俗。论者谓其忠诚体国，抱大经济不及尽展，以致太平有余思焉。

另一篇述其经历，篇尾云："屏常言曰'大臣不爱爵禄，小臣不畏诛罚，事宜有济世①'，以为名言。"

浚初上《请并祭合葬疏》：

> 臣父王家屏……于万历三十一年十二月二十一日病故……奉圣旨：王家屏准照例与祭葬。系是首辅，仍加祭四坛。还与他谥。钦此。圣恩高厚，泽及泉台。臣父有知，实衔结地下……但念臣前母、累赠淑人霍氏，臣母、累封淑人李氏，皆先臣父奄逝。缘臣父病废草野，未敢佻冒恤恩。至今薰葬荒阡，久虚封树。今臣父幸蒙渥典，赐兆加箠，而臣二母不获偕沾俎豆之荣，并荷盖帷之赐，臣乌鸟私情，曷能但已？辄敢不避烦琐，冒昧控祈？臣谨按恤典条例一款：文官二品，妻未封夫人者，不准与祭。又一款：讲读官三品祭得及其妻。臣母霍氏、李氏虽未授夫人封赠，而臣父久侍讲幄，臣母实在三品，应祭之……伏望圣慈垂悯，敕下礼部，复题照例与祭，合葬。庶天恩浩荡，伉俪偕沾，泉壤增辉，幽明共戴矣。臣无任陨越，待命之至。为此具本。

皇上准家屏合葬。

浚初向吏部请假回山阴为家屏奔丧，按制丁忧。又上《谢恤典疏》：

> 臣父王家屏在籍病故，伏蒙圣慈垂愍，恤典优隆，兼准臣母赠淑人霍氏、封淑人李氏，并祭合葬……伏念臣父王家屏委质清朝，遭逢圣主。十年讲幄，忝执经荷橐之班；六载纶扉，任补衮调羹之责。误承高厚，靡效涓埃。累疏乞骸，幸荷生全之德；十行赐札，载屋存问之议。福过灾生，恩深命薄。桑榆景促，滥修夜之不晨；薤上露晞，岂太阳之可照。何图枯朽，犹在嘘濡。伏蒙皇上追思簪履之遗，特举盖帷之典。谕守臣而致祭，丝纶并诔缟綦；遣专使以营茔，坊斧偕藏伉俪。三孤峻秩，锡身后以殊荣；一字崇褒，概生平之完节。至于延世之赏，尤属非分之叨。礼备浃于幽明，感宁间于存殁。生捐顶踵，殁化草环。伸乌鸟之私，竭犬马之报。臣无任感激，哀鸣之至。为此具本。

---

① 大臣不爱爵禄……事宜有济世：大臣不爱官爵和俸禄，小臣不怕责罚和惩治，他们处事时方能以救世济人为重。

皇上作祭文两篇：

　　皇帝遣山西承宣布政使司右参政李芳，谕祭礼部尚书兼东阁大学士赠少保谥文端王家屏，并累赠淑人霍氏，累封淑人李氏。曰：惟卿行履端芳，风度凝远；经纬启沃，一德孚交；史局编摩，三长擅誉。由翰学宫詹之历试，更襄宗赞计之诸繁。夙夜惟寅，谋猷必告。朕心简在，妆翼惟贤。既而大政晋参着休休之度，揆阶首陟频输謇謇之贞。矢谟如泉，补牍甚勇；抱心匪石，临流决辞。出处有似乎天民，去来何迫于日暮！鹤书虽赴，环诏犹稽。何惊驹隙之哀，终鲜云龙之会。悯兹良辅，因念好逑。勋庸不罄于生前，恩恤宜隆于身后。祭筵加副，式共歆承。
　　惟万历三十一年岁次癸卯十二月癸未朔越二十四日丙午。
　　皇帝遣山西承宣布政使司右参政李芳，谕祭礼部尚书兼东阁大学士赠少保谥文端王家屏。曰：惟卿来为柱石，去沧星辰。直道而行，未究施于霖雨；英灵犹在，将陟降于云霄。念首七之遄临，知再来之何日！用颁谕祭，抒此怀思。终七易"首七"为"终七"，百日易"首七"为"百日"。文同。
　　惟万历三十一年岁次癸卯十二月癸未朔越二十七日己酉。

沈一贯作《礼部尚书兼东阁大学士赠少保谥文端对南王公暨配李淑人神道碑》：

　　天生圣人，为万历皇，有赫中兴；爰畀上佐，传之八翼，扪焉而升；西清燕闲，诵说虞周，可咸可登；在天左右，跂而视地，其直则绳；宗社大计，万喙合鸣，扣阍莫应；公为史丹，伏蒲①引义，涕流濡膺；臣谓明主，可以理夺，非间可乘；言而见吐，臣罪靡原，无羞凝丞；天子葬之，虽游赤松，翼云飞腾；前耀辉煌，鸾书驿来，慰余股肱；虽不久留，犹身睹之，丹心有凭；圣涯天悠，臣谟日皎，振古无朋；我勒铭词，丽牲之珉，永公之称；寥寥千载，讯签与宰，将兹焉征。

---

① 伏蒲：典出《汉书·王商史丹傅喜列传》。汉元帝欲废太子，史丹候帝独寝时，直入卧室，伏青蒲上泣谏。后以"伏蒲"为犯颜直谏的典故，咏忠臣直谏。

朱赓作《礼部尚书兼东阁大学士赠少保谥文端山阴王公墓表》：

……公之在讲筵也，上时时注视。一日谓左右曰："王讲官举止详而视履正，端人也。"……扈从视寿宫至大峪山，召对幄次，赞定吉壤。又明年，以风霾偕同官条上病民四事，若织作陶型之属，请一切宽减……上虽听公去，然心知公忠精。既去之三年，而皇长子出阁讲学。又六年，大典告成……公之生平，海内所知，上以两言尽之，曰"端人"，曰"忠爱"……大礼迟速之间，宽以容公之直；听公之去，以遂其高；卒之身退而言用，眷隆礼备，始终无两……公与人极夷易，至其守成深，坚屹不可动。江陵公①之败籍，其交游书疏公只字不关，其间蒲州公②继秉国，时时规劝，多所裨益于时，惩前政之覆也；方务恢绰而朝士多用诡激为声，公引大义委曲调剂，卒成和衷之美。迨居铉席③，开诚布公，正色侃辞，庶士敛服。终公在位，无烦言也。……公博学多通，而雅不欲以文章自名……

于慎行作《祭少保王文端公文》：

龙门派衍，雁塞灵甄。委和储祉，翊圣生贤。秉资笃允，毓质冲渊。德为士轨，觉在民先。遐苞艺苑，博总言筌。经术尔雅，文章焕然。云逵鸿渐，天路鹏骞。洛阳三策，平原万言。簪羽近班，珥彤密职。宝笈朝披，青绫夜直。泊简师臣，凤登儒硕。石室启函，金华布席。入觐明星，出当昃日。礼逾三接，谟该六籍。正色吐辞，沃心效画。皇为改容，虚衷以逆。晋参邦礼，旋贰天卿。雍雍其度，侃侃其诚。朝廷揆路，帝赉元英。匪梦匪卜，是协舆情。国维溃决，士议纵横。调之以虚，镇之以贞。苦口奏药，别味和羹。五辰既正，庶绩其凝。震器有归，储闱未建。外心颇觖，内言欲煽。众喙盈庭，天威所谴。公伏青蒲，谔谔以谏。陵懑不阿，黯直见悍。纳笏前阶，牵裾后殿。累疏弥时，竟违圣眷。洁已非心，希名岂愿。运关隆替，身系重轻。裴耽绿野，谢寄苍生。译鞮问貌，妇孺知名。孤忠见亮，鸿典竟成。玄纁临问，蒲轮戒迎。望盈海寓，位悬保衡。公胡不待，乘云

---

① 江陵公：指张居正。
② 蒲州公：指张四维。
③ 铉席：三公之位。

上征。时维季冬，弧辰甫越。酌斗歌阑，醑觥涕屑。驿音上闻，宫悬命彻。乃召内史，陈词遣醊。将作鸠工，斧封其穴。崇号况荣，徽称表烈。皇恤既隆，士悲未慭。市罢讴谣，路捐环玦。齐婴郑侨，遗思永结。于乎哀哉。

公之器度，万顷渊洁。公之品地，千仞孤骞。煦颜阳蔼，素节霜严。辽九冈滞，庖刃无前。福钟纯嘏，期非小年。锡美之数，并凯齐元。岳渎古地，尾箕在天。有形者化，不朽者延。念本鲁狂，早随艺馆。合志绸缪，半生缱绻。退则埙篪，进而推挽。予方东归，公亦西返。间阔虽深，音徽未缅。不悟一朝，幽明遂远。素轸涂绵，丹衷幅短。呒笔神伤，拭巾泪满。于乎哀哉。

浚初请他的好友董复亨写《大学士对南山阴王公墓志铭》：

云并之间，昴毕分野，七宝五峰，盘礴南下，人文苞孕，千年未吐，宋唯毕公，公今继武，公之心事，月白风清，公之器宇，川静岳停。贾董文章，富韩经济。讲筵侃侃，受知于帝。帝曰良弼，侍予左右。先后匡躬，謇谔匡救。储议纷纭，公独疑悯。虽忤帝旨，终定国本。归休山右，人仰东山。新法嗷嗷，日望赐环。继拜储诏，阴馆之里。仰天跪呼，臣死可矣。逾岁告灾，星流云淡。黄鸟有悲，青史无恨。帝念鱼头，吾之旧学。褒邮录荫，礼崇恩渥。予常目公，殆庶王佐。文端易名，千古不磨。郁葱佳气，桑干之阳。偕两淑人，于焉徜徉。施及子孙，永世匪懈。石马秋风，望之下拜。

浚初给邹元标修书《上邹南皋总宪求文启》以求文：

伏念先君，束发立朝，矢心报国。十年讲幄，微呈启沃之劳；六载纶扉，颇效赞襄之力。祗以执争储议、申救谏臣、封还内批、致干严谴。身居草野，心不懈于忧天；望绝京朝，志弥殷于向日。行吟楚泽，形容殆类三闾；返驾商山，羽翼谁知四皓。怵雷霆之未霁，嗟朝露之易晞。祭以大夫，葬以大夫，漏泽幸沾于宰木；生我父母，鞠我父母，永思莫慰于伊蒿。承家总愧箕裘，褒德惟希华衮。伏遇门下：两间正气，一代真儒。射策彤庭，应卿云而升甲；摅猷黼扆，对赤日以盟心。墨缞忍出空桑，人骨无父之国；白简严于磬竹，独干震主之威。予杖投荒劲节濒危，履尾赐环，补阙纯忠。益切批鳞鸿达，正渐羽仪；龙卧久屯，膏泽高悬。藻鉴百代之人物，尽属品题独运；彩毫千古之文章，咸归润色世举。荣其月旦畴永誉于春秋。惟我先君，实公旧友。譬诸草木，同味相投；若彼蓬麻，不扶自直。追后先而引去，遂生死以长辞。进伯玉于朝，莫遂史鳝尸谏；表延陵之墓，妄希尼父手书。敢竭乌私，特干鸿制。人惟贤而取节，寸长片善弗遗；美必信而后传，微显阐幽是急。士伸于知己，一语千金；言出于大方，单词九鼎。精魂未沫，应衔不朽之施；血胤尚延，永戴难名之德。

谨启。

邹元标作《王文端公墓碑铭》。

万历三十二年（1604年）六月二十七日，家屏逝世半年，皇上又颁制书一道：

奉天承运，皇帝制曰：国家优崇元僚，具有定体，独于谟明弼谐之臣，不二心而有完节者加隆典焉。匪曰酬劳，以尚德也。尔原任礼部尚书兼东阁大学士王家屏，才猷宏裕，志行贞纯。载笔词垣，纷球琅之在序；横经讲幄，俨蓍蔡之当前。遂简命为腹心，征人情于梦卜。于风流波荡之际，屹中立不倚之操。直道而行，正色匪躬之节；有谋必告，披忠逆耳之言。虽经纶未竟于康屯，乃出处何惭于素履。尚冀密云之复雨，何知长夜之不晨。朕不负卿，特殷懋典，生有懿行，死当易名。勤学好问曰文，守礼执义曰端。系此嘉称，非人莫授。兹特赠尔为少保、谥文端。赐之诰命。于戏！君臣之际，始终为难。遗直兴思，哲人易萎。庶有闻于永世，亦写余之深衷。如在英灵，尚兹歆领。

御修的王家屏墓于万历三十二年秋后竣工。浚初弟兄几个在万历三十二年十一月八日为先考妣在"桑干之阳"的墓地举行合窆之仪。皇上遣山西承宣布政使司右参政陈所学前来主持，宣读皇帝所作祭文：

皇帝遣山西承宣布政使司右参政陈所学，谕祭礼部尚书兼东阁大学士、赠少保谥文端王家屏，并累赠淑人霍氏、累封淑人李氏。曰：惟卿股肱贤辅，中外具瞻；自许朴忠，独持完节。践青云而伏郁，抱明月而长终。已届藏舟，有偕同穴。葬典式备，谕祭再加。不昧忠魂，尚其歆服！

第七十章　浚初湛初整理遗著　维桢向前写跋作序

惟万历三十二年岁次甲辰十一月丁丑朔八日甲申。

家屏殁一周年时，皇上再作祭文：

皇帝遣山西承宣布政使司右参政陈所学，谕祭礼部尚书兼东阁大学士、赠少保谥文端王家屏。曰：惟卿今之元老，古之大臣，全名已保于终天，修志未输其百一。朕心哀悼，久而不忘。日月如流，遽逢改火。生不逮于陪鼎，殁其享于加笾。再周易"遽逢"为"再逢"，禅日易"再逢"句为"禫除"，已届文同首。

惟万历三十二年岁次甲辰十二月丙午朔越二十一日丙寅。

浚初和湛初在丁忧期间开始整理家屏遗著。

丁忧期满，浚初回京。吏部没有让他再赴柳州，留中书省管事。浚初觉得这样也好，原因有二，一是柳州知府那个位子上已另有他人，二是留作京官便于完成父亲生前嘱托的事。

浚初先后整理出《王文端公诗文》《王文端公奏疏》和《王文端公尺牍》三套书、共十四卷先后付梓，盛以弘、沈珣、韩爌分别为之写序。称先生襟宇巍峨，其韵闳远，如黄钟大吕；趋操凝典，其格庄重，如商彝周鼎；诣德纯粹，其度雍雅，如冠冕士铿然鸣玉于廊庙之上。全牍非经济之绪言，即禔修之箴诲。不以竿牍视，而以典训求。每篇皆可诵可法。"先生直疏严正如宋广平；清真励俗如杨公权；面报廷诤，耻其主不若尧舜如魏玄成。忠心为质，知无不言，至黜谪贬死而不避如陆敬舆。总之，先生所谓社稷臣，非人臣也。于乎，可以为端矣！"

万历三十四年（1606年）七月，沈鲤、沈一贯去位，朱赓独当国，时已七十二岁。

万历三十五年（1607年）五月，皇上诏于慎行、李廷机、叶向高三人，并为礼部尚书兼东阁大学士，参预机务。于慎行疏辞，不允。他到任不久，卧病不起，数日后卒。李廷机连章疏辞，不允，杜门不理事。朱赓于万历三十六年（1608年）屡次因病乞休，皇上不允，十一月卒于官。叶向高独相守内阁。

浚初和湛初一直在收集家屏作品，又将另二十六卷和原付梓的三套十四卷合编成共四十卷的《复宿山房集》。李维桢、叶向高分别为《复宿山房集》写序。

《金瓶梅》也由他俩加序，和"笑笑生""欣欣子"一样，都用化名。

付梓后,有叶向高写的跋:

《金瓶梅》传为世庙时,一巨公[①]寓言,盖有所刺也。然曲尽人间丑态,其亦先师不删郑卫[②]之旨乎?中间处处埋伏因果,作者亦大慈悲矣。今后流行此书,功德无量矣。不知者竟目为淫书,不惟不知作者之旨,并亦冤却流行者之心矣。特为白之。

廿公[③] 书

有李维桢写的《金瓶梅序》:

《金瓶梅》,秽书也。袁石公[④]亟称之,亦自寄其牢骚耳,非有取于《金瓶梅》也。然作者亦自有意,盖为世戒,非为世劝也。如诸妇多矣,而独以潘金莲、李瓶儿、春梅命名者,亦楚《梼杌》之意[⑤]也。盖金莲以奸死,瓶儿以孽死,春梅以淫死,较诸妇为更惨耳。借西门庆以描画世之大净,应伯爵以描画世之小丑,诸淫妇以描画世之丑婆、净婆,令人读之汗下。盖为世戒,非为世劝也。余尝曰:读《金瓶梅》而生怜悯心者,菩萨也;生畏惧心者,君子也;生欢喜心者,小人也;生效法心者,乃禽兽耳。余友人褚孝秀偕一少年同赴歌舞之筵,衍至《霸王夜宴》[⑥],少年垂涎曰:"男儿何可不如此!"褚孝秀曰:"也只为这《乌江》[⑦]设此一着耳。"同座闻之,叹为有道之言。若有人识得此意,方许他读《金瓶梅》也。不然,石公几为导淫宣欲之尤矣!奉劝世人,勿为西门庆之后车,可也。

万历丁巳季冬东吴弄珠客[⑧]漫书于金阊道中。

---

① 一巨公:指王家屏。
② 郑卫:古称郑卫之俗轻靡淫逸,借指风俗浮华淫靡的地方。
③ 廿公:叶向高的笔名。
④ 袁石公:隐指王锡爵,字符驭,号荆石。袁石音元石,取其字中元、号中石,故以袁石隐其名。
⑤ 楚《梼杌》之意:指楚人用"梼杌"命名史书。"梼杌"本义是树木横断之后剩下的桩子。
⑥ 霸王夜宴:指《千金记·夜宴》,明代沈璟编。《夜宴》是其中第十四出,演项王自鸿门宴罢归来,虞姬早已安排夜宴,以待通宴之乐。
⑦ 《乌江》:指《千金记·跌霸》。《千金记》第四十出《问津》和四十一出《灭项》,舞台演出将这两出合为一出,称《跌霸》或《乌江》。
⑧ 东吴弄珠客:指李维桢,湖北京山人。

浚初和湛初合写《新刻金瓶梅词话》：

词曰：

阆苑瀛洲，金谷陵楼。算不如茅舍清幽。野花绣地，莫也风流。也宜春，也宜夏，也宜秋。酒熟堪酎，客至须留。更无荣无辱无忧。退闲一步，着甚来由。但倦时眠，渴时饮，醉时讴。

短短横墙，矮矮疏窗。忔渣儿小小池塘。高低迭峰，绿水边傍。也有些风，有些月，有些凉。日用家常，竹几藤床。

靠眼前水色山光。客来无酒，清话何妨。但细烹茶，热烘盏，浅浇汤。

水竹之居，吾爱吾庐。石磷磷床砌阶除。轩窗随意，小巧规模。却也清幽，也潇洒，也宽舒。懒散无拘，此等何如？倚阑干临水观鱼。风花雪月，赢得工夫。好主心香，说些话，读些书。

净扫尘埃，惜耳苍苔。任门前红叶铺阶。也堪图画，还也奇哉。有数株松，数竿竹，数枝梅。花木栽培，取次教开。明朝事天自安排，知他富贵几时来。且优游，且随分，且开怀。

四贪词：

酒：酒损精神破丧家，语言无状闹喧哗。疏亲慢友多由你，背义忘恩尽是他。切须戒，饮流霞，若能依此实无差。失却万事皆因此，今后逢宾只待茶。

色：休爱绿鬓美朱颜，少贪红粉翠花钿。损身害命多娇态，倾国倾城色更鲜。莫恋此，养丹田，人能寡欲寿长年。从今罢却闲风月，纸帐梅花独自眠。

财：钱帛金珠笼内收，若非公道少贪求。亲朋道义因财失，父子怀情为利休。急缩手，且抽头，免使身心昼夜愁。儿孙自有儿孙福，莫与儿孙作远忧。

气：莫使强梁逞技能，挥拳捋袖弄精神。一时怒发无明穴，到后忧煎祸及身。莫太过，免灾迍。劝君凡事放宽情，合撒手时须撒手，得饶人处且饶人。

沈一贯和沈鲤同龄，他俩八十岁那年，连同申时行存问。

浚初写《拟存问大学士申时行敕谕》：

朕闻玺书加赐，用表尊贤。袒割为仪，尤隆养老。盖德与年而弥邵，斯恩并礼以兼优。乃眷耆英，宜加异数。卿才为世出，觉在民先。射策而魁大廷，执经以侍旖厦。宫僚振采，台席浉登。时当操切之余，力挽和平之福。耻一夫有不获，协四辅以同心。非尧舜不陈于前，人或疑其过直；有谋猷则告于内，朕独鉴其纯忠。转移在靓密之中，燮理超亭毒之表。调元赞化，握大匕于纶扉，尊主庇民，展弘猷于鼎铉。方深毗倚，遽尔乞归。一德相成，念阿衡之训甲；万年交祝，喜维岳之生申。寿届八旬，人赓九罭。功烈已跻，平格彝章。式启尊崇，兹特遣行人司行人李白荣赍勑存问，仍赐银五十两、大红纻丝蟒衣一袭、彩段四表里，以示眷怀。于戏！师尚父八十余年，犹承后载；郭令公二十四考，尚在中书。岂以洛社之清娱，遂辍虞廷之喜起。伫膺环召，用慰舆情。

　　钦哉。

浚初写《拟存问大学士沈鲤敕谕》：

　　朕惟用人求旧，乃喆后之芳规；宪老乞言，实明时之盛典。矧重望凤瞻岩石而高年举颂冈陵，宜锡旌纶，用彰渥贶。卿纯衷天植，素履霜严。珥笔鸾坡，即游夏之辞可赞；横经虎观，非尧舜之道不陈。爰自旗帷，延登揆路。清操如杨绾，坐镇有余；正色若王曾，立朝不倚。何意小群之未涣，致令大老之孤睽。当风波震撼之中，迨雨雪睍消之后。劲节不回于百折，高名勇退于一辞。凤翔千仞之巅，畴不钦其仪采；龙卧五云之上，世共仰其清娱。已逾尚父之龄，正敛箕畴之福。眷兹耆硕，载举彝章。特遣尚宝司司丞蔡毅中斋敕存问，仍赐银五十两、大红纻丝蟒衣一袭、彩段四表里，以示眷怀。于戏！临雍拜老，代修袒割之仪；虚席延贤，时下安车之诏。五百年有名世，毋负经纶；八十者杖于朝，尚需辅弼。朕将谘于黄发，卿益竭其丹衷。

　　钦哉。

浚初写《贺申瑶泉相公存问启代》：

　　伏以天开平格，八旬启令德之符；帝念耆英，九锡重元勋之报。宠崇弥邵，庆洽无强。恭惟老师门下：纲领儒绅，岩瞻师席。酌斗柄之元气，调燮路之和平。举世清夷，干济功昭于揭日；得君喜起，转移力大于回天。方承眷倚于干玄，遂请投闲于震泽。功成身退，去宠辱而不惊，性定神全，望期颐而直上。寿登大耋，恩霈非常。诏裁涣密勿之丝纶，使命贲皇华之旌节。几杖尤超于往箓，彩珍聿重于彝章。盖唯国有老成，久系苍生之望；是以帝嘉寿考，尚需黄发之询。善事无双，欢声吹万。某顾循愚陋，猥辱甄陶。得侍门墙，幸仪形之如昨；叼承馆阁，逢宪乞之在兹。敬勒芜笺，恭陈椿祝。愿言多福，有永大年。沆瀣餐和，眉寿绵长于凤历；薇垣赞化，肤功益耀于麟图。

谨启。

浚初写《贺沈龙江相公存问启代》：

伏以星弧纪瑞，式开多寿之嘉祯；天绛疏荣，更荷问年之渥典。欢孚冕笏，庆溢纮埏。恭惟门下，劲节严凝，精忠笃棐。才裕经纶而独运，气全刚大以常伸。久历宫寮，端重力回躁竞；延登台席，光明凤远金壬。庶期海岳之清宁，无奈风波之震撼。身依我后，忍辞辅弼以归田；心对皇天，冀悟臣邻而去国。隐居十载，丕膺保佑之重申；寿逾八旬，肆启萦怀之特眷。金绮交辉而远锡，俨修旷典于临雍；旌车相映以惠存，共睹隆恩于宅洛。未许琴书之逸老，应来斧扆之尊贤。福禄康宁，已总纯厘上；寿明良喜，起正逢景运。中兴某赋质庸疏，受知特达。念惟伴食，负推毂于当年；孰是调羹，望赐环于此日。敬陈葵藿，虔祝松桩。伏愿上相还朝，九罭赓东人之赋诵；修龄祚国，千秋仰南极之光华。

谨启。

万历四十二年（1614年），黄凤翔卒。
浚初写《拟原任南京礼部尚书赠太子少保黄凤翔诰》：

……尔原任南京礼部尚书黄凤翔，策名上第，振采词林。编摩秘金匮之藏，模范著辟雍之誉。升华东禁，宠迈陪游。视篆北门，班崇顾问。擢参天部，拔贤路之泰茅；陟首春曹，浚祥源之丰苣。杜蚌萌于集菀，震器攸宁；决勇退于赐环，遁思莫挽。暂遂冥鸿之适，俄闻吊鹤之凶。爰霈新恩，用彰旧德。兹特赠尔为太子少保，赐之诰命。于戏，华贯动星辰之色，秩亚三孤；衮褒严月旦之评，荣需一字。迟予后命，慰尔初心。

万历四十三年（1615年）六月，沈鲤病逝，浚初写《拟原任少保兼太子太保礼部尚书文渊阁大学士赠太保谥文端沈鲤诰》：

……尔原任少保兼太子太保、礼部尚书、文渊阁大学士沈鲤，乾坤正气，伊洛真儒。以淡泊宁静之衷，励刚毅端方之守。历升华贯，爵禄不入于心；迢陟台垣，经纶出自其手。盐梅素具，足用和羹。姜桂性殊，难谐世味。时方丑正，履虎尾以危身；自许朴忠，批龙鳞而悟主。诚可孚于巷遇，志已决于林居。耽十年白社之娱，系四海苍生之望。玺书存问，伫待赐环；遗表进规，惊闻易箦。人百身其莫赎，悼失典刑；朕一老之不遗，痛违硕德。是用赠尔为太保，谥文端，赐之诰命，于戏。三公峻秩，俨跻论道之崇阶；一字荣褒，允合易名之大典。歆兹紫绋，贲乃黄垆。

又写《拟谕祭原任少保兼太子太保礼部尚书文渊阁大学士沈鲤文》：

惟卿天赋孤忠，人称遗直。效编摩于史局，摅启沃于经帷。历宫寀而首词垣二春卿而佐铨部迨正秩宗之席，遂宣参政之麻毗予一人，表兹百辟。巨川可济，奈携志于同舟；在险无虞，惟积诚之盈缶。三至不为投杼，一辞骤尔抽簪。久娱洛社之琴尊，伫起东山之杖屦。何图薤露，遽彻枫宸。悼失元僚，载颁异数。箴曩宠锡，兼营坊斧之封；箕尾遐升，犹壮山河之色。如存肸蠁，式克灵承。

又写"首七"文：

惟卿性资朴茂，学术真醇。词华媲美于云章，行谊推高于月旦。黄阁之勋犹未竟，苍生之系望弥殷。胡不百年，遽逢首七。特颁祭典，用写哀衷。

又写下葬文：

惟卿黼黻宏才，纶伟抱。悦安社稷，望重岩廊。明哲保身，当急流而勇退；逍遥任运，诎长算于修途。兆卜牛眠，封如马鬣。奠兹椒桂，以贲松楸。

又写期年文：

惟卿三朝耆硕，一代伟人。起自田间，延登揆席。方资论道，未克蒇功。遽为阆阖之游，不待丘园之赍。期年已届，往日弥增。歆此加笾，慰余轸结。

沈一贯于万历四十三年（1615年）卒。浚初作《祭沈龙江相公文》：

嵩岳钟灵，洪河毓秀。笃生伟人，亭亭宇宙。蜚英南省，射策彤庭。鸾坡视草，虎观横经。惟我先君，词林接趾。直若依麻，熏如渐芷。肆跻宫案，洊陟春卿。叨陪典礼，擅誉寅清。纶阁登贤，人惟求旧。公与先君，金瓯名覆。先君麻拜，为公前驱。方虚左席，遽返故庐。公未赐环，先君赐玦。癸巳廷推，祸机脆脆。迨公宅揆，翼龙飞天。一蛇失处，尺蠖重渊。槁木寒灰，殷勤推毂。爰迁柄臣，眈眈侧目。祈死得死，先君即安。皤然一老，正色朝端。崇作短狐，含沙射影。清议昭昭，丹忠耿耿。风雷示儆，雨雪晛消。主恩虽笃，臣义不挠。朝叩枫宸，暮旋梓里。共美冥鸿，高踪莫儗。在险得出，辞荣得归。谁如公者，先君庶几。河东晋公，洛中司马。国恃典刑，人称大雅。先君望七，秋蒲早凋。名位并诎，寿算匪饶。孰与上公，年踰八帙。光奉玺书，日有加秩。方期难老，倏返蓬瀛。计闻当宁，哀与荣并。赐兆加笾，节惠不朽。制册辉煌，勒之琼玖。通家犹子，凤荷帲幪。梁木其坏，莫写忧忡。千里缄词，临风遥奠。鹤驾鸾骖，仿佛如见。尚飨。

李桢卒，浚初写《拟谕祭原任南京刑部尚书李桢文》：

惟尔秀毓西秦，学宗东鲁。起家卓异服采惠文。方比触于神羊，倏斥鸣于仗马。肆膺环诏，洊授节旄。泽国赖以拊循，霜台资其振肃。持筹计部，化诎为赢；借箸戎枢，排封主战。偶因萋菲，暂适林皋。迨陟留卿，力谢爰鸠之命；何期逭客，竟传赋鹏之音。载举笾罍，兼营窀穸。尚承渥典，用妥幽魂。

麻贵卒，浚初写《拟谕祭原任镇守辽东总兵官、后军都督府右都督麻贵，并妻赠一品夫人沈氏文》：

惟尔勇冠三军，身经百战。乃由偏裨，洊历元戎。制表饵以唼名王，三云按堵；属橐鞬而擒叛卒，西夏攸宁。追仗钺于全明，屡骞旗于沙漠。提师海岛，驾鼍鼋以戮鲸鲵；返斾辽阳，拥貔貅而殪犬豕。勋垂竹帛，恩及缞绖。方遂角巾，遽闻属纩。荣疏桃茢，羞涧沚以加笾；宠赍松楸，象祁连而起冢。英魂如在，渥典宜歆。

又写下葬文：

惟尔束发从戎，矢心报国。空庭横海，咸推汗马之奇勋；砺山带河，伫受封侯之上赏。云台未筑，夜壑遽归。及尔笄珈，窆兹坊斧。永延庆泽，用妥幽魂。

又写百日文：

惟尔世继簪缨，家传韬略。摧锋陷敌，戎行多斩馘之功；挟纩投醪，战士奋腾骧之勇。累移重镇，未敉殊勋。祔牌方切于禁中，裹革不忘于阃外。已悼失赐环之命，宜宠颁加豆之荣。用慰英魂，永延庆泽。

万历四十八年（1620年）七月廿一，皇上驾崩，八月初一，朱常洛登基，年号泰昌。在登基诏书中有这么一条："建言废弃、并矿税诖误诸臣，已奉遗诏酌量起用，其有事关国本，抗言得罪，降斥谪戍、永锢殁身者，吏部作速查开职名，分别奏请召用，恤录。钦此。"浚初见了，遂上《奉诏乞恩疏》：

……第念臣父，壬辰去国，星已三周。癸卯殁身，今将廿载，当年建白，毕世忧危，惟先帝有独知，或皇上所未悉也。臣等沥血陈状，冀皇上垂听焉。昔神宗震索钟祥，先帝蒙功养正。廷臣累请册立，未荷允从。臣父于庚寅春，同首辅申时行，次辅许国、王锡爵召对毓德宫，合辞面请，又连章屡恳，仅仅报闻而已。及三辅引疾求去，臣父单身守直七日，而上七揭，宛转迫切，得明年举行册立之谕，口传部科。寻以部臣奏请造内钱粮，又复更改册期矣。比锡爵养亲归，国、时行相继予告，臣父身当事任，复申前请，累疏不休。神宗遣中官密谕臣父俾少从将顺，臣父即附揭密请往复数次，词指恳切，神宗知不可夺，而罢。至壬辰春，科臣李献可疏请豫教，降罚有差。臣父封还御批，遂干震怒，祸几不测。疏三上，而赐玦之命下矣。甲午论相，吏部首推臣父，大咈上意，引祖训上言，大臣德政条，诘责冢宰选司，至于削籍。臣父仰怵天威，席藁待罪，十年林下，惴惴焉如一日也。辛丑冬，册立礼成，时首辅沈一贯等赞襄大典，而归功旧辅，臣父与时行、锡爵并叨存问，始释在险之惧，而疾已弥留，逾年不起矣。痛念臣父，受知神宗……止因执争储议，逆耳批鳞，故阴用其言，而显弃其身……

朱常洛登基做皇帝仅一个月，就发生了"红丸案"，九月初一暴毙。朱常洛的长子朱由校即位，时年十六岁。朱由校即位后，暂时还用泰昌年号。

泰昌元年十一月二十六日，下旨："旧辅王家屏，皇祖时力请建储，抗疏去国，功在社稷。准加赠太保，荫一子，尚宝司司丞。仍照考满例，给予一品应得诰命。吏部知道。钦此。"

泰昌元年十二月十八日，新政颁制诰："赠王家屏妻霍氏、继妻李氏为一品夫人。"又颁制诰："赠王家屏之父王宪武为特进光禄大夫、柱国太保、礼部尚书兼东阁大学士；王家屏之母韩氏为一品夫人。"

浚初、湛初、演初弟兄三人联名上《谢覃恩赠荫疏》：

……臣等恭绎纶音，仰承渥泽，幽明共戴，悲喜交并……臣父身居辅弼，志切匡扶。或抗疏直陈，或累揭密请。言言苦口，奋独力以回天；字字批鳞，披丹心而夹日。比封还内降，遂上咈宸衷。虽当废弃之余，犹在谴诃之域。震霆未霁，朝露易晞。堪嗟修夜之不晨，敢冀太阳之返照……在臣父，纯忠报主，原非希后世之盛名；在皇上，大孝尊亲，必欲旌先朝之遗直……

湛初如愿以偿，到工部任侍郎，负责重修被大火烧毁的三大殿，卒于任，朝野惜之，谥同少。

浚初病了，常回想家屏生前交代的事还有哪些没有做。想来想去，他决定带着印好的《复宿山房集》去祭北岳恒山，泂初和泰庚陪他去。泂初已是贡生,未仕;泰庚已是宛平县丞。

浚初闭目坐在昆仑道长当年修成的朝真坛上,久久不愿离去。他一遍又一遍地咏诵当年家屏《祭北岳恒山文》中的那几句话:

> 神其佑予,阴导默督。愿奉神谟①,往陪鼎足②。精白一心,公忠诚笃。如其不然,容容碌碌,甚或侧媚希宠,奸回持禄③,诋惟神羞,且羞邦族④,神其厌之,敢徼神福⑤?

浚初说:"府君一生践行了自己的誓言,后人称颂府君为'先正模范',他当之无愧。"

浚初也念叨沈鲤、王世贞、杨巍、翟廷楠、胡来贡、周弘禴、董少玉、王衡等人以及他们的诗文。

月光映在朝真坛上,洞初和泰庚担心浚初着凉,催他早些回去歇息。浚初要过纸笔,写下一首诗《病中登恒岳》:

> 病里篮舆出,山行路渺茫。
> 雨余溪水涨,风过野云凉。
> 殿迥青霄近,林深碧汉长。
> 朝真坛上月,空翠落天香。

洞初正要收起摆放在朝真坛上的书。浚初说:"启谦,你也来写两句。"

洞初说:"小书童就写两句。"他拿起笔来,真的只写了两句:

> 王文端公,其人,端人也;
> 王文端公,其文,端文也。

---

① 神谟:神谋。
② 鼎足:指三公之位。
③ 奸回持禄:拿着俸禄,干奸恶邪僻的勾当。
④ 邦族:邦国宗族。
⑤ 敢徼神福:怎敢乞求神佑福荫。

附录：王家屏年谱

嘉靖十五年（1536年），闰十二月二日，家屏出生。是年，妻霍氏出生。

嘉靖十八年（1539年），四岁。闰七月二十八日，妻李氏出生。

嘉靖十九年（1540年），五岁。父宪武授家屏书。

嘉靖二十一年（1542年），七岁。九月初五，生母韩妙善卒。

嘉靖二十七年（1548年），十三岁。补博士弟子。

嘉靖二十九年（1550年），十五岁。八月十八日，继母梁氏卒。

嘉靖三十三年（1554年），十九岁。五月二十五日，霍夫人卒。

嘉靖四十三年（1564年），二十九岁。秋，乡试中举。父宪武以明经征，闻子中举，治装归。长子王浚初出生。

嘉靖四十四年（1565年），三十岁。京考，未中。父王宪武卒。

嘉靖四十五年（1566年），三十一岁。二月，户部主事海瑞下狱。礼部尚书高拱入阁。十一月，世宗有疾，服丹药，崩，年六十。十二月，世宗三子裕王载垕即位，为穆宗皇帝。改第二年为隆庆元年。

隆庆元年（1567年），三十二岁。冬，家屏进京，参加礼部预习班，准备参加明年会试。

隆庆二年（1568年），三十三岁。三月十五日，家屏中进士，列二甲第二名。六月初三，家屏被选为庶吉士。

隆庆四年（1570年），三十五岁。三月初九，授家屏编修。五月廿三日，命家屏等纂修《世宗实录》。

隆庆五年（1571年），三十六岁。家屏分校礼闱，教习内馆。五月，土蛮犯辽东，为李成梁所败。家屏奉命册封亲藩。

隆庆六年（1572年），三十七岁。

五月，皇上崩。

六月，太子翊钧即皇帝位，以第二年为万历元年（1573年）。罢高拱。高仪卒。吕调阳兼文渊阁大学士，预机务。

七月，上穆宗元妃尊谥，上仁圣皇太后尊号，上慈圣皇太后尊号。颁两宫尊号诏。家屏为之拟《孝懿皇后谥册文》《圣母中宫尊号册文》《圣母尊号册文》《仁圣皇太后尊号册文》《慈圣皇太后尊号册文》。

万历元年（1573年），三十八岁。正月初十，家屏为展书。是岁，家屏修《穆宗实录》。

万历二年（1574年），三十九岁。家屏升修撰。八月，赈山西灾。

万历三年（1575年），四十岁。三月初一，家屏等编纂章奏。七月十八日，家屏充日讲官。八月初一，家屏等当值作起居注。十二月十六日，以元旦赐家屏等银两、纻丝。

万历四年（1576年），四十一岁。夏，家屏以病谒告，赐金币给绎以行。

万历五年（1577年），四十二岁。是岁，在家养病。六月二十四日，郝杰母卒，家屏为之作墓志铭。八月，以《世宗实录》成，家屏加俸一级。

九月，张居正父丧，诏"夺情"视事。

十月，以论张居正"夺情"，杖编修吴中行，处置赵用贤、进士邹元标等，罢黜谪戍有差。

万历六年（1578年），四十三岁。

三月，张居正乞归葬父，许之。

四月，家屏入京。

六月，张居正还朝。

万历七年（1579年），四十四岁。四月十七日，家屏值日讲。又允《大明会典》纂修官。是年，家璧中举。十二月十七日，家屏晋一级。

万历八年（1580年），四十五岁。

三月，家屏充廷试掌卷官。顾宪成等中进士。

万历九年（1581年），四十六岁。

二月，张居正进《列朝宝训》。是岁，全国推行"一条鞭法"。

万历十年（1582年），四十七岁。

三月，张居正疾。朝臣相率请祷，家屏不往。

七月十五日，擢家屏司经局洗马，兼翰林院修撰，掌局印。

八月，升右春坊右庶子，兼翰林院侍读，掌坊印；同月，张居正卒。皇元子生。

九月，擢家屏右庶子。

十二月，谪太监冯保为奉御，安置至南京。

万历十一年（1583年），四十八岁。三月，追夺张居正官阶；同月，家屏署左春坊印，充廷试受卷官。

九月，家屏迁少詹事兼侍读学士，署翰林院；廿二日，家屏主武举试。

万历十二年（1584年），四十九岁

正月廿六日，命家屏教习庶吉士。

四月，擢家屏礼部右侍郎，寻改吏部；

同月，籍张居正家。

八月，尽削张居正官，夺玺书、诰命。

十一月，家屏由礼部改吏部右侍郎。

十二月初二，家屏以吏部侍郎兼东阁大学士，预机务。

万历十三年（1585年），五十岁。正月，海瑞复官。闰九月，驾诣大峪山，阅寿宫。家屏等阁臣扈从，赐一品飞鱼服。

十月，张四维卒；初十，云南道御史蔡时鼎谏顺天乡试案，皇上大怒，谕阁臣治罪，时家屏、许国在值，仅拟停俸，皇上不从。

是岁，家屏长子浚初乡试中解元。

万历十四年（1586年），五十一岁。

三月初三，以旱霾谕廷臣陈时政。家屏偕同官上病民四事，请一切宽减。

四月三十日，以端阳节将至，赐家屏等辅臣金书黄符、金书红符、金艾叶。

八月二十七日，继母景氏卒。

九月初一，家屏乞假归。初七，申时行等请补阁员，不许。

万历十五年（1587年），五十二岁。是年，家屏在家守制。

万历十六年（1588年），五十三岁。

十二月十五日，申时行言前大学士王家屏服除，请召入内阁。

十二月二十九日，家屏接到圣旨，诏升礼部尚书兼东阁大学士，入阁办事。家屏恳辞，作《辞起召疏》。

万历十七年（1589年），五十四岁。

春节，免朝贺。嗣后每元旦皆不视朝。二十九日，家屏再接圣旨，起召入阁办事，再疏辞召命，不允。

二月二十四日，再次邸接到起召圣旨，遂于是年四月初六日起程，二十一日入京；二十三日，以礼部尚书复入阁。于慎行偕同官贺之。

四月九日，郜光先卒。家屏为之作墓志铭。

八月十四日，值万寿节，家屏上疏请御朝讲，皇上乃视朝延见。数日后，再次延见。自是渐疏。

十二月，大理寺评事雒于仁疏献四箴疏以规皇上之过。皇上怒，会岁暮，留中十日。廿二日，家屏上《申救大理寺评事雒于仁疏》，自请罢斥。

是年，家屏捐金修山阴学舍。家屏叔宪成卒。

万历十八年（1590年），五十五岁。

正月初一，皇上召家屏等辅臣于毓德宫西室，以雒于仁四箴疏示之，欲置之重典。申时行、家屏等委曲慰解，卒斥雒于仁为民。顷之，皇上引元子见阁臣，申时行、王家屏等因请册立，皇上许后年，不许诸臣奏扰。

五月初三，家屏以久旱乞罢，疏入，不报。

十月，礼部尚书于慎行等又请册立，皇上怒，罚俸三月。家屏疏解之。皇上寻遣中官到阁传口谕，以明年春册立。家屏请拟旨一道，不许。

万历十九年（1591年），五十六岁。

正月初六，进家屏为太子太保。

八月廿二日，许国、家屏上疏请明春册立，列申时行名。

九月，许国罢。十一日，家屏求去，不允。十二日，申时行为言官劾，遂致仕。十三日，谕家屏入直。

十月，京卫官误闻截俸，群入长安门，值工部尚书曾同亨哗，家屏乞发章奏留中者。

十二月，家屏请明春建储，乞勉出视朝，请元旦受朝贺，皆不报。

万历二十年（1592年），五十七岁。

正月廿三日，家屏乞罢，不报。廿九日，家屏乞宥诸臣，不听。三十日，遣官责家屏"径驳御批，故激主怒"。

二月初七，家屏再求去，不报。会殿试，赵志皋请征家屏读卷，不报。

三月十四日，家屏引疾罢归，十八日离京。

家屏为张四维文集《条麓堂集》作序。

万历二十一年（1593年），五十八岁。

申时行、许国、王家屏相继去位，皇上召锡爵复入阁为首辅。

十一月二日，家屏妻李氏卒。

是年，家屏贻书经略顾养谦，陈述朝鲜用兵之策。

万历二十二年（1594年），五十九岁。

正月，家屏送女儿，路经孝义、蒲州，祭祀霍冀和王崇古。入蜀会李梦多。

二月，皇长子常洛出阁讲学，时年已十三岁。

五月初十，吏部推阁臣王家屏、沈鲤、陈有年、沈一贯等，不允。

万历二十三年（1595年），六十岁。

四月十七日，都察院右佥都御史李廷议卒。家屏为之作墓表。

夏日到五台山寻宪康。

七月十二日盛讷卒，家屏为之写神道碑。

沈节甫父亲卒，家屏为之写墓表。

万历二十四年（1596年），六十一岁。

春，刘虞夔的父亲病故，刘虞夔回老家为父丁忧。三个月后，刘虞夔卒，家屏为之写墓志铭。

十月十八日，许国卒。家屏为之作墓志铭。

万历二十五年（1597年），六十二岁。

正月，朝鲜以日军留釜山，遣使求援。郝杰妻卒。家屏为之作墓志铭。

万历二十六年（1598年），六十三岁。

八月十六日，张卤卒。家屏为之作墓志铭。

万历二十七年（1599年），六十四岁。

十二月，荫万世德子万邦孚为国子生。万世德给家屏捎来朝鲜特产以贺生。

万历二十八年（1600年），六十五岁。

十七日，郝杰卒于位。家屏为之作神道碑。

万历二十九年（1601年），六十六岁。

皇上允准魏允贞回籍侍养。魏允贞将他的奏疏整理成册，家屏为该书作序。

十九日，刘东星卒。于慎行为之作《行状》，家屏为之作墓志铭。

十月十五日，立常洛为皇太子。家屏在籍闻，作《壬寅贺册立大典疏》。

十一月廿五日，皇上遣使存问家屏。

万历三十年（1602年），六十七岁。

正月初十，刘承诹恭捧敕书，存问家屏。

钦定在偏关召开龙华盛会。家屏因身体欠佳，没能参加。

邢玠、万世德等为家屏贺生。冯琦和萧大亨共议,为贺生作序。

四月,朱赓派罗姓使者告诉家屏,他被行取到京,入阁办事。

秋,值万寿节,家屏作《在籍贺圣节书》。

万历三十一年(1603年),六十八岁。

十二月廿一日,家屏卒,赠少保,谥文端。

有 态 度 的 阅 读

微　博　小马BOOK	抖音　小马文化	全案营销　小马青橙工作室
公众号　小马文艺	淘宝　小马过河图书自营店	投稿邮箱　xiaomatougao@163.com
小红书　小马book	微店　小马过河图书自营店	

图书在版编目（CIP）数据

大明首辅王家屏 / 王与甘著 . —武汉：华中科技大学出版社，2023.3
ISBN 978-7-5680-9225-8

Ⅰ.①大… Ⅱ.①王… Ⅲ.①王家屏—传记 Ⅳ.①K827=48

中国国家版本馆 CIP 数据核字 (2023) 第 037522 号

大明首辅王家屏
Daming Shoufu Wang Jiaping

王与甘 著

策划编辑：	小　北　亢博剑
责任编辑：	陈　然
封面设计：	人马艺术设计·储平
责任校对：	曾　婷
责任监印：	朱　玢

出版发行：华中科技大学出版社（中国·武汉）　　电话：（027）81321913
　　　　　武汉市东湖新技术开发区华工科技园　　　邮编：430223

录　　排：北京东安嘉文文化发展有限公司
印　　刷：湖北新华印务有限公司
开　　本：710mm×1000mm　1/16
印　　张：42.25
字　　数：735 千字
版　　次：2023 年 3 月第 1 版第 1 次印刷
定　　价：98.00 元（全两册）

本书若有印装质量问题，请向出版社营销中心调换
全国免费服务热线：400-6679-118　竭诚为您服务
版权所有　侵权必究